法律硕士（法学）联考
主观题突破

白文桥　主编

中国人民大学出版社
·北京·

法硕精品课程使用说明

人大社法硕绿皮书已陪伴一届又一届法硕考生走过二十余载，为了不负考生们的信任和厚爱，我们一直坚持提供优质高效的备考复习内容。随着法硕考生人数的增加，竞争日趋激烈，为了更好地服务广大考生，我们邀请绿皮书系列的主要作者、法硕辅导名师白文桥主讲法硕备考精品课程。白老师毕业于中国人民大学法学院，深耕法硕联考辅导多年，通贯五科，深谙命题规律和解题方法，培训出众多高分考生。

凡是购买正版书的考生，可凭封面兑换码，兑换免费学习课程。衷心希望人大社法硕绿皮书及精品课程能帮助考生高效复习，快速提分，金榜题名！

课程兑换及使用说明：

关注微信公众号“法硕绿皮书”，点击公众号底栏中的“课程中心”，下拉进入“个人中心”，找到“兑换中心”，输入封面课程兑换码，即可兑换。兑换成功后，可在“个人中心”中“我的课程”里进入已兑换的课程进行学习。

注：随书兑换的课程均非销售课程，只能通过购书免费兑换使用。由于平台条件设置，兑换课程须标出价格，标识价格不代表课程为付费课程。

关于课程的详细说明及更多备考干货，可关注微信公众号后获取。

扫码关注“法硕绿皮书”

前　　言

法律硕士（法学）研究生入学考试十分注重主观题的考查，在专业课试卷总分值300分中，主观题占220分，约占试卷总分值的73%，因此，复习好主观题十分重要。专业基础课主观题考查的题型包括简答题（4题，共40分）、论述题（2题，共30分）、案例分析题（2题，共40分）。综合课主观题考查的题型包括简答题（3题，共30分）、分析题（3题，共50分）、论述题（2题，共30分）。在法律硕士法学方向考试中，综合课分析题和论述题界限不明显，特别是中国法制史的古文分析题，既分析，又论述，因此可以称为“分析论述题”。专业基础课中，简答题注重考查基础知识和对各考查学科概念、特征、构成要件、法律规定等的理解和掌握程度；论述题要求考生能够准确、恰当地使用法律学科的专业术语，论述有据、条理清晰、符合逻辑，文字表达通顺；案例分析题着重考查考生运用刑法学和民法学原理分析、评价有关案件，运用法律知识解决实际问题的能力。综合课中，简答题注重考查基础知识和对各考查学科概念、特征、内容等的理解和掌握程度；分析题着重考查考生结合社会生活背景或特定的法律现象，以及有关法律的历史材料，分析、评价有关事件，找出运用法律知识解决实际问题的方法的能力；论述题注重法律原理、规定等的论证能力，要求论述有据、条理清晰、符合逻辑，文字表达通顺，通过对论述内容的掌握，树立全面依法治国、建设社会主义法治国家的信念。

基于主观题的重要性，本书以《考试大纲》为基础，选编了900多道主观题，包括标注★的重点主观题，这类主观题约占本书题量的1/5。所选定的主观题是作者多年来考试教学辅导经验的总结，题型涉及简答题、论述题、案例分析题和综合课分析题。法律硕士联考考查过的主观题一般不在收录的范围内，例如，民法学中“债权让与”考查过论述题，本书则在民法学论述题中不再收录与“债权让与”有关的论述题；但是，该主观题内容非常重要，或许会通过变换题型的方式另行考查（如“债权让与”可以通过案例分析题的形式考查）。本书还在附录部分收录了《考试大纲》要求掌握的161个罪名（含类罪名）的概念和构成要件（特征），以便于考生复习。在主观题中，简答题难度不大，因此本书仅收录较为典型的简答题，且对于考查过的简答题不再收录。除了简答题之外的其他主观题，针对考生不容易找到完整答案的，本书在答案设置上进行了增补。考生在复习时较为缺乏除了简答题之外的主观题的复习材料，本书为此加大了这部分内容的题量。

由于编者学识有限，本书会存在不足，希望考生在复习过程中提出意见和建议，以便及时改正。本书还专门开设了答疑通道，帮助考生解决复习主观题过程中的疑难问题。

目 录

CONTENTS

第一章

刑法学

第一节　简答题

一、历年真题考查内容

刑法学简答题难度适中，从命题规律看，考试中刑法学考查两道简答题，总则占一道题，分则占一道题（2018 年考查的简答题都出自总则部分），每道题 10 分，共计 20 分。具体出题情况见下表：

出题年份	考查内容
2010 年	1. 结果加重犯的概念和构成特征。 2. 交通肇事罪的概念和构成要件。
2011 年	1. 刑事责任的解决方式。 2. 生产、销售伪劣产品罪的行为方式。
2012 年	1. 犯罪未遂的特征与类型。 2. 逃税罪的构成要件。
2013 年	1. 刑法中法条竞合的概念及其处理原则。 2. 食品监管渎职罪的构成要件。
2014 年	1. 刑法中危害结果的分类。 2. 污染环境罪的构成要件。
2015 年	1. 缓刑的适用条件。 2. 我国刑法中国家工作人员的范围。
2016 年	1. 刑法的概念和特征。 2. 渎职罪的共同特征。
2017 年	1. 牵连犯的概念及要件。 2. 危害公共安全罪的概念及其共同特征。
2018 年	1. 连续犯的特征。 2. 减刑的限度。
2019 年	1. 犯罪客体的种类。 2. 集资诈骗罪与非法吸收公众存款罪的区别。
2020 年	1. 单位犯罪自首的认定。 2. 徇私枉法罪的构成要件。
2021 年	1. 纯正不作为犯的构成条件。 2. 寻衅滋事罪的客观方面。
2022 年	1. 刑罚的主要特征。 2. 侵犯著作权罪的客观行为方式。

二、简答题专项训练

1．简述刑法的解释的概念和种类。

【参考答案】刑法的解释是指对刑法条文含义的阐明。

刑法的解释的种类有：

（1）根据解释的效力，刑法解释可以分为立法解释、司法解释和学理解释。立法解释即刑法的立法机关对刑法条文的解释。司法解释即我国最高司法机关对刑法条文进行的解释。学理解释即有权对刑法进行立法解释和司法解释的机构之外的机关、团体和个人对刑法条文含义的阐释。

（2）根据解释的方法，刑法解释可以分为文理解释和论理解释。文理解释是根据条文的字面含义进行的说明。论理解释是根据立法的精神与目的对条文进行说明。

2．简述犯罪客体与犯罪对象的联系和区别。

【参考答案】犯罪客体与犯罪对象既有联系又有区别：

（1）犯罪对象是刑法规定的犯罪行为所侵犯或直接指向的具体事物（人、物、信息），而犯罪客体是法律所保护的为犯罪所侵害的社会利益，二者是现象与本质的关系。犯罪客体寓于犯罪对象之中，揭示犯罪的本质，而犯罪对象是犯罪客体的载体。犯罪行为对犯罪客体的侵害，往往是通过侵犯或指向犯罪对象来实现的。

（2）犯罪客体是犯罪构成的一般要件之一，而犯罪对象仅是犯罪客观方面中的选择性要素之一。犯罪对象虽然是绝大多数犯罪构成的必要要素，但也有极少数犯罪，犯罪对象不是其犯罪构成的必要要素。

（3）任何犯罪都必然侵害一定的社会利益，即侵害一定的客体，但是犯罪对象不一定受到犯罪的侵害。

★3．简述刑法中危害行为的概念和特征。

【参考答案】危害行为是指行为人在意识支配之下实施的危害社会并被刑法禁止的身体活动。

危害行为具有如下特征：

（1）客观要素：危害行为是人的身体活动或动作，包括积极的活动和消极的活动。

（2）主观要素：危害行为是人的意识支配的产物和表现，如果没有人的意识支配，则不能认为是危害行为。

（3）实质要素：危害行为侵犯的是刑法所保护的社会利益，具有社会危害性。

4．简述危害行为的概念和种类。

【参考答案】危害行为是指行为人在意识支配之下实施的危害社会并被刑法禁止的身体活动。

危害行为可以划分成作为和不作为两种形式：

（1）作为是指积极的行为，即行为人以积极的身体活动实施某种被刑法禁止的行为。从表现形式看，作为是积极的身体动作；从违反法律规范的性质看，作为直接违反了禁止性的罪刑规范。

（2）不作为是指消极的行为，即行为人消极地不履行法律义务而危害社会的行为。从表现形式看，不作为是消极的身体动作；从违反法律规范的性质看，不作为直接违反了某种命令性规范。

5．简述不作为犯的种类。

【参考答案】不作为犯分为纯正不作为犯和不纯正不作为犯。纯正不作为犯是指行为人的行为构成了法定的犯罪行为本身就是不作为的犯罪。其“纯正性”在于：人的行为形式与法定的犯罪行为形式是一致的，即都是不作为。不纯正不作为犯是指行为人因不作为而构成了法定犯罪行为本身应是作为的犯罪。其“不纯正性”在于：人的行为形式（不作为）与法定的犯罪行为形式（作为）不一致。

6. 简述精神病人的刑事责任能力。

【参考答案】（1）精神病人在不能辨认或者不能控制自己行为的时候造成危害结果，经法定程序鉴定确认的，不负刑事责任，但是应当责令他的家属或者监护人严加看管和医疗；在必要的时候，由政府强制医疗。

（2）间歇性的精神病人在精神正常的时候犯罪，应当负刑事责任。

（3）尚未完全丧失辨认或者控制自己行为能力的精神病人犯罪的，应当负刑事责任，但是可以从轻或者减轻处罚。

7. 简述单位犯罪中直接负责的主管人员和其他直接责任人员及主、从犯的认定。

【参考答案】（1）直接负责的主管人员是在单位实施的犯罪中起决定、批准、授意、纵容、指挥等作用的人员，一般是单位的主管负责人，包括法定代表人。其他直接责任人员是在单位犯罪中具体实施犯罪并起较大作用的人员，既可以是单位的经营管理人员，也可以是单位的职工，包括聘任、雇用的人员。

（2）对单位犯罪中的直接负责的主管人员和其他直接责任人员，应根据其在单位犯罪中的地位、作用和犯罪情节，分别处以相应的刑罚。一般而言，如果案件中同时存在直接负责的主管人员和其他直接责任人员的，直接负责的主管人员的作用要比其他直接责任人员的作用大，其他直接责任人员可以被认定为从犯，但是，主管人员与直接责任人员，在个案中，不是当然的主、从犯关系，有的案件，主管人员与直接责任人员在实施犯罪行为的主从关系不明显的，可不分；可以分清，且不分清主、从犯，在同一法定刑档次、幅度内量刑无法做到罪刑相适应的，应当分清主、从犯，依法处罚。

8. 简述间接故意的概念和表现形式。

【参考答案】间接故意是指明知自己的行为可能会发生危害社会的结果，并且放任这种危害结果发生的心理态度。间接故意包括如下三种情形：

（1）为实现某个犯罪意图或目的，而放任另一犯罪结果发生。

（2）为实现某个非犯罪的意图或目的，而放任犯罪结果发生。

（3）突发性故意犯罪，不计后果，放任结果发生。

★9. 简述直接故意和间接故意的异同。

【参考答案】（1）相同点：①从认识因素看，都是“明知自己的行为会发生危害社会的结果”。②从意志因素看，都不排斥危害结果发生。由此说明和决定了二者都具有故意的性质。

（2）不同点：①从认识因素看，二者对危害结果发生认识程度有所不同。在直接故意的情况下，行为人认识到危害结果发生的可能性或者必然性；在间接故意的情况下，行为人认识到危害结果发生的可能性。②从意志因素看，二者对危害结果发生的态度明显不同。直接故意是希望这种危害社会的结果的发生，对结果是积极追求的态度；间接故意则是放任这种危害社会结果的发生，不是积极追求的态度，而是任凭事态发展。③特定的危害结果是否发生对二者具有不同的意义。在直接故意的场合，即使追求的特定危害结果没有实际发生，通常也应当追究犯罪预备、犯罪未遂的罪责；在间接故意的场合，如果没有实际发生特定危害结果，就无所谓犯罪的成立。

10. 简述犯罪过失的概念和特征。

【参考答案】犯罪过失是指行为人应当预见自己的行为可能发生危害社会的结果，因为疏忽大意而没有预见或者已经预见而轻信能够避免的心理态度。

犯罪过失的特征有：

(1) 没有犯罪故意。对特定的危害结果成立，犯罪过失是以对该结果不具有犯罪故意为前提的。具体而言，行为人对危害结果的发生既不具有希望的态度也不具有放任的态度。如果具有犯罪故意，则成立故意犯罪，排斥成立过失犯罪。

(2) 没有保持必要的小心谨慎的态度。表现为两种情况：①没有履行法律、规章、社会生活准则所要求的注意义务，极端马虎草率、疏忽大意，以致对应当预见并且能够预见的危害结果没有预见。②极端轻率、过于自信，以致对已经预见的危害结果，在应当积极避免并且能够避免的情况下，竟然没有能够避免。如果行为人采取极端轻率、不负责任的态度，造成灾害性后果的，就应当依法对其行为的后果承担刑事责任。

★ 11. 简述犯罪过失与犯罪故意的罪责区别。

【参考答案】(1) 对过失犯罪，法律有规定的才负刑事责任。这意味着刑法分则各条规定的犯罪，在没有特别说明的情况下，其主观罪过形式当然是故意，并且不能理解为当然包括过失。只有当法律条文明示该条之罪的罪过形式是过失或者包括过失，过失才可能构成犯罪，承担刑事责任。这充分显示刑法是以惩罚故意犯罪为主，以惩罚过失犯罪为例外。

(2) 对过失行为，只有造成严重后果的才负刑事责任。刑法所规定的过失犯罪有一个明显的共同点，就是都必须以造成法定的严重后果为构成要件。换言之，刑法规定的过失犯罪只有完成形态并且只处罚完成形态。与此形成鲜明对比的是，刑法不仅处罚故意犯罪完成形态，而且处罚其未完成形态。

(3) 过失犯罪的法定刑明显轻于故意犯罪。故意犯罪的危害性大于过失犯罪，对故意犯罪的惩处要比过失犯罪严厉，因此，过失犯罪的法定刑明显轻于故意犯罪。

★ 12. 简述过于自信的过失和间接故意的不同点。

【参考答案】(1) 行为人对危害结果发生的认识程度有所不同。过于自信的过失是行为人已经预见自己的行为可能发生危害结果；间接故意是行为人明知自己的行为会发生危害结果。

(2) 行为人对危害结果所持的态度不同。过于自信的过失是行为人对危害结果的发生持否定态度，危害结果的发生是违背行为人意愿的。因此，行为人为避免危害结果的发生往往采取积极的态度和措施，并且也有避免危害结果的客观根据。而间接故意的行为人，对危害结果的发生持放任态度，即危害结果发生也罢，不发生也罢，行为人都不在乎，甚至纵容危害结果发生。因此，行为人对避免危害结果的发生往往持消极的态度，并且没有避免危害结果的措施和根据；或者心存侥幸。

13. 简述疏忽大意的过失和过于自信的过失的含义及特点。

【参考答案】(1) 疏忽大意的过失是指行为人应当预见自己的行为可能发生危害社会的结果，由于疏忽大意而没有预见，以致发生危害结果的心理态度。它有两个特点：一是行为人对可能发生的危害结果应当预见，即有预见的义务；二是行为人因疏忽大意而没有预见自己的行为可能发生危害结果。

(2) 过于自信的过失是指行为人已经预见到自己的行为可能发生危害社会的结果，但轻信能够避免，以致发生危害结果的心理态度。它也有两个特点：一是行为人已经预见到可能发生危害社会的结果；二是行为人轻信自己能够避免危害结果的发生。

14. 简述正当化事由的概念和种类。

【参考答案】正当化事由是指行为人的行为虽然形式上符合某些犯罪的客观构成要件，但实际上没有犯罪的社会危害性，依法不成立犯罪的情形。我国刑法明文规定的正当化事由有正当防卫和紧急避险。正当防卫是指为了使国家、公共利益、本人或者他人的人身和其他权利免受正在进行的不法侵害，而对实施侵害的人所采取的合理的防卫行为。紧急避险是指为了使国家、公共利益、本人或者他人的人身和其他权利免受正在发生的危险，不得已采取的损害另一较小合法利益的行为。正当化事由还有下列情形：第一，依照法律的行为，即具有法律明文依据的行为，直接依照法律作出的行为不为犯罪；第二，执行命令的行为，即基于上级的命令实施的行为；第三，正当业务的行为，即从事合法的行业、职业、职务等活动实施的行为；第四，经权利人承诺的行为，即权利人请求、许可、默认行为人损害其合法权益，行为人根据权利人的承诺损害其合法权益的情况；第五，自救行为，即合法权益受到侵害的人，依靠自己力量及时恢复权益，以防止其权益今后难以恢复的情况。

15. 简述防卫过当的概念和基本特征。

【参考答案】防卫过当是指正当防卫明显超过了必要限度造成重大损害的行为。

防卫过当的基本特征有：

（1）防卫过当在客观上造成了不应有的损害，具有社会危害性。

（2）防卫过当在主观上对造成的过分损害存在过失甚至故意，具有罪过性，属于滥用防卫权对不法侵害人造成过分损害的非法行为，应当负刑事责任。

16. 简述假想防卫与防卫过当的主要区别。

【参考答案】（1）内容不同。假想防卫是事实上不存在危害行为，而行为人误以为存在而实施的行为；防卫过当是事实上存在危害行为，只是防卫人实施的防卫行为明显超过必要限度（即足以制止危害行为的程度）。

（2）是否存在现实危险不同。假想防卫不存在侵害的现实危险；防卫过当存在侵害的现实危险。

（3）主观方面不同。假想防卫应当认定为过失犯罪或者意外事件；防卫过当罪过形式一般是过失，但不排除个别情况下的犯罪故意。

（4）处罚不同。假想防卫不属于防卫行为，不能从轻处罚；防卫过当属于防卫行为，应当减轻或者免除处罚。

★ 17. 简述紧急避险和正当防卫的区别。

【参考答案】（1）危害的来源不同。紧急避险的危害来源既可以是人的不法侵害，也可以是自然灾害、动物侵袭等；正当防卫的危害来源只能是人的不法侵害。

（2）行为所损害的对象不同。紧急避险损害的对象是第三者的合法权益；正当防卫损害的对象只能是不法侵害者。

（3）行为的限制条件不同。紧急避险只能在迫不得已的情况下实行；正当防卫则无此限制。

（4）对损害程度的要求不同。紧急避险损害的合法利益必须小于所保护的合法利益；正当防卫所造成的损害可以大于不法侵害者可能造成的损害。

（5）主体的限定不同。紧急避险不适用于职务上、业务上负有特定责任的人；正当防卫则是每一个公民的权利。

18. 简述犯罪预备与犯意表示的区别。

【参考答案】（1）犯罪预备是通过各种具体活动为实行犯罪创造条件，表现为一种主观影响客观的积极行为；而犯意表示只是以语言、文字等形式单纯流露其犯罪意图，表达行为人的心理状态的消极行为。

（2）犯罪预备的作用旨在促成或实现犯罪，其对早日着手实行犯罪和确保犯罪完成具有重要意义，在很多犯罪中，没有犯罪预备就不会有犯罪的着手实行；而犯意表示不会对犯罪的着手实行起促进作用，甚至对犯罪的预备也不会起促进作用。

（3）犯罪预备表明行为人已将犯罪目的与犯罪行为有机地结合起来，已开始实施有助于犯罪实现的准备活动，这些活动均已超出犯意表示的范围；而犯意表示仍停留在犯罪思想阶段，行为人尚未通过实际的行动，将犯罪意图付诸实施。

（4）犯罪预备本身即具有法益侵害的危险；而犯意表示因其对犯罪的实行无任何影响、作用，所以并无法益侵害的危险，即使有危险，也只是一种潜在的、纯粹精神上的危险。

19. 简述迷信犯、愚昧犯和不能犯未遂的区别。

【参考答案】（1）迷信犯、愚昧犯是行为人犯了常识错误；而不能犯未遂没有犯常识错误。

（2）迷信犯、愚昧犯预定实施的行为与实际实施的行为是一致的；而在不能犯未遂的场合，行为人实际使用的犯罪方法与预想使用的犯罪方法不一致，以致犯罪不能既遂。

（3）对于迷信犯、愚昧犯，不为罪，不处罚；而不能犯罪未遂，构成犯罪，按照未遂犯处罚。

20. 简述共同正犯的含义及责任处理原则。

【参考答案】共同正犯即共同实行犯、简单共同犯罪，是指各共同犯罪人均参与实行某一犯罪构成要件的行为，即每一共同犯罪人都是实行犯的共犯形态。共同正犯的行为人都实行了犯罪，所以在处理时，要根据“部分实行，全部责任”这一原则，即在行为人都实施了实行行为的情形中，由于行为人的行为都属于实行行为的一部分，在实行犯罪这一点上，表现出完整的犯罪意思和主观恶性，并且由于各个行为彼此协力共同形成完整的实行行为，所以，行为人都应当对自己和他人的行为及其后果承担责任。同时，对各共同实行犯按照在共同犯罪中作用大小进行处罚。另外，部分行为人对其他人超出共同故意实施的其他犯罪行为不承担责任。

★21. 简述犯罪集团的概念和特征。

【参考答案】犯罪集团是指3人以上为多次实行某种或几种犯罪而建立起来的犯罪组织。

犯罪集团具有如下特征：

（1）人数较多（3人以上），重要成员固定或基本固定。

（2）经常纠集在一起进行一种或数种严重的刑事犯罪活动。

（3）有明显的首要分子。

（4）有预谋地实施犯罪活动。

（5）不论作案次数多少，对社会造成的危害或其具有的危险性都很严重。

22. 简述我国刑法规定的共同犯罪人的种类。

【参考答案】我国刑法以共同犯罪人在共同犯罪中所起的作用为主要标准，同时兼顾其分工，将共同犯罪人分为主犯、从犯、胁从犯和教唆犯四种。

（1）主犯，指组织、领导犯罪集团进行犯罪活动的或者在共同犯罪中起主要作用的犯罪分子。

（2）从犯，指在共同犯罪中起次要或者辅助作用的犯罪分子。

（3）胁从犯，指被胁迫参加犯罪的犯罪分子，即犯罪人是在他人的暴力强制或者精神威逼之下被迫参加犯罪的。

（4）教唆犯，指教唆他人实行犯罪的人，即故意引起他人实行犯罪决意的人。

23. 简述我国刑法规定的主犯的刑事责任。

【参考答案】我国刑法对主犯的刑事责任，按照两种不同的主犯，分别加以规定：

（1）首要分子的刑事责任。刑法规定，对组织、领导犯罪集团的首要分子，按照集团所犯的全部罪行处罚。据此，犯罪集团的首要分子，不仅对自己实施的犯罪负刑事责任，而且要对其他成员按照集团的预谋实施的犯罪负刑事责任。当然，其他成员超出集团的预谋所实施的其他犯罪，由其他成员自己负责，首要分子不承担刑事责任。

（2）首要分子以外其他主犯的刑事责任。刑法规定，对于犯罪集团首要分子以外的其他主犯，应当按照其所参与的或者组织、指挥的全部犯罪处罚。据此，对在犯罪集团、一般共同犯罪和聚众犯罪中起主要作用的主犯，应分为两种情况处罚：一是组织、指挥共同犯罪的，应当按照其组织、指挥的全部犯罪负刑事责任；二是没有进行组织、指挥活动但参与实行犯罪的，应当按照其所参与的全部犯罪负刑事责任。

★24. 简述共同犯罪成立中止的条件。

【参考答案】（1）在共同犯罪中，如果全体共同犯罪人一致中止犯罪的，所有共同犯罪人都成立犯罪中止。

（2）在共同犯罪中，某一共同犯罪人要成立犯罪中止，必须具备如下条件：①必须具备有效性。共同犯罪中的部分共犯人退出或放弃犯罪的，可以成立中止。但除必须具备犯罪中止的一般要件外，还必须具备"有效性"，即有效地阻止共同犯罪结果发生或有效地消除自己先前参与行为对共同犯罪的作用。②中止的效力仅及于本人，不及于其他共犯人。③缺乏有效性不能单独成立中止。在共同犯罪中，共同犯罪人消极退出犯罪或自动放弃犯罪、阻止共同犯罪结果未奏效的，不能单独成立犯罪中止。

25. 简述法条竞合与想象竞合犯的区别。

【参考答案】（1）法条竞合的一个行为，只是出于一个罪过，并且是产生一个结果；想象竞合犯的一个行为，往往是数个罪过和数个结果。

（2）法条竞合是由于法律的错综复杂的规定即法律条文内容存在着包容或交叉关系，以至于一个犯罪行为触犯数个刑法规范；想象竞合犯则是由于犯罪的事实特征，即出于数个罪过、产生数个结果，以至于一行为触犯数罪名。

（3）法条竞合，一行为触犯数个刑法规范之间存在此一规范规定的犯罪构成包容另一规范规定的犯罪构成的关系；想象竞合犯，一行为触犯的数个罪名的法条不存在上述犯罪构成之间的包容关系。

（4）法条竞合，在竞合的数法条中，仅仅一法条可以适用其行为，其法律适用问题，依照特别法优于普通法等原则来解决；想象竞合犯，竞合的数法条均可以适用其行为，其法律适用问题，依照"从一重处断"的原则来解决。

26. 简述继续犯的概念和意义。

【参考答案】继续犯是指作用于同一对象的一个犯罪行为从着手实行到实行终了，犯罪行为与不法状态在一定时间内同时处于继续状态的犯罪。

确定继续犯的意义有如下三点：

（1）追诉时效的起算时间推后，不是从犯罪成立之日起计算，而是从犯罪行为终了之日起计算。

（2）正当防卫时机。在犯罪既遂以后，如果犯罪行为继续存在，属于正在进行的不法侵害，允许进行正当防卫。

（3）犯罪继续期间，其他人加入的可以成立共犯，此为事中共犯。

27. 简述刑事责任的概念和特征。

【参考答案】刑事责任是指行为人因其犯罪行为所应承受的、代表国家的司法机关根据刑事法律对该行为所作的否定评价和对行为人进行谴责的责任。

刑事责任具有如下特征：

（1）刑事责任包含对犯罪行为的非难性和对犯罪人的谴责性。刑事责任是对犯罪行为的否定性评价，具有非难性；刑事责任是对犯罪人进行谴责的责任，具有谴责性。

（2）刑事责任具有社会性与法律性。在什么样的国家为什么人的利益而承担刑事责任是刑事责任的社会属性；刑事责任及其内容由法律规定，具有法律性。

（3）刑事责任具有必然性与平等性。行为人实施犯罪行为，必然要承担刑事责任，具有必然性；

刑法适用平等原则决定了刑事责任的平等性。

（4）刑事责任具有严厉性与专属性。刑事责任的实现方式主要是刑罚，是最严厉的法律责任；刑事责任只能由犯罪人承担，这体现了刑事责任的专属性。

28. 简述刑罚和其他法律制裁方法的区别。

【参考答案】（1）适用对象不同。刑罚仅适用于犯罪人，即行为触犯刑律构成犯罪的人；而其他法律制裁方法适用于行为仅违反非刑事法律且尚未构成犯罪的人。

（2）严厉程度不同。刑罚是一种最严厉的法律制裁方法，它包括对犯罪人的生命、自由、财产和资格的限制或剥夺；而其他法律制裁方法绝对排除对违法者生命的剥夺，一般也不会剥夺违法者的人身自由。

（3）适用机关不同。刑罚只能由国家审判机关的刑事审判部门适用；而其他法律制裁方法并非由国家审判机关的刑事审判部门适用。

（4）适用根据和适用程序不同。对犯罪人适用刑罚，必须以刑法为根据并依照刑事诉讼法规定的刑事诉讼程序进行；而其他法律制裁方法则分别以民法、经济法、行政法等实体法为根据，并依照民事诉讼法、行政诉讼法和行政程序法律规范所规定的程序进行。

（5）法律后果不同。被适用刑罚的犯罪人如果重新犯罪，就有可能构成累犯，受到比初犯相对较为严厉的刑事处罚；而仅被适用其他法律制裁方法的违法者如果实施了犯罪，则不构成累犯，不会受到与累犯严厉程度相同的刑事处罚。

29. 简述管制犯在管制期间应当遵守的规定。

【参考答案】被判处管制的犯罪分子，在执行期间，应当遵守下列规定：

（1）遵守法律、行政法规，服从监督；

（2）未经执行机关批准，不得行使言论、出版、集会、结社、游行、示威自由的权利；

（3）按照执行机关规定报告自己的活动情况；

（4）遵守执行机关关于会客的规定；

（5）离开所居住的市、县或者迁居，应当报经执行机关批准；

（6）遵守人民法院的禁止犯罪分子在执行期间从事特定活动，进入特定区域、场所，接触特定的人的禁止令。

30. 简述剥夺政治权利的概念和内容。

【参考答案】剥夺政治权利是指剥夺犯罪分子参加国家管理与政治活动权利的刑罚方法，属于资格刑。

剥夺政治权利是指剥夺下列权利：

（1）选举权和被选举权。

（2）言论、出版、集会、结社、游行、示威自由的权利。

（3）担任国家机关职务的权利。

（4）担任国有公司、企业、事业单位和人民团体领导职务的权利。

31. 简述剥夺政治权利的适用范围、适用对象和期限。

【参考答案】（1）剥夺政治权利的适用范围与适用对象有三种：①对于危害国家安全的犯罪分子，应当附加剥夺政治权利；②对于故意杀人、强奸、放火、爆炸、投放危险物质、抢劫等严重破坏社会秩序的犯罪分子，可以附加剥夺政治权利；③对于被判处死刑、无期徒刑的犯罪分子，应当剥夺政治权利终身。剥夺政治权利独立适用时，作为一种不剥夺人身自由的轻刑而适用于较轻的犯罪。剥夺政治权利的独立适用由刑法分则加以规定。刑法分则条文中没有规定独立适用剥夺政治权利的，不得独立适用剥夺政治权利。

（2）剥夺政治权利的期限有以下四种情况：①独立适用剥夺政治权利或者主刑是有期徒刑、拘役附加剥夺政治权利的，期限为1年以上5年以下；②判处管制附加剥夺政治权利的，期限与管制的期限相等；③判处死刑、无期徒刑的，应当剥夺政治权利终身；④死刑缓期执行减为有期徒刑或者无期徒刑减为有期徒刑的，应当把附加剥夺政治权利的期限改为3年以上10年以下。

32. 简述没收财产的概念、适用方式和适用条件。

【参考答案】没收财产是指将犯罪分子个人所有财产的部分或全部强制无偿收归国有的刑罚方法。

没收财产的适用方式有三种：一是并处没收财产，即应当附加适用没收财产；二是可以并处没收财产，即量刑时既可以附加没收财产，也可以不附加没收财产，审判人员应按实际情况作出选择；三是并处罚金或者没收财产，即没收财产和罚金可以择一判处，而无论选择罚金还是没收财产，都只能附加适用，并且必须适用。

没收财产的适用条件有：一是没收财产是没收犯罪分子个人所有财产的一部或者全部。二是没收全部财产的，应当对犯罪分子个人及其扶养的家属保留必需的生活费用。三是在判处没收财产的时候，不得没收属于犯罪分子家属所有或者应有的财产。

33. 简述非刑罚处理方法的含义和种类。

【参考答案】非刑罚处理方法是指人民法院对犯罪分子适用的刑罚以外的处理方法。换言之，就是刑罚之外的对犯罪人适用的实体处罚。

非刑罚处理方法包括以下几种：

（1）训诫，指人民法院对犯罪人当庭予以批评或谴责，并责令其改正。

（2）责令具结悔过，指人民法院责令犯罪人用书面方式保证悔改，不再犯罪。

（3）责令赔礼道歉，指人民法院责令犯罪人向被害人当面承认罪错，并表示歉意。

（4）责令赔偿经济损失，指人民法院在作出定罪免刑判决的同时，责令被告人给予被害人一定数额的赔偿的非刑罚处理方法。

（5）给予行政处罚或者行政处分，指人民法院向犯罪人的主管部门提出司法建议，给予犯罪人一定的行政处罚或者行政处分的非刑罚处理方法。

（6）判处赔偿经济损失，指人民法院以判决的方式要求犯罪人给予被害人一定经济赔偿的处理方法。

（7）从业禁止，指人民法院对因利用职业便利实施犯罪，或者实施违背职业要求的特定义务的犯罪被判处刑罚的人，根据其犯罪情况和预防犯罪的需要，禁止其在一定时期内从事相关职业。

34. 简述量刑的概念和特征。

【参考答案】（1）量刑是指人民法院依据刑事法律，在认定行为人构成犯罪的基础上，确定对犯罪人是否判处刑罚、判处何种刑罚以及判处多重的刑罚，并决定所判刑罚是否立即执行的刑事司法活动。

（2）量刑具有如下特征：①量刑的主体是人民法院。量刑是人民法院根据犯罪分子罪行大小和刑事责任轻重，决定对其是否适用刑罚的一种审判活动。量刑是刑事审判权的重要组成部分，应统一由人民法院行使，其他任何机关、团体和个人都无权行使。②量刑的内容是对犯罪人确定刑罚。被量刑的对象是犯罪分子，而量刑的内容就是在正确定罪的基础上对犯罪分子确定刑罚，从而决定犯罪分子应当承担的刑事责任。③量刑的性质是一种刑事司法活动。量刑是人民法院的一种刑事司法活动，是刑事法律活动的有机组成部分。

35．简述法定情节的种类。

【参考答案】（1）从轻处罚，指在法定刑幅度内选择判处比没有该情节的类似犯罪相对较轻的刑种或刑期。

（2）从重处罚，指在法定刑幅度内选择判处比没有该情节的类似犯罪相对较重的刑种或刑期。

（3）减轻处罚，包括法定减轻处罚和酌定减轻处罚。法定减轻处罚即必须判处低于法定最低刑的刑罚；犯罪分子虽不具有法定减轻处罚情节，但是根据案件的特殊情况，经最高人民法院核准，也可以在法定刑以下判处刑罚。

（4）免除处罚，指对犯罪分子作有罪宣告，但免除其刑罚处罚。

★36．简述累犯和再犯的区别。

【参考答案】累犯和再犯的区别表现在：

（1）累犯前后实施的犯罪必须是特定的犯罪，特定犯罪的性质是由法律明文规定的；而再犯前后实施的犯罪并无此方面的限制。

（2）累犯一般必须以前后两罪被判处或者应当判处一定刑罚为构成要件；而构成再犯，并不要求前后两罪必须被判处一定刑罚。

（3）累犯所犯后罪，一般必须是前罪刑罚执行完毕或者赦免以后的法定期限之内实施的；而构成再犯，对前后两罪之间并无时间方面的限制。

（4）累犯是法定量刑情节，再犯是酌定量刑情节，但毒品再犯是法定量刑情节。毒品再犯即因犯走私、贩卖、运输、制造、非法持有毒品罪被判过刑，又实施毒品犯罪的，从重处罚。

★37．简述累犯的刑事责任。

【参考答案】和初犯或其他犯罪人相比，累犯往往具有更深的主观恶性和更大的人身危险性，所以，依据罪责刑相适应原则和刑罚个别化原则，我国刑法对于累犯采取应当从重处罚的原则。具体而言，累犯的刑事责任包括如下内容：

（1）对累犯必须从重处罚。无论是具备一般累犯的构成条件者，还是具备特别累犯的构成条件者，都必须对其在法定刑的限度以内，判处相对较重的刑罚即适用较重的刑种或较长的刑期。

（2）对于累犯应当比照不构成累犯的初犯或其他犯罪人从重处罚。对于累犯应当从重处罚，并不是无原则的、无限制的从重处罚，而应以不构成累犯的初犯或其他犯罪人为从重处罚的参照标准。

（3）对于累犯从重处罚，必须根据其所实施的犯罪行为的性质、情节和社会危害程度，确定具体应判处的刑罚，切忌毫无事实根据地对累犯一律判处法定最高刑的做法。

38．简述共同犯罪自首的认定。

【参考答案】共同犯罪人自首时所应供述的自己的罪行的范围，必须与其在共同犯罪中所起的作用和具体分工相适应：

（1）主犯应供述的罪行范围。主犯中的首要分子必须供述的罪行，应包括其组织、策划、指挥作用所及或支配下的全部罪行；其他主犯必须供述的罪行，应包括其在首要分子的组织、策划、指挥作用的支配下单独实施的共同犯罪行为，以及与其他共同犯罪人共同实施的犯罪行为。

（2）从犯应供述的罪行范围。从犯中次要的实行犯必须供述的罪行，应包括犯罪分子自己实施的犯罪，以及与自己共同实施犯罪的主犯和胁从犯的犯罪行为；从犯中的帮助犯必须供述的罪行，应包括自己实施的犯罪帮助行为，以及自己所帮助的实行犯的犯罪行为。

（3）胁从犯应供述的罪行范围。胁从犯应供述的罪行，包括自己在被胁迫情况下实施的犯罪，以及所知道的胁迫自己犯罪的胁迫人所实施的犯罪行为。

（4）教唆犯应供述的罪行范围。教唆犯应供述的罪行，包括自己的教唆行为，以及所了解的被教唆人产生犯罪意图之后实施的犯罪行为。

39．简述自首和坦白的主要区别。

【参考答案】（1）自首是犯罪人自动投案之后，主动如实供述自己犯罪事实的行为，或者被动归案以后，如实供述司法机关还未掌握的本人其他罪行的行为；坦白则是犯罪人被动归案之后，如实交代自己被指控的犯罪事实的行为。

（2）自首与坦白所反映的犯罪人的人身危险性程度不同，自首犯的人身危险性相对较轻，坦白者的人身危险性相对较重。在一般情况下，自首比坦白的从宽处罚幅度要大。

40．简述一般立功和重大立功的表现。

【参考答案】（1）一般立功表现有：犯罪分子检举、揭发他人的犯罪行为，包括共同犯罪案件中的犯罪分子揭发同案犯共同犯罪以外的其他犯罪，经查证属实；提供侦破其他案件的重要线索，经查证属实；阻止他人犯罪活动；协助司法机关抓捕其他犯罪嫌疑人（包括同案犯）；具有其他有利于国家和社会的突出表现的行为。

（2）重大立功表现有：犯罪分子检举、揭发他人重大犯罪行为，经查证属实；提供侦破其他重大案件的重要线索，经查证属实；阻止他人重大犯罪活动；协助司法机关抓捕其他重大犯罪嫌疑人（包括同案犯）；对国家和社会有其他重大贡献等表现的行为。

41．简述我国刑法规定的数罪并罚中并科原则的适用。

【参考答案】（1）数罪中有判处有期徒刑和管制，或者拘役和管制的，有期徒刑、拘役执行完毕后，管制仍须执行。

（2）数罪中有判处附加刑的，附加刑仍须执行，其中附加刑种类相同的，合并执行，种类不同的，分别执行。

42．简述有期自由刑的合并处罚规则。

【参考答案】（1）数个同种有期自由刑的合并处罚规则——限制加重原则。①判决宣告的数个主刑均为有期徒刑的，应当在总和刑期以下、数刑中最高刑期以上，酌情决定执行的刑期。有期徒刑总和刑期不满35年的，最高不能超过20年，总和刑期在35年以上的，最高不能超过25年。②判决宣告的数个主刑均为拘役的，应当在总和刑期以下、数刑中最高刑期以上，酌情决定执行的刑期，但是最高不能超过1年。③判决宣告的数个主刑均为管制的，应当在总和刑期以下、数刑中最高刑期以上，酌情决定执行的刑期，但是最高不能超过3年。

（2）数个不同种有期自由刑的合并处罚规则。数罪中有判处有期徒刑和拘役的，执行有期徒刑。数罪中有判处有期徒刑和管制，或者拘役和管制的，有期徒刑、拘役执行完毕后，管制仍须执行。

43．简述战时缓刑的适用条件和法律后果。

【参考答案】（1）适用条件：①适用的时间必须是在战时。战时是指国家宣布进入战争状态、部队受领作战任务或者遭敌突然袭击时。部队执行戒严任务或者处置突发性暴力事件时，以战时论。②适用的对象只能是被判处3年以下有期徒刑的犯罪军人。不是犯罪的军人，或者虽是犯罪的军人，但被判处的刑罚为3年以上有期徒刑，均不能适用战时缓刑。③适用战时缓刑的基本依据是在战争条件下宣告缓刑没有现实危险。这是战时缓刑最关键的适用条件。即使是被判处3年以下有期徒刑的犯罪军人，若适用缓刑具有现实危险，也不能宣告缓刑。

（2）法律后果：被宣告缓刑的犯罪军人，允许其戴罪立功，确有立功表现时，可以撤销原判刑罚，不以犯罪论处。

44．简述减刑后的刑期计算。

【参考答案】减刑后刑期的计算因原判刑罚的种类不同而有所区别：

（1）对于原判管制、拘役、有期徒刑的，减刑后的刑期自原判决执行之日起计算；原判刑期已经执行的部分，应计入减刑以后的刑期之内。

（2）对于原判无期徒刑减为有期徒刑的，刑期自裁定减刑之日起计算；已经执行的刑期，不计入减为有期徒刑以后的刑期之内。

（3）对于无期徒刑减为有期徒刑之后，再次减刑的，其刑期的计算，则应按照有期徒刑的减刑方法计算，即应当从前次裁定减为有期徒刑之日算起。

（4）对于曾被依法适用减刑，后因原判决有错误，经再审后改判为较轻刑罚的，原来的减刑仍然有效，所减刑期，应从改判的刑期中扣除。

45. 简述假释与减刑的区别。

【参考答案】（1）适用范围不同。假释只适用于被判处无期徒刑和有期徒刑的犯罪分子；减刑适用于被判处管制、拘役、有期徒刑、无期徒刑的犯罪分子。

（2）适用次数不同。假释只能宣告一次；减刑不受次数的限制，可以减刑一次，也可以减刑数次。

（3）法律后果不同。假释附有考验期，如果发生法定情形，就撤销假释；减刑没有考验期，即使犯罪分子再犯新罪，已减的刑期也不恢复。

（4）适用方法不同。对被假释人当即解除监禁，予以附条件释放；对被减刑人则要视其减刑后是否有余刑，才能决定是否释放，有未执行完的刑期的，仍需在监继续执行。

46. 简述假释与缓刑的区别。

【参考答案】（1）适用范围不同。假释适用于被判处无期徒刑和有期徒刑的犯罪分子；缓刑只适用于被判处拘役和 3 年以下有期徒刑的犯罪分子。

（2）适用时间不同。假释是在刑罚执行过程中，根据犯罪分子的表现，以裁定作出的；缓刑则是在判决的同时宣告的。

（3）适用根据不同。适用假释的根据，是犯罪分子在刑罚执行中的表现以及假释后没有再犯罪的危险；适用缓刑的根据，是犯罪分子的犯罪情节和悔罪表现以及适用缓刑没有再犯罪的危险。

（4）不执行的刑期不同。假释必须先执行原判刑期的一部分，而对尚未执行完的刑期，附条件不执行；缓刑是对原判决的全部刑期有条件地不执行。

47. 简述假释与监外执行的区别。

【参考答案】（1）适用对象不同。假释只适用于被判处无期徒刑和有期徒刑的罪犯；监外执行则适用于被判处有期徒刑和拘役的罪犯，对被判处无期徒刑的罪犯，有怀孕或者正在哺乳自己婴儿的妇女情形的，可以暂予监外执行。

（2）适用条件不同。假释适用于执行了一定刑期，认真遵守监规，接受教育改造，确有悔改表现，已不致再危害社会的犯罪分子；监外执行适用于因法定特殊情况不宜在监内执行的犯罪分子。

（3）收监条件不同。假释只有在假释考验期内发生法定情形，才能撤销；监外执行则在监外执行的法定条件消失，且刑期未满的情况下收监执行。

（4）期间计算不同。假释犯若被撤销假释，其假释的期间，不能计入原判执行的刑期之内；监外执行的期间，无论是否收监执行，均计入原判执行的刑期之内。

48. 简述罪状的类型。

【参考答案】（1）简单罪状，即在刑法分则条文中只简单描述具体犯罪的基本特征而不作更多的解释。

（2）叙明罪状，即在刑法分则条文中详尽描述具体犯罪的基本特征。

（3）空白罪状，即在刑法分则条文中不直接叙明犯罪的特征，而只是指出该犯罪行为所违反的其他法律、法规。

（4）引证罪状，即引用刑法分则的其他条款来说明某种犯罪的特征。

（5）混合罪状，即刑法分则条文同时采用空白罪状与叙明罪状形式描述某种具体犯罪的罪状。

49. 简述间谍罪的客观方面。

【参考答案】（1）参加间谍组织或者接受间谍组织及其代理人的任务的。

（2）为敌人指示轰击目标的。

50. 简述违规制造、销售枪支罪的客观方面。

【参考答案】（1）以非法销售为目的，超过限额或者不按照规定的品种制造、配售枪支的。

（2）以非法销售为目的，制造无号、重号、假号的枪支的。

（3）非法销售枪支或者在境内销售为出口制造的枪支的。

51. 简述恐怖活动组织的概念和特征。

【参考答案】恐怖活动组织是指三人以上，以实施恐怖活动为目的而建立起来的，具有较强的组织性和稳定性，通过计划和实施恐怖活动而危害公共安全的犯罪组织。

恐怖活动组织的特征有：

（1）恐怖活动组织是为达到一定的特殊目的而组建的，一般带有明显的政治性目的。

（2）恐怖活动组织是一种犯罪集团的特殊形式，具有较强的组织性和稳定性。

（3）恐怖活动组织专门或者主要从事暗杀、绑架、放火、爆炸、劫持人质和交通工具等严重暴力犯罪行为。

52. 简述危险驾驶罪的客观方面。

【参考答案】（1）在道路上驾驶机动车追逐竞驶，情节恶劣的。

（2）在道路上醉酒驾驶机动车的。

（3）从事校车业务或者旅客运输，严重超过额定乘员载客，或者严重超过规定时速行驶的。

（4）违反危险化学品安全管理规定运输危险化学品，危及公共安全的。

53. 简述危险作业罪的客观方面。

【参考答案】（1）关闭、破坏直接关系生产安全的监控、报警、防护、救生设备、设施，或者篡改、隐瞒、销毁其相关数据、信息的。

（2）因存在重大事故隐患被依法责令停产停业、停止施工、停止使用有关设备、设施、场所或者立即采取排除危险的整改措施，而拒不执行的。

（3）涉及安全生产的事项未经依法批准或者许可，擅自从事矿山开采、金属冶炼、建筑施工，以及危险物品生产、经营、储存等高度危险的生产作业活动的。

54. 简述妨害药品管理罪的客观方面。

【参考答案】违反药品管理法规，有下列情形之一，足以严重危害人体健康的，构成妨害药品管理罪：

（1）生产、销售国务院药品监督管理部门禁止使用的药品的。

（2）未取得药品相关批准证明文件生产、进口药品或者明知是上述药品而销售的。

（3）药品申请注册中提供虚假的证明、数据、资料、样品或者采取其他欺骗手段的。

（4）编造生产、检验记录的。

★55. 简述生产、销售不符合安全标准的食品罪和生产、销售有毒、有害食品罪的区别。

【参考答案】（1）客观表现不同。生产、销售不符合安全标准的食品罪是指违反国家食品卫生安全管理法规，生产、销售不符合食品安全标准的食品，足以造成严重食物中毒事故或者其他严重食源性疾病的行为；生产、销售有毒、有害食品罪是指违反国家食品安全管理法律法规，在生产、销售的食品中掺入有毒、有害的非食品原料的，或者销售明知掺有有毒、有害的非食品原料的食品的行为。

（2）食品性质不同。生产、销售有毒、有害食品罪造成危害的是“有毒、有害的非食品原料”；生产、销售不符合安全标准的食品罪，则通常是食品的物质，因为变质而产生毒害。

（3）行为性质不同。生产、销售有毒、有害食品罪是行为犯，行为人实施了生产、销售有毒、有害食品的行为，就构成生产、销售有毒、有害食品罪；生产、销售不符合安全标准的食品罪是危险犯，除了实施生产、销售不符合食品安全标准的食品的行为外，还要足以造成严重食物中毒事故或者其他严重食源性疾病，才能构成犯罪。

56. 简述间接走私行为的客观表现。

【参考答案】（1）直接向走私人非法收购国家禁止进口物品的，或者直接向走私人非法收购走私进口的其他货物、物品，数额较大的。

（2）在内海、领海、界河、界湖运输、收购、贩卖国家禁止进出口物品的，或者运输、收购、贩卖国家限制进出口货物、物品，数额较大，没有合法证明的。

57. 简述妨害信用卡管理罪的客观方面。

【参考答案】（1）明知是伪造的信用卡而持有、运输的，或者明知是伪造的空白信用卡而持有、运输，数量较大的。

（2）非法持有他人信用卡，数量较大的。

（3）使用虚假的身份证明骗领信用卡的。

（4）出售、购买、为他人提供伪造的信用卡或者以虚假的身份证明骗领的信用卡的。

58. 简述贷款诈骗罪的客观方面。

【参考答案】（1）编造引进资金、项目等虚假理由的。

（2）使用虚假的经济合同的。

（3）使用虚假的证明文件的。

（4）使用虚假的产权证明作担保或者超出抵押物价值重复担保的。

（5）以其他方法诈骗贷款的。

59. 简述骗取贷款罪和贷款诈骗罪的区别。

【参考答案】（1）主体不同。骗取贷款罪的主体包括自然人和单位；贷款诈骗罪只能由自然人构成。

（2）主观方面不同。骗取贷款罪不以非法占有贷款为目的，其目的只是骗取贷款；贷款诈骗罪以非法占有贷款为目的。

（3）客体不同。骗取贷款罪侵犯的客体是金融管理秩序与金融机构的信用安全；贷款诈骗罪侵犯的客体是国家对金融机构贷款的管理制度和金融机构的财产所有权。

60. 简述信用卡诈骗罪的客观方面。

【参考答案】（1）使用伪造的信用卡，或者使用以虚假的身份证明骗领的信用卡的。

（2）使用作废的信用卡的。

（3）冒用他人信用卡的。

（4）恶意透支的。

61．简述保险诈骗罪的客观方面。

【参考答案】（1）投保人故意虚构保险标的，骗取保险金的。

（2）投保人、被保险人或者受益人对发生的保险事故编造虚假的原因或者夸大损失的程度，骗取保险金的。

（3）投保人、被保险人或者受益人编造未曾发生的保险事故，骗取保险金的。

（4）投保人、被保险人故意造成财产损失的保险事故，骗取保险金的。

（5）投保人、受益人故意造成被保险人死亡、伤残或者疾病，骗取保险金的。

62．简述逃避缴纳税款应追究逃税罪刑事责任的情形。

【参考答案】逃避缴纳税款，有下列情形之一的，应追究行为人逃税罪的刑事责任：

（1）纳税人采取欺骗、隐瞒手段进行虚假纳税申报或者不申报，逃避缴纳税款，数额在10万元以上并且占各税种应纳税总额10％以上，经税务机关依法下达追缴通知后，不补缴应纳税款、不缴纳滞纳金或者不接受行政处罚的。

（2）纳税人5年内因逃避缴纳税款受过刑事处罚或者被税务机关给予二次以上行政处罚，又逃避缴纳税款，数额在10万元以上并且占各税种应纳税总额10％以上的。

（3）扣缴义务人采取欺骗、隐瞒手段，不缴或者少缴已扣、已收税款，数额在10万元以上的。

63．简述侵犯商业秘密罪的客观方面。

【参考答案】有下列侵犯商业秘密行为之一，情节严重的，构成侵犯商业秘密罪：

（1）以盗窃、贿赂、欺诈、胁迫、电子侵入或者其他不正当手段获取权利人的商业秘密的。

（2）披露、使用或者允许他人使用以前项手段获取的权利人的商业秘密的。

（3）违反保密义务或者违反权利人有关保守商业秘密的要求，披露、使用或者允许他人使用其所掌握的商业秘密的。

明知或者应知上述所列行为，获取、披露、使用或者允许他人使用该商业秘密的，以侵犯商业秘密论。

64．简述合同诈骗罪的客观方面。

【参考答案】（1）以虚构的单位或者冒用他人名义签订合同的。

（2）以伪造、变造、作废的票据或者其他虚假的产权证明作担保的。

（3）没有实际履行能力，以先履行小额合同或者部分履行合同的方法，诱骗对方当事人继续签订和履行合同的。

（4）收受对方当事人给付的货物、货款、预付款或者担保财产后逃匿的。

（5）以其他方法骗取对方当事人财物的。

65．简述非法经营罪的客观方面。

【参考答案】（1）未经许可经营法律、行政法规规定的专营、专卖物品或者其他限制买卖的物品的。

（2）买卖进出口许可证、进出口原产地证明以及其他法律、行政法规规定的经营许可证或者批准文件的。

（3）未经国家有关主管部门批准非法经营证券、期货、保险业务的，或者非法从事资金支付结算业务的。

（4）其他严重扰乱市场秩序的非法经营行为。

66. 简述强迫交易罪的客观方面。

【参考答案】（1）强买强卖商品的。

（2）强迫他人提供或者接受服务的。

（3）强迫他人参与或者退出投标、拍卖的。

（4）强迫他人转让或者收购公司、企业的股份、债券或者其他资产的。

（5）强迫他人参与或者退出特定的经营活动的。

67. 简述自杀案件的定性与处理。

【参考答案】（1）以暴力、威胁方法逼迫他人自杀或者以相约自杀的方式欺骗他人自杀而本人不自杀的，应当以故意杀人罪定罪处罚。

（2）诱骗、帮助不满14周岁的人或者丧失辨认或者控制能力的人自杀的，也应当以故意杀人罪定罪处罚。

（3）实施了刑法所规定的作为或者不作为而造成他人自杀身亡的，应当将他人自杀身亡的结果作为行为人构成的某种犯罪的量刑情节予以考虑。

（4）教唆、帮助意志完全自由的人自杀的，不以犯罪论处。

68. 简述强奸妇女、奸淫幼女的加重处罚情形。

【参考答案】（1）强奸妇女、奸淫幼女情节恶劣的；

（2）强奸妇女、奸淫幼女多人的；

（3）在公共场所当众强奸妇女、奸淫幼女的；

（4）二人以上轮奸的；

（5）奸淫不满10周岁的幼女或者造成幼女伤害的；

（6）致使被害人重伤、死亡或者造成其他严重后果的。

69. 简述猥亵儿童罪的加重处罚情形。

【参考答案】（1）猥亵儿童多人或者多次的。

（2）聚众猥亵儿童的，或者在公共场所当众猥亵儿童，情节恶劣的。

（3）造成儿童伤害或者其他严重后果的。

（4）猥亵手段恶劣或者有其他恶劣情节的。

70. 简述拐卖妇女、儿童罪的加重处罚情形。

【参考答案】（1）拐卖妇女、儿童集团的首要分子。

（2）拐卖妇女、儿童三人以上的。

（3）奸淫被拐卖的妇女的。

（4）诱骗、强迫被拐卖的妇女卖淫或者将被拐卖的妇女卖给他人迫使其卖淫的。

（5）以出卖为目的，使用暴力、胁迫或者麻醉方法绑架妇女、儿童的。

（6）以出卖为目的，偷盗婴幼儿的。

（7）造成被拐卖的妇女、儿童或者其亲属重伤、死亡或者其他严重后果的。

（8）将妇女、儿童卖往境外的。

71. 简述侮辱罪和诽谤罪的区别。

【参考答案】（1）诽谤罪的行为方式只能是口头或者文字、图画的形式，而不可能是暴力的形式；侮辱罪的行为方式可以是口头、文字、图画的形式，也可以是暴力的形式。

（2）诽谤罪必须捏造事实，并以公然散布这一事实为必要；侮辱罪可以不用具体事实，也可以用具体事实的被害人的隐私来损害被害人的人格和名誉，但不可能使用捏造并散布事实的方法。与侮辱罪相比，诽谤罪对被害人名誉的侵害是通过编造虚假的事实来完成，而侮辱罪则是直接对被害人的名誉实施攻击。

72. 简述诽谤罪和诬告陷害罪的区别。

【参考答案】（1）犯罪客体不同。诽谤罪的犯罪客体是他人的人格与名誉；诬告陷害罪的犯罪客体是公民的人身权利和国家司法机关的正常活动。

（2）犯罪客观方面不同。诽谤罪客观方面表现为捏造损害他人人格、名誉的事实，并向他人散布，但并没有向国家机关或者有关部门单位告发；诬告陷害罪客观方面表现为捏造犯罪事实，并且向国家机关或者其他有关部门单位告发或者采取了足以引起司法机关追究活动的行为。

（3）犯罪主观方面不同。诽谤罪的目的在于损害他人人格、名誉，而不是使他人受到刑事追究；而诬告陷害罪的目的在于使他人受到刑事追究。

73. 简述报复陷害罪和诬告陷害罪的区别。

【参考答案】（1）犯罪客体不同。报复陷害罪的犯罪客体是公民的民主权利即公民的控告权、申诉权、批评监督权和国家机关的正常活动；诬告陷害罪的犯罪客体是公民的人身权利和国家司法机关的正常活动。

（2）犯罪对象不同。报复陷害罪的对象是控告人、申诉人、批评人、举报人；诬告陷害罪的对象可以是任何公民。

（3）犯罪行为手段不同。报复陷害罪表现为滥用职权，假公济私，对控告人、申诉人、批评人、举报人实行报复陷害的行为；诬告陷害罪表现为捏造他人犯罪的事实，并向国家机关或者有关单位与人员告发，或者采取其他足以引起司法机关追究活动的行为。

（4）犯罪主体不同。报复陷害罪的犯罪主体是特殊主体，即国家工作人员；诬告陷害罪的犯罪主体是一般主体，可以是任何达到刑事责任年龄并具有刑事责任能力的自然人。

（5）犯罪目的不同。报复陷害罪的犯罪目的是报复；诬告陷害罪的犯罪目的是使他人受到刑事追究。

74. 简述刑讯逼供罪与非法拘禁罪的区别。

【参考答案】（1）犯罪对象不同。刑讯逼供罪的犯罪对象是犯罪嫌疑人、被告人；非法拘禁罪的犯罪对象是任何依法享有人身自由权的公民。

（2）行为表现不同。刑讯逼供罪是对犯罪嫌疑人、被告人使用肉刑或者变相肉刑逼取口供的行为；非法拘禁罪则是以拘禁或者其他强制方法非法剥夺他人人身自由的行为。

（3）犯罪目的不同。刑讯逼供罪的目的只能是逼取口供，不具备这一主观特征的，不构成刑讯逼供罪；而非法拘禁罪则不要求具有这一目的。

（4）犯罪主体不同。刑讯逼供罪的犯罪主体只能是司法工作人员，非司法工作人员不能构成刑讯逼供罪；非法拘禁罪的犯罪主体是一般主体。

75. 简述抢劫罪与绑架罪的界限。

【参考答案】（1）主观方面不尽相同。抢劫罪中，行为人一般出于非法占有他人财物的故意实施抢劫行为；绑架罪中，行为人既可能为勒索他人财物而实施绑架行为，也可能出于其他非经济目的实施绑架行为。

（2）行为手段不尽相同。抢劫罪表现为行为人劫取财物一般应在同一时间、同一地点，具有“当场性”；绑架罪表现为行为人以杀害、伤害等方式向被绑架人的亲属或其他人或单位发出威胁，索取赎金或提出其他非法要求，劫取财物一般不具有“当场性”。

76. 简述挪用资金罪与职务侵占罪的界限。

【参考答案】（1）犯罪对象的范围不同。挪用资金罪的犯罪对象只限于本单位的资金；而职务侵占罪的犯罪对象既包括本单位的资金，也包括其他财物。

（2）犯罪的手段、方式不同。挪用资金罪表现为不采用转移所有权的方法，只是将本单位资金挪归个人使用或借给他人使用；而职务侵占罪则表现为以侵吞、盗取、骗取等手段，非法占有本单位的财物。

（3）犯罪目的不同。挪用资金罪是以非法使用为目的，挪用以后要归还；而职务侵占罪则以永久非法占有为目的。

77. 简述敲诈勒索罪与绑架罪的界限。

【参考答案】（1）敲诈勒索罪是以将要实施的侵害相威胁，强行索取公私财物，没有实施绑架行为；以勒索财物为目的的绑架罪则主要通过绑架人质，以交换人质为条件，逼人质的亲友交出财物。

（2）敲诈勒索罪的威胁既可以是暴力侵害，也可以是非暴力侵害，且都是以后才付诸实施的；以勒索财物为目的的绑架罪则是以杀害、伤害人质相威胁，而且因发出勒索时人质已在掌握之中，威胁内容随时都可以付诸实施，具有加害的现实性和紧迫性。

（3）敲诈勒索罪是直接从被害人手中取得财物；以勒索财物为目的的绑架罪则是从被绑架的人质的亲友或所在组织处取得财物。

78. 简述招摇撞骗罪与诈骗罪的区别。

【参考答案】（1）侵犯的客体不同。招摇撞骗罪侵犯的客体主要是国家机关的正常活动；而诈骗罪侵犯的客体则是公私财产所有权。

（2）犯罪手段不同。招摇撞骗罪的行为手段只能是冒充国家机关工作人员行骗；而诈骗罪的行为手段则是多种多样的，其中包括冒充国家机关工作人员行骗。

（3）成立犯罪的标准不同。招摇撞骗罪不要求行为人诈骗所得财物数额较大，只要行为人实施了冒充国家机关工作人员招摇撞骗的行为，原则上便构成犯罪；而诈骗罪的成立，必须是行为人诈骗所得的财物数额较大。

（4）犯罪的主观目的不同。招摇撞骗罪的犯罪目的是追求非法利益，其内容较诈骗罪的目的广泛一些，可以包括非法占有公私财物，也可以包括其他非法利益；诈骗罪的犯罪目的是非法占有公私财物。

79. 简述拒不履行信息网络安全管理义务罪的客观方面。

【参考答案】网络服务提供者不履行法律、行政法规规定的信息网络安全管理义务，经监管部门责令采取改正措施而拒不改正，有下列情形之一的，构成拒不履行信息网络安全管理义务罪：

（1）致使违法信息大量传播的。

（2）致使用户信息泄露，造成严重后果的。

（3）致使刑事案件证据灭失，情节严重的。

（4）有其他严重情节的。

80. 简述非法利用信息网络罪的客观方面。

【参考答案】利用信息网络实施下列行为之一，情节严重的，构成非法利用信息网络罪：

（1）设立用于实施诈骗、传授犯罪方法、制作或者销售违禁物品、管制物品等违法犯罪活动的网站、通讯群组的。

（2）发布有关制作或者销售毒品、枪支、淫秽物品等违禁物品、管制物品或者其他违法犯罪信息的。

（3）为实施诈骗等违法犯罪活动发布信息的。

81．简述“随意殴打他人”型寻衅滋事罪与故意伤害罪的区别。

【参考答案】（1）客观行为不同。寻衅滋事罪虽然也有殴打他人的行为，但是行为的强度没有故意伤害罪大。

（2）发生场所不同。随意殴打他人一般发生在公共场所，具有扰乱社会公共秩序的因素，而且犯罪人一般不会精心选择犯罪地点；而故意伤害罪的行为人往往对于伤害场所精心选择，有时为了追求犯罪更易得手，会挑选偏僻的场所。

（3）被害对象不同。随意殴打的被害对象往往是不特定的；而故意伤害罪的行为对象一般是特定的。

（4）主观动机不同。随意殴打的行为人抱有公然藐视社会法规和公德的心态，出于逞强好胜、好勇斗狠、发泄不满或开心取乐、寻求刺激等不健康动机而实施犯罪；而故意伤害罪的行为人主观上就是非法损害他人健康，没有寻求刺激等动机。

82．简述构成聚众斗殴罪法定刑升格处罚的情形。

【参考答案】有下列情形之一的，对首要分子和其他积极参加的，法定刑升格处罚：

（1）多次聚众斗殴的。

（2）聚众斗殴人数多，规模大，社会影响恶劣的。

（3）在公共场所或者交通要道聚众斗殴，造成社会秩序严重混乱的。

（4）持械聚众斗殴的。

83．简述伪证罪与诬告陷害罪的区别。

【参考答案】（1）犯罪主体不同。伪证罪的犯罪主体是特殊主体，限于证人、鉴定人、记录人、翻译人；而诬告陷害罪的犯罪主体为一般主体。

（2）犯罪发生的时间不同。伪证罪只能发生在刑事诉讼过程中；而诬告陷害罪则发生在刑事诉讼活动开始之前。

（3）犯罪意图不同。伪证罪的行为人的犯罪意图既可能是陷害无罪的人，也可能是包庇有罪之人；而诬告陷害罪的行为人的犯罪意图只能是陷害他人。

84．简述妨害作证罪与伪证罪的区别。

【参考答案】（1）客观方面的表现形式不同。妨害作证罪在客观方面表现为行为人以暴力、威胁、贿买等方法阻止证人作证或者指使他人作伪证的行为；而伪证罪的客观方面则表现为在刑事诉讼中，行为人对与案件有重要关系的情节，故意作虚假证明、鉴定、记录、翻译的行为。

（2）行为发生的时间不同。妨害作证罪可以发生在诉讼提起之前，也可以发生在诉讼过程中；而伪证罪则只能发生在刑事诉讼进行的过程之中。

（3）行为发生的场合不同。妨害作证罪可以发生在任何诉讼活动中；而伪证罪只能发生在刑事诉讼活动中。

（4）犯罪主体不同。妨害作证罪的犯罪主体是一般主体；而伪证罪的犯罪主体是特殊主体，限于证人、鉴定人、记录人和翻译人。

85．简述扰乱法庭秩序罪的客观方面。

【参考答案】（1）聚众哄闹、冲击法庭的。

（2）殴打司法工作人员或者诉讼参与人的。

（3）侮辱、诽谤、威胁司法工作人员或者诉讼参与人，不听法庭制止，严重扰乱法庭秩序的。

（4）有毁坏法庭设施，抢夺、损毁诉讼文书、证据等扰乱法庭秩序行为，情节严重的。

86. 简述伪证罪与包庇罪的区别。

【参考答案】（1）犯罪主体不同。伪证罪的主体是特殊主体，限于证人、鉴定人、记录人和翻译人；而包庇罪的主体为一般主体，可以是一切达到刑事责任年龄、具有刑事责任能力的自然人。

（2）实施犯罪的时间不同。伪证罪只能发生在刑事诉讼的过程中；而包庇罪可以发生在刑事诉讼开始之前、之中和之后。

（3）行为故意内容不同。伪证罪的行为人之犯罪故意内容既可以是隐匿罪证，从而使犯罪分子逃避法律制裁的意图，也可以是为了陷害他人，使无罪者受到刑事追究的意图；而包庇罪的故意内容只是意图使犯罪分子逃避法律制裁。

87. 简述组织他人偷越国（边）境罪的加重处罚情形。

【参考答案】（1）组织他人偷越国（边）境集团的首要分子。

（2）多次组织他人偷越国（边）境或者组织他人偷越国（边）境人数众多的。

（3）造成被组织人重伤、死亡的。

（4）剥夺或者限制被组织人人身自由的。

（5）以暴力、威胁方法抗拒检查的。

（6）违法所得数额巨大的。

（7）有其他特别严重情节的。

88. 简述妨害传染病防治罪的客观方面。

【参考答案】（1）供水单位供应的饮用水不符合国家规定的卫生标准的。

（2）拒绝按照疾病预防控制机构提出的卫生要求，对传染病病原体污染的污水、污物、场所和物品进行消毒处理的。

（3）准许或者纵容传染病病人、病原携带者和疑似传染病病人从事国务院卫生行政部门规定禁止从事的易使该传染病扩散的工作的。

（4）出售、运输疫区中被传染病病原体污染或者可能被传染病病原体污染的物品，未进行消毒处理的。

（5）拒绝执行县级以上人民政府、疾病预防控制机构依照传染病防治法提出的预防、控制措施的。

89. 简述非法行医罪和医疗事故罪的区别。

【参考答案】（1）客观方面不同。非法行医罪的行为人限于从事非法的诊治活动，而医疗事故罪的行为人从事的是合法的诊疗、护理活动。

（2）主体不同。非法行医罪的行为人无医生执业资格，而医疗事故罪的行为人则具有医生执业资格。

（3）主观方面不同。非法行医罪的主观方面表现为故意，而医疗事故罪的主观方面表现为过失。

90. 简述污染环境罪法定刑升格处罚的情形。

【参考答案】（1）在饮用水水源保护区、自然保护地核心保护区等依法确定的重点保护区域排放、倾倒、处置有放射性的废物、含传染病病原体的废物、有毒物质，情节特别严重的。

（2）向国家确定的重要江河、湖泊水域排放、倾倒、处置有放射性的废物、含传染病病原体的废物、有毒物质，情节特别严重的。

（3）致使大量永久基本农田基本功能丧失或者遭受永久性破坏的。

（4）致使多人重伤、严重疾病，或者致人严重残疾、死亡的。

91．简述污染环境罪与危险物品肇事罪的区别。

【参考答案】（1）侵害的客体不同。污染环境罪侵害的客体是国家环境保护制度和公私财产与公民健康、生命安全；而危险物品肇事罪侵害的客体是公共安全。

（2）客观表现不同。污染环境罪客观方面表现为违反国家规定向土地、水体、大气排放、倾倒或者处置危险废物的行为，就行为人的“排放”“倾倒”“处置”而言，是故意实施的；而危险物品肇事罪则表现为行为人在生产、储存、运输、使用危险物品的过程中因过失而导致了严重后果，行为人始终没有故意排放、倾倒或者处置的行为。

92．简述盗伐林木罪的一般客观表现。

【参考答案】（1）擅自砍伐国家、集体、他人所有或者他人承包经营管理的森林或者其他林木的。

（2）擅自砍伐本单位或者本人承包经营管理的森林或者其他林木的。

（3）在林木采伐许可证规定的地点以外采伐国家、集体、他人所有或者他人承包经营管理的森林或者其他林木的。

93．简述毒品犯罪共同犯罪的认定。

【参考答案】（1）毒品犯罪中，部分共同犯罪人未到案，如现有证据能够认定已到案被告人为共同犯罪，或者能够认定为主犯或者从犯的，应当依法认定。没有实施毒品犯罪的共同故意，仅在客观上为相互关联的毒品犯罪上下家，不构成共同犯罪。

（2）下列情形构成有关毒品犯罪的共犯：居间介绍者受贩毒者委托，为其介绍联络购毒者的，与贩毒者构成贩卖毒品罪的共同犯罪；明知购毒者以贩卖为目的购买毒品，受委托为其介绍联络贩毒者的，与购毒者构成贩卖毒品罪的共同犯罪；受以吸食为目的的购毒者委托，为其介绍联络贩毒者，毒品数量达到刑法规定的毒品犯罪的最低数量标准的，一般与购毒者构成非法持有毒品罪的共同犯罪；同时与贩毒者、购毒者共谋，联络促成双方交易的，通常认定与贩毒者构成贩卖毒品罪的共同犯罪。居间介绍者实施为毒品交易主体提供交易信息、介绍交易对象等帮助行为，对促成交易起次要、辅助作用的，应当认定为从犯；对于以居间介绍者的身份介入毒品交易，但在交易中超出居间介绍者的地位，对交易的发起和达成起重要作用的，可以认定为主犯。

94．简述强迫卖淫罪与强奸罪的区别。

【参考答案】（1）侵犯的客体不同。强迫卖淫罪侵犯的客体是社会主义道德风尚和公民的人身权利；而强奸罪侵犯的客体是妇女的性自由权利。

（2）侵害的对象不同。强迫卖淫罪侵害的对象可以是女性，也可以是男性；而强奸罪侵害的对象只能是女性。

（3）故意的内容不同。强迫卖淫罪的行为人的故意内容是为了获取钱财而强迫他人卖淫；强奸罪的行为人则是为了同他人发生性关系而实施暴力、胁迫等行为。

95．简述挪用公款罪的实行行为方式。

【参考答案】（1）挪用公款归个人使用，进行赌博、走私等非法活动的，构成挪用公款罪，此情形不受数额较大和挪用时间的限制。

（2）挪用公款数额较大，归个人进行营利活动的，构成挪用公款罪，此情形不受挪用时间和是否归还的限制。

（3）挪用公款归个人使用，数额较大、超过3个月未还的，构成挪用公款罪。

96. 简述贪污罪和挪用公款罪的区别。

【参考答案】（1）犯罪目的不同。挪用公款罪以非法占用为目的，即暂时地挪用公款归个人使用；贪污罪以非法占有为目的，即意图永远地非法占有公共财物。

（2）行为对象不同。挪用公款罪的对象仅限于公款；贪污罪的对象是公共财物，既包括公款，也包括公物。

（3）犯罪客体不同。挪用公款罪侵犯的是公款使用权；贪污罪侵犯的是公共财物所有权。

（4）客观方面行为手段不同。挪用公款的行为手段是擅自私用公款；贪污罪的行为手段是侵吞、窃取、骗取等非法手段。

（5）主体范围不完全相同。挪用公款罪的主体只限于国家工作人员；贪污罪的主体除国家工作人员外，还包括受国家机关、国有公司、企业事业单位、人民团体委托管理、经营国有财产的人员。

97. 简述斡旋受贿与一般受贿的区别。

【参考答案】（1）斡旋受贿的行为人必须利用本人职权或者地位形成的便利条件，行为人与被利用的国家工作人员之间没有隶属、制约关系。受贿罪的行为人与所利用的国家工作人员之间在职务上存在隶属、制约关系。

（2）斡旋受贿的行为人须索取或者收受了请托人的财物，且无论是索取财物还是收受请托人财物，都必须为请托人谋取利益，而且谋取的利益必须是不正当利益。一般受贿的行为人索贿的，不要求为他人谋取利益；收受贿赂的，则只有在为他人谋取利益时才成立犯罪。

98. 简述利用影响力受贿罪的客观方面。

【参考答案】（1）国家工作人员的近亲属或者其他与该国家工作人员关系密切的人，通过该国家工作人员职务上的行为，为请托人谋取不正当利益，索取请托人财物或者收受请托人财物，数额较大或者有其他较重情节。

（2）国家工作人员的近亲属或者其他与该国家工作人员关系密切的人，利用该国家工作人员职权或者地位形成的便利条件，通过其他国家工作人员职务上的行为，为请托人谋取不正当利益，索取请托人财物或者收受请托人财物，数额较大或者有其他较重情节。

（3）离职的国家工作人员或者其近亲属以及其他与其关系密切的人，利用该离职的国家工作人员原职权或者地位形成的便利条件，通过其他国家工作人员职务上的行为，为请托人谋取不正当利益，索取请托人财物或者收受请托人财物，数额较大或者有其他较重情节。

99. 简述对有影响力的人行贿罪的行为对象。

【参考答案】（1）国家工作人员的近亲属。

（2）与国家工作人员关系密切的人。

（3）离职的国家工作人员。

（4）离职的国家工作人员的近亲属。

（5）与离职的国家工作人员关系密切的人。

100. 简述徇私枉法罪与诬告陷害罪的区别。

【参考答案】（1）客观方面不同。徇私枉法罪的客观方面表现为徇私枉法、徇情枉法，对明知是无罪的人而使他受追诉、对明知是有罪的人而故意包庇不使他受追诉，或者在刑事审判活动中故意违背事实和法律作枉法裁判的行为，行为人一般是利用承办有关的刑事案件徇私枉法；而诬告陷害罪的客观方面则表现为捏造事实诬告陷害他人，意图使他人受刑事追究，情节严重的行为，即利用司法机关来追诉无罪的人。

（2）犯罪主体不同。徇私枉法罪的犯罪主体是特殊主体，即司法工作人员；而诬告陷害罪的犯罪主体是一般主体。

（3）侵犯的客体不同。徇私枉法罪侵犯的客体是司法公正和司法机关的正常活动；而诬告陷害罪侵犯的客体为公民的人身权利。

第二节　论述题

一、历年真题考查内容

刑法学论述题时难时易，大多数考题可从《考试分析》中找到答案要点，但个别年份的考题，不能从《考试分析》中找到完整答案。本书对于《考试分析》中缺乏完整答案的论述题进行了补充、完善。从命题规律看，考试中刑法学考查一道论述题，分值为 15 分，除了 2022 年之外，其他年份的考题都出自刑法总则部分，但仍不排除以后的考试中继续在刑法分则部分命题。具体出题情况见下表：

出题年份	考查内容
2010 年	试论共同犯罪中主犯的认定。
2011 年	试论犯罪既遂的认定。
2012 年	试论我国刑法对死刑适用的限制。
2013 年	试论累犯的构成条件。
2014 年	试论刑法中紧急避险的成立条件。
2015 年	试述防卫过当的成立条件及其刑事责任。
2016 年	试论刑法中的教唆犯。
2017 年	试论我国刑法中的法律认识错误。
2018 年	试论犯罪的基本特征。
2019 年	试论我国刑法理论中判断犯罪既遂的不同学说。
2020 年	试论我国刑法中数罪并罚的限制加重原则。
2021 年	试论将想象竞合犯按照实质一罪论处的理由。
2022 年	“醉酒驾驶机动车”入刑后，危险驾驶罪成为司法实践中最常适用的罪名之一。有观点认为，醉驾入刑打击面过宽，应予废除。请结合该观点，试述醉驾入刑的合理性。

二、论述题专项训练

1．试论刑法的任务。

【参考答案】（1）刑法的任务是指国家为了实现刑法的目的所必须完成的工作。根据我国刑法的规定，刑法的任务就是用刑罚同一切犯罪行为作斗争，以保卫国家安全，保卫人民民主专政的政权和社会主义制度，保护国有财产和劳动群众集体所有的财产，保护公民私人所有的财产，保护公民的人身权利、民主权利和其他权利，维护社会秩序、经济秩序，保障社会主义建设事业的顺利进行。刑法的目的是保护法益，刑法的任务是刑法目的的具体化。刑法的任务可以概括为两个方面：一是惩罚任务，二是保护任务。刑法任务的明确性与全面性，是我国刑法的重要特点。

（2）惩罚任务即用刑罚同一切犯罪行为作斗争。刑法惩罚的对象只能是实施了犯罪的人。这是刑法任务不同于其他部门法任务的特殊性之一。不仅刑法惩罚的对象是特殊的，而且刑法惩罚的手段也是特殊的，即它使用的是刑罚手段。因为犯罪不同于其他违法行为，仅仅用行政处罚、民事制裁等手段惩罚犯罪是不够的，对犯罪必须用最严厉的国家制裁方法即刑罚进行惩罚。没有刑罚，就不可能同犯罪作有效的斗争。

（3）保护任务即保护人民、社会和国家。首先，保卫国家的安全、人民民主专政的政权和社会主义制度。严厉打击直接危害我国人民民主专政的政权和社会主义制度的危害国家安全的犯罪行为，这是我国刑法的首要任务。其次，保护公共财产和公民私人所有的合法财产。国有财产和劳动群众集体所有的财产，是社会主义的物质基础，是我国进行现代化建设的物质保证，它们直接关系到我国政权和制度的巩固以及社会生活的正常和繁荣，因而保护公共财产是我国刑法的重要任务。公民私人所有的合法财产，是公民生产、工作、生活必不可少的物质条件。保护公民私人所有的合法财产，贯彻了宪法的相关原则。再次，保护公民的人身权利、民主权利和其他权利。保护公民的合法权益是我国作为社会主义国家的根本任务，也是我国刑法任务的重要内容之一。最后，维护社会秩序和经济秩序。良好的社会秩序和经济秩序，是社会主义建设事业顺利进行的保障，同人民的切身利益密切相关，因此，维护社会秩序和经济秩序是刑法的一项重要任务。

（4）惩罚任务与保护任务密切联系：不使用惩罚手段抑止犯罪行为，就不可能保护法益；为了保护法益，必须有效地惩罚各种犯罪；惩罚是手段，保护是目的。这就要求司法人员在适用刑法时，以保护法益为目的，决不能为了惩罚而惩罚。

★2．试论刑法的机能。

【参考答案】刑法的机能是指刑法能产生的积极作用。

刑法具有以下三种机能：

（1）规制机能：对人的行为进行规制或者约束的机能。规制机能的方式是将一定的行为当作犯罪，对其规定刑罚，向国民显示该行为为法律所不允许；或者要求国民不要实施特定的犯罪行为。规制机能表明刑法具有评价的机能和决定的机能，据此防止犯罪行为的发生。

（2）保护机能：保护国家、社会和个人法益的机能。犯罪是侵害法益的行为，刑法禁止和惩罚犯罪，是为了保护法益。法益保护机能主要依靠刑罚的宣示与适用来实现。

（3）保障机能：保障公民不受国家刑罚权的非法侵害并保障犯罪人不受刑法规定之外的刑罚处罚的机能。根据罪刑法定原则，只要行为人的行为不构成刑法所规定的犯罪，其就不受刑罚处罚，这限制了国家对刑罚权的发动；对犯罪人也只能根据刑法的规定给予处罚，不得超出刑法规定的范围判处刑罚，这便保障了犯罪人免受不恰当的刑罚处罚。人权保障机能主要依靠限制刑罚的适用而实现。

行为规制机能、法益保护机能和人权保障机能的关系：刑法的目的是保护法益，刑法必须禁止侵犯法益的犯罪行为，这必然产生行为规制效果，从而发挥行为规制机能。刑法在法益保护机能和人权保障机能之间进行协调，在充分权衡利弊的基础上，使两个机能得到充分发挥。刑法应当在罪刑法定的限度内充分发挥和尽量实现刑法的法益保护机能。

3. 试论刑法的谦抑性。

【参考答案】（1）刑法应当具有谦抑性。刑法的谦抑性是指刑罚作为最严厉的处罚手段，其必须在其他制裁手段的处罚力度明显不充分时，才能加以适用。

（2）需要法律加以保护的社会利益是多种多样的，其保护手段也是多方面的，刑法并没有保护所有应当保护的社会利益的功能与效力，即刑法不是万能的，刑罚手段具有局限性。刑法和其他法律一起共同对法益实施保护，对侵害合法权益的行为，并非都需要刑法介入，如违约行为侵犯他人财产权，在民法的保护已经足够时，刑法必须保持克制与谦抑。由刑罚的严厉性所决定，刑法是国家法律手段中破坏性最强的一种，其可能间接甚至直接地对刑法本身应当保护的利益产生危害，所以，只有在民事、行政等法律对法益的保护不充分，国家、社会或者个人以其他手段无法有效地保护该利益，而只有通过刑罚才能有效加以保护的情况下，刑罚作为“最后手段”才能被适用。刑罚的发动，必须限于社会秩序迫切需要维持的场合，而且刑罚权的运用必须限定在最小的活动范围内；在反社会的行为发生之后，要给予刑罚处罚，必须要考虑用刑法保护法益是否唯一合理的手段，刑法必须有限制地、谨慎地适用，它只能在不得已的情况下和尽可能小的范围内将违法活动和违法者作为自己的关注对象，以此来保持刑法的宽容性，以有效地防止刑罚权的滥用。

（3）刑法的谦抑性表明，只有在其他法律难以预防和惩治某一违法行为时，刑法才能介入。刑法谦抑性的具体内容会随着时代的发展而变化，因此，谦抑性对立法者而言具有指导作用，但其不能成为限制立法权的工具。对于应当把何种行为看成足够严重以至于必须动用刑罚手段，是立法者自已判断的。当不能确定某种轻微的手段（如单纯的民事惩罚）是否足以充分防止侵害的时候，立法者对此享有自行评价的特权。因此，刑法的谦抑性并不反对与社会发展相匹配的、必要的犯罪化。其实，立法者只要不是将反伦理或者停留在思想领域、私人之间的行为犯罪化，就原则上不存在违反刑法谦抑性问题，不能将增设新罪和刑法谦抑性截然对立。

4. 试论罪刑法定原则。

【参考答案】（1）《刑法》第3条规定了罪刑法定原则：法律明文规定为犯罪行为的，依照法律定罪处刑；法律没有明文规定为犯罪行为的，不得定罪处刑。

（2）罪刑法定原则的基本内容有：①法定化，即犯罪和刑罚必须事先由法律明文规定。这里的法律，指全国人民代表大会及其常务委员会制定的法律、法令，通常是行为当时有效的法律。②反对事后法。事后法是行为实现之后颁布的法律。但是如果事后法有利于被告人，还是可以适用的。也就是要根据“从旧兼从轻”原则，犯罪行为发生之后生效的法律，对其生效前发生的犯罪行为，只有在其处罚轻于犯罪行为发生时生效的法律的场合才能适用于该行为。③反对类推。类推是在刑法无明文规定的情况下，比照最相类似的条文进行推理适用。类推违反罪刑法定原则。值得注意的是，类推解释与扩大解释在实践中往往难以区分。④禁止绝对不确定的刑罚。虽然不同犯罪的社会危害性不同，但在实践中不可能针对每一罪行确定其刑罚，所以刑罚往往是相对确定的，但既无上限、也无下限的刑罚由于不具有确定性，因此违反了罪刑法定原则。⑤明确化，即对于什么行为是犯罪以及犯罪所产生的法律后果，都必须作出具体的规定，并用文字表述清楚。根据法定化和明确化的要求，禁止采用习惯法、类推解释、行为后的重法（对被告不利的法律）、不明确的罪状、不确定的刑罚等。⑥合理化，即罪刑法定原则要求合理确定犯罪的范围和惩罚的程度，防止滥施刑罚，禁止采用过分的、残酷的刑罚。

(3) 罪刑法定原则主要体现在：①在刑事立法方面，刑法总则规定了犯罪的一般定义、共同构成要件、刑罚的种类、刑罚运用的具体制度等；刑法分则明确规定了各种具体犯罪的构成要件及其法定刑，为正确定罪量刑提供明确、完备的法律标准。②在刑事司法方面，废除了刑事司法类推制度，要求司法机关严格解释和适用刑法，依法定罪处刑。

5. 试论我国刑法的适用平等原则。

【参考答案】我国刑法规定，对任何人犯罪，在适用法律上一律平等。不允许任何人有超越法律的特权。它意味着对所有的人，不论其社会地位高低，民族、种族、性别、职业、宗教信仰、财产状况如何，在定罪量刑以及行刑的标准上都平等地依照刑法规定处理，不允许有任何歧视或者优待。就被害人而言，任何人受到犯罪侵害，都应当依法追究犯罪、保护被害人的权益；被害人同样的权益，应当受到刑法同样的保护，不得因为被害人的身份地位、财产状况等情况的不同而对犯罪和犯罪人予以不同的刑法适用。

刑法适用平等原则的具体内容包括：(1) 定罪平等。犯罪是侵害法益的行为，刑法的目的是保护法益。任何人的行为只要对法益有侵害，就应被作为犯罪进行追究，无论行为人身份、地位如何，都应当一律平等对待，适用相同的定罪标准。如果对一些罪犯因为其地位特殊、功劳大而使其逍遥法外、不予定罪，就不能有效地保护一部分合法权益；反之，对没有犯罪的普通公民进行任意追究，也会使这些人的合法权益受到侵害。所以，有罪不究或者罪及无辜，都是违反刑法适用平等原则的错误做法。当然，平等定罪不排斥法官根据共犯的规定区别情况定罪，也不排斥法官根据刑法分则关于身份犯的规定处理案件。(2) 量刑平等。刑法规范的普遍性特征使平等地对罪犯量刑成为可能。量刑平等并不等于对同样的罪名必须判处同样的刑罚。虽然触犯相同的罪名，但犯罪情节不同，犯罪的时间、地点的差别，行为的社会危害性就不相同，对不同罪犯的宣告刑就可能有所不同。这并不违反刑法适用平等原则。但是，单纯因为某些人地位高、权势大、经济实力强，就对其从宽发落，则严重违反刑法适用平等原则。当然，量刑平等并不排斥法官根据被告人是否具有累犯、自首、立功、未遂等法定量刑情节和其他酌定情节适用刑罚。(3) 行刑平等。在执行刑罚过程中，对于所有的受刑人都应当平等对待：罪刑相同、主观恶性相同的人，刑罚处遇应当相同。减刑、假释的条件须统一、均衡地予以把握。虽然犯罪的客观危害相同，但是，对教育改造效果好、悔罪表现明显的人给予减刑、假释，并不违反刑法适用平等原则。但是，对悔罪态度不好的人，不能因为其有权势、有经济实力就给予减刑、假释，否则，就是承认某些人有超越法律的特权。

6. 试论我国刑法的罪责刑相适应原则。

【参考答案】罪责刑相适应原则也称罪刑等价主义或者罪刑相均衡原则，即行为人犯多大的罪，就应当承担多大的刑事责任，法院亦应判处其相应轻重的刑罚，做到重罪重罚、轻罪轻罚，罚当其罪、罪责刑相称。我国刑法规定，刑罚的轻重，应当与犯罪分子所犯罪行和承担的刑事责任相适应。据此，刑法规定的罪责刑相适应原则有两方面内容：(1) 刑罚的轻重与客观的犯罪行为及其危害结果相适应，就是按照犯罪行为对社会造成的实际危害程度决定刑罚轻重。(2) 刑罚的轻重与犯罪人主观恶性的深浅、再次犯罪危险性的大小相适应。

刑法充分体现了这个原则，具体表现在：(1) 刑法分则对每一个罪都根据其犯罪的性质、情节和对于社会的危害程度规定了相应的法定刑，对重罪适用重刑，对轻罪适用轻刑。刑法分则根据各种犯罪侵害法益的不同，以及行为客观危害的大小规定了四百多个犯罪，使各种程度不同的危害行为都能够有对应的罪名加以规范。刑法分则根据各个罪的具体情况设立了轻重不同的法定刑幅度，对于大多数犯罪根据犯罪数额、数量和情节，规定了多个档次的或者跨度较大的法定刑，司法机关可以根据犯罪的法益侵害程度、犯罪手段及犯罪人主观恶性大小等情节，对犯罪人判处适当的刑罚，以有效防止轻罪重判，也不至于放纵犯罪。(2) 刑法总则中规定量刑的一般原则：对于犯罪分子决定刑罚的时候，应当根据犯罪的事实、犯罪的性质、情节和对于社会的危害程度，依照本法的有关规定判处。在裁量刑罚时，应尽量使刑罚与具体犯罪行为的社会危害性相适应，罚当其罪。(3) 刑法总则还规定，对累犯从重处罚、不得假释、不得缓刑；对未成年、又聋又哑的人、限制刑事责任能力人、自首、立功的人从宽处理；对中止犯处罚明显轻缓于未遂犯、预备犯；对过失犯处罚明显轻缓于故意犯等，体现了刑罚与犯罪人主观恶性、人身危险性相适应。

7. 试论我国刑法中的属地管辖原则。

【参考答案】(1) 属地管辖原则是指一国刑法规定对发生在该国领域的犯罪适用本国刑法的管辖原则。我国刑法规定，凡在中华人民共和国领域内犯罪的，除法律有特别规定的以外，都适用本法。凡在中华人民共和国船舶或者航空器内犯罪的，也适用本法。“中华人民共和国领域”，是指中国所领有的区域，即处于中国主权支配下的确定区域，包括我国的领陆、领水，领陆和领水下的底土，以及领陆和领水之上的领空。所谓“中华人民共和国船舶和航空器”，不仅包括悬挂了中华人民共和国国旗的船舶、航空器，而且包括挂有中华人民共和国国徽等表明中华人民共和国所有标志的船舶、航空器。我国刑法还根据遍在说确定犯罪地，犯罪的行为或者结果有一项发生在中华人民共和国领域内的，就认为是在中华人民共和国领域内犯罪，也就是说，行为实施地和结果发生地都是犯罪地，这种以犯罪发生的地域为根据来确定刑法适用范围的规范，也体现了属地管辖原则。

(2) 我国刑法还规定了属地管辖原则的例外情形，主要有以下情形：享有外交特权和豁免权的外国人的刑事责任，通过外交途径解决，不适用我国刑法关于属地管辖原则的规定；香港、澳门特别行政区发生的犯罪由当地的司法机构适用当地的刑法，不适用我国刑法关于属地管辖原则的规定；民族自治地方不能全部适用中国刑法规定的，可以由自治区或者省的人民代表大会根据当地民族的政治、经济、文化的特点和中国刑法规定的基本原则，制定变通或者补充的规定，从而部分不适用我国刑法。

8. 试论我国刑法的域外效力。

【参考答案】我国刑法的域外效力涉及属人原则、保护原则和普遍原则。

(1) 属人原则。属人原则即对于本国公民，无论在何地犯罪，一律适用本国刑法，即以犯罪人的国籍作为确定刑事管辖权的标准。我国刑法规定，中华人民共和国公民在中华人民共和国领域外犯本法规定之罪的，适用本法，但是按本法规定的最高刑为 3 年以下有期徒刑的，可以不予追究。中华人民共和国国家工作人员和军人在中华人民共和国领域外犯本法规定之罪的，适用本法。据此，我国公民在我国领域外犯罪的，无论按照法律是否认为是犯罪，也无论罪行是轻是重以及何种罪行，也不论其所犯罪行侵犯的是哪一国或公民的利益，原则上都可以适用我国刑法处理。只是按照我国刑法的规定，该中国公民所犯之罪的法定最高刑为 3 年以下有期徒刑的，可以不予追究。此外，我国的国家工作人员或者军人在域外犯罪，不论其所犯之罪按照我国刑法规定的法定最高刑是否为 3 年以下有期徒刑，我国司法机关都要追究其刑事责任。

(2) 保护原则。保护原则即对于侵害本国国家以及国民利益的犯罪，不论犯罪人是谁，也不论犯罪发生在何地，一律适用本国刑法。我国刑法规定，外国人在中华人民共和国领域外对中华人民共和国国家或者公民犯罪，而按本法规定的最低刑为 3 年以上有期徒刑的，可以适用本法，但是按照犯罪地的法律不受处罚的除外。据此，外国人在我国领域外对我国国家或者公民犯罪，我国刑法有权管辖，但是这种管辖权是有一定限制的：一是这种犯罪按照我国刑法规定的最低刑必须是 3 年以上有期徒刑；二是按照犯罪地的法律也应受刑罚处罚。

（3）普遍原则。普遍原则即对于某些严重侵害人类共同生活利益、生存状态的犯罪，无论犯罪人是谁，也无论犯罪发生在何处，更不考虑是否侵犯本国国家或者国民的利益，一律适用本国刑法。我国刑法规定，对于中华人民共和国缔结或者参加的国际条约所规定的罪行，中华人民共和国在所承担条约义务的范围内行使刑事管辖权的，适用本法。据此，凡是我国缔结或者参加的国际条约中所规定的罪行，在不能适用属地原则、属人原则、保护原则的情况下，我国司法机关在我国所承担条约义务的范围内行使刑事管辖权，依照我国的有关规定对罪犯予以惩处。可以适用普遍原则处理的犯罪应当仅限于劫持航空器罪、跨国贩毒、拐卖人口、海盗、种族灭绝、恐怖活动等。

9. 试论我国刑法的溯及力。

【参考答案】（1）刑法的溯及力是指刑法生效以后，对于其生效以前未经审判或者判决尚未确定的行为是否适用的问题。如果适用，就是有溯及力；如果不适用，就是没有溯及力。我国刑法规定，中华人民共和国成立以后本法施行以前的行为，如果当时的法律不认为是犯罪的，适用当时的法律；如果当时的法律认为是犯罪的，依照本法总则第四章第八节的规定应当追诉的，按照当时的法律追究刑事责任，但是如果本法不认为是犯罪或者处刑较轻的，适用本法。本法施行以前，依照当时的法律已经作出的生效判决，继续有效。我国刑法在溯及力上采取从旧兼从轻原则，对于新刑法施行前的行为，应当按照以下情况分别处理：（1）当时的法律不认为是犯罪，而修订后的刑法认为是犯罪，适用当时的法律，即修订后的刑法没有溯及力。对于这种情况，不能以修订后的刑法规定为犯罪为由追究行为人的刑事责任。（2）当时的法律认为是犯罪，但修订后的法律不认为是犯罪的，只要这种行为未经审判或者判决尚未确定，就应当适用修订后的刑法，即修订后的刑法具有溯及力。（3）当时的法律和修订后的刑法都认为是犯罪，并且按照修订后的刑法总则第四章第八节的规定应当追诉的，原则上按当时的法律追究刑事责任，即修订后的刑法不具有溯及力。这就是从旧兼从轻原则所指的从旧。但是，如果修订后的刑法比当时的法律“处刑较轻”，则应适用修订后的刑法，修订后的刑法具有溯及力。这便是从轻原则的体现。这里的“处刑较轻”，是指刑法对某种犯罪规定的刑罚即法定刑比修订前的刑法轻。法定刑较轻是指法定最高刑较轻；如果法定最高刑相同，则指法定最低刑较轻。如果刑法规定的某一犯罪只有一个法定刑幅度，法定最高刑或者最低刑是指该法定刑幅度的最高刑或者最低刑；如果刑法规定的某一犯罪有两个以上的法定刑幅度，法定最高刑或者最低刑是指具体犯罪行为应当适用的法定刑幅度的最高刑或者最低刑。（4）依据当时的法律已经作出的生效判决，继续有效。只要犯罪已经被判决，即使按修订后的刑法的规定，其行为不构成犯罪或者处刑较当时的法律要轻，也不能适用修订后的刑法。

10. 试论我国刑法中的犯罪定义。

【参考答案】（1）我国刑法规定，一切危害国家主权、领土完整和安全，分裂国家、颠覆人民民主专政的政权和推翻社会主义制度，破坏社会秩序和经济秩序，侵犯国有财产或者劳动群众集体所有的财产，侵犯公民私人所有的财产，侵犯公民的人身权利、民主权利和其他权利，以及其他危害社会的行为，依照法律应当受刑罚处罚的，都是犯罪，但是情节显著轻微危害不大的，不认为是犯罪。我国刑法规定的犯罪是危害社会、依照法律应受刑罚处罚的行为，兼顾犯罪的实质特征（严重的社会危害性）和形式特征（法律特征，即刑事违法性），是形式与实质相统一的犯罪定义。我国刑法规定的犯罪定义是对各种犯罪现象的理论概括，该定义不仅揭示了犯罪的法律特征和实质特征，从而为区分罪与非罪的界限提供了原则标准，是一个比较完整的犯罪定义。

（2）刑法规定的犯罪定义既含定性要求又含定量要求，对于合理认定犯罪及处罚犯罪具有重要的意义。该犯罪定义不仅从性质上明确了犯罪具有危害性和违法性，而且还设置了定量要求，即“情节显著轻微危害不大的，不认为是犯罪”，被称为犯罪定义的“但书”。该“但书”表明认定犯罪不仅仅需要正确“定性”，还需要合理确定危害的“程度”或“量”。“但书”的基本理念是通过对犯罪的实质特征提出定量的要求，赋予司法机关酌情排除犯罪的权力，避免过分拘泥于法律形式而作出刻板教条的判决。“但书”是区分“违法行为”与“犯罪行为”的宏观标准。“但书”是适应我国法律结构的需要而产生的。“但书”的刑事政策意义在于：可以缩小犯罪或刑事处罚的范围，避免给一些轻微的危害行为（或违法行为）打上犯罪的标记，有利于行为人改过自新；还可以合理配置司法资源，集中力量惩罚严重的违法行为——犯罪。

11．试论不作为义务的来源。

【参考答案】不作为构成犯罪必须以行为人负有一定的法定作为义务为前提，没有这种法定作为义务，也就欠缺要求某种不作为承担刑事责任的法律依据和客观依据。这种义务主要来自以下几个方面：

（1）法律上的明文规定。法律上的明文规定，一般是指刑法以外的其他法律规定，经刑法的认可成为定罪的依据。不作为只有违反法律规定的义务又触犯刑法的规定，才能构成犯罪。

（2）行为人职务上、业务上的要求。职务或业务职责要求的犯罪，是基于行为人的职务性质或业务职责而产生的，凡是由于职务或者业务要求履行的义务而又为刑法分则所列具体犯罪所包括时，都可以成立不作为犯罪。

（3）行为人的法律地位或法律行为所产生的义务。行为人的法律地位所产生的义务，是指行为人基于法律规定的地位所产生的防止危险发生的义务，在发生侵害法益的危险时，有防止其发生的义务。行为人的法律行为所产生的义务，是指在法律上能够设定权利、义务的行为所引起的义务，主要包括合同行为和事务管理行为。

（4）行为人因自己的先前行为具有发生一定危害结果的危险的，负有防止其发生的义务。但是，由于缺乏必要的能力或其他原因而不可能防止危害结果发生的，也不成立不作为犯罪。

12．试论危害结果在刑法中的意义。

【参考答案】危害结果是指危害行为对犯罪直接客体造成的实际损害或现实危险状态。危害结果作为犯罪客观方面的构成要素，集中体现了危害行为的社会危害性。对各个具体犯罪构成来说，危害结果对定罪量刑具有不同的影响：

（1）危害结果作为某些犯罪的构成要件。犯罪结果的有无往往是过失犯罪能否成立的基础，绝大多数过失犯罪都要求发生法定的物质性危害结果才能构成犯罪。另外，一些故意犯罪把发生法定结果规定为犯罪的必备构成要素。

（2）危害结果作为某些犯罪既遂的条件，这通常存在于故意犯罪且惩罚该未完成罪的场合。危害结果的有无往往是区别故意犯罪既遂和未遂的重要标志，无论危害结果以何种形式出现，一旦其系行为人所追求而又符合犯罪构成要件的要求，对于直接故意犯罪而言，都已经是既遂，而非未遂。

（3）出现某种危害结果作为对犯罪加重法定刑的条件。如果犯罪行为发生了某种严重的危害结果，则加重其法定刑，此为结果加重犯的犯罪形态。对于结果加重犯，刑法规定按照基本构成的内容进行定罪，但由于发生了法定的加重结果，同时加重其法定刑。

（4）发生某种实际损害的可能性（危险）作为某些犯罪的构成要件，或者作为某些犯罪既遂的条件。危害结果作为某些犯罪的构成要件，如生产、销售不符合卫生标准的食品罪，“足以造成严重食物中毒事故或者其他严重食源性疾病”是构成该罪的要件。危害结果作为某些犯罪既遂的条件，如破坏交通工具罪、破坏交通设施罪的既遂条件是“足以使交通工具倾覆、毁坏”。

13．试论刑事责任能力及其与刑事责任年龄的关系。

【参考答案】（1）刑事责任能力是指行为人认识自己行为的社会性质及其意义并控制和支配自己

行为的能力。简言之，就是辨认和控制自己行为的能力。所谓辨认能力，是指一个人认识自己特定行为的社会性质、意义和后果的能力，包括对事实真相本身的认识能力和对事实是非善恶评价的认识能力。所谓控制能力，是指一个人按照自己的意志控制和支配自己行为的能力。刑事责任能力是辨认能力和控制能力的统一，二者缺一不可，辨认能力和控制能力之间存在有机联系：辨认能力是刑事责任能力的前提和基础；控制能力是刑事责任能力的关键。辨认能力和控制能力必须同时具备，才能认定行为人具备刑事责任能力。行为人只有在具有这种辨认和控制自己行为能力的情况下，有意识地实施危害社会的行为，才能成立犯罪并负刑事责任。因此，在我国刑法上，刑事责任能力既是犯罪能力又是负刑事责任的能力。

（2）刑事责任年龄是指法律所规定的行为人对自己的犯罪行为负刑事责任必须达到的年龄。刑法对刑事责任年龄的规定，实际上是对刑事责任能力的正面规定。刑法规定承担刑事责任必须达到的年龄，意味着法律认为正常人达到了规定的年龄就具有辨认和控制自己行为的能力，也就是具有对相应犯罪负刑事责任的能力。刑法关于刑事责任年龄的规定表明：法律认为，自然人年满 16 周岁的，推定其对刑法中规定的所有犯罪具有承担刑事责任的能力。自然人年满 14 周岁不满 16 周岁的，推定其对故意杀人、故意伤害致人重伤或者死亡、强奸、抢劫、贩卖毒品、放火、爆炸、投放危险物质等犯罪具有承担刑事责任的能力；对法律规定的其他犯罪不具备承担刑事责任的能力。自然人年满 12 周岁不满 14 周岁的，推定其对故意杀人、故意伤害，致人死亡，或者以特别残忍手段致人重伤造成严重残疾，情节恶劣，经最高人民法院核准追诉的情况具有承担刑事责任的能力。自然人不满 12 周岁的，推定其不具备法定的辨认和控制能力，尚不具备承担刑事责任的能力；正因为如此，广义的刑事责任能力，包括刑事责任年龄，刑事责任年龄是刑事责任能力的时间前提或者年龄前提。

14. 试论刑法中的因果关系。

【参考答案】（1）刑法中的因果关系是指危害行为与危害结果之间的一种客观的引起与被引起的联系。罪责自负原则的基本要求是：一个人只能对自己的危害行为及其造成的危害结果承担刑事责任。确认危害行为与危害结果之间有因果关系，意味着犯罪构成客观要件中的两个因素即危害行为与危害结果之间具备了法律规定（要求）的客观性联系，或者基本构成要件的行为与加重结果之间（结果加重犯）具备了法律规定（要求）的客观性联系。如果不存在因果关系，则不能把某结果归责于行为人。但是，即使存在因果关系，也不意味着对结果当然负刑事责任。因为刑事责任是主客观统一的，仅仅认定存在因果关系是不够的，还需要认定是否具备承担刑事责任的其他条件，如主观要件（有无故意、过失）以及主体资格（责任年龄、责任能力）等。确认行为与结果之间存在因果关系是让行为人对该结果负刑事责任的客观基础，这意味着刑法中的因果关系只有在实害犯中探讨才有重要意义，因为实害犯的既遂必须以实害结果的发生为要件，并且这一实害结果必须与危害行为之间存在因果关系，如果某一结果的发生与行为人的行为之间没有因果关系，则不能要其对这一结果承担责任。在行为犯和危险犯中，一般不存在解决刑法中因果关系的问题，自然没有探讨因果关系的必要。

（2）刑法中的因果关系具有如下特点：①客观性。在刑法因果关系的特征中，因果关系的客观性最受到重视。所谓客观性，即危害行为与危害结果之间的因果关系是不以人的主观意志为转移的客观存在，将因果关系放在犯罪构成客观方面探讨也说明了因果关系的客观性。承认因果关系具有客观性有两个实际意义：一是因果关系的认定不受行为人主观认识的影响。行为人是否料想到自己的行为可能导致该种危害结果，对因果关系的有无不发生任何影响。二是有因果关系只能说明行为人具备对该结果承担刑事责任的客观性条件，不是充分条件。即使认定因果关系有所扩大，也不会导致刑事责任扩大化。②相对性。在社会生活中各种现象普遍存在联系，这种现象相对于被它引起的结果而言是原因，而它本身又是被某种现象引起的结果，由此形成了无数的因果环节。原因和结果是相对的，某一现象既是前一现象的结果又是后一现象的原因。因此，需从整个因果链条中抽出一对现象来研究。刑法研究因果关系的目的是解决行为人对危害结果是否应当承担刑事责任，所以在认定因果关系时应当抽取危害行为与危害结果这对现象，研究其因果关系。③必然性。因果关系一般表现为两种现象之间有着内在的、必然的、合乎规律的引起与被引起的关系，这是因果关系基本的和主要的表现形式。④复杂性。刑法中的因果关系在不同场合会呈现出“一因多果”“一果多因”等复杂状态。“一果多因”，即某个危害结果是由多个原因造成的。

（3）我国刑法采取因果关系客观说，亦即，行为人实施某种行为时是否存在主观认识，对因果关系的判断没有影响，换言之，认定因果关系时不考虑行为人的主观认识或不受行为人主观认识的影响。我国刑法把因果关系“设定”为一种客观的联系，即“设定”其地位仅仅是让行为人对该结果负刑事责任的客观基础。只要危害结果的发生是因危害行为引起的，就应当认定为有因果关系。认定存在因果关系是行为人负刑事责任的基础，但行为人是否对该结果负刑事责任、负何种责任，则需视主观认识而定：如果行为人是故意的，则（对死亡结果）承担故意罪责（故意杀人罪），如果行为人是过失的，则承担过失罪责；如果是意外事件，则不负刑事责任。

（4）在现实中，因果关系一般表现为一对现象之间存在着内在的、必然的、合乎规律的引起与被引起的关系。这种联系称为必然因果关系，它是因果关系基本的和主要的表现形式。但是在现实生活中，除了大量的存在必然联系的因果关系之外，在客观上还可能存在发生偶然联系的因果关系，即偶然因果关系。它是指某种行为本身不包含产生某种危害结果的必然性，但是在其发展过程中，偶然又有其他原因介入其中，即偶然地同另一原因的展开过程相交错，后来介入的这一原因合乎规律地引起了这种危害结果。对于偶然因果关系，因为采取因果关系客观说、只承认具有追究刑事责任客观基础的地位，相应扩大了认定因果关系的范围，所以通常认为有因果关系。但是对于非常态中的特别的极端情形，不能认定存在因果关系。

15. 试论我国刑法规定的精神病人的刑事责任。

【参考答案】通常达到刑事责任年龄的人也就具备了刑法意义上的辨认和控制自己行为的能力，或者说被法律推定为具备这种能力，即具有刑事责任能力。但是，有些人由于精神或生理上的缺陷而丧失辨认或控制自己行为的能力。我国刑法对此特殊情况作出了如下规定：

（1）完全丧失辨认和控制能力的精神病人。我国刑法规定，精神病人在不能辨认或者不能控制自己行为的时候造成危害结果，经法定程序鉴定确认的，不负刑事责任。认定精神病人完全丧失刑事责任能力，应当同时符合两个条件：一是医学标准，即行为人患有精神病；二是心理学标准，即行为人在行为时完全丧失了对自己行为的辨认能力和控制能力。我国刑法规定，经法定程序鉴定确系行为时不具有辨认或者控制能力的精神病人，不负刑事责任，但是应当责令他的家属或者监护人严加看管和医疗；在必要的时候，由政府强制医疗。

（2）精神正常的间歇性精神病人。间歇性精神病人是指患有精神病，但精神症状时有时无的精神病人。在精神病发作期间，这种病人可能完全或者部分丧失辨认或控制自己行为的能力，因而不可能承担或者不可能完全承担刑法所规定的刑事责任。但是，这种病人在精神病间歇期间，精神状态与常人无异，具有正常辨认和控制行为的能力，因而不存在免除或减轻行为人刑事责任的理由。所以，我国刑法规定，间歇性的精神病人在精神正常的时候犯罪，应当负刑事责任。

（3）尚未完全丧失或者控制自己行为能力的精神病人。尚未完全丧失或者控制自己行为能力的精神病人，是指经过法定程序鉴定，行为人确系精神病并处于精神病发作期，但是尚未严重到足以使行为人完全丧失辨认或控制自己行为能力的程度的情况。这种精神病人对犯罪行为还具有一定的辨认和控制能力，因此，他们应对自己实施的犯罪行为负刑事责任，但又不能让他们像正常人一样承担完全的刑事责任能力。所以，我国刑法规定，尚未完全丧失辨认或者控制自己行为能力的精神病人犯罪的，应当负刑事责任，但是可以从轻或者减轻处罚。

16. 试论单位犯罪的构成特征及处罚原则。

【参考答案】（1）单位犯罪是指公司、企业、事业单位、机关、团体实施的依法应当承担刑事责任的危害社会的行为。

（2）单位犯罪具有如下构成特征：①单位犯罪的主体包括公司、企业、事业单位、机关和团体。这既包括国有、集体所有的公司、企业、事业单位，也包括依法设立的合资经营、合作经营企业和具有法人资格的独资、私营等公司、企业、事业单位。另外，个人进行违法犯罪活动而设立的公司、企业、事业单位实施犯罪的，或者公司、企业、事业单位设立后，以实施犯罪为主要活动的，不以单位犯罪论处。盗用单位名义实施犯罪，违法所得由实施犯罪的个人私分的，依照刑法有关自然人犯罪的规定定罪处罚。以单位的分支机构或者内设机构、部门的名义实施犯罪，违法所得亦归分支机构或者内设机构、部门所有的，应当认定为单位犯罪。②单位犯罪法律明文规定才负刑事责任。法律明文规定，即刑法分则条文的明确规定。刑法分则条文包括现行刑法分则条文和最高国家立法机关根据实际需要制定的单行刑法及有关附属刑法规范。单位犯罪多数是故意犯罪，但也有少数属于过失犯罪。

（3）单位犯罪的处罚原则。对单位犯罪的处罚包括双罚制和单罚制两种。我国对单位犯罪的处罚采取以双罚制为原则，以单罚制为例外。具体而言，单位犯罪的情况具有复杂性，其社会危害性程度差别很大，一律采取双罚制，并不能全面准确地体现罪责刑相适应原则和对单位犯罪起到警诫的作用，因此，刑法分则和其他特别刑法另有规定不采取双罚制而采取单罚制的，依照规定。我国刑法规定，单位犯罪的，对单位判处罚金，并对其直接负责的主管人员和其他直接责任人员判处刑罚。

17. 试论无罪过事件。

【参考答案】（1）无罪过事件是指《刑法》规定的不认为是犯罪的情况，即行为在客观上虽然造成了损害结果，但是不是出于行为人的故意或者过失，而是由于不能抗拒或者不能预见的原因所引起的，不是犯罪。在我国，凡是没有故意或者过失的行为，即便造成了损害结果，也不成立犯罪。无罪过事件有意外事件、不可抗力和期待可能性三种情形。

（2）意外事件。意外事件是指行为在客观上虽然造成损害结果，但不是出于行为人的故意或者过失，而是由于不能预见的原因引起的事实。意外事件具有三个特征：①行为在客观上造成了损害结果。②行为人对自己行为所造成的结果既无故意也无过失。③这种损害结果的发生是由于不能预见的原因引起的。所谓“不能预见的原因”，是指行为人没有预见，而且根据当时的客观情况和行为人的主观认识能力，也不可能预见的原因。

（3）不可抗力。不可抗力是指行为在客观上虽然造成了损害结果，但不是出于行为人的故意或者过失，而是由于不能抗拒的原因所引起的，不是犯罪。所谓“不能抗拒的原因”，是指行为人遭遇到集全部智慧和力量都无法抗衡、不可能阻止危害结果发生的力量。不可抗力的来源是多方面的，可以来自大自然，也可以来自他人，还可以来自牲畜，还可能来自行为人本人生理疾患或心理障碍。

（4）期待可能性。期待可能性是指在行为人实行犯罪的具体场合，期待其实施适法行为而不实施违法行为的可能性。例如，在遇到紧急危机时，为了保全自己的利益而不得不损害他人利益的行为，或者在面临生理疾病、或者面临重大灾难性事件时所作出的损害他人或者社会利益的行为，就被认为不具有期待可能性。

18. 试论刑法中的原因自由行为。

【参考答案】（1）原因自由行为是指在预见到自己可能犯罪的情况下，行为人故意或者过失使自己陷入责任能力丧失或者降低的状态，并在该状态下引起犯罪结果的情形。换言之，行为人在实施犯罪的前一行为（原因行为）时是头脑清醒的，但其故意使自己陷入醉酒、吸毒、过度疲劳等辨认、控制能力降低或者精神错乱的状态，并在此状态下开始实施故意杀人、伤害等后一带有侵害性的行为。如果排除醉酒、吸毒、疲劳等原因，在正常情况下，行为人通常就不可能实施后面的危害行为，此为原因自由行为。

（2）原因自由行为与责任能力存在紧密关系。在着手实行时，行为人没有责任能力，但使之陷于这种无责任能力状态的原因行为是自由的，即在完全责任能力状态之下所为。为了防止行为人规避法律，对行为人陷入责任能力缺乏或者降低状态之后所实施的行为应当承担责任。主体虽然在行为时处于无责任能力状态，但是，其使自己陷入无责任能力状态的原因行为是主体在有责任能力的情况下实施的，是出于实施犯罪的目的而自由地作出的选择。所以，在原因自由行为中，行为人虽然在实施客观构成要件行为时，无意思决定自由或无完全自由，但其原有的精神状态，即在导致无责任能力的原因设定阶段，与正常人没有差异，应当认定具有责任能力。

（3）基于原因自由行为，相关实行行为可能成立故意犯罪，也可能成立过失犯罪。至于原因自由行为是成立故意犯罪还是过失犯罪，应当根据行为人对使自己陷入责任能力丧失或者降低状态的行为（原因设定行为）是故意还是过失来决定：原因设定行为是故意的，就应当承担故意责任；原因设定行为是过失的，就应当承担过失责任。我国刑法规定，醉酒的人犯罪，应当负刑事责任。醉酒的人通常是在某种程度上减弱辨认和控制自己行为的能力，但并非完全丧失这种能力。行为人以酗酒壮胆作案，即便犯罪时辨认、控制能力降低，也必须受到惩处。此外，在刑法分则的规定中，一般的交通肇事行为，重伤 3 人以上，负事故全部或者主要责任的，才构成交通肇事罪。但是，在酒后、吸毒后驾驶机动车辆，交通肇事致 1 人以上重伤，负事故全部或者主要责任的，就构成交通肇事罪。其处罚的精神实质和法理体现了原因自由行为。

19. 试论犯罪故意的认识因素和意志因素。

【参考答案】（1）犯罪故意是指明知自己的行为会发生危害社会的结果，并且希望或者放任这种结果发生的心理态度。成立犯罪故意需具备认识因素和意志因素，是认识因素和意志因素的统一。

（2）认识因素。犯罪故意的认识因素是行为人明知自己的行为会发生危害社会的结果的心理态度。换言之，行为人认识到了自己的行为及结果具有社会危害性。犯罪故意的认识因素是对行为的法益侵害性或者威胁性的认识，包括对行为、结果以及它们之间的因果关系这样的客观事实的明确认识，具体而言是对犯罪构成事实所属情况的认识，以及对行为及其结果具有的社会危害性的认识。这是对犯罪故意进行否定性评价的根据。故意的显著特征是明知不可为而为之，因此故意的认识内容应包括行为人知道自己的所作所为是损害社会或者他人利益的，有此认识，意味着行为人知其不可为。如果行为人明知其不可为而为之，是应当受到国家的谴责和惩罚的。此外，诸如犯罪的时间、地点、伴随情况等其他法定事实，如果属于特定的构成要件的要素，也属于认识内容。一般而言，直接故意的认识因素，既包括认识到结果必然发生，又包括认识到结果可能发生。而间接故意，以认识到结果可能发生为前提。认识结果必然发生而又放任其发生的，属于直接故意而非间接故意。

（3）意志因素。故意除具备认识因素外，还应当具备意志因素，就是行为人希望或者放任危害结果的发生。意志对人的行动起支配作用，并且决定着结果的发生。犯罪故意的意志因素是行为人在明知自己的行为会发生危害社会的结果的基础上，决意实施这种行为的主观心理态度。因此，可以分为希望和放任两种形态。

20. 试论犯罪目的在犯罪构成中的作用。

【参考答案】（1）犯罪目的是指行为人希望通过实施某种犯罪行为实现某种犯罪结果的心理

态度。

（2）犯罪故意只存在于直接故意犯罪中。直接故意的基本内容就是追求某种犯罪结果的发生，包含着犯罪目的，所以刑法对故意犯罪通常不明示犯罪目的，但只要分析这些犯罪的构成要件就可以明确其要求的目的。但是对某些犯罪，刑法条文明文规定特定的犯罪目的。不具备法律所规定的特定目的，就不构成该种犯罪。因此，特定的犯罪目的也是构成某些犯罪的主观要件。在这种场合，具备法律指明的特定目的是构成该罪的必要的主观要件，具有这种犯罪目的的犯罪，被称为目的犯，目的犯都是直接故意犯罪。目的犯中的目的表现为两种情形：一是行为人实施符合犯罪构成客观方面的行为，就可以（但并非必然）实现的目的；二是行为人实施符合犯罪构成客观方面的行为，其犯罪目的实现后，还需要行为人或者其他人实施的进一步的行为。犯罪目的对于直接故意犯罪的定罪量刑具有重要意义，目的犯中的目的是直接故意犯罪的主观要件的要素，行为人是否具有这一特定目的，直接影响到是否构成相关犯罪，或者影响到此罪和彼罪的认定。

（3）间接故意和过失犯罪不存在犯罪目的，但可以有其他目的。犯罪目的是行为人希望通过实施犯罪行为追求某种危害结果发生的心理态度，因此在实施行为时，行为人对行为的非法性质是已有认识的。而间接故意犯罪行为的性质在危害结果发生前并不确定，危害结果的发生也不是行为人追求的结果，因此间接故意犯罪不存在犯罪目的。当然，间接故意犯罪可能存在其他目的，但不能把它作为犯罪目的看待。过失犯罪都是不意误犯，所以没有犯罪目的的存在。

21．试论犯罪动机在定罪量刑中的作用及与犯罪目的的关系。

【参考答案】（1）犯罪动机是指推动行为人实施犯罪行为的内心起因，它说明行为人基于何种心理原因实施犯罪行为。犯罪动机是产生故意的源泉，它不仅确定犯罪目的，而且促使危害结果的实现。犯罪动机虽然一般不是犯罪构成的主观要素，但它反映犯罪人的主观恶性，对量刑具有重要的意义。犯罪动机往往是重要的法定或者酌定的量刑情节。在司法实践中，动机是否恶劣，是酌定从重或者从轻处罚的重要理由。

（2）犯罪动机只存在于直接故意犯罪中。由于犯罪动机是推动实施犯罪行为的内心起因，因此在实施行为时，行为人对行为的非法性质是已有认识的。而间接故意犯罪行为的性质在危害结果发生前并不确定，危害结果的发生也不是行为人追求的结果，因此间接故意犯罪不存在犯罪动机。当然，间接故意犯罪可能存在其他动机，但不能把它作为犯罪动机看待。过失犯罪都是不意误犯，所以没有犯罪动机的存在。

（3）犯罪动机是推动行为人追求某种犯罪目的的原因，犯罪目的是行为人希望通过实施某种行为实现某种结果的心理态度。刑法注重行为人对犯罪结果的态度，当行为人把某一犯罪结果作为其追求的目标时，该心理内容就是犯罪目的。犯罪动机和犯罪目的虽然都是通过行为人的危害行为表现出来的主观心理活动，但两者存在以下四点区别：①从顺序上看，动机产生在前，目的产生在后。②从内容、性质、作用来看，动机表明犯罪的起因，比较抽象，对犯罪行为起推动作用；目的表明行为人所追求的危害结果，比较具体，对犯罪行为起到指引方向的作用。③同一性质的犯罪，目的相同，但动机可以各种各样；不同性质的犯罪，目的各不相同，动机可能相同。④犯罪目的既可以影响量刑，也可以影响定罪；犯罪动机一般只影响量刑。

22．试述刑法上的事实认识错误。

【参考答案】（1）事实认识错误是指行为人对与自己行为有关的事实情况有不正确的理解。事实认识错误包括客体错误、对象错误、手段错误、行为偏差和因果关系错误。对于事实认识错误，采取“法定符合说”认定行为人的罪责。按照“法定符合说”，行为人预想的情形与实际发生的事实法律性质相同的，不能阻却行为人对因错误而发生的危害结果承担故意的责任。这里所称的法律性质相同，是指属于同一犯罪构成范围内的情形；法律性质不同，是指属于不同犯罪构成的情形。

（2）客体错误是指行为人预想侵犯的对象与实际侵犯的对象在法律性质上不同，即分属于不同犯罪构成的情况。客体错误阻却行为人对错误的事实承担故意的罪责。

（3）对象错误是指行为人预想侵犯的对象与行为人实际侵犯的对象在法律性质上是相同的，即属于同一犯罪构成要件的情况。对象认识错误并没有超出犯罪构成对象的范围，也没有使犯罪客体的性质发生变化，因此，在法定符合说认定对象错误的场合，对行为的定性没有影响。如果行为人预想侵犯的对象与实际侵犯的对象在法律性质上部分相同部分不同的，行为人只就相同的部分承担故意罪责，对不同部分不承担故意罪责。

（4）手段错误是指行为人对犯罪手段发生误用。虽然手段错误并未造成任何非预想的犯罪结果，但主观上仍然具有犯罪故意，因而不影响罪过的性质。

（5）行为偏差是指行为人预想打击的目标与实际打击的目标不一致。对行为偏差一般也采取法定符合说，假如预想打击的目标与因行为偏差实际打击的目标在法律规定的范围内一致，不妨碍行为人对误击的目标承担故意罪责；假如在法律规定的范围内不一致，则阻却对误击的目标承担故意罪责。

（6）因果关系错误是指行为人对自己的行为和所造成的结果之间因果关系的实际情况发生误认。因果关系认识错误包括：①行为造成了预定的结果，但误以为没有造成该结果；②行为没有实际造成预定的结果，但误以为造成了该结果；③知道行为已经造成了预定的结果，但对造成结果的原因有误解。无论何种因果关系认识错误，对行为人的定性没有影响。

★23. 试论正当防卫的成立条件。

【参考答案】正当防卫是指为了使国家、公共利益、本人或者他人的人身和其他权利免受正在进行的不法侵害，而对实施侵害的人所采取的合理的防卫行为。

成立正当防卫必须具备以下条件：

（1）起因条件：有不法侵害行为发生，这是正当防卫得以成立的客观基础和根据。所谓“不法侵害”，一般是指犯罪行为的侵害，还包括一些侵犯人身、财产，破坏社会秩序的违法行为。

（2）时间条件：对正在进行的不法侵害进行防卫。这包括两层含义：①不法侵害是真实存在的，而不是主观想象推测的。如果不存在不法侵害，行为人误以为存在而对误认的“不法侵害人”实行了防卫的，是假想防卫，不能成立正当防卫。对于假想防卫，有过失且刑法有规定的，为过失犯罪，没有过失的，属于意外事件。②不法侵害正在进行，即已经开始尚未结束。如果不法侵害尚未开始或者已经结束而实行防卫的，是“防卫不适时”（事先防卫或事后防卫），不能成立正当防卫。

（3）对象条件：防卫行为必须是针对不法侵害者本人实行。正当防卫只能是通过给不法侵害人造成损害的方法来进行，而不能通过给第三者（包括侵害者的家属、子女在内）造成损害的方法来进行。

（4）主观条件：防卫必须是基于保护合法权利免受不法侵害的目的。防卫目的的正当性既是正当防卫成立的首要条件，也是正当防卫不负刑事责任的重要根据。根据该条件，防卫挑拨、双方互殴、为保护非法利益而实行的防卫和偶然防卫都不能成立正当防卫。

（5）限度条件：正当防卫不能明显超过必要限度造成重大损害。具体而言，正当防卫的必要限度是指足以制止正在进行的不法侵害所必需的限度。对于明显没有立即危及人身安全或者国家和人民重大利益的不法侵害，不允许用重伤、杀害的手段防卫；明显能用较缓和的手段制止不法侵害时，不允许采用激烈手段，更不允许为保护微小利益而采用激烈的防卫手段，因为这些手段显然不是有效地制止不法侵害所必需的。所谓重大损害，是指致人重伤、死亡或者造成重大财产损失。

24. 试论假想防卫及其刑事责任。

【参考答案】（1）假想防卫是指本来不存在正当防卫的前提条件，行为人误以为存在着该条件，进而实施了所谓的防卫行为。不法侵害是正当防卫的起因，没有不法侵害也就没有正当防卫可言，不法侵害必须是客观存在的，而不是防卫人主观想象推测的。只有在不法侵害真实发生的情况下，才存在正当防卫的问题。在现实生活中，往往发生实际上不存在不法侵害，行为人由于主观认识的错误，却误认为存在，因而对臆想中的不法侵害实行了所谓的正当防卫，造成他人无辜受害，构成假想防卫。假想防卫包括三种情形：一是不存在任何侵害，行为人误以为存在不法侵害，实施了所谓的防卫行为；二是存在着侵害，但该侵害不是不法侵害，或者虽然是不法侵害但却不能对其进行正当防卫，行为人误以为存在进行正当防卫的前提条件，实施了所谓的防卫行为；三是存在不法侵害，也可以实行正当防卫，但行为人防卫时搞错了对象，将无辜的第三者当成了不法侵害人，实施了所谓的防卫行为。

（2）假想防卫通常按照事实认识错误的一般原则解决其刑事责任问题：首先，假想防卫不可能构成故意犯罪，因为假想防卫的行为人不具有构成要件的故意，其对自己的行为会发生危害社会的结果缺乏希望或者放任。其次，在假想防卫的情况下，如果行为人主观上存在过失，应以过失犯罪论处。最后，在假想防卫的情况下，如果行为人主观上没有罪过，其危害结果是由不能预见的原因引起的，则是意外事件，行为人不负刑事责任。

25. 试论相互斗殴是否成立正当防卫及与防卫行为的界分。

【参考答案】（1）相互斗殴是指双方参与人各自出于向对方实施不法侵害的故意而相互侵害对方的情形。在相互斗殴的场合，原则上不成立正当防卫。首先，行为人都有妨害社会管理、加害对方的意思，并且客观上实施了侵害对方的行为，双方均缺乏防卫意思。其次，从人身法益的角度看，因为存在被殴打者的“被害人”承诺，任何一方的行为都不具有侵害对方人身法益的违法性，缺乏正当防卫的前提条件。最后，从社会法益的角度看，双方的行为都是不法行为，而非制止不法侵害的防卫行为。

（2）要准确界分防卫行为与相互斗殴。防卫行为与相互斗殴具有外观上的相似性，准确区分两者要坚持主客观相统一原则，通过综合考量案发起因、对冲突升级是否有过错、是否使用或者准备使用凶器、是否采用明显不相当的暴力、是否纠集他人参与打斗等客观情节，准确判断行为人的主观意图和行为性质。因琐事发生争执，双方均不能保持克制而引发打斗，对于有过错的一方先动手且手段明显过激，或者一方先动手，在对方努力避免冲突的情况下仍继续侵害的，还击一方的行为一般应当认定为防卫行为。双方因琐事发生冲突，冲突结束后，一方又实施不法侵害，对方还击，包括使用工具还击的，一般应当认定为防卫行为。不能仅因行为人事先进行防卫准备，就影响对其防卫意图的认定。

26. 试论刑法上的特别防卫。

【参考答案】（1）我国刑法规定，对正在进行行凶、杀人、抢劫、强奸、绑架以及其他严重危及人身安全的暴力犯罪，采取防卫行为，造成不法侵害人伤亡的，不属于防卫过当，不负刑事责任。这是刑法关于特别防卫的规定，这项规定表明刑法对杀人、抢劫等危及人身安全的暴力犯罪采取极为严厉的态度，对于遭到这类犯罪侵害的防卫人采取鼓励与保护的态度。

（2）特别防卫首先必须具备成立正当防卫的起因、时间、对象、主观这四个基本条件，其次还必须具备特定的对象条件，即针对正在进行行凶、杀人、抢劫、强奸、绑架以及其他严重危及人身安全的暴力犯罪。特定暴力犯罪的存在是行使特别防卫权的前提条件，只有在这种情况下，特别防卫权才能由可能的权利变为现实的权利。使用致命性凶器，严重危及他人人身安全的，以及未使用凶器或者未使用致命性凶器，但是根据不法侵害的人数、打击部位和力度等情况，确已严重危及他人人身安全的，应当认定为“行凶”。虽然尚未造成实际损害，但已对人身安全造成严重、紧迫危险的，可以认定为“行凶”。“杀人、抢劫、强奸、绑架”，是指具体犯罪行为而不是仅仅指具体罪名。有关行为没有严重危及人身安全的，应当适用一般防卫的法律规定。“其他严重危及人身安全的暴力犯罪”，应当是与杀人、抢劫、强奸、绑架行为相当，并具有致人重伤或者死亡的紧迫危险和现实可能的暴力犯罪。如果符合特别防卫的条件，即使造成不法侵害人伤亡的，也不认为过当。

（3）刑法关于特别防卫的规定对于区分特殊情况下的正当防卫与防卫过当非常便捷。只要防卫行为“没有超过必要限度”，无须进行利益衡量就可以直接认定为正当防卫。对于不符合特别防卫起因条件的防卫行为，致不法侵害人伤亡的，如果没有明显超过必要限度，也应当认定为正当防卫，不负刑事责任。但是应当注意，在任何情况下都不允许在时间上不当。即使是遇到严重危及人身安全的暴力犯罪，也不允许在不法侵害开始前或结束后打击不法侵害人。

27. 试论防卫过当的限度条件和主观要件。

【参考答案】（1）防卫过当是指正当防卫明显超过了必要限度造成重大损害的行为。

（2）防卫过当的限度条件即构成防卫过当应当同时具备行为“明显超过必要限度”（行为过当）和“造成重大损害”（结果过当），这两个条件缺一不可。因此，认定防卫过当应当同时考虑行为过当和结果过当。防卫是否“明显超过必要限度”，应当综合不法侵害的性质、手段、强度、危害程度和防卫的时机、手段、强度、损害后果等情节，考虑双方力量对比，立足防卫人防卫时所处情境，结合社会公众的一般认知作出判断。在判断不法侵害的危害程度时，不仅要考虑已经造成的损害，还要考虑造成进一步损害的紧迫危险性和现实可能性。不应当苛求防卫人必须采取与不法侵害基本相当的反击方式和强度。通过综合考量，对于防卫行为与不法侵害相差悬殊、明显过激的，应当认定防卫明显超过必要限度。“造成重大损害”是指造成不法侵害人重伤、死亡。造成轻伤及以下损害的，不属于重大损害。防卫行为虽然明显超过必要限度但没有造成重大损害的，不应认定为防卫过当。

（3）防卫过当在主观上只能是间接故意和过失，不包括直接故意。一方面，防卫过当情形下，行为人主观上大多是过失。既然防卫过当行为发生在正当防卫过程中，防卫人行为之初的行为正当性是毋庸置疑的。在防卫过当过程中，防卫人的心态主要有：防卫人原本应当预见自己的行为可能超过限度，造成重大损害，但是因为疏忽大意而没有预见；或者已经有所预见，但是过于相信现场的客观条件或者自己的能力、技术等物质条件可以防止重大损害的发生，但最终并未防止结果的发生。另一方面，在极个别情形下，防卫过当的行为人主观上可能是间接故意。防卫人起先只有正当防卫的意思，该防卫意思显然不等于追求或放任结果发生的故意犯罪意思，但在防卫过程中，防卫人明知自己实施强度很高的防卫行为可能造成明显超过必要限度的伤亡后果时，其对结果的放任、漠不关心可能和防卫的意思同时存在，后续防卫过当的行为可以被认为是在犯罪间接故意的支配下实施的。因此，行为人认识到不法侵害正在进行，并有保护法益的意思，但对不法侵害人可能伤亡持放任态度的，具有故意犯罪的明知及对结果的听之任之，间接故意可以被认定。防卫过当的行为人主观上不可能是直接故意，因为直接故意要求行为人积极追求结果发生，而在防卫过当的场合，行为人追求的是保护合法权益的目的，这一防卫目的和积极追求死亡结果发生的犯罪目的不可能并存。疏忽大意过失、过于自信过失以及间接故意都不追求他人伤亡的目的，与防卫过当需要具备的目的正当性不矛盾，因而可以成为防卫过当的主观要件。

28. 试论避险过当及其刑事责任。

【参考答案】（1）避险过当是指避险行为超过必要限度造成不应有的危害的行为。紧急避险的意义在于在不得已的情况下损害较小的利益保全较大的利益。如果避险行为造成的损害大于或等于所保全的利益，就失去了正当的依据。因此，刑法规定，避险过当应负刑事责任。

（2）避险过当的基本特征：①在客观上须存在避险行为，且避险行为超过了必要限度造成了不应有的损害，即避险行为造成的损害大于或等于所保全的利益。②主观上对造成的不应有损害存在过失，行为具有罪过，应受到责备。但是鉴于行为人是在紧急情况下、在具备避险的前提条件下造成的不适当损害，所以只有在造成较为严重的不应有损害时，才有必要认定为避险过当，追究刑事责任。

（3）紧急避险超过必要限度造成不应有损害的，应当负刑事责任，但是应当酌情减轻或者免除处罚。对避险过当是减轻还是免除处罚，应当综合考虑所保全的法益与牺牲法益的价值大小、避险过当的程度、罪过形式、危险大小等诸因素加以确定。避险过当不是独立的罪名，避险过当意味着不能排除行为人对造成的不应有损害的非法性，在追究刑事责任时应当根据具体情况确定触犯的罪名，依法减轻或者免除处罚。

★29. 试论犯罪预备的构成条件及处罚原则。

【参考答案】（1）犯罪预备是指为了犯罪，准备工具、制造条件的行为。

（2）犯罪预备具有如下特征：①行为人具有为了便利实行、完成某种犯罪的主观意图。成立犯罪预备，要求行为人主观上为了实行犯罪，即为了实施犯罪的实行行为。②客观上犯罪人进行了准备工具、制造条件等犯罪的预备活动。准备工具即准备为实行犯罪使用的各种物品。制造条件即为实行犯罪制造机会或创造条件。③犯罪的预备行为由于犯罪分子意志以外的原因被阻止在犯罪准备阶段，未能进展到着手实行犯罪。

（3）犯罪预备的处罚原则。刑法规定，对于预备犯，可以比照既遂犯从轻、减轻处罚或者免除处罚。据此，对于预备犯的处罚应坚持如下原则：①由于预备犯在主观上实施的仅是犯罪的预备行为，从主客观统一看，预备犯的危害性一般既小于既遂犯，也显著轻于未遂犯，因而我国刑法对预备犯规定了比照既遂犯从宽处罚且轻于未遂犯的处罚原则，这体现了主客观相统一和罪责刑相适应原则的要求。②在对预备犯定罪量刑时，应当同时引用刑法总则关于对预备犯的处罚原则和刑法分则具体犯罪条文的规定，在罪名上应对预备形态有所体现。③在决定对实施犯罪预备行为是否追究刑事责任，要否从宽处罚以及从宽处罚的幅度时，要对预备所犯罪行的性质、危害程度、预备行为的进展程度、行为人未能着手实行犯罪的具体原因及行为人的人身危险程度等，综合予以考虑。

30. 试论犯罪未遂的构成条件及处罚原则。

【参考答案】（1）犯罪未遂是指已经着手实行犯罪，由于犯罪分子意志以外的原因而未得逞的形态。

（2）犯罪未遂的构成条件：①犯罪分子已经着手实行犯罪。已经着手实行犯罪是指犯罪分子已经开始实行刑法分则条文所规定的某种犯罪的基本构成要件的行为。只有开始实施符合分则所规定的构成要件的行为，才能认定为“着手”。②犯罪未得逞。犯罪未得逞是指犯罪没有既遂，即犯罪行为尚未完整地满足刑法分则规定的全部犯罪构成事实。已经着手却又没有既遂的，就是犯罪未得逞，倘若犯罪已得逞，不复有成立犯罪未遂的可能性。③犯罪未得逞是由于犯罪分子意志以外的原因。犯罪分子意志以外的原因是指违背犯罪分子本意的原因。犯罪未得逞并不是犯罪分子自愿的，而是由不可克服的客观障碍造成的。犯罪分子意志以外的原因主要有：被害人的反抗、第三者的阻止、自然力的阻碍、物质的阻碍、犯罪人能力不足、犯罪人认识发生错误等。

（3）犯罪未遂的处罚原则。我国《刑法》规定，对于未遂犯，可以比照既遂犯从轻或者减轻处罚。据此，对于未遂犯的处罚，应当坚持的原则有：①对未遂犯的定罪量刑，应当同时引用刑法总则有关未遂犯处罚原则的规定和刑法分则具体条文的规定，在罪名上应对未遂形态有所体现。②在对未遂犯的处罚原则上，应与既遂犯相比，对未遂犯一般要从轻或者减轻处罚，但在处罚上还要统筹全案综合考虑社会危害性程度，做到原则性与灵活性相结合，使罪责刑相适应。③在对未遂犯采取从宽处罚的基础上，为确定从宽处罚的幅度，必须正确判断未遂案件与既遂案件危害程度的差别，要考虑的因素包括：未遂形态距离犯罪完成形态的远近程度；犯罪未遂所属的类型；未遂形态所表现出来的行为人犯罪意志的坚决程度。

31．试论犯罪中止的构成条件及处罚原则。

【参考答案】（1）犯罪中止是指在犯罪过程中，自动放弃犯罪或者自动有效地防止犯罪结果发生的形态。

（2）犯罪中止的构成条件：①时间性：在犯罪过程中。犯罪过程，就是从犯罪预备开始到犯罪既遂以前的全过程。②自动性：自动放弃犯罪或者自动有效地防止犯罪结果发生。自动放弃犯罪是指犯罪分子在自认为能够完成犯罪的情况下，由本人自主地决定放弃犯罪。自动有效地防止犯罪结果发生是指在犯罪行为实行终了、犯罪结果尚未发生的特定场合，行为人自动采取积极行动实际有效地阻止了犯罪结果的发生。③客观有效性：中止不仅仅是一个良好的愿望，还应当有客观的放弃犯罪或阻止结果发生的实际行动，并有效地阻止犯罪结果发生。

（3）犯罪中止的处罚原则。我国《刑法》规定，对于中止犯，没有造成损害的，应当免除处罚；造成损害的，应当减轻处罚。据此，对于中止犯的处罚，应当坚持的原则有：①对中止犯应当免除或减轻处罚，并先考虑损害结果。②对中止犯的处罚，应同时引用刑法总则关于中止犯的处罚规定和刑法分则有关具体条文规定，在罪名上体现中止犯。③对中止犯处罚要综合考虑主客观情况决定减免。④对于中止犯，“情节显著轻微，危害不大的”，应当依法不认为是犯罪。

32．试论犯罪中止的客观有效性。

【参考答案】犯罪中止是指在犯罪过程中，自动放弃犯罪或者自动有效地防止犯罪结果发生的形态。中止不仅仅是一个良好的愿望，还应当有客观的放弃犯罪或阻止结果发生的实际行动，并有效地阻止犯罪结果发生，才有成立犯罪中止的余地。犯罪中止的客观有效性是指没有发生行为人所追求的、行为性质所决定的危害结果，而不是说只有未发生任何结果的场合才具有这种有效性。在通常情况下，行为人自动放弃正在预备或实行的犯罪就具备客观有效性；在犯罪实行终了、犯罪结果将要发生的特定场合，行为人采取积极行动实际阻止犯罪结果发生，才能具备客观有效性，才能成立犯罪中止。如果行为人虽有意放弃犯罪并采取了防止犯罪结果发生的措施，但未能有效阻止犯罪结果发生的，或者法定犯罪结果未发生是由于与犯罪分子所采取的措施无关的其他原因所导致的，则不成立犯罪中止。但是，中止行为实施后，由于其他原因导致危害结果发生的，如果结果不能归属于行为人最初的实行行为的，在此情况下，即使出现了某种结果，行为人也可以成立犯罪中止。

33．试论共同犯罪的成立条件和处罚原则。

【参考答案】（1）共同犯罪是指二人以上共同故意犯罪。共同犯罪的成立条件有：①主体要件：有两个以上的犯罪主体。作为共同犯罪人中的任何一人，都必须有具备责任能力、达到责任年龄的一般主体资格。未达到责任年龄人参与共同犯罪的，不认为是共同犯罪人。二人共同实施犯罪行为，只要其中一人未达到刑事责任年龄的，也就是说只有一人具有犯罪主体资格，就不认为是共同犯罪。②客观要件：在客观方面，必须具有共同犯罪的行为，即各共同犯罪人的行为都是指向同一目标，彼此联系、互相配合，结成一个犯罪行为整体。共同犯罪行为包括实行行为、帮助行为、组织行为、教唆行为和共谋行为。从行为形式上讲，包括作为和不作为。③主观要件：在主观方面，具有共同犯罪的故意，包含两层意思：一是各共同犯罪人对共同犯罪持性质相同的故意心态；二是各共同犯罪人相互之间有意思联络，对互相协作犯罪亦持故意心态。如果缺乏“性质相同的犯罪故意”，即使共同作案也不成立共犯。

（2）在共同犯罪中，由于各共同犯罪人协同犯罪，形成了一个整体，所以每一个共同犯罪人都应对共同犯罪的整体行为及其危害结果负刑事责任。二人以上成立共同故意犯罪的，共同犯罪人要对自己的行为所导致的结果负责，同时要对其他共同犯罪人所导致的结果负责。因为其他共同犯罪人的犯罪，是所有共同犯罪人“自己的犯罪”。所以，在共同犯罪的场合，只要一个行为人的行为既遂，所有的共同犯罪人都要承担既遂的罪责，这就是共同犯罪人部分行为全部责任的原则。

34. 试论间接正犯。

【参考答案】间接正犯是指将他人作为犯罪工具，以实现自己犯罪目的的人。间接正犯具有正犯性，主要表现在处于优势地位的间接正犯对于被利用者的支配性。间接正犯需要通过其他人的行为才能引起结果的发生，但其他人对于自己被利用的事实是完全不知情的，不知情的原因，可能是因为年龄、责任能力的限制而不可能知情，也可能是因为被欺骗、被蒙蔽而无法知情。处于幕后的利用者将被利用者的行为作为自己的行为的一部分加以支配，这种支配是一种处于优势地位的意思支配。所以，利用者是控制犯罪因果进程的决定性人物。刑法将通过自己的意思支配整个犯罪的间接正犯作为正犯处理。总之，间接正犯的正犯性表现在：行为人以自己的意思对被利用者进行意思支配，从而左右了被利用者实施犯罪的因果进程。

间接正犯分为如下几种情况：（1）利用没有责任能力或没有达到责任年龄的人去实行犯罪的，利用者与被利用者之间不是共犯，被利用者属于绝对被操纵的人，利用者为间接正犯。但利用限制责任能力的精神病人实施犯罪的，利用者可能成立教唆犯，也可能成立间接正犯。一般而言，利用者强制、操纵、说服、支配欠缺责任能力者犯罪的，被利用者对于犯罪没有添加自己的理解，没有自己的意志，受利用者的决定性影响，利用者将他人作为工具实现自己的犯罪目的，其就是间接正犯。相反，如果在一定程度上受到利用者控制的人，具有规范意识和意思能力，对犯罪有自己的认识和理解，具备有目的地实施犯罪的能力，犯罪时并没有受到强制的，其对犯罪有支配力，利用者只是单纯地“支持”被利用者犯罪，而非基于优势的意思支配、控制其犯罪的，被利用者是直接正犯，利用者就是教唆犯，而不是间接正犯。（2）利用不知情人的行为。被利用者实施了幕后操纵者自己想实施的行为，但如果被利用者对案件事实完全不知情，缺乏犯罪故意，利用者就成立间接正犯。（3）利用行为时承担责任的人犯罪。这主要有：①利用他人的过失行为实施犯罪的，被利用者和利用者之间缺乏共同故意，被利用者仍然属于被支配的犯罪工具，利用者成立间接正犯，但被利用者成立过失犯罪。②利用具有刑事责任能力、有故意但缺乏目的的人实施犯罪的，被利用者不知道利用者的真实意图，而利用者却在幕后支配犯罪，使被利用者在不知不觉中完成了利用者的目的行为，利用者构成间接正犯。利用有故意但无身份的人犯罪的，无身份者因为欠缺特定身份，其行为不是身份犯才能构成的实行行为，不能构成正犯，利用者就不能成立教唆犯，只能以间接正犯处理。③利用者有犯轻罪的故意，但隐瞒该故意，教唆他人实施轻罪的行为，被利用者出于犯轻罪的故意，同时导致了轻罪结果和重罪结果的，利用者成立轻罪的教唆犯和重罪的间接正犯。不过，对于亲手犯、真正身份犯而言，没有成立间接正犯的余地。

35. 试论片面共犯。

【参考答案】（1）片面共犯是指对他人犯罪暗中相助的情况。片面共犯存在如下几种情况：一是片面的共同正犯，即实行的一方没有认识到另一方的实行行为；二是片面的教唆犯，即被教唆者没有意识到自己被教唆的情况；三是片面的帮助犯，即实行的一方没有认识到另一方的帮助行为。

（2）我国刑法明文规定，共同犯罪是指二人以上共同故意犯罪，因此片面共犯成立的必要前提并不存在，因此我国刑法否认片面共犯成立共同犯罪。共同正犯的归责原则是“交互”归责（部分行为全部责任），在共同犯罪过程中，正犯之间在心理上、物理上相互都有引起和被引起的关系，互为因果，所以，共同正犯都要对正犯的行为负责。在片面共犯的条件下，不知情的一方不可能对单纯有正犯意思者的行为及其后果负责，无法适用部分行为全部责任的处罚原则。按照共同正犯的性质，行为者之间必须有共同犯罪的认识，有意思的交换，并有相互利用对方的行为以达到犯罪目的的意思。片面共犯不符合共同正犯主观上的要求，因此，片面共犯不能成立共同犯罪。总之，受到暗中相助的实行犯不知情，所以不能与暗中相助者构成共犯。

（3）否认片面共犯并不意味着放纵犯罪，对于片面共犯的暗中相助者可按照从犯（或者按照间接正犯或者帮助犯等）处理。

36. 试论主犯和首要分子的区别。

【参考答案】（1）主犯是指组织、领导犯罪集团进行犯罪活动的或者在共同犯罪中起主要作用的犯罪分子。主犯包括两种犯罪分子：一是组织、领导犯罪集团进行犯罪活动的首要分子；二是在犯罪集团或者一般共同犯罪中起主要作用的犯罪分子。首要分子是指在犯罪集团或者聚众犯罪中起组织、策划、指挥作用的犯罪分子。首要分子包括犯罪集团的首要分子和聚众犯罪中的首要分子。主犯和首要分子不尽相同。

（2）犯罪集团的首要分子都是主犯，但是聚众犯罪中的首要分子未必都是主犯。聚众犯罪有三种形态：一是全体参与者均可构成犯罪；二是只有聚众者和积极参与者可构成犯罪，一般参与者不构成犯罪；三是只有聚众者才构成犯罪，其他参与者不构成犯罪。第一种情形中的首要分子和积极参与者无疑属于主犯，第二种情形中的首要分子也属于主犯，但第三种情形的聚众者是否构成主犯，要具体论定。如果聚众犯罪中的聚众者只有一人，这类聚众型犯罪不是严格意义上的共同犯罪，因为只有一个人的行为不能构成共同犯罪，更无所谓主犯；如果聚众者为二人以上，则构成共同犯罪，此时要根据行为人的作用大小认定主犯，当聚众者都起主要作用时，则皆为主犯；当聚众者的作用有主次之分时，则起主要作用者为主犯。

37. 试论共同犯罪中从犯的认定及其刑事责任。

【参考答案】（1）从犯是指在共同犯罪中起次要或者辅助作用的犯罪分子。从犯可以分为两种：①在共同犯罪中起次要作用的犯罪分子。次要作用是相对于主要作用而言的，与主要作用相比，重要性较差。所谓在共同犯罪中起次要作用，是指虽然参与实施了某一犯罪构成客观要件的行为，但在共同犯罪活动中所起的作用比主犯小，主要表现为：在犯罪集团首要分子领导下从事犯罪活动，罪恶不够重大或情节不够严重，或者在一般共同犯罪中虽然直接参加实行犯罪，所起作用不大，行为没有造成严重后果等。这种情况就是次要的实行犯。②在共同犯罪中辅助他人实行犯罪的帮助犯。辅助作用也是次要作用，之所以特别提出辅助作用，是因为按照分工对共同犯罪的分类中存在着帮助犯，如果说上述次要作用是次要的实行犯，那么辅助作用就是指帮助犯。所谓辅助作用，是指为共同犯罪人实行犯罪创造方便条件，帮助实行犯罪，而不直接参加实行犯罪客观构成要件的行为。如提供犯罪工具、排除实施犯罪的障碍、事前答应事后窝藏赃物、隐匿罪犯、指点犯罪的动机或对象、协助拟订犯罪计划等。但是，对于传授犯罪方法的帮助犯和刑法分则将帮助行为独立规定为犯罪的，此时的帮助犯不能再作某些犯罪的从犯处理。

（2）刑法规定，对于从犯，应当从轻、减轻处罚或者免除处罚。该规定不仅规定了“应当”从宽，而且规定了从宽的幅度较大：既可以从轻、减轻处罚，也可以免除处罚。在什么情况下从轻、减轻处罚或者免除处罚，这需要考虑他所参加实施的犯罪性质、情节轻重、参与实施犯罪的程度以及他在犯罪中所起作用的次要程度等情况来确定。

38. 试论胁从犯的认定及其刑事责任。

【参考答案】（1）胁从犯是指被胁迫参加犯罪的犯罪分子，即犯罪人是在他人的暴力强制或者精神威逼之下被迫参加犯罪的。胁从犯原本没有犯罪意图，实施犯罪在一定程度上是违背其个人意愿的。只不过胁从犯犯罪之时，即便精神上受到一定程度的威逼或者强制，也并没有丧失意志自由，在其被胁迫之后实施危害行为的，刑法应对其处罚。这里的“胁迫”，不包括剥夺身体活动自由。剥夺身体活动自由，受强制者失去意思支配可能性，其行为就不具有实行行为性。胁迫还要求达到压制意思决定自由的程度。胁迫的程度包括两种情形：使他人产生恐惧心理；剥夺他人意思决定自由，压制对方的反抗。胁从犯中的胁迫要求达到剥夺对方意思决定自由的程度。

（2）胁从犯在共同犯罪中所起的作用较小，不仅小于主犯，而且小于从犯。因此，我国刑法规定，对于被胁迫参加犯罪的，应当按照他的犯罪情节减轻处罚或者免除处罚。在具体追究刑事责任时对胁从犯是减轻处罚还是免除处罚，要根据犯罪情节来决定。这里的犯罪情节，包括行为人被胁迫的程度和行为人在共同犯罪中所起的作用。

★39. 试论罪数的判定。

【参考答案】（1）关于判断罪数的标准，在理论上主要有如下四种学说：①行为说。该说认为行为是犯罪的核心要素，主张按照自然观察的行为个数判断犯罪的个数，即行为人实施一个行为的，构成一罪；实施数个行为的，构成数罪。因此当一个行为造成数个结果、触犯数个罪名的，也认为是一罪。②法益说（或结果说）。该说认为犯罪的本质是对法益的侵害，主张以犯罪行为侵害的法益个数作为判断罪数的标准。③意思说。该说认为犯罪是行为人主观犯罪意思的外部表现，行为只是行为人犯罪意思或主观恶性的表征，应当以行为人犯罪意思的个数作为判断犯罪个数的标准。只要出于单一的意思，不管造成什么样的结果，都是一罪。④构成要件说。该说以构成要件为标准，主张符合一次（一个）构成要件的事实就是一罪，符合数次（数个）构成要件的事实就是数罪。

（2）采取不同的标准判断罪数，往往得出不同的结论。例如，对于想象竞合犯，按照行为说是实质的一罪、想象的数罪；按照法益说、结果说或构成要件说，则认为是实质的数罪、处断的一罪。对于连续犯、牵连犯，按照意思说通常认为是一罪，而按照行为说或构成要件说，则认为是实质的数罪、处断的一罪。

（3）我国通说上确定罪数的标准采取构成要件说，即凡是行为人以一个犯意，实施一个行为，符合一个犯罪构成的，就是一罪；凡是以数个犯意，实施数个犯罪行为，符合数个犯罪构成的，就是数罪。这里的犯罪构成，主要是指刑法分则条文对各种具体犯罪所规定的具体的犯罪构成。采取构成要件说，贯彻了罪刑法定原则、主客观相统一原则和犯罪构成理论，因而是科学的。但贯彻构成要件说还要考虑刑法有无特别规定，如果刑法有特别规定，必须按照刑法的规定处理。

40. 试论继续犯的构成特征及处断原则。

【参考答案】（1）继续犯是指作用于同一对象的一个犯罪行为从着手实行到实行终了，犯罪行为与不法状态在一定时间内同时处于继续状态的犯罪。继续犯之所以被确定为实质的一罪，是因为行为的继续状态仍然是刑法上的一行为，只不过行为表现出了特殊性。

（2）继续犯具有如下构成特征（要件）：①行为人基于一个犯罪故意，实施了一个危害行为。这是继续犯的主要特征，也是将其列入实质的一罪的根本原因。从主观上来看，继续犯是基于一个贯穿于实行行为始终的同一意图，虽然持续的时间可能较长，但是其预期的犯罪意图只有一个；从客观方面来看，继续犯的犯罪完成虽然具有一定的时间持续性，其间也可能发生具体行为内容上的变化，但从刑法角度加以观察，仍然具有相同的性质，共同构成行为整体。在一个犯罪意图的支配下，将一个统一的犯罪意图转化为支配具体举止和动作的行为故意，可能实施了多个举止和动作，但只要是在一个犯罪意图支配下实施的相同性质的行为，仍然认定为一个行为。如果行为人在实施继续行为的过程中，产生了新的犯罪意图，并实施了其他的犯罪，或者所实施的行为发生了其他的结果，则不能认定为继续犯。②行为人的行为侵犯同一客体（法益或社会关系）。继续犯的成立要求处于继续状态的行为持续地导致同一法益或社会关系在一定时间内受到持续的侵害。如果在犯罪过程中，法益或社会关系有变化，犯罪性质可能也会发生转变，从而转化为其他犯罪，不能成立继续犯。③犯罪行为能够对客体形成持续、不间断的侵害。继续犯所实施的一个危害行为在时间上具有持续性。时间上的持续性是犯罪行为和不法状态同时继续，从而对客体形成持续、不间断的侵害，但是，无论持续时间长短，都应当按照一个犯罪来处理。④犯罪完成、造成不法状态后，行为仍能继续影响不法状态，使客体遭受持续侵害。不法状态不能脱离犯罪行为而独立存在。

（3）刑法分则对于继续犯设置了专门法条，规定了具体罪名，确定了相应法定刑，对于继续犯应当依据刑法分则的规定论处，不实行数罪并罚。犯罪行为和不法状态在时间上持续的长短，则可以在量刑的时候加以考虑。

41．试论集合犯的构成特征及处断原则。

【参考答案】（1）集合犯是指行为人以实施不定次数的同种犯罪行为为目的，实施了数个同种犯罪行为，刑法规定作为一罪论处的犯罪形态。

（2）集合犯具有以下特征：①行为人以实施不定次数的同种犯罪行为为目的。行为人不是意图实施一次犯罪行为即行结束，而是预计实施不定次数的同种犯罪行为。这是集合犯的主观方面的特征。②实施了数个同种的犯罪行为，即刑法要求行为人具有多次实施同种犯罪行为的意图，并且行为人一般也是实施了数个同种犯罪行为的。所谓“同种犯罪行为”，是指数个行为的法律性质是相同的。集合犯的数个同种的犯罪行为，必须触犯的是同一个罪名。③刑法将数个同种犯罪行为规定为一罪。集合犯是法律规定的一罪，这是集合犯的法律条件。这就是说，所谓“集合犯”，因为构成要件本身预定同种行为的反复，所以被反复的同种行为无例外地予以包括，被作为一罪评价。正因为刑法将可能实施的数个同种行为规定为一罪，所以行为人实施了数个同种行为，仍然只能构成一罪。

（3）由于集合犯是法定的一罪，刑法分则条文一般进行了明文特殊规定。对于集合犯，在认定成立的基础上，可以直接根据刑法的规定对行为人进行处罚。对于集合犯，都规定了比一次犯罪行为更重的法定刑，只需要根据刑法的规定直接处理即可。将数个犯罪行为合为一个犯罪，并升格法定刑，但不实行数罪并罚。

42．试论吸收犯的构成特征及处断原则。

【参考答案】（1）吸收犯是指一个犯罪行为因为是另一个犯罪行为的必经阶段、组成部分、当然结果，而被另一个犯罪行为吸收的情况。

（2）吸收犯具有如下构成特征：①吸收犯必须具有数危害行为。这是吸收犯成立的前提。吸收犯的特点是一个行为吸收其他行为，如果没有数个行为，就谈不上一个行为吸收另一个行为，从而也就无所谓吸收犯。②犯数罪（具备数个犯罪构成）。吸收犯的数个行为必须都是犯罪行为，即每个行为都符合刑法规定的犯罪构成。这里所说的犯罪构成，可能是基本的犯罪构成，或者是派生的犯罪构成，也可能是修正的犯罪构成。如果数个行为中只有一个是犯罪行为，其余是违法行为，不可能构成吸收犯。③犯不同种数罪。吸收犯所犯数罪必须是不同种数罪，数罪的犯罪构成具有不同的性质，如果性质相同，则不能成立吸收犯。④其中的一行为吸收其他行为。吸收犯的数个行为之间必须具有吸收关系，这是吸收犯成立的关键。如果数个犯罪行为之间不存在一个犯罪行为吸收其他犯罪行为的关系，也就不可能成立吸收犯。吸收即一个行为包容其他行为，只成立一个行为构成的犯罪，其他行为构成的犯罪失去存在的意义，不再予以定罪。一个犯罪行为之所以能够吸收其他犯罪行为，是因为这些犯罪行为通常属于实施某种犯罪的同一个过程，彼此之间存在密切的联系：前一犯罪行为可能是后一犯罪行为的必经阶段，后一犯罪行为可能是前一犯罪行为发展的当然结果，或者存在组成部分等其他密切关系。⑤属于实际的数罪、处断的一罪。吸收犯各罪都具有性质不同的犯罪构成，因此在本质上属于实际的数罪，但法律明文规定按一罪论处，因而属于处断的一罪。

（3）由于一个犯罪行为是另一个犯罪行为的必经阶段、组成部分、当然结果，而被另一个犯罪行为所吸收，因此，对吸收犯，应当按照吸收行为所构成的犯罪处断，不实行数罪并罚。

43. 试论刑事责任与犯罪、刑罚的关系。

【参考答案】犯罪、刑事责任和刑罚是各自独立而又互相联系的三个范畴，其中的刑事责任则是介于犯罪与刑罚之间的纽带。刑事责任以犯罪为其前提，属于犯罪的法律后果，而其本身又是刑罚的前提，刑罚系实现刑事责任的基本方式。因此，应当按照犯罪论—刑事责任论—刑罚论的框架来构建刑法学的体系。

（1）刑事责任与犯罪的关系。犯罪是刑事责任产生的法律事实根据，没有犯罪就不可能有刑事责任，刑事责任是犯罪的必然法律后果，只要实施了犯罪，就会产生刑事责任，这体现了犯罪与刑事责任的质的一致性。同时由于各种犯罪的社会危害程度不同，犯罪人承担的刑事责任程度也不相同。一般而言，罪重则刑事责任重，罪轻则刑事责任轻，这体现了犯罪与刑事责任的量的一致性。

（2）刑事责任与刑罚的关系。刑事责任与刑罚既有明显区别同时又有密切联系。1）二者的区别：①刑事责任是一种法律责任，刑罚则是一种强制方法。②刑事责任以犯罪人应当承受刑事处罚、非刑罚方法的处理和单纯否定性法律评价为内容，刑罚则以实际剥夺犯罪人一定的权益（法益）为内容。③刑事责任随实施犯罪而产生，刑罚则随法院的定罪判刑决定宣告生效而出现。2）二者的联系：①刑事责任的存在是适用刑罚的直接前提，无刑事责任则不能适用刑罚。②刑事责任的大小直接决定刑罚的重轻，刑事责任大的，刑罚必然重，刑事责任小的，刑罚必然轻。③刑事责任主要通过刑罚来实现，非刑罚处理方法等虽然也是刑事责任的实现方式，但由于在司法实践中适用很少而只能被视为属于次要的实现方式，刑罚与刑事责任的联系则是普遍的。

44. 试论刑事责任的根据。

【参考答案】（1）刑事责任的根据是指国家基于何种前提、基础或决定因素而追究犯罪人的刑事责任，或者犯罪人是根据何种前提、基础或决定因素而承担刑事责任。刑事责任的根据包括哲学根据和法学根据。

（2）刑事责任的哲学根据。刑事责任的哲学根据，是行为人在实施犯罪时所具有的相对的意志自由。由于人具有相对的意志自由，即自由选择的能力，因而人对自己选择实施的行为应当承担责任。国家要求行为人选择有利于国家和人民利益的行为，行为人却选择了危害国家和人民利益的犯罪行为，或者要求选择能够避免对国家和人民利益造成危害的行为，行为人却没有作出这样的选择，以至于对国家和人民利益造成危害，因而国家认定这种行为构成犯罪，追究犯罪人的刑事责任。所以，对犯罪人追究刑事责任的根据，从哲学上讲，就在于行为人具有相对的意志自由，或者说自由选择能力，即行为人能选择非犯罪行为却选择了犯罪行为，因而才追究刑事责任。

（3）刑事责任的法学根据。刑事责任的法学根据，是指从法律制度上行为人承担或者国家追究其刑事责任的决定因素。法律制度包括法律制定（立法）和法律适用（司法）两个步骤，刑事责任本身是质与量的统一，因此，刑事责任的法学根据可以从立法上设定刑事责任的根据、确定刑事责任的法律根据和确定刑事责任的事实根据三个方面来讨论。

★45. 试论刑罚的目的。

【参考答案】（1）刑罚的目的是国家据以确定刑事政策、制定刑事法律，特别是设计刑罚制度的基本出发点，也是国家适用刑罚同犯罪作斗争的最终归宿。刑罚的目的从根本上制约着刑罚的性质、内容、体系和方向，左右着刑罚的裁量、执行及其功效。刑罚的目的是预防犯罪，由于预防的对象不同，刑罚的目的有特殊预防与一般预防之分。

（2）特殊预防就是通过刑罚适用，预防犯罪人重新犯罪。预防犯罪人重新犯罪，主要是通过刑罚的适用与执行，把绝大多数犯罪人改造成为守法的公民。特殊预防的对象只能是因实施犯罪而受到刑罚处罚的犯罪人。特殊预防是通过发挥刑罚的剥夺、惩罚和教育改造功能，限制或剥夺犯罪分子的再犯能力，使其认罪服法，悔过自新，重新做人。因此，教育改造犯罪人成为守法公民，是我国刑罚特殊预防的主要内容。

（3）一般预防就是通过对犯罪人适用刑罚，预防尚未犯罪的人实施犯罪。我国刑罚一般预防的对象仅限于潜在的犯罪人。国家通过颁布刑法、适用刑罚，不仅直接惩罚了犯罪人，预防其重新犯罪，而且对社会上的不稳定分子也起到了警戒和抑制作用，使其不敢轻举妄动、以身试法。这就是用刑罚的威力震慑有可能犯罪的人，促使其及早醒悟，消除犯罪意念，不要重蹈犯罪人的覆辙，从而预防犯罪的发生。

（4）我国刑罚的目的是特殊预防和一般预防紧密结合、相辅相成。对任何一个犯罪人适用刑罚，都包含着特殊预防和一般预防的目的。在对犯罪分子判处刑罚时，既要考虑特殊预防的需要，使裁量的刑罚符合惩罚和教育改造罪犯的要求，又要考虑一般预防的需要，使裁量的刑罚足以威慑意图实施犯罪的人。法院判决要符合这两方面的要求，不能强调一方面而忽视另一方面，否则，就会影响特殊预防和一般预防目的的实现。

★46．试论我国死刑的存废。

【参考答案】（1）死刑是剥夺犯罪分子生命的刑罚方法。死刑存废之争由来已久，主废论和主存论围绕着人的生命价值，死刑是否具有威慑力、是否合宪、是否有利于贯彻罪刑法定主义、是否符合刑罚目的、是否符合历史发展趋势等展开针锋相对的争论，最后各自得出不同的结论。

（2）我国现阶段仍然有保留死刑的必要。理由在于：①现实生活中还存在着极其严重的危害国家安全、危害公共安全、破坏市场经济秩序、侵犯公民人身权利等犯罪，保留死刑有利于惩治这些犯罪，从而保护国家和人民的重大利益。②保留死刑有利于我国刑罚目的的实现。对于那些罪行极其严重的各类犯罪分子只有适用死刑，才能使其不再犯罪，从而达到刑法特殊预防的目的。同时，死刑的存在使那些试图铤而走险、意图实施极其严重犯罪的人有所惧怕，不敢去实施犯罪，从而达到一般预防的目的。③保留死刑符合我国现阶段的社会价值观念，为广大公民所支持，具有满足社会大众安全心理需要的功能。而废除死刑则超越了我国现阶段的社会价值观念，不能为广大公民所接受，会导致社会大众的心理恐惧。总之，我国现阶段保留死刑符合我国国情，是无可非议的。

（3）保留死刑是我国目前的基本态度，但坚持少杀，反对多杀、错杀是我国的长期死刑政策。我国长期坚持少杀政策的理由包括：①大量适用死刑不符合我国的社会主义性质。②死刑的威慑力来源于死刑适用的必要性和谨慎性。只有在必要的时候谨慎地适用死刑，才能保持死刑的威慑力，滥用死刑必将丧失威慑力和预防犯罪的作用。③生命的丧失具有不可恢复性，死刑的错误适用必将导致不可挽回的损失。大量地适用死刑难免造成错杀，而坚持少杀有利于防止错杀。④限制死刑是当今世界发展的趋势，坚持少杀为顺应这一趋势所必需。少杀政策在我国刑事立法上得到了充分的体现，即我国刑事法律对死刑的适用作了多方面的限制规定，包括死刑适用条件、适用对象、适用程序、执行制度上的限制等，从而更好地贯彻少杀的刑事政策。

47．试论我国刑法的死刑缓期执行制度。

【参考答案】（1）我国刑法规定，对于应当判处死刑的犯罪分子，如果不是必须立即执行的，可以判处死刑同时宣告缓期2年执行。这就是我国的死刑缓期执行制度，简称为“死缓”。死缓不是独立的刑种，而是死刑适用制度。死缓制度是我国刑事立法的首创，它对于贯彻少杀政策、缩小死刑立即执行的适用范围、促使犯罪分子改过自新具有重要意义。

（2）宣告死缓必须具备两个条件：一是“应当判处死刑”，即根据刑法的规定与罪行的严重程度，应当判处死刑。这是宣告缓刑的前提条件。二是“不是必须立即执行”，即根据案件的具体情况，可以不立即执行死刑。

（3）由于死缓不是独立刑种，故判处死缓后会出现不同的法律后果。我国刑法规定，判处死刑缓期执行的，在死刑缓期执行期间，如果没有故意犯罪，2年期满以后，减为无期徒刑；如果确有重大立功表现，2年期满以后，减为25年有期徒刑；如果故意犯罪，情节恶劣的，报请最高人民法院核准后执行死刑；对于故意犯罪未执行死刑的，死刑缓期执行的期间重新计算，并报最高人民法院备案。

（4）死缓的适用已经考虑到犯罪分子的预防必要性，因此，对虽然适用死缓但是预防必要性较大的犯罪分子进行减刑时，可以根据情况加以限制。我国刑法规定，对被判处死刑缓期执行的累犯以及因故意杀人、强奸、抢劫、绑架、放火、爆炸、投放危险物质或者有组织的暴力性犯罪被判处死刑缓期执行的犯罪分子，人民法院根据犯罪情节等情况可以同时决定对其限制减刑。

（5）死刑缓期执行的期间，从判决确定之日起计算。死刑缓期执行减为有期徒刑的刑期，从死刑缓期执行期满之日起计算。

48. 试论我国刑法规定的终身监禁。

【参考答案】（1）我国刑法规定，犯贪污罪、受贿罪，数额特别巨大，并使国家和人民利益遭受特别重大损失，被判处死刑缓期执行的，人民法院根据犯罪情节等情况可以同时决定在其死刑缓期执行2年期满依法减为无期徒刑后，终身监禁，不得减刑、假释。我国刑法有限地规定对贪污罪、受贿罪的“死缓”犯可以终身监禁，不得减刑、假释。这里的“终身监禁”不是一种独立的刑种，也不是新增加的刑种，而是无期徒刑的执行方式之一，是死刑的替代措施，是对犯贪污罪、受贿罪而被判处死刑缓期执行的犯罪分子的一种刑罚执行方式。

（2）人民法院作出的终身监禁的判决应当是在宣判死刑缓期执行的同时作出，而不是在死缓减刑时作出。同时，并不是所有的贪污受贿犯罪被判处死刑缓期2年执行的都要终身监禁，应由人民法院根据其所实施犯罪的具体情节等情况综合考虑。只有在死缓不能充分评价行为人的刑事责任时，才能另外附加裁判终身监禁。换言之，终身监禁的严厉性要求其适用需要严格控制。

（3）根据我国刑法的规定，死缓减刑的后果分为两种，或者减为无期徒刑，或者减为25年有期徒刑。终身监禁仅仅针对死刑缓期2年执行期满依法减为无期徒刑后的情形处理。对于判处死刑缓期2年执行同时附加判处终身监禁的罪犯，基于死缓执行期间的重大立功事实而在死缓执行2年期满之后，减为25年有期徒刑的，可以减刑、假释。这样处理符合鼓励罪犯通过重大立功换取减刑、假释。

49. 试论我国刑法关于剥夺政治权利的适用对象。

【参考答案】剥夺政治权利是指剥夺犯罪分子参加国家管理与政治活动权利的刑罚方法。根据我国刑法规定，剥夺政治权利的适用范围与适用对象有如下情形：

（1）对于危害国家安全的犯罪分子，应当附加剥夺政治权利。这是从犯罪性质上确定剥夺政治权利的适用对象，故不论对其判处的主刑种类。

（2）对于故意杀人、强奸、放火、爆炸、投放危险物质、抢劫等严重破坏社会秩序的犯罪分子，可以附加剥夺政治权利。所谓“严重破坏社会秩序的犯罪”，是指出于故意而实施了相当于上列各罪的严重危害社会秩序的其他犯罪。对故意伤害、盗窃等其他严重破坏社会秩序的犯罪，犯罪分子主观恶性较深、犯罪情节恶劣、后果严重的，也可以依法附加剥夺政治权利。在这种情形下通常不得附加剥夺政治权利，是否附加剥夺政治权利，由法院具体裁量。

（3）对于被判处死刑、无期徒刑的犯罪分子，应当剥夺政治权利终身。这是从主刑种类上确定剥夺政治权利的适用对象，故不论其犯罪的性质与类型。

（4）剥夺政治权利可以独立适用，剥夺政治权利独立适用时，作为一种不剥夺人身自由的轻刑而适用于较轻的、不需要判处主刑的犯罪。根据刑法的规定，独立适用剥夺政治权利的，依照本法分则的规定。如果刑法分则没有规定独立适用剥夺政治权利，就不得予以适用。

50．试论我国刑法规定的没收财产的范围和执行。

【参考答案】（1）没收财产是指将犯罪分子个人所有财产的部分或全部强制无偿收归国有的刑罚方法。没收财产是一种财产刑，也是我国刑罚的附加刑中最重的一种，主要适用于危害国家安全罪、严重的经济犯罪、严重的财产犯罪和其他严重的刑事犯罪。

（2）没收财产的范围应当从以下方面确定：①没收财产是没收犯罪分子个人所有财产的部分或者全部。所谓犯罪分子个人所有财产，是指属于犯罪分子本人实际所有的财产及与他人共有财产中依法应得的份额。只有依法确定为犯罪分子个人所有的财产，才能予以没收。至于没收财产是部分还是全部，应考虑对犯罪分子所处的主刑的轻重，以及犯罪分子家庭的经济状况和其人身危险性大小。②没收全部财产的，应当对犯罪分子个人及其扶养的家属保留必需的生活费用，以维持犯罪分子个人和所扶养的家属的生活。③在判处没收财产的时候，不得没收属于犯罪分子家属所有或者应有的财产。所谓家属所有财产，是指犯罪分子与家属共同所有的财产中应当属于家属的那一份财产。对于犯罪分子与他人共有的财产中属于他人所有的部分，不得没收。

（3）没收财产的判决，无论是附加适用还是独立适用，都由人民法院执行；在必要的时候，可以会同公安机关执行。没收财产以前犯罪分子所负的正当债务，需要以没收的财产偿还的，经债权人请求，应当偿还。

51．试论量刑的任务。

【参考答案】量刑作为刑事审判活动的基本环节和重要环节，其任务是贯彻惩办与宽大相结合的刑事政策，以犯罪事实为根据，以法律为准绳，客观、公正地追究犯罪分子的刑事责任。

量刑任务具体表现为下列方面：

（1）决定对犯罪分子是否判处刑罚。一般说，实施犯罪的人应当受到刑罚处罚，实际判处刑罚是绝大多数犯罪行为的必然法律后果，但是，由于罪行的大小与刑事责任的轻重不完全一致，个案的具体情况也不相同，除了刑罚这一主要处理方法外，还有对于犯罪情节轻微不需要判处刑罚的，可以免予刑事处罚，此外，刑法还有非刑罚处理方法。所以，量刑的首要任务是决定对犯罪人是否判处刑罚。当行为人不具有刑法规定的免除处罚情节同时又不具有从重处罚情节的，则应宣告免予刑事处罚，并决定是否适用非刑罚处理方法。

（2）决定对犯罪分子判处何种刑罚和多重的刑罚。我国刑法分则所规定的法定刑，除了极少数极其严重的罪行规定判处死刑或者可以判处死刑外，其余罪行所配置的法定刑均是以有期徒刑为基础的相对确定的法定刑。在相对确定的法定刑中，除包含期限不等的有期徒刑外，有的向上挂至无期徒刑以及死刑，有的向下挂至拘役以及管制，甚至还挂有单处罚金或者剥夺政治权利。鉴于多刑种和宽幅度是我国法定刑的基本特点，量刑只能在法定刑范围内适用刑罚或者在法定刑下限减轻处罚，因此，审判机关在量刑时如果决定对犯罪人适用刑罚，还必须决定具体判处的刑种和适当的刑期，对于“可以”并处附加刑的犯罪还要决定是否判处附加刑。

（3）决定对犯罪分子所判处的刑罚是否立即执行。按照我国刑法规定，对绝大多数犯罪分子决定适用某种刑罚的判决一经生效，该刑罚便立即执行；但是对于被判处拘役、3年以下有期徒刑的犯罪分子又规定了在一定条件下"可以"宣告缓刑。因此，对被判处拘役、3年以下有期徒刑的犯罪分子，人民法院还应根据其犯罪情节和悔罪表现，进一步评价其判处的刑罚是否暂缓执行。据此，刑罚裁量的内容，当然包括决定对所判处的刑罚是否立即执行。

52. 试论量刑原则。

【参考答案】（1）量刑原则是指由刑法明文规定的贯穿于全部量刑活动并对量刑工作具有指导意义和制约作用的刑法准则。量刑原则为以犯罪事实为根据，以法律为准绳，这一原则体现了惩办与宽大相结合的刑事政策，反映了公平、正义、理性和人道主义的刑罚价值观，确保以较少的司法投入获得较大的刑罚效益，对于实现社会稳定发展和保障国家长治久安具有重要意义。

（2）以犯罪事实为根据的量刑原则。犯罪事实是引起刑事责任的基础，也是进而对犯罪人裁量刑罚的根据。无犯罪事实，也就无刑事责任，更无所谓对犯罪人裁量刑罚的可能。所以，量刑必须以犯罪事实为根据。所谓犯罪事实，是指客观存在的犯罪的一切实际情况的总和。犯罪事实既包括属于犯罪构成要件的基本事实，也包括犯罪构成要件以外的影响犯罪社会危害性程度的其他事实。因此，以犯罪事实为根据中的犯罪事实，是具有概括性特征但所含内容丰富的案件事实，这些事实具体包括犯罪事实、犯罪性质、犯罪情节和犯罪对社会的危害程度等几方面的内容。遵守以犯罪事实为根据的原则，要做到以下两点：①查清犯罪事实，确定犯罪性质，考察犯罪情节，判断犯罪的社会危害程度。②考虑犯罪人的某些个人情况和犯罪后的态度。上述情况和事实在一定程度上反映了犯罪人的人身危险性和再犯可能性。它们在一定程度上与刑罚裁量具有必然的联系，对刑罚裁量具有一定的影响。

（3）以法律为准绳的量刑原则。量刑仅以犯罪事实为根据是不够的，因为仅以犯罪事实作为量刑的根据，并不能保证量刑结果必然适当。要做到量刑适当，还必须以刑法的规定为准绳。贯彻这一量刑原则，要做到以下三点：①必须依照刑法关于各种刑罚方法的适用条件和各种刑罚裁量制度的规定。②必须依照刑法关于各种量刑情节的适用原则和有关各种量刑情节的规定。③必须依照刑法分则和其他刑法规范规定的法定刑和量刑幅度，针对具体犯罪选择判处适当的刑罚。

53. 试论我国刑法中减轻处罚情节的适用。

【参考答案】我国刑法中的减轻处罚分为法定减轻处罚和酌定减轻处罚。

（1）法定减轻处罚。减轻处罚是在法定刑以下判处刑罚。我国刑法规定，犯罪分子具有本法规定的减轻处罚情节的，应当在法定刑以下判处刑罚。减轻处罚须在法定最低刑以下判处刑罚，法定最低刑并非笼统地指特定犯罪的法定刑的最低刑，而是指与行为人所实施的特定具体犯罪相适应的量刑幅度中的最低刑。减轻处罚既包括刑种的减轻，也包括刑期的减轻。减轻处罚不能判处法定最低刑，只能在法定最低刑之下判处刑罚，否则将同从轻处罚相混淆；减轻处罚也不能减轻到免除处罚的程度，否则将同免除处罚相混淆。减轻处罚不是无限制的减轻，我国刑法规定，本法规定有数个量刑幅度的，应当在法定量刑幅度的下一个量刑幅度内判处刑罚。这表明，减轻处罚有"刑格"的限制，不能跨越"刑格"而减轻处罚。

（2）酌定减轻处罚。酌定减轻处罚是指人民法院根据案件的特殊情况决定对犯罪分子减轻处罚。我国刑法规定，犯罪分子虽然不具有本法规定的减轻处罚情节，但是根据案件的特殊情况，经最高人民法院核准，也可以在法定刑以下判处刑罚。这里的"案件的特殊情况"，主要是指案件涉及政治、外交等重大事项，以及不予减轻处罚会导致罪刑关系明显失衡的情形。酌定减轻处罚在犯罪分子不具有法定减轻处罚情节时才能适用，而且在程序上必须经最高人民法院核准，才能发生法律效力。

54. 试论酌定情节的作用与适用。

【参考答案】（1）酌定情节是指人民法院从审判经验中总结出来的，在刑罚裁量过程中灵活掌握、酌情适用的情节。酌定情节在刑罚裁量中的作用主要表现为：①在多功能量刑情节的适用、量刑情节竞合时的适用、应当型情节与可以型情节并存的适用等情况下，酌定情节对于法定情节的最终适用结果起着重要的调节、修正和辅助判断的作用。②当特定案件中不具有法定情节的条件下，酌定情节的适用，是在相对确定的法定刑中确定最终应当判处的刑罚所不可缺少的根据之一。

（2）正确适用酌定情节，应当注意四点：①准确认定酌定情节的性质。与法定情节相同，酌定情节可以分为从宽情节和从严情节。从宽情节和从严情节对量刑结果影响的性质是不同的。从宽情节，是指会使犯罪人受到从宽处罚的情节，它包括从轻处罚、减轻处罚和免除处罚的情节；从严情节，是指会使犯罪人受到从严处罚的情节，仅有从重处罚情节一种。所以，准确认定具体酌定情节的性质，对于正确量刑具有重要意义。②全面把握酌定情节的内容。同一案件中所具有的酌定情节，往往是多方面的，既有从宽情节，也有从严情节。全面把握酌定情节的内容，就是要求客观、全面地分析、掌握可能对量刑结果产生不同影响的所有情节，从而为正确量刑奠定公正、合理的基础。③合理协调酌定情节与法定情节的关系。在同一案件中既有法定情节，又有酌定情节的条件下，注意协调酌定情节与法定情节的关系，充分发挥酌定情节的作用，对于保证法定情节适用结果的准确性，是至关重要的。此外，在法定情节与酌定情节并存的情况下，应本着法定情节优于酌定情节的原则，予以适用。④公正适用酌定情节。酌定情节是在刑罚裁量过程中由法官灵活掌握、酌情适用的情节。它是法官自由裁量权的重要依据之一。但是，酌定情节的这一属性，并非表明法官可以随心所欲、不受制约地决定酌定情节的取舍和适用结果。任何法官都应当在罪责刑相适应原则和适用刑法人人平等原则的制约下，公正、合理地适用酌定情节，准确裁量刑罚。

55. 试论累犯的刑事责任。

【参考答案】累犯是指因犯罪而受过一定的刑罚处罚，在刑罚执行完毕或者赦免以后，于法定期限内又犯一定之罪的罪犯。和初犯或其他犯罪人相比，累犯往往具有更深的主观恶性和更大的人身危险性，所以，依据罪责刑相适应原则和刑罚个别化原则，对于累犯应当从严惩处。

我国刑法规定了对累犯应当从重处罚的原则，它包括以下几方面的内容：（1）对累犯必须从重处罚。对累犯“应当”从重处罚，而不是“可以”从重处罚。无论是具备一般累犯的构成条件者，还是具备特别累犯的构成条件者，都必须对其在法定刑的限度以内，判处相对较重的刑罚即适用较重的刑种或较长的刑期。（2）对于累犯应当比照不构成累犯的初犯或其他犯罪人从重处罚。具体而言，就是当累犯所实施的犯罪行为与某一不构成累犯者实施的犯罪行为在性质、情节、社会危害程度等方面基本相似时，应比照对不构成累犯者应判处的刑罚再予以从重处罚。对于累犯应当从重处罚，并不是无原则的、无限制的从重处罚，而应以不构成累犯的初犯或其他犯罪人为从重处罚的参照标准。（3）对于累犯从重处罚，必须根据其所实施的犯罪行为的性质、情节和社会危害程度，确定具体应判处的刑罚，切忌毫无事实根据地对累犯一律判处法定最高刑的做法。（4）对累犯不适用缓刑、假释。因为缓刑和假释的适用，都要求以犯罪人不致再危害社会为条件，而累犯则属于屡教不改，具有较大的人身危险性的人，对累犯适用缓刑和假释，不利于对累犯的教育改造，起不到预防犯罪的目的，更不能保证社会的安全。

★56. 试论自首的成立条件。

【参考答案】（1）自首是指犯罪分子犯罪以后自动投案，如实供述自己的罪行的行为，或者被采取强制措施的犯罪嫌疑人、被告人和正在服刑的罪犯，如实供述司法机关还未掌握的本人其他罪行的行为。自首有一般自首和特别自首之分。

（2）一般自首应当具备如下条件：1）自动投案。自动投案是认定自首的前提条件。自动投案即在犯罪事实或者犯罪嫌疑人未被司法机关发觉，或者虽被发觉，但犯罪嫌疑人尚未受到讯问、未被采取强制措施时，主动、直接向公安机关、人民检察院或者人民法院投案。认定自动投案，应当具备如下条件：①投案行为必须发生在犯罪人归案之前，这是对自动投案的时间限定。②自动投案一般应是基于犯罪分子本人的意志，自动投案并不违背其本人的意愿。③最终必须自愿置于司法控制之下，等待进一步交代犯罪事实。此为自动投案成立的必要条件，也是如实供述自己的罪行、成立自首的前提。2）如实供述自己的罪行。如实供述自己的罪行即供述自己实施并应由本人承担刑事责任的罪行。只有如实供述自己的罪行，才足以证明其自首的诚意，也才能为司法机关追诉其所犯罪行并予以从宽处理提供客观依据。因此，如实供述自己的罪行是自首成立的核心条件。

（3）特别自首应当具备如下条件：1）成立特别自首的主体必须是被采取强制措施的犯罪嫌疑人、被告人和正在服刑的罪犯。其中，强制措施是指我国刑事诉讼法规定的强制措施；正在服刑的罪犯是指已经人民法院判决，正在执行所判刑罚的罪犯。上述三种人以外的犯罪分子，不能成立特别自首。2）必须如实供述司法机关还未掌握的本人其他罪行。这是成立特别自首的关键性条件。对此：①所供述的罪行必须是本人实施的罪行；②必须是司法机关还没有掌握的罪行，即司法机关不了解、未掌握的，与被采取强制措施、服刑所涉及的罪行在性质上或者罪名上可以不同也可以相同的一定罪行。

57. 试论数罪的自首。

【参考答案】数罪的自首是指犯罪分子犯数罪后如实供述所犯数罪的罪行的行为。正确认定数罪的自首，关键在于判断犯罪人是否如实地供述了所犯数罪并分别依据不同情况予以处理。

（1）就一般自首而言，对于犯罪人自动投案后如实供述所犯全部数罪的，应认定为全案均成立自首。对于犯罪人自动投案后仅如实供述所犯全部数罪的一部分，而未供述另一部分犯罪的，应分别予以处理：若行为所犯数罪为异种数罪的，其所供述的犯罪成立自首，其未交代的犯罪不成立自首，即自首的效力仅及于如实供述之罪。若行为所犯数罪为同种数罪的，则应根据犯罪人供述犯罪的程度，决定自首成立的范围。其中，犯罪人所供述的犯罪与未供述的犯罪在性质、情节、社会危害程度等方面大致相当的，只应认定所供述之罪成立自首，未供述之罪不成立自首，即自首的效力仅及于如实供述之罪。犯罪人确实由于主客观方面的原因，只如实供述了所犯数罪中的主要或基本罪行，应认定为全案成立自首，即自首的效力及于所犯全部罪行。

（2）就特别自首而言，被司法机关依法采取强制措施的犯罪嫌疑人、被告人和正在服刑的罪犯，如实供述司法机关还未掌握的本人非同种罪行的，以自首论。如实供述司法机关还未掌握的本人同种罪行的，分别依据不同情况，可以酌情或者一般应当从轻处罚。正在服刑的罪犯如实供述判决宣告前发生、判决确定的罪行以外的，司法机关还未掌握的不同种罪行的，以自首论。

58. 试论自首犯的刑事责任。

【参考答案】（1）我国刑法规定，对于自首的犯罪分子，可以从轻或者减轻处罚。其中，犯罪较轻的，可以免除处罚。具体确定从轻、减轻还是免除处罚，应当根据犯罪轻重，并考虑自首的具体情节。对于自首的犯罪分子，不论是从轻处罚、减轻处罚还是免除处罚，都需要考虑多种因素予以综合判断并从宽处理。

（2）对于自首的犯罪分子，可以从轻或者减轻处罚。“可以”从宽处罚表明我国刑法对于自首采取相对从宽处罚的原则。即是说，并非对每一个自首的犯罪人都一律从宽处罚，而是既可以从宽处罚，也可以不从宽处罚。究竟对自首的犯罪人是否从宽处罚，由审判人员根据全案的情况决定。但根据刑法规定，凡犯罪以后自首的，都可以根据案件的不同情况分别予以从轻处罚或者减轻处罚。至于具体是从轻处罚还是减轻处罚，首先，要分清犯罪分子主观恶性的大小；其次，要分析自首的具体情节，如投案早晚、投案动机、客观条件、交代罪行的程度等，判明犯罪分子的悔罪程度，对于犯罪分子主观恶性小、悔罪表现明显的，可以减轻处罚。但对于极少数罪行极其严重的犯罪分子，也可以不从轻或者减轻处罚。

（3）犯罪较轻的，可以免除处罚。也就是说，犯罪人犯有较轻之罪而自首的，不仅可以从轻或者减轻处罚，而且可以得到免除处罚的从宽处理。一般来说，对于具有主观恶性小、有明显悔罪表现的，可以免除处罚；对于不具有上述表现的，可以减轻处罚。但应当看到，犯罪较轻是可以免除处罚的前提，其中，较轻之罪是相对于较重之罪而言的。

（4）解决自首犯的刑事责任，还应当注意以下问题：①对于犯有数罪，投案后仅如实供述一罪的，只对这一罪按自首从宽处理。如果如实供述主要罪行的，也可以对全案按自首处理。②在共同犯罪案件中，对自首的，按自首处理；对未自首的，按未自首处理。③对于被采取强制措施的犯罪嫌疑人、被告人和正在服刑的罪犯，如实供述司法机关还未掌握的本人非同种或者同种罪行的，应当分别不同情况予以论处。

59. 试论我国刑法中的坦白制度。

【参考答案】（1）坦白是指犯罪分子被动归案之后，如实供述自己罪行，并接受国家司法机关审查和裁判的行为。坦白以犯罪分子实施了犯罪行为为前提，并在归案之后如实交代自己的犯罪事实，以获得从宽处罚。坦白表明犯罪分子有心悔悟，说明其人身危险性有所降低，也有利于节约司法资源，避免特别严重后果的发生。

（2）坦白的成立条件是如实供述自己的罪行。如实供述，意味着行为人按照自己的记忆供述自己的犯罪行为，而不是作虚假供述。如实供述的内容，除自己主要的犯罪事实外，还应包括姓名、年龄、职业、住址、前科等情况。犯罪嫌疑人在交代罪行的过程中隐瞒主要事实或关键情节，掩盖真相，企图蒙混过关，属于未如实供述罪行，不能成立坦白；犯罪嫌疑人如实供述自己的罪行后，又翻供的，也不能认定为坦白。

（3）我国刑法规定，犯罪嫌疑人虽不具有自首情节，但是如实供述自己罪行的，可以从轻处罚；因其如实供述自己罪行，避免特别严重后果发生的，可以减轻处罚。这表明，如果是普通坦白，可以从轻处罚；因坦白而避免特别严重后果发生的，可以减轻处罚，这要求避免特别严重后果发生与坦白要具有因果关系，否则不能减轻处罚。

60. 试论我国刑法中数罪并罚的适用条件（特点）及意义。

【参考答案】（1）数罪并罚，是指对一行为人所犯数罪合并处罚的制度。我国刑法中的数罪并罚，是指人民法院对一行为人在法定时间界限内所犯数罪分别定罪量刑后，按照法定的并罚原则及刑期计算方法决定其应执行的刑罚的制度。

（2）我国刑法规定的数罪并罚的适用条件有：①必须是一行为人犯有数罪。此为适用数罪并罚的事实前提。数罪即实质上的数罪或独立的数罪，或者独立的罪与非实质数罪。独立的罪即不依附于其他犯罪而存在的罪，非实质数罪即一行为在刑法上规定为一罪或处理时作为一罪的情形。数罪，既可以是故意犯罪，也可以是过失犯罪；既可以是单独犯形式，也可以是共犯形式；既可以是犯罪的完成形态，也可以是犯罪的未完成形态。如果一行为人犯有一罪或非实质数罪，或者非共犯数行为人犯有数罪或各个行为人分别犯有一罪，都不在数罪并罚之列。②一行为人所犯的数罪必须发生于法定的时间界限之内。一人所犯数罪必须发生在判决宣告以前，或者发生在判决宣告以后、刑罚执行完毕以前，既不包括已经超过追诉时效的犯罪，也不包括在刑罚执行完毕以后又犯罪或者发现漏罪。所以，数罪并罚以刑罚执行完毕以前所犯数罪作为适用并罚的最后时间界限。对于在不同的刑事法律发展阶段内实施或发现数罪，采用的并罚方法不尽一致。如果在刑罚执行完毕以后又犯罪的，符合累犯条件的，应当作为累犯从重处罚，但是不涉及数罪并罚的问题。刑罚执行完毕以后，又发现判决宣告之前还有其他罪没有判决而应当追诉的，应当依法另行定罪量刑，并不构成累犯；如果刑罚执行完毕之后又犯新罪，应当依法对新罪定罪量刑，构成累犯的，要从重处罚。但这两种情况同样不能与执行完毕的刑罚实行并罚。③必须在对数罪分别定罪量刑的基础上，依照法定的并罚原则、并罚范围和并罚方法（刑期计算方法），决定执行的刑罚。首先，必须对罪犯所犯数罪，依法逐一分别确定罪名并裁量、宣告其刑罚。其次，要根据适用于不同情况的并罚原则以及在不同时间阶段和法律条件下的刑期计算方法，将数罪中各罪被判处的刑罚合并，确定应当执行的刑罚的种类和期限等。

（3）我国刑法中数罪并罚制度的意义在于：便于审判人员科学地对犯罪分子判处适当的刑罚；有利于保证适用法律的准确性；有利于保障被告人的合法权益；有利于刑罚执行机关对犯罪分子执行刑罚和适用减刑或假释。

61．试论数罪并罚的原则。

【参考答案】数罪并罚的原则是指对一人所犯数罪合并处罚应依据的规则。其功能在于确定对于数罪如何实行并罚。

各国所采用的数罪并罚的原则主要有如下四种：

（1）并科原则（相加原则）。该原则是指将一人所犯数罪分别宣告的各罪刑罚绝对相加、合并执行的合并处罚规则。并科原则作为单纯适用的数罪并罚原则，实际上既难以执行，且无必要，亦过于严酷，有悖于当代刑罚制度的基本原则和精神，故目前单纯采用并科原则的国家较少。

（2）吸收原则。该原则是指一人所犯数罪采用重罪吸收轻罪或者重罪刑吸收轻罪刑的合并处罚规则。换言之，它是由一人所犯数罪中法定刑最重的罪吸收其他较轻的罪，或者由最重的宣告刑吸收其他较轻的宣告刑，仅以最重罪的宣告刑或者已宣告的最重刑罚作为执行刑罚的合并处罚规则。吸收原则虽然对于死刑、无期徒刑等刑种的并罚较为适宜，且适用颇为便利，但若适用于其他刑种（如有期自由刑、财产刑等），则弊端明显。此原则不便于普遍适用，所以，目前单纯采用吸收原则的国家较少。

（3）限制加重原则（限制并科原则）。该原则是指以一人所犯数罪中法定（应当判处）或已判处的最重刑罚为基础，再在一定限度之内对其予以加重作为执行刑罚的合并处罚规则。限制加重原则克服了并科原则和吸收原则或失之于严酷且不便具体适用，或失之于宽纵而不足以惩罚犯罪的弊端，既使得数罪并罚制度贯彻了有罪必罚和罪责刑相适应的原则，又采取了较为灵活、合乎情理的合并处罚方式。故其确为数罪并罚原则的一大进步，但该原则并非完美无缺，仍具有一定局限性。它虽然可有效地适用于有期自由刑等刑种的合并处罚，却对于死刑、无期徒刑根本无法采用，因而当然不能作为普遍适用于各种刑罚的并罚原则，否则，便会产生以偏概全之弊。

（4）折中原则（混合原则）。该原则是指对一人所犯数罪的合并处罚不单纯采用并科原则、吸收原则或限制加重原则，而是根据法定的刑罚性质及特点兼采并科原则、吸收原则或限制加重原则，以分别适用于不同刑种和宣告刑结构的合并处罚规则。换言之，它是指以上述一种原则为主、他种原则为辅，将其分别适用于不同刑种或刑罚结构的数罪合并处罚方法。

鉴于前三种原则各有得失、难以概全，目前除极少数国家单纯采用某一种原则外，世界上绝大多数国家均采用折中的原则。这种综合兼采多种原则的做法，能够使上述各原则得以合理取舍、扬长避短、趋利除弊、互为补充、便于适用，综合发挥统一的最优化功能。

62. 试论我国刑法中数罪并罚原则的基本适用规则。

【参考答案】根据我国刑法规定，折中原则中所包含的吸收原则、限制加重原则和并科原则的具体适用范围及基本适用规则如下：

（1）吸收原则的适用。判决宣告的数个主刑中有数个死刑或最重刑为死刑的，采用吸收原则，仅应决定执行一个死刑，而不得决定执行两个以上的死刑或其他主刑；判决宣告的数个主刑中有数个无期徒刑或最重刑为无期徒刑的，采用吸收原则，只应决定执行一个无期徒刑，而不得决定执行两个以上的无期徒刑，或者将两个以上的无期徒刑合并升格执行死刑，或者决定执行其他主刑；数罪中有判处有期徒刑和拘役的，执行有期徒刑。

（2）限制加重原则的适用。除判处死刑和无期徒刑的以外，应当在总和刑期以下、数刑中最高刑期以上，酌情决定执行的刑期，但是管制最高不能超过 3 年，拘役最高不能超过 1 年，有期徒刑总和刑期不满 35 年的，最高不能超过 20 年，总和刑期在 35 年以上的，最高不能超过 25 年。具体而言，适用限制加重原则的具体规则为：①判决宣告的数个主刑均为有期徒刑的，应当在总和刑期以下、数刑中最高刑期以上，酌情决定执行的刑期；有期徒刑总和刑期不满 35 年的，最高不能超过 20 年，总和刑期在 35 年以上的，最高不能超过 25 年。②判决宣告前数个主刑均为拘役的，应当在总和刑期以下、数刑中最高刑期以上，酌情决定执行的刑期；但是最高不能超过 1 年。③判决宣告前数个主刑均为管制的，应当在总和刑期以下、数刑中最高刑期以上，酌情决定执行的刑期；但是最高不能超过 3 年。

（3）并科原则的适用。数罪中有判处有期徒刑和管制，或者拘役和管制的，有期徒刑、拘役执行完毕后，管制仍须执行；数罪中有判处附加刑的，附加刑仍须执行，其中附加刑种类相同的，合并执行，种类不同的，分别执行。

63. 试论缓刑的考察及法律后果。

【参考答案】（1）缓刑的考察是指对被宣告缓刑的犯罪分子进行观察、教育，帮助他改过自新。根据我国刑法规定，被宣告缓刑的犯罪分子应当遵守法律、行政法规，服从监督；按照考察机关的规定报告自己的活动情况；遵守考察机关关于会客的规定；离开所居住的市、县或者迁居，应当报经考察机关批准。被宣告缓刑的犯罪分子，应当遵守人民法院判决中的禁止令，人民法院可以根据犯罪情况，同时禁止犯罪分子在缓刑考验期限内从事特定活动，进入特定区域、场所，接触特定的人。对宣告缓刑的犯罪分子，在缓刑考验期限内，依法实行社区矫正。对于被宣告缓刑的犯罪分子，考察其在缓刑考验期限内是否犯新罪或者发现漏罪，以及是否违反法律、行政法规或者国务院有关部门关于缓刑的监督管理规定且情节严重。拘役的缓刑考验期限为原判刑期以上 1 年以下，但是不能少于 2 个月。有期徒刑的缓刑考验期限为原判刑期以上 5 年以下，但是不能少于 1 年。缓刑考验期限，从判决确定之日起计算。

（2）缓刑考察的法律后果体现在：①被宣告缓刑的犯罪分子，在缓刑考验期限内，没有犯新罪或者发现漏罪，也没有违反法律、行政法规或者国务院有关部门关于缓刑的监督管理规定，或者违反人民法院判决中的禁止令，缓刑考验期满，原判的刑罚就不再执行，并公开予以宣告。②被宣告缓刑的犯罪分子，在缓刑考验期限内犯新罪或者发现判决宣告以前还有其他罪没有判决的，应当撤销缓刑，对新犯的罪或者新发现的罪作出判决，把前罪和后罪所判处的刑罚，依照《刑法》第 69 条的规定，决定执行的刑罚。③被宣告缓刑的犯罪分子，在缓刑考验期限内，违反法律、行政法规或者国务院有关部门关于缓刑的监督管理规定，或者违反人民法院判决中的禁止令，情节严重的，应当撤销缓刑，执行原判刑罚。此外，缓刑的效力不及于附加刑，即被宣告缓刑的犯罪分子，如果被判处附加刑的，附加刑仍须执行。因而，无论缓刑是否撤销，所判处的附加刑均须执行。

64. 试论我国刑罚执行的原则。

【参考答案】刑罚执行的原则是指在刑罚执行过程中应当遵循或依据的准则。它贯穿于整个行刑过程中，是行刑机关的工作指南。我国刑罚的执行原则主要有教育性原则、人道主义原则、区别对待原则和社会化原则。

（1）教育性原则。教育性原则即刑罚执行应从实现特殊预防及一般预防的目的出发，对犯罪人及社会公众进行积极的教育，而非消极的惩罚与威慑。其具体要求是：①正确执行刑罚。刑罚是国家对犯罪否定评价的具体体现，只有准确无误地执行，才能对社会公众产生教育作用。②坚持惩罚与改造相结合、教育和劳动相结合的原则。教育和劳动是改造罪犯的两个基本手段，两者互为补充，但以教育为主，劳动为辅。③对受刑人的改造，要以教育疏导为主，以强制性的执行措施为辅。强制性措施不能从思想上消除其犯罪的根源，而且易于激起抵触情绪，不利于实现预防犯罪的行刑目的，因此，除非必要，不宜采用。④要坚持区别对待的方针，根据每个犯罪人的个人性格、犯罪种类、人身危险程度等，采取不同的教育方法。

（2）人道主义原则。人道主义原则即尊重犯罪人人格，禁止使用残酷的处罚手段，关心犯人的实际困难，注重犯人的政治思想和文化、技能教育，促使其成为自食其力的新人。其具体要求是：①从观念上把犯人当人看待，在人格上不歧视犯人，不刑讯逼供，不用肉刑，不侮辱虐待，竭力消除犯人自暴自弃思想和对立情绪，使其树立起新生的信心。②建立科学的刑罚执行制度，正确适用死缓制度，减少死刑的立即执行。改善执行方法，对少年犯、孕妇和老弱病残者实行特殊的宽缓政策，对因自然灾害或不能抗拒的灾祸而难以缴纳罚金的予以酌情减免等。③在生活上关心犯人，尤其是对未成年犯，应注重教育感化。④对刑满释放人员要贯彻“给出路”的政策，要说服社会积极为之提供参加学习、工作和劳动的机会。

（3）区别对待原则。区别对待原则即在刑罚执行过程中，应根据犯罪人的具体情况，给予处遇措施，在罪犯改造上重视刑罚执行个别化，并予以区别对待。其具体要求是：①在罪犯改造上，根据犯罪人罪行的性质轻重程度分别关押；对少年犯专门设立少年管教所；对病犯和孕妇，送往医院治疗或送其他场所监护。②在教育上，根据罪犯的认罪态度、主观恶性深浅、思想改造难易、犯罪次数多少等，采取不同的教育方式。③在劳动上，根据罪犯的身体条件、生理特点、年龄大小、性别状况、文化程度、技术水平等，分配适当的工种，制定合理的定额。④在奖惩上，根据犯罪人的表现，给予表扬、物质奖励、记功、减刑、假释等奖励，或者给予警告等处分。

（4）社会化原则。社会化原则即在刑罚执行过程中要依靠社会力量对受刑人进行帮教，使之易于复归社会。社会化原则包括两方面内容：一是调动社会的积极因素影响犯罪人，让社会参与对犯罪人的改造；二是培养受刑人再社会化能力，使之能适应正常的社会生活。

65. 试论减刑的条件。

【参考答案】减刑是指对被判处管制、拘役、有期徒刑或者无期徒刑的犯罪分子，因其在刑罚执行期间认真遵守监规，接受教育改造，确有悔改表现或者有立功表现，而适当减轻其原判刑罚的制度。

对犯罪分子的减刑，必须具备如下条件：

（1）对象条件。减刑的对象条件，是指减刑只适用于被判处管制、拘役、有期徒刑、无期徒刑的犯罪分子。它表明，减刑的范围仅受刑罚种类的限制，而不受刑期长短和犯罪性质的限制。只要是被判处上述四种刑罚之一的犯罪分子，无论其犯罪行为是故意犯罪还是过失犯罪，是重罪还是轻罪，是危害国家安全犯罪还是其他刑事犯罪，只要具备了法定的减刑条件，就可以减刑。被判处死刑立即执行的犯罪分子不能适用减刑。死刑缓期执行期满后刑种的性质改变，随主刑刑种的性质改变而引起的附加刑的相应改变，以及罚金刑的酌情减少或者免除，均不属于刑法规定的减刑制度的范围。

（2）实质条件。减刑的实质条件，因减刑的种类不同而有所区别。一是可以减刑的实质条件，即犯罪分子在刑罚执行期间认真遵守监规，接受教育改造，确有悔改表现，或者有立功表现。二是应当减刑的实质条件，即犯罪分子在刑罚执行期间有重大立功表现。

（3）限度条件。减刑的限度，是指犯罪分子经过减刑以后，应当实际执行的最低刑期。根据刑法规定，减刑的限度为：减刑以后实际执行的刑期，判处管制、拘役、有期徒刑的，不能少于原判刑期的1/2；判处无期徒刑的，不能少于13年；对于被判处死刑缓期2年执行的限制减刑的罪犯，缓期执行期满后依法减为无期徒刑的，不能少于25年，缓期执行期满后依法减为25年有期徒刑的，不能少于20年。被判处死刑缓期2年执行的未限制减刑的罪犯经过一次或者几次减刑后，其实际执行的刑期不得少于15年，死刑缓期执行期间不包括在内。所谓实际执行的刑期，是指判决执行后犯罪分子实际服刑的时间。如果判决前先行羁押的，羁押期应当计入实际执行的刑期之内。

66. 试论假释的条件。

【参考答案】假释是指对被判处有期徒刑、无期徒刑的犯罪分子，在执行一定刑期之后，因其认真遵守监规，接受教育改造，确有悔改表现，没有再犯罪的危险，而附条件地将其予以提前释放的制度。

适用假释须具备如下条件：

（1）对象条件。假释是对犯罪分子附条件地提前释放，并在一定时期内保持继续执行未执行的部分刑罚的可能性。正是假释的这一基本特点，决定了假释只能适用于被判处有期徒刑、无期徒刑的犯罪分子。其他种类的刑罚，或因性质决定而不存在假释可能（死刑立即执行），或因执行方式决定而不能直接适用假释（死刑缓期执行），或因刑期较短而不具有适用假释的实际意义（拘役），或因仅在监外执行、限制部分自由而没有必要适用假释（管制）。对于死缓犯减为无期徒刑或者有期徒刑后，符合假释条件的，可以适用假释。

（2）限制条件。只有执行了一定的刑罚，才能比较准确地考察、判断犯罪分子是否认真遵守监规，接受教育改造，确有悔改表现，没有再犯罪的危险，以保证假释的效果；而且只有如此，才能保持判决的稳定性和法律的严肃性。根据刑法规定，犯罪分子必须执行了一定的刑罚，即被判处有期徒刑的犯罪分子，执行原判刑期1/2以上，被判处无期徒刑的犯罪分子，实际执行13年以上，才可以适用假释。同时，为了使假释的适用具有一定的灵活性，刑法规定，如果有特殊情况，经最高人民法院核准，可以不受上述执行刑期的限制。此外，对累犯以及因故意杀人、强奸、抢劫、绑架、放火、爆炸、投放危险物质或者有组织的暴力性犯罪被判处10年以上有期徒刑、无期徒刑的犯罪分子，不得假释。对犯罪分子决定假释时，还应当考虑其假释后对所居住社区的影响。

（3）实质条件。假释的实质条件，是指适用假释的犯罪分子，必须认真遵守监规，接受教育改造，确有悔改表现，没有再犯罪的危险。犯罪分子只有在符合对象条件和限制条件的基础上，同时符合实质条件，才可以被适用假释。

67. 试论假释的考验及法律后果。

【参考答案】（1）假释是附条件地提前释放，因而需要设立一定的考验制度和期限，以便对假释罪犯继续进行监督改造。我国刑法规定，对假释的犯罪分子，在假释考验期限内，依法实行社区矫正。有期徒刑的假释考验期限，为没有执行完毕的刑期；无期徒刑的假释考验期限为10年。假释考验期限，从假释之日起计算。被假释的罪犯，除有特殊情况外，一般不得减刑，其假释的考验期也不能缩短。被宣告假释的犯罪分子，应当遵守下列规定：遵守法律、行政法规，服从监督；按照监督机关的规定报告自己的活动情况；遵守监督机关关于会客的规定；离开所居住的市、县或者迁居，应当报经监督机关批准。对于被假释的犯罪分子的考察，主要是考察其在假释考验期限内是否再犯新罪或者发现漏罪，以及是否违反法律、行政法规或者国务院有关部门关于假释的监督管理规定。

（2）假释的法律后果有：①被假释的犯罪分子，在假释考验期限内没有再犯新罪或者发现漏罪，或者违反法律、行政法规或者国务院有关部门关于假释的监督管理规定，假释考验期满，就认为原判刑罚已经执行完毕，并公开予以宣告。②被假释的犯罪分子，在假释考验期限内再犯新罪，应当撤销假释，依照“先减后并”的规则实行数罪并罚。③在假释考验期限内，发现被假释的犯罪分子在判决宣告以前还有其他罪没有判决的，应当撤销假释，依照“先并后减”的规则实行数罪并罚。④被假释的犯罪分子，在假释考验期限内，有违反法律、行政法规或者国务院有关部门关于假释的监督管理规定的行为，尚未构成新的犯罪的，应当依照法定程序撤销假释，收监执行未执行完毕的刑期。犯罪分子被假释后，原判有附加刑的，附加刑仍须继续执行。原判有附加剥夺政治权利的，附加剥夺政治权利的刑期从假释之日起计算。

68. 试论刑罚权的内容构成及相互关系。

【参考答案】（1）刑罚权是国家对犯罪人适用刑罚，以惩罚犯罪人的权力，它的内容包括制刑权、求刑权、量刑权和行刑权四个方面。制刑权是指国家为适应惩治犯罪的需要，在刑事立法中创立、设置刑罚的权力。制刑权包括确立刑罚的体系及与其相配套的刑罚制度；设定各个犯罪的法定刑；对现行立法中的刑种、法定刑以及刑罚制度的修改、补充或者废止；对刑罚的立法解释。求刑权是指对刑事被告人提起诉讼，请求法院处以刑罚的权力。求刑须以犯罪的发生为前提，没有犯罪的事实，刑罚就不会发生，也就不存在求刑活动。求刑者只能向拥有量刑权的审判机关提出这一请求，以实现对犯罪的惩罚。量刑权即由法院依法统一行使的刑罚裁量权。量刑活动要求人民法院在查明案件事实的基础上，对构成犯罪的人依法判处与之相应的刑罚；不构成犯罪的，则不得适用刑罚。行刑权是指刑罚执行机关对犯罪人强行执行刑罚的权力。行刑权由具有刑罚执行权的机关执行，执行的范围只能是刑罚，执行的对象必须是已经被法院依法判处刑罚的犯罪人。

（2）制刑权、求刑权、量刑权和行刑权并非相互独立、性质不同的几种刑罚权，而是刑罚权的有机组成部分。它们相互联系、相互依存，共同构成刑罚权的整体，其中，制刑权是刑罚权的基础，而其他刑罚权则是制刑权的归宿。刑罚设立权属于静态立法，刑罚的作用，只有经过动态司法，即刑罚的实际运用，才能真正发挥作用。而刑罚在司法中的具体适用，要经过求刑、量刑和行刑三个彼此相互衔接而又独立的司法活动过程，与这些过程相对应的权力分别表现为求刑权、量刑权和行刑权。而在求刑权、量刑权和行刑权中，量刑权是刑罚权的核心内容：没有指控、求刑，就不会有量刑。关于量刑的判决一旦生效，即应付诸实施。所以说，量刑权是对求刑权的具体落实，又是行刑权的依据。正是由于量刑权的行使，才有可能使立法上的抽象刑罚变成现实的具体刑罚。

69. 试论交通肇事罪中的肇事后逃逸和因逃逸致人死亡。

【参考答案】（1）交通肇事后逃逸是指交通肇事后为逃避法律追究而逃跑的行为。因逃逸致人死亡是指在交通肇事后为逃避法律追究而逃跑，致使被害人因得不到救助而死亡的情形。交通肇事后逃逸或因逃逸致人死亡的，法定刑升格。

（2）适用交通肇事后逃逸，须符合下列条件：①行为人已经构成交通肇事罪，这是构成交通肇事后逃逸的前提条件。②行为人对发生交通肇事是明知的，如果行为人对发生交通肇事的行为并不明知，就不能认定为有逃逸行为。行为人主观上具有对被害人不予救助的逃逸意思和行为。交通肇事后，为躲避客观上已经发生的被害人家属等人的追赶、殴打而逃跑的，不是交通肇事罪中的逃逸。发生交通肇事后立即逃离现场，随后又返回现场救助被害人的，不应认定为逃逸。因逃逸致人死亡的，构成交通肇事罪的结果加重犯。因逃逸致人死亡的，要求逃逸行为与被害人死亡结果之间存在因果关系，才能将死亡结果归属于行为人。如果有足够证据可以证明，事后逃逸的行为人交通肇事撞伤被害人后，即使立即救助也无法挽回被害人生命的，则不能适用因逃逸致人死亡的规定。

（3）在交通肇事后为逃避法律追究，将被害人带离事故现场后隐藏或者遗弃，致使被害人无法得到救助而死亡或者严重残疾的，应以故意杀人罪、故意伤害罪定罪处罚，并与先前的交通肇事罪实行数罪并罚。交通肇事后，单位主管人员、机动车辆所有人、承包人或者乘车人指使肇事人逃逸，致使被害人因得不到救助而死亡的，以交通肇事罪的共犯论处。

70．试论洗钱罪的客观方面。

【参考答案】（1）洗钱罪是指为掩饰、隐瞒毒品犯罪、黑社会性质的组织犯罪、恐怖活动犯罪、走私犯罪、贪污贿赂犯罪、破坏金融管理秩序犯罪、金融诈骗犯罪的违法所得及其产生的收益的来源和性质，所实施的法定行为。洗钱是由犯罪者本人或者经由他人，通过金融或非金融体系的运作，阻断犯罪的黑色收入与当初犯罪行为的联系，逃避法律追查，使黑色收入表面合法化的过程。

（2）洗钱罪既包括帮助他人洗黑钱，也包括自己犯罪后洗钱，即自洗钱。本人犯罪后又自洗钱的，侵害了金融秩序或者市场流通秩序等新的法益，应该单独定罪。洗钱罪的行为方式包括：提供资金账户的；将财产转换为现金、金融票据、有价证券的；通过转账或者其他支付结算方式转移资金的；跨境转移资产的；以其他方法掩饰、隐瞒犯罪所得及其收益的来源和性质的。所有的洗钱行为都是为了掩饰、隐瞒犯罪的违法所得及其产生的收益。违法所得及其产生的收益是指犯罪分子实施上游犯罪（毒品犯罪、黑社会性质的组织犯罪、恐怖活动犯罪、走私犯罪、贪污贿赂犯罪、破坏金融管理秩序犯罪、金融诈骗犯罪）所获取的非法利益以及利用犯罪所得的非法利益所产生的孳息。

（3）无论是自洗钱还是帮助本犯洗钱，要构成犯罪，均应以上游犯罪事实的存在为前提。上游犯罪尚未依法裁判，但查证属实的，不影响洗钱罪的成立；上游犯罪事实可以确认，因行为人死亡等原因而依法不予追究刑事责任的，也成立洗钱罪。在自洗钱的场合，本犯除构成其所实施的毒品犯罪、黑社会性质的组织犯罪、恐怖活动犯罪、走私犯罪、贪污贿赂犯罪、破坏金融管理秩序犯罪、金融诈骗犯罪之外，还构成洗钱罪，应当数罪并罚。

71．试论刑法中奸淫幼女的主、客观要件及处罚。

【参考答案】（1）奸淫幼女是指与不满 14 周岁的幼女发生性关系的行为。奸淫幼女的行为以强奸罪论处。由于不满 14 周岁的幼女对性行为缺乏辨别和认识能力，所以，不论行为人采用什么手段（暴力、胁迫、诱骗或其他方法），也不论幼女是否同意，只要行为人有与其发生性关系的行为，应以强奸论，即构成强奸罪。行为人只要主观上具有奸淫幼女的故意，客观上实施了对幼女的奸淫行为，双方性器官一旦有接触，就应当认定为强奸罪的既遂。

（2）奸淫幼女主观方面表现为故意，一般还应当要求行为人明知对方是幼女。当然，明知的标准并不以行为人的主观认识为依据，而是根据社会相当性观念来判断。一般而言，知道或者应当知道对方是不满 14 周岁的幼女，而实施奸淫等性侵害行为的，应当认定行为人“明知”对方是幼女。对于不满 12 周岁的被害人实施奸淫等性侵害行为的，应当认定行为人“明知”对方是幼女。对于已满 12 周岁不满 14 周岁的被害人，从其身体发育状况、言谈举止、衣着特征、生活作息规律等观察可能是幼女，而实施奸淫等性侵害行为的，应当认定行为人“明知”对方是幼女。以金钱财物等方式引诱幼女与自己发生性关系的；知道或者应当知道幼女被他人强迫卖淫而仍与其发生性关系的，均以强奸罪论处。

（3）奸淫不满 14 周岁的幼女的，以强奸论，从重处罚。对于奸淫幼女，有下列情形之一的，法定刑升格：奸淫幼女情节恶劣的；奸淫幼女多人的；在公共场所当众奸淫幼女的；二人以上轮奸的；

奸淫不满10周岁的幼女或者造成幼女伤害的；致使被害人重伤、死亡或者造成其他严重后果的。

72. 试论转化型抢劫罪的构成条件。

【参考答案】我国刑法规定，犯盗窃、诈骗、抢夺罪，为窝藏赃物、抗拒抓捕或者毁灭罪证而当场使用暴力或者以暴力相威胁的，依照抢劫罪的规定定罪处罚。这是我国刑法关于转化型抢劫罪的规定。

构成转化型抢劫罪须同时具备以下三个条件：

（1）有盗窃、诈骗、抢夺行为。行为人着手实施盗窃、诈骗、抢夺行为的，才可能构成转化型抢劫罪。构成转化型抢劫罪的前提条件是犯盗窃、诈骗、抢夺罪，但并不是要求先行的犯罪必须符合相应的既遂条件。盗窃、诈骗、抢夺接近数额较大标准的，入户或者在公共交通工具上盗窃、诈骗、抢夺的，使用暴力致人轻微伤以上后果的，使用凶器或者以凶器相威胁的，盗窃、诈骗、抢夺虽未达到数额较大的起点，为窝藏赃物、抗拒抓捕或者毁灭罪证而当场使用暴力或者以暴力相威胁的，应当以抢劫罪定罪处罚。

（2）当场使用暴力或者以暴力相威胁。这是成立转化型抢劫罪的客观条件。暴力、胁迫行为是转化型抢劫罪的实行行为。暴力、胁迫行为不一定要向盗窃、诈骗、抢夺行为的被害人实施，目击犯罪行为并追捕行为人的他人也可能是暴力、胁迫行为的被害人。暴力、胁迫的程度须与抢劫罪的暴力、胁迫的程度相当，即都应当达到足以压制被害人反抗的程度。盗窃、诈骗、抢夺行为须当场实施。所谓当场，多指实施盗窃、诈骗、抢夺行为的现场，还包括从现场紧密延伸的场所，即行为人刚离开现场，就被他人追捕、跟踪而被迫停留下来的场所。换言之，从犯罪现场逃离，被他人追赶的，虽然有时间、场所的变动和经过，但行为人为窝藏赃物、抗拒抓捕或者毁灭罪证而实施暴力、胁迫行为的，也视为当场实施。对于与现场延伸的场所，要结合行为的场所、时间间隔的大小、对财产犯罪人追捕的可能性等作具体判断。

（3）行为人实施暴力或以暴力相威胁的目的是窝藏赃物、抗拒抓捕或者毁灭罪证。转化型抢劫罪是目的犯，行为人实施暴力或以暴力相威胁的目的是窝藏赃物、抗拒抓捕或者毁灭罪证。窝藏赃物是指为防护已经到手的赃物不被追回。窝藏赃物既包括在现场隐藏犯罪所得财物的行为，也包括为防止被害人夺回财产而实施的相应行为。抗拒抓捕是指抗拒公安机关的逮捕或者任何公民的扭送。抗拒抓捕既包括在实施财产犯罪的当时被发现而实施暴力抗拒被害人、其他目击者或者警察的缉拿、围攻的情况，也包括在被抓捕后的押解途中使用暴力脱逃的情况。行为人以摆脱的方式逃脱抓捕，暴力强度较小，未造成轻伤以上后果的，不是抗拒抓捕，不以抢劫罪论处。毁灭罪证是指消灭自己遗留在作案现场的痕迹、物品和其他证据。

73. 试论抢劫罪的法定加重情节。

【参考答案】抢劫罪的法定加重情节即刑法规定的构成抢劫罪的结果加重犯或情节加重犯的情形。

抢劫罪的法定加重情节有：

（1）入户抢劫的。入户抢劫即为实施抢劫行为而进入他人生活的与外界相对隔离的住所，包括封闭的院落、牧民的帐篷、渔民作为家庭生活场所的渔船、为生活租用的房屋等进行抢劫的行为。进入机关、团体、企业事业单位的办公场所、仓库以及公共娱乐场所抢劫的，不属于入户抢劫。另外，对于入户盗窃，因被发现而当场使用暴力或者以暴力相威胁的行为，应当认定为入户抢劫。在认定入户抢劫时，还应注意：①户为供他人家庭生活、与外界相对隔离的场所。②入户目的须具有非法性，进入他人住所须以实施抢劫为目的。行为人不以实施抢劫为目的进入他人住所，而是在户内临时起意实施抢劫的，不属于入户抢劫。③行为人以暴力、胁迫或者其他方法抢劫必须发生在户内。

（2）在公共交通工具上抢劫的。在公共交通工具上抢劫的，即在从事旅客运输的各种公共汽车、大、中型出租车、火车、船只、飞机等正在运营中的机动公共交通工具上对旅客、司售、乘务人员实施的抢劫。在未运营中的大、中型公共交通工具上针对司售、乘务人员抢劫的，或者在小型出租车上抢劫的，不属于在公共交通工具上抢劫。

（3）抢劫银行或者其他金融机构的。抢劫银行或者其他金融机构即抢劫银行或者其他金融机构的经营资金、有价证券、客户资金等，以及抢劫正在使用的银行运钞车或者其他金融机构的运钞车。但不是运钞车，而是其他物资或物品，不能算抢劫银行或者其他金融机构。

（4）多次抢劫或者抢劫数额巨大的。多次抢劫或者抢劫数额巨大即抢劫 3 次以上或者抢劫数额达到盗窃罪数额巨大的认定标准的行为。对于“多次”的认定，应当以行为人实施的每一次抢劫行为均已构成犯罪为前提，综合考虑犯罪故意的产生、犯罪行为实施的时间、地点等因素，客观分析认定。对于行为人基于一个犯意实施犯罪的，或基于同一犯意在同一地点实施连续抢劫犯罪的，一般应认定为一次犯罪。抢劫数额巨大的，也是抢劫罪的法定加重情节。

（5）抢劫致人重伤、死亡的。抢劫致人重伤、死亡即为抢劫财物使用暴力或其他强制方法，包括过失造成重伤或者死亡，以杀人手段实施抢劫致人重伤、死亡。行为人为劫取财物而预谋故意杀人，或者在劫取财物的过程中为制服被害人反抗而故意杀人的，以抢劫罪定罪处罚。行为人实施抢劫后，为灭口而故意杀人的，以抢劫罪和故意杀人罪实施数罪并罚。

（6）冒充军警人员抢劫的。冒充“军警人员”包括冒充现役军人、武装警察和公安民警，不包括一般执法人员和其他国家机关工作人员。对于真正的军警人员实施抢劫行为的，因不属于冒充抢劫而不适用这一加重情节。

（7）持枪抢劫的。持枪抢劫即行为人使用枪支或者向被害人显示持有、佩带的枪支进行抢劫的行为。枪支包括军用枪支、射击用的枪支、狩猎用的膛线枪、霰弹枪、火药枪等具有较大杀伤力的枪支。私人非法制造的能发射金属弹丸、具有杀伤力的枪支，也应包括在内。持枪抢劫并不要求事实上使用枪支，但限定于真枪。持假枪抢劫的，按照一般抢劫罪论处。

（8）抢劫军用物资或者抢险、救灾、救济物资的。这里的军用物资不包括军用的枪支、弹药、爆炸物。这里的抢险、救灾、救济物资是指即将用于或者正在用于抢险、救灾、救济的物资。

74. 试论入户抢劫。

【参考答案】（1）入户抢劫是指为实施抢劫行为而进入他人生活的与外界相对隔离的住所进行抢劫的行为。入户抢劫是加重型抢劫罪的情形之一。认定入户抢劫，要注重审查行为人入户的目的。

（2）户是指他人日常生活使用的与外界相对隔离的住所。首先，户在这里是指住所，其特征表现为供他人家庭生活和与外界相对隔离两个方面，前者为功能特征，后者为场所特征。一般情况下，办公室、旅店宾馆、临时搭建工棚等不应认定为户，但在特定情况下，如果确实具有上述两个特征的，也可以认定为户。其次，入户目的须具有非法性。进入他人住所须以实施抢劫等犯罪为目的。抢劫行为虽然发生在户内，但行为人不以实施抢劫等犯罪为目的进入他人住所，而是在户内临时起意实施抢劫的，不属于入户抢劫。以侵害户内人员的人身、财产为目的，入户后实施抢劫，包括入户实施盗窃、诈骗等犯罪而转化为抢劫的，应当认定为“入户抢劫”。因访友办事等原因经户内人员允许入户后，临时起意实施抢劫，或者临时起意实施盗窃、诈骗等犯罪而转化为抢劫的，不应认定为“入户抢劫”。最后，暴力或者暴力胁迫行为必须发生在户内。入户实施盗窃被发现，行为人为窝藏赃物、抗拒抓捕、毁灭罪证而当场使用暴力或者以暴力相威胁的，如果暴力或者暴力胁迫行为发生在户内，可以认定为“入户抢劫”；如果发生在户外，不能认定为“入户抢劫”。

（3）对于部分时间从事经营、部分时间用于生活起居的场所，行为人在非营业时间强行入内抢劫或者以购物等为名骗开房门入内抢劫的，应认定为“入户抢劫”。对于部分用于经营、部分用于生活且相互之间有明确隔离的场所，行为人进入生活场所实施抢劫的，应认定为“入户抢劫”；如场所之间没有明确隔离，行为人在营业时间入内实施抢劫的，不认定为“入户抢劫”，但在非营业时间入内实施抢劫的，应认定为“入户抢劫”。

75. 试论携带凶器抢夺。

【参考答案】（1）携带凶器抢夺是指行为人随身携带枪支、爆炸物、管制刀具等国家禁止个人携带的器械进行抢夺或者为了实施犯罪而携带其他器械进行抢夺的行为。根据我国刑法规定，携带凶器抢夺的，以抢劫罪定罪处罚，此为法律拟制，而非注意规定。

（2）构成“携带凶器抢夺”应当具备以下几个条件：一是行为人必须携带凶器。“凶器”是指能够使人产生畏惧心理并有一定杀伤力的器具。“携带凶器”是指在公共场所或者其他个别人行动的场所，将凶器带在身上或者置于身边，将其置于现实的支配之下的行为。认定携带凶器时不要求行为人显示凶器（将凶器暴露在身体外部），也不要求行为人向被害人暗示自己携带着凶器，更不要求行为人使用携带的凶器，因此，“携带凶器”只是一种行为状态。携带凶器应具有随时可能使用或者当场能够及时使用的特点，即具有随时使用的可能性。行为人只是随身带有凶器但并没有实际使用凶器，如果使用了所携带的凶器，直接以抢劫罪定罪量刑，而不要求行为人使用暴力、胁迫或者其他方法。二是行为人主观上具有利用凶器作案的动机，或者以凶器作为抢夺的后盾。三是行为人将携带凶器这一客观事实以明示或者暗示的方式告知被抢夺的对象，企图利用这一客观事实给对方造成精神压力，使犯罪易于得逞。至于被害人是否产生畏惧恐慌并不影响对该情形的认定。但是，携带凶器盗窃的，仍然只构成盗窃罪。虽携带凶器，但只有杀人故意，杀人之后临时起意取得被害人财产的，构成故意杀人罪和盗窃罪，不存在携带凶器抢夺的问题。携带凶器实施抢夺行为，为窝藏赃物、抗拒抓捕或者毁灭罪证而当场使用凶器的，直接适用“携带凶器抢夺”条款，以抢劫罪定罪处罚。

（3）行为人必须以实施抢夺或者其他犯罪目的而携带凶器，即行为人有携带意识，才能构成抢劫罪。换言之，对凶器的携带必须是行为人有意为之，否则不成立携带凶器抢夺。要求行为人有携带意识，其应当包括两种情况：一是行为人在抢夺前为了使用而携带凶器；二是行为人出于其他目的而携带可能用于杀伤他人的器具，在现场意识到自己所携带的凶器进而实施抢夺行为的，也应当认定为携带凶器抢夺。反之，如果行为人并不是为了犯罪而携带某种凶器，实施抢夺时也没有准备使用的意识，则不能认定为携带凶器抢夺，不构成抢劫罪。

76. 试论盗窃罪的行为手段。

【参考答案】盗窃罪是指以非法占有为目的，盗窃公私财物数额较大的，或者多次盗窃、入户盗窃、携带凶器盗窃、扒窃的行为。盗窃罪的行为手段，不仅包括盗窃公私财物数额较大，还包括多次盗窃、入户盗窃、携带凶器盗窃、扒窃。

（1）盗窃公私财物数额较大。盗窃行为如果没有入户盗窃等其他特殊情形的，必须数额较大，才构成犯罪。不仅如此，我国刑法还以一定的数额作为区分不同量刑档次的标准：盗窃价值 1 000 元至 3 000 元以上、3 万元至 10 万元以上、30 万元至 50 万元以上的，应当分别认定为数额较大、数额巨大、数额特别巨大。但是，具有下列情形之一的，数额较大标准可以按照前述标准的 50% 确定：其一，曾因盗窃受过刑事处罚的；其二，1 年内曾因盗窃受过行政处罚的；其三，组织、控制未成年人盗窃的；其四，自然灾害、事故灾害、社会安全事件等突发事件期间，在事件发生地盗窃的；其五，盗窃残疾人、孤寡老人、丧失劳动能力人的财物的；其六，在医院盗窃病人或者其亲友财物的；其七，盗窃救灾、抢险、防汛、优抚、扶贫、移民、救济款物的；其八，因盗窃造成严重后果的。

（2）多次盗窃。2 年内盗窃 3 次以上的，应当认定为多次盗窃。并非一般的有 3 次以上的盗窃行为可以构成盗窃罪，而是有时间限制，即必须是2年内盗窃3次以上。按照当然解释，在1年内盗窃3次以上的，成立盗窃罪。

(3) 入户盗窃。入户盗窃中的“户”，指的是私人住所（包括渔民的渔船、牧民的帐篷等），其特征表现为供他人家庭生活和与外界相对隔离两个方面，前者为功能特征，后者为场所特征。入户盗窃被发现，行为人为窝藏赃物、抗拒抓捕、毁灭罪证而当场使用暴力或者以暴力相威胁的，如果暴力或者暴力胁迫行为发生在户内，可以认定为入户抢劫。

(4) 携带凶器盗窃。携带枪支、爆炸物、管制刀具等国家禁止个人携带的器械盗窃，或者为了实施违法犯罪携带其他足以危害他人人身安全的器械盗窃的，应当认定为携带凶器盗窃。携带凶器盗窃构成盗窃罪，属于法律拟制。携带凶器盗窃的，凶器要有一定的杀伤力，且通常不是盗窃所用的工具。当然，也不排除盗窃工具同时是携带的凶器，但应尽量限定范围。凶器要有使用的可能性的，携带行为才能评价为携带凶器盗窃。携带不等于随身带着，但行为人对凶器要有紧密控制关系，行为人在想使用该器械时就能够使用。携带凶器盗窃的，不要求行为人有使用的意思，只要有携带的意思，即使根本不想使用，也是携带凶器。

(5) 扒窃。在公共场所或者公共交通工具上盗窃他人随身携带的财物的，应当认定为扒窃。对“随身携带”的财物不能仅理解为贴身财物，被害人置于身边且稍作努力就随手可得范围内的财物，实质上被害人可依其意思进行物理支配的财物，都属于随身携带的财物。在车站、码头、商场、集贸市场等公共场所或公共交通工具上，窃取被害人随身携带或紧密占有的财物的，属于扒窃。窃取被害人贴身衣物或包中的财物的，是扒窃。不直接接触被害人身体，但乘被害人不备，将距离被害人很近、占有关系紧密的财物拿走的，也是扒窃。

77. 试论亲属相盗。

【参考答案】亲属相盗是指盗窃亲属财物的行为。近亲属盗窃因行为人与失主之间的特殊关系而在处理上有别于普通的盗窃。同居亲属的财物虽然也属于盗窃者之外的“他人的财物”，但又不完全等同于一般外人的财物。因此，对于这种盗窃同居亲属财物的行为，应当采取特殊的处理原则。我国刑法没有规定亲属相盗的处理，但相关司法解释规定了一般处理原则，即偷拿家庭成员或者近亲属的财物，获得谅解的，一般可不认为是犯罪；追究刑事责任的，应当酌情从宽。首先，对于亲属相盗，要正确认定同居亲属的范围。同居亲属包括近亲属与共同生活的非近亲属。近亲属是指配偶、父母、兄弟姐妹、祖父母、外祖父母、孙子女、外孙子女。盗窃近亲属的财物，包括盗窃已分居生活的近亲属的财物；盗窃自己家里的财物，既包括盗窃共同生活的近亲属的财物，也包括盗窃共同生活的其他非近亲属的财物。其次，盗窃近亲属财物的，一般不按犯罪处理。因为家庭财产为共同共有关系，共有财产分割前难以确定哪些共同财产为个人所有；且家庭成员间利益相关，一般不会要求法律制裁，因此，盗窃近亲属财物的，一般不按犯罪处理。最后，在以下情况下，对盗窃同居亲属财物的行为，可以追究刑事责任，但在处罚上可以从轻：(1) 家庭成员勾结外人盗窃。这种盗窃犯罪属于共同犯罪，其社会危害性大于单纯的家庭成员之间的盗窃，对于这类案件应当按照一般的共同盗窃案件追究刑事责任。但在处理时，如无其他恶劣情节的，对家庭成员可以酌情考虑从轻处罚。(2) 行为人既盗窃公私财物，又盗窃自己家庭内或近亲属财物的情形。这类情形应按照一般盗窃案件追究刑事责任。在计算盗窃数额时，对家庭内盗这一部分，如果被害人不愿追诉的，也可以不计入盗窃数额，但处理时应将这一部分数额作为酌定情节予以考虑。(3) 盗窃数额巨大且其他家庭成员坚持要求追究刑事责任的，也应按犯罪处理。

78. 试论盗窃罪既遂的认定。

【参考答案】(1) 关于盗窃罪既遂的认定标准主要有如下学说：①接触说。该说主张应以行为人是否接触到被盗财物为标准，接触到财物的为既遂。②转移说。该说主张应以行为人是否将被盗财物转移到安全地带为标准，已转移到安全地带的为既遂。③控制说。该说主张应以行为人是否已获得对被盗财物的实际控制为标准，已实际控制的为既遂。④移动说。该说主张应以行为人是否移动被盗财物为标准，已移动的为既遂。⑤失控说。该说主张应以财物的所有人或保管人是否丧失对财物的控制为标准，失去控制的为既遂。⑥失控加控制说。该说主张应以财物是否脱离所有人或保管人的控制并且实际置于行为人控制之下为标准，失去控制且实际置于行为人控制之下的为既遂。⑦损失说。该说主张应以盗窃行为是否造成他人财物的损失为标准，已造成损失的为既遂。

（2）盗窃罪为结果犯，即只有产生法定的结果才能认为构成了盗窃罪的既遂。而构成盗窃罪既遂的法定结果，既可以说是发生行为人非法占有了他人财物的结果，也可以说是财物所有人或保管人对其财物失去了控制或者财物所有人或保管人的财物遭受了损失。这两种情形下的结果并不是互相排斥的，而是同一的结果。从这个意义上来看待认定盗窃罪的既遂标志的结果，应当坚持失控加控制说，即盗窃一般财物的，以财物的所有人、管理人、保护人、持有人失去对财物的控制并为盗窃犯罪人所控制的状态为既遂。坚持失控加控制说应注意两点：①行为人在财物所有人或保管人对财物的控制范围内对财物的控制，不是作为盗窃罪既遂认定标准中的控制。②在行为人将财物移出财物所有人或保管人对财物的控制范围即认为行为人已实际控制了他人财物，而不管行为人对他人财物控制的时间是多么短暂，即使行为人一将他人财物移出他人的控制范围即失去控制，也应认为行为人已控制了财物并且非法占有他人财物的目的已经实现，即盗窃罪既遂。

（3）失控加控制说合理阐释了盗窃罪既遂的认定标准，但也应当看到，失控加控制说无法解释盗窃无形财物的情形。对于无形财物来说，由于其自身的特点决定，在其被盗后，所有人、管理人、看护人、持有人并未完全失去控制，但权利已实际遭受损害，此时不能认为是盗窃未遂。因此，对于盗窃无形财物的，应坚持控制说，即以盗窃犯罪人已经实际控制该财物的状态为既遂。

79. 试论组织、领导、参加黑社会性质组织罪的构成要件、认定及处罚原则。

【参考答案】（1）组织、领导、参加黑社会性质组织罪是指组织、领导或者参加黑社会性质的组织的行为。

（2）组织、领导、参加黑社会性质组织罪的构成要件有：1）侵犯客体是经济、社会生活秩序，同时又侵犯了公民的人身权利。黑社会性质的组织是指以暴力、威胁或者其他手段，有组织地进行违法犯罪活动，称霸一方，为非作恶，欺压、残害群众，严重破坏经济、社会生活秩序的犯罪组织。黑社会性质组织犯罪是有组织犯罪的一种形式，是处于一般犯罪集团与黑社会组织之间的一种过渡形式。2）客观方面表现为组织、领导、参加黑社会性质的组织的行为。黑社会性质的组织应当同时具备如下特征：①形成较稳定的犯罪组织，人数较多，有明确的组织者、领导者，骨干成员基本固定；②有组织地通过违法犯罪活动或者其他手段获取经济利益，具有一定的经济实力，以支持该组织的活动；③以暴力、威胁或者其他手段，有组织地多次进行违法犯罪活动，为非作恶，欺压、残害群众；④通过实施违法犯罪活动，或者利用国家工作人员的包庇或者纵容，称霸一方，在一定区域或者行业内，形成非法控制或者重大影响，严重破坏经济、社会生活秩序。由此可见，黑社会性质的组织对社会治安存在严重威胁。3）犯罪主体是一般主体，凡年满 16 周岁并具有刑事责任能力的自然人都可以成为本罪的主体。组织、领导、参加黑社会性质组织罪的犯罪主体为组织者、领导者、积极参加者、其他参加者。4）主观方面表现为故意，即明知是黑社会性质的组织而决意组织、领导、积极参加或者参加。如果行为人不明真相、受骗而参加，了解真相后又主动退出的，不以犯罪论处。但行为人如果后来发现自己加入了黑社会性质的组织而不退出，并参与犯罪活动的，仍可构成本罪。本罪的成立不要求行为人具有特定的目的。

（3）认定本罪时，要把黑社会性质的组织与一般犯罪集团区别开来。黑社会性质的组织具有违法犯罪行为多样性、犯罪组织严密、犯罪手段强制性、非犯罪活动区域性、社会危害严重性的特点。这些特点是一般犯罪集团所不具备的，如果不具备上述特点就不能以本罪认定，而应按一般的犯罪集团处理。

（4）组织、领导、参加黑社会性质组织罪属于行为犯，组织、领导、参加黑社会性质的组织又有其他犯罪行为的，依照数罪并罚的规定处罚。对于黑社会性质的组织的组织者、领导者，应当按照其所组织、领导的黑社会性质的组织所犯的全部罪行处罚；对于黑社会性质的组织的参加者，应当按照其所参与的犯罪处罚。对于参加黑社会性质的组织，没有实施其他违法犯罪活动的，或者受蒙蔽、胁迫参加黑社会性质的组织，情节轻微的，可以不作为犯罪处理。国家机关工作人员犯本罪的，从重处罚。

80. 试论我国刑法中的黑社会性质组织。

【参考答案】黑社会性质组织是指秘密从事卖淫、盗窃、敲诈勒索、走私、贩毒等一系列非法活动的犯罪组织。黑社会性质组织不同于黑社会组织，因为黑社会组织的显著特征之一是具有一个“社会化”的组织，具备了社会的结构、功能、运转管理方式和人数众多的特征，而黑社会性质组织是具有黑社会犯罪的某些特征，但尚未形成较为严密的黑社会组织结构的一种组织，它是黑社会组织的雏形，在危害性上没有达到黑社会组织的危害程度。黑社会性质的组织具有如下特征：（1）形成较稳定的犯罪组织，人数较多，有明确的组织者、领导者，骨干成员基本固定，这是黑社会性质组织的组织特征。黑社会性质组织应有明确的组织者、领导者，骨干成员基本固定，并有比较明确的层级和职责分工。黑社会性质组织应当具有一定规模，人数较多，组织成员一般在10人以上。黑社会性质组织制定有组织纪律、活动规约。黑社会性质组织存在、发展的时间较长，犯罪活动突出。（2）有组织地通过违法犯罪活动或者其他手段获取经济利益，具有一定的经济实力，以支持该组织的活动，这是黑社会性质组织的经济特征。在组织的形成、发展过程中，有组织地通过违法犯罪活动或其他不正当手段聚敛资产，有组织地以投资、控股、参股、合伙等方式通过合法的生产、经营活动获取经济利益，由组织成员提供或通过其他单位、组织、个人自助取得经济利益的，属于“有组织地通过违法犯罪活动或者其他手段获取经济利益”。黑社会性质组织敛财方式具有多样性。黑社会性质组织所获取的经济利益，即使由部分成员个人掌控的，也应计入黑社会性质组织的“经济实力”。获得的经济利益全部或者部分用于违法犯罪活动以维系犯罪组织的生存和发展。（3）以暴力、威胁或者其他手段，有组织地多次进行违法犯罪活动，为非作恶，欺压、残害群众，这是黑社会性质组织的行为特征。黑社会性质组织实施的违法犯罪活动主要是暴力犯罪，暴力和以暴力相威胁始终是黑社会性质组织实施违法犯罪活动的基本手段，并随时可能付诸实施。此外，黑社会性质组织还采取其他手段进行违法犯罪活动，如通过所谓的“谈判”“协商”“调解”，或者通过滋扰、哄闹、聚众等干扰经济、社会生活秩序。“黑社会性质组织实施的违法犯罪活动”主要包括：由组织者、领导者直接组织、策划、参与实施的违法犯罪活动；由组织成员以组织名义实施，并得到组织者、领导者认可或默许的违法犯罪活动；多名组织成员为逞强争霸、插手纠纷、报复他人、替人行凶、非法敛财而共同实施，并得到组织者、领导者认可或者默许的违法犯罪活动；组织成员为组织争夺势力范围、排除竞争对手、确立强势地位、谋取经济利益、维护非法权威或者按照组织的纪律、惯例、共同遵守的约定而实施违法犯罪活动；由黑社会性质组织实施的其他违法犯罪活动。“有组织地多次进行违法犯罪活动，为非作恶，欺压、残害群众”，是指为确立、维护、扩大组织的势力、影响、利益，或者按照纪律规约、组织惯例多次实施违法犯罪活动，侵犯不特定多数人的人身权利、财产权利，破坏经济、社会秩序的行为。（4）通过实施违法犯罪活动，或者利用国家工作人员的包庇或者纵容，称霸一方，在一定区域或者行业内，形成非法控制或者重大影响，严重破坏经济、社会生活秩序，这是黑社会性质组织的危害性特征，也是黑社会性质组织区别于一般犯罪集团的关键所在。

81. 试论毒品再犯制度及与累犯在适用和处罚上的关系。

【参考答案】（1）我国刑法规定，因走私、贩卖、运输、制造、非法持有毒品罪被判过刑，又犯毒品犯罪的，从重处罚。该规定被称为毒品再犯。毒品再犯的构成特点有：前罪限制严格，仅限于走私、贩卖、运输、制造、非法持有毒品罪，而且被判刑；后罪限制较宽，只要是刑法分则第六章妨害社会管理秩序罪第七节规定的毒品犯罪的，就构成毒品再犯，且没有刑种的限制；前后两罪之间没有时间间隔。根据我国刑法的规定，只要因走私、贩卖、运输、制造、非法持有毒品罪被判过刑，不论是在刑罚执行完毕后，还是在缓刑、假释或者暂予监外执行期间，又犯刑法分则第六章妨害社会管理秩序罪第七节规定的毒品犯罪的，都应当从重处罚。因走私、贩卖、运输、制造、非法持有毒品罪被判刑的犯罪分子，在缓刑、假释或者暂予监外执行期间又犯刑法分则第六章妨害社会管理秩序罪第七节规定的毒品犯罪的，应当在对其所犯新的毒品犯罪适用毒品再犯从重处罚的规定确定刑罚后，再依法数罪并罚。

（2）累犯是指因犯罪受过一定的刑罚处罚，在刑罚执行完毕或者赦免以后，于法定期限内又犯一定之罪的罪犯。当一种行为既符合毒品再犯的条件，也符合累犯条件的时候，即因走私、贩卖、运输、制造、非法持有毒品罪被判处有期徒刑以上刑罚的犯罪分子，刑罚执行完毕或者赦免以后，在5年以内再犯应当判处有期徒刑以上刑罚的毒品犯罪的，同时成立毒品再犯和累犯。对同时构成累犯和毒品再犯的被告人，应当同时引用刑法关于累犯和毒品再犯的条款从重处罚。累犯、毒品再犯是法定从重处罚情节，即使本次毒品犯罪情节较轻，也要体现从严惩处的精神。尤其对于曾因实施严重暴力犯罪被判刑的累犯、刑满释放后短期内又实施毒品犯罪的再犯，以及在缓刑、假释、暂予监外执行期间又实施毒品犯罪的再犯，应当严格体现从重处罚。对于因同一毒品犯罪前科同时构成累犯和毒品再犯的被告人，在裁判文书中应当同时引用刑法关于累犯和毒品再犯的条款，但在量刑时不得重复予以从重处罚。对于因不同犯罪前科同时构成累犯和毒品再犯的被告人，量刑时的从重处罚幅度一般应大于前述情形。

82. 试论受贿罪的客观要件。

【参考答案】受贿罪客观方面表现为利用职务上的便利，索取他人财物，或者非法收受他人财物，为他人谋取利益。

（1）利用职务上的便利。利用职务上的便利，包括直接利用职务之便和间接利用职务之便。直接利用职务之便是指利用本人现有职务范围内的权力，即利用本人因现有职务而主管、决定、负责或者承办某种公共事务所形成的便利条件。间接利用职务之便受贿即斡旋受贿，是指国家工作人员利用本人职权或者地位形成的便利条件，通过其他国家工作人员职务上的行为，为请托人谋取不正当利益，索取请托人财物或者收受请托人财物的行为。

（2）索取、收受贿赂。受贿的实行行为，包括两种基本的表现形式。一种是利用职务上的便利，索取他人财物。索取他人财物即索贿，索贿就是主动要求、索要甚至勒索财物的行为。另一种是收受贿赂。收受贿赂是指行为人主动提供财物，国家工作人员将该财物加以取得、占有的行为。对于国家工作人员在经济往来中，违反国家规定，收受各种名义的回扣、手续费，归个人所有的，以受贿论处。此情形属于索贿还是收受贿赂，取决于国家工作人员收受财物的主动性和被动性，如果国家工作人员主动索要的，则按照索贿认定；如果国家工作人员被动接受的，则构成收受贿赂。对多次受贿未经处理的，累计计算受贿数额。

（3）为他人谋取利益。索贿只需要利用职务上的便利便成立犯罪，不要求为他人谋取利益。但收受贿赂的，只有为他人谋取利益的才成立受贿罪。为他人谋取利益是指行为人利用职务上的便利，为他人谋取非法利益或者正当利益。在斡旋受贿的情况下，行为人通过第三人为请托人谋取的利益，必须是不正当利益，如果谋取的是正当利益，即使行为人向请托人索取了财物，或者非法收受了请托人的财物，也不能以受贿罪定罪处罚。具有下列情形之一的，应当认定为“为他人谋取利益”：①实际或者承诺为他人谋取利益的；②明知他人有具体请托事项的；③履职时未被请托，但事后基于该履职事由收受他人财物的。此外，国家工作人员索取、收受具有上下级关系的下属或者具有行政管理关系的被管理人员的财物价值3万元以上，可能影响职权行使的，视为承诺为他人谋取利益。

第三节　案例分析题

一、历年真题考查内容

刑法学案例分析题每年考一道题，分值为20分，考题时难时易，难易程度取决于考生对刑法理论和刑法规定的掌握程度和综合运用能力。从命题规律看，案例分析题重复考查的内容较多，一般而言，事实认识错误、共同犯罪、自首、立功，以及刑法分则中重点罪名的认定是每年必考的内容。具体出题情况见下表：

出题年份	主要考查内容
2010年	挪用公款罪、受贿罪、一般自首与特别自首及处罚、立功及处罚、教唆犯、行贿罪、贩卖毒品罪、坦白及处罚、数罪并罚。
2011年	组织卖淫罪、共同犯罪、主犯、强奸罪、传播性病罪。
2012年	盗窃罪的共同犯罪、贪污罪的认定、窝藏罪、自首、立功的认定。
2013年	交通肇事罪、交通肇事后逃逸的认定、交通肇事罪的自首及处罚、交通肇事罪的过失共犯的认定。
2014年	骗取贷款罪、单位犯罪、职务侵占罪。
2015年	绑架罪、绑架罪既遂和中止的认定、抢劫罪、绑架罪和抢劫罪共犯。
2016年	贪污罪、挪用公款罪、自首、贪污罪、量刑情节。
2017年	盗窃罪、强奸罪、共同实行犯、帮助犯、相对负刑事责任年龄阶段及减轻刑事责任年龄阶段、强奸罪共犯、实行过限、主犯和从犯及处罚、轮奸的认定。
2018年	挪用公款罪，主犯和从犯的认定及处罚，自首、重大立功、坦白及处罚。
2019年	不负刑事责任年龄阶段、转化型抢劫、紧急避险、减轻刑事责任年龄阶段、自首及处罚、加重的抢劫罪（在公共交通工具上抢劫）。
2020年	抢劫罪、犯罪既遂和未遂、加重的抢劫罪（入户抢劫、抢劫致人死亡）、因果关系、盗窃罪、累犯。
2021年	非法拘禁罪和绑架罪的认定、转化犯（非法拘禁罪转化为故意杀人罪）、敲诈勒索罪、数罪并罚、主犯、从犯、绑架罪未遂、重大立功及处罚。
2022年	侵犯公民个人信息罪、招摇撞骗罪、诈骗罪、妨害公务罪；诈骗罪既遂和共犯；缓刑的撤销、数罪并罚。

二、案例分析题专项训练

1. 甲与乙是一起长大的朋友。甲是出租车司机，乙是教师。后来乙想学开车，找甲借车，甲答应和乙一起练车。起初两人在空地上练车，后来乙认为自己的技术已经很熟练了，便自作主张开到了公路上，结果乙驾驶的车不慎与迎面驶来的客车相撞，造成车损和甲的死亡，乙也受了重伤。

请根据上述材料回答下列问题：

（1）乙在此案中的主观心理态度。

（2）乙构成何罪？为什么？

【参考答案】（1）乙的主观心理态度属于过于自信的过失。乙初学驾车，已经预见到可能撞到他人或车辆，但由于自信技术过硬，能够避免危害结果发生，从而造成交通肇事，故乙的主观心理态度是过于自信的过失。

（2）乙的行为构成交通肇事罪。乙在驾驶车辆过程中发生重大交通事故，致人死亡，符合交通肇事罪的构成特征，因此对乙应以交通肇事罪论处。

2. 甲于某日18时驾驶出租轿车载客2人，途中与行人乙发生碰撞，乙经抢救无效于次日凌晨死亡。交通事故发生后，甲遂停车走出汽车，在二三十米外遥望事故现场，未发现有人被撞倒，即驾车驶离现场，并于当晚更换撞碎的轿车挡风玻璃、左大灯。交警部门在侦查过程中，认为甲有重大嫌疑，遂于隔日打电话通知甲在交警支队等候。当晚，经传唤讯问，甲交代了肇事经过。

请根据上述案情回答下列问题：

（1）甲的行为构成何罪？为什么？

（2）甲的行为是否属于交通肇事后逃逸？为什么？

（3）甲的行为是否构成自首？为什么？

【参考答案】（1）甲的行为构成交通肇事罪。甲在驾驶途中，与行人乙发生碰撞，致使乙因抢救无效而死亡，其行为符合交通肇事罪的构成要件。

（2）甲的行为不属于交通肇事后逃逸。甲在交通肇事发生之后停车走出汽车，在二三十米外遥望事故现场，未发现有人被撞倒，才驾车驶离现场。如果没有相反证据证明行为人已经认识到交通肇事的发生，只能认定行为人对逃逸行为持过失态度。而刑法对交通肇事后逃逸的加重惩罚仅限于故意的情形，因此，甲在没有认识到交通肇事发生的情况下驾车驶离现场的行为不应当被认为属于交通肇事后逃逸的行为。

（3）甲的行为不构成自首。交警部门在认定甲有重大嫌疑的情况下打电话要求其到交警部门等候，显然已经发现了甲的交通肇事行为，且甲是在被交警部门传讯之后才承认自己的行为，并非主动投案，因此对甲的行为不应认定为自首。

3. 2010年9月，高达公司因无足够的进项税抵扣销项税，该公司会计沐某与总经理吴某商议后，决定使用虚开的发票来抵扣。随后，沐某、吴某两人与天翼公司主管人员夏某、黄某商谋之后，由黄某根据沐某提供的发票内容，虚开了天翼公司的增值税专用发票25份，合计人民币120万元，均被用于抵扣高达公司及其下属公司的销项税，造成国家税款损失120万余元。2011年10月初，吴某、沐某先后到镇财政所和税务部门，主动交代了虚开增值税专用发票的事实。经查明，2007年吴某由国有钟表公司委派到中外合资、国有控股的高达公司任总经理。2009年8月，吴某以高达公司名义向镇财政所借款人民币250万元，后将此款挪至信力审计事务所，作为以吴某、王某与丁公司的名义合伙开办的盛夏公司的验资资金，同年10月，盛夏公司归还该款和利息。2010年1月，吴某以高达公司的名义向农投发展公司借款人民币500万元，用于盛夏公司的经营活动，吴某虽未从中获取利益，但其借款行为并未经公司董事会同意。

请根据上述案情回答下列问题：

（1）本案是否涉及单位犯罪？为什么？

（2）分析吴某、沐某、夏某、黄某行为的性质并说明理由。

【参考答案】（1）本案涉及单位犯罪。理由：高达公司会计沐某与总经理吴某因公司无足够的进项税抵扣销项税，在与夏某、黄某商谋之后，由黄某根据沐某提供的发票内容，虚开了 25 份增值税专用发票，造成国家税款损失 120 万余元。据此，吴某、沐某让他人为自己任职的高达公司虚开增值税发票，均符合虚开增值税专用发票罪的构成要件。由于以上 4 人都是单位主管人员或者直接负责人员，其虚开增值税专用发票的目的是为单位谋取利益，个人并没有从中牟利，故其行为应当认定为代表单位整体意志的单位犯罪。

（2）①吴某作为高达公司主管人员实施虚开增值税专用发票行为，应当对吴某以虚开增值税专用发票罪追究刑事责任。吴某是国有钟表公司委派到中外合资、国有控股的高达公司任总经理的国家工作人员。2009 年 8 月，吴某以高达公司名义向镇财政所借款人民币 250 万元，后将此款挪至信力审计事务所，作为以吴某、王某与丁公司的名义合伙开办的盛夏公司的验资资金。2010 年 1 月，吴某以高达公司的名义向农投发展公司借款人民币 500 万元，用于盛夏公司的经营活动。虽然吴某没有从上述行为中获取个人利益，但是吴某向财政所借款并挪用开办盛夏公司，向农投发展公司借款用于盛夏公司的经营活动，均未经董事会同意，其行为属于"以个人名义将公款供其他单位使用"。因此，吴某挪用公款给盛夏公司，属于挪用公款归个人使用，数额较大，符合挪用公款罪的构成要件，应当以挪用公款罪定罪处罚。②沐某、夏某和黄某作为单位主管人员或者直接责任人员应当以虚开增值税专用发票罪追究刑事责任。

4. 2010 年，甲因为盗窃罪被判处有期徒刑 1 年，刑满释放后，甲一直不思悔改，游手好闲。2017 年某日，甲将邻居乙（13 周岁）奸淫。事后，甲威胁乙，叫她不要向别人提及此事，否则就要报复她家人。同年，甲教唆其表弟丙（17 周岁）强奸怀孕妇女丁。丙欲实施强奸行为时，由于丁的苦苦哀求，加之看到丁怀孕在身，未对其实施奸淫。事后，丙主动向公安机关投案自首。

根据上述材料回答下列问题并说明理由：

（1）甲的行为性质及量刑情节。

（2）丙的行为性质及量刑情节。

【参考答案】（1）①甲的行为性质：甲的行为构成强奸罪。甲将不满 14 周岁的幼女乙奸淫，对于奸淫幼女的，以强奸罪论处；甲教唆未成年人丙强奸怀孕妇女丁，构成强奸罪（教唆未遂），对甲所犯两个强奸罪应当数罪并罚。②量刑情节：甲奸淫乙，属于奸淫不满 14 周岁幼女的行为，对甲应当从重处罚；甲教唆丙强奸怀孕妇女丁，属于教唆不满 18 周岁的未成年人犯罪，对甲应当从重处罚；甲教唆丙实施强奸行为未遂，对甲教唆未遂的行为可以从轻或者减轻处罚；甲多次犯罪，属于再犯，对甲酌定从重处罚；甲强奸乙后，威胁乙不要向她的家人提及此事，否则就要报复她的家人，这属于犯罪后态度恶劣的酌定情节，对甲酌定从重处罚。

（2）①丙的行为性质：丙欲对怀孕妇女丁实施奸淫，构成强奸罪，但在实施强奸过程中自动放弃犯罪，成立犯罪中止，因此丙的行为构成强奸罪（中止）。②量刑情节：丙在实施强奸过程中，由于丁的苦苦哀求，加之看到丁怀孕在身，未对其实施奸淫，属于中止犯罪且没有造成损害，对丙应当免除处罚；丙主动向公安机关投案，构成自首，对丙可以从轻或者减轻处罚。

5. 甲为了牟取暴利，从事拐卖妇女的活动。一日，甲以外出介绍工作为名将本村妇女乙骗出，准备出卖给他人为妻。在拐卖途中，甲见乙年轻漂亮，于是对乙实施了奸淫行为。在与买主交涉后，由于价格问题，双方没有达成一致。于是，甲继续寻找买主。为了谋取更多的利润，甲将乙卖给一实施强迫妇女卖淫活动的犯罪团伙。该卖淫团伙多次强迫乙实施卖淫活动。

根据上述案情回答下列问题：

（1）甲的行为属于罪数形态中何种犯罪形态？为什么？

（2）对甲的行为应如何定罪处罚？

【参考答案】(1) 甲的行为属于罪数形态中的结果加重犯。结果加重犯即行为人实施基本犯罪构成的行为，同时又造成一个基本犯罪构成以外的结果，刑法对其规定较重法定刑的罪数形态。对于结果加重犯的处罚，依照刑法规定加重其刑。根据刑法规定，拐卖妇女的，构成拐卖妇女罪；奸淫被拐卖的妇女的，诱骗、强迫被拐卖的妇女卖淫或者将被拐卖的妇女卖给他人迫使其卖淫的，则加重其刑。据此，甲的行为构成拐卖妇女罪，并加重其刑，属于结果加重犯。

(2) 对甲应当处10年以上有期徒刑或者无期徒刑，并处罚金或者没收财产；或者处死刑，并处没收财产。

6. 甲接到其妻子的电话称，有人在其妻子经营的饭店酒后滋事，遂纠集乙等若干人（其他人另案处理）赶到该饭店，对在此滋事的丙、丁以及丙的朋友若干人进行殴打，后又将丙等人强行带至近郊区的一个树林内。到该树林后，甲、乙等人对丙等5人进行威胁、殴打并索要赔偿金，之后又将丙等人带至远郊区某汽车修理厂内，继续对其威胁、殴打并索要钱财。其间，丁答应赔偿2万元，后甲指使乙跟随丁外出取钱，因丁的家属未凑够2万元，乙给甲打电话问是否接钱，甲考虑后决定放弃索要钱财，并让乙带领丁返回修理厂。后甲将丁放走，并让乙带领丙、丁向警方投案，甲也时隔2小时后向警方投案，甲、乙投案后如实供述了所作所为。最终，甲、乙二人均被判刑。

请根据上述事实回答以下问题并说明理由：

(1) 甲、乙二人构成何罪？是否共同犯罪？如何处罚？

(2) 分析甲、乙二人的犯罪形态及其处罚。

(3) 甲、乙二人是否成立自首？如何处罚？

【参考答案】(1) 甲、乙二人构成敲诈勒索罪。甲、乙二人以非法占有为目的，伙同他人采取暴力及威胁的手段对丙、丁等人强行索要钱财，构成敲诈勒索罪。甲、乙有共同的犯罪故意，因此构成敲诈勒索罪的共同犯罪，其中，甲起主要作用，系主犯，应当按照其所参与的全部犯罪处罚；乙起次要作用，系从犯，应当依法对其从轻、减轻处罚或者免除处罚。

(2) 甲、乙二人的犯罪形态属于犯罪中止。在犯罪过程中，自动放弃犯罪或者自动有效地防止犯罪结果发生的，是犯罪中止。在共同实行的场合，其中有部分共同犯罪人要成立犯罪中止的，必须有效地阻止其他犯罪人把犯罪实行到既遂。本案中，甲、乙二人在犯罪过程中，自动放弃犯罪，成立犯罪中止，依法应当对其减轻处罚。

(3) 甲、乙二人成立自首。甲、乙二人犯罪后主动投案，如实供述了自己的罪行，成立自首，对其可以从轻或者减轻处罚。

7. A县村民甲同本村村民乙结伙驾驶机动三轮车，携带渔叉、线网等工具来B县境内作案。在盗得几只鸡后，转而寻找新的盗窃目标，路遇公安巡逻民警。民警见他们形迹可疑，遂进行盘查。为逃避盘查，甲、乙驾车逃离。民警遂紧追抓捕。在逃跑途中，甲、乙驾驶的三轮车不慎翻倒，甲、乙弃车徒步而逃，民警和随后赶来的村民继续追赶。甲、乙为逃跑方便，先是趁正在路边休息的村民丙不备，夺下其自行车一辆，后又分别采用暴力手段先后夺取了前来追赶他们的民警和村民的摩托车四辆，并将民警打成轻伤，甲被当场抓获，乙驾驶其中的一辆摩托车逃离。

请结合上述案情分析下列问题：

(1) 甲、乙“逃避盘查抓捕”的行为是否构成由盗窃而转化的抢劫罪？为什么？

(2) 甲、乙夺取丙的自行车的行为是否构成由抢夺而转化的抢劫罪？为什么？

(3) 甲、乙夺取摩托车而抗拒抓捕的行为是否构成牵连犯？为什么？

(4) 对甲、乙的行为应如何定性？为什么？

【参考答案】(1) 甲、乙“逃避盘查抓捕”的行为不构成由盗窃而转化的抢劫罪。构成转化型抢劫应当具备如下三个条件：①行为人必须实施了盗窃、诈骗、抢夺任何一种犯罪行为；②行为人的目的是窝藏赃物、抗拒抓捕或者毁灭罪证；③行为人必须是当场使用暴力或者以暴力相威胁。通过案情分析，甲、乙逃避盘查抓捕似乎是"抗拒抓捕"，但甲、乙的行为不具有当场性，即对于窝藏赃物、抗拒抓捕或者毁灭罪证的现场，不能认定为当场。由于甲、乙已经离开盗窃现场，且公安民警并不是在盗窃现场发现甲、乙而进行抓捕，因而本案不具备转化抢劫的时间条件，即"当场"，故甲、乙"逃避盘查抓捕"的行为不能认定为盗窃罪的转化型抢劫。

（2）甲、乙夺取丙的自行车的行为不构成由抢夺而转化的抢劫罪。抢夺罪的构成要件之一就是行为人主观方面具有非法占有的目的。本案中，甲、乙因害怕被公安民警抓获，而在逃跑途中，趁村民丙不备将其自行车夺下骑走，貌似抢夺行为，但这与转化抢劫的前提"犯抢夺罪"所要求的抢夺行为有质的不同。甲、乙夺取丙的自行车的行为并不是以非法占有为目的，而是在公安民警的追赶抓捕下为了逃跑作为交通工具使用。在当时的环境下，甲、乙连自己驾驶的机动三轮车都弃之不顾，不可能临时起意顿生劫财之念，这些足以说明甲、乙主观上不以非法占有为目的，只是基于暂时支配使用的心态，因而甲、乙夺取丙的自行车的行为不构成由抢夺而转化的抢劫罪。

（3）甲、乙夺取摩托车而抗拒抓捕的行为不构成牵连犯。构成牵连犯的前提是行为人的行为成立数罪，而不是一罪。本案中，甲、乙夺取摩托车的行为，其目的是抗拒抓捕，似乎有目的行为和手段行为的牵连关系，但甲、乙夺取摩托车的行为并非以非法占有为目的，不构成抢劫罪，更谈不上目的行为和手段行为的牵连。至于乙乘摩托车逃离造成的事实上的非法占有，不能进而认定为具有非法占有的目的，否则将陷入"客观归罪"。因此，甲、乙夺取摩托车而抗拒抓捕的行为不构成牵连犯。

（4）甲、乙的行为构成袭警罪。本案中，甲、乙二人在实施盗窃行为之后，因形迹可疑被公安机关发觉，不但拒不接受公安人员的盘查，反而使用暴力将公安人员打成轻伤，夺取多辆摩托车，二人的行为构成袭警罪和故意伤害罪的想象竞合，即构成袭警罪。

8. 某适龄青年甲一心想参军，但因文化程度太低，未获批准。于是通过熟人找到市征兵办公室的主任乙，请他帮忙，乙说："帮忙可以，但是办这事难度很大，我还需要做多方面的工作。我尽量办，有消息我会通知你。"第二天，甲给乙送去3万元钱，乙收下后当即填写了入伍通知书和批准书，加盖该市征兵办公室公章，使甲当年应征入伍。第二年，乙更加有恃无恐，采取类似手段使8名不合格的青年入伍，非法获得23万元，严重影响了兵员质量，案发后上述不合格兵员被部队清退。

根据上述案情具体分析乙的行为性质。

【参考答案】（1）乙身为征兵办公室主任，属于国家机关工作人员之列，其收受贿赂，为他人办事的行为符合受贿罪的构成特征；其为他人办事的具体行为又符合接送不合格兵员罪的构成特征。

（2）行为人实施了收受贿赂和接送不合格兵员两个行为，两个行为之间存在刑法上的牵连关系，即行为人受贿行为是行为人接送不合格兵员行为的原因，行为人接送不合格兵员行为是行为人受贿行为所产生的结果，两个行为之间的这种因果关系，符合牵连犯的构成特征，属于牵连犯。

（3）根据牵连犯从一重罪处断的原则，对乙应以受贿罪论处。

9. 某公安局预审员甲在审理乙故意杀人案时，接受乙的叔父、甲的老同学丁的请托，将乙的年龄由19周岁改为17周岁，又将起诉意见书中的"乙用砍刀连砍数刀"改成"乙被迫用砍刀自卫"等，尽力为乙开脱。办案期间，甲接受乙的家属财物折合人民币10万元。不久，在承办犯罪嫌疑人丙盗窃一案中，发现可认定的盗窃数额较小，不足以构成盗窃罪。但甲觉得丙在预审中，对自己不够恭敬，使自己在同事面前"丢脸面"，遂生报复心理。于是，在对丙盗窃一案的讨论中，甲故意提出，

丙与两年前发生的一起强奸案（未侦破）有关，有重大作案嫌疑。甲还列举了种种“证据”来证明自己的“合理怀疑”。公安部门立即将丙列为重大犯罪嫌疑人，延长其被羁押的时间，并指定甲所在的办案组对丙强奸一案进行调查。在调查过程中，该强奸案的真正作案人在邻县实施抢劫而被抓获，在其供述中，如实供认了其曾经犯有的强奸罪行。

请根据上述案情回答下列问题：

（1）甲在审理乙故意杀人案时的行为构成何罪？为什么？

（2）甲提出丙涉嫌“强奸案”时的行为构成何罪？为什么？

（3）对甲应如何处理？为什么？

【参考答案】（1）甲在审理乙故意杀人案时的行为构成受贿罪。甲身为国家工作人员，收受他人钱财为他人谋取利益的行为符合受贿罪的构成要件，应以受贿罪论处。甲竭力为乙开脱的行为，是徇私枉法、徇情枉法，明知乙是有罪之人而故意包庇不使他受追诉，符合徇私枉法罪的构成特征。但依据刑法规定，行为人犯徇私枉法罪又受贿的，以受贿罪论处，不定徇私枉法罪。

（2）甲提出丙涉嫌“强奸案”时的行为构成徇私枉法罪。甲身为司法工作人员，为徇私情使明知是无罪的人丙受到刑事追诉，提出丙的“强奸案”嫌疑，甲这是利用自己办理案件的职权，对丙进行报复，其行为符合徇私枉法罪的构成特征，因此构成徇私枉法罪。

（3）甲先后犯受贿罪和徇私枉法罪，而前一徇私枉法行为不定罪，后一徇私枉法行为独立成罪，因此对甲应以受贿罪和徇私枉法罪数罪并罚。

10. 军人甲的妻子因患肾病住院，做完换肾手术后，甲不仅全部存款用于支付医疗费，还欠下大笔债务。后医生告知甲其妻子要维持正常生活需要坚持服用某种进口药，该药价格昂贵，甲听后十分苦闷。甲便找到其表弟乙（非军人）商议对策，乙告知甲最好偷盗一些钱财以渡过难关，于是，甲、乙二人便连续作案多次，窃得现金1万余元和一些金银首饰，但仍然不能完全解决长期用药问题。后来，甲想到其好友丙在军队下属的某油库担任助理员，该油库管理比较混乱，而日常油料的管理由丙负责，甲决定找机会从该油库偷些油料贩卖，乙得知后答应帮助甲寻找油料销路。几天后，甲、乙二人趁丙不备，连续从该油库盗走汽油约5 000公升，乙将汽油卖掉后将赃款3万余元交给甲。当年年底，上级部门到该油库检查时发现该油库储油量与实际储备量之间差距较大。后甲被军队保卫部门依法逮捕归案。

请根据相关刑法理论知识和刑法规定对上述材料分析甲、乙的行为性质及其处罚。

【参考答案】（1）甲、乙构成盗窃罪的共同犯罪。①甲、乙连续作案多次，窃得现金1万余元和一些金银首饰，二人的行为符合盗窃罪的构成要件，构成盗窃罪的共同犯罪，甲、乙二人连续作案，属于盗窃罪的连续犯，仅定一个盗窃罪。②乙事后将油料售卖销赃的行为，属于事后不可罚行为，不单独成罪。

（2）甲、乙构成盗窃军用物资罪的共同犯罪。①甲身为军人，盗取军队下属某油库的油料这种军用物资并予以贩卖，其行为符合盗窃军用物资罪的构成要件，构成盗窃军用物资罪。②乙虽然不是军人，不能成为盗窃军用物资罪的犯罪主体，但因伙同军人甲共同盗窃军用物资，对乙应以盗窃军用物资罪的共犯论处。③在盗窃军用物资行为中，甲是主犯，对其应按所参与的全部犯罪论处，乙是从犯，对乙应从轻、减轻处罚。

11. 甲因妻子乙与人通奸而争吵，甲说乙的行为让自己真没脸活下去。乙闻言就拿来绳子、板凳，对甲说：“你没脸活下去就去死，绳子、板凳都给你准备好了，你有胆吗？给你十个胆你也不敢，像你这样的人活在世上真没意思。”甲被激得拿起绳子悬梁自缢。乙站在一边没有制止，也没解救。不一会儿，乙见甲停止挣扎，才喊人解救，但为时已晚，甲已死亡。

请回答下列问题并说明理由：

（1）乙的行为属于刑法上的作为方式还是不作为方式？为什么？

（2）乙的主观心态该如何认定？为什么？

（3）乙的行为该如何定性？为什么？

【参考答案】（1）乙的行为属于不作为方式。乙的刺激性语言导致甲悬梁自杀，刺激性语言并非一定造成被害人甲自杀，但不阻止甲自杀是导致死亡后果的直接原因。乙的刺激言行导致乙后面负有救助义务，乙不救助，则构成不作为犯罪。

（2）乙的主观心态为间接故意。因为乙对于甲的死亡采取不管不顾的态度，放任危害结果发生，因而是间接故意。

（3）乙的行为属于故意杀人。乙负有救助甲的义务，但乙没有救助，甲的死亡与乙的不救助的不作为之间存在因果关系，乙构成故意杀人罪。

12. 王某一家三口入睡后，忽听见有人在其家屋外喊叫其妻的名字。王某便到外屋查看，见一人已将外屋窗户的塑料布扯掉一角，正从玻璃缺口处伸进手开门闩。王某即用拳头打那人的手一下，该人急抽回手并逃走。王某出屋追赶未及，亦未认出是何人，即回屋带上一把自制的木柄尖刀，与其妻一道，锁上门后（此时其十周岁的儿子仍在屋里睡觉），同去村书记吴某家告知此事，随后又到村委会向镇派出所电话报警。当王某与其妻报警后急忙返回自家院内时，发现自家窗前处有俩人影，此二人系本村村民何某、齐某来王家串门，见房门上锁正欲离去。王某未能认出何某、齐某二人，而误以为是刚才欲非法侵入其住宅之人，又见二人向其走来，疑为要袭击他，随即用手中的尖刀刺向走在前面的齐某的胸部，致齐某因失血性休克当场死亡。何某见状上前抱住王某，并说：“我是何某！”王某闻声停住，方知出错。

请回答下列问题：

（1）王某的行为是不是正当防卫？为什么？

（2）王某的行为如何认定？怎么处理？为什么？

【参考答案】（1）王某的行为不是正当防卫。因为成立正当防卫须有不法侵害行为发生。本案中，本不存在不法侵害，王某误以为存在不法侵害，而对被害人实施防卫反击，因此王某的行为不成立正当防卫。

（2）王某的行为属于假想防卫，构成过失致人死亡罪。由于夜间确有人欲非法侵入其住宅的前因发生，王某是在极其恐惧的心态下携刀在身，以防不测的。因此，当王某返家时，看见齐某等人在自家院内窗前，基于前因的惊恐，对室内孩子安危的担心，即误认为系不法侵害者，又见二人向其走来，疑为要袭击他，疑惧中王某实施的“防卫”行为，完全符合假想防卫的特征，应认定为假想防卫。王某假想防卫行为造成他人无辜死亡的结果，应当预见自己的行为可能发生危害社会的后果，因为疏忽大意而没有预见，以致发生危害的，成立过失致人死亡罪。

13. 王某因犯数罪被人民法院依法判处有期徒刑 20 年，服刑 13 年后被假释。在假释考验期的第 6 年，王某盗窃一辆汽车而未被发现。假释考验期满后的第 4 年，王某因抢劫而被逮捕，交代了自己在假释考验期限内盗窃汽车的行为。

请回答下列问题：

（1）对王某是否需要撤销假释？为什么？

（2）对王某假释考验期限内的盗窃行为应如何处理？

（3）对王某假释考验期满后的抢劫罪应如何处理？

（4）对王某最后的刑罚应当如何确定？

【参考答案】（1）对王某需要撤销假释。根据《刑法》的规定，被假释的犯罪分子，在假释考验期限内犯新罪的，应该撤销假释。王某在假释考验期限内犯盗窃罪，应当撤销假释。

（2）根据《刑法》的规定，王某假释考验期限内的盗窃行为应该作出如下处理：对新犯的罪作出判决，把前罪没有执行的刑罚和后罪所判处的刑罚按照数罪并罚的规定处罚。

（3）王某构成累犯，应当从重处罚。根据《刑法》的规定，对于被假释的犯罪分子，假释期满以后，在5年以内再犯应处有期徒刑以上刑罚之罪的，是累犯，应当从重处罚，所以王某应按累犯从重处罚。

（4）对王某的刑罚应该：首先，对王某所犯的盗窃罪作出判决；其次，把盗窃罪所判处的刑罚和未服的7年刑期，在总和刑期以下、数刑中最高刑期以上，酌情决定执行的刑罚；再次，对王某的抢劫罪按累犯从重处罚；最后，把抢劫罪所判处的刑罚与前面判处的刑罚，按数罪并罚的原则决定执行的刑罚。

14. 2018年5月19日中午，王某与几个朋友在一餐馆吃饭，并喝了一杯白酒。餐后，王某驾驶一辆宝马轿车以46—50Km/h的速度行驶。13时许，王某驾车将横过马路的行人付某撞倒，事发后，王某拨打了120急救电话和110报警电话（电话中未说明自己是肇事司机）。付某经120救护车送至医院抢救无效死亡。在120急救车将付某送走后，王某弃车离开了肇事现场，后来王某得知被害人死亡，直至次日14时许才到公安部门投案，但未交代自己是酒后驾车。经交警认定，王某承担此次交通事故的主要责任，付某承担次要责任。

请结合案情分析王某的行为是否属于“交通肇事后逃逸”？

【参考答案】王某的行为已构成交通肇事罪。王某交通肇事后，在报警时没有表明自己是肇事司机的身份，在120急救车离开现场后，也未履行法律规定的驾驶员应尽的义务，不等待交警到达接受处理即弃车离开了现场。王某离开现场后，未及时到公安机关接受处理，特别是在得知被害人死亡后，仍未立即投案，一直到事故发生24小时后才到公安机关投案，且投案时未如实供述酒后驾车的事实，主观上害怕承担酒后驾车的责任。故王某在交通肇事后弃车离开现场，属于为了逃避法律追究而逃跑的行为，尽管其实施了救助行为，但并不能因此否定“逃逸”的事实。

15. 江苏李某与山东王某有经济纠纷，王某欠李某施工款8万元左右。某日，李某在王某妻子下班途中将其绑架到江苏A市，并向王某索要现金50万元。最后，王某交出30万元现金后，才将妻子赎回。

请分析李某的行为性质。

【参考答案】（1）李某为索取债务8万元而将王某的妻子绑架，触犯非法拘禁罪。

（2）李某索要50万元明显超出认定为非法拘禁行为所主张的8万元数额，因此，对于超出非法拘禁数额的42万元，应当认定为勒索赎金的数额，构成绑架罪。

（3）李某的行为构成非法拘禁罪和绑架罪的想象竞合，应当从一重罪处罚，即李某的行为构成绑架罪。

16. 瓜农王某在自家田地里种了5亩西瓜。因西瓜在成熟季节经常被盗，王某便在全村喊话：“西瓜打了农药（其实没有打药），偷吃西瓜出了人命我不负责”，但此后西瓜仍然被盗。于是，王某果真在西瓜上打了农药，并用注射器将农药注入瓜田中较大的5个西瓜内，而且在西瓜地里插上写有“瓜内有毒，请勿食用”的白旗。邻村李某路过瓜地，虽然看见了白旗，但以为是吓唬人的，仍然摘了一大一小两个西瓜，其中大的西瓜是注入了农药的。回家后，李某先把小的西瓜吃了，然后出门干活。当天，正好家里来了3位客人，李某的妻子赵某见桌子上放着一个大西瓜，以为是李某

买的，就用来招待客人，结果导致2个客人死亡，1个重伤。

请回答下列问题：

（1）王某的行为构成犯罪还是属于正当防卫？为什么？

（2）李某的行为触犯了哪些罪名？是否构成数罪？应如何处理？为什么？

（3）赵某的行为是否构成犯罪？为什么？

【参考答案】（1）王某的行为构成投放危险物质罪而不是正当防卫，因为不符合正当防卫的构成条件。

（2）李某的行为分别触犯了过失致人死亡罪和过失致人重伤罪。李某触犯的过失致人死亡罪和过失致人重伤罪不构成数罪，属于想象竞合犯。李某触犯的数个罪名应从一重罪处断，即按照过失致人死亡罪论处。

（3）赵某的行为不构成犯罪，其行为属于意外事件。

17. 某甲于2019年因贪污罪被判处有期徒刑3年，缓刑3年。2021年10月，某甲又起意欲强奸厂里的同龄女青年某乙，并同其姘妇某丙商量，由某丙以请某乙帮助修理缝纫机为名，将某乙诱至某丙家中。晚饭时，某甲、某丙二人设法用酒将某乙灌醉，某丙故意离家去别处。某甲正欲行奸时，某乙惊醒，大喊救命。某甲唯恐被邻居发现，用手扣住某乙的嘴，被某乙狠咬一口。某甲又用手扼住某乙的颈部，致某乙窒息死亡。正此时某丙回家，发现某乙已死，十分惊恐。某甲说，害怕她叫喊惊醒邻居，不得已才杀了她。某丙无奈，答应为某甲掩盖罪行。当晚，某甲、某丙二人将某乙的尸体装入麻袋运送到郊外，投进了江里。

根据上述案情，请回答以下问题并说明理由：

（1）对某甲、某丙的行为应如何定罪？

（2）对某甲、某丙依法应如何处罚？

【参考答案】（1）某甲构成强奸罪（未遂）和故意杀人罪；某丙构成强奸罪（未遂）和包庇罪。理由：①某甲的行为构成强奸罪（未遂）和故意杀人罪。某甲违背被害人某乙的意志，采取了暴力、威胁以外的其他方法（用酒灌醉）使被害人某乙失去反抗能力，强行欲与某乙发生性关系，已经着手实行了强奸罪的实行行为，只因某乙被惊醒后反抗而使强奸罪没有得逞，构成强奸罪未遂。②某甲强奸未得逞，由于害怕邻居发现，某甲便另起犯意杀人灭口，其行为构成故意杀人罪。③某甲、某丙构成强奸罪（未遂）的共犯，某丙虽不能成为实行犯，但属于帮助犯，应以强奸罪共犯论处。④某丙不构成故意杀人罪，因为某丙没有杀人的故意。⑤某丙明知某甲实施故意杀人行为，为某甲掩盖罪行，构成包庇罪。

（2）对某甲和某丙应作如下处罚：①某甲和某丙构成强奸罪共犯，其中，某甲是主犯，某丙是从犯，对于某丙所犯强奸罪，可以从轻、减轻或者免除处罚。对某丙应以强奸罪（未遂）和包庇罪实行数罪并罚。②某甲所犯强奸罪和故意杀人罪发生在贪污罪缓刑的考验期限内，故应撤销缓刑，对某甲以贪污罪、强奸罪（未遂）、故意杀人罪三罪实行数罪并罚。

18. 陆某系某县卫生健康局副局长兼新型农村合作医疗管理中心主任，其于2018年至2020年间与该县妇幼保健院院长金某、县和平医院院长甘某等人串通，利用职务工作之便，指使其他相关人员万某、项某通过开具虚假住院证明、虚假转院证明等手段报销医疗费用，套取国家新农合医疗巨额资金500余万元；陆某还在购买医疗器械过程中数次收受供货商给予的现金与礼品共计50多万元；此外，陆某的家庭财产中尚有300万元说不清楚其来源。

分析上述案情后，请回答：

（1）对陆某、金某、甘某、万某、项某的行为应如何定性？

（2）如成立犯罪，对陆某、金某、甘某、万某、项某应如何处罚？

【参考答案】（1）①陆某的行为构成贪污罪、受贿罪和巨额财产来源不明罪。陆某系国家工作人员，利用职务之便骗取巨额资金500余万元，其行为符合贪污罪的构成特征，构成贪污罪；陆某在购买医疗器械过程中数次收受供货商给予的现金与礼品共计50多万元，这实质是利用职务之便行受贿之实，构成受贿罪；陆某的家庭财产中有300万元无法说清其来源，构成巨额财产来源不明罪。②金某、甘某利用职务之便，与陆某串通骗取巨额资金，构成贪污罪共犯。③万某、项某虽为其他相关人员，但受指使套取巨额现金，构成贪污罪共犯。

（2）①对陆某应以贪污罪、受贿罪和巨额财产来源不明罪实行数罪并罚。②陆某、金某、甘某构成贪污罪共犯，三人串通骗取巨额资金，因而都是主犯，对于陆某应以组织、指挥的全部贪污罪的事实处罚，对于金某、甘某应当按照其所参与的全部贪污罪的事实处罚。③万某、项某受指使骗取巨额资金，系从犯，对于万某、项某应当从轻、减轻或者免除处罚。

19. 乙曾于2015年4月因犯故意伤害罪被判处有期徒刑3年，并处罚金人民币6 000元，2018年4月刑满释放。2021年4月，甲纠集乙预谋实施抢劫，携带作案工具，劫取某女丙驾驶的小轿车。途中经甲示意，乙用事先预备的橡胶锤猛击丙头部数下，甲猛掐丙的颈部，致丙昏迷。二人抢得丙的小轿车及其他财物共计价值人民币42 000元。甲与乙见丙昏迷不醒，遂谋划活埋丙灭口。丙佯装昏迷，趁甲寻找挖掘工具离开之际，哀求乙放其逃走。乙同意掩埋时挖浅坑、少埋土，并告知掩埋时将丙的脸朝下。甲拿把铁锹返回，乙向甲称其一人挖坑掩埋即可，让甲到车上休息。乙挖了一个浅坑，并按与丙的约定方式将丙掩埋。甲、乙离开后，丙爬出土坑获救。后乙自动投案，如实供述了其抢劫杀人全过程。经鉴定，丙所受损伤为轻伤。

分析上述案情后，请回答：

（1）对甲、乙应如何定罪？为什么？

（2）甲、乙具有哪些法定量刑情节？

【参考答案】（1）对甲、乙的定罪处罚：①甲、乙构成抢劫罪共犯，二人以非法占有为目的，以暴力方法劫财，构成抢劫罪。②甲、乙劫财后为了杀人灭口而故意杀害丙，构成故意杀人罪共犯。③对甲、乙应以抢劫罪和故意杀人罪实行数罪并罚。④甲成立故意杀人罪（未遂）。甲、乙在共同实施杀人的过程中，因为甲意志以外原因未得逞，是犯罪未遂。⑤乙成立故意杀人罪（中止）。乙在故意杀人过程中自动放弃犯罪，成立犯罪中止。

（2）甲因成立故意杀人罪的犯罪未遂，对甲的故意杀人行为可以比照既遂犯从轻或者减轻处罚。②乙因成立故意杀人罪的犯罪中止，对乙应当减轻处罚。③乙是累犯，对其应当从重处罚。③乙自动投案，如实供述自己罪行，成立自首，对乙可以从轻或者减轻处罚。

20. 甲拖欠乙和丙2万元劳动报酬一直不付。乙和丙商定后，将甲的15周岁的女儿丁骗到外地扣留，以迫使甲支付报酬。乙、丙用了一个月时间给甲打电话要求甲支付报酬，但甲仍以种种理由拒不支付。乙、丙遂决定将丁卖给他人。在乙外出寻找买主期间，丙将丁奸淫。乙找到买主戊后，乙、丙二人以1万元的价格将丁卖给了戊。戊想要与丁成为夫妻，遭到丁的拒绝。戊为了防止丁逃走，便将丁反锁在房间里一个月有余。戊后来觉得丁年纪小，太可怜，便放丁返回家。戊找到乙要求退回1万元，遭到乙拒绝，戊一气之下便于深夜将乙的一辆价值5 000元的摩托车骑走。

请根据上述案情分析乙、丙、戊的行为性质及量刑情节。

【参考答案】（1）对于因索债而非法扣押他人的，应以非法拘禁罪而不是绑架罪定罪处罚，因此，乙和丙为了索债而将丁扣押，构成非法拘禁罪。

（2）以出卖为目的拐卖妇女的，构成拐卖妇女罪。乙、丙以出卖为目的将丁卖给戊，构成拐卖妇女罪。

（3）乙、丙是非法拘禁罪、拐卖妇女罪的共犯，对二人应以拐卖妇女罪和非法拘禁罪实行数罪并罚。

（4）丙在乙外出寻找买主时将丁奸淫，其行为不构成强奸罪，而应按照拐卖妇女罪的加重情节处理；丙实施的奸淫行为超出了共同犯罪的故意，应由丙单独承担拐卖妇女罪的加重情节，对乙应以拐卖妇女罪的基础法定刑量刑。

（5）戊构成收买被拐卖的妇女罪、非法拘禁罪和盗窃罪，实行数罪并罚。戊从乙、丙二人手中收买被拐卖的妇女，构成收买被拐卖的妇女罪；戊将丁非法拘禁于房间内达一个月有余，构成非法拘禁罪；戊要求乙退还购买妇女的 1 万元遭到拒绝，一气之下将乙的摩托车开走，构成盗窃罪，因此对戊应当实行数罪并罚。

21. 乙到银行办理开户手续，银行的离职员工甲主动接待，乙声称只需要办理存折不办理银行卡，甲独自到柜台为乙办理开户手续，告诉柜台人员既需要办理存折也要办理银行卡，柜台人员因与甲熟悉，就在客户本人不在场的情况下为乙办理了存折与银行卡（可连卡使用），一并交给甲。甲将存折交给乙，自己留下了银行卡。后来，乙向账户存款 5 万元，甲利用银行卡从自动柜员机上取走 3 万元。不久，甲将该银行卡丢失，被丙拾得，丙利用该银行卡在自动柜员机上取走剩余款项。乙报案后，经公安机关侦查，发现甲利用银行卡支取存款的事实。甲被抓获后，如实交代了犯罪事实，但对后来由丙支取的 2 万元的事实拒不承认系本人所为。丙由于害怕事情败露而向公安机关投案，如实供述了取走 2 万元的事实。

根据以上案情回答下列问题：

（1）如何认定甲的行为性质？为什么？

（2）如何认定丙的行为性质？为什么？

（3）对甲、丙应如何处罚？

【参考答案】（1）甲的行为构成盗窃罪。理由：甲实施了骗取银行卡的行为，该骗取行为是盗窃行为的预备行为，甲从自动柜员机上取走 3 万元的行为符合盗窃罪的构成特征。

（2）丙的行为构成信用卡诈骗罪。理由：丙拾得他人银行卡并在自动柜员机上使用的行为属于冒用他人信用卡的行为，构成信用卡诈骗罪。

（3）甲如实供述司法机关已经掌握的犯罪事实，构成坦白，可以从轻处罚。丙如实供述司法机关尚未掌握的罪行，构成自首，可以从轻或者减轻处罚。

22. 甲（男，2004 年 3 月 5 日出生）平时游手好闲，贪图享乐，为了让经商的父亲多给一些零花钱而费尽心机。2021 年 7 月 3 日，甲让乙（男，2005 年 8 月 4 日出生）给自己的父亲打电话，谎称自己被人抓走了，乙问："为什么要撒谎？"甲说："这不用你管！"乙虽然不乐意但还是打了电话。甲于当日半夜将自己的左手小指在齐指甲跟处剁下。第二天清晨，甲让丙（男，2004 年 6 月 9 日出生）将装有半截手指的信封送到自家门前。中午，丙按甲的授意给甲的父亲丁打电话称："你的儿子甲已被我们绑架了，限你在三天内拿出 20 万元赎人，否则杀死甲。"丁立即报案，后公安机关将甲、乙、丙抓获。甲在被羁押期间，主动交代了司法机关尚未掌握的另一起事实：甲于 2020 年 2 月 15 日，在马某家盗窃了 8 000 元现金，为毁灭罪证而实施了危害公共安全的放火行为。乙在预审讯问期间，主动交代自己曾于 2021 年 4 月 15 日参与一起绑架案，并分得赎金 3 000 元。丙在被拘留期间，检举揭发了韩某的抢劫行为，并带侦查人员在韩某的暂住地将其抓获归案，后韩某被法院判处有期徒刑 5 年。

请分析：

（1）甲、乙、丙的行为性质。

（2）甲、丙是否存在共同犯罪？为什么？

（3）甲、丙的量刑情节。

【参考答案】（1）甲、丙的行为构成犯罪，乙的行为不构成犯罪：①甲构成敲诈勒索罪、放火罪，其盗窃行为发生在未满16周岁时，不负刑事责任。②丙的行为构成敲诈勒索罪。③乙的绑架行为发生在未满16周岁时，不负刑事责任。

（2）甲伙同丙，以非法占有为目的，向甲的父亲实施敲诈勒索（甲并未被绑架），构成敲诈勒索罪共犯。乙帮助甲打电话，但并不知道甲让自己打电话的真实目的，因此没有敲诈勒索的犯罪故意，不构成犯罪。

（3）甲、丙的法定量刑情节有：①在敲诈勒索的共同犯罪中，甲起着策划、组织的作用，是主犯；丙起着次要、辅助的作用，是从犯。②甲在实施敲诈勒索和放火时都不满18周岁，应当从轻或者减轻处罚；丙在实施敲诈勒索时不满18周岁，应当从轻或者减轻处罚。③甲被采取强制措施期间，如实供述司法机关还未掌握的本人其他罪行（放火），构成自首，对甲可以从轻或者减轻处罚。④丙在被拘留期间检举揭发韩某的抢劫行为，并带侦查人员将韩某抓获归案，经查证属实，具有立功情节，对其敲诈勒索罪可以从轻或者减轻处罚。

23. 甲、乙深夜侵入丙家行窃时，被丙发现，于是甲顺手拿起丙家厨房的菜刀逼迫丙交出现金，丙无奈将家中仅有的1万元交给甲。当甲、乙二人转身要走时，甲为了不留后患突然举起菜刀将丙砍死，乙始料未及，目瞪口呆。后乙自首并告发了甲。

阅读分析上述案例后，请回答以下问题：

（1）甲、乙构成何种犯罪？并简要说明理由。

（2）对甲、乙应如何处罚？并简要说明理由。

【参考答案】（1）甲、乙构成抢劫罪共犯，甲还单独构成故意杀人罪。理由：①甲、乙深夜侵入丙家行窃，属于“入户盗窃”，以盗窃罪论处。二人行窃时尚未偷到财物即被发现，临时由盗窃的犯意转化为抢劫的犯意，并实施了抢劫1万元的行为，构成抢劫罪。②甲抢劫后突生杀人故意并杀死丙的行为，乙始料未及，无杀人的共同故意也无杀人的行为，甲单独构成故意杀人罪。

（2）对甲、乙的处罚：①甲、乙构成抢劫罪的共犯，但乙有自首情节，对乙可以从轻或者减轻处罚。②乙检举甲的故意杀人行为，有重大立功表现，对乙可以减轻或者免除处罚。③对甲按照抢劫罪和故意杀人罪实行数罪并罚。

24. 甲与余某有一面之交，知其孤身一人。某日凌晨，甲携匕首到余某家盗窃，搜寻一段时间后，未发现可盗窃的财物。此时，熟睡中的余某偶然大动作翻身，且口中念念有词。甲怕被余某认出，用匕首刺死余某，仓皇逃离。（事实一）

逃跑中，因身上有血迹，甲被便衣警察程某拦下。程某上前拽住甲的衣领，试图将其带走。甲怀疑遇上劫匪，与程某扭打。甲的朋友乙开黑车经过此地，见状停车，和甲一起殴打程某。程某边退边说：“你们不要乱来，我是警察。”甲对乙说：“别听他的，假警察该打。”程某被打成轻伤。（事实二）

司机谢某见甲、乙打人后驾车逃离，对乙紧追不舍。甲让乙提高车速并走“蛇形”，以防谢某超车。汽车开出2公里后，乙慌乱中操作不当，车辆失控撞向路中间的水泥隔离墩。谢某刹车不及撞上乙车受重伤。赶来的警察将甲、乙抓获。（事实三）

在甲、乙被起诉后，甲父丙为使甲获得轻判，四处托人，得知丁的表兄刘某是法院刑庭庭长，遂托丁将15万元转交刘某。丁给刘某送15万元时，遭到刘某坚决拒绝。（事实四）

丁告知丙事情办不成，但仅退还丙 5 万元，其余 10 万元用于自己炒股。在甲被定罪判刑后，无论丙如何要求，丁均拒绝退还余款 10 万元。丙向法院自诉丁犯有侵占罪。（事实五）

请根据上述材料，回答下列问题并说明理由：

（1）就事实一，甲携带匕首入室的行为应如何定性？甲杀害被害人的行为应认定为抢劫罪还是故意杀人罪？

（2）就事实二，甲、乙的行为应如何定性？

（3）就事实三，甲、乙是否应当对谢某重伤的结果负责？

（4）就事实四，丁构成何罪？

（5）就事实五，有人认为丁构成侵占罪，有人认为丁不构成侵占罪，你赞成哪一观点？

【参考答案】（1）就事实一，甲成立盗窃罪和故意杀人罪。甲携带凶器入户盗窃，成立盗窃罪。由于甲的暴力行为不是作为压制财物占有人反抗的手段而使用的，只能视情况单独定罪。在盗窃过程中，为窝藏赃物、抗拒抓捕、毁灭罪证而使用暴力的，才定抢劫罪。甲并非出于上述目的，因而不应认定为抢劫罪。在本案中，被害人余某并未发现甲的盗窃行为，并未反抗；甲也未在杀害被害人余某后再取得财物，故对甲的行为应当认定为故意杀人罪。对甲应以盗窃罪和故意杀人罪定罪处罚。

（2）就事实二，甲、乙的行为属于假想防卫。假想防卫视情况成立过失犯罪或者意外事件。在本案中，甲、乙在程某明确告诉其是警察的情况下，仍然对程某使用暴力，主观上存在过失。但是，过失行为只有在造成重伤结果的场合，才构成犯罪。甲、乙仅造成轻伤结果。因此，对于事实二，甲、乙均无罪。

（3）就事实三，甲、乙对谢某重伤的结果不负刑事责任。在被告人高速驾车走“蛇形”和被害人重伤之间，介入被害人的过失行为（如对车速的控制不当）。谢某的重伤与甲、乙的行为之间，仅有条件关系而无因果关系。从规范判断的角度看，谢某的重伤是谢某自己驾驶的汽车对乙车追尾造成的，该结果不应当由甲、乙负责。

（4）就事实四，丁构成行贿罪。丁接受丙的委托，帮助丙实施行贿行为，构成行贿罪（未遂）共犯。

（5）就事实五，构成侵占罪的理由：首先，丁将代为保管的他人财物非法据为己有，数额较大，拒不退还，完全符合侵占罪的犯罪构成。其次，无论丙对这 10 万元是否具有返还请求权，这 10 万元都不属于丁的财物，因此该财物属于“他人财物”。最后，虽然民法不保护非法的委托关系，但刑法的目的不是确认财产的所有权，而是打击侵犯财产的犯罪行为，如果不处罚侵占代为保管的非法财物的行为，可能将使大批侵占赃款、赃物的行为无罪化，这并不合适。

不构成侵占罪的理由：首先，这 10 万元为贿赂款，丙没有返还请求权，该财物已经不属于丙，因此，丁没有侵占“他人财物”。其次，该财产在丁的实际控制下，不能认为其已经属于国家财产，故该财产不属于代为保管的“他人财物”。据此，不能认为丁虽未侵占丙的财物但侵占了国家财产。最后，如认定为侵占罪，会得出民法上的丙没有返还请求权，但刑法上认为其有返还请求权的结论，刑法和民法对相同问题会得出不同结论，法律秩序的统一性会受到破坏。

25. 沈某，2000 年 7 月 11 日出生。2012 年至 2014 年 6 月之间，沈某伙同他人多次盗窃，累计盗窃各类财物总计 10 万余元。2014 年 7 月 11 日晚，沈某被几个朋友邀请到一酒店吃饭，当晚 10 时许，因沈某等大声喧哗导致邻座几个客人不满，双方发生争吵，沈某一怒之下掏出随身携带的匕首将对方的赵某刺倒，致其当场死亡。沈某见状，立即外逃。当晚 11 时许，在外逃途中，沈某看到路上一人臂下夹着手包，一边走路一边用手机打电话，心想该人肯定有钱，想到其外逃不知何时是个终点，需要钱，随即掏出匕首将持包人刺伤，把包和手机抢走，包内有现金 1 万余元和其他物品。

沈某到乡下亲戚家躲避 1 年多。2015 年 10 月 11 日，沈某外出闲逛，见路边停着一辆轿车未锁车门，便将车开走准备卖掉。行驶途中，因操作生疏，轿车撞到一棵大树上，沈某弃车逃跑。事后查明，轿车的司机当时正在 5 米外的烟摊买烟，认为很快就会回来，就没有锁车。2016 年 7 月 12 日 0 时 5 分，沈某在一车站抢夺一女子挎包时，被当场抓获。挎包内有钱包、手机等物品，总价值 1 万余元。沈某被抓获后交代了上述全部行为。

请根据上述材料，回答下列问题并说明理由：

（1）如何认定沈某的行为性质？

（2）沈某有哪些量刑情节？

【参考答案】（1）沈某的行为性质：①沈某 2012 年至 2014 年 6 月之间实施盗窃行为时，不满 14 周岁，不负刑事责任。②沈某 2014 年 7 月 11 日晚实施的杀人和抢劫行为，是在其生日当天实施的，属于不满 14 周岁，且杀人行为不属于情节恶劣，因此对其杀人和抢劫行为都不负刑事责任。③沈某 2015 年 10 月 11 日盗窃机动车并致机动车撞毁的行为，不属于《刑法》规定的 8 类已满 14 周岁不满 16 周岁的人应当负刑事责任的犯罪行为，因而也不负刑事责任。④沈某 2016 年 7 月 12 日 0 时 5 分抢夺挎包的行为，尽管刚过其 16 周岁生日 5 分钟，也属于已满 16 周岁，应当追究其抢夺罪的刑事责任。

（2）沈某存在的量刑情节：①沈某被抓获后交代了抢夺行为，该行为为司法机关已经掌握，可以成立坦白，可以从轻处罚。②沈某未满 18 周岁，对其所犯抢夺罪，应当从轻或者减轻处罚。

26. 2021 年 5 月，方某、魏某共谋到方某工作的 A 建筑公司盗窃职工工资。同年 6 月 4 日，二人在一饭店内再次预谋盗窃事宜。6 月 5 日零时，方某骑摩托车带魏某窜至 A 建筑公司。魏某在方某的帮助下翻墙入院，进入员工宿舍窃取王某、文某人民币 1 000 余元，后翻墙出院，与在外等候把风的方某会合。方某认为偷的钱太少，就让魏某再次入室盗窃，并将一把匕首交给魏某。魏某再次翻墙入院，在进入另一员工宿舍盗窃时，惊醒了睡觉的员工陶某。魏某被陶某抓住后为逃脱抓捕，遂用匕首朝陶某胸腹部连刺数刀后翻墙逃跑。陶某因心脏、脾脏、肝脏被刺，失血性休克而死亡。8 月 15 日，方某向公安机关投案，如实供述所实施的行为，公安机关在方某的协助下，将魏某抓获归案。

请结合案情分析下列问题，并说明理由：

（1）如何认定方某、魏某的行为性质？

（2）方某有哪些量刑情节？

【参考答案】（1）方某、魏某的行为性质：①方某与魏某共谋盗窃，从宿舍窃得人民币 1 000 余元，二人构成盗窃罪的共同犯罪。②方某与魏某共同构成抢劫罪。魏某在盗窃被发现后，为抗拒抓捕而使用暴力致使被害人陶某死亡，其入室盗窃和携带凶器盗窃的盗窃行为转化为抢劫罪。在实施第二次盗窃前，方某为魏某提供凶器匕首，其意图在于一旦盗窃被发现就使用匕首拒捕或劫取财物，表明其已考虑到在盗窃时可能被发现，需使用暴力或暴力威胁的方法抗拒抓捕，主观上至少对持匕首实施暴力导致他人伤亡存在放任心态，因此，方某主观上存在转化型抢劫的故意。二人具有共同故意的认识，魏某实施的抢劫行为没有超出方某主观故意的范畴，不属于实行过限，方某、魏某构成抢劫罪的共同犯罪。③对方某和魏某，都应以盗窃罪和抢劫罪实行数罪并罚。

（2）方某、魏某的量刑情节：①魏某是主犯，对于魏某，应当按照其所参与的或者组织、指挥的全部犯罪处罚；方某为魏某抢劫提供帮助（匕首），是从犯，对方某，应当从轻、减轻处罚或者免除处罚（本案适合从轻）。②方某自动投案，如实供述自己罪行，构成自首。③方某协助公安机关抓捕同案犯，构成立功，可以从轻或者减轻处罚。

27. 何某（女）在某市某矿山打工期间，与任某关系暧昧，并多次发生性关系。2017年年底，宋甲、宋乙预谋骗取任某钱财，主动和任某联系，问任某是否有仇人，称可以找人替任某收拾仇人，条件是让任某出点钱，任某称等等再说。2018年3月，宋甲找到任某再提此事，任某授意让宋甲找人收拾何某丈夫兰某。2018年4月，任某将欲伤害兰某的情况告知何某后，再将通过何某了解到其夫兰某在某厂上班、住宿的情况，电话告知宋甲。宋甲、宋乙到某厂查看兰某的住宿情况，因人多二人感到无法下手，宋乙便提出用汽油倒在兰某住室门上烧兰某。2018年4月30日凌晨，宋甲、宋乙购买汽油后到兰某所在厂，将汽油泼到兰某住室的门上，点燃后逃离。兰某见房门着火后呼救，同院住宿的董某等人将火扑灭，兰某被烧伤。经法医鉴定，兰某的损伤程度属轻微伤，但三间房舍因着火都有所损坏。次日，宋甲告诉任某事已办成，并向任某索要人民币5万元。之后，任某得知兰某并未受到大的伤害，即电话告诉宋甲，宋甲答应再找人收拾兰某。2018年11月下旬、12月上旬，宋甲又纠集宋乙、陈某、喻某数次预谋伤害兰某，甚至到兰某回家路上拦截，但因未找到兰某而都未能得逞，后被公安机关抓获。

请分析任某、何某、宋甲、宋乙的行为性质及刑事责任。

【参考答案】（1）任某教唆宋甲等人采取暴力手段故意伤害兰某，但被教唆人宋甲、宋乙所实施的行为只造成兰某轻微伤，被教唆人的行为尚未构成故意伤害罪，也就是说，被教唆人没有犯被教唆的罪，因而属于教唆未遂。对教唆人任某可以从轻或者减轻处罚。

（2）何某在知道任某将找人对兰某不利时，仍告诉其兰某的住宿、上班情况，客观上帮助任某实施犯罪，其行为已构成共同犯罪，但作用较小，系从犯。对何某应当从轻、减轻处罚或者免除处罚。

（3）宋甲、宋乙实施的伤害行为仅导致兰某轻微伤，但宋甲、宋乙焚烧宿舍，造成三间宿舍损毁，构成放火罪的共同犯罪。该放火行为超出任某教唆范围，对此放火行为，任某不承担刑事责任，只能由宋甲、宋乙共同承担放火罪的刑事责任。

（4）任某再次怂恿宋甲、宋乙伤害兰某，但因意志以外的原因，宋甲、宋乙没有伤到兰某，宋甲、宋乙的行为属于故意伤害罪预备，任某则属于犯罪未遂。对此，对宋甲、宋乙可以比照既遂犯从轻、减轻处罚或者免除处罚；对任某可以比照既遂犯从轻或者减轻处罚。

28. 甲破解了本单位网上银行的账户密码，将单位账户内的8万元资金转至其女友乙的银行卡内。之后，甲将实情告知乙，并让乙将卡内的存款提现，乙提取了8万元后将钱全部交给甲。三个月后，甲再次让乙帮忙，说准备一周后将单位资金转到乙的卡内，乙劝甲罢手，甲表示做完这一次就收手，乙才答应帮助他。一周后，甲将10万元资金转到乙的卡内，乙如约提取了10万元。年底，甲所在单位与银行核对账目，发现18万元资金下落不明，于是向公安机关报案。公安机关侦查发现乙是犯罪嫌疑人，将其拘留。甲发现事情即将败露，遂向检察机关交代了自己的行为。

根据上述案情，请回答下列问题：

（1）甲、乙行为的性质应如何认定？请说明理由。

（2）对甲、乙量刑时需要考虑哪些法定量刑情节？

【参考答案】（1）甲与乙的行为构成盗窃罪的共同犯罪，乙还构成掩饰、隐瞒犯罪所得罪。甲以盗窃的故意，破解单位网银密码，转走单位公款18万元，符合盗窃罪的犯罪构成。乙在甲第一次盗窃8万元时，没有与甲形成盗窃的共同故意，属于事后帮助转移赃款的行为，不与甲构成共同犯罪。但乙明知银行卡内的8万元款项是甲盗窃所得仍为其提现，该行为构成掩饰、隐瞒犯罪所得罪。乙与甲对后一次盗窃形成了盗窃的事前通谋，乙并帮助甲提现，因此，就再次盗窃的10万元，乙与甲构成盗窃罪的共同犯罪。

（2）甲向检察机关交代自己盗窃的行为，符合自首的成立条件，应认定为自首；甲在本案中起主要作用，是主犯。乙犯数罪，应当数罪并罚；乙在本案中起次要作用，是从犯。

29．2021 年 3 月 16 日 11 时许，王某与其女友管某在暂住处，因生活琐事发生口角后，王某离开。当管某追王某至本市饲料公司西门外时，二人再次发生争执。王某用手猛掐管某的颈部，并用脚踢管某的头部，致管某窒息、颅脑损伤并急性创伤失血性休克死亡。王某作案后，打电话告诉其姐夫许某到市里城北小树林找他。16 日下午 4 时许，许某及王某的父亲、哥哥等人在市里城北小树林北侧山坡上找到因自杀昏迷的王某。17 日，王某的父亲到公安机关替其投案，后公安人员赶来，在王某的家中将王某抓获归案。王某归案后，如实供述了自己的罪行。

结合案情回答下列问题并说明理由：

（1）王某构成何罪？

（2）王某是否符合自首条件？如何量刑？

【参考答案】（1）王某的行为构成故意杀人罪。理由：王某因琐事故意非法剥夺管某的生命，并致其死亡，其行为已构成故意杀人罪。

（2）王某的行为符合自首的条件，对王某可以从轻处罚。理由：根据相关司法解释的规定（《最高人民法院关于处理自首和立功具体应用法律若干问题的解释》），并非出于犯罪嫌疑人主动，而是经亲友规劝、陪同投案的；公安机关通知犯罪嫌疑人的亲友，或者亲友主动报案后，将犯罪嫌疑人送去投案的，应当视为自动投案。本案中，王某作案后，在自杀前通知其亲友，表明其没有潜逃的意识和行为。王某在得知其父代为投案后，也未逃跑，公安机关赶来后即将其控制。因此，王某虽然没有亲自投案，但公安机关将其抓获与其家属代替投案行为之间具有紧密联系，可以视为自动投案。在投案后，王某亦能如实供述自己的罪行，符合自首的条件。王某犯故意杀人罪，可以从轻处罚。

30．2021 年 8 月 3 日晚，田某在 A 市乘坐地铁因相互拥挤遭到平某等人殴打后，伙同贾某、梁某（均另案处理）等人持刀寻找并伺机报复平某等人。当日 21 时许，田某等人在超市南侧发现平某，后分别持砍刀、尖刀砍、刺平某，造成平某被刺破心脏及肝脏，致急性失血性休克死亡。田某作案后逃匿。2021 年 9 月 18 日，田某在 B 市被公安人员盘查时主动供述了上述犯罪事实。据公安部门出具的情况证明证实，田某首先交代假名，在审查时交代了真名，并说在 A 市犯过事。公安人员将真名进行公安网上追逃比对时，查出田某系网上逃犯，希望田某如实交代罪行，田某遂交代了故意杀人的犯罪事实。

请分析田某的行为性质、是否有自首情节及如何处罚。

【参考答案】（1）田某因琐事伙同贾某、梁某等人共同故意非法剥夺他人生命，致平某死亡，其行为已构成故意杀人罪。

（2）根据相关司法解释，罪行尚未被司法机关发觉，仅因形迹可疑，被有关组织或者司法机关盘问、教育后，主动交代自己的罪行的，应当视为自动投案。本案中，田某被公安机关盘查时，公安机关并不了解田某的真实姓名，也不了解发生在 A 市的田某故意杀人行为，如果田某不交代真实姓名，B 市公安机关无法将田某与故意杀人行为联系在一起。因此，田某经教育主动交代真实姓名，并进而主动供述在 A 市的故意杀人的犯罪事实，符合自首的条件，应认定为自首。

（3）田某的行为构成自首，对田某可以从轻或者减轻处罚。

31．2021 年 4 月 22 日，丁某驾驶出租车，沿一座小拱桥下坡时，由于小拱桥桥面的自然拱起遮挡视线，加之天黑，丁某未发现醉倒在拱桥另一侧下坡桥面的李某，将李某碾压于车下。事后，丁某下车查看，发现有一人躺在其车下，想将被害人从车底下拉出来，但没有拉动，丁某即用车上的千斤顶将车顶起，将被害人从车底拉出来丢弃在旁边，驾车逃离现场。李某后被他人送至医院，经

抢救无效于当日死亡。经交警大队对事故现场进行勘察认定：死者李某是趴在桥下坡约5米处偏右位置，经开车实验，该位置在汽车上桥是不能发现的，而且汽车是从桥顶下坡，如果是夜里，就较难发现，即便能够发现也肯定是近距离的，根本来不及采取措施。

请分析：

（1）丁某的行为是否属于交通肇事后逃逸？为什么？

（2）如何认定丁某逃逸致人死亡的行为性质？为什么？

【参考答案】（1）丁某的行为属于意外事件，不构成交通肇事后逃逸。丁某主观上不可能预见桥下坡处躺着一个人，而且客观上也不可能看见李某，事故的发生纯属意外事件，因而丁某的行为不构成交通肇事罪。认定交通肇事后逃逸的前提是构成交通肇事罪，丁某的行为不构成交通肇事罪，因而更无所谓“交通肇事后逃逸”。

（2）李某死亡是由于丁某的不救助所致，丁某构成故意杀人罪。在事故发生后，丁某负有保护现场、救助伤者、通知公安机关等义务，但是丁某有能力救助却将李某丢弃在路边，导致李某延误救治而死亡，李某的死亡与丁某的不作为之间存在因果关系。由于丁某的不救助，明知自己的行为会导致李某死亡而放任李某的死亡，系间接故意。因此，丁某的行为符合故意杀人罪的构成要件，应当按照故意杀人罪论处。

32. 江某与郑某是同一家电脑公司的工作人员，二人同住一间集体宿舍。某日，郑某将自己的信用卡交给江某保管，3天之后索回。一周后，郑某发现自己的信用卡丢失，到银行挂失时，得知卡上1.5万元已被人取走。郑某报案后，司法机关找到江某。江某承认是其所为，但对作案事实前后供述不一。第一次供述称，在郑某将信用卡交其保管时，利用以前与郑某一起取款时偷记下的郑某信用卡的密码，私下在取款机上取款；第二次供述称，是仿制了一张信用卡后，用所获取的郑某信用卡上的有关信息取款；第三次供述却称，是拾得郑某的信用卡后，用该卡取款。但郑某怀疑是江某盗窃其信用卡后取走了卡上所存的钱款。

请回答下列问题并说明理由：

（1）如果郑某将信用卡交给江某保管时，江某私下用来取走现金，江某构成何罪？

（2）如果江某用自己仿制的信用卡在自动取款机提取了现金，江某构成何罪？

（3）如果江某拾得信用卡后，用该信用卡在自动取款机上提取了现金，江某构成何罪？

（4）如果江某盗窃信用卡后，用该信用卡在自动提款机上提取了现金，江某构成何罪？

【参考答案】（1）构成信用卡诈骗罪。理由：郑某虽将信用卡交给江某保管，但是却没有同意江某使用该卡，江某私下用来取走现金，属于冒用信用卡的行为，构成信用卡诈骗罪。

（2）构成信用卡诈骗罪和伪造金融票证罪，择一重罪处罚，即构成信用卡诈骗罪。理由：江某伪造信用卡的行为构成伪造金融票证罪；但由于伪造信用卡是手段行为，而使用信用卡诈骗是目的行为，两者具有牵连关系，属于牵连犯，应择一重罪处罚。在本案中，应以信用卡诈骗罪对江某定罪处罚。

（3）江某的行为构成信用卡诈骗罪。理由：江某拾得信用卡后，用该信用卡在自动提款机上提取现金的行为，属于冒用他人信用卡，构成信用卡诈骗罪。

（4）江某的行为构成盗窃罪。理由：江某盗窃信用卡后，用该信用卡在自动提款机上提取现金的行为，属于盗窃信用卡并使用，构成盗窃罪。

33. 孙某系某娱乐城的总经理。孙某和时某谋划，由时某向娱乐城提供四名“女服务员”。时某以请在一家酒吧作陪侍的女青年杨某、辛某、陈某、吴某四人外出吃饭为名，将四人骗至娱乐城，以每人5 000元的价格卖给孙某。孙某组织杨某等四人多次从事卖淫活动。后时某因涉嫌拐卖妇女被

逮捕，在被羁押期间，时某对拐卖妇女的事实供认不讳，并供出孙某与其谋划及孙某组织卖淫等事实，公安机关在时某协助下将孙某抓捕归案。

请分析：

（1）时某和孙某构成何罪？为什么？

（2）时某有哪些量刑情节？

【参考答案】（1）时某以出卖为目的，将杨某等四名妇女拐卖至娱乐城，构成拐卖妇女罪。时某和孙某事前通谋拐卖妇女，孙某构成拐卖妇女罪的共同犯罪（注意：假如时某和孙某未就拐卖妇女事前通谋，则孙某构成收买被拐卖的妇女罪）；事后孙某组织杨某等四人卖淫，构成组织卖淫罪，对孙某应以拐卖妇女罪和组织卖淫罪择一重罪处罚。

（2）时某在被羁押期间，供出同案犯共同犯罪事实，属于坦白，对时某可以从轻处罚；时某供出孙某组织卖淫犯罪事实，并协助司法机关将孙某抓捕归案，构成立功，对时某可以从轻或者减轻处罚。

34. 某市银行分行会计申某，多次找到高某商议盗窃该分行业务部一出纳管理的保险柜内的现金。7 月 23 日，申某将高某带至该分行熟悉地形，并暗示了存放现金的保险柜和开启保险柜的另一把钥匙的存放地点。7 月 27 日，申某找到高某，告知其近日将提款 80 万元存放保险柜的情况，并详细告诉高某作案的时间、步骤、开启保险柜的方法及进出路线等。7 月 30 日，申某将高某带进该分行，乘出纳不注意将高某带至业务部套间，藏在大壁柜内。申某乘其他工作人员外出吃饭离开办公室之际，告知高某人都走了，自己也要离开去吃饭。高某撬开出纳员办公桌抽屉，取出钥匙，打开保险柜将 50 万元人民币转入旅行袋里，从后窗逃离现场。

请分析申某、高某的行为性质及量刑情节。

【参考答案】（1）申某、高某以非法占有分行现金为目的，秘密窃取分行资金 50 万元，共同构成盗窃罪。（注意：并非贪污罪，因为高某并未利用职务便利）

（2）高某是盗窃罪的实行犯，在盗窃罪中起主要作用，应认定为主犯，对高某应当按照其所参与的盗窃罪处罚。

（3）申某利用熟悉作案环境，为高某实施盗窃创造便利条件，在共同犯罪中起次要作用，应认定为从犯，对申某应当从轻处罚。

35. 2010 年，徐某因信用证诈骗罪被判处有期徒刑，2015 年刑满释放。2017 年 10 月，徐某与中国农业银行 A 市分行会计王某相互勾结，合谋进行犯罪活动。同年 11 月，王某通过窃取电脑密码，将本单位另一会计李某保管的 30 万元现金划转到徐某账户上。2018 年 1 月，王某利用职务便利，将该分行大额存款月报表提供给徐某。徐某从中选定 B 贸易服务部和 C 电子技术进出口公司营业部作为冒充开出汇票的单位，并按王某提供的上述两单位的支票专用章和负责人名章，进而伪造了 B 贸易服务部的汇款人民币 300 万元银行票汇委托书一份、C 电子技术进出口公司营业部的汇款人民币 50 万元银行票汇委托书一份。同年 11 月，王某将这两份伪造的票汇委托书混入分行正常的工作程序，骗过验印审查后，开出两张正式的汇票交给徐某，并发电报通知汇入行中国农业银行 D 市分行。徐某用两张正式汇票，在汇入行将人民币 350 万元转到 D 市管理区边境小额贸易公司的账户上。之后徐某又经他人帮助将该款转到香港，套得港币 450 万余元，由其在香港的代理人将此款存入在香港开设的银行账户上。2018 年 5 月，公安机关开始对本案立案侦查，王某担心彻查后恐遭无期徒刑的牢狱之苦，遂到公安机关投案，供述了与徐某共同采取伪造票汇委托书手段，将银行巨额存款划走的事实，并在司法机关提起公诉前积极退赃，95% 的赃款被追回，从而减少了损害结果的发生。在王某的协助下，公安机关将在逃的徐某抓获归案。

请分析：

（1）徐某和王某构成何罪？为什么？

（2）徐某和王某有哪些量刑情节？

【参考答案】（1）徐某和王某相互勾结，盗取李某保管的30万元现金，构成盗窃罪的共同犯罪；徐某虽不是银行工作人员，也没有利用自己职务上的便利条件，但徐某勾结银行工作人员王某，采取伪造票汇委托书手段，将银行客户的巨额存款划走进行侵吞，因而徐某与王某构成贪污罪的共同犯罪。徐某利用他人将贪污所得转移至香港并另立银行账户，徐某的行为构成洗钱罪。对王某应以盗窃罪、贪污罪实行数罪并罚。对徐某应以盗窃罪、贪污罪和洗钱罪实行数罪并罚。

（2）徐某因信用证诈骗罪被判处有期徒刑，刑满释放后5年内再犯应判有期徒刑以上刑罚之罪，构成累犯，对徐某应当从重处罚；王某自动投案，如实供述司法机关尚未掌握的与徐某共同贪污的事实，构成自首，对王某可以从轻或者减轻处罚；但王某并没有供述盗窃的犯罪事实，因而对盗窃罪不成立自首；王某在提起公诉前如实供述自己罪行、积极退赃，减少损害结果的发生，对王某可以从轻处罚；在王某的协助下，公安机关将在逃的徐某抓获归案，王某的行为构成立功，对王某可以从轻或者减轻处罚。

36. 甲因为张三欠其工程款约4万元，找到乙让乙帮助拘禁张三要回欠款。经过谋划，甲、乙找上丙、丁在一公路上截住张三乘坐的汽车，将张三及司机李四拽到雇来的汽车上，对他们进行殴打并用胶带纸堵住嘴、捆住双手，乙还拿走了张三随身携带的三星手机等财物，途中放回司机李四，将张三劫持到曲阳县李家庄赵某家，给张三戴上手铐进行看押。第二天，甲到张三被关押处与张三商谈归还欠款之事未果，即暂时离开。在张三被拘禁期间，乙伙同丙给张三家人打电话，索要现款30万元，后又降至20万元，并以"不拿钱，就别想见人了"的语言相威胁。乙还逼迫张三写了一张20万元的欠条。第四日凌晨，丁曾给张三20元钱让张三逃跑，被乙发现未成。当天，张三被劫持到丙的住处继续看押。案发后，丁有主动揭发他人犯罪的立功表现。

对甲、乙、丙、丁应当如何定罪处罚？请说明理由。

【参考答案】（1）甲构成非法拘禁罪。甲为索取工程款伙同乙、丙、丁将张三、李四扣押，构成非法拘禁罪。

（2）乙构成绑架罪、抢劫罪，应择一重罪处罚。乙伙同丙给张三家人打电话索要20万元现款，其数额明显超出甲非法拘禁张三时索要工程欠款的数额，构成绑架罪；乙同时还逼迫张三写下一张20万元的欠条，构成抢劫罪。对乙应以绑架罪和抢劫罪择一重罪处罚。在绑架罪和抢劫罪中，乙起主要作用，是主犯。对乙应当按照其所参与的或者组织、指挥的全部犯罪处罚。

（3）丙构成绑架罪。丙伙同乙绑架张三，构成绑架罪，但在绑架罪中起次要作用，属于从犯，对丙应当从轻、减轻处罚或者免除处罚。

（4）丁构成非法拘禁罪。乙、丙实施的绑架和抢劫行为，丁并未参与，对丁只能以非法拘禁罪定罪处罚。案发后，丁有立功表现，对丁可以从轻或者减轻处罚。

37. 甲为某国有企业出纳，为竞争公司财务部主任职位欲向公司副总经理乙行贿。甲通过涂改账目等手段从公司提走20万元，委托总经理办公室秘书丙将15万元交给乙，并要丙在转交该款时一定为自己提升一事向乙"美言几句"。乙收下该款。八天后，乙将收受钱款一事报告了公司总经理，并将15万元交到公司纪检部门。

一个月后，甲得知公司委任其他人担任财务部主任，恼羞成怒找到乙说："还我15万元，我去把公司钱款补上。你还必须付我10万元精神损害赔偿，否则我就将你告到检察院。"乙反复向甲说明钱已上交不能退还，但甲并不相信。数日后，甲携带一桶汽油闯入乙的办公室纵火，导致室内空

调等财物被烧毁。

请分析：

（1）甲构成哪些犯罪？其犯罪数额如何认定？为什么？

（2）乙是否构成犯罪？为什么？

（3）如何认定丙的行为性质？为什么？

【参考答案】（1）甲构成贪污罪、行贿罪、放火罪和敲诈勒索罪，实行数罪并罚。①甲作为国家工作人员，利用职务上的便利，通过涂改账目的方式侵吞公款20万元非法占为己有，构成贪污罪。贪污数额为20万元。②甲为谋取不正当利益，给予国家工作人员乙以财物的行为，构成行贿罪。行贿数额为15万元。③甲以要挟的方法，强行向乙索要10万元精神损害赔偿，属于以非法占有为目的，采用威胁或要挟的方法，强行索取公私财物，数额较大的行为，该行为构成敲诈勒索罪。④甲携带一桶汽油闯入乙的办公室纵火，导致室内空调等财物被烧毁，构成放火罪。

（2）乙不构成犯罪。乙虽然在客观上收下甲的财物，但主观上并没有为甲谋取利益的意思，而且八天后，乙将收受钱款一事报告了公司总经理，并将15万元交到公司纪检部门，故乙的行为不构成犯罪。

（3）丙构成行贿罪（共犯）。丙明知道甲向乙行贿还代其转托，实质上已经与甲形成了行贿的共同故意，所以丙成立行贿罪共犯。

38. 甲系某国有公司经理。生意人乙见甲掌管巨额资金，就以小恩小惠拉拢甲。后乙以做生意需要资金为由，劝诱甲出借公款，并与甲共同策划了挪用的方式，还送给甲好处费5万元。甲未经公司董事会决定就将100万元资金借给乙。乙得到巨款以后，告知银行职员丙该款的真实来源，丙为乙提供资金账户，乙随时提款用于贩卖毒品。在甲的催促下，一年后，乙归还30万元，后来就拒绝和甲见面。甲见追回剩余70万元无望，就携带乙归还的30万元潜逃。甲半年内将30万元挥霍一空，走投无路后向司法机关投案，交代了借公款给乙、接受乙贿赂和携款潜逃的事实，并提供线索协助司法机关将乙捉拿归案。乙归案后主动交代了行贿和司法机关尚未掌握的贩卖毒品的犯罪事实。

请分析：

（1）如何认定甲的行为性质？为什么？

（2）如何认定乙的行为性质？为什么？

（3）甲、乙有哪些量刑情节？为什么？

（4）丙构成何罪？为什么？

【参考答案】（1）甲构成挪用公款罪、受贿罪和贪污罪，实行数罪并罚。乙以做生意需要资金为由，劝诱甲出借公款，甲挪用公款给乙进行营利活动，甲构成挪用公款罪。甲收受乙给的“好处费”5万元，构成受贿罪。甲利用职务之便，携带30万元挪用的公款潜逃，构成贪污罪。

（2）乙构成挪用公款罪（共犯）、行贿罪和贩卖毒品罪，实行数罪并罚。乙劝诱甲挪用公款，甲、乙共谋将公款挪用，乙利用该挪用的公款进行了违法行为，乙构成挪用公款罪的共犯（教唆犯）。乙挪用公款进行贩毒，乙构成贩卖毒品罪，因为挪用公款进行非法活动构成其他犯罪的，依照数罪并罚的规定处罚，对乙应以挪用公款罪和贩卖毒品罪实行数罪并罚。乙给甲“好处费”5万元，属于行贿行为，构成行贿罪。

（3）甲在走投无路的情况下投案，交代了借公款给乙、接受乙贿赂和携款潜逃的事实，甲如实供述自己罪行的行为，成立一般自首，对甲可以从轻或者减轻处罚。甲提供线索协助司法机关将乙捉拿归案，该提供线索抓获乙的行为属于立功，对甲可以从轻或者减轻处罚。乙归案后主动交代司法机关尚未掌握的其贩卖毒品的罪行，成立特别自首，对乙可以从轻或者减轻处罚。

（4）丙构成洗钱罪。丙在得知挪用公款的事实后，仍为乙提供资金账户，挪用公款罪是洗钱罪的上游犯罪，丙为挪用的公款提供资金账户的行为构成洗钱罪。

39. 甲找到在某国有公司任出纳员的朋友乙，提出向该公司借款5万元用于购买假币，并许诺出售假币获利后给乙好处费。乙便擅自从自己管理的公司款项中借给甲5万元。甲拿到5万元后，让丙从外地购得假币若干，然后在本地出售。出售一部分后，甲便送给乙2万元好处费。甲后来在出售假币的过程中被公安人员抓获。甲如实交代了让丙购买假币和自己出售假币的行为，还主动交代了自己使用面值5 000元的假币购买家电产品的事实，但未能如实说明购买假币的5万元现金的来源。乙得知甲被抓后，担心受刑罚处罚，便携带10万元公款潜逃外地，后被司法机关抓获归案。

请分析甲、乙的行为性质并说明理由。

【参考答案】（1）甲、乙构成出售、购买假币罪的共犯。甲和乙存在购买并出售假币的共同故意；在行为的实行上，乙主要是提供帮助，由甲实行购买并出售假币的行为，因此甲和乙构成出售、购买假币罪的共犯。

（2）甲、乙构成挪用公款罪的共犯。甲唆使乙挪用公款，应与乙就挪用公款成立共犯。

（3）乙构成贪污罪。乙挪用10万元公款潜逃，对乙应以贪污罪定罪处罚。

（4）对乙应以挪用公款罪，贪污罪，出售、购买假币罪论处，实行数罪并罚。对甲应以出售、购买假币罪和挪用公款罪定罪处罚。

40. 被告人赵某与被害人钱某曾合伙做生意（双方没有债权债务关系）。2019年5月23日，赵某通过技术手段，将钱某银行存折上的9万元存款划转到自己的账户上（没有取出现金）。钱某向银行查询知道真相后，让赵某还给自己9万元。

同年6月26日，赵某将钱某约至某大桥西侧泵房后，二人发生争执。赵某顿生杀意，突然勒钱某的颈部、捂钱某的口鼻，致钱某昏迷。赵某以为钱某已死亡，便将钱某“尸体”缚重扔入河中。

6月28日凌晨，赵某将恐吓信置于钱某家门口，谎称钱某被绑架，让钱某之妻孙某（某国有企业出纳）拿20万元到某大桥赎人，如报警将杀死钱某。孙某不敢报警，但手中只有3万元，于是在上班之前从本单位保险柜拿出17万元，急忙将20万元送至某大桥处。赵某蒙面接收20万元后，声称2小时后孙某即可见到丈夫。

28日下午，钱某的尸体被人发现（经鉴定，钱某系溺水死亡）。赵某觉得罪行迟早会败露，于29日向公安机关投案，如实交代了上述全部犯罪事实，并将勒索的20万元交给公安人员（公安人员将20万元退还孙某，孙某于8月3日将17万元还给公司）。公安人员李某听了赵某的交代后随口说了一句“你罪行不轻啊”，赵某担心被判死刑，逃跑至外地。在被通缉的过程中，赵某身患重病无钱治疗，向当地公安机关投案，再次如实交代了自己的全部罪行。

请根据案情回答下列问题：

（1）赵某将钱某的9万元存款划转到自己账户的行为，是什么性质？为什么？

（2）赵某致钱某死亡的事实存在何种认识错误？为什么？应如何认定赵某致钱某死亡的犯罪形态？

（3）赵某向孙某索要20万元的行为是什么性质？为什么？

（4）赵某的行为是否成立自首？为什么？

（5）孙某从公司拿出17万元的行为是否成立犯罪？为什么？

【参考答案】（1）赵某将钱某的9万元存款划转到自己账户的行为，构成盗窃罪。赵某通过技术手段，将钱某银行存折上的9万元存款划转到自己的账户上，虽然没有取出现金，但已经使得该笔钱款脱离了钱某的占有，因此赵某构成盗窃罪。

（2）赵某致钱某死亡的事实存在因果关系认识错误。赵某以为钱某已死亡，便将钱某“尸体”缚重扔入河中，实际上钱某系溺水而亡，因此赵某属于因果关系认识错误。赵某致钱某死亡属于故意杀人既遂，应当承担故意杀人的罪责。

（3）赵某向孙某索要20万元的行为，构成敲诈勒索罪与诈骗罪的想象竞合，应择一重罪处罚。赵某编造绑架事实向被害人家属勒索财物，行为具有欺骗被害人家属使其陷入认识错误的性质，也有胁迫被害人家属使其产生恐惧心理的性质，被害人交付财物也同时基于两种心理，属于一行为触犯数个罪名，因此成立敲诈勒索罪和诈骗罪的想象竞合犯，应择一重罪处罚。

（4）赵某成立自首。根据相关司法解释的规定，犯罪嫌疑人自动投案后又逃跑的，不能认定为自首。但这是针对后来不再投案自首。在本案中，虽然可以否认赵某的前一次投案成立自首，但不能否认后一次自动投案与如实交代成立自首。

（5）孙某从公司拿出17万元的行为，不构成挪用公款罪。因为孙某为某国有企业出纳，其挪用的17万元款项属于公款，但孙某于6月28日从本单位保险柜拿出17万元，于8月3日将17万元还给公司，时间没有超过3个月，且不属于挪用公款进行非法或者营利活动的情形，因此孙某不构成挪用公款罪。

41．2018年4月，甲、乙二人入室行窃，正在客厅翻找钱物时，户主丁（女）外出回家。甲怕丁喊叫，立即捂住丁的嘴将其摁倒在地，乙从地上捡起一个酒瓶朝丁头上砸了一下，见酒瓶破碎后，又从厨房拿了一把菜刀，用刀朝丁的背部连砍两下，致使丁当场昏迷。在乙接着翻找钱物时，甲将丁拖到卧室，对丁实施了强奸。而后，二人携带物品及现金人民币1 050元仓皇逃走。被害人花去医疗费、护理费、营养费6 400元，经法医鉴定构成轻伤。甲曾在2008年5月因犯盗窃罪而被判处5年有期徒刑，2013年5月刑满释放。另外甲主动交代曾经在2008年3月诈骗他人数额特别巨大的财物的犯罪事实。

请根据案情回答下列问题：

（1）分析甲、乙的行为性质并说明理由。

（2）如何认定甲的诈骗行为的追诉时效？

（3）甲有哪些量刑情节？为什么？

【参考答案】（1）甲、乙二人入室行窃，甲、乙构成盗窃罪（入户盗窃）共犯。甲、乙在室内将丁打伤，甲、乙的行为由入户盗窃转化为入户抢劫；甲对丁实施奸淫，甲构成强奸罪；甲诈骗他人数额巨大，构成诈骗罪。对甲应以诈骗罪、盗窃罪和强奸罪实行数罪并罚；对乙应以抢劫罪定罪处罚。

（2）甲于2008年3月犯诈骗罪，数额特别巨大，法定最高刑为无期徒刑，追诉期限为20年。在诈骗罪的追诉期限内甲于2008年5月又犯盗窃罪被判处有期徒刑，诈骗罪的追诉时效应从犯盗窃罪之日即从2008年5月起计算，追诉期限为20年，截至2028年5月。

（3）甲因犯盗窃罪被判处5年有期徒刑，2013年5月刑满释放，甲在5年内再犯应判处有期徒刑以上刑罚之罪，甲构成累犯，对甲应当从重处罚。甲主动交代诈骗他人犯罪事实，构成自首，对此可以从轻或者减轻处罚。

42．甲在2021年10月15日见路边一辆面包车没有上锁，即将车开走，前往A市。行驶途中，行人乙拦车要求搭乘，甲同意。甲见乙提包内有巨额现金，遂起意图财。行驶到某偏僻处时，甲谎称发生故障，请乙下车帮助推车。乙将手提包放在面包车座位上，然后下车。甲乘机发动面包车欲逃。乙察觉出甲的意图后，紧抓住车门不放，被面包车拖行10余米。甲见乙仍不松手并跟着车跑，便加速疾驶，使乙摔倒在地，造成重伤。乙报警后，公安机关根据汽车号牌将甲查获。

讯问过程中，虽有乙的指认并查获赃物，但甲拒不交代。侦查人员丙、丁对此十分气愤，对甲进行殴打，造成甲轻伤。在这种情况下，甲供述了以上犯罪事实，同时还交代了其在B市所犯的以下罪行：2021年6月的一天，甲于某小学放学之际，在校门前拦截了一名一年级男生，将其骗走，随即带该男生到某个体商店，向商店老板购买价值1万余元的高档烟酒。在交款时，甲声称未带够钱，将男生留在商店，回去拿钱交款后再将男生带走。商店老板以为男生是甲的儿子便同意了。甲携带烟酒逃之夭夭。

本案移送检察机关审查起诉后，上述事实经查证属实。

请对上述案例中甲、丙、丁的各种行为及相关事实分别进行如下分析：

（1）甲开走面包车的行为构成盗窃罪还是侵占罪？请说明理由。

（2）如何认定甲对乙的行为性质？为什么？

（3）如何认定甲对男生和商店老板的行为性质？

（4）如何认定丙、丁对甲的行为性质？为什么？

（5）如何认定甲在讯问过程中交代在B市所犯罪行的行为？如何处罚？为什么？

【参考答案】（1）甲见路边一辆面包车没有上锁，即将车开走，前往A市的行为是以非法占有为目的，采用秘密窃取的方式窃取他人财物，构成盗窃罪。即使面包车没有上锁，但根据社会的一般观念，该车属于他人占有的财物，而非遗忘物，因此甲的行为不构成侵占罪。

（2）甲对乙的行为构成抢劫罪。甲开始打算实施抢夺，但在乙抓住车门不放时，甲加速行驶的行为已经属于暴力行为，因而应直接认定为抢劫罪，而且属于抢劫罪的结果加重犯。

（3）甲对男生的行为构成拐骗儿童罪。甲对商店老板的行为构成诈骗罪。

（4）丙、丁对甲的行为构成刑讯逼供罪。在讯问甲的过程中，因甲拒不交代，侦查人员丙、丁对此十分气愤，对甲进行殴打，造成甲轻伤。丙、丁作为司法工作人员，为了逼取口供而对犯罪嫌疑人甲使用肉刑致其轻伤，符合刑讯逼供罪的构成要件，构成刑讯逼供罪。

（5）甲在讯问过程中交代在B市所犯罪行的行为构成特别自首。甲被采取强制措施后如实交代司法机关尚未掌握的本人其他罪行，构成特别自首，对甲供述的拐骗儿童和诈骗的事实，可以从轻或者减轻处罚。

43. 某小区五楼刘某家的抽油烟机发生故障，王某与李某上门检测后，决定拆下搬回维修站修理，刘某同意。王某与李某搬运抽油烟机至四楼时，王某发现其中藏有一包金饰，遂暗自将之塞入衣兜。（事实一）

王某与李某将抽油烟机搬走后，刘某想起自己此前曾将金饰藏于其中，追赶前来，见王某神情可疑，便要其返还金饰。王某为洗清嫌疑，乘乱将金饰转交李某，李某心领神会，接过金饰藏于裤兜中。刘某确定王某身上没有金饰后，转身再找李某索要。李某突然一拳击倒刘某，致其倒地重伤。李某与王某随即逃走。（事实二）

后王某建议李某将金饰出售，得款二人平分，李某同意。李某明知金饰价值1万元，却向亲戚郭某谎称金饰为朋友委托其出售的限量版，价值5万元。郭某信以为真，花5万元买下金饰。拿到钱后，李某心生贪念，对王某称金饰仅卖得1万元，分给王某5 000元。（事实三）

请回答：

（1）根据事实一分析王某构成何罪？为什么？

（2）根据事实二分析李某构成何罪？为什么？

（3）根据事实三分析李某构成何罪？为什么？

（4）根据事实三分析王某的犯罪数额。

【参考答案】（1）王某构成盗窃罪。因为王某暗自将藏于抽油烟机中的金饰取走，使刘某脱离了对金饰的占有，其行为符合盗窃罪的特征，构成盗窃罪。

（2）李某构成掩饰、隐瞒犯罪所得罪和故意伤害罪。李某明知王某擅自取得金饰却仍然进行转移、窝藏，这有碍于对案件真相的发现，构成掩饰、隐瞒犯罪所得罪。李某将刘某打成重伤，构成故意伤害罪。

（3）李某构成诈骗罪。李某明知金饰价值 1 万元，却向郭某谎称价值 5 万元，致使郭某信以为真，交付了 5 万元，从而遭受了 4 万元的财产损失，这符合诈骗罪的犯罪构成，李某构成诈骗罪。

（4）王某的犯罪数额为 1 万元。

44. 某地政府为村民发放扶贫补贴，由各村村委会主任审核本村申请材料并分发补贴款。某村村委会主任王某、会计刘某以及村民陈某合谋伪造申请材料，企图每人套取 5 万元补贴款。王某任期届满，周某继任村委会主任后，政府才将补贴款拨到村委会。周某在分发补贴款时，发现了王某、刘某和陈某的企图，便只发给三人各 3 万元，将剩余 6 万元据为己有。三人心知肚明，但不敢声张。（事实一）

后周某又想私自非法获取土地征收款，欲找县国土局局长张某帮忙，遂送给县工商局局长李某 10 万元，托其找张某说情。李某与张某不熟，送 5 万元给县财政局局长胡某，让胡某找张某。胡某找到张某后，张某碍于情面，违心答应，但并未付诸行动。（事实二）

周某为感谢胡某，从村委会账户取款 20 万元购买玉器，并指使会计刘某将账做平。周某将玉器送给胡某时，被胡某拒绝。周某只好将玉器退还商家，将退款 20 万元返还至村委会账户，并让刘某再次平账。（事实三）

请回答下列问题并说明理由：

（1）根据事实一分析王某、刘某、陈某、周某的行为性质及犯罪数额。

（2）根据事实二分析周某、李某、胡某的行为性质。

（3）根据事实三分析周某、刘某的行为性质。

【参考答案】（1）王某、刘某、陈某、周某构成贪污罪，贪污数额都是 15 万元。村民委员会等村基层组织人员协助人民政府从事扶贫工作，属于“其他依照法律从事公务的人员”，即国家工作人员。此种情形下，王某利用职务上的便利，伪造申请材料，骗取政府的扶贫补贴，其行为符合贪污罪的犯罪构成，构成贪污罪。至于王某何时取得扶贫款，不影响贪污罪的成立。因此，即便王某在拿到补贴款时已经离任，但其在伪造材料进行补贴款申请时利用了职务上的便利，故其也构成贪污罪。刘某与王某构成贪污罪共犯，贪污数额为 15 万元。陈某虽为普通公民，但其参与王某的贪污犯罪，应当以贪污罪的共犯论处。后上任的村委会主任周某明知王某等人不符合获取扶贫补贴的条件，不应对其发放 15 万元补贴，但周某仍然利用管理发放补贴的职务便利，发放 15 万元补贴款，致使 15 万元公共财物遭受损失，其行为构成贪污罪，周某的贪污数额为 15 万元。

（2）周某构成行贿罪。周某为非法获取土地征收款，向国家工作人员行贿，构成行贿罪。李某构成行贿罪和受贿罪。李某为了完成周某的请托事项，送 5 万元给县财政局局长胡某，让胡某找张某，这符合行贿罪的犯罪构成，李某构成行贿罪；李某虽未利用本人职权为周某谋取非法利益，但收受了请托人周某的 10 万元，属于斡旋受贿，构成受贿罪。胡某构成受贿罪。胡某收受李某财物进行斡旋，属于斡旋受贿，构成受贿罪。

（3）周某的行为构成贪污罪。周某从村委会账户取款 20 万元时，指使会计刘某将账做平，这表明周某主观上具有非法占有的目的，其并不打算归还这 20 万元，故周某的行为构成贪污罪。刘某的行为构成贪污罪共犯，刘某帮周某将账做平，属于帮助周某贪污，与周某共同构成贪污罪。

45. 张三从监狱逃回某市，找到其老朋友郭四，告诉了自己的处境，并要求在郭四家暂住些日子。郭四于是把他留下。某日晚，张、郭二人潜入某商店，窃得香烟 100 条，电脑 1 台。他们正要离开时被值班员发现，拦住去路。张三冲过去将值班员脖子卡住，郭四用地下捡来的砖块猛击值班员头部，将值班员打倒在一边后二人夺路逃走。他们直接到朋友王五家中，存放窃来的香烟和电脑。第二天，张三、郭四、王五三人一道去县城的集市将香烟和电脑卖掉，得款 14 000 元，张三、郭四二人各分 6 000 元，给王五 2 000 元。

请结合上述案情分析张三、郭四、王五三人的行为性质，并说明理由。

【参考答案】（1）张三、郭四的行为构成抢劫罪的共犯。张三、郭四实施盗窃行为，为抗拒抓捕而对值班员实施暴力，其行为转化为抢劫罪。

（2）张三从监狱逃走的行为构成脱逃罪。

（3）郭四的行为同时构成窝藏罪。窝藏罪，是指明知是犯罪的人而为其提供隐藏处所、财物，帮助其逃匿的行为。

（4）王五的行为构成掩饰、隐瞒犯罪所得罪。王五存放张三、郭四盗窃来的香烟和电脑的行为成立掩饰、隐瞒犯罪所得罪。

46. 甲在强制戒毒所戒毒时，无法抗拒毒瘾，设法逃出戒毒所。甲径直到毒贩陈某家，以赊账方式买了少量毒品过瘾。后甲逃往乡下，告知朋友乙详情，请乙收留。乙让甲住下。（事实一）

甲对陈某的毒品动起了歪脑筋，探知陈某将毒品藏在厨房灶膛内。某夜，甲先用毒包子毒死陈某的两条看门狗（价值 6 000 元），然后翻进陈某院墙，从厨房灶膛拿走陈某 50 克纯冰毒。（事实二）

甲拿出 40 克冰毒，让乙将 40 克冰毒和 80 克其他物质混合，冒充 120 克纯冰毒卖出。（事实三）

根据上述材料，请回答下列问题：

（1）根据事实一，甲从戒毒所逃离和购买少量毒品吸食的行为是否构成脱逃罪和贩卖毒品罪？为什么？陈某构成何罪？

（2）根据事实二，分析甲的行为性质并说明理由。

（3）根据事实三，分析甲、乙的行为性质并说明理由。

【参考答案】（1）甲不构成脱逃罪。脱逃罪的行为主体是依法被关押的罪犯、被告人、犯罪嫌疑人。戒毒所不是刑事羁押场所，强制戒毒不是刑罚措施，被强制戒毒人员也不是罪犯、被告人、犯罪嫌疑人，故甲从戒毒所逃出不构成脱逃罪。甲也不构成贩卖毒品罪。仅为自己吸食购买毒品，达到非法持有毒品罪数量标准的，构成非法持有毒品罪，甲购买少量毒品自己吸食，由于数量未达到非法持有毒品罪的最低标准，不构成犯罪。陈某构成贩卖毒品罪。

（2）甲翻墙入院，进入被害人日常生活的场所，取走毒品（具有一定财产价值），系入户盗窃。甲入户盗窃，属于未经许可非法侵入他人住宅，同时触犯非法侵入住宅罪。甲为了更加顺利地进入陈某家盗窃毒品，先用毒包子毒死两条看门狗，是盗窃罪的预备行为。看门狗价值 6 000 元，甲毒死看门狗的行为同时触犯故意毁坏财物罪。故甲毒死陈某看门狗的行为构成盗窃罪（预备）与故意毁坏财物罪（既遂）的想象竞合犯，应从一重罪处断，即以盗窃罪论处。盗窃毒品等违禁品，以盗窃罪论处，不论价值数额大小，根据盗窃情节轻重量刑。

（3）甲盗窃毒品后，又让乙卖出毒品，该贩卖行为由于侵犯了新的客体，不属于事后处理所盗赃物的行为，应以盗窃罪和贩卖毒品罪数罪并罚。乙将 40 克冰毒掺杂并冒充 120 克纯冰毒卖出的行为，属于虚增交易标的物价值，导致被害人由此多付出对价，被害人遭受财产损失与乙的欺骗行为之间具有因果关系，构成诈骗罪。甲、乙既成立诈骗罪的共犯，又成立贩卖毒品罪的共犯，两罪之间是想象竞合关系。

47. 张某于2010年3月起受聘于某国有事业单位任出纳员。2016年下半年至2018年1月间，张某利用其管理、经手公款的便利，先后多次挪用公款总计人民币102万余元，借给陈某进行营利活动。张某因无法追回欠款，遂于2018年1月制造被抢劫假象后，向市某公安分局谎称，其在为本单位去银行解款途中遭两名歹徒暴力抢劫，被劫公款计103万元，企图达到不归还公款的目的。公安机关在接报侦查过程中，发现被告人张某有报假案和自己犯罪的嫌疑，经对其审讯后，张某交代了自己挪用公款的犯罪事实。案发后，赃款未能退缴。

请分析：

（1）张某构成贪污罪还是挪用公款罪？为什么？

（2）张某是否有自首情节？为什么？

【参考答案】（1）张某的行为构成贪污罪而非挪用公款罪。理由：张某受国有事业单位委托管理现金，利用职务之便，先后多次挪用公款102万余元，因无法归还公款，便以报假案的方法以达到不归还并占有公款的目的，其犯罪行为的性质从挪用转化为侵吞，已构成贪污罪。

（2）张某不存在自首情节。理由：公安机关在侦查中已经掌握张某报假案和自己作案的犯罪嫌疑，经讯问后被告人交代了自己的犯罪事实，其行为不应认定为有自首情节。

48. 甲、乙共谋出卖丙女，甲以帮丙女找工作为由将丙女骗出并扣押在出租屋内，在乙外出寻找买主的过程中，甲与丙女产生感情，之后，丙表示愿意和甲共同生活，甲将此事告诉乙并表示不再出卖丙，乙愤然离去。数月后，由于甲、丙没有生活来源，于是二人合谋，由甲假意将丙出卖给丁为妻，得款15 000元。在丙与丁结婚当夜，丙按照甲的计划先在丁的水杯中投放了安眠药，趁丁熟睡之际，翻出丁的钱财2万元与守候在外面的甲双双逃走。

根据上述案情回答下列问题，并说明理由：

（1）甲构成何罪？

（2）乙构成何罪？

（3）乙的犯罪形态是什么？

（4）丙构成何罪？

【参考答案】（1）甲构成拐卖妇女罪和诈骗罪。甲以出卖为目的将丙女拐骗并扣押在出租屋内，甲构成拐卖妇女罪；甲与妇女丙合谋，将丙“卖给”丁为妻，丙得款后溜之大吉，甲与丙构成诈骗罪共犯。对甲应以拐卖妇女罪和诈骗罪实行数罪并罚。

（2）乙构成拐卖妇女罪。乙以出卖为目的与甲共谋拐骗丙女，构成拐卖妇女罪。

（3）乙构成拐卖妇女罪的既遂。拐卖妇女罪以拐卖妇女行为成立作为既遂，乙已经将丙女拐骗并扣押，乙构成拐卖妇女罪既遂。

（4）丙构成诈骗罪和盗窃罪。丙与甲合谋，将丙“卖给”丁为妻，丙得款后溜之大吉，丙构成诈骗罪；丙在丁熟睡之际将2万元偷走，丙构成盗窃罪。对丙应以诈骗罪和盗窃罪实行数罪并罚。

49. 赵某，男，45周岁，2017年曾因犯交通肇事罪被判处有期徒刑3年，缓刑5年；卢某，男，42周岁。赵某系某建筑工程公司（私营公司）招聘的民工，在公司中负责看护施工现场存放的钢筋、水泥等建筑材料。卢某为无业人员，与赵某同乡。卢某见公司对施工现场的建筑材料使用情况审核松懈，管理不严，即产生窃取贩卖牟利的念头，并与赵某商量，赵某同意提供帮助。2021年2月至3月期间，卢某利用赵某单独看管建筑材料的便利条件，于深夜将公司施工现场存放的价值5万元的建筑材料盗出，然后以低价卖给他人，得款12 000元，卢某、赵某二人各分得6 000元。2021年3月21日，卢某正在盗运公司钢筋时，被公司的一名项目经理发现，及时报案而案发。

根据上述案情回答下列问题：

(1) 本案应当如何定罪？

(2) 对卢某量刑时，作为量刑基准的数额应当是多少？为什么？

(3) 本案应当如何对赵某量刑？

【参考答案】(1) 职务侵占罪是指公司、企业或者其他单位的人员，利用职务上的便利，将本单位财物非法占有，数额较大的行为。本案中，赵某与卢某合谋后，以非法占有为目的，利用赵某看管建筑材料职务上的便利，将公司财物占为己有，符合职务侵占罪的构成要件，是职务侵占罪的共同犯罪。在共同犯罪中，二人的作用相当，都是主犯。

(2) 在对卢某量刑时，作为量刑基准的数额应当是5万元。因为犯罪数额的认定应当是物品的价值而不应当是销赃的数额，同时，由于共同犯罪是一个整体，不能以分赃的数额作为量刑的基准数额。

(3) 根据《刑法》的规定，在缓刑考验期限内犯新罪的，应当撤销缓刑与后罪进行并罚。本案中，赵某在缓刑考验期限内又犯职务侵占罪，应当撤销缓刑，将交通肇事罪的3年有期徒刑和职务侵占罪所判处的刑罚进行并罚。

50. 陈某因没有收入来源，以虚假身份证明骗领了一张信用卡，使用该卡从商场购物10余次，金额达3万余元，从未还款。(事实一)

陈某为求职，要求制作假证的李某为其定制一份本科文凭。双方因价格发生争执，陈某恼羞成怒，长时间勒住李某脖子，致其窒息身亡。(事实二)

陈某将李某尸体拖入树林，准备逃跑时忽然想到李某身有财物，遂拿走李某手机、现金等物，价值1万余元。(事实三)

陈某在手机中查到李某丈夫赵某手机号，以李某被绑架为名，发短信要求赵某交20万元“安全费”。由于赵某及时报案，陈某未得逞。(事实四)

陈某逃至外地。几日后，走投无路向公安机关投案，如实交代了上述事实二与事实四。(事实五)

陈某在检察机关审查起诉阶段，将自己担任警察期间查办犯罪活动时掌握的刘某抢劫财物的犯罪线索告诉检察人员，经查证属实。(事实六)

请根据上述案情，回答下列问题：

(1) 对事实一应如何定罪？为什么？

(2) 对事实二应如何定罪？为什么？

(3) 对事实三应如何定罪？为什么？

(4) 对事实四应如何定罪？为什么？

(5) 事实五是否成立自首？为什么？

(6) 事实六是否构成立功？为什么？

【参考答案】(1) 对事实一应认定为信用卡诈骗罪。因为以虚假身份证明骗领信用卡触犯了妨害信用卡管理罪，使用以虚假的身份证明骗领的信用卡，数额较大，构成信用卡诈骗罪，二者具有手段行为与目的行为的牵连关系，从一重罪论处，应当认定为信用卡诈骗罪。

(2) 对事实二应认定为故意杀人罪。因为长时间勒住被害人的脖子，不仅表明其行为是杀人行为，而且表明行为人具有杀人故意。

(3) 对事实三应认定为盗窃罪。因为陈某在杀死被害人后，另起犯意将财物窃走，符合盗窃罪的构成要件，构成盗窃罪。

(4) 事实四成立敲诈勒索罪（未遂）与诈骗罪（未遂）的想象竞合犯。因为陈某的行为同时符合敲诈勒索罪和诈骗罪的构成要件，属于想象竞合。陈某对赵某实施威胁，意图索取财物未果，构成敲诈勒索罪（未遂）；陈某隐瞒李某死亡的事实，意图骗取财物未果，构成诈骗罪（未遂）。由于只有一个行为，故从一重罪论处。

（5）事实五对故意杀人罪与敲诈勒索罪或诈骗罪成立自首。因为走投无路而投案的，属于自动投案，不影响自首的成立。

（6）事实六不构成立功。因为根据《刑法》的规定，陈某提供的线索虽属实，但是其以前查办犯罪活动中掌握的，故不构成立功。

第二章
民法学

第一节 简答题

一、历年真题考查内容

民法学简答题难度适中，从命题规律看，考试中民法学考查两道简答题，每道题10分，共计20分，考查的内容涉及总则、物权、合同、婚姻家庭、继承和侵权责任。具体出题情况见下表：

出题年份	出题内容
2010年	1. 婚姻的效力。 2. 一般人格权的功能。
2011年	1. 非法人组织的概念及应具备的条件。 2. 地役权与相邻关系的区别。
2012年	1. 民事法律行为的含义和特征。 2. 用益物权和担保物权的区别。
2013年	1. 共同危险行为的构成要件。 2. 遗赠和遗赠扶养协议的区别。
2014年	1. 共同侵权行为的概念和构成要件。 2. 离婚与撤销婚姻的区别。
2015年	1. 产品责任的构成要件及其责任形式。 2. 滥用代理权的主要情形及其效力。
2016年	1. 商业秘密的构成要件。 2. 附条件民事法律行为的含义和所附条件的特点。
2017年	1. 商标权的内容。 2. 侵权责任的抗辩事由。
2018年	1. 效力待定民事法律行为的法律后果。 2. 表演者的权利与表演权的区别。
2019年	1. 地役权的特征。 2. 赠与人可以行使法定撤销权的事由。
2020年	1. 撤销监护人资格的法定事由。 2. 侵犯商标权的主要情形。
2021年	1. 宅基地使用权的特征。 2.《民法典》侵权责任编中连带责任的适用情形。
2022年	1. 物业服务合同中物业服务人的主要义务。 2. 肖像权合理使用的情形。

二、简答题专项训练

1. 简述民事法律关系的概念和特征。

【参考答案】民事法律关系是由民事法律规范所确立的民事权利和民事义务为主要内容的法律关系。

民事法律关系具有如下特征：

（1）民事法律关系是民法在调整平等主体之间的人身关系和财产关系的过程中所形成的特殊社会关系，民事法律关系的发生，大多取决于民事主体的意思。

（2）民事法律关系的保障措施具有补偿性。民事法律关系以弥补损失为主要目的，惩罚性的赔偿责任不是主要的民事责任形式。

2. 简述民事责任的概念和特征。

【参考答案】民事责任是指民事主体违反民事义务应当承担的民事法律后果。

民事责任具有如下特征：

（1）民事责任是民事主体一方对他方承担的责任。

（2）民事责任主要是为了补偿权利人所受损失和恢复民事权利的圆满状态。民事责任侧重于补偿，一般不具有惩罚性。

（3）民事责任既有过错责任又有无过错责任。有些民事责任的构成以民事主体有过错为要件，有些民事责任的构成不以民事主体有过错为要件。

（4）民事责任的内容可以由民事主体在法律允许的范围内协商。

3. 简述我国民法典规定的知识产权的客体类型。

【参考答案】知识产权是权利人依法就下列客体享有的专有的权利：①作品；②发明、实用新型、外观设计；③商标；④地理标志；⑤商业秘密；⑥集成电路布图设计；⑦植物新品种；⑧法律规定的其他客体。

★4. 简述我国民法典规定的承担民事责任的方式。

【参考答案】（1）承担民事责任的方式主要有：①停止侵害；②排除妨碍；③消除危险；④返还财产；⑤恢复原状；⑥修理、重作、更换；⑦继续履行；⑧赔偿损失；⑨支付违约金；⑩消除影响、恢复名誉；⑪赔礼道歉。

（2）法律规定惩罚性赔偿的，依照其规定。

（3）承担民事责任的方式，可以单独适用，也可以合并适用。

5. 简述共同责任的种类及责任的承担。

【参考答案】共同责任分为按份责任、连带责任和补充责任。

（1）二人以上依法承担按份责任，能够确定责任大小的，各自承担相应的责任；难以确定责任大小的，平均承担责任。

（2）二人以上依法承担连带责任的，权利人有权请求部分或者全部连带责任人承担责任。连带责任人的责任份额根据各自责任大小确定；难以确定责任大小的，平均承担责任。实际承担责任超过自己责任份额的连带责任人，有权向其他连带责任人追偿。连带责任，由法律规定或者当事人约定。

（3）补充责任是在责任人的财产不足以承担应负责任时，由有关的人对不足部分予以补充的责任。

6. 简述民事责任的免责事由的种类。

【参考答案】民事责任的免责事由包括不可抗力、正当防卫、紧急避险、受害人故意、被侵权人过错、第三人原因、自甘风险、自助行为等。

（1）不可抗力。不可抗力是指不能预见、不能避免且不能克服的客观情况。

（2）正当防卫。正当防卫是指为了使公共利益、本人或者他人的人身、财产或者其他合法权益免受正在进行的不法侵害，而对不法侵害人所采取的合理的防卫行为。

（3）紧急避险。紧急避险是指为了使公共利益、本人或者他人的人身、财产或者其他合法权益免受正在发生的危险，而不得已采取的损害另一较小合法利益从而保全更大利益的行为。

（4）受害人故意。受害人故意是指损害是因受害人故意造成的，行为人不承担侵权责任。

（5）被侵权人过错。被侵权人过错是指被侵权人对同一损害的发生或者扩大有过错的，可以减轻侵权人的责任。

（6）第三人原因。第三人的原因是指损害完全是由第三人的过错造成的，第三人应当承担侵权责任。

（7）自甘风险。自甘风险是指自愿参加具有一定风险的文体活动，因其他参加者的行为受到损害的，受害人不得请求其他参加者承担侵权责任，但是其他参加者对损害的发生有故意或者重大过失的除外。

（8）自助行为。自助行为是指权利人为保护自己的权利，在来不及请求公力救济的情况下，对义务人的财产予以扣押或者对其人身自由予以约束的行为。

7. 简述自然人的民事权利能力和民事行为能力的概念和特征。

【参考答案】（1）自然人的民事权利能力是民事法律赋予自然人享有民事权利、承担民事义务的资格。自然人的民事权利能力具有如下特征：①民事权利能力是一种资格，而不是实际的权利。民事权利能力是法律赋予民事主体享有民事权利和承担民事义务的一种可能性，还没有为民事主体带来实际的利益，但是它是民事主体获得民事权利的前提。②民事权利能力的内容既包括民事主体取得民事权利的资格，也包括民事主体承担民事义务的资格。③民事权利能力的内容和范围具有法定性。民事权利能力的内容和范围都是由法律加以规定的，与民事主体的个人意志无关。④民事权利能力具有与民事主体人身的不可分离性。民事权利能力是一种资格，这种资格是由法律赋予的，不能转让或者放弃，除非法律有特别规定，任何民事主体的民事权利能力不受限制和剥夺。

（2）自然人的民事行为能力是指法律确认的自然人通过自己的行为从事民事活动，参加民事法律关系，取得民事权利和承担民事义务的能力。自然人的民事行为能力的特征体现在以下三个方面：①民事行为能力的法定性。自然人是否具有民事行为能力是由国家法律确认的，与自然人自己的意志无关。国家法律规定了自然人具备民事行为能力应当满足的基本条件，这些条件不能通过私人的约定加以更改。②民事行为能力与自然人的年龄和精神状况直接联系。年龄决定了自然人从事民事行为的一般社会认知程度，精神状况则决定了自然人是否能够正确理解和理智地实施民事行为。这两个方面的具体要求都由法律直接加以规定。③民事行为能力非依法定条件和程序不受限制或被取消。除非法律有明确规定，任何组织或个人都不得非法限制或取消自然人的民事行为能力。

8. 简述监护人履行职责的原则与要求。

【参考答案】（1）监护人应当按照最有利于被监护人的原则履行监护职责。监护人除为维护被监护人利益外，不得处分被监护人的财产。

（2）未成年人的监护人履行监护职责，在作出与被监护人利益有关的决定时，应当根据被监护人的年龄和智力状况，尊重被监护人的真实意愿。

（3）成年人的监护人履行监护职责，应当最大程度地尊重被监护人的真实意愿，保障并协助被监护人实施与其智力、精神健康状况相适应的民事法律行为。对被监护人有能力独立处理的事务，监护人不得干涉。

9．简述宣告失踪的概念和适用条件。

【参考答案】宣告失踪是指经利害关系人申请，由法院依照法定条件和程序，宣告下落不明满法定期限的自然人为失踪人的民事法律制度。

宣告失踪须具备如下条件：

（1）须有自然人离开其住所下落不明满 2 年的事实。自然人下落不明的时间自其失去音讯之日起计算。下落不明的期间必须持续满 2 年，有关利害关系人才能到法院申请宣告其失踪。

（2）须由利害关系人向法院提出申请。利害关系人包括被申请人的近亲属，对被申请人有继承权的亲属，债权人、债务人、合伙人等与被申请人有民事权利义务关系的民事主体，但是不申请宣告失踪不影响其权利行使、义务履行的除外。

（3）须由人民法院依照法定程序宣告。具体的程序是：先由利害关系人到法院提出申请，人民法院受理以后，应当发出寻找下落不明人的公告。公告期为 3 个月，期间届满后，人民法院根据失踪事实是否得到确认，作出宣告失踪或者驳回申请的判决，并在法定情形下指定失踪人的财产代管人。

10．简述死亡宣告撤销的法律后果。

【参考答案】（1）被宣告死亡的人的婚姻关系，自死亡宣告之日起消除。死亡宣告被撤销的，婚姻关系自撤销死亡宣告之日起自行恢复。但是，其配偶再婚或者向婚姻登记机关书面声明不愿意恢复的除外。

（2）被宣告死亡的人在被宣告死亡期间，其子女被他人依法收养的，在死亡宣告被撤销后，不得以未经本人同意为由主张收养行为无效。

（3）被撤销死亡宣告的人有权请求依照民法典继承编取得其财产的民事主体返还财产；无法返还的，应当给予适当补偿。利害关系人隐瞒真实情况，致使他人被宣告死亡而取得其财产的，除应当返还财产外，还应当对由此造成的损失承担赔偿责任。

11．简述法人的概念和特征。

【参考答案】法人是指具有民事权利能力和民事行为能力，依法独立享有民事权利和承担民事义务的组织。

法人具有如下特征：

（1）法人是社会组织。

（2）法人是具有民事权利能力和民事行为能力的组织体。

（3）法人是独立享有民事权利和承担民事义务的组织。

12．简述社团法人和财团法人的区别。

【参考答案】社团法人和财团法人有如下区别：

（1）成立基础不同。社团法人的成立基础在于人，是人的集合体；财团法人的成立基础在于财产，是财产的集合体。

（2）设立人地位不同。社团法人的设立人，在法人成立时，可以成为法人的社员；财团法人的设立人，不能成为法人的成员。

（3）设立行为不同。社团法人的设立行为属于合同行为，而且为生前行为；财团法人的设立行为则为单方行为，并可以遗嘱方式实施。

(4) 有无意思机关不同。社团法人有自己的意思机关；财团法人没有自己的意思机关。

(5) 目的事业不同。社团法人的目的可以是公益的也可以是营利的；财团法人的目的只能是为公益事业，不以营利为目的。

(6) 解散原因及后果不同。社团法人的解散原因是多种的，并可以因成员的协议而解散；财团法人则只能因为期限届满或财产不足而解散。社团法人解散后，经清算仍有剩余的财产应分给其成员；财团法人解散后，有剩余财产的依章程处理，章程无规定的，应上缴国库。

另外，二者在设立、变更和国家管理上也有所不同。

13. 简述我国民法典规定的法人的类型。

【参考答案】(1) 营利法人。营利法人是指以取得利润并分配给股东等出资人为目的成立的法人，包括有限责任公司、股份有限公司和其他企业法人等。

(2) 非营利法人。非营利法人是指为公益目的或者其他非营利目的成立，不向出资人、设立人或者会员分配所取得利润的法人，包括事业单位、社会团体、基金会、社会服务机构等。

(3) 特别法人。特别法人是指不能简单归入营利法人和非营利法人的法人，包括机关法人、农村集体经济组织法人、城镇农村的合作经济组织法人、基层群众性自治组织法人等。

14. 简述我国民法典规定的非营利法人的类型。

【参考答案】(1) 事业单位法人。事业单位法人是指具备法人条件，为适应经济社会发展需要，提供公益服务而设立的事业单位。

(2) 社会团体法人。社会团体法人是指具备法人条件，基于会员共同意愿，为公益目的或者会员共同利益等非营利目的而设立的社会团体。

(3) 捐助法人。捐助法人是指具备法人条件，为公益目的以捐助财产设立的基金会、社会服务机构等，经依法登记成立，取得捐助法人资格。

15. 简述我国民法典规定的事业单位法人。

【参考答案】(1) 具备法人条件，为适应经济社会发展需要，提供公益服务设立的事业单位，经依法登记成立，取得事业单位法人资格；依法不需要办理法人登记的，从成立之日起，具有事业单位法人资格。

(2) 事业单位法人设理事会的，除法律另有规定外，理事会为其决策机构。事业单位法人的法定代表人依照法律、行政法规或者法人章程的规定产生。

16. 简述我国民法典规定的社会团体法人。

【参考答案】(1) 具备法人条件，基于会员共同意愿，为公益目的或者会员共同利益等非营利目的设立的社会团体，经依法登记成立，取得社会团体法人资格；依法不需要办理法人登记的，从成立之日起，具有社会团体法人资格。

(2) 设立社会团体法人应当依法制定法人章程。社会团体法人应当设会员大会或者会员代表大会等权力机构。社会团体法人应当设理事会等执行机构。理事长或者会长等负责人按照法人章程的规定担任法定代表人。

17. 简述普通合伙企业和有限合伙企业的概念和设立条件。

【参考答案】(1) 普通合伙企业是指由普通合伙人组成，合伙人对合伙企业债务原则上承担无限连带责任的合伙企业。普通合伙企业的设立条件有：①有两个以上合伙人。合伙人为自然人的，应当具有完全民事行为能力。②有书面合伙协议。③有合伙人认缴或者实际缴付的出资。合伙人可以用货币、实物、知识产权、土地使用权或者其他财产权利出资，也可以用劳务出资。④有合伙企业的名称和生产经营场所。⑤法律、行政法规规定的其他条件。普通合伙企业名称中应当标明“普通合伙”字样。

（2）有限合伙企业是指由普通合伙人和有限合伙人组成，普通合伙人对合伙企业债务承担无限连带责任，有限合伙人以其认缴的出资额为限对合伙企业债务承担责任的合伙企业。除了具备普通合伙企业的设立条件外，有限合伙企业的设立条件有：①除法律另有规定外，合伙人为2个以上50个以下，且至少应当有一个普通合伙人。②国有独资公司、国有企业、上市公司以及公益性的事业单位、社会团体不得成为普通合伙人。③有限合伙人可以用货币、实物、知识产权、土地使用权或者其他财产权利作价出资，但不得以劳务出资。④有限合伙企业名称中应当标明“有限合伙”字样。

★18. 简述意思表示的概念和特征。

【参考答案】意思表示是指向外部表明意欲发生一定私法上效果的意思的行为。

意思表示具有如下特征：

（1）意思表示的表意人具有旨在使法律关系发生变动的意图，该意图不违反法律强制性规定和公序良俗，因而发生当事人所预期的效力。

（2）意思表示是一个意思由内到外的表示过程。单纯的停留在内心的主观意思是没有法律意义的，该意思必须表示于外部，能够为人所知晓。

（3）意思表示依据是否符合生效要件，法律赋予其不同的效力。符合法定生效要件的意思表示可以发生当事人预期的法律效果，不符合法定生效要件的意思表示发生的法律效果可能与当事人的意思不尽一致。

19. 简述意思表示生效的具体情形。

【参考答案】（1）以对话方式作出的意思表示，相对人知道其内容时生效。以非对话方式作出的意思表示，到达相对人时生效。以非对话方式作出的采用数据电文形式的意思表示，相对人指定特定系统接收数据电文的，该数据电文进入该特定系统时生效；未指定特定系统的，相对人知道或者应当知道该数据电文进入其系统时生效。当事人对采用数据电文形式的意思表示的生效时间另有约定的，按照其约定。

（2）无相对人的意思表示，表示完成时生效。法律另有规定的，依照其规定。

（3）以公告方式作出的意思表示，公告发布时生效。

20. 简述可撤销的民事法律行为与无效的民事法律行为的区别。

【参考答案】（1）无效的条件不同。无效的民事法律行为是不附带任何条件的，不论当事人是否主张，也不论当事人之间是否有争议，该行为都是无效的，是绝对无效；可撤销的民事法律行为是相对无效，是有条件的无效，当事人提出申请并经人民法院或仲裁机构认可是该行为无效的前提条件。

（2）无效的时间不同。无效的民事法律行为从行为开始时起，就不发生法律效力，对当事人就没有约束力；可撤销的民事法律行为在被撤销之前，已经发生了法律效力，对当事人就有了约束力，只有在被撤销后，才丧失法律上的效力。当然，撤销行为具有追溯力，追溯到行为开始。

（3）主张无效的人不同。无效的民事法律行为，双方当事人或与该民事法律行为有利害关系的人都可以主张无效，人民法院或仲裁机构在受理的案件中发现属于无效范围的，也可以主动确认其无效；可撤销的民事法律行为，只有享有撤销权的当事人才可请求撤销，其他人不享有撤销权。

21. 简述代理的概念和特征。

【参考答案】代理是指代理人以被代理人或者自己的名义，在代理权限内与相对人实施法律行为，其法律后果直接或者间接由被代理人承受的民事法律制度。

代理具有如下特征：

（1）代理人在代理权限范围内实施代理行为。代理权因委托或法定而产生，代理人在进行代理行为时，有独立的意思表示。法律规定或当事人约定只能由本人实施的行为，不得代理。

（2）代理人以被代理人的名义或者代理人自己的名义进行代理行为。代理人以被代理人的名义进行的代理为直接代理。代理人以自己的名义进行的代理为间接代理。

（3）代理主要是实施法律行为。代理主要是为被代理人设立、变更、消灭一定民事法律关系。不具有法律意义的行为，不是代理。

（4）代理行为的后果直接或者间接由被代理人承担。代理的目的是为被代理人进行民事活动，代理人的行为效力当然归属于被代理人。

22. 简述常见的表见代理情形。

【参考答案】（1）因表见授权表示而产生的表见代理。被代理人以直接或间接的意思表示，表明授予他人代理权，但事实上并未授权。在此情形下，相对人有理由相信该无权代理人为有权代理人，而与之为民事行为。

（2）因代理授权不明而产生的表见代理。被代理人在代理授权时，未明确代理权限，或未将指明的代理权限有效告知相对人，致使相对人善意、无过失地相信代理人的越权代理为有权代理，而与之为民事行为。

（3）因代理关系终止后未采取必要的措施而产生的表见代理。被代理人在代理关系终止后，应将此事实以适当的方式，有效地通知相对人，如果因为被代理人的原因，使相对人不知代理关系终止，而与原代理人为民事行为，则构成表见代理。

23. 简述我国民法典关于诉讼时效期间的起算。

【参考答案】根据民法典的规定，诉讼时效期间的起算规则是：

（1）普通的诉讼时效期间从权利人知道或者应当知道其权利受到损害以及义务人之日起计算。

（2）最长的诉讼时效期间自权利受到损害之日起计算。

（3）无民事行为能力人或者限制民事行为能力人对其法定代理人的请求权的诉讼时效期间，自该法定代理终止之日起计算。

（4）未成年人遭受性侵害的损害赔偿请求权的诉讼时效期间，自受害人年满18周岁之日起计算。

24. 简述我国民法典关于不适用诉讼时效的请求权的情形。

【参考答案】下列请求权不适用诉讼时效的规定：

（1）请求停止侵害、排除妨碍、消除危险；

（2）不动产物权和登记的动产物权的权利人请求返还财产；

（3）请求支付抚养费、赡养费或者扶养费；

（4）依法不适用诉讼时效的其他请求权。

25. 简述诉讼时效中止和中断的法定事由。

【参考答案】（1）诉讼时效中止的法定事由有：①不可抗力；②无民事行为能力人或者限制民事行为能力人没有法定代理人，或者法定代理人死亡、丧失民事行为能力、丧失代理权；③继承开始后未确定继承人或者遗产管理人；④权利人被义务人或者其他人控制；⑤其他导致权利人不能行使请求权的障碍。

（2）诉讼时效中断的法定事由有：①权利人向义务人提出履行请求；②义务人同意履行义务；③权利人提起诉讼或者申请仲裁；④与提起诉讼或者申请仲裁具有同等效力的其他情形。

26. 简述诉讼时效和除斥期间的区别。

【参考答案】（1）法律后果不同。除斥期间届满的法律效力是实体权利（主要是形成权）消灭，而诉讼时效期间届满的法律后果是抗辩权发生，实体权利并不消灭。

（2）适用范围不同。除斥期间主要适用于形成权，诉讼时效适用于请求权。

（3）起算时间不同。除斥期间根据法律规定的时间或者权利发生的时间起算，诉讼时效一般从知道或者应当知道权利被侵害时起算。

（4）适用条件不同。除斥期间届满，法院可依职权主动适用有关规定而无须当事人提出主张。义务人自愿履行的，也可以请求人民法院追回。而对诉讼时效人民法院不得主动适用相关规定。

（5）期间可变性不同。除斥期间是一个不变期间，法律规定多长时间就固定为多长时间，不能变动；而诉讼时效则可因各种原因而中止、中断甚至延长。

★27. 简述物权法的基本原则。

【参考答案】（1）平等保护原则。所有民事主体在物权法律关系中法律地位平等，平等适用民法典物权制度所确立的规则，并受到物权法律规范的平等保护。

（2）物权客体特定原则。物权的客体为经济上和功能上完整的、独立的一物，物的组成部分不能成为物权的客体。一物之上只能成立一个所有权。

（3）物权法定原则。物权的类型、内容和变动方式由法律明确规定，而不允许当事人自行创设。

（4）公示、公信原则。公示是指以一定的方式使公众知悉物权变动的事实。"交付"是动产物权变动的公示方式，变更"登记"是不动产物权变动的公示方式。公信是指物权变动符合法定公示方式的就具有可信赖性的法律效力。依公信原则，物权变动经公示的，即发生法律效力，即使公示所表现的物权状态与真实的物权状态不相符合，也不影响物权变动的效力。

28. 简述基于法律行为的不动产登记的效力。

【参考答案】我国民法典采取的是登记生效和登记对抗相结合的做法，其中，登记生效主义是原则，登记对抗主义是例外。

（1）根据民法典的规定，不动产物权的设立、变更、转让和消灭，经依法登记，发生效力；未经登记，不发生效力，但是法律另有规定的除外。

（2）登记为不动产物权变动生效要件的情形主要有：因买卖、赠与等行为发生不动产所有权变动的，建设用地使用权的设立，居住权的设立，不动产抵押权的设立等。

（3）登记为对抗要件的情形主要有：土地承包经营权互换、转让的，未经登记，不得对抗善意第三人；地役权设立时，未经登记，不得对抗善意第三人。

29. 简述动产物权变动的交付方式。

【参考答案】（1）现实交付。现实交付即将出让物置于受让人的实际控制之下。

（2）简易交付。动产物权转让前，受让人已经占有该动产的，转让人与受让人达成的物权转让合同生效时即为交付。

（3）指示交付。出让人的出让动产被第三人占有的，出让人将返还请求权让与受让人，并告知占有人向受让人交付该动产，是为指示交付。

（4）占有改定。出让人在转让物权后，仍需要继续占有出让的动产的，由出让人与受让人订立合同，由出让人继续占有该动产，在约定期限届满时，出让人再按约定将该动产交还受让人占有，即为占有改定。

30. 简述不动产登记的主要类型。

【参考答案】（1）变动登记。这是指不动产物权登记机关就不动产物权的产生、变更、转让和消灭等事实进行的登记，包括首次登记、变更登记、转移登记、注销登记等。

（2）预告登记。这是指在当事人所期待的不动产物权变动所需要的条件缺乏或者尚未成就时，即权利取得人对未来取得物权享有请求权时，法律为保护这一债权请求权而进行的登记。

（3）更正登记。权利人、利害关系人认为不动产登记簿记载的事项错误的，可以申请更正登记。

（4）异议登记。这是指登记机构将利害关系人对不动产登记簿登记事项的异议记载于登记簿上的行为。

★31. 简述我国民法典规定的非基于法律行为的特权变动的主要情形。

【参考答案】（1）因人民法院、仲裁机构的法律文书或者人民法院的征收决定等，导致物权设立、变更、转让或者消灭的，自法律文书或者征收决定等生效时发生效力。

（2）因继承取得物权的，自继承开始时发生效力。

（3）因合法建造、拆除房屋等事实行为设立或者消灭物权的，自事实行为成就时发生效力。

32. 简述所有权的特征。

【参考答案】（1）所有权具有全面性。所有权是所有人在法定限制范围内对所有物加以全面支配的权利，是绝对权。所有权关系的义务主体是所有人以外的一切人，他们负有不作为的义务。

（2）所有权具有整体性（单一性）。所有权并非占有、使用、收益、处分等各种权能的简单相加，而是一个整体的权利，所有人对于标的物有统一的支配力。

（3）所有权具有弹力性（归一性）。所有权人在其所有的财产上为他人设定他物权后，虽然占有等权能与所有权人发生分离，但所有权并不消灭。当所有物上设定的其他权利消灭，所有权的负担除去以后，所有权恢复其圆满的状态。

（4）所有权具有排他性（独占性）。所有权是独占的支配权，非所有权人不得对所有权人的财产享有所有权。同一物上只能有一个所有权存在，而不能同时并存两个或两个以上的所有权。

（5）所有权具有恒久性（永久存续性）。所有权不因时效而消灭，也不得预定其存续期间。所有权不以期限为要件，除因标的物灭失、所有人抛弃等事由而消灭外，本质上可以永久存续。

33. 简述先占的概念和构成要件。

【参考答案】先占是以所有的意思占有无主动产而取得其所有权的法律事实。

先占应具备以下构成要件：

（1）须为无主物。无主物即不属于任何人的物，包括自始就是无主人的物，但法律规定的属于国有的野生动物、植物不适用先占。

（2）须为动产。不动产不适用先占；动产须为法律允许流通的动产。

（3）须以所有的意思占有无主物。遗失物并非无主物，故不得适用先占取得所有权。

★34. 简述建筑物区分所有权的概念和特征。

【参考答案】建筑物区分所有权是指根据使用功能，将一栋建筑物在结构上区分为各个所有权人独自使用的部分和由多个所有权人共同使用的共同部分时，每一个所有权人享有的对其专有部分的专有权、对共有部分的共有权以及各个所有权人之间基于建筑物的管理等共同事务而产生的管理权的结合。

建筑物区分所有权具有如下特征：

（1）复合性。建筑物区分所有权由专有部分所有权、共有权及管理权三要素构成，且建筑物区分所有权人的身份也具有多重性，既是专有权人，又是共同所有人，还是管理建筑物的管理权人，此有别于单一的不动产所有权。

（2）整体性。这是指建筑物区分所有权人的专有权、共有权及管理权，三者共为一体不可分离。

在转让、继承、抵押时应将三者一起转让、继承、抵押。

（3）专有权的主导性。在构成建筑物区分所有权的三要素中，专有权具有主导性，具体体现在：建筑物区分所有权人取得专有部分所有权即取得共有部分共有权及管理权；专有部分所有权的大小决定共有权及管理权的大小；建筑物区分所有权成立登记时，只登记专有部分所有权，而共有权及管理权并不单独登记。

（4）客体的多元性。建筑物区分所有权的客体包括专有部分与共有部分，而不是仅局限于其中一部分。

35. 简述建筑物区分所有权的内容。

【参考答案】建筑物区分所有权的内容包括专有权、共有权与管理权。

（1）专有权即专有部分所有权，系空间所有权，是建筑物区分所有权人对专有部分可自由占有、使用、收益及处分的权利。

（2）共有权即共有部分共有权，是建筑物区分所有权人依照法律或管理规约的规定，对区分所有建筑物之共有部分所享有的占有、使用及收益的权利。

（3）建筑物区分所有权人的管理权，是指建筑物区分所有权人（业主）基于一栋建筑物的构造、权利归属及使用上的密切关系而形成的、作为建筑物管理团体之成员所享有的共同管理的权利。

36. 简述建筑物区分所有权业主共同决定的事项。

【参考答案】下列事项由业主共同决定：

（1）制定和修改业主大会议事规则。

（2）制定和修改管理规约。

（3）选举业主委员会或者更换业主委员会成员。

（4）选聘和解聘物业服务企业或者其他管理人。

（5）使用建筑物及其附属设施的维修资金。

（6）筹集建筑物及其附属设施的维修资金。

（7）改建、重建建筑物及其附属设施。

（8）改变共有部分的用途或者利用共有部分从事经营活动。

（9）有关共有和共同管理权利的其他重大事项。

37. 简述相邻关系的概念和特征。

【参考答案】相邻关系是指相互毗邻的不动产的所有人或使用人因对不动产行使所有权或使用权而发生的权利义务关系。

相邻关系具有如下特征：

（1）相邻关系总是发生在两个以上权利主体之间。相邻关系的权利主体只能是不动产的所有人或使用人。

（2）相邻关系的内容是相邻人间的权利、义务。相邻一方有为了维护其合法权益行使方便的权利，他方负有提供这种便利的义务。相邻一方的权利受到法律的保护，但其不得滥用权利。

（3）相邻关系是在不动产毗邻或相近的特定条件下因对财产的使用而发生的。它不仅涉及不动产本身的相邻关系，还包括因使用或利用不动产而产生的不利影响或有害侵扰。

38. 简述共有的概念和特征。

【参考答案】共有是指两个以上的权利主体对同一项财产都享有所有权。

共有具有如下特征：

（1）共有关系的主体为两个以上。凡是形成财产共有关系的，其权利主体无论是自然人、法人还是非法人组织，也无论是发生在家庭内部还是社会经济生活之中，其财产共有人必定是两个以上，否则就不能称其为共有。

（2）共有关系的客体为同一项财产。各个共有人的权利、义务所指向的对象只能是同一项财产。所谓同一项财产，既可以是不动产，也可以是动产。只有在两个以上权利主体对同一项财产都享有所有权的条件下，才产生共有关系。

（3）共有关系的内容包括双重权利、义务关系。共有关系可分为按份共有和共同共有。无论哪种共有都发生对内、对外双重权利、义务。

（4）共有关系的形成往往基于民事主体共同的生产经营目的或者生活需要，共有既可以是同一种类型所有权的联合，也可以是不同类型所有权的联合。因此，共有并不是国家所有权、集体所有权、私人所有权之外的一种独立的财产所有权类型。

39. 简述用益物权的概念和特征。

【参考答案】用益物权是指权利人对他人所有的不动产或者动产依法享有的占有、使用和收益的权利。

用益物权具有下列特征：

（1）用益物权属于他物权、限制物权。用益物权以他人所有的物为客体，而且是所有人以外的其他人享有的一种物权，因而是他物权。用益物权人对物享有占有、使用、收益权能，但是对物不享有处分权，因而是限制物权。

（2）用益物权以占有为前提，以使用、收益为内容。权利人对物的占有和在一定范围内对其予以支配是享有用益物权的前提，用益物权人占有物的目的是使用、收益，从而获取对物的使用价值的支配权。

（3）用益物权的客体包括动产和不动产，主要是不动产。由用益物权的属性所决定，用益物权的客体多为不动产，而动产上设定用益物权的情形比较少，必要性也比较小。

40. 简述土地承包经营权的概念和特征。

【参考答案】土地承包经营权是指自然人或社会组织依据承包合同对于农民集体所有或者国家所有由农民集体使用的土地享有的占有、使用和收益的权利。

土地承包经营权具有如下特征：

（1）土地承包经营权是由土地所有权派生的一种以使用、收益为内容的物权，属于他物权中的用益物权范畴。

（2）土地承包经营权的主体是承包人，包括自然人和社会组织。

（3）土地承包经营权的客体是农民集体所有和国家所有由农民集体使用的耕地、林地、草地以及其他用于农业的土地。权利人必须将以上土地用于从事种植业、林业、畜牧业等农业生产。

（4）土地承包经营权是由发包人与承包人通过签订承包合同的方式设定的。

（5）土地承包经营权是一种有期限的物权。依据民法典规定，耕地的承包期为 30 年；草地的承包期为 30 年至 50 年；林地的承包期为 30 年至 70 年。

41. 简述建设用地使用权的概念和特征。

【参考答案】建设用地使用权是指自然人、社会组织对国家或者集体所有的土地依法享有的利用该土地建造及保有建筑物、构筑物及其附属设施的权利。

建设用地使用权具有如下特征：

（1）建设用地使用权属于用益物权。

（2）建设用地使用权的主体为符合法定条件的自然人和社会组织。

（3）建设用地使用权的内容为在土地上建造和保有建筑物、构筑物及其附属设施，以及对建设用地使用权的处分，如出资、转让、抵押等，但不包括对土地本身的处分。

（4）建设用地使用权的客体包括国有土地和集体所有的土地，其范围包括土地表面及其上下的一定空间。

（5）建设用地使用权具有排他性，在同一块土地上不允许有两个以上内容相同的建设用地使用权存在。

42. 简述出让和划拨的区别。

【参考答案】（1）性质不同。出让属于民事方式；划拨属于行政方式。

（2）是否支付对价不同。出让属于有偿方式，需要支付对价——土地出让金或者转让金；划拨属于无偿方式，不需要支付出让金。

（3）取得的权利的内容不同。通过出让方式取得的土地使用权可进入市场，属于民法上可交易的财产范畴，除法律另有规定外，可以转让、互换、出资、赠与或者抵押；而通过划拨方式取得的土地使用权只能由权利人自己使用，而不能作如上处分。

（4）取得的土地使用权存续期限不同。通过出让方式取得的土地使用权存在一定期限，期限届满后，未申请续展或者续展未获批准，使用权即告消灭；通过划拨方式取得的土地使用权是长期的或者无期限的。

（5）适用范围不同。划拨仅限于法律有明文规定的情形，如国家机关用地和军事用地，城市基础设施用地和公益事业用地，国家重点扶持的能源、交通、水利等基础设施用地以及法律、行政法规规定的其他用地等。除此之外的情形只能采取出让方式取得国有土地使用权。

43. 简述居住权和住宅租赁权的区别。

【参考答案】（1）权利性质不同。居住权属于用益物权，而住宅租赁权属于债权。

（2）设立方式不同。居住权可以通过合同和遗嘱形式设立，且以登记为居住权的成立要件，若不登记，居住权不产生。居住权原则上无偿设立，除非当事人另有约定。住宅租赁合同是有偿合同。

（3）主体不同。居住权的主体只能是自然人，住宅租赁权的主体可以是自然人、法人和非法人组织。

（4）权利内容不同。居住权具有专属性，不能转让、继承，居住权人死亡的，居住权就消灭。设立了居住权的住宅，也不得出租。住宅租赁权作为债权则不具有专属性，可以转让和继承，租赁权人死亡的，住宅租赁权并不因此就消灭。经出租人同意，承租人可以将住宅进行转租。

（5）存续期限不同。住宅租赁权属于租赁权一类，租赁期限不能超过 20 年，超过 20 年的，超过的部分无效。居住权人则可以设定居住权终生期限。

★44. 简述地役权的内容。

【参考答案】（1）地役权人享有的权利包括：①按照合同约定的利用目的和方法利用供役地；②在供役地内为必要的附属行为，如取水地役权可以在供役地通行；③在权利受到侵害时主张物权保护或者请求侵权人承担侵权责任，如排除妨害或者消除危险、赔偿损失等。

（2）地役权人承担的义务包括：①行使地役权时应尽量减少对供役地权利人物权的限制；②维护为行使地役权而在供役地修建的设施，并在不妨碍地役权行使的限度内允许供役地权利人使用这些设施。

★45. 简述担保物权的概念和特征。

【参考答案】担保物权是指以担保债务清偿为目的，而在债务人或者第三人的特定物或者权利上设立的定限物权。

担保物权具有如下特征：

（1）优先受偿性。优先受偿性是指担保物权人可以就担保物的价值优先于债务人的普通债权人受偿。优先受偿性是担保物权最主要的特征和效力。

（2）从属性。从属性是指担保物权是为担保债权受偿而设定的，从属于所担保的债权。

（3）不可分性。不可分性是指债权人在全部债权受清偿前，可就担保物的全部行使其权利。

（4）物上代位性。物上代位性是指，当担保物毁损、灭失而受有赔偿金或者保险金等时，担保物权人得就该担保物的代替物即损害赔偿金或者保险金等行使权利。

46. 简述抵押权的概念和特征。

【参考答案】抵押权是指债权人对于债务人或第三人提供的不转移占有而作为债务履行担保的财产，在债务人不履行到期债务或者发生当事人约定的实现抵押权的情形时，得就该财产的价值优先受偿的权利。

抵押权具有如下特征：

（1）抵押权是一种约定担保物权。

（2）抵押权的客体是债务人或第三人提供的特定财产，该财产可以是动产、不动产，也可以是某种财产权利。

（3）抵押权是不转移占有的担保物权，在抵押期间，抵押财产仍由抵押人占有。

（4）抵押权除具有担保物权的优先受偿性、从属性、不可分性、物上代位性等特征之外，还具有追及性。抵押期间，抵押财产转让的，抵押权不受影响，抵押权人可以继续行使抵押权。但是，以动产抵押的，不得对抗正常经营活动中已经支付合理价款并取得抵押财产的买受人。

47. 简述抵押权设立的条件。

【参考答案】（1）当事人应当采用书面形式订立抵押合同。通过合同方式设立抵押权是抵押权产生的前提，而且抵押合同应当采用书面形式。抵押权人在债务履行期限届满前，与抵押人约定债务人不履行到期债务时抵押财产归债权人所有的，只能依法就抵押财产优先受偿。

（2）设立抵押权的主体是抵押人和抵押权人。抵押权人即为债权人，抵押人就是在自己的财产上设定抵押权而为自己或他人的债务提供担保的人。

（3）设立抵押权的客体限于法律允许抵押的财产或权利。抵押权的客体包括不动产、动产或权利，但是不论何种形式的财产或权利，都必须是法律允许抵押的，法律规定不得抵押的财产或权利，不得成为抵押权的客体。

（4）对于设定抵押权的，应当依法公示。对于不动产抵押权和以某些不动产物权设立的抵押权采取登记生效主义，未经登记，不发生抵押权效力；对于动产抵押权和动产浮动抵押权采取登记对抗主义，未经登记，不得对抗善意第三人。

48. 简述质权的概念和特征。

【参考答案】质权是指债务人或者第三人将其动产或者财产权利交给债权人占有或者控制，以此作为履行债务的担保，在债务人不履行到期债务或者发生当事人约定的实现质权的情形时，债权人得以该动产或者财产权利的价值优先受偿的权利。

质权的特征表现在：首先，质权是一种约定的担保物权。其次，质权的客体是债务人或者第三人提供的动产或者权利。最后，质权是转移占有的担保物权，质押期间，质押财产转由质权人占有。

此外，质权具有担保物权的优先受偿性、从属性、不可分性、物上代位性。

49. 简述留置权的概念和特征。

【参考答案】留置权是指合法占有债务人动产的债权人，于债务人不履行到期债务时，得留置该动产并以其价值优先受偿的权利。

留置权具有如下特征：

(1) 留置权属于法定担保物权。

(2) 留置权的客体限于动产。

(3) 留置权不具有追及力，留置权人丧失对留置财产的占有即丧失留置权。

★50. 简述债权的概念和特征。

【参考答案】债权是指债权人享有的以请求债务人为一定给付为内容的权利。

债权具有如下特征：

(1) 债权为请求权。债权是债权人得请求债务人为特定行为的权利，在债务人作出给付前，债权人不能直接支配债务人应给付的标的物，也不能以支配债务人的人身来强制债务人作出给付，只能请求债务人履行债务来实现利益。

(2) 债权为相对权。债权人只能向债务人主张权利，请求债务人履行债务，除法律有明确规定外，即使因第三人的原因致使债权不能实现，债权人也只能以债之关系为基础向债务人主张权利。

(3) 债权具有任意性。在不违反强行法规定的情况下，当事人可以任意设定债的关系，法律并不加以限制；即使是法定之债，当事人也可以通过协商确定债的内容。

(4) 债权具有非排他性。债权人仅能够向债务人提出给付的请求，不能对债务人应交付的标的物或者债务人的行为予以直接支配，而且，以同一给付为标的而成立的数个内容相同的债权相互之间不发生权利上的冲突，尽管此种情形下可能只有一个债权最终得以实现，但其他债权仍然有效，债权人可以以债务不履行为由向债务人主张违约责任。

(5) 债权具有平等性。对于同一债务人先后成立的数个债权，效力一律平等。在该债务人陷入破产时，数个债权人根据债权数额的比例接受清偿。

51. 简述债务的概念、特征和种类。

【参考答案】(1) 债务是指债务人依照约定或法律规定向债权人作出给付的义务。

(2) 债务具有如下特征：①债务具有特定性。在任何债之关系中，债务人均是特定的，且债务的内容也是特定的。依法成立的债务非依法律规定或经当事人协商不得变更。②债务具有期限性。任何债务都有确定或可确定的期限。③债务的履行具有强制性。债务在本质上是债务人应承担的负担，当债务人不履行债务时，债权人有权追究债务人的民事责任以满足其利益。责任是债务人履行债务的一种担保，无责任的债务无法律约束力。

(3) 债务有给付义务与附随义务之分，其中给付义务又分为主给付义务与从给付义务。主给付义务是指债之关系中固有的、必备的可以决定债的类型的基本义务。从给付义务是指辅助主给付义务的功能实现的义务。附随义务是指给付义务之外的，以诚实信用原则为依据而产生的协助、保护、照顾、保密等义务。

52. 简述要约的概念和构成条件。

【参考答案】要约是当事人一方向对方发出的希望与对方订立合同的意思表示。

要约的构成条件有：

(1) 要约必须是特定人向相对人发出的意思表示。换言之，要约人必须是在客观上可以确定的人；而要约的相对人则既可以是特定的某个人，也可以是不特定的社会公众。

（2）要约必须以缔结合同为目的。非以缔结合同为目的的行为不属于要约。

（3）要约的内容应具体确定。要约一经相对人承诺即导致合同成立。因此，要约的内容必须具体确定，至少应包括拟订立合同的必备条款，以供相对人考虑是否承诺。

（4）要约必须表明经受要约人承诺，要约人即受该意思表示约束。

53. 简述承诺的概念和构成条件。

【参考答案】承诺是受要约人向要约人作出的同意要约的意思表示。

承诺的构成条件有：

（1）承诺必须是由受要约人本人或其代理人向要约人作出。

（2）承诺必须在要约确定的期限内到达要约人。要约没有确定承诺期限的，若要约是以对话方式作出的，除当事人另有约定外，受要约人应当即时作出承诺；若要约是以非对话方式作出的，承诺应当在合理期限内到达。

（3）承诺的内容应当与要约的内容一致。受要约人对要约的内容作出实质性变更的，为新要约。有关合同标的、数量、质量、价款或者报酬、履行期限、履行地点和方式、违约责任和解决争议方法等的变更，是对要约内容的实质性变更。

（4）承诺原则上应以通知方式作出，特殊情况下依交易习惯或者要约的规定也可以以行为方式作出。但除法律有特别规定或当事人事先有明确约定外，沉默不能视为承诺的形式。

54. 简述按份之债的含义及履行（效力）。

【参考答案】（1）按份之债是指债的多数主体各自按照确定的份额分享债权或者分担债务的债。其中，债权人按照确定的份额分享债权的，为按份债权；债务人按照确定的份额分担债务的，为按份债务。

（2）按份之债只发生外部效力，一般不发生内部效力。在按份之债中，各债权人的债权或各债务人的债务均是独立的，按份债权人在自己享有的债权份额得到清偿或按份债务人履行了自己承担的债务份额后，即退出债之关系。二人以上依法承担按份责任，能够确定责任大小的，各自承担相应的责任；难以确定责任大小的，平均承担责任。

55. 简述狭义的合同变更的概念、特征和效力。

【参考答案】狭义的合同变更是指在不改变合同主体的情况下对合同的内容予以改变。合同变更的特征有：变更以原合同有效为前提；变更的是合同的内容而非合同的主体；变更之后，合同仍然有效。合同变更的效力体现在：合同变更后，当事人应当按照变更后的合同履行，但合同变更对已按原合同所作的履行没有追溯力；同时，合同的变更也不影响当事人要求赔偿损失的权利。

56. 简述合同的权利义务终止的概念和效力。

【参考答案】合同的权利义务终止即合同之债的消灭，是指因一定的法律事实致使合同之债的关系在客观上不复存在。在合同关系中，债权人是为了取得一定的利益才设立债之关系，只有债消灭了，债权人才能实现其目的；债的消灭不仅使主债终止，亦使从债一并终止，但债的消灭不影响合同中结算和清理条款的效力。合同之债消灭后，当事人之间的权利义务关系终止，债权的担保及从属的权利随之消灭，债权人应将负债字据返还给债务人。同时，当事人应当遵循诚实信用等原则，根据交易习惯，履行通知、协助、保密、旧物回收等后合同义务。违反后合同义务造成对方损害的，应当承担损害赔偿责任。

57. 简述合同解除的效力。

【参考答案】有效合同经过双方协议解除或者一方行使解除权后，合同权利义务关系终止。

合同解除的效力具体表现为如下方面：

（1）合同解除后，尚未履行的，终止履行；已经履行的，根据履行情况和合同性质，当事人可以请求恢复原状或者采取其他补救措施，并有权请求赔偿损失。

（2）合同因违约解除的，解除权人可以请求违约方承担违约责任，但是当事人另有约定的除外。

（3）主合同解除后，担保人对债务人应当承担的民事责任仍应当承担担保责任，但是担保合同另有约定的除外。

58. 简述违约责任的概念和特征。

【参考答案】违约责任是指当事人不履行或不适当履行合同义务而应承担的民事责任。

违约责任具有如下特征：

（1）违约责任属于民事责任。

（2）违约责任具有相对性。违约责任的相对性是由合同的相对性决定的：一方面，违约责任是违反合同的一方当事人承担的责任，不是当事人的辅助人的责任；另一方面，合同当事人对于自己一方因第三人的原因造成的违约应承担责任，其和第三人之间的纠纷，依照法律规定或者按照约定处理。

（3）违约责任是当事人不履行合同债务而产生的责任。

（4）违约责任是一种财产性的民事责任。

（5）违约责任具有一定的任意性，可由当事人在法定范围内约定。这是由合同自由原则决定的。

59. 简述违约责任的归责原则和构成要件。

【参考答案】（1）违约责任原则上适用无过错责任原则（严格责任原则）。只要当事人不履行合同或者履行合同义务不符合约定，就应承担违约责任；即使是第三人的原因导致当事人违约，违约方也应当向对方承担违约责任。如果民法典对有名合同违约的归责原则有特别规定的，应当优先适用该规定。

（2）违约责任的构成要件有：①当事人之间存在有效合同。合同合法有效是当事人承担违约责任的前提条件。②客观上有违约行为。违约行为主要表现为两种情况：一是不履行，包括实际不履行和预期违约行为，其中，前者是指在合同履行期届满之时仍然没有履行；后者是指在合同履行期届满之前明确表示或者以行为表明将不履行合同。二是不适当履行，即当事人虽有履行合同义务的行为，但履行不符合合同的要求。③不存在免责事由。免责事由既可以由法律规定，也可以由当事人约定。只要不存在免责事由，都应当承担违约责任。

60. 简述违约责任的承担方式。

【参考答案】违约责任的承担方式主要有：

（1）继续履行。继续履行是指在合同债务人不履行合同义务或者履行合同义务不符合约定条件时，债权人要求违约方继续按照合同的约定履行义务。

（2）采取补救措施。补救措施是指继续履行、赔偿损失、支付违约金等之外的其他补救方法。如恢复原状、修理、重作、更换、退货、减少价款或者报酬。

（3）支付违约金。违约金是指依据法律规定或者当事人的约定，一方不履行或者不适当履行合同时应当根据违约情况向对方支付的一定数额的金钱。

（4）适用定金罚则。定金是指为担保合同的履行，由当事人一方在合同订立时或者订立后至履行前给付给对方的一定数额的金钱或替代物。

（5）赔偿损失。赔偿损失是指违约方以支付金钱的方式弥补受害方因违约方的违约行为而遭受损失的责任形式。

★61. 简述一般保证人的先诉抗辩权和不得行使先诉抗辩权的法定情形。

【参考答案】一般保证的保证人在主合同纠纷未经审判或者仲裁，并就债务人财产依法强制执行仍不能履行债务前，有权拒绝向债权人承担保证责任，但是有下列情形之一的除外：

（1）债务人下落不明，且无财产可供执行；

（2）人民法院已经受理债务人破产案件；

（3）债权人有证据证明债务人的财产不足以履行全部债务或者丧失履行债务能力；

（4）保证人书面表示放弃先诉抗辩权。

62. 简述租赁权物权化。

【参考答案】（1）租赁权物权化是指为了强化承租人的地位，保护承租人的利益，法律赋予作为债权的租赁权一定的物权效力以对抗第三人的现象。租赁权物权化是对传统合同之债的相对性原理的突破。

（2）买卖不破租赁是租赁权物权化的典型表现，即租赁物在承租人按照租赁合同占有期限内发生所有权变动的，不影响租赁合同的效力。

（3）抵押权设立前，抵押财产已经出租并转移占有的，原租赁关系不受该抵押权的影响。

63. 简述物业服务合同的概念和特征。

【参考答案】物业服务合同，是指物业服务人在物业服务区域内，为业主提供建筑物及其附属设施的维修养护、环境卫生和相关秩序的管理维护等物业服务，业主支付物业费的合同。

物业服务合同具有如下特征：

（1）物业服务合同的主体地位平等，相互之间没有隶属关系。

（2）作为合同一方当事人的物业服务人包括物业服务企业和其他管理人。

（3）物业服务合同是以劳务为标的的合同。

（4）物业服务合同是双务合同、有偿合同、诺成合同、要式合同。

64. 简述物业服务合同中业主的告知义务。

【参考答案】（1）业主装饰装修房屋的，应当事先告知物业服务人，遵守物业服务人提示的合理注意事项，并配合其进行必要的现场检查。业主转让、出租物业专有部分、设立居住权或者依法改变共有部分用途的，应当及时将相关情况告知物业服务人。

（2）业主依照法定程序共同决定解聘物业服务人的，可以解除物业服务合同。决定解聘的，应当提前60日书面通知物业服务人，但是合同对通知期限另有约定的除外。依据上述规定解除合同造成物业服务人损失的，除不可归责于业主的事由外，业主应当赔偿损失。

65. 简述表演者对其表演享有的权利的内容。

【参考答案】表演者对其表演享有下列权利：

（1）表明表演者身份。

（2）保护表演形象不受歪曲。

（3）许可他人从现场直播和公开传送其现场表演，并获得报酬。

（4）许可他人录音录像，并获得报酬。

（5）许可他人复制、发行、出租录有其表演的录音录像制品，并获得报酬。

（6）许可他人通过信息网络向公众传播其表演，并获得报酬。

★66. 简述商业秘密的概念、构成要件和侵害商业秘密的主要情形。

【参考答案】（1）商业秘密是指不为公众所知悉、具有商业价值并经权利人采取相应保密措施的技术信息、经营信息等商业信息。

（2）商业秘密的构成要件包括：①非公知性，即不为公众所知悉。有关信息不为其所属领域的相关人员普遍知悉和容易获得，应当认定为“不为公众所知悉”。②具有商业价值。这要求作为商业秘密的有关信息应当具有现实的或者潜在的商业价值，能为权利人带来竞争优势。③保密性。这要求权利人为防止信息泄露应当采取与其商业价值等具体情况相适应的合理保护措施。

（3）经营者不得实施下列侵犯商业秘密的行为：①以盗窃、贿赂、欺诈、胁迫、电子侵入或者其他不正当手段获取权利人的商业秘密。②披露、使用或者允许他人使用以前项手段获取的权利人的商业秘密。③违反保密义务或者违反权利人有关保守商业秘密的要求，披露、使用或者允许他人使用其所掌握的商业秘密。④教唆、引诱、帮助他人违反保密义务或者违反权利人有关保守商业秘密的要求，获取、披露、使用或者允许他人使用权利人的商业秘密。经营者以外的其他自然人、法人和非法人组织实施上述违法行为的，视为侵犯商业秘密。第三人明知或者应知商业秘密权利人的员工、前员工或者其他单位、个人实施上述违法行为，仍获取、披露、使用或者允许他人使用该商业秘密的，视为侵犯商业秘密。

★67. 简述发明和实用新型的区别。

【参考答案】（1）发明所包含的范围大于实用新型。发明是指对产品、方法或者其改进所提出的新的技术方案；实用新型是指对产品的形状、构造或者其结合所提出的适于实用的新的技术方案。实用新型的范围小于发明，不包括物品的制造方法。

（2）发明的创造性强于实用新型。发明应当具有突出的特点和显著的进步；而实用新型只强调实质性特点和进步。

（3）实用新型的审批程序比发明简便。发明须经实质审查；而实用新型的审批程序比发明简便，无须经过实质审查。

（4）发明与实用新型的保护期限不同。发明专利的保护期限为20年；而实用新型专利的保护期限为10年。二者都是自申请日起计算保护期。

68. 简述专利权的内容。

【参考答案】（1）自己实施专利的权利。

（2）许可他人实施专利的权利。

（3）转让权。专利权人有权转让专利权和专利申请权。

（4）报酬权或受奖权。职务发明创造的发明人或设计人有权得到报酬或奖励。

（5）署名权和标记权。发明人或者设计人有权在专利文件中写明自己是发明人或者设计人，专利权人有权在其专利产品或包装上标明专利标识。

69. 简述一般人格权的概念和特征。

【参考答案】一般人格权，是指民事主体基于人身自由以及人格尊严等根本人格利益而享有的人格权。

一般人格权具有以下特征：

（1）主体的普遍性。自然人、法人及非法人组织均平等地享有一般人格权。

（2）权利客体的高度概括性。一般人格权的客体是高度概括的民事主体一般人格利益，是具体人格权之外的、尚未或无法具体化的人格利益，它涵盖了具体人格利益之外民事主体应当享有的所有其他人格利益。

（3）所保护利益的根本性。人格平等、独立、自由和尊严都是民事主体之所以成为民事主体最根本的条件。

（4）权利内容的不确定性。一般人格权的内容无法事先确定，也不应当事先确定。

70．简述我国《民法典》关于人体捐献的规定。

【参考答案】（1）完全民事行为能力人有权依法自主决定无偿捐献其人体细胞、人体组织、人体器官、遗体。任何组织或者个人不得强迫、欺骗、利诱其捐献。

（2）完全民事行为能力人依据上述规定同意捐献的，应当采用书面形式，也可以订立遗嘱。

（3）自然人生前未表示不同意捐献的，该自然人死亡后，其配偶、成年子女、父母可以共同决定捐献，决定捐献应当采用书面形式。

★71．简述名誉侵权的表现及因公共利益影响他人名誉仍应承担民事责任的情形。

【参考答案】（1）名誉侵权表现为行为人以侮辱、诽谤等方式侵害他人的名誉权。

（2）行为人为公共利益实施新闻报道、舆论监督等行为，影响他人名誉的，不承担民事责任，但是有下列情形之一的除外：①捏造、歪曲事实；②对他人提供的严重失实内容未尽到合理核实义务；③使用侮辱性言辞等贬损他人名誉。

72．简述荣誉和名誉的区别。

【参考答案】（1）来源不同。荣誉是由特定组织授予的，来源具有特定性；名誉是民事主体获得的生活评价，其来源是不特定的社会公众。

（2）内容不同。荣誉是对民事主体的正面的、积极的、褒扬性的评价；名誉是对民事主体的客观评价，该评价可能是正面的积极的，也可能是负面的消极的，故名誉有好坏之分，而荣誉则无此区分。同时，荣誉是由一定组织依一定条件和程序给予的，是一种正式评价，表现为一定的形式，如荣誉称号；名誉则是一种带有随意性的评价，没有固定的形式。

（3）涉及的范围不同。荣誉仅仅是对民事主体的某个特定方面的评价，名誉则是对某一主体的综合性评价，涉及主体的各个方面。

（4）荣誉可以依照一定的程序剥夺或者撤销，而名誉只可能发生改变，不可能被剥夺或者撤销。

73．简述结婚的要件。

【参考答案】结婚的要件包括结婚的实质要件和结婚的形式要件。

（1）结婚的实质要件包括结婚的必备要件和结婚的禁止要件。结婚的必备要件（积极要件）有：①男女双方完全自愿。②达到法定婚龄。男子不得早于22周岁，女子不得早于20周岁。③男女双方均无配偶。结婚的禁止要件（消极要件）即直系血亲或者三代以内的旁系血亲禁止结婚。

（2）结婚的形式要件，是指法律规定的结婚必须履行的法定程序，即结婚必须履行登记手续，要求结婚的男女双方应当亲自到婚姻登记机关申请结婚登记。

74．简述夫妻人身关系的主要内容。

【参考答案】夫妻人身关系的具体内容包括：

（1）夫妻的姓名权。夫妻双方都有各自使用自己姓名的权利。

（2）夫妻的人身自由权。夫妻双方都有参加生产、工作、学习和社会活动的自由，一方不得对另一方加以限制或者干涉。

（3）夫妻对抚育未成年子女有平等的权利和义务。夫妻双方平等享有对未成年子女抚养、教育和保护的权利，共同承担对未成年子女抚养、教育和保护的义务。

（4）夫妻相互忠实义务。夫妻应当互相忠实，互相尊重。

75．简述婚姻关系存续期间夫妻一方可以请求分割共同财产的情形。

【参考答案】婚姻关系存续期间，有下列情形之一的，夫妻一方可以向人民法院请求分割共同财产：

（1）一方有隐藏、转移、变卖、毁损、挥霍夫妻共同财产或者伪造夫妻共同债务等严重损害夫妻共同财产利益的行为；

（2）一方负有法定扶养义务的人患重大疾病需要医治，另一方不同意支付相关医疗费用。

76. 简述离婚的概念与特征。

【参考答案】离婚是婚姻关系当事人在生存期间依法解除婚姻关系的法律行为。

离婚具有如下法律特征：

（1）离婚主体只能是夫妻双方本人。离婚涉及当事人身份关系的消灭，必须体现当事人的意愿。因此，离婚的请求只能由本人提出，他人不得代理。

（2）离婚必须以有效婚姻关系的存在为前提。当事人离婚的目的是为了消灭婚姻的效力，如果婚姻无效或已被撤销，那就没有必要离婚。

（3）离婚必须在夫妻双方生存期间进行。如果夫妻一方已经死亡（包括宣告死亡），其婚姻关系已经终止，不存在离婚的必要。

（4）离婚必须符合法定的条件，履行法定的程序。法律设置严格的离婚条件和离婚程序，是因为离婚不仅事关当事人的切身利益，也影响家庭的安宁和社会的稳定，所以必须要防范当事人恣意离婚。因程序具有法定性，离婚也由此成了要式法律行为。

（5）离婚会产生一系列法律后果。婚姻关系的终止，会在当事人之间引发身份关系的消灭、共同财产的分割以及未成年子女的抚养等一系列法律后果。

77. 简述登记离婚的条件。

【参考答案】登记离婚必须符合下列条件：

（1）双方当事人必须是办理结婚登记的合法夫妻。事实婚姻、同居关系，即使当事人协议离婚，也不能以登记离婚的方式解除。

（2）双方当事人须为完全民事行为能力人。这是当事人作出真实有效的离婚意思表示的保证。

（3）双方当事人必须有离婚的合意。夫妻双方自愿离婚的，应当签订书面离婚协议，载明双方自愿离婚的意思表示。

（4）双方当事人对子女抚养、财产以及债务处理等事项达成协议。登记离婚同样会产生一系列法律后果，这些善后事项双方当事人只有全部达成一致意见，才能适用登记离婚。

78. 简述判决离婚的法定理由。

【参考答案】（1）感情确已破裂是我国判决离婚的法定理由。

（2）夫妻感情确已破裂的情形包括：①重婚或者与他人同居；②实施家庭暴力或者虐待、遗弃家庭成员；③有赌博、吸毒等恶习屡教不改；④因感情不和分居满 2 年；⑤其他导致夫妻感情破裂的情形。

（3）一方被宣告失踪，另一方提起离婚诉讼的，应当准予离婚。

（4）经人民法院判决不准离婚后，双方又分居满 1 年，一方再次提起离婚诉讼的，应当准予离婚。

79. 简述离婚损害赔偿的适用条件。

【参考答案】（1）须当事人双方具有法律认可的夫妻身份。不具有法律认可的夫妻身份的，不得提起离婚损害赔偿请求。

（2）须一方有法定过错。法定过错包括：①重婚；②与他人同居；③实施家庭暴力；④虐待、遗弃家庭成员；⑤其他重大过错。

（3）须因一方的法定过错而离婚。只有在因一方的法定过错导致离婚的情况下，离婚损害赔偿请求权才能产生。

（4）须无过错方因离婚而受到损害。损害包括物质损害和精神损害，没有损害的不得提起离婚损害赔偿请求。

（5）须请求权人无法定过错。请求权人有法定过错的，不得提起离婚损害赔偿请求。

80. 简述收养的概念和特征。

【参考答案】收养是指自然人依照法定的条件和程序，领养他人子女为自己的子女，发生父母子女间权利义务关系的民事法律行为。

收养具有如下法律特征：

（1）收养是双方法律行为。成立收养关系须收养人和送养人双方达成协议。

（2）收养是身份法律行为。收养引发当事人身份关系的变更。收养关系成立后，被收养人与收养人及其近亲属形成拟制血亲，产生法律上的权利义务关系。同时，被收养人与其生父母及其近亲属的身份关系解除。

（3）收养是要式法律行为。收养关系的成立必须办理收养登记。

81. 简述收养的效力。

【参考答案】（1）收养的拟制效力。自收养关系成立之日起，收养人与被收养人之间形成拟制的父母子女关系，养父母与养子女间的权利义务关系，适用《民法典》关于父母子女关系的规定；被收养人与收养人的近亲属之间也形成相应的拟制血亲关系，养子女与养父母的近亲属间的权利义务关系，适用《民法典》关于近亲属关系的规定。

（2）收养关系的解消效力。收养关系一经成立，养子女与生父母以及其他近亲属间的权利义务关系，因收养关系的成立而消除。

82. 简述收养关系解除的法律后果。

【参考答案】（1）身份上的效力：①拟制血亲关系消除。收养关系解除后，养子女与养父母以及其他近亲属间的权利义务关系即行消除。②自然血亲关系恢复。收养关系解除后，未成年的养子女与生父母以及其他近亲属间的权利义务关系自行恢复。但是，成年养子女与生父母以及其他近亲属间的权利义务关系是否恢复，可以协商确定。

（2）财产上的效力：①成年养子女给付生活费的义务。收养关系解除后，经养父母抚养的成年养子女，对缺乏劳动能力又缺乏生活来源的养父母，应当给付生活费。②养父母的补偿请求权。因养子女成年后虐待、遗弃养父母而解除收养关系的，养父母可以要求养子女补偿收养期间支出的抚养费。生父母要求解除收养关系的，养父母可以要求生父母适当补偿收养期间支出的抚养费；但是，因养父母虐待、遗弃养子女而解除收养关系的除外。

83. 简述继承的概念和特征。

【参考答案】继承是指将自然人死亡时遗留的个人合法财产依法转移给他人所有的法律制度。

继承具有如下特征：

（1）继承因自然人死亡而发生。没有自然人死亡的法律事实，就不会发生继承。

（2）继承主体是死者一定范围内的近亲属。自然人死亡后，能够继承其遗产的人只能是自然人，并且能够作为继承人的自然人只能是法律规定的死者的近亲属。

（3）继承的客体是死者遗留的个人合法财产。他人的财产、国家或集体的财产都不能作为继承的客体。

（4）继承产生财产权利变动的后果。自然人死亡后，其财产权的主体必定会发生变更，由死者的继承人成为财产权的主体。因此，继承必定会发生财产权利的变动。

84. 简述继承权的概念、特征和继承权、受遗赠权丧失的法定情形。

【参考答案】（1）继承权是指自然人根据法律的规定或者有效遗嘱的指定取得被继承人遗产的权利。

（2）继承权具有以下特征：①继承权是自然人享有的权利。继承权的主体只能是自然人，不能是法人、其他组织和国家。②继承权的产生是基于法律的规定或有效遗嘱的指定。基于法律规定产生的继承权是法定继承权，通过有效遗嘱指定产生的继承权是遗嘱继承权。③继承权的客体是遗产。继承权是继承人继承被继承人遗产的权利，因而继承权的客体只能是遗产，不能是被继承人的身份或者其他人身利益。④继承权是于被继承人死亡时才实际享有的权利。法律规定自然人享有的继承权，是对自然人继承资格的规定。只有被继承人死亡时，继承人才实际享有继承遗产的权利，此时继承人才可以根据自己的意愿，表示接受或者放弃。⑤继承权不得转让。继承权是因一定的身份关系而发生，因此具有专属性，不得转让给他人。

（3）继承人有下列行为之一的，丧失继承权：①故意杀害被继承人。②为争夺遗产而杀害其他继承人。③遗弃被继承人，或者虐待被继承人情节严重。④伪造、篡改、隐匿或者销毁遗嘱，情节严重。⑤以欺诈、胁迫手段迫使或者妨碍被继承人设立、变更或者撤回遗嘱，情节严重。受遗赠人故意杀害被继承人的，丧失受遗赠权。

85. 简述遗产的概念和特征。

【参考答案】遗产是自然人死亡时遗留的个人合法财产。

遗产具有如下特征：

（1）时间上的特定性。自然人死亡前，其财产不能作为遗产。所以自然人死亡的时间是划定遗产的时间界限。遗产只能根据自然人死亡时其财产状况来确定。

（2）内容上的财产性。遗产是自然人死亡时遗留的个人合法财产，具有财产性质。具有非财产属性的权益不能作为遗产，如人身权，当自然人死亡时，随主体的死亡而消灭。

（3）范围上的限定性。遗产只能是死亡自然人的个人财产，如死亡自然人与他人共有的财产，不是死者的部分就不属于遗产。

（4）性质上的合法性。遗产只能是死亡自然人的合法财产，如果是死者生前非法侵占的他人财产或非法所得，则不得作为遗产。

（5）法律上的可转让性。遗产为依照法律规定能够转让给他人所有的财产。

86. 简述法定继承的概念、特征和适用情形。

【参考答案】（1）法定继承是指直接根据法律规定的继承人范围、继承顺序以及遗产分配原则，由法定继承人继承被继承人遗产的法律制度。

（2）法定继承具有以下特征：①法定继承基于一定的身份关系产生。在法定继承中，法律规定法定继承人的依据一般是基于继承人与被继承人之间存在亲属关系。亲属关系是一种身份关系，故法定继承具有以身份关系为基础的特征。②法定继承是对遗嘱继承的补充。法定继承和遗嘱继承是两种不同的继承方式，但在效力上，遗嘱继承的效力优于法定继承。继承开始后，存在有效遗嘱的，应先适用遗嘱继承。不能适用遗嘱继承的，才可适用法定继承。因此，法定继承具有补充遗嘱继承的特征。③法定继承是对遗嘱继承的限制。尽管遗嘱继承的效力优于法定继承，但是法定继承对遗嘱继承也存在制约作用。例如，遗嘱继承人只能是法定继承人范围以内的人，遗嘱人必须在遗嘱中为缺乏劳动能力又没有生活来源的法定继承人保留必要的遗产份额。从这个意义上说，法定继承也是对遗嘱继承的一种限制。④法定继承具有法定性、强行性。在法定继承中，继承人的范围、继承人参加继承的顺序和继承人应该继承的遗产及遗产的分配原则等内容都由法律直接规定，因而法定继承具有法定性的特点。法律关于法定继承的规范为强制性规范，除法律另有规定外，不得排除其适用。从这个意义上说，法定继承具有强行性的特征。

（3）有下列情形之一的，遗产中的有关部分按照法定继承办理：①遗嘱继承人放弃继承或者受遗赠人放弃受遗赠。②遗嘱继承人丧失继承权或者受遗赠人丧失受遗赠权。③遗嘱继承人、受遗赠人先于遗嘱人死亡或者终止。④遗嘱无效部分所涉及的遗产。⑤遗嘱未处分的遗产。

87. 简述遗嘱继承的概念和特征。

【参考答案】遗嘱继承是指继承人按照被继承人生前所立的合法有效遗嘱继承被继承人遗产的法律制度。

遗嘱继承具有以下法律特征：

（1）遗嘱继承须以存在有效遗嘱为前提。仅有被继承人的死亡并不能发生遗嘱继承，还须有被继承人所立的有效遗嘱。因此，被继承人生前立有合法有效遗嘱是遗嘱继承的前提。

（2）遗嘱继承直接体现被继承人的遗愿。在遗嘱继承中，继承人、继承份额等都是由被继承人在遗嘱中指定的。按照遗嘱进行继承，也就是充分尊重被继承人对自己财产处分的自由。

（3）遗嘱继承是对法定继承的排斥。遗嘱中所指定的继承人对遗产的继承不受法定继承人顺序、继承人应继承份额的限制，因此，遗嘱继承实际上是对法定继承的一种排斥。

（4）遗嘱继承的效力优于法定继承。在具体分割遗产时，有遗嘱的首先适用遗嘱继承。只有在没有遗嘱、或虽有遗嘱但遗嘱无效、遗嘱继承人放弃遗嘱继承或遗嘱继承人丧失继承权等情形时，才可适用法定继承。

88. 简述遗嘱的概念和特征。

【参考答案】遗嘱是指自然人生前按照法律规定处分自己的财产及安排有关事务，并于死亡后发生法律效力的单方民事法律行为。

遗嘱具有如下法律特征：

（1）遗嘱是单方民事法律行为。遗嘱是遗嘱人自己一方的意思表示，无须有相对方的意思表示。只需遗嘱人自己作出意思表示，遗嘱即可成立。

（2）遗嘱是死后生效的民事法律行为。遗嘱人死亡时遗嘱才生效，所以遗嘱人在生前任何时候都可以变更或撤回遗嘱。

（3）遗嘱是遗嘱人亲自所为的民事法律行为。设立遗嘱不适用代理制度，遗嘱必须由遗嘱人亲自设立。

（4）遗嘱是要式民事法律行为。遗嘱只有符合法律规定的形式要件，才能发生效力。

★89. 简述遗嘱继承的适用条件和遗嘱无效的情形。

【参考答案】（1）被继承人死亡后，只有具备以下条件时，才能适用遗嘱继承：①须被继承人生前立有合法有效的遗嘱。被继承人生前立有遗嘱且遗嘱有效，是适用遗嘱继承的前提。②须没有遗赠扶养协议。遗赠扶养协议的效力优于遗嘱继承。如果被继承人生前与扶养人订有遗赠扶养协议，被继承人对同一财产又立有遗嘱，则不能先适用遗嘱继承，而是应当先执行遗赠扶养协议。只有在没有遗赠扶养协议的情形下，遗产才可按照遗嘱继承处理。③须遗嘱继承人未丧失继承权，也未放弃继承权。在适用遗嘱继承时，继承人也必须具有继承权。如果遗嘱继承人因具有丧失继承权的法定事由而丧失继承权，则即使遗嘱中指定其为继承人，也不得参加遗嘱继承。另外，遗嘱继承人明确表示放弃继承的，也不可适用遗嘱继承。

（2）遗嘱无效的情形有：①无民事行为能力人或者限制民事行为能力人所立的遗嘱无效。②遗嘱必须表示遗嘱人的真实意思，受欺诈、胁迫所立的遗嘱无效。③伪造的遗嘱无效。④遗嘱被篡改的，篡改的内容无效。

90. 简述遗赠扶养协议的概念和特征。

【参考答案】遗赠扶养协议，是指由遗赠人与扶养人签订的，由扶养人对遗赠人负生养死葬的义务，遗赠人将自己财产的部分或全部在其死后转移给扶养人所有的协议。

遗赠扶养协议具有以下特征：

(1) 遗赠扶养协议是双方民事法律行为。遗赠扶养协议属于合同，须双方当事人意思表示一致才能成立。

(2) 遗赠扶养协议是有偿民事法律行为。遗赠人所享有的被扶养的权利，是以死后遗赠指定的财产为代价，扶养人获得遗赠财产的权利是以对遗赠人负生养死葬的义务为代价。

(3) 遗赠扶养协议双方当事人义务履行的时间具有错时性。扶养人在遗赠人（被扶养人）生前履行扶养义务，而遗赠人于其死后才转移遗赠的财产。所以，在遗赠人死亡前，扶养人不得要求遗赠人将财产归于自己。

(4) 遗赠扶养协议具有优先于遗嘱继承和遗赠的执行效力。被继承人生前与他人订有遗赠扶养协议，同时又立有遗嘱、遗赠的，继承开始后，如果遗赠扶养协议与遗嘱、遗赠没有抵触，遗产分别按协议和遗嘱、遗赠处理；如果有抵触，按协议处理，与协议抵触的遗嘱、遗赠全部或者部分无效。

91. 简述被继承人债务清偿的原则。

【参考答案】被继承人债务的清偿应遵循如下原则：

(1) 限定继承原则。继承人以所得遗产实际价值为限清偿被继承人依法应当缴纳的税款和债务。超过遗产实际价值部分，继承人自愿偿还的不在此限。

(2) 清偿债务优先于执行遗赠原则。执行遗赠不得妨碍清偿遗赠人依法应当缴纳的税款和债务。

(3) 保留必留份原则。分割遗产，应当清偿被继承人依法应当缴纳的税款和债务；但是，应当为缺乏劳动能力又没有生活来源的继承人保留必要的遗产。

(4) 连带责任原则。继承人共同继承遗产系共同共有，各共同继承人对遗产债务应当承担连带责任。但在共同继承人内部，则应当按照各自继承遗产份额的比例分担遗产债务。

92. 简述侵权责任的概念和特征。

【参考答案】侵权责任是指行为人对其侵权行为或准侵权行为造成的损害依法应当承担的民事法律后果。

侵权责任具有如下法律特征：

(1) 侵权责任以违反法定义务为前提。从性质上来说，民事义务分为当事人约定的义务和法律规定的义务，违反约定的义务构成违约责任；违反法定的义务则构成侵权责任。

(2) 侵权责任的主要形式是损害赔偿。侵权责任的主要功能在于填补被侵权人因侵权行为所遭受的损害，损害赔偿就成了侵权责任的主要形式。虽然在有些情况下还有停止侵害、排除妨碍、消除危险等非财产责任形式，但大多也是与损害赔偿并用。

(3) 侵权责任具有优先性。因同一行为应当承担侵权责任和行政责任、刑事责任，侵权人的财产不足以支付的，先承担侵权责任。

93. 简述精神损害赔偿的概念和主要适用情形。

【参考答案】精神损害赔偿，是指法律对被侵权人的精神损害所采取的以金钱赔偿为内容的一种救济措施。

精神损害赔偿适用于下列几种情形：

（1）侵害自然人人身权益造成严重精神损害的，被侵权人有权请求精神损害赔偿。

（2）因故意或者重大过失侵害自然人具有人身意义的特定物造成严重精神损害的，被侵权人有权请求精神损害赔偿。

（3）因当事人一方的违约行为，损害对方人格权并造成严重精神损害，受损害方选择请求其承担违约责任的，不影响受损害方请求精神损害赔偿。

94. 简述惩罚性赔偿的概念和主要适用情形。

【参考答案】惩罚性赔偿，是指法律规定某些情形下在补偿被侵权人的实际经济损失之外，再额外给予被侵权人一笔金钱的救济措施。

惩罚性赔偿适用于下列几种情形：

（1）故意侵害他人知识产权，情节严重的，被侵权人有权请求相应的惩罚性赔偿。

（2）明知产品存在缺陷仍然生产、销售，或者没有依据有关规定采取有效补救措施，造成他人死亡或者健康严重损害的，被侵权人有权请求相应的惩罚性赔偿。

（3）侵权人违反法律规定故意污染环境、破坏生态造成严重后果的，被侵权人有权请求相应的惩罚性赔偿。

95. 简述法定分担损失的概念和构成要件。

【参考答案】法定分担损失，是指受害人和行为人对损害的发生都没有过错的，依照法律规定由双方分担损失。

适用法定分担损失规则应同时满足下列条件：

（1）当事人双方对损害的发生均无过错。这个条件将该规则与过失相抵、见义勇为适当补偿等规则区分开来。

（2）损害不属于适用无过错责任原则的情形。

（3）分担损失不是必须平均分担。这项规则的适用，需要综合考虑受害人的损害、双方当事人的财产状况及其他相关情况等因素，才能得出双方分担的结果。

96. 简述无意思联络的数人侵权行为的概念和构成要件。

【参考答案】无意思联络的数人侵权行为是指二人以上虽无共同故意或者共同过失，但其侵害行为直接结合发生同一损害后果的侵权行为。

无意思联络的数人侵权行为的构成要件有：

（1）主体的复数性。是指侵权人为二人或者二人以上。

（2）无意思联络。无意思联络的数人之间在实施侵权行为时彼此没有意思联络。

（3）数个行为人分别实施了侵权行为。数个行为人都单独实施了侵权行为。

（4）损害结果的单一性。数个侵权行为的结合所导致的损害结果是一个不可分割的整体，或者是分别实施的侵权行为造成了同一损害。

97. 简述网络侵权责任的概念、类型和责任的承担。

【参考答案】网络侵权责任是指对发生在互联网上的各种侵害他人民事权益的行为而应承担的侵权责任。网络侵权责任分为互联网上自己侵权责任、通知规则下的网络服务提供者的责任和知道规则下的网络服务提供者的责任。

网络侵权责任因类型不同而应当承担的责任也有如下不同：

（1）互联网上自己侵权责任。网络用户、网络服务提供者利用网络侵害他人民事权益的，应当承担侵权责任。法律另有规定的，依照其规定。

（2）通知规则下的网络服务提供者的责任：①网络用户利用网络服务实施侵权行为的，权利人有权通知网络服务提供者采取删除、屏蔽、断开链接等必要措施。通知应当包括构成侵权的初步证据及权利人的真实身份信息。②网络服务提供者接到通知后，应当及时将该通知转送相关网络用户，并根据构成侵权的初步证据和服务类型采取必要措施；未及时采取必要措施的，对损害的扩大部分与该网络用户承担连带责任。③权利人因错误通知造成网络用户或者网络服务提供者损害的，应当承担侵权责任。法律另有规定的，依照其规定。④网络用户接到转送的通知后，可以向网络服务提供者提交不存在侵权行为的声明。声明应当包括不存在侵权行为的初步证据及网络用户的真实身份信息。⑤网络服务提供者接到声明后，应当将该声明转送发出通知的权利人，并告知其可以向有关部门投诉或者向人民法院提起诉讼。网络服务提供者在转送声明到达权利人后的合理期限内，未收到权利人已经投诉或者提起诉讼通知的，应当及时终止所采取的措施。

（3）知道规则下的网络服务提供者的责任。网络服务提供者知道或者应当知道网络用户利用其网络服务侵害他人民事权益，未采取必要措施的，与该网络用户承担连带责任。

98. 简述教育机构侵权责任的类型及责任承担。

【参考答案】（1）教育机构对自己不作为致害的侵权责任。无民事行为能力人在幼儿园、学校或者其他教育机构学习、生活期间受到人身损害的，幼儿园、学校或者其他教育机构应当承担侵权责任；但是，能够证明尽到教育、管理职责的，不承担侵权责任。限制民事行为能力人在学校或者其他教育机构学习、生活期间受到人身损害，学校或者其他教育机构未尽到教育、管理职责的，应当承担侵权责任。

（2）教育机构对第三人致害的侵权责任。无民事行为能力人或者限制民事行为能力人在幼儿园、学校或者其他教育机构学习、生活期间，受到幼儿园、学校或者其他教育机构以外的第三人人身损害的，由第三人承担侵权责任；幼儿园、学校或者其他教育机构未尽到管理职责的，承担相应的补充责任。幼儿园、学校或者其他教育机构承担补充责任后，可以向第三人追偿。

99. 简述医疗损害责任的概念、构成要件和不承担赔偿责任的法定事由。

【参考答案】（1）医疗损害责任，是指因医疗机构及其医务人员的过错致使患者在诊疗活动中受到损害，由医疗机构承担的侵权责任。

（2）医疗事故属于一般侵权行为，医疗损害责任具备如下构成要件：①医疗机构及其医务人员具有违法的诊疗行为。如误诊、贻误治疗、不当手术、使用不合格医疗材料等。②患者遭受非正常的损害。一般情况下的医疗行为都具有侵袭性，但这种侵袭必须是正常医疗行为导致的正常损害。如果超出了合理范围，就会导致非正常损害的发生。③违法的诊疗行为与损害后果之间具有因果关系。④医疗机构和医务人员有过错。如违反告知同意义务、违反医疗机构的注意义务。

（3）患者在诊疗活动中受到损害，有下列情形之一的，医疗机构不承担赔偿责任：①患者或者其近亲属不配合医疗机构进行符合诊疗规范的诊疗；②医务人员在抢救生命垂危的患者等紧急情况下已经尽到合理诊疗义务；③限于当时的医疗水平难以诊疗。

100. 简述高度危险物品致人损害责任的类型及其责任承担。

【参考答案】高度危险物品致人损害责任分为四种类型，其对应的侵权责任的承担如下：

（1）占有或者使用高度危险物致人损害责任。占有或者使用易燃、易爆、剧毒、高放射性、强腐蚀性、高致病性等高度危险物造成他人损害的，占有人或者使用人应当承担侵权责任；但是，能够证明损害是因受害人故意或者不可抗力造成的，不承担责任。被侵权人对损害的发生有重大过失的，可以减轻占有人或者使用人的责任。

（2）遗失、抛弃高度危险物致人损害责任。遗失、抛弃高度危险物造成他人损害的，由所有人承担侵权责任。所有人将高度危险物交由他人管理的，由管理人承担侵权责任；所有人有过错的，与管理人承担连带责任。

（3）非法占有高度危险物致人损害责任。非法占有高度危险物造成他人损害的，由非法占有人承担侵权责任。所有人、管理人不能证明对防止非法占有尽到高度注意义务的，与非法占有人承担连带责任。

（4）未经许可非法进入高度危险区域损害责任。未经许可进入高度危险活动区域或者高度危险物存放区域受到损害，管理人能够证明已经采取足够安全措施并尽到充分警示义务的，可以减轻或者不承担责任。

第二节 论述题

一、历年真题考查内容

民法学论述题难度适中，有些年份考题稍难，有些年份考题不能从《考试分析》中找到答案或者完整答案。本书对于《考试分析》中缺乏完整答案的论述题进行了补充、完善。从命题规律看，考试中民法学考查一道论述题，分值为15分，内容出自民法总则、物权、合同和侵权责任。具体出题情况见下表：

出题年份	考查内容
2010年	试论狭义无权代理中各方当事人的权利和义务。
2011年	试论情事变更原则。
2012年	试论合同的相对性。
2013年	试论民事权利的私立救济。
2014年	试论民法的性质。
2015年	试论物权的保护。
2016年	试论物权的公示、公信原则。
2017年	试论民法基本原则的含义和功能。
2018年	试论我国民法中绿色原则的功能。
2019年	试论可撤销的民事法律行为。
2020年	试论债权让与。
2021年	试论《民法典》物权编对我国物权立法的完善与发展。
2022年	试述我国《民法典》践行“绿水青山就是金山银山”理念的规则体系。

二、论述题专项训练

★1. 试论我国民法典的地位、意义和特色。

【参考答案】（1）2020年5月28日，十三届全国人大三次会议表决通过了《中华人民共和国民法典》。该部民法典是新中国第一部以法典命名的法律，在法律体系中居于基础性地位。民法典作为调整平等主体的自然人、法人和非法人组织之间的人身关系和财产关系的基本法，也是市场经济的基本法。

（2）民法典在中国特色社会主义法律体系中具有重要地位，是一部固根本、稳预期、利长远的基础性法律，对推进全面依法治国、加快建设社会主义法治国家，对发展社会主义市场经济、巩固社会主义基本经济制度，对坚持以人民为中心的发展思想、依法维护人民权益、推动我国人权事业发展，对推进国家治理体系和治理能力现代化，都具有重大意义。

（3）民法典系统整合了新中国成立70多年来长期实践形成的民事法律规范，汲取了中华民族5 000多年优秀法律文化，借鉴了人类法治文明建设有益成果，是一部体现我国社会主义性质、符合人民利益和愿望、顺应时代发展要求的民法典，是一部体现对生命健康、财产安全、交易便利、生活幸福、人格尊严等各方面权利平等保护的民法典，是一部具有鲜明中国特色、实践特色、时代特色的民法典。

★2. 试论民法和社会主义核心价值观。

【参考答案】（1）坚持用社会主义核心价值观塑造《民法典》是我国民法的显著特征。党的十八大提出，倡导富强、民主、文明、和谐，倡导自由、平等、公正、法治，倡导爱国、敬业、诚信、友善，积极培育和践行社会主义核心价值观。富强、民主、文明、和谐是国家层面的价值目标，自由、平等、公正、法治是社会层面的价值取向，爱国、敬业、诚信、友善是公民个人层面的价值准则，这24个字是社会主义核心价值观的基本内容。

（2）在《民法典》编纂过程中，科学立法要求坚持正确的政治立场，坚持以习近平新时代中国特色社会主义思想为指导，在立法目的和价值取向上旗帜鲜明地弘扬社会主义核心价值观。社会主义核心价值观融入《民法典》，其明显的表现为《民法典》第1条规定："为了保护民事主体的合法权益，调整民事关系，维护社会和经济秩序，适应中国特色社会主义发展要求，弘扬社会主义核心价值观，根据宪法，制定本法。"用社会主义核心价值观塑造《民法典》的精神灵魂，不仅要在立法技术上通盘考虑，还要在立法宗旨上宣示、在基本原则上恪守、在一般规范上体现、在具体规范中融入，使社会主义核心价值观成为鲜明的精神轴线，贯穿《民法典》的始终，为民事主体参与民事活动提供基本规则和价值遵循。

（3）《民法典》是对社会生活规则的总结，在社会主义市场经济运转过程之中，竞争压力不可避免地会带来人际关系的紧张，各种社会矛盾凸现，培育和践行社会主义友善价值观，无疑能为缓解社会矛盾、维护社会良好秩序、促进社会和谐提供坚实的价值基础。《民法典》的编纂是在整合既有的民事立法的基础上展开的，除了价值同源，很大程度上也在具体制度上表现出对社会主义核心价值观的表达。需要注意的是，在司法实践中，法律人不能简单地认为很多传统民法既有的具体规则已经表达出社会主义核心价值观的独特精神内涵，还需要结合社会主义的本质去解释和适用这些规则。

3. 试论我国民法典体系及创新。

【参考答案】（1）我国民法典采取了七编制体例，即由总则、物权、合同、人格权、婚姻家庭、继承和侵权责任七编构成。具体而言：民法典总则编作为民法典的奠基部分，由基本规定、自然人、法人、非法人组织、民事权利、民事法律行为、代理、民事责任、诉讼时效、期间计算等普遍适用于民商法各个部分的基本规则构成，它统领整个民商立法，因而构成民法典最基础、最通用的部分。物权编是调整有关物的归属和利用而产生的民事关系的规范，包括通则、所有权、用益物权、担保物权和占有等规则。合同编是调整有关合同的订立、履行、保全等法律关系的规范，其内容分为通则、典型合同和准合同。人格权编是调整人格权关系的法律规范的总称，人格权编由一般规定，生命权、身体权和健康权，姓名权和名称权，肖像权，名誉权和荣誉权，隐私权和个人信息保护等规则组成，人格权编通过总分结构的设计安排，构建了人格权制度的完整体系。婚姻家庭编是调整婚姻家庭关系和收养关系的法律规范的总和，具体包括一般规定、结婚、家庭关系、离婚、收养等内容。婚姻家庭编注重调整优良家风，弘扬家庭美德，重视家庭文明建设。该编既注重保护家庭成员的权利，也注重家庭义务的履行和保障。继承编主要是调整因为财产继承而产生的民事关系，其内容包括一般规定、法定继承、遗嘱继承和遗赠、遗产的处理。继承编全面强化了对私有财产的保护，全面保障继承权。侵权责任编调整因侵害民事权益产生的民事关系，其内容包括一般规定、损害赔偿、责任主体的特殊规定以及各类侵权责任的规定。

（2）我国民法典七编制的模式既借鉴了大陆法系国家民法典的经验，又为了回应当代中国的实践需要和时代需要而进行了体例上的创新，主要表现在：第一，是以民事权利为中心而构建起来的，即由物权、合同债权、人格权、婚姻家庭中的权利（亲属权）、继承权以及对权利进行保护的法律即侵权责任编所构成。这表明我国民法典本质上是一部权利法，民法典分编通过全面保障民事权利，全面体现和贯彻法治的价值。七编制的权利体系完整，既全面囊括了物权、债权、婚姻家庭中的权利（亲属权）和继承权，还对人格权进行了体系化的规范。第二，体系的重大创新。这些创新体现在人格权独立成编、侵权责任独立成编以及合同编通则发挥债法总则的功能。第三，民法典的体系是以从权利到救济而展开的。民法典各分编分别规定各项权利制度之后，又规定了侵权责任制度。在七编制下，首先确认了各项基本的民事权利，最后规定了保护权利的侵权责任编，因此，我国民法典的整体框架思路是从“确权”到“救济”，始终以权利为中心来构建民法体系。第四，民法典各编自成体系，其主要是按照总分结构来构建的。这些创新成分体现了我国民法典的中国特色、实践特色和时代特色。

4. 试论民法的调整对象。

【参考答案】民法是调整平等主体之间发生的人身关系和财产关系的法律规范的总和。由此可见，民法的调整对象包括平等主体间的人身关系和财产关系。

（1）民法调整的人身关系。民法调整的人身关系是指平等主体之间基于人格或身份而发生的，与人身不可分离，不具有直接财产内容的权利义务关系。民法调整的人身关系包括人格关系和身份关系。人格关系是指民事主体为实现人格利益而发生的权利义务关系。身份关系是指民事主体基于身份利益发生的权利义务关系。民法调整的人身关系具有以下特征：①主体地位平等。在民法所调整的人身关系中，主体之间虽然存在性别、年龄上的差别，在其他社会关系中存在职业、职务的差别，但是在民事法律关系中法律地位是平等的，任何人都不得把自己的意志强加于他人。②与人身不可分离。人身关系与人身不可分离，离开了人身就不会发生人身关系。③民法所调整的人身关系虽然不具有直接的财产内容，但是某些人身关系是财产关系产生的前提条件。同时，对民事主体的人身权进行侵害会导致民事主体的财产损失。因此，对于人身权进行法律保护的责任方式既有停止侵害、赔礼道歉、消除影响、恢复名誉等非财产性的责任方式，也有赔偿损失这样的财产性的责任方式。

（2）民法调整的财产关系。民法调整的财产关系是指平等主体之间以财产归属和财产流转为主要内容的权利义务关系。民法调整的财产关系具有以下特征：①主体地位平等。民事主体具有独立的法律人格，其法律地位平等、互不隶属，不存在领导与被领导、管理与被管理的关系。②主体意思表示自由。民法所调整的财产关系的产生、变更、消灭都是在民事主体自愿的基础上进行的，一方不得将自己的意志强加于另一方。③民法所调整的财产关系的基本内容是财产归属关系和财产流转关系。财产归属关系是指民事主体因占有、使用、收益、处分财产而形成的权利义务关系。财产流转关系是指民事主体为获取利益而相互交换财产所形成的权利义务关系。财产归属关系和财产流转关系之间有着密切的联系，财产归属关系是财产流转关系的前提，财产流转关系又常常是财产归属关系的发生根据。④民法所调整的财产关系在利益实现方面大多具有有偿的特点。取得财产利益应当支付相应的对价，这一特点是市场经济条件下民事主体对于财产利益实现的基本要求。因此，民法所调整的财产关系大多具有有偿的特点，但并非所有财产关系都是有偿的，借用、赠与等民事法律关系中不适用等价有偿也是法律所允许的，也是意思自治原则的体现。

5. 试论我国民法典中的平等原则。

【参考答案】（1）我国民法典确立了平等原则，即民事主体在民事活动中的法律地位一律平等。民事主体地位平等原则，是我国民法典将平等主体之间的财产关系和人身关系作为其调整对象的必然体现。平等原则集中反映了民法所调整的社会关系的本质特征，也是全部民事法律制度的基础。市场经济最本质的特征就体现在主体之间的平等性上。

（2）现代法制社会以贯彻平等原则为特征，而自然人在法律面前的平等，具体体现为民法所确认的主体的平等地位和责任自负原则，造成损害应根据损益相当准则进行赔偿原则，对自然人、法人和非法人组织的合法权益平等保护的原则等。这些原则都是平等原则的具体体现。切实遵行民法典规定的平等原则也可以防止行政专横，有效地捍卫自然人、法人和非法人组织的合法权益。

（3）我国民法典中的平等原则主要体现在：①自然人的民事权利能力一律平等。任何自然人在法律上不分尊卑贵贱、财富多寡、种族差异、性别差异，其抽象人格都是平等的。民事权利能力与生俱来，为自然人终身享有，且自然人的民事权利能力在范围上是平等的。除法律特别规定的以外，任何组织和个人不得限制和剥夺自然人的民事权利能力。②不同民事主体参与民事法律关系适用同一法律，处于平等的地位。这尤其表现在合同关系中，无论参与合同关系的当事人在事实上是否具有隶属关系或不平等的地位，在合同关系中认为当事人之间完全平等。任何民事主体在民事法律关系中的地位都是平等的，即使具有隶属关系的上下级单位，在民事法律关系中的法律地位也一律平等。③民事主体在民事法律关系中必须平等协商。民事主体在民事法律关系的产生、变更和消灭上，必须平等协商，任何一方当事人不得将自己的意志强加给另一方当事人。④对权利予以平等的保护。在法律上，无论具体的人具有何种事实上的差异，当其权利受到侵害时，法律都给予平等保护。任何主体都不能比其他主体享有更多的保护。

6. 试论公平原则及在我国民法典中的具体体现。

【参考答案】（1）公平原则是指民事主体应当本着公平的理念从事民事活动，司法机关应当根据公平的理念处理民事纠纷。我国民法典规定，民事主体从事民事活动，应当遵循公平原则，合理确定各方的权利和义务。公平原则是将市场经济活动中公平交易和公平竞争的道德准则上升为法律原则的结果。公平原则对于维护市场经济秩序、弥补法律漏洞具有重要意义。公平原则具体表现在：①民事主体在从事民事活动时，应当本着公平的理念合理地确定权利义务关系，并且正当地行使权利、履行义务，兼顾他人利益和社会公共利益。②司法机关在处理民事纠纷的过程中应当做到公平合理。在法律没有明文规定时，司法机关依据公平原则获得自由裁量权，本着公平、正义的理念进行裁判，解决民事纠纷。

（2）我国民法典不仅确立了公平原则，而且多个规定都反映了公平原则的基本要求。第一，民法典总则编明确将公平原则作为民法的基本原则。在具体条款中也体现了公平原则，在法律行为中，民法典禁止采用欺诈、胁迫、乘人之危导致显失公平等后果，在此情形下，赋予一方享有撤销该行为的权利。在代理中，禁止采用自己代理、双方代理等行为，其目的在于维护公平。在民事责任中，民法典确立了见义勇为的公平补偿责任，这是公平原则适用的具体化。第二，民法典物权编在征收的规定中确立了应当按照公平原则给予被征收人补偿的制度。在添附制度中，添附发生后，需要根据添附规则确定财产的归属，确定归属要具体适用公平原则。在相邻关系中，相邻关系的处理依据是有利生产、方便生活，而该依据的基础是公平原则。第三，民法典合同编的规定不仅注重交易的形式平等，也注重交易的实质平等，因为商品交换本身要体现公平、平等的要求。关于格式条款的规制，提供格式条款一方应遵循公平原则确定当事人之间的权利和义务。在情事变更规则中，若合同不能履行或履行结果显失公平，根据公平原则，当事人可以请求变更或者解除合同。同时履行抗辩权行使规则也体现了公平原则。第四，在侵权责任编中，公平原则具体化为法定分担损失规则，侵权责任编中的多个规则还涉及特定情形下的补偿责任，这些补偿规则都是根据公平原则进行适当补偿，侵权责任编还根据公平原则确立了见义勇为的公平补偿制度。

★7．试论意思自治原则。

【参考答案】意思自治原则是指民事主体在从事民事活动时，在法律允许的范围内自由表达自己的意愿，并按其意愿设立、变更、终止民事法律关系的原则。意思自治原则是私法自治和民法理念的体现，是民法典规定的具有代表性的基本原则。民法最重要的使命就是确认并保证民事主体自由的实现。

意思自治原则的内容主要体现在如下三个方面：

（1）民事主体有权自主决定是否参加民事活动以及如何参加民事活动。也就是说，当事人可以对所参与的民事法律关系的相对人、内容、行为方式、形式、补救方式等依据其意志自由选择，他人不得干涉或者作任何形式的强迫。

（2）民事主体应当以平等协商的方式从事民事活动，就民事法律关系的设立、变更、终止达成合意。

（3）在法律允许的范围内，民事主体有权依其意愿自主作出决定，并对其自由表达的真实意愿负责，任何机关、组织和个人不得非法干预。根据私法自治原则，当事人只要不违反法律、行政法规的强制性规定和不违背公序良俗，国家及其机关以及其他组织和个人就不能进行干预，这对于确认行政机关干预私法自治的合理范围，保护当事人的意思自由十分必要。

8．试论民法典中的诚实信用原则。

【参考答案】（1）诚实信用原则是指民事主体在从事民事活动时，应当诚实守信，正当地行使民事权利并履行民事义务，不实施欺诈和规避法律的行为，在不损害他人利益和社会利益的前提下追求自己的利益。我国民法典明确规定，民事主体从事民事活动，应当遵循诚信原则，秉持诚实，恪守承诺。民法典规定诚实信用原则，使诚实信用原则成为民法中的基本原则之一。

（2）诚实信用原则是市场经济活动中的一项基本道德准则。民法典将这一道德准则上升为法律原则，要求民事主体在民事活动的过程中维持民事主体之间的利益平衡以及当事人利益和社会利益之间的平衡。诚实信用原则在民法中被称为“帝王原则”或“帝王条款”。诚实信用原则贯穿民法规定之始终，如合同上的缔约过失责任，基于诚实信用原则产生的附随义务，物权上的权利的善意行使，以及侵权责任上的安全保障义务等，都体现了诚实信用原则。

（3）诚实信用原则具体表现在以下三个方面：①民事主体在从事民事活动时，必须将有关事项和真实情况如实告知对方，禁止隐瞒事实真相和欺骗对方当事人。②民事主体之间一旦作出意思表示并且达成合意，就必须重合同、守信用，正当地行使权利和履行义务。法律禁止当事人背信弃义、擅自毁约的行为。③民事活动过程中发生损害，民事主体双方均应及时采取合理的补救措施，避免和减少损失。

9．试论民法典中的合法原则。

【参考答案】（1）合法原则是指民事主体从事民事活动，应当符合法律尤其是公法规范的要求。我国民法典规定，民事主体从事民事活动，不得违反法律，此为合法原则。这里的不得违反法律，主要是指不得违反法律的强制性规定。为了维护国家利益和社会公共利益，法律禁止从事一些行为，这是对私人生活必要限度的调整。民事主体对此必须予以遵守。与此不同的是非强制性规定，即任意性规定。其规范目的在于补足当事人意思表示的不足，利于纠纷的解决，而非为当事人设定强制的行为模式。因此，对于任意性规范而言，无所谓违反与否。甚至在一定程度上，如果赋予任意性规范过多的效力强度，反而会落入国家干预私人生活的不良境地。

（2）合法原则包括如下内容：一是行使权利必须合法，即权利人应当依法行使权利，不得滥用权利。二是义务人应当依法履行义务。民法虽然主要是任意法，但同样为民事主体设定了相应的义务，即使在合同领域，虽然当事人是通过合同约定的义务，但法律也规定了一些当事人应当依法履行的义务，当事人不仅应当履行合同义务，而且应当履行法律规定的义务，否则，可能依法承担相应的责任。

（3）对于法律的违反，原则上都会给当事人带来不利后果。但这并不是说对任何规范性文件中的强制性规定的违反都一定会导致行为无效的最严厉的后果。只有违反法律、行政法规的强制性规定，才会导致民事法律行为原则上无效。具体而言，在我国的法律体系中，有以行政管理性的法律关系为主要规范对象的公法规范，民事活动必须在其秩序框架中进行，尤其是民事法律行为效力的判断中，违反法律的效力性强制性规定的，会导致民事法律行为无效。民事主体行使民事权利也不是绝对自由的，应当受到国家法律等的必要约束和限制，从而协调个人利益和社会利益的关系，维持社会的正常秩序。

10. 试论民法典中的公序良俗原则及主要功能。

【参考答案】（1）我国民法典规定，民事主体从事民事活动，不得违反法律，不得违背公序良俗。公序良俗即公共秩序和善良风俗。公共秩序即国家的安全、人民的根本利益。公序包括政治的公序和经济的公序。政治的公序主要是保护国家和家庭的公共秩序。经济的公序包括指导的公序和保护的公序。善良风俗具体是指一国或地区在一定时期占主导地位的一般道德或基本伦理要求。公序良俗原则是指民事主体从事民事活动的内容和目的不得违反公共秩序和善良风俗。违反公序良俗原则的行为类型主要有危害国家公序的行为类型、危害家庭关系的行为类型、违反两性道德准则的行为类型、射幸行为类型、违反人权和人格尊严的行为类型、限制营业自由的行为类型、违反公共竞争的行为类型、违反消费者保护的行为类型、违反劳动者保护的行为类型、暴利的行为类型等。

（2）公序良俗原则是现代民法的一项重要法律原则，具有维护社会一般利益以及一般道德观念的重要功能。具体而言，公序良俗原则的主要功能体现在：一是对私法自治进行必要的限制。尽管适应市场经济的需要应当扩大民事主体的意思自治的范围，允许其在民事活动领域依法享有广泛的行为自由，然而意思自治原则必须要依赖于公序良俗原则予以限制，意思自治是不违反公序良俗原则前提下的意思自治。二是弘扬社会公共道德，建立稳定的社会秩序。公序良俗就是要强调民事主体进行民事活动必须遵循社会所普遍认同的道德，从而使社会有序发展。通过在民法中确立一些道德规范能有效地弘扬道德规范，防止违反社会公德行为的发生。三是协调个人利益与社会公共利益、国家利益之间的冲突，维护正常的社会经济秩序和社会生活秩序。民法规范的禁止性规定不可能涵盖一切损害社会公共利益和道德秩序的行为，因而需要依据公序良俗原则授予法官自由裁量权以处理民事案件，从而解决个人利益与社会公共利益、国家利益之间的冲突。四是弥补强行法规定的不足。由于强行法不能穷尽社会生活的全部，民事活动纷繁复杂，强行法不可能作出全面规定，需要通过在法律上设定弹性条款，对民事行为提供更为全面的规则，并对其效力作出评价。公序良俗原则是沟通强行法与道德规范的桥梁，公序良俗原则也有利于避免法律的僵化，能够保护法律强行性规范与道德的有机协调，维护社会经济生活秩序的稳定。

11. 试论我国民法典中的绿色原则。

【参考答案】（1）绿色原则，又称为生态保护原则，是指民事主体的民事活动应当符合资源的有效利用和环境保护的要求。我国民法典明确规定，民事主体从事民事活动，应当有利于节约资源、保护生态环境。

（2）绿色原则是代际正义的要求，当代社会经济的发展不能牺牲未来的社会资源和环境。这里的“代际正义”是关于当代人和后代人之间如何公平地分配各种社会和自然资源、享有和传承人类文明成果的正义问题。绿色原则也是社会可持续发展的要求，对于民事活动中民事责任承担的利益考量，应当符合绿色原则，在例如环境侵权等特殊侵权构成中基于绿色原则而确定其特殊的构成要件。

（3）绿色原则的内容主要有两项：①有效地利用资源。绿色原则要求人们的生产、生活等活动要与资源、环境相协调，要实现人与自然的和谐相处，有效地利用资源、节约资源。我国民法典规定的其他制度都在一定程度上体现了节约资源、保护环境的理念，如《民法典·物权编》中确认的物尽其用原则、自然资源有偿使用制度，对于有效防止资源滥用具有重要意义。②保护环境和生态。我国民法典的一个重要特点就是保护环境、维护生态。如《民法典·合同编》在合同履行中确立的保护生态环境规则，在物业服务合同履行过程中要求妥善处置小区物业环保问题，这对于保护主体权利、配置市场资源起着十分重要的作用。

（4）绿色原则的功能主要有三项：①指导功能。绿色原则对民事立法、民事活动和民事司法均有指导意义，如编纂民法典时以该原则为指导进行具体制度设计。②约束功能。绿色原则对民事立法、民事活动和民事司法均具有约束力，如绿色原则要求民事主体在进行民事活动时，应当有利于节约资源和保护生态环境，在追求个人利益的同时，兼顾社会环境公益。③补充功能。法官在审理案件时，若无具体规范可供适用，可依据绿色原则寻求立法本意或法律价值取向，通过目的解释，裁判具体案件。

（5）我国民法典关于绿色原则的规定也是倡导性的原则规定，倡导民事主体的民事活动应有利于节约资源、保护生态环境。民事主体应当选择低能耗、对环境友好的生产、生活方式，以实现节约资源、保护环境、绿色发展的理念。

12. 试论民事法律关系的内容。

【参考答案】（1）民事法律关系的内容是指民事主体所享有的民事权利和承担的民事义务。任何个人和组织作为民事主体参与民事法律关系，必然要享有民事权利、承担民事义务。

（2）民事权利是指民事主体为实现某种利益而依法为某种行为或不为某种行为的自由。民事权利是由民法所赋予的，并且是构成民法的基本内容。民事权利体现了权利人的个体利益与整个社会利益的结合。民事权利体现了主体行为的可能性。民事权利的特征有：权利人依法直接享有某种利益，或者实施一定行为的自由；权利人可以请求义务人为一定行为或不为一定行为，以保证其享有实现某种利益的自由；这种自由是有保障的自由，它表现为在权利受到侵犯时，具有请求有权国家机关予以保护的可能性。

（3）民事义务和民事权利相对应，是指义务人为满足权利人的利益而受到的为一定行为或不为一定行为的约束。民事义务体现着个人利益和社会利益的统一。民事义务体现了主体行为的必要性。民事义务的特征有：义务人必须依据法律的规定或合同的约定，为一定的行为或不为一定的行为，以便满足权利人的利益；义务人只承担法定的或约定的范围内的义务，而不承担超出这些范围以外的义务；义务人必须履行其义务，如果不履行其义务，将依法承担法律责任。

（4）在民事法律关系中，民事权利和民事义务是相互对立、相互联系的。民法典规定，民事主体行使权利时，应当履行法律规定的和当事人约定的义务。在通常情况下，权利和义务是一致的，权利的内容要通过相应的义务表现，而义务的内容则由相应的权利限定，离开了民事义务就无所谓民事权利。当事人一方享有权利，必然有另一方负有相应的义务，并且权利和义务往往同时产生、变更和消灭。

13. 试论我国民法典确立的民事权利及特色和意义。

【参考答案】（1）民法典总则编专设民事权利一章，集中确认和宣示自然人、法人所享有的各项民事权利，充分地彰显了民法对私权保障的功能。我国民法典确立了人身权、物权、债权、知识产权、继承权、股权和其他投资性权利、数据和网络虚拟财产权以及其他合法权益。人身权是以实现人身利益的自由为内容，与权利的人身密不可分的民事权利，包括人格权和身份权。人格权是指民事主体依法享有的为维护其独立法律人格所必备的基本民事权利，包括人身自由和人格尊严等一般人格权，以及生命权、身体权、健康权、姓名权、名称权、肖像权、名誉权、荣誉权、隐私权和个人信息权益等具体人格权。我国民法典专编系统全面地规定了各类人格权，适应了时代的发展和我国公民对人格尊严的强烈需求。身份权是指民事主体基于在特定社会关系中的地位和资格而依法享有的民事权利。我国民法典规定，自然人因婚姻家庭关系等产生的人身权利受法律保护。民法典婚姻家庭编全面确认了自然人因婚姻、家庭关系等产生的人身权利。物权是指权利人依法对特定的物享有直接支配和排他的权利，包括所有权、用益物权和担保物权。我国民法典将物权作为独立的一编加以规定。所有权是指所有人依法享有的对其财产进行占有、使用、收益和处分的权利，所有权制度是物权的核心内容。用益物权是指权利人对他人所有的不动产或者动产依法享有的占有、使用和收益的权利，包括土地承包经营权、建设用地使用权、宅基地使用权、居住权、地役权和特许用益物权等。担保物权是指以担保债务清偿为目的，而在债务人或者第三人的特定物或者权利上设定的定限物权，包括抵押权、质权和留置权。债权是指债权人享有的以请求债务人为一定给付为内容的权利。我国民法典规定，民事主体依法享有债权。该规定宣示了民事主体可以依法享有债权。债权是重要的民事权利类型，在市场经济中占有十分重要的地位。债权包括合同之债、侵权之债、无因管理之债和不当得利之债，以及因其他事实所产生的债。其中，合同债权是最重要的债，我国民法典专编规定了合同，并将合同通则作为债权通则加以适用，同时还规定了十九类典型合同及其适用规则。合同编在民法典中占有十分重要的地位。侵权之债也是比较重要的债，我国民法典规定，民事权益受到侵害的，被侵权人有权请求侵权人承担侵权责任。我国民法典还在合同编的准合同分编中确立了无因管理之债和不当得利之债。知识产权是指民事主体对创造性智力成果依法享有的权利的总称。我国民法典规定，民事主体依法享有知识产权，宣示了知识产权作为一种民事权利受到法律保护。继承权是指自然人根据法律的规定或者有效遗嘱的指定取得被继承人遗产的权利。我国民法典规定，自然人依法享有继承权，自然人合法的私有财产，可以依法继承。这就在法律上确认了自然人享有的继承权。我国民法典还将股权和其他投资性权利、数据和网络虚拟财产纳入民事权利保护的范围，并作出了宣示性规定。我国民法典对股权和其他投资性权利、数据和网络虚拟财产的保护作出规定，彰显了民法典的时代性和前瞻性。

（2）民法典在全面保障民事权利方面具有时代特色和意义：第一，民法典关于民事权利的确认具有时代性，即体现了当代中国的时代特征，回应了当今社会的现实需求。民法典首次正式确认了隐私权，有利于强化对隐私的保护。针对互联网和大数据等技术发展带来的侵害个人信息现象，民法典规定了个人信息的保护规则，维护了个人的人格尊严，并将有力遏制各种“人肉搜索”、非法侵入他人账户、贩卖个人信息、网络电信诈骗等现象。第二，民法典对民事权利的确认具有全面性，即民法典广泛确认公民享有的各项人格权、物权、债权、知识产权、亲属权、继承权等权利。从保护公民财产权利的角度来看，民法典首次在法律上使用了“平等”保护民事主体物权的表述，确认了对数据、网络虚拟财产的保护。民法典还对知识产权的客体进行了详尽的列举，扩大了知识产权的保护范围，进一步强化了对知识产权的保护，有助于弘扬公共道德，维护良好的社会风尚。第三，民法典关于民事权利的规定具有开放性。民法典规定，民事主体享有法律规定的其他民事权利和利益。据此，无论是权利还是利益，都受到法律保护。这不仅与保护民事权益的基本原则相对应，而且为将来对新型民事权益的保护预留了空间，保持了对私权保护的开放性。

14. 试论民事权利的行使及其原则。

【参考答案】民事权利的行使也就是民事权利内容的实现。民事权利的行使是实现民事权利内容的过程，民事权利的实现是民事权利行使的结果。任何民事权利的实现，不仅关系到权利人的利益，而且也关系到义务人的利益以及国家和社会的利益。因此，民事主体在行使其民事权利时，应尊重他人的利益，不得滥用民事权利。行使民事权利的方法多种多样，主要包括事实行为和民事法律行为两种方法。

民事权利的行使需遵循如下原则：

(1) 民事权利的行使必须符合国家法律和社会公共利益的要求。权利和自由是有一定限度的。人们必须在法律规定的限度内行使自己的权利，只有在这个限度内，人们才可能依自己的意志从事一定的行为。这个界限就是不得损害国家利益、社会公共利益和他人合法权益。我国民法不仅确立了民事权利行使的目的和界限，而且也确立了诚实信用、公序良俗等原则，以维护社会公共利益和公共道德，这是个人利益和社会利益统一的表现。

(2) 不得滥用权利造成他人的损害。民事主体在行使自由和权利的时候，不得损害国家的、社会的、集体的和其他民事主体的合法的自由和权利，这就是禁止滥用权利。根据民法典的规定，民事主体不得滥用民事权利损害国家利益、社会公共利益或者他人合法权益。是否构成滥用民事权利，人民法院可以根据权利行使的对象、目的、时间、方式、造成当事人之间利益失衡的程度等因素作出认定。行为人以损害国家利益、社会公共利益、他人合法权益为主要目的行使民事权利的，应当认定构成滥用民事权利。构成滥用民事权利的，应当认定该滥用行为不发生相应的法律效力。滥用民事权利造成损害的，依照侵权责任的有关规定处理。

(3) 民事权利的行使必须符合诚实信用原则。只有严格遵循诚实信用原则，权利人才能正当地行使民事权利，建立和谐的经济生活秩序，保障财产流转的正常进行。

15. 试论侵害英雄烈士等的人格利益的民事责任。

【参考答案】(1) 为了有效保护英雄烈士等的人格利益，我国民法典规定，侵害英雄烈士等的姓名、肖像、名誉、荣誉，损害社会公共利益的，应当承担民事责任。该规定对侵害英雄烈士等人格利益的民事责任作出了规定，具有重要的现实意义。

(2) 侵害英雄烈士等的人格利益民事责任的构成要件有：①侵害了英雄烈士等的人格利益。行为人承担民事责任必须是侵害了英雄烈士等的人格利益，且同时损害社会公共利益。②侵害了姓名、肖像、名誉、荣誉四项人格利益。我国民法典将英雄烈士等的人格利益限于姓名、肖像、名誉、荣誉四项，只要行为人侵害了英雄烈士等的姓名、肖像、名誉、荣誉四项人格利益，且损害社会公共利益的，就应当承担民事责任。③须损害社会公共利益。由于英雄烈士等的人格利益常常与社会公共利益联系在一起，英雄烈士等的人格利益构成我国社会主义核心价值观的重要组成部分，恶意诋毁、侮辱民族英雄和革命先烈，侵害英雄烈士等的姓名、肖像、名誉、荣誉的行为同时也会伤害社会公众的民族感情，涉嫌损害社会公共利益，因此需要特别保护。

(3) 行为人侵害了英雄烈士等的姓名、肖像、名誉、荣誉四项人格利益的，应由英雄烈士的近亲属提出请求，救济英雄烈士等的人格利益遭受的侵害；在英雄烈士等没有近亲属或者近亲属不提出保护人格利益的请求的，由检察机关提出请求，以维护社会公共利益。

16. 试论我国民法典对胎儿利益的保护。

【参考答案】(1) 胎儿是指妊娠8周以后的胎体。胎儿在民法上具有特殊的意义。我国民法典规定，涉及遗产继承、接受赠与等胎儿利益保护的，胎儿视为具有民事权利能力。但是，胎儿娩出时为死体的，其民事权利能力自始不存在。依据该规定，胎儿并不是民事主体，但其利益仍然受到法律保护。在涉及遗产继承、接受赠与等时，胎儿视为具有民事权利能力。也就是说，胎儿本身并不是民事主体，只是在需要受到法律保护的情形下，可以适用民事主体的相关规则对其进行保护。总体而言，我国民法典将胎儿拟制为具有民事权利能力，以充分全面地保护胎儿的利益。

（2）我国民法典对胎儿利益的保护体现在如下几个方面：第一，涉及遗产继承利益。我国民法典继承编对胎儿继承时的特留份利益作出了规定，而从民法典总则编规定来看，在涉及遗产继承时，胎儿视为具有民事权利能力，这实际上是在继承编规定的基础上，扩大了胎儿在遗产继承中的利益范围，不再限于特留份利益。第二，涉及接受赠与利益。在胎儿娩出前，如果有人对其作出赠与时，该项赠与有效，胎儿可以保有该赠与利益。第三，涉及其他利益。涉及其他利益主要是指在胎儿娩出前，其健康权遭受侵害，可以在娩出后请求侵权人承担侵权责任。但是，如果胎儿娩出时是死体的，则视为胎儿自始不具有民事权利能力，因此，胎儿在娩出前因继承、接受赠与等原因所取得的利益，也自始不存在。

17. 试论限制民事行为能力。

【参考答案】（1）限制民事行为能力是指法律赋予那些达到一定年龄但尚未成年和虽已成年但精神不健全、不能完全辨认自己行为后果的自然人所享有的，可以从事与自己的年龄、智力和精神健康状况相适应的民事活动的能力。限制民事行为能力人实施的民事法律行为是否与其年龄、智力、精神健康状况相适应，人民法院可以从行为与本人生活相关联的程度，本人的智力、精神健康状况能否理解其行为并预见相应的后果，以及标的、数量、价款或者报酬等方面认定。

（2）根据我国民法典的规定，限制民事行为能力人有两种：第一，8 周岁以上的未成年人。我国民法典规定，8 周岁以上的未成年人为限制民事行为能力人，实施民事法律行为由其法定代理人代理或者经其法定代理人同意、追认；但是，可以独立实施纯获利益的民事法律行为或者与其年龄、智力相适应的民事法律行为。第二，不能完全辨认自己行为的成年人。一些成年人也可能因精神、智力障碍而不能完全辨认自己行为的内容与法律后果，不能独立实施一些民事活动，其也应当属于限制民事行为能力人。我国民法典规定，不能完全辨认自己行为的成年人为限制民事行为能力人，实施民事法律行为由其法定代理人代理或者经其法定代理人同意、追认；但是，可以独立实施纯获利益的民事法律行为或者与其智力、精神健康状况相适应的民事法律行为。

（3）对于限制民事行为能力人来说，法律只允许其从事纯获利益的民事法律行为和与其智力及精神健康状况相适应的民事法律行为。限制民事行为能力人依法不能独立实施的民事法律行为，则应当由其法定代理人代理实施。根据民法典的规定，限制民事行为能力人的监护人是其法定代理人，限制民事行为能力人依法不能独立实施的民事法律行为，应当由其监护人代理实施，否则应当属于效力未定的民事法律行为。根据民法典的规定，在经法定代理人事先同意或者事后追认的情形下，限制民事行为能力人可以独立实施各类民事法律行为。但是，对于上述民事法律行为以外的其他比较复杂及重大的民事法律行为，则应当由其法定代理人代理或者征得其法定代理人同意后进行。

18. 试论营利法人出资人的责任。

【参考答案】（1）营利法人的出资人不得滥用出资人权利损害法人或者其他出资人的利益。滥用出资人权利造成法人或者其他出资人损失的，应当依法承担民事责任。出资人滥用权利的行为，在某种意义上就是一般的侵权行为，往往也会侵害法人或者其他出资人的利益，应当承担一定的民事责任。但是出资人权利滥用的行为，应当是在其合法享有的权利基础上进行的行为，如果不是基于出资人的权利，也不构成出资人权利滥用的行为。出资人承担的民事责任属于一般的过错责任。营利法人的出资人不得滥用出资人权利损害法人或者其他出资人的利益，对于保护中小股东利益、维护交易安全具有重大意义。

（2）营利法人的出资人不得滥用法人独立地位和出资人有限责任损害法人债权人的利益。根据民法典的规定，滥用法人独立地位和出资人有限责任，逃避债务，严重损害法人债权人的利益的，应当对法人债务承担连带责任。为了实现实质正义，依据法定的条件和范围，要求该出资人直接向营利法人的债权人履行民事义务和承担民事责任。这是营利法人的人格否认制度或者“揭开公司面纱”制度，以营利法人具有独立人格为前提，其设立目的是更好地保护债权人和营利法人的利益。

19. 试论我国民法典中的捐助法人。

【参考答案】（1）捐助法人是指具备法人条件，为公益目的以捐助财产设立的基金会、社会服务机构等，经依法登记成立，取得捐助法人资格。捐助法人具有非营利性，其设立目的具有公益性，且不能将利润分配给捐助人；捐助法人是财产的集合体，是以财产的集合为基础的法人。捐助法人没有成员或会员，捐助法人管理者的变动不影响捐助法人的存在。捐助法人的设立必须办理登记手续。依法设立的宗教活动场所，具备法人条件的，可以申请法人登记，取得捐助法人资格。法律、行政法规对宗教活动场所有规定的，依照其规定。设立捐助法人应当依法制定法人章程。通过制定章程，可以使捐助法人的捐助目的得以明确，从而使捐助法人的设立和运行都符合捐助人的意愿。

（2）捐助法人应当具有完善的法人治理结构。捐助法人应当设理事会、民主管理组织等决策机构，并设执行机构。理事长等负责人按照法人章程的规定担任法定代表人。捐助法人应当设监事会等监督机构。

（3）为了保证捐助法人的规范运行，使捐助法人能够贯彻捐助人的意志，捐助人应当享有一些权利。根据民法典的规定，捐助人有权向捐助法人查询捐助财产的使用、管理情况，并提出意见和建议，捐助法人应当及时、如实答复。捐助法人的决策机构、执行机构或者法定代表人作出决定的程序违反法律、行政法规、法人章程，或者决定内容违反法人章程的，捐助人等利害关系人或者主管机关可以请求人民法院撤销该决定。但是，捐助法人依据该决定与善意相对人形成的民事法律关系不受影响。

20. 试论设立中的法人。

【参考答案】（1）设立中的法人是指从设立法人开始至法人成立之前的组织。设立中的法人具有如下特征：第一，它是主要从事设立行为的组织。设立中的法人主要从事设立行为。为了设立法人，设立中的法人要从事一些民事法律行为，从而发生一定的债权债务关系。第二，它的民事权利能力和民事行为能力受到严格限制。设立中的法人不能以法人的名义从事民事活动，其虽然有一定的民事权利能力和民事行为能力，但其权利能力的范围仅限于从事必要的设立行为，凡是超出设立目的范围的民事法律行为不得实施。第三，设立中的法人与设立后的法人具有同一性。设立的法人在设立中所形成的权利义务关系都由设立后的法人承担。

（2）设立人为设立法人从事的民事活动，其法律后果由法人承受；法人未成立的，其法律后果由设立人承受，设立人为二人以上的，享有连带债权，承担连带债务。设立人为设立法人以自己的名义从事民事活动产生的民事责任，第三人有权选择请求法人或者设立人承担。

21. 试论非法人组织的财产责任。

【参考答案】（1）非法人组织的财产责任是指非法人组织对非法人组织代表人的行为承担的后果。非法人组织不同于法人，不能独立承担民事责任，在其财产不足以清偿债务时，其出资人或者设立人仍然需要对该债务承担责任。根据民法典的规定，非法人组织的财产不足以清偿债务的，其出资人或者设立人承担无限责任。法律另有规定的，依照其规定。

（2）非法人组织应当首先以非法人组织的财产清偿债务，这是非法人组织的独立责任。凡是非法人组织有自己财产的，应当以自己的财产承担责任。非法人组织的财产不足以清偿债务的，则应由其出资人或者设立人承担无限责任，即非法人组织的设立人或者出资人需要以其个人的全部财产对非法人组织的债务承担责任。就非法人组织的设立人或者出资人之间的关系而言，其应当对非法人组织的债务承担连带清偿责任，即非法人组织的每个设立人或者出资人连带对债权人承担清偿责任，债权人可以选择其中一人、数人或者请求其全体承担全部清偿责任。在某一设立人或者出资人清偿全部债务后，其他设立人或者出资人的清偿责任也随之消灭。如果有法律特别规定非法人组织的出资人或者设立人无须对非法人组织资不抵债部分的债务承担无限连带责任或者有其他限制的，则依据该具体规定确定出资人、设立人的责任。《合伙企业法》对有限合伙人承担的财产责任的规定为法律特别规定的情况，即有限合伙人以其认缴的出资额为限对合伙企业债务承担责任。因此，在清偿合伙企业债务时，有限合伙人所认缴的出资额是其财产责任承担的上限。

★22. 试论民事法律行为的有效要件。

【参考答案】民事法律行为的有效要件包括实质要件和形式要件。在绝大多数情况下，民事法律行为只要具备实质要件就发生法律效力，但在某些特殊的情况下，民事法律行为还须具备形式要件才发生效力。对于要式的法律行为，如果没有采取相应的形式，该行为无效；对于不要式的法律行为，当事人应在法律允许的范围内选择适用口头形式或书面形式，也可以采取其他形式。

民事法律行为的实质有效要件包括：

（1）行为人合格。行为人合格是指行为人具有相应的民事行为能力。民事法律行为是设立、变更或消灭民事法律关系的行为，没有民事行为能力的主体，不能正确判断自己行为的性质和正确预见自己的行为后果，就不能独立实施民事法律行为，所以，当事人的民事行为能力是民事法律行为的首要条件。“相应的民事行为能力”指行为能力与其所进行的民事法律行为要相适应。如完全民事行为能力人可以独立进行法律允许的一切民事活动；8周岁以上的未成年人可以进行与其年龄、智力相适应的民事法律行为，法人在进行民事法律行为时，也须在法定活动范围内，或在核准登记的经营范围内实施。

（2）意思表示真实。所谓意思表示真实，是指行为人的外部表示与其内心的真实意思相一致。实际生活中，造成行为人意思表示不真实的主要有两种情况：一是由于相对人或者第三人的胁迫、欺诈，使行为人在违背真实意思的情况下而为民事行为；二是由于行为人自己对该行为的重大误解，使其行为与其内在意思不一致。对意思表示不真实的行为，根据不同的情况，应当认定为无效或可撤销。

（3）不违反法律、行政法规的强制性规定，不违背公序良俗。不违反法律和不违背公序良俗是民事法律行为有效的重要条件。不违法是指行为内容和形式都不违法。公序良俗是社会公共秩序和善良风俗的合称，民事主体进行民事活动必须与公序良俗相符，违背公序良俗的行为是无效的。

★23. 试论无效的民事法律行为。

【参考答案】（1）无效的民事法律行为是指因欠缺民事法律行为的有效要件而不产生法律效力的民事法律行为。

（2）无效的民事法律行为具有如下特征：①无效的民事法律行为具备了民事法律行为的成立要件，但不具备有效要件，因此，不能发生当事人所预期的法律后果。②无效的民事法律行为绝对、确定无效，没有任何事实可以使其有效，且包括当事人在内的任何人均有权主张该行为无效。③无效的民事法律行为自始当然无效，无须任何人主张。

（3）无效的民事法律行为的情形有：①无民事行为能力人实施的民事法律行为无效。②行为人与相对人以虚假的意思表示实施的民事法律行为无效。③违反法律、行政法规的强制性规定的民事法律行为无效，但是该强制性规定不导致该民事法律行为无效的除外。④行为人与相对人恶意串通，损害他人合法权益的民事法律行为无效。

（4）民事法律行为被确认无效以后依法产生如下法律后果：①返还财产。民事法律行为被确认无效，当事人因该行为取得的财产应当返还给对方。如果一方取得，取得方应返还给对方；如果双方取得，则双方返还。②赔偿损失。民事法律行为被确认无效后，有过错的当事人应当赔偿对方的损失；双方有过错的，则应各自承担相应的责任。③收归国家、集体所有或者返还第三人。双方恶意串通，实施民事法律行为损害国家、集体或者第三人利益的，应当追缴双方取得的财产，收归国家、集体所有或者返还第三人。

24. 试论重大误解的民事法律行为。

【参考答案】（1）重大误解的民事法律行为是指行为人对于民事行为产生错误的理解，并基于这种错误理解而为的民事法律行为。我国民法典规定，基于重大误解实施的民事法律行为，行为人有权请求人民法院或者仲裁机构予以撤销。重大误解的民事法律行为是可撤销的民事法律行为。

（2）重大误解的民事法律行为的成立需要具备的条件有：①表意人对民事法律行为的内容发生了重大误解。从维护交易安全的角度出发，并非所有误解都会导致民事法律行为被撤销，只有在表意人对民事法律行为的内容发生重大误解时，才能导致民事法律行为成为可撤销的民事法律行为。判断误解是否重大，应以客观上实质性地影响了当事人的权利义务关系作为认定标准。行为人对行为的性质、对方当事人或者标的物的品种、质量、规格、价格、数量等产生错误认识，按照通常理解如果不发生该错误认识行为人就不会作出相应意思表示的，可以认定为重大误解。行为人能够证明自己实施民事法律行为时存在重大误解，有权请求撤销该民事法律行为；但是，根据交易习惯等认定行为人无权请求撤销的除外。②表意人因为误解作出了意思表示。一方面，表意人要将其意思表示表达出来，否则无从评价其是否存在误解问题。另一方面，表意人作出的意思表示必须是因为误解造成的，也就是说，表意人的错误认识与其作出的意思表示之间具有因果关系。③误解是由误解方自己的过失造成的，而不是因为受他人的欺骗或不正当影响造成的。误解都是由表意人的过失造成的，即表意人存在不注意、不谨慎的过失。

（3）因重大误解而为的民事法律行为，重大误解的当事人自知道或者应当知道撤销事由之日起90日内行使撤销权。撤销权一旦行使，经法院确认，将使重大误解的民事法律行为的效力溯及既往地消灭。法律行为一经撤销，则自始无效，当事人应当依法互相返还财产、恢复原状。如果重大误解的当事人自知道或者应当知道撤销事由之日起90日内没有行使撤销权，或者重大误解的当事人知道撤销事由后明确表示或者以自己的行为表明放弃撤销权的，撤销权消灭。重大误解的当事人自民事法律行为发生之日起5年内没有行使撤销权的，撤销权消灭。

25. 试论因受欺诈实施的民事法律行为。

【参考答案】因受欺诈实施的民事法律行为是可撤销的民事法律行为。故意告知虚假情况，或者负有告知义务的人故意隐瞒真实情况，致使当事人基于错误认识作出意思表示的，构成欺诈。因受欺诈实施的民事法律行为具体分为如下两种情况：

（1）一方以欺诈手段，使对方在违背真实意思的情况下实施的民事法律行为。民法典规定，一方以欺诈手段，使对方在违背真实意思的情况下实施的民事法律行为，受欺诈方有权请求人民法院或者仲裁机构予以撤销。欺诈是指行为人故意实施的，以引起、强化或维持他人的错误认识并使其基于此错误认识而作出意思表示为目的的欺骗行为。因受欺诈实施的民事法律行为的成立需具备的条件有：①欺诈方具有欺诈的故意。欺诈方明知自己告知虚假情况或隐瞒真实情况会使受欺诈方陷入错误认识，而希望或放任这种结果的发生。②欺诈方实施了欺诈行为。欺诈方故意陈述虚假事实或故意隐瞒真实情况使受欺诈方陷入错误，构成欺诈行为。③受欺诈方因受欺诈陷入错误认识。一方面，欺诈行为与认识错误之间有因果联系；另一方面，受欺诈方基于虚假信息而对民事法律行为内容发生错误认识。④受欺诈方因错误认识而作出了意思表示。受欺诈方在因受欺诈发生了错误认识以后，基于错误的认识作出了意思表示并实施了民事法律行为。

（2）第三人实施欺诈行为，使一方在违背真实意思的情况下实施的民事法律行为。民法典规定，第三人实施欺诈行为，使一方在违背真实意思的情况下实施的民事法律行为，对方知道或者应当知道该欺诈行为的，受欺诈方有权请求人民法院或者仲裁机构予以撤销。第三人欺诈是指民事法律行为当事人以外的第三人故意实施的，以引起、强化或维持他人的错误认识并使其基于此错误认识而作出意思表示为目的的欺骗行为。第三人实施欺诈行为构成可撤销的民事法律行为应当符合的条件有：①必须是当事人以外的第三人实施了欺诈行为。②受欺诈方因为第三人的欺诈行为而实施民事法律行为，且受欺诈方实施的民事法律行为与第三人实施的欺诈行为之间有因果关系。③相对人知道或者应当知道第三人实施了欺诈行为，该民事法律行为才是可撤销的。

因受欺诈实施的民事法律行为，受欺诈方自知道或者应当知道撤销事由之日起1年内行使撤销权。撤销权一旦行使，经法院确认，将使因受欺诈实施的民事法律行为的效力溯及既往地消灭。法律行为一经撤销，则自始无效，当事人应当依法互相返还财产、恢复原状。如果受欺诈方自知道或者应当知道撤销事由之日起1年内没有行使撤销权，或者受欺诈方知道撤销事由后明确表示或者以自己的行为表明放弃撤销权的，撤销权消灭。受欺诈方自民事法律行为发生之日起5年内没有行使撤销权的，撤销权消灭。

26. 试论因受胁迫实施的民事法律行为。

【参考答案】（1）因受胁迫实施的民事法律行为是指一方或者第三人以胁迫手段，使对方在违背真实意思的情况下实施的民事法律行为。以给自然人及其近亲属等的人身权利、财产权利以及其他合法权益造成损害或者以给法人、非法人组织的名誉、荣誉、财产权益等造成损害为要挟，迫使其基于恐惧心理作出意思表示的，构成胁迫。我国民法典规定，一方或者第三人以胁迫手段，使对方在违背真实意思的情况下实施的民事法律行为，受胁迫方有权请求人民法院或者仲裁机构予以撤销。因受胁迫实施的民事法律行为是可撤销的民事法律行为。

（2）因受胁迫实施的民事法律行为构成可撤销的民事法律行为的条件有：①一方或者第三人实施了胁迫行为。胁迫是指一方当事人或第三人向对方或其亲属预告危害，使其发生恐惧心理，并基于这种恐惧心理而作出的违背其真实意思的行为。胁迫的内容包括以将要发生的损害相威胁，或者以直接面临的损害相威胁。②胁迫方有胁迫的故意。首先，胁迫方意识到自己的行为将造成受胁迫方心理上的恐惧而故意进行威胁。其次，胁迫方希望通过胁迫行为使受胁迫方作出某种意思表示。无论是对方当事人实施胁迫行为，还是第三人实施胁迫行为，受胁迫方有权撤销该民事法律行为。③受胁迫方因受胁迫而实施了民事法律行为。受胁迫方实施的民事法律行为与胁迫行为之间有因果关系。④胁迫行为是非法的。如果一方有合法的根据对另一方施加某种压力，则不构成胁迫。

（3）因受胁迫实施的民事法律行为，当事人应自胁迫行为终止之日起1年内行使撤销权。撤销权一旦行使，经法院确认，将使因受胁迫实施的民事法律行为的效力溯及既往地消灭。法律行为一经撤销，则自始无效，当事人应当依法互相返还财产、恢复原状。如果当事人受胁迫，自胁迫行为终止之日起1年内没有行使撤销权，或者当事人知道撤销事由后明确表示或者以自己的行为表明放弃撤销权的，撤销权消灭。当事人自民事法律行为发生之日起5年内没有行使撤销权的，撤销权消灭。

27. 试论显失公平的民事法律行为。

【参考答案】（1）显失公平的民事法律行为是指在双方、有偿的民事法律行为中，一方利用对方处于危困状态、缺乏判断能力等情形，致使民事法律行为成立时显失公平的民事法律行为。我国民法典规定，一方利用对方处于危困状态、缺乏判断能力等情形，致使民事法律行为成立时显失公平的，受损害方有权请求人民法院或者仲裁机构予以撤销。显失公平的民事法律行为是可撤销的民事法律行为。

（2）显失公平的民事法律行为具有以下特点：①一方利用对方处于危困状态、缺乏判断能力等情形。②行为结果对一方当事人有重大不利，而另一方则获得显然超过了正常情况下所能获得的利益（暴利）。③不利一方当事人所为民事法律行为并非其本意，而是由于处于危困状态、缺乏判断能力等原因。利用危困状态，是指利用某人因陷入某种暂时性的急迫困境，从而急需金钱或有其他急需的状态。利用对方缺乏判断能力，是指利用对方欠缺一般的生活经验或交易经验。④这种不公平是法律所不允许的，或者是当时社会所公认的不公平。需要注意的是，显失公平仅指一方利用对方处于危困状态、缺乏判断能力等情形所造成的不公平，而不包括因为受欺诈或受胁迫而造成的不公平。

（3）显失公平的民事法律行为，当事人自知道或者应当知道撤销事由之日起 1 年内行使撤销权。撤销权一旦行使，经法院确认，将使显失公平的民事法律行为的效力溯及既往地消灭。法律行为一经撤销，则自始无效，当事人应当依法互相返还财产、恢复原状。如果当事人自知道或者应当知道撤销事由之日起 1 年内没有行使撤销权，或者当事人知道撤销事由后明确表示或者以自己的行为表明放弃撤销权的，撤销权消灭。当事人自民事法律行为发生之日起 5 年内没有行使撤销权的，撤销权消灭。

★ 28. 试论效力未定的民事法律行为。

【参考答案】（1）效力未定的民事法律行为是指民事法律行为成立之后，是否能发生效力尚不能确定，有待享有形成权的第三人作出追认或拒绝的意思表示来使之有效或无效的民事法律行为。

（2）效力未定的民事法律行为具有如下特征：①效力未定的民事法律行为已经成立，但因缺乏处分权或行为能力而使效力不齐备。②效力未定的民事法律行为的效力既非完全无效，也非完全有效，而是处于一种效力不确定的中间状态。③效力未定的民事法律行为是否发生效力尚不能确定，有待于其他行为或事实使之确定。

（3）现行法认可的效力未定的民事法律行为的情形主要有：①限制民事行为能力人从事依法不能从事的法律行为，其行为效力有待其法定代理人确认。②无权代理行为，但表见代理除外。

（4）效力未定的民事法律行为的效力确定基于以下不同法律事实：①真正的权利人行使追认权，对效力未定的民事法律行为进行事后追认。追认是一种单方意思表示，无须相对人的同意即可发生法律效力。②善意相对人行使撤销权，从而使效力未定的民事法律行为归于无效。③效力未定的民事法律行为会因特定事实的出现而补正其效力。

29. 试论民法典上的职务代理制度。

【参考答案】（1）职务代理是指根据代理人所担任的职务而产生的代理，即法人或者非法人组织的成员以及主要工作人员在其职权范围内所从事的民事法律行为，无须法人或者非法人组织的特别授权，其法律效果应当由法人或者非法人组织承担的代理。我国民法典规定，执行法人或者非法人组织工作任务的人员，就其职权范围内的事项，以法人或者非法人组织的名义实施的民事法律行为，对法人或者非法人组织发生效力。我国民法典确认职务代理的意义在于，它使我国委托代理的代理权来源多元化，且有利于维护交易安全，保护善意第三人的利益。

（2）职务代理的构成要件有：①被代理人必须是法人或者非法人组织。职务代理只可能是法人或者非法人组织的工作人员在其职务范围内实施的行为。被代理人不能是自然人。②代理人必须是法人或者非法人组织的法定代表人以外的其他工作人员。职务代理是法人或者非法人组织内部的人员在其职务范围内所为的行为。③代理权的来源是法人或者非法人组织内的特定职权范围。职务代理不需要代理权的授权行为。职务代理中的代理人是被代理人的工作人员，其担任一定的职务所具有的职权范围就是其获得的代理权。因此，职务代理人在其职务范围内所为的行为，应视为其为所在单位所为的代理行为，法律后果应由法人或者非法人组织承担，而且此种代理无须授权。④职务代理属于广义上的委托代理。在职务代理的情形下，被代理人虽然没有单独授予代理权相关的代理权限，但代理人基于其职务关系，也可以享有相应的代理权。因此，从本质上说，职务代理是基于当事人之间的合同关系而产生的，其属于委托代理的一种。

（3）我国民法典规定，法人或者非法人组织对执行其工作任务的人员职权范围的限制，不得对抗善意相对人。由于善意相对人（第三人）并不可能知道法人或者非法人组织内部对其工作人员职权范围的限制，如果事后法人或者非法人组织可以内部存在的职权范围而不承认工作人员的代理行为，那么相对人的交易安全就得不到保障，因此，法人或者非法人组织对执行其工作任务的人员职权范围的限制，不得对抗善意相对人，以维护交易安全，保护善意相对人的利益。

30. 试论代理权的行使原则及效力。

【参考答案】（1）代理人应在代理权限范围内行使代理权。代理人只有在代理权限范围内进行代理行为，才能由被代理人承担法律后果，超越代理权限所为的行为，除被代理人追认的以外，对被代理人不发生法律效力，而由代理人承担责任。被代理人知道代理人超越代理权为民事活动不作否认表示的，由代理人和被代理人承担连带责任。

（2）代理人应为维护被代理人的利益而行使代理权。代理人的职责就是为被代理人服务，所以代理人应从被代理人的利益出发，本着对被代理人最有利的原则行使代理权，也只有在为了被代理人的利益的情况下才能转委托。代理人不履行或者不完全履行职责，造成被代理人损害的，应当承担民事责任。

（3）代理人不得滥用代理权。滥用代理权主要包括三种类型：①自己代理。这是指代理人以被代理人的名义与自己进行民事活动的行为。该行为通常为无效行为，但是被代理人同意或者追认的除外。②双方代理。这是指代理人以被代理人的名义与自己代理的其他人进行民事活动的行为。该行为原则上无效，但是被代理的双方同意或者追认的除外。③代理人与相对人恶意串通。此种行为属于无效的民事行为，给被代理人造成损害的，由代理人和相对人负连带责任。

31. 试论复代理（转委托）。

【参考答案】（1）复代理是指代理人为了被代理人的利益需要，将其享有的代理权的全部或一部分转委托给他人行使而产生的代理。此种代理是基于转委托而形成的代理关系，所以，又称为再代理或转委托。

（2）复代理具有如下特征：①代理人以自己的名义为被代理人选定代理人。复代理人是直接由代理人选定的，而不是由被代理人选定的，如果是由被代理人选定并授予代理权的，则属于本代理。在复代理关系中，代理人选定复代理人，仍然是为了被代理人的利益，而不是为了代理人的利益。复代理人和代理人并不是被代理人的共同代理人。②复代理人是被代理人的代理人，而不是代理人的代理人。在复代理中，委托代理关系并未终止，只不过是代理人将代理权限依法转托给他人而已。③复代理人是代理人基于代理人的复任权而选任的。

（3）复代理在适用中应当符合一定的法律规则，以维护被代理人的利益。在复代理中，代理人只有在特殊情况下，为了维护被代理人的利益才能转委托。根据我国民法典的规定，转委托需具备如下条件：①转委托须事先征得被代理人的同意或事后得到追认。否则，代理人对转委托的第三人的行为承担责任。因为代理是一种人身信任关系，代理人信任的人被代理人不一定信任，何况代理的法律后果是由被代理人来承受的。所以，转委托须事先征得被代理人的同意或事后得到追认。②转委托须为了维护被代理人的利益。在完成预定的代理的任务的情况下，为了维护被代理人的利益，才有必要进行转委托。③在紧急情况下，代理人为了维护被代理人的利益而转委托的，不论被代理人是否同意，均产生转委托的法律效力。所谓“紧急情况”，是指由于急病、通讯联络中断、疫情防控等特殊原因，委托代理人自己不能办理代理事项，又不能与被代理人及时取得联系，如不及时转委托第三人代理，会给被代理人的利益造成损失或者扩大损失的情况。

（4）转委托产生如下法律后果：转委托代理经被代理人同意或者追认的，被代理人可以就代理事务直接指示转委托的第三人，代理人仅就第三人的选任以及对第三人的指示承担责任。转委托代理未经被代理人同意或者追认的，代理人应当对转委托的第三人的行为承担责任；但是，在紧急情况下代理人为了维护被代理人的利益需要转委托第三人代理的除外。

★32. 试论表见代理。

【参考答案】（1）表见代理是指行为人虽没有代理权，但第三人在客观上有理由相信其有代理权而与其实施法律行为，该法律行为的后果由本人承担的代理。表见代理在代理制度中起协调本人利益和相对人利益的作用，通过对善意第三人利益的保护而达到维护交易秩序的目的。

（2）表见代理的构成要件有：1）代理人无代理权。代理人在实施代理行为时，并无本人的授权，或虽有授权，但并未授权其可实施超出特定授权范围的行为。如果代理人对所实施的行为有代理权，当然不发生表见代理。2）该无权代理人有被授予代理权的外观。如果无权代理人以被代理人名义实施法律行为，但又没有任何迹象表明其被授权，那么不存在表见代理问题，即表见代理的成立须有“外表授权”的存在。如合同的签订人持有被代理人的介绍信签订合同、使用被代理人的合同专用章或盖有印章的空白合同书签订合同等，即属于有被授予代理权的外观。3）相对人不知道行为人行为时没有代理权，且无过失。这是与第二个条件相联系的一个要件，因为虽有外表授权的存在，但如果相对人不相信，那么仍然不构成表见代理，而是狭义的无权代理。相对人如果有过失而不知行为人没有代理权，则不构成表见代理。4）相对人基于信任而与该无权代理人成立法律行为。这是判定是否构成表见代理的最终标准，虽然有以上三个要件，但最终相对人若未与该无权代理人就所谓的代理内容成立法律行为，那么也不构成表见代理。

（3）表见代理成立后，产生类似有权代理的法律后果。由被代理人承担代理行为所带来的法律后果，即享有其权利、承担其义务。当然，被代理人有权要求无权代理人赔偿因无权代理而造成的损失。

33. 试论物权和债权的关系。

【参考答案】（1）物权是权利主体依法直接支配特定的物并享受其利益的排他性权利，包括所有权、用益物权和担保物权。债权是债权人所享有的请求债务人为特定行为的权利。

（2）物权和债权是民法中两类最基本的财产权，二者联系紧密：物权是债权的基础，没有物权就无所谓债权；债权是物权运动的结果，物权运动的结果导致债权的发生；物权维护静的财产安全，债权维护动的财产安全，二者共同作用于社会，对社会的财产关系各起着不可替代的调整作用。

（3）物权和债权是不同性质的两类财产权，其区别有：①权利性质不同。在权利的性质上，物权是支配权，而债权则是一种请求权。物权以物为支配对象，包括对物的全面支配和限定支配。物权人无须借助他人的行为就能行使其权利，并通过对标的物的直接管领、支配来实现自己的利益。对物进行支配，不是物权人的目的而是物权人的手段，物权人的目的在于通过支配而取得物之利益。债权人不能直接支配债务人的财产，只能请求债务人为或不为一定行为。②权利效力范围不同。在权利效力范围上，物权是绝对权，债权是相对权。物权的义务主体是权利人以外的一切人，故又称为对世权，而债权人则只能向特定的义务主体（债务人）主张权利，故债权又称为对人权。③权利客体不同。在权利的客体上，物权的客体是物，且原则上为有体物，而债权的客体则为行为。④权利效力不同。在权利的效力上，物权具有优先效力、追及效力、排他效力，而债权则没有这些效力。⑤权利发生不同。在权利的发生上，物权的设定采取法定主义，而债权（合同之债）的设定则采取任意主义。⑥权利保护方法不同。在权利的保护方法上，物权的保护以恢复权利人对物的支配为主要目的，偏重于“物上请求权”的方法，赔偿损失仅为补充方法，而债权的保护则主要采取赔偿损失的方法。

（4）物权和债权既有联系又有区别，在民法领域出现的债权物权化如租赁权的物权化，以及物权债权化如通过债权对物的利用形式日渐多元化等现象是二者存在关联的体现。但是，物权和债权作为两类性质不同的财产权，二者的区分仍然具有十分重要的意义。

★34．试论物权的效力。

【参考答案】物权的效力是指物权产生之后，为实现其内容，法律所赋予的效果与权能。

物权的效力体现在：

（1）物权的优先效力。物权的优先效力包括两个方面：①物权对于债权的优先效力。物权对于债权的优先效力体现在当物权与债权可能发生权利冲突时，物权原则上具有优先于债权的效力。如同一物上既有物权，又有以其为给付标的物的债权时，物权优先于债权。物权优先于债权也有例外，个别情形下法律赋予某些债权以优先于物权的效力，如“买卖不破租赁”规则，租赁物的买受人不得以其所有权对抗承租人的债权。②物权相互之间的优先效力。物权相互之间的优先效力要解决的是能够并存且可能发生权利冲突的若干个物权之间何者优先的问题。该问题的解决规则是原则上成立在先则效力优先，但法律另有规定的除外。

（2）物权的追及效力。物权的追及效力是指作为物权客体的物无论辗转流向何处，权利人均得追及于物的所在，行使其权利。但物权的追及效力要受到第三人依据善意取得制度取得物的所有权的阻却。

（3）物权的排他效力。物权的排他效力意味着同一物上不能同时存在两个或两个以上内容互不相容的物权，如一物之上只能存在一个所有权。在第三人因善意取得某物的所有权时，该物上原先存在的所有权消灭，物的原所有人不能再基于所有权请求返还原物。在同一物上，不能同时存在两个或两个以上性质互不相容的他物权。

35．试论物权的平等保护原则。

【参考答案】（1）平等保护原则是我国民法典物权编确立的一项基本原则，是民法中平等原则在物权领域的具体化。它意味着，我国法律对于物权，无论是国家的、集体的，还是私人的，都给予平等的保护。

（2）平等保护原则的基本内容包括：①法律地位平等。无论是国家享有的物权、集体享有的物权，还是私人享有的物权，所有民事主体在有关物权的法律规范中都具有平等地位。因为民法典物权编本来就是调整平等的民事主体因物的归属和利用而发生的民事关系的法律，既然国家、集体、私人与其他权利人之间是平等的民事主体，那么民法典对各类物权的变动以及内容的规定就一体适用各类物权。②适用规则平等。除法律有特别规定的外，各民事主体参与物权相关法律关系时平等适用我国民法典物权编所确立的规则。民法典物权编规定的各类保护物权的方法和手段适用于所有类型的物权。③保护的平等。无论是国家的、集体的还是私人的物权，都同样受到法律的保护，任何单位和个人均不得侵犯，所有民事主体受有关物权的法律规范的平等保护。

（3）平等地保护国家、集体和私人的物权之间并不矛盾。要通过多种途径提高公民对民法典物权编规定的认识，充分认识依据宪法和法律对国家、集体和私人的物权给予平等保护的重大意义，牢固树立依法平等保护和正确行使财产权利的物权观念。

★36．试论物权法定原则。

【参考答案】（1）物权法定原则是指物权的类型和内容以及物权的变动方式由法律规定，而不允许当事人自行创设的原则。物权的种类和内容由法律规定，其中的“法律”仅限于全国人大及其常委会制定的法律，而不包括行政法规、地方性法规和规章。

（2）物权法定原则的内容有：①类型强制。物权的种类由法律规定，当事人不得创设法律所不认可的新类型的物权，此谓“类型强制”。我国民法典规定的物权类型有所有权、用益物权和担保物权，当事人不得在民法典明确规定的物权类型之外创设新的物权类型。②内容强制。物权的内容由法律规定，当事人不得创设与物权的法定内容相悖的物权内容，此谓“内容强制”。物权的内容即物权的权利义务关系，当事人不得随意改变民法典内容的规定，不得作出与民法典规定相悖的约定。

（3）违反物权法定原则的法律后果是：①法律没有规定的物权，当事人不得自由设立，即使当事人有约定也不发生物权设定的法律效果。②当事人的约定部分违反内容强制的规定，但不影响其他部分效力的，物权仍得以设立，仅违反规定的内容无效。③违反该原则的行为无效不影响当事人之间其他法律行为的效力。

（4）确定物权法定原则的意义和理由在于：①有利于国计民生。物权如果任由当事人自由创设，会造成经济秩序混乱，不利于国计民生。②有效保护物权。只有当物权的种类和内容被明晰化并彼此独立出来，才能有效地保护这种绝对权。③有利于产权清晰、明确，进而节约交易成本，鼓励交易。

37. 试论基于法律行为的物权变动。

【参考答案】（1）物权的变动是指物权的设立、变更、转让和消灭。物权的变动分为基于法律行为的物权变动和非基于法律行为的物权变动。在基于法律行为的物权变动中，公示为物权变动的生效要件或者对抗要件。

（2）我国立法确立的物权变动模式究竟属于哪一种，现有的法律规定略显模糊。目前较为一致的看法是买卖、赠与、质押等债权合同并不足以引起物权变动，还须完成登记或者交付方可发生物权变动的效力。我国民法典规定，不动产物权的设立、变更、转让和消灭，应当依照法律规定登记。动产物权的设立和转让，应当依照法律规定交付。登记或者交付是合同的履行行为，未登记或者未交付并不影响债权合同的效力。而债权合同不成立、无效或被撤销的，也不可能发生物权变动的效果。上述将债权合同效力与物权变动效果加以区分的规则通常被称为区分原则。我国民法典规定，当事人之间订立有关设立、变更、转让和消灭不动产物权的合同，除法律另有规定或者当事人另有约定外，自合同成立时生效；未办理物权登记的，不影响合同效力。

（3）在确立了物权变动以登记或交付作为生效要件这一原则的同时，民法典特别规定了如下例外情形：①依法属于国家所有的自然资源，所有权可以不登记。②土地承包经营权的设立、互换和转让都不以登记作为生效要件，而是自土地承包经营权合同生效或互换、转让合同生效时设立。同时，土地承包经营权的互换和转让，又以登记为对抗要件，即未经登记，不得对抗善意第三人。③流转期限为5年以上的土地经营权，自流转合同生效时设立。当事人可以向登记机构申请土地经营权登记；未经登记，不得对抗善意第三人。承包方可以用承包地的土地经营权向金融机构融资担保，担保物权自融资担保合同生效时设立，当事人可以向登记机构申请登记；未经登记，不得对抗善意第三人。④地役权自地役权合同生效时设立。当事人要求登记的，可以向登记机构申请地役权登记；未经登记，不得对抗善意第三人。

38. 试论不动产预告登记。

【参考答案】（1）预告登记是指在当事人所期待的不动产物权变动所需要的条件缺乏或者尚未成就时，即权利取得人对未来取得物权享有请求权时，法律为保护这一债权请求权而进行的登记。预告登记是为了保全关于不动产物权的请求权而将该请求权加以登记的制度。预告登记具有临时性，并兼具债权性、物权性和从属性。

（2）预告登记的构成要件包括：①须存在符合要求的预告登记的客体，即“当事人签订买卖房屋的协议或者签订其他不动产物权的协议”。预告登记的客体是以实现不动产物权变动为目的的债权请求权。不动产预告登记的适用范围包括：商品房等不动产预售的；不动产买卖、抵押的；以预购商品房设定抵押权的；法律、行政法规规定的其他情形。②当事人之间有关于预告登记的约定。③登记机构在登记簿上进行了登记。

（3）预告登记的效力体现在：当事人签订买卖房屋的协议或者签订其他不动产物权的协议，为保障将来实现物权，按照约定可以向登记机构申请预告登记。预告登记后，未经预告登记的权利人同意，转让不动产所有权等物权，或者设立建设用地使用权、居住权、地役权、抵押权等其他物权的，不发生物权效力。预告登记后，债权消灭或者自能够进行不动产登记之日起 90 日内未申请登记的，预告登记失效。预告登记的买卖不动产物权的协议被认定无效、被撤销、被解除，或者预告登记的权利人放弃债权的，应当认定为“债权消灭”。

39．试论不动产更正登记和异议登记。

【参考答案】（1）更正登记是指当不动产登记簿存在错误时，登记机构依当事人的申请或依职权消除该错误而进行的登记。不动产物权变动只要进行登记，都不可避免地出现登记错误、遗漏登记的情形，更正登记能够及时消除因登记错误或遗漏而造成的登记权利与真正权利不一致的情形，有效地保护真实权利人的合法权益。我国民法典规定，权利人、利害关系人认为不动产登记簿记载的事项错误的，可以申请更正登记。不动产登记簿记载的权利人书面同意更正或者有证据证明登记确有错误的，登记机构应当予以更正。不动产登记簿记载的事项错误，既包括登记簿上的权利记载与实际权利状态不相符合，也包括错误的标示登记。

（2）异议登记是指登记机构将利害关系人对不动产登记簿登记事项的异议记载于登记簿上的行为。其适用情形是利害关系人要求进行更正登记而不动产登记簿记载的权利人不同意更正。我国民法典规定，不动产登记簿记载的权利人不同意更正的，利害关系人可以申请异议登记。但是，异议登记只是具有击破登记簿公信力的效力，它既不能推翻登记簿的推定力，更不能限制登记权利人的处分。因此，登记机构予以异议登记，申请人自异议登记之日起 15 日内不提起诉讼的，异议登记失效。异议登记不当，造成权利人损害的，权利人可以向申请人请求损害赔偿。异议登记失效的，不影响人民法院对当事人物权纠纷案件的实体审理。异议登记不以更正登记被拒绝为前置程序，任何利害关系人只要认为不动产登记簿记载的事项存在错误，就可以直接申请异议登记。

40．试论物上请求权。

【参考答案】（1）物上请求权是基于物权而产生的，旨在排除对物权现实的或者潜在的妨害，从而恢复圆满状态的请求权。物上请求权是附属于物权而产生的一类请求权，包括返还原物请求权、排除妨害请求权和消除危险请求权。

（2）返还原物请求权即所有权人以及其他物权人依法享有的请求无权占有其物或侵夺其物的人返还该物的请求权。我国民法典明确规定，无权占有不动产或者动产的，权利人可以请求返还原物。返还原物请求权不仅适用于动产，也适用于不动产，但是限于特定的被他人无权占有或侵夺的动产或不动产。返还原物请求权须具备如下构成要件：①请求权主体。只有所有权人和其他物权人才能享有返还原物请求权，其他权利人不能行使此项权利。②义务人。负担返还原物义务的人必须是原物的现实占有人，如果其已经丧失了占有或者将占有转移给他人，则不能针对其行使返还原物请求权。③占有的不法性。只有当占有人的占有状态具有不法性时，才能对其行使返还原物请求权。如果占有人对于原物是合法占有即有权占有时，所有权人不能请求其返还。在符合侵权行为的要件时，所有权人有权向该人请求侵权损害赔偿。

(3) 排除妨害请求权。排除妨害请求权即当所有权与他物权的圆满状态受到他人以侵夺占有或无权占有以外的方式的妨害时，物权人享有的请求排除妨害，使自己的权利恢复圆满状态的请求权。我国民法典明确规定，妨害物权的，权利人可以请求排除妨害。排除妨害请求权仅适用于不动产而不适用于动产。排除妨害请求权需具备如下构成要件：①请求权主体。享有排除妨害请求权的主体必须是所有权人以及其他依法能够享有排除妨害请求权的他物权人。②妨害必须是不法的即具有违法性。在所有权人或他物权人不负有特别容忍义务时，任何对所有权或他物权行使的圆满状态的阻碍都构成不法的妨害。权利人通过行使排除妨害请求权而使受到影响的权利恢复到从前的圆满状态，该排除妨害的费用由妨害人负担。

(4) 消除危险请求权。消除危险请求权即行为人的行为可能妨害物权的，权利人有权请求消除危险的一种物上请求权。我国民法典明确规定，可能妨害物权的，权利人可以请求消除危险。消除危险请求权中的危险必须是可以合理预见的、确实存在的且有对他人财产造成损害的可能。危险发生以后，应当由危险形成人承担消除危险的责任，因此消除危险的费用应当由危险设施的物权人承担。如果危险已经形成，但是并没有造成实际损害，则有可能遭受损害的人有权请求危险形成人消除危险，但是不能请求其承担侵权损害赔偿责任。

41. 试论所有权的权能及行使所有权的限制。

【参考答案】(1) 所有权的权能是指所有人为利用所有物以实现其对所有物的独占利益，而于法律规定的范围内可以采取的各种措施与手段，以及对他人不法干预的排除。所有权的权能包括积极权能和消极权能。所有权的积极权能包括占有、使用、收益和处分。占有权能是对所有物加以实际管领或控制的权利。使用权能是在不损毁所有物或不改变其性质的前提下，依照物的性能和用途加以利用的权利。使用权能也可以转移给非所有人行使，并且使用权能仅适用于非消耗物。收益权能是收取所有物所生利益（孳息）的权利。处分权能是对所有物依法予以处置的权利。处分权能是所有权内容的核心和拥有所有权的根本标志，通常只能由所有人自己行使。所有权的消极权能即排除他人的不法干涉，如请求排除妨害、消除危险、恢复原状、赔偿损失等。

(2) 所有权的行使受到一定的限制，这主要表现在：行使所有权不得违反法律规定；行使所有权不得妨害他人的合法权益；行使所有权时必须注意保护环境、自然资源和生态平衡；根据公共利益的需要，国家可以依法进行征收和征用。我国民法典规定，为了公共利益的需要，依照法律规定的权限和程序可以征收集体所有的土地和组织、个人的房屋以及其他不动产。征收组织、个人的房屋以及其他不动产，应当依法给予征收补偿，维护被征收人的合法权益；征收个人住宅的，还应当保障被征收人的居住条件。因抢险救灾、疫情防控等紧急需要，依照法律规定的权限和程序可以征用组织、个人的不动产或者动产。被征用的不动产或者动产使用后，应当返还被征用人。组织、个人的不动产或者动产被征用或者征用后毁损、灭失的，应当给予补偿。

42. 试论拾得遗失物。

【参考答案】(1) 拾得遗失物是指发现他人遗失物而予以占有的法律事实。遗失物是他人不慎丧失占有的动产，失散的饲养动物也被视为遗失物。拾得遗失物属于事实行为，拾得人有无行为能力在所不问。

(2) 拾得遗失物，应当返还权利人。拾得人应当及时通知权利人领取，或者送交公安等有关部门。有关部门收到遗失物，知道权利人的，应当及时通知其领取；不知道的，应当及时发布招领公告。如果拾得人经有权受领拾得物的人请求而拒绝返还的，应当承担侵权责任。拾得人在遗失物送交有关部门前，有关部门在遗失物被领取前，应当妥善保管遗失物。因故意或者重大过失致使遗失物毁损、灭失的，应当承担民事责任。

（3）权利人领取遗失物时，应当向拾得人或者有关部门支付保管遗失物等支出的必要费用。权利人悬赏寻找遗失物的，领取遗失物时应当按照承诺履行义务。拾得人侵占遗失物的，无权请求保管遗失物等支出的费用，也无权请求权利人按照承诺履行义务。遗失物自发布招领公告之日起 1 年内无人认领的，归国家所有。

★43. 试论善意取得制度。

【参考答案】（1）善意取得是指无处分权人将他人动产或者不动产让与第三人或者为第三人设定他物权时，如果第三人在取得该动产或者不动产的物权时系出于善意且符合其他条件，即取得该动产或者不动产的所有权或者他物权的制度。

（2）善意取得具有强化占有公信力、保护交易安全的功能。善意取得是适应商品交换的需要而产生的一项法律制度。我国民法典确认善意取得制度，有助于稳定社会经济秩序，维护正常的商品交换，从而有利于市场经济的健康发展，并充分发挥物的经济效用，其最终目的是维护交易安全。

（3）动产所有权善意取得的适用条件有：①标的物须为占有委托物且为非禁止流通物。②让与人系无处分权人。③受让人取得动产时出于善意。受让人受让动产时，不知道转让人无处分权，且无重大过失的，应当认定受让人为善意。受让人受让动产时，交易的对象、场所或者时机等不符合交易习惯的，应当认定受让人具有重大过失。④受让人以合理的价格受让。是否为“合理的价格”应当根据转让标的物的性质、数量以及付款方式等具体情况，参考转让时交易地市场价格以及交易习惯等因素综合认定。⑤已经完成交付。此处的交付不包括占有改定。

（4）不动产所有权善意取得的适用条件为：①让与人系无处分权人但具有权利外观。②受让人受让该不动产是善意的。受让人受让不动产时，不知道转让人无处分权，且无重大过失的，应当认定受让人为善意。③受让人以合理的价格受让。是否为“合理的价格”应当根据转让标的物的性质、数量以及付款方式等具体情况，参考转让时交易地市场价格以及交易习惯等因素综合认定。④已经办理了登记。

（5）善意取得的法律后果是：一是受让人取得转让不动产或者动产的所有权，原所有权人丧失所有权。二是受让人依照规定取得不动产或者动产的所有权的，原所有权人有权向无处分权人请求损害赔偿。三是善意受让人取得动产后，该动产上的原有权利消灭。但是，善意受让人在受让时知道或者应当知道该权利的除外。

44. 试论业主的专有权。

【参考答案】（1）专有权即专有部分所有权，系空间所有权，是建筑物区分所有权人对专有部分可自由占有、使用、收益及处分的权利。它是业主对特定的建筑空间单位即住宅或者经营性用房等专有部分享有的所有权。在构成建筑物区分所有权的三要素中，专有权具有主导性，具体体现在：①建筑物区分所有权人取得专有部分所有权即取得共有部分共有权及管理权；②专有部分所有权的大小决定共有权及管理权的大小；③建筑物区分所有权成立登记时，只登记专有部分所有权，而共有权及管理权并不单独登记。

（2）业主对专有部分享有占有、使用、收益和处分的权利，专有部分是业主专有权的客体。专有部分是指在构造上能够明确区分，具有排他性且可独立使用的建筑物部分。构成专有部分须具备三个条件：一是构造上的独立性，即“物理上的独立性”，从而能够明确区分。构造上的独立性即作为建筑物中属于业主专有的部分应当在建筑构造上能够与同一建筑物中的其他部分完全隔离。二是利用上的独立性，即“功能上的独立性”，可以排他使用。利用上的独立性即该部分能够被单独地使用，具有独立的使用价值。三是能够登记成为特定业主所有权的客体，即符合不动产单元的要求，可以被依法记载于不动产登记簿上。

（3）业主对专有部分享有的单独所有权应当受到以下限制：业主行使权利不得危及建筑物的安全，不得损害其他业主的合法权益。业主不得违反法律、法规以及管理规约，将住宅改变为经营性用房。业主将住宅改变为经营性用房的，除遵守法律、法规以及管理规约外，应当经有利害关系的业主一致同意。业主应当遵守法律、法规以及管理规约，相关行为应当符合节约资源、保护生态环境的要求。对于物业服务企业或者其他管理人执行政府依法实施的应急处置措施和其他管理措施，业主应当依法予以配合。业主大会或者业主委员会，对任意弃置垃圾、排放污染物或者噪声、违反规定饲养动物、违章搭建、侵占通道、拒付物业费等损害他人合法权益的行为，有权依照法律、法规以及管理规约，请求行为人停止侵害、排除妨碍、消除危险、恢复原状、赔偿损失。业主或者其他行为人拒不履行相关义务的，有关当事人可以向有关行政主管部门报告或者投诉，有关行政主管部门应当依法处理。

45. 试论按份共有份额的分割。

【参考答案】（1）按份共有财产的每个共有人有权请求将自己的份额分出。所谓分出即共有物的分割，它是指按份共有人请求分割共有物的行为。根据我国民法典的规定，按份共有人分割共有财产须遵循如下规则：一方面，如果共有人已经约定了不得分割共有的不动产或动产以维系共有关系的，那么按份共有人应当遵守这一约定，不得违约请求分割共有财产，除非存在重大理由需要分割。重大理由主要是指那些对于请求分割共有财产的共有人而言具有重要的法律上和生活上的利益的理由。另一方面，当按份共有人没有约定不得分割共有财产或者约定不明确时，按份共有人有权随时请求分割共有财产。如果因分割共有财产而对其他共有人造成损害的，则请求分割的共有人应当对此承担赔偿责任。

（2）共有人请求分割共有物的行为属于单方法律行为，一经作出，即行生效。共有物的分割方式，先由当事人协商，如果达不成协议的，则按照以下方式加以分割：第一，如果共有物能够分割且不会因此减损其价值的，应当进行实物分割并在各共有人之间按照各自的份额分配；第二，如果共有物不适合分割（不可分物），则应将共有物拍卖或变卖而分割其价金，或者采取折价的方式，由共有人中的一人取得该共有物，并向其他共有人按照各自的份额支付相应的对价。

46. 试论按份共有人的优先购买权。

【参考答案】（1）按份共有人的优先购买权是指按份共有人在转让其共有份额即应有部分时，其他共有人在同等条件下有优先购买的权利。我国民法典规定，按份共有人可以转让其享有的共有的不动产或者动产份额。其他共有人在同等条件下享有优先购买的权利。

（2）按份共有人的优先购买权仅适用于按份共有人向共有人之外的人转让其份额的情形，如果按份共有人将其份额转让给按份共有人中的某人时，其他按份共有人不得主张优先购买权；共有份额的权利主体因继承、遗赠等原因发生变化时，其他按份共有人主张优先购买权的，不予支持，除非按份共有人之间另有约定。其他按份共有人的请求具有下列情形之一的，也不予支持：其一，未在规定的期间内主张优先购买，或者虽主张优先购买，但提出减少价款、增加转让人负担等实质性变更要求；其二，以优先购买权受到侵害为由，仅请求撤销共有份额转让合同或者认定该合同无效。

（3）如果某一按份共有人出售其份额，数个按份共有人均欲行使优先购买权的，主张优先购买的按份共有人应当协商确定各自的购买比例，协商不成的，按照转让时各自的共有份额比例行使优先购买权。

（4）按份共有人须“在同等条件下”享有优先购买权。是否为“同等条件”，应当综合共有份额的转让价格、价款履行方式及期限等因素确定。出卖份额的按份共有人应当负有通知其他共有人的义务，以便其行使优先购买权，其他共有人应当在合理期限内行使优先购买权。合理期限原则上应当按照按份共有人对优先购买权的行使期间的约定确定，没有约定或者约定不明确的，按照下列情形确定：其一，转让人向其他按份共有人发出的包含同等条件内容的通知中载明行使期间的，以该期间为准；其二，通知中未载明行使期间，或者载明的期间短于通知送达之日起15日的，为15日；其三，转让人未通知的，为其他按份共有人知道或者应当知道最终确定的同等条件之日起15日；其四，转让人未通知，且无法确定其他按份共有人知道或者应当知道最终确定的同等条件的，为共有份额权属转移之日起6个月。

47. 试论我国民法典规定的土地经营权制度。

【参考答案】（1）土地经营权是从土地承包经营权中分离出的一项权能，就是将承包土地流转出去，由其他组织或者个人经营，其他组织或者个人取得土地经营权。为保持现有农村土地承包关系稳定并长久不变，落实集体所有权，稳定农户承包权，放活土地经营权，实行“三权分置”，将土地承包经营权分为承包权和经营权，实行所有权、承包权和经营权分置并行。

（2）土地经营权的主体既可以是本集体经济组织成员，也可以是非本集体经济组织成员；既可以是自然人，也可以是法人或者非法人组织。无论是自然人还是组织，都应具备农业经营能力或资质。通过家庭承包方式取得了土地承包经营权的承包户可以自己经营即享有土地承包经营权，也可以保留土地承包权而通过出租、入股或者其他方式向他人流转土地经营权，从而实现土地承包经营权中的承包权与经营权的分离。通过招标、拍卖、公开协商等方式承包农村土地，经依法登记取得权属证书的，可以依法采取出租、入股、抵押或者其他方式流转土地经营权。流转期限为5年以上的土地经营权，自流转合同生效时设立。当事人可以向登记机构申请土地经营权登记；未经登记，不得对抗善意第三人。

（3）土地经营权人有权对农村土地进行占有、使用和收益，从事种植业、林业、畜牧业等农业生产。土地经营权人在得到承包方书面同意，并向本集体经济组织备案后，可以再流转土地经营权。土地经营权人经承包方书面同意并向发包方备案，可以向金融机构融资担保。

48. 试论建设用地使用权的处分权。

【参考答案】（1）建设用地使用权的处分权是指权利人转让、互换、出资、赠与建设用地使用权的权利。建设用地使用权作为他物权没有处分建设用地的权利，但有处分权利本身的效力。我国民法典规定，建设用地使用权人有权将建设用地使用权转让、互换、出资、赠与，但是法律另有规定的除外。

（2）建设用地使用权转让是指转让人和受让人签订转让合同，将其建设用地使用权转移给受让人，受让人支付相应对价的行为。建设用地使用权互换是指用地人将其建设用地使用权与相对人的建设用地使用权相互交换，各自取得对方的建设用地使用权，实质上是两个建设用地使用权相互转让。建设用地使用权出资是指将建设用地使用权作价，投入到法人或非法人组织之中，归法人或非法人组织享有或者成为个体工商户、合伙企业等主体的共有财产。建设用地使用权赠与是指用地人将建设用地使用权无偿转移给受赠人的行为。根据民法典的规定，建设用地使用权转让、互换、出资、赠与的，当事人应当采用书面形式订立相应的合同。使用期限由当事人约定，但是不得超过建设用地使用权的剩余期限。

（3）建设用地使用权的处分应遵循房屋所有权与建设用地使用权主体一致的原则。我国民法典规定，建设用地使用权转让、互换、出资或者赠与的，附着于该土地上的建筑物、构筑物及其附属设施一并处分。建筑物、构筑物及其附属设施转让、互换、出资或者赠与的，该建筑物、构筑物及其附属设施占用范围内的建设用地使用权一并处分。建设用地使用权人建造的建筑物、构筑物及其附属设施的所有权属于建设用地使用权人，但是有相反证据证明的除外。

49. 试论我国民法典规定的居住权制度。

【参考答案】（1）居住权是指自然人为满足生活居住的需要，按照合同约定，对他人的住宅享有的占有、使用的用益物权。居住权是我国民法典新增加的一类用益物权。通过确立居住权制度，可以满足权利人稳定生活的需要，也有助于为公租房和老年人以房养老提供法律保障。

（2）居住权的特征包括：①居住权的主体限于自然人，法人和非法人组织不能成为居住权的主体。②居住权的内容是占有、使用他人的住宅。③居住权的客体是他人的住宅。④居住权的设立目的是满足权利人生活居住的需要，而不包括用于生产经营活动。⑤居住权原则上是无偿的，当事人另有约定的除外。⑥居住权具有专属性，依附于特定人的身份而存在，故不得转让、继承，并因居住权人死亡而消灭。⑦居住权是有期限的物权。

（3）设立居住权，当事人应当采用书面形式订立居住权合同。我国对居住权的设立采取登记设立主义。我国民法典规定，居住权无偿设立，但是当事人另有约定的除外。设立居住权的，应当向登记机构申请居住权登记。居住权自登记时设立。通过遗嘱方式设立居住权的，在遗嘱人死亡后，因遗嘱而将要取得居住权的人，应当持遗嘱向不动产登记机构申请居住权登记，居住权也自登记时设立。

（4）居住权人应当按照合同的约定占有、使用他人的住宅。使用的目的应当限于自己生活居住的需要，故不得出租设立居住权，但是当事人另有约定的除外。在权利受到侵害时，居住权人有权主张物权保护或者请求侵权人承担侵权责任，如请求排除妨害或者消除危险、赔偿损失等。居住权人在行使居住权时应当妥善使用他人住宅，避免对住宅造成损害。在双方约定有偿设立居住权的情形下，居住权人应当向对方支付使用费用。

（5）居住权期限届满或者居住权人死亡的，居住权消灭。居住权消灭的，应当及时办理注销登记。

50. 试论地役权的含义及效力。

【参考答案】（1）地役权是指不动产的权利人为自己使用不动产的便利或提高自己不动产的效益而利用他人不动产的权利。地役权的效力是指地役权所产生的拘束力，其内容包括地役权人的权利和义务两个方面。

（2）地役权人享有的权利包括：①按照合同约定的利用目的和方法利用供役地。我国民法典规定，地役权人应当按照合同约定的利用目的和方法利用供役地，尽量减少对供役地权利人物权的限制。合同约定的利用目的，是指地役权所满足的需役地的效益。而合同约定的利用方法，是指地役权人能够从供役地上的哪一部分，以何种方式行使地役权。②在供役地内为必要的附属行为，如取水地役权可以在供役地通行，这种通过的行为就是附属行为。但是，附属行为必须是必要的，亦即倘无此种行为则地役权设定的目的将落空。③在权利受到侵害时主张物权保护或者请求侵权人承担侵权责任，如排除妨害或者消除危险、赔偿损失等。

（3）地役权人承担的义务包括：①行使地役权时应尽量减少对供役地权利人物权的限制。地役权人在行使地役权如使用供役地、从事附属行为或设置附属设施时，都应当尽可能保全供役地所有权人或使用权人的利益，将由此产生的损害降低到最小的程度。②维护为行使地役权而在供役地修建的设施，并在不妨碍地役权行使的限度内允许供役地权利人使用这些设施。既然地役权人为了实现设定地役权的目的而有权在供役地上建造必要的附属设施，且取得设施的所有权，那么地役权人自然应当保养维修其附属设施，除非地役权设定合同中对附属设施保养维修的方法、费用负担等事项另有约定。倘若地役权人未尽到此种义务而致供役地所有权人或使用权人损害时，应当承担赔偿责任。

51. 试论抵押权的从属性。

【参考答案】（1）抵押权的从属性是指抵押权是为其所担保的债权而设定的，从属于所担保的债权。抵押权作为从属于债权的担保物权，其从属性体现在成立上的从属性、内容上的从属性、处分上的从属性和消灭上的从属性。

（2）成立上的从属性。抵押权的成立以债权已经存在为前提，如果债权不存在，抵押权也不成立。既然抵押权以有效的债权存在为要件，因此当抵押权所担保的债权不成立或无效时，抵押权也不能产生。即便抵押权已经办理了登记，因违反成立上的从属性，该抵押权也无效。

（3）内容上的从属性。抵押权内容上的从属性包括两个方面：①除非法律另有规定，抵押权成立之后，如果当事人对于抵押权所担保的范围已有明确的约定，则未经抵押人同意，债权人与债务人不得加重抵押人的负担，否则超过的部分不属于抵押担保的范围。债权人只能在其债权范围内享有抵押权。如果对于抵押担保的债权范围没有约定，则当债权增加或减少时，抵押权也会发生相应的变动。②只有当抵押权所担保的债权到期之后，抵押权才相应到期，此时抵押权人才能行使抵押权。

（4）处分（或移转）上的从属性。处分（或移转）上的从属性即抵押权需附随于其所担保的债权，才能转让或者成为其他债权的担保，抵押权不得与债权分离而单独让与或者作为其他债权的担保。如果抵押权与债权分离而作为其他债权的担保，不仅没有实际意义，而且会使法律关系复杂化。抵押权不得与债权分离而单独让与的情形包括：抵押权人不得将抵押权单独让与他人，而自己保留债权，否则转让行为无效，受让人不能因此取得抵押权；抵押权人不得将债权单独让与他人，而自己保留抵押权；抵押权人不得将债权及抵押权分别让与两人。抵押权不得与债权分离而作为其他债权的担保的情形包括：抵押权人不得仅以抵押权提供担保；抵押权人仅以债权出质，而自己保留抵押权；抵押权人分别以债权与抵押权为他人提供担保。上述情形都违反了抵押权在处分上的从属性。

（5）消灭上的从属性。抵押权所担保的债权，如因清偿、免除、抵销等原因而全部消灭时，抵押权也随之消灭，这就是抵押权消灭上的从属性。如果抵押权所担保的债权一部分消灭时，抵押权也发生一部分消灭，抵押物的全部，仍必须用以担保剩余的债权。此时属于抵押权不可分性的问题。

52. 试论抵押权登记。

【参考答案】（1）抵押权登记是指依据财产权利人的申请，登记机关将在该财产上设定抵押权的相关事项记载于登记簿上的事实。我国民法典对于抵押权登记兼采登记设立主义（登记生效要件主义）与登记对抗主义。

（2）不动产抵押权和某些不动产物权设定的抵押权采取登记设立主义。依据民法典规定，以建筑物和其他土地附着物、建设用地使用权、海域使用权和正在建造的建筑物抵押的，应当办理抵押登记，抵押权自登记时设立。“抵押权自登记时设立”，是指只有在办理登记之后当事人通过订立抵押合同所要达到的法律效果才能出现，即抵押权产生。没有登记，则抵押权不产生，但是未办理抵押权登记不影响当事人之间订立的抵押合同本身的效力。

（3）以动产抵押的，无论是一般的动产抵押权还是动产浮动抵押权，都采取登记对抗主义。依据民法典的规定，以动产抵押的，抵押权自抵押合同生效时设立；未经登记，不得对抗善意第三人。动产包括生产设备、原材料、半成品、产品、交通运输工具以及正在建造的船舶、航空器。不得对抗善意第三人中的“第三人”，首先应限于对同一标的物（即被抵押的动产）享有物权的人，而不包括一般债权人，且该第三人为善意第三人，而不包括恶意的第三人。善意是指不知道或者虽然应当知道但非因重大过失而不知道某一动产上已经设定了抵押权的人。如果某人明知某项动产上已经设定了抵押权而仍与抵押人订立买卖合同并取得抵押物的所有权，则属于恶意。对于以动产抵押的，不得对抗正常经营活动中已经支付合理价款并取得抵押财产的买受人。也就是说，无论是动产浮动抵押权还是一般的动产抵押权，抵押人为债权人设定抵押权之后，其正常的经营活动不受影响。

53. 试论抵押财产的转让。

【参考答案】（1）抵押期间，抵押人仍享有对抵押财产的所有权和处分权，因此，抵押人有权转让抵押财产，但是抵押人转让抵押财产的，抵押权仍然具有追及效力。我国民法典规定，抵押期间，抵押人可以转让抵押财产。当事人另有约定的，按照其约定。抵押财产转让的，抵押权不受影响。

（2）尽管我国民法典允许抵押人转让抵押财产，但是，为了维护抵押权人的合法权益，避免因抵押财产转让给抵押权人造成损害，我国民法典规定了抵押财产转让的如下两项限制：①抵押人和抵押权人可以在合同中约定禁止抵押财产的转让。也就是说，如果抵押权人认为抵押人转让抵押财产会对自己的权益产生不利影响，则可以与抵押人约定，不允许抵押人在抵押期间转让抵押财产。②抵押权人可以通过证明抵押财产转让可能损害抵押权，而请求抵押人将转让所得的价款提前清偿债务或者提存而维护自己的权益。以不动产抵押的，受让人可以通过登记簿了解受让财产已经抵押的情况；而抵押权人也可以通过登记簿的记载了解抵押财产转让的情况，从而在债务人不履行到期债务或者发生当事人约定的实现抵押权的情形时，及时实现抵押权。在允许抵押的动产转让的情况下，抵押权人只要证明抵押人转让抵押财产可能给其造成损害，就可以请求抵押人将转让抵押财产所得的价款提前清偿债务或者提存。转让的价款超过债权数额的部分归抵押人所有，不足部分由债务人清偿。

（3）当事人约定禁止或者限制转让抵押财产但是未将约定登记，抵押人违反约定转让抵押财产，抵押权人请求确认转让合同无效的，人民法院不予支持；抵押财产已经交付或者登记，抵押权人请求确认转让不发生物权效力的，人民法院不予支持，但是抵押权人有证据证明受让人知道的除外；抵押权人请求抵押人承担违约责任的，人民法院依法予以支持。当事人约定禁止或者限制转让抵押财产且已经将约定登记，抵押人违反约定转让抵押财产，抵押权人请求确认转让合同无效的，人民法院不予支持；抵押财产已经交付或者登记，抵押权人主张转让不发生物权效力的，人民法院应予支持，但是因受让人代替债务人清偿债务导致抵押权消灭的除外。

54. 试论抵押权的实现。

【参考答案】（1）抵押权的实现是指在债务履行期限届满，债务人未履行债务时，抵押权人通过依法处理抵押财产而使债权获得清偿。

（2）抵押权的实现只有在具备一定条件下方可为之。我国民法典规定，债务人不履行到期债务或者发生当事人约定的实现抵押权的情形，抵押权人可以与抵押人协议以抵押财产折价或者以拍卖、变卖该抵押财产所得的价款优先受偿。以此规定，抵押权的实现须具备如下条件：①抵押权有效存在。如果抵押权无效，自然无法实现抵押权。②不履行到期债务或者发生当事人约定的实现抵押权的情形。不履行到期债务即债务人于债务履行期限届满而不履行债务。债务履行期限届满时，债务人都应当履行债务，使债权人的债权受到清偿。债务履行期限届满债权人未受清偿，就表明债务人没有按期履行债务，抵押权人可以直接实现抵押权，除非债务人有特别约定的实现抵押权的情形。当事人约定的实现抵押权的情形即当事人以特别条款的方式约定的实现抵押权的情形。③抵押权的实现未受到法律上的特别限制。抵押权等担保物权的实现必须没有法律上的特别限制，如果存在限制，则抵押权人不得实现抵押权。

（3）抵押权的实现方法主要有两种：一是与抵押人协议以抵押物折价，取得抵押物的所有权，但此协议不得损害其他债权人的利益。否则，其他债权人可以请求人民法院撤销。二是抵押权人与抵押人未就抵押权实现方式达成协议的，抵押权人可以请求人民法院拍卖、变卖抵押财产。抵押财产折价或者变卖的，应当参照市场价格。抵押财产折价或者拍卖、变卖后，其价款超过债权数额的部分归抵押人所有，不足部分由债务人清偿。

55. 试论动产浮动抵押。

【参考答案】（1）动产浮动抵押是指以法律规定的动产作为一财产整体设立的动产抵押。在动产浮动抵押中，债务人不履行到期债务或者发生当事人约定的实现抵押权的情形，债权人有权就抵押财产确定时的动产优先受偿。

（2）动产浮动抵押的特征是：①抵押人限于企业、个体工商户、农业生产经营者，故主体具有特定性，以适应生产经营的需要。而自然人、机关法人等，不能成为动产浮动抵押的主体。②抵押财产限于抵押人的动产且具有集合性和变动性，包括现有的以及将有的生产设备、原材料、半成品、产品。一方面，动产浮动抵押的财产仅限于生产设备、原材料、半成品、产品；另一方面，动产既包括抵押人现有的动产，也包括将有的动产。动产浮动抵押的客体是不特定的动产，如果动产已经特定化，则不能成立动产浮动抵押权。动产浮动抵押的财产还具有变动性，在抵押期间，抵押财产本身处于变动不居的状态，可以流入抵押权的效力范围，也可以流出。只有在债务人不履行到期债务或者发生当事人约定的实现抵押权的情形时，抵押财产才能确定。抵押财产确定后，该抵押财产转让的，抵押权才不受影响。也就是说，此时抵押权人对被确定之后而被转让的抵押财产才享有追及效力。即便如此，依据民法典的规定，以动产抵押的，不得对抗正常经营活动中已经支付合理价款并取得抵押财产的买受人。

（3）动产浮动抵押权自抵押合同生效时设立；未经登记，不得对抗善意第三人。但以动产抵押的，不得对抗正常经营活动中已经支付合理价款并取得抵押财产的买受人。动产浮动抵押中的一个特有的重要问题是抵押财产的确定。根据民法典的规定，抵押财产自下列情形之一发生时确定：①债务履行期限届满，债权未实现；②抵押人被宣告破产或者解散；③当事人约定的实现抵押权的情形；④严重影响债权实现的其他情形。

56. 试论我国民法典规定的最高额抵押。

【参考答案】（1）最高额抵押是指在预定的最高债权额限度内，为担保一定期间内将要连续发生的债权的清偿而设立的抵押。我国民法典规定，为担保债务的履行，债务人或者第三人对一定期间内将要连续发生的债权提供担保财产的，债务人不履行到期债务或者发生当事人约定的实现抵押权的情形，抵押权人有权在最高债权额限度内就该担保财产优先受偿。

（2）最高额抵押的特征有：①所担保债权的不确定性。最高额抵押权所担保的是“一定期间内将要连续发生的债”，即最高额抵押所担保的债权本身具有变动性，从最高额抵押产生之时至被担保的债权确定之时，该债权不断发生、消灭，因此具有变动性、代替性，属于一定范围内发生的债权。②适用范围的限定性。设定最高额抵押时，抵押人与抵押权人协议约定抵押财产担保的最高债权限额，无论将来实际发生的债权数额如何变动，抵押权人只能在最高债权额范围内对抵押财产享有优先受偿权。③非从属性。最高额抵押不以某一特定债权的存在为条件。最高额抵押担保的债权确定前，部分债权转让的，除当事人另有约定外，最高额抵押权不得转让。抵押期间某一具体债权消灭，最高额抵押权并不因此消灭。

（3）最高额抵押所担保的债权仅以现在及将来的债权为限，而不能回溯至过去的债权。但是，设立前已经存在的债权，经当事人同意，可以转入最高额抵押所担保的债权范围。最高额抵押担保的债权确定前，抵押权人与抵押人可以通过协议变更债权确定的期间、债权范围以及最高债权额。但是，变更的内容不得对其他抵押权人产生不利影响。

（4）根据民法典的规定，有下列情形之一的，抵押权人的债权确定：①约定的债权确定期间届满；②没有约定债权确定期间或者约定不明确，抵押权人或者抵押人自最高额抵押权设立之日起满2年后请求确定债权；③新的债权不可能发生；④抵押权人知道或者应当知道抵押财产被查封、扣押；⑤债务人、抵押人被宣告破产或者解散；⑥法律规定债权确定的其他情形。

57. 试论留置权的实现。

【参考答案】（1）留置权的发生具有二次效力的特点，即当债权清偿期限届满而债务人不履行债务时，留置权仅产生留置的效力，尚不能发生优先受偿效力，因此，留置权的实现与留置权的成立不同。符合留置权的成立条件的，债权人可以留置动产，但只有在宽限期满后债务人仍未履行债务的，留置权人才可以行使优先受偿权。该宽限期可以由留置权人与债务人事先约定；没有约定或者约定不明确的，除鲜活易腐等不易保管的动产外，留置权人应当给债务人60日以上履行债务的期限，债务人逾期未履行债务的，留置权人才可以行使留置权。

（2）根据我国民法典的规定，债务人逾期未履行的，留置权人可以与债务人协议以留置财产折价，也可以就拍卖、变卖留置财产所得的价款优先受偿。留置权的实现方式包括折价、拍卖与变卖，不必通过法院的强制执行程序来将留置财产变价。当然，留置财产折价或者变卖的，应当参照市场价格，以防止债权人低价拍卖或变卖从而损害债务人的合法权益。债务人也可以请求留置权人在债务履行期限届满后行使留置权；留置权人不行使的，债务人可以请求人民法院拍卖、变卖留置财产。留置财产折价或者拍卖、变卖后，其价款超过债权数额的部分归债务人所有，不足部分由债务人清偿。此外，同一动产上已经设立抵押权或者质权，该动产又被留置的，留置权人优先受偿。

58. 试论民法上的占有制度。

【参考答案】（1）占有是指对于物具有事实上的管领力的一种状态。占有的特征在于：①占有的客体限于有体物，包括不动产和动产。但占有的客体不限于独立的物，对物的组成部分也可以成立占有。②占有必须是对物产生了事实上的支配与控制。根据不同的标准，占有有有权占有和无权占有、善意占有和恶意占有、直接占有和间接占有、自主占有和他主占有等分类。

（2）占有的性质虽为一种事实状态而非权利，但为了维护社会秩序，合理解决当事人之间的权利义务关系，法律仍赋予占有一定的法律效力。主要有：①权利推定效力。如果占有人在占有物上行使权利，则推定其享有此项权利。这就是占有的权力推定效力。根据占有的权利推定效力，在没有相反证据的情况下即推定占有人享有相应的物权或者债权。②权利取得效力。占有人在符合法定要件的情况下可以取得本权，此即占有的权利取得效力。具体包括两种情形：一是善意取得所有权或者他物权，二是因占有时效的完成而取得所有权或者他物权。我国法律至今尚无关于占有时效的一般规定。③保护效力。占有人的占有无论是否为有权占有，均可以对抗他人的侵犯。

（3）根据民法典规定，占有人享有以下请求权：①占有物返还请求权。占有的不动产或者动产被侵占的，占有人有权请求返还原物。占有人返还原物的请求权，自侵占发生之日起1年内未行使的，该请求权消灭。②妨害排除和消除危险请求权。在妨害已经发生或者有妨害之虞时，占有人有权请求排除妨害或者消除危险。③损害赔偿请求权。因侵占或者妨害造成损害的，占有人有权依法请求损害赔偿。

★59. 试论债权的权能。

【参考答案】债权的权能是指债权人依照其债权而为的行为所具有的功能。

债权具有如下权能：

（1）请求权能。债权人利益的实现并非基于其直接支配他人的人身、给付行为及给付标的物，而是要通过债务人实现给付的行为才能达到目的。因此，请求权能是债权的第一权能。从效力角度着眼，为债权的请求力。债权作为一种请求权，债权人可以直接请求债务人履行债务，也可以通过诉讼方式以国家强制力来实现其请求。

（2）保持受领权能。债权的存在是债权人受领债务人给付的合法原因。债务人履行债务或受强制执行提出给付时，债权人有接受给付的权利并有权保持因此获得的利益。有效地受领给付，是债权的本质所在，也是债权人所追求的最终结果。给付受领体现在债的效力上，构成保持力。

（3）保全权能。当债务人的某些行为对债权人造成损害时，债权人可以向人民法院请求以自己的名义代位行使债务人的债权，或者请求人民法院撤销债务人的行为。债权人享有的债权保全权能是对债的相对性原理的突破。保全权能构成债的效力上的保全力。

（4）处分权能。债权人可以通过抵销、免除、让与债权和设定债权质权等方式对享有的债权予以处分。所处分的债权应为效力上具有齐备性的债权，因而成为具有处分效力的债权。

上述权能齐备的债权为完全债权，即债权具备上述请求力、保持力、保全力和处分效力，如果不具备上述某些效力，则该债权为不完全债权，但欠缺保持受领权能的债权不再是债权。完全债权和不完全债权在受法律保护的强弱上、带给债权人的利益的多寡上是不同的。

60. 试论民法典合同编通则对合同立法的主要发展与创新。

【参考答案】（1）合同是进行市场交易的主要形式。合同编在民法典中具有十分重要的地位，它是民事主体实现意思自治的重要工具，是优化营商环境的重要方式，是促进社会主义市场经济健康有序发展的重要保障，更是推进国家治理体系和治理能力现代化的重要手段。民法典合同编通则的编纂立足我国国情，系统总结改革开放以来我国的合同立法、司法经验和理论研究成果，同时充分借鉴国际经验，对我国的合同法律制度进行了全面系统的修改和完善。合同编在体例结构上的一个创新是以合同编第一分编“通则”代行债法总则的功能。在合同法规定的基础上进一步补充完善债的一般规则，让合同编的通则具有巨大的包容性，实质上发挥着债法总则的体系整合功能。

（2）在合同编通则部分，合同自愿原则是合同法律制度的核心原则。合同自愿原则一直被作为一条主线贯穿于合同编的始终，合同编中不少条款遵循合同主体“约定优先”，更为突出意思自治。同时，民法典兼顾公平、诚信、生态环境保护等多元价值，合同编在规定要约和承诺之外，增加规定了以其他方式缔约。合同编加强对弱势当事人的保护，增加强制缔约制度，完善格式条款制度，防范霸王条款。民法典合同编强调诚信原则，落实“绿色原则”，体现生态环保理念。信息技术和网络技术飞速发展，催生了电子商务合同等新的交易方式，为此，合同编增加关于电子合同的特殊规则；增加预约合同制度。民法典合同编强调交易安全，鼓励合同交易制度，进一步限制合同无效或者不生效的情形，明确了未履行批准手续的合同效力，删除了关于无权处分合同的规定，明确超越经营范围签订的合同原则上有效。民法典合同编首次对选择之债和多数人之债加以规定，填补了民事立法的空白。第三人介入合同，包括向第三人履行合同、第三人清偿和债务加入，是对合同相对性的突破，合同编对此进行了补充完善。合同编确立情事变更规则，协调了情事变更规则和不可抗力在适用上的矛盾。合同编进一步完善防范违约、保障债权的规定，合同保全制度独立成章，完善了代位权制度。合同编将债权人可行使代位权的权利由到期债权扩展至“债权”（不强调是否已到期）及“有关的从权利”，如担保物权、主张保证人承担保证责任等；将债权人行使撤销权的前提条件之一由“对债权人造成损害”这一模糊的表述更为明确地表达为“影响债权人的到期债权的实现”。扩大了债权人撤销权的适用范围，增加了放弃债权担保、恶意延长到期债权的履行期限、以明显不合理的高价受让他人财产，以及为他人的债务提供担保等情形。合同编在原关于债权转让规则的基础上，作出“受让人取得从权利不因该从权利未办理转移登记手续或者未转移占有而受到影响”的规定，明确了担保权利作为从权利随债权转让而转让的规则，弥补了法律漏洞。合同编对合同解除制度进行了完善，对于法定解除权的事由，增加了“以持续履行的债务为内容的不定期合同，当事人可以随时解除合同，但是应当在合理期限之前通知对方”的规定；合同编规定了解除权行使期限，在当事人没有约定的情况下，适用1年除斥期间，并赋予非金钱债务违约方的合同解除权；增加了解除权的消灭期限，完善了通知解除规则。关于合同权利义务的终止，合同编增设了债的清偿抵充规则，明确了主债务及利息和有关费用的履行顺序；增加了债务人行使抵销权的另一种情形：债务人的债权与转让的债权是基于同一合同产生。在双务合同中，实际就是即使转让人转让了债权，债务人也可以向受让人主张转让人对其存在双务合同相关义务以进行抵销。合同编对于违约责任制度的修改主要以"缝补"为主，认可替代履行作为违约责任的救济措施；新增了债权人受领迟延的规定；吸纳与有过失规则，将其提升为违约责任认定的一般规则。

61. 试论民法典合同编典型合同对合同立法的主要发展与创新。

【参考答案】（1）民法典合同编在民法典中具有十分重要的地位，它是民事主体实现意思自治的重要工具，是优化营商环境的重要方式，是促进社会主义市场经济健康有序发展的重要保障，更是推进国家治理体系和治理能力现代化的重要手段。民法典合同编在体例结构上的另一个重大变动是典型合同类型的充实。应当作为典型合同加以规定的合同类型，须满足合同的典型性、问题的特殊性、规则的可抽象性、规则的缺失性。结合我国实际，民法典合同编最终增加了保证合同、保理合同、物业服务合同和合伙合同。

（2）在典型合同部分，在原有15类合同基础上增加了保证合同、保理合同、物业服务合同和合伙合同。合同编建立了合同性担保权利的登记制度，如在买卖合同一章中规定："出卖人对标的物保留的所有权，未经登记，不得对抗善意第三人"；在融资租赁合同一章中规定："出租人对租赁物享有的所有权，未经登记，不得对抗善意第三人"；在保理合同一章中规定："应收账款债权人就同一应收账款订立多个保理合同，致使多个保理人主张权利的，已经登记的先于未登记的取得应收账款"。在买卖合同中增加了无权处分情况下合同效力的规定；完善了检验期间、检验内容、检验标准的相关规定；增加规定试用买卖中风险负担、同意购买及费用负担等相关内容；增加了所有权保留的登记对抗效力和担保效力物权化、出卖人取回权、买受人回赎权等相关规定。合同编规范民间借贷，禁止高利放贷，借款的利率不得违反国家有关规定。修订保证方式的适用，一般保证是原则，连带保证只是例外。为促进保理业务健康有序发展，解决中小企业融资难、融资贵的问题，进而推动我国实体经济发展，合同编设专章规定了保理合同，对保理合同的概念、内容和形式、虚构应收账款的保理、保理人发出转让通知、有追索权保理、无追索权保理和多重保理等内容作了规定。合同编完善了租赁合同，赋予承租人优先承租权。为维护正常的运输秩序，保护乘客在运输过程中的人身财产安全，合同编运输合同部分作出了有针对性的规定：明确旅客应当按照有效客票记载的时间、班次和座位号乘坐；明确实名制客运合同的旅客丢失客票的，可以要求承运人挂失补办，承运人不得再次收取票款和其他不合理费用；明确承运人应当严格履行安全运输义务，及时告知旅客安全运输应当注意的事项。旅客对承运人为安全运输所作的合理安排应当积极协助和配合。承运人迟延运输的，应当履行告知和提醒义务，并采取必要的安置措施。为更好地处理这些纠纷，更好地规范物业秩序，合同编积极总结既有的立法、司法经验，明确了物业服务合同中的业主和物业服务公司双方当事人的权利义务，特别是对物业服务合同中的业主单方解除权、前期物业合同、物业交接等突出问题作出了有针对性的规定。民法典还明确了物业服务人不得采取停止供电、供水、供热、供燃气等方式催交物业费的法律规定，为该类纠纷的解决提供了新的法律依据。完善中介合同规则，为了有效规制"跳单"行为，制止委托人的不诚信行为，合同编典型合同部分明确规定，在该种情形下，委托人仍应当向中介人支付中介报酬。

62. 试论我国民法典中债的法律适用。

【参考答案】（1）因合同之债的法律适用。因合同之债的法律适用，适用民法典合同编的规则。

民法典合同编规定，本编调整因合同产生的民事关系。依据该规定，对因合同产生的债的关系而言，应当适用合同编的规定。当然，其他法律对民事关系有特别规定的，依照其规定。因此，如果特别法对合同关系作出了特殊规定，应当优先适用特别法的规定，只有在特别法没有对相关的合同关系作出规定时，才适用民法典合同编的一般规定。因合同产生的债的法律适用，涉及合同编通则和典型合同的关系。因此，在涉及具体合同的法律适用时，应当首先使用典型合同部分所规定的规范。

(2) 非因合同产生的债的法律适用。非因合同产生的债是指因法律规定而在当事人之间产生的债权债务关系，其主要包括不当得利之债、无因管理之债、侵权损害赔偿之债等。我国民法典合同编规定，非因合同产生的债权债务关系，适用有关该债权债务关系的法律规定；没有规定的，适用本编通则的有关规定，但是根据其性质不能适用的除外。该规定扩张了合同编通则的适用范围，使合同编通则不仅仅在合同编发挥作用，同时发挥债法总则的功能。①非合同之债适用有关该债权债务关系的法律规定。由于我国民法典没有设置债法总则，为妥当规定各类法定之债的规则，合同编单设“准合同”作为第三分编，无因管理之债、不当得利之债的相关规则也纳入了合同编中调整。合同编要发挥债法总则的功能，就必须在一般规定中对非因合同产生的债权债务规则进行规定。依据民法典的规定，非因合同产生的债权债务关系，如无因管理、不当得利首要适用准合同的规定，侵权损害赔偿之债首要适用侵权责任编的规定。还应当看到，无因管理、不当得利等虽然与合同类似，但并非合同关系，对无因管理之债、不当得利之债应当优先适用自身特殊规则，与合同编通则相比，其也属于特殊规定，应当优先于合同编通则适用准合同规定的特殊规则，只有在没有特殊规则时，才能适用合同编通则的规定。②如果没有特别规定，非合同之债适用民法典合同编通则的规定。严格地说，非因合同产生的债权债务关系一般不涉及典型合同的相关规则，因为其并非因为合同而产生，也没有以具体合同关系为前提，如果存在有基础合同关系就不再属于非因合同产生的债权债务，因此合同编典型合同的规定原则上并不能适用于非因合同产生的债权债务关系。但是，在没有特别规定的情况下，非合同之债也可以适用民法典合同编通则的规定。一方面，非合同之债中的一些类型与合同关系十分密切，类似于合同关系；另一方面，即便是侵权责任编中，有些债的关系也涉及债的履行、保全等债的共通性规则的适用，而从我国民法典合同编的规定来看，这些债的一般性规则是规定在合同编之中的，因此，非合同之债也有适用合同编通则规定的可能。需要指出的是，并非所有的非合同之债，都能够适用合同编通则的规定。依据民法典合同编的规定，非因合同产生的债权债务关系，适用有关该债权债务关系的法律规定；没有规定的，适用本编通则的有关规定，但是根据其性质不能适用的除外。据悉，需要根据非因合同产生的债权债务关系性质确定能否适用合同编通则的规定，即有必要对非因合同产生的债权债务进行区分，依据其性质来确定能否适用合同编通则。所谓依据其性质来确定，就是说如果依据非合同之债产生的特定的债权债务关系与合同的相关规则和性质是冲突的，存在本质差异，则不能适用合同编通则的规定；但是，依据其性质与合同编规则并不矛盾和冲突的规则，则可以适用。

63. 试论合同自由原则。

【参考答案】(1) 合同自由原则是指在不违反法律的强制性规定和公序良俗前提下，当事人对与合同有关的一切事项都有自愿选择和决定的自由。

(2) 合同具有法律上的拘束力，不仅表现在当事人的合意能够严格地拘束订约的双方，在任何一方违约时应承担违约责任，还表现在当事人的合意具有优先于民法典合同编的任意性规范而适用的效力。民法典设定的大多数规则都属于任意性规则，这些规则大多数可以通过当事人的自由约定而加以改变，因此，民法典赋予了当事人合意具有法律的效力，充分贯彻了合同自由原则。

(3) 合同自由原则的表现。①缔结合同的自由。缔约当事人应有权决定是否与他人订约，此种自由是自由决定合同内容等方面的自由的前提。如果当事人不享有缔结合同的自由，也就谈不上自由决定合同内容的问题。②选择相对人的自由。当事人有权决定和谁缔约，有权选择交易的伙伴，以此为基础自由决定订立合同。③决定合同内容的自由。当事人有权决定具体的交易内容、权利和义务的分配、合同风险的负担、违约责任的确定、发生争议的解决方法等与交易密切相关的一切事项，只要不违反法律的强制性规定，当事人都有选择和决定的自由。④变更合同和解除合同的自由。当事人有权通过协商，在合同成立以后变更合同的内容或解除合同。既然当事人可以自由缔结合同，当然也可以通过协商自由解除合同；既然当事人可以自由决定合同的内容，那么同样可以通过协商而变更合同的内容，因而变更合同和解除合同的自由也是合同自由的组成部分。⑤选择合同形式的自由。除法律另有规定外，当事人有权选择所订立的合同采用书面形式、口头形式和其他形式。⑥选择补救方式的自由。当事人一方不履行合同义务或者履行合同义务不符合约定的，应当承担继续履行、采取补救措施或者赔偿损失等违约责任。当事人可以在合同中约定，在一方违约以后应当给付违约金或者承担损害赔偿责任，也可以约定免责条款免除其未来的责任。⑦选择裁判的自由。当事人可以约定解决争议方法的条款，也可以通过合意选择提请仲裁以排斥司法管辖，还可以选择适用的法律。

（4）合同自由不是绝对的，而是要受到限制的，具体表现在：①公法对合同自由的限制，包括保护市场弱势群体的地位、阻止市场权力的集中和垄断、对合同订立实施必要的公法上的监督，此所谓私法公法化。②私法对合同自由的限制，包括对缔约自由的限制，即强制缔约；对选择相对人自由的限制；对合同内容的自由所作的限制，如订立合同应当遵循诚实信用原则、等价有偿原则、公序良俗原则，并且合同内容不得违反法律的强制性规定，不得违背公序良俗等。

（5）合同自由是经济自由的法律表现形式，是个人自治和社会自治的重要手段。合同权利义务关系只有基于当事人的自由意志而产生的，才对当事人具有约束力。自由交易的法律形式就是合同自由，因此，市场经济是合同自由原则产生和运行的基础。同时，合同自由促进了市场经济的发展，提高了公民的权利意识。

★64. 试从我国民法典体例和规定的角度论述债与合同的关系。

【参考答案】（1）民法上的债是指特定的当事人之间可以请求为特定行为的民事法律关系。债是债权和债务的统一体，债是因合同、侵权行为、无因管理、不当得利以及法律的其他规定而产生的债权债务关系。合同是民事主体之间设立、变更、终止民事法律关系的协议。合同之债是债的一种具体类型，也是债的一种最重要的类型。

（2）我国民法典总则编有关于债权的一般规定，即：民事主体依法享有债权。债权是因合同、侵权行为、无因管理、不当得利以及法律的其他规定，权利人请求特定义务人为或者不为一定行为的权利。但是，我国民法典并没有规定债的通则或者债权总则，而是在合同编中通过规定合同“通则”以代替债的通则。这不仅是对以往民事立法成果的延续，保持了民事立法的连续性和合同规则的完整性，而且能够更好地规范各类债权债务关系。

（3）作为债的通则，旨在为合同、无因管理、不当得利和侵权责任等债的发生原因提供共同适用规则。债的通则主要涉及的是债的履行、债的担保、债的移转、债的消灭以及多数人的债权债务关系等，这些内容不仅对无因管理、不当得利和侵权责任具有可适性，而且也与合同内容密切相关，因此能在合同中形成完整统一的整体，使法律条文简约，避免不必要的重复。

（4）对于非因合同产生的债权债务关系，适用有关该债权债务关系的法律规定。没有规定的，适用民法典合同编通则的有关规定，但是根据其性质不能适用的除外。比如，基于侵权行为产生的债权债务的一些情况，在“侵权责任”没有规定时可以参考“合同编”中“通则”的有关规定，比如关于债权转让的规定，关于债务承担的规定。对于无因管理和不当得利之债，则适用合同编有关“准合同”的相关规定等。这些体现了合同行为、侵权行为、无因管理和不当得利的独立性特征。此外，在适用各类债的关系时，还要考虑债务的关系是不是有一些特殊性，如果有特殊性就不能直接适用民法典“合同编”中“通则”的相关规定。

65. 试论民法典中的强制缔约。

【参考答案】（1）强制缔约是指要约人和受要约人负有应对方的请求而与之订立合同的义务，其在无正当理由时不得拒绝发出要约或对于要约人提出的要约不得拒绝作出承诺。强制缔约是对意思自治原则下当事人缔约自由的限制，通过缔约限制可以有效地保护弱势群体的利益，实现合同的实质正义。强制缔约具有如下特点：①强制缔约属于法定义务。在法律规定强制缔约的情形下，一方当事人依据法律规定而负有义务与对方订约，义务人违反该义务应当承担相应的民事责任。因此，无论当事人是否将强制缔约义务纳入合同，当事人均负有此义务，且当事人不能在合同中规避这一法定要求。②强制缔约是对合同自由的限制。一方面，强制缔约构成对缔约自由的限制，因为缔约当事人负有必须发出订立合同的意思表示的法定义务。当事人不仅负有缔约的义务，而且，应当按照法律规定的内容来缔约。另一方面，强制缔约是对合同自由的限制，它为当事人加强了必须缔约的义务，而且也对缔约的内容加以限制。③强制缔约的功能在于维护公共利益。强制缔约制度的主要功能在于防止部分公共服务的提供者有选择地提供公共服务、损害广大消费者利益，进而损害社会公共利益。④强制缔约仍然要经过要约和承诺的程序，但当事人必须发出要约或者必须作出承诺。在强制缔约的情形下，负有缔约义务的一方当事人必须受到约束，不能拒绝社会上不特定的相对人的缔约请求。

（2）我国民法典也确认了强制缔约制度。我国民法典规定，国家根据抢险救灾、疫情防控或者其他需要下达国家订货任务、指令性任务的，有关民事主体之间应当依照有关法律、行政法规规定的权利和义务订立合同。依据这一规定，一旦国家根据抢险救灾、疫情防控或者其他需要下达订货任务、指令性任务，民事主体就负有订约的义务，有关民事主体不得以合同自由原则加以拒绝。我国民法典规定，依照法律、行政法规的规定负有发出要约义务的当事人，应当及时发出合理的要约。所谓强制要约，是指依据法律或者行政法规的规定，当事人一方必须向他方当事人作出要约的意思表示。在强制要约的情形下，要约的内容应当符合法律的要求，且其内容必须合理。我国民法典规定，依照法律、行政法规的规定负有作出承诺义务的当事人，不得拒绝对方合理的订立合同要求。所谓强制承诺，是指依照法律或行政法规的规定，一方当事人必须针对他人的要约作出承诺的意思表示。在强制承诺的情形下，如果一方当事人依照法律、行政法规的规定负有作出承诺的义务，则在一方作出要约的情形下，其就必须依法承诺。即便在强制承诺的情形下，合同的成立也须经过要约和承诺阶段，在相对人发出要约后，负有强制缔约义务的一方应当及时作出承诺的意思表示，否则合同不能成立。

66. 试论我国民法典中规定的预约合同。

【参考答案】（1）预约合同是指要约人与受要约人约定将来订立一定合同的合同。当事人约定在将来一定期限内订立合同的认购书、订购书、预订书等，构成预约合同。预约合同与本约合同相对，本约合同就是履行预约合同而订立的合同。从性质上看，预约合同与本约合同是相互独立且相互关联的两个合同。尽管预约合同是为了订立本约合同而订立的，但当事人已经就订立预约合同形成合意并且该合意具有相对独立性，因此可以与本约合同相分离，作为独立的合同类型。虽然预约合同是为了订立本约合同，但其又不同于本约合同，因此民法典将预约合同规定为独立的合同。

（2）预约合同以订立本约合同为目的，由于本约合同的缔约目的是要形成特定的法律关系，因此预约合同只是向本约合同过渡的阶段。当事人订立预约合同的目的主要是有足够的时间磋商，或者避免对方当事人反悔，从而选择以预约合同的方式为本约合同作准备。预约合同的内容是将来订立本约合同，而本约合同则是关于合同具体内容的约定。在订立预约合同后，订立本约合同是当事人应当履行的义务，只要本约合同未订立，则预约合同就没有履行。当事人违反预约合同的，非违约方可以请求违约方订立合同。民法典规定，当事人一方不履行预约合同约定的订立合同义务的，对方可以请求其承担预约合同的违约责任。这就明确了违反预约合同的责任。

67. 试论民法典中规定的悬赏广告。

【参考答案】（1）悬赏广告是指当事人以发布广告的形式，对完成广告中所要求的特定行为的人，给付广告中所声明的报酬的意思表示。我国民法典首次在法律层面上规定了悬赏广告。悬赏广告是以公开的方式所作出的意思表示。悬赏广告作为一种意思表示，是以公开的方式向不特定多数人所作出的意思表示。悬赏广告是以对完成特定行为的人给予报酬为内容的意思表示。悬赏是悬赏人以公开方式声明对完成特定行为的人支付报酬的行为，各种报酬支付方式，只要不违反法律规定，均可以作为悬赏报酬。悬赏报酬须针对完成特定行为的人作出。悬赏广告是一种合同行为，在我国法律上，悬赏广告属于要约，即属于对不特定多数人发出的要约，悬赏人以公开方式声明对完成特定行为的人支付报酬的，完成特定行为的人可以请求其支付。

（2）悬赏广告一旦生效，悬赏人就负有对任何完成悬赏广告所声明的行为的人给付报酬的义务。与此相应，完成特定行为的相对人即享有报酬请求权。这里的特定行为，是指悬赏广告所指定的行为。如果悬赏广告中确定了完成特定行为的时间，则这一时间要求也构成对相对人完成特定行为的限制。如果数人都完成了特定行为，则应当按照先来后到的原则，认定谁最先完成了该行为，并由谁获得悬赏；如果数人同时完成悬赏广告指定的行为，则应当由数人平均分配报酬。如果悬赏人在悬赏广告中声明对完成特定行为的相对人支付报酬，但没有明确具体的报酬数额，则在行为人完成悬赏广告声明的行为时，仍有权请求悬赏人支付相应的报酬，当事人可以就报酬的具体数额进行协商，协商不一致的，可以由法院进行判定。法院在判定数额时，可以参考行为人完成特定行为的时间、成本、所完成工作成果的归属等因素，确定悬赏人应当支付的报酬数额。

68. 试论格式条款。

【参考答案】（1）格式条款是指当事人为了重复使用而预先拟订，并在订立合同时未与对方协商的条款。格式条款可以节省时间，有利于事先分配风险，降低交易成本。但是，其弊端在于，提供商品或服务的一方在拟订格式条款时，经常利用其优越的经济地位，制定有利于己而不利于消费者的条款，这极易导致对合同自由的妨害。因此，我国民法典对格式条款进行法律上的控制。

（2）根据我国民法典规定，提供格式条款的一方应当遵循公平原则确定当事人之间的权利和义务，并采取合理的方式提示对方注意免除或者减轻其责任等与对方有重大利害关系的条款，按照对方的要求，对该条款予以说明。提供格式条款的一方未履行提示或者说明义务，致使对方没有注意或者理解与其有重大利害关系的条款的，对方可以主张该条款不成为合同的内容。

（3）根据我国民法典规定，有下列情形之一的，该格式条款无效：①具有民事法律行为的无效事由；②格式条款中的造成对方人身损害的、因故意或者重大过失造成对方财产损失的免责条款；③提供格式条款一方不合理地免除或者减轻其责任、加重对方责任、限制对方主要权利；④提供格式条款一方排除对方主要权利。

（4）对格式条款的理解发生争议的，应当按照通常理解予以解释。对格式条款有两种以上解释的，应当作出不利于提供格式条款一方的解释。格式条款和非格式条款不一致的，应当采用非格式条款。

69. 试论民法典中规定的免责条款。

【参考答案】（1）免责条款是当事人双方在合同中事先约定，旨在限制或免除其未来责任的条款。按照私法自治的原则，当事人可以在法律规定的范围内，自由约定合同条款。当事人可以在不损害国家利益和社会公共利益以及第三人利益的前提下，自由处分自己的财产权益，并通过达成协议设定免责条款来免除未来的责任。设定免责条款，有助于控制未来风险、合理规避风险、降低交易成本，从而有利于鼓励各类交易、促进交易的发展，也有利于及时解决纠纷。

（2）免责条款一旦达成，就意味着当事人已经就免责条款达成了合意，但当事人达成的免责条款并不是当然有效的。当事人约定免责条款应当符合民事法律行为的有效条件，特别要符合法律、行政法规的强制性规定，不得违背公序良俗。依据我国民法典的规定，合同中的免责条款存在以下两种情形是无效的：①造成对方人身损害的。免责条款不得免除人身伤害的责任。保护公民的生命健康安全是法律的最重要的任务。如果允许当事人通过免责条款免除造成对方人身伤害的责任，不仅将使民法典侵权责任编关于不得侵害他人财产和人身权利的强制性规定形同虚设，使法律对人身权益的保护难以实现，而且将会严重危及法律秩序和社会公共道德。我国民法典将造成对方人身损害的免责条款规定为无效，体现了我国民法典将对人的生命健康的保护置于最优先保护的地位。②因故意或者重大过失造成对方财产损失的。因故意或者重大过失造成对方财产损失的，不仅表明行为人的过错程度是重大的，而且表明行为人的行为具有不法性，此种行为应当受到法律的谴责。允许当事人通过免责条款免除因故意或者重大过失造成对方财产损失的责任，也可能违背公序良俗。

70. 试论格式条款的无效。

【参考答案】（1）格式条款的无效是指格式条款因违反了法律、行政法规的强制性规定以及公序良俗而被认定为无效的情况。格式条款的效力应当按照民事法律行为的一般有效条件判断，但格式条款本身具有特殊性，对于格式条款的有效还应当有更为严格的限制。

（2）我国民法典明确规定了如下格式条款无效的情形：①具有民法典总则编民事法律行为一章中规定的存在无效的民事法律行为的情形和无效免责条款的情形，这类格式条款无效。根据民法典总则编关于民事法律行为的效力的规定，违反法律、行政法规的强制性规定的民事法律行为无效。但是，该强制性规定不导致民事法律行为无效的除外。恶意串通损害他人合法权益、以虚假的意思表示实施的民事法律行为等，都是无效的，这些无效的民事法律行为可以适用于格式条款效力的规定。另据民法典的规定，合同中的下列免责条款无效：造成对方人身伤害的；因故意或者重大过失造成对方财产损失的。该规定也适用于关于格式条款效力的规定。②提供格式条款一方不合理地免除或者减轻其责任、加重对方责任、限制对方主要权利。这意味着条款制定者违反公平原则，不合理地安排当事人之间的权利和义务，导致格式条款显失公平。根据民法典的规定，并非在格式条款出现免除或者减轻其责任、加重对方责任、限制对方主要权利的情形后，该格式条款都无效，而要确定这些条款本身具有不合理性，即不合理地免除或者减轻其责任、加重对方责任、限制对方主要权利。关于合理与不合理，需要根据一个理性的交易当事人的观点来判断。如果一个理性的交易当事人认为，有关免除或者减轻其责任、加重对方责任、限制对方主要权利的格式条款是不合理的，则应当认定为效力存在瑕疵。③提供格式条款的一方排除对方主要权利。所谓排除对方主要权利，是指格式条款中含有排除对方当事人依据合同的性质和内容应当享有的主要权利，所对应的义务往往是主给付义务。只要存在排除对方主要权利的情形，就可以宣告该格式条款无效。提供格式条款的一方所排除的权利限于对方的主要权利，是否为主要权利应就合同本身的性质进行考察。

（3）格式条款一旦被确认为无效，将产生溯及力，使该行为自实施之日起就不具有法律效力。但是，格式条款的无效不一定导致整体合同无效。根据我国民法典的规定，民事法律行为部分无效，不影响其他部分效力的，其他部分仍然有效。当然，如果格式条款与整个合同条款不可分开，则有关格式条款无效的，整个合同也应当认定为无效。如果有关格式条款违反法律、行政法规的规定而无效，当事人可以通过协商对这些条款进行修正，以消除其无效的原因，从而使无效的格式条款变为有效。格式条款被认定为无效后，应当产生返还财产、恢复原状、赔偿损失的法律后果。

71．试论格式条款的解释。

【参考答案】格式条款的解释是指根据一定的事实，遵循有关的原则，对格式条款的含义作出的说明。对格式条款进行准确解释，对于正确确定当事人之间的权利义务，保护各方当事人合法权益，并使格式条款保持合法性和公平性，都具有重要意义。

我国民法典确立了如下格式条款解释规则：

（1）应当按照通常理解予以解释。按照通常理解予以解释，是指对于格式条款应当以可能订约者平均、合理的理解为标准进行解释。具体而言，首先，除了当事人有特别约定之外，格式条款的解释应超脱于具体环境及特殊的意思表示，即不应把各个具体的订约环境或特别的意思表示作为解释合同的考虑因素，并据此探求个别当事人的真实意志。其次，对格式条款的某些特殊的术语应作出平常的、通常的、通俗的、日常的、一般意义的解释。再次，若格式条款经过长期使用以后，消费者对其中某些术语的理解，与条款制订人的理解有所不同，则应以交易时消费者的一般理解为标准进行解释。最后，对格式条款，应根据其适用的不同地域、不同职业团体的可能订约者的一般理解来解释。

（2）作出对条款制订人不利的解释。既然格式条款是由一方制订的而不是由双方商订的，那么各项条款可能是其制订人基于自己的意志所作的有利于自己的条款，尤其是条款制订人可能会故意使用或插入意义不明确的文字以损害消费者的利益，或者从维持或强化其经济上的优势地位出发，将不合理的解释强加于消费者，所以，为维护消费者的利益，在条款含义不清楚时，就应对条款制订人作出不利的解释。

（3）格式条款与非格式条款不一致的，应当采用非格式条款。格式条款是由提供格式条款的一方预先制订的，当格式条款与非格式条款的含义不一致时，应当认定非格式条款优先于格式条款。

此外，在格式条款的解释中，还应当遵循严格解释规则，即一方面，在格式条款的解释中，应从维护公平正义的目的出发，对合同没有规定或规定不完备的事项，不得采用类推或扩张适用某些条文的适用范围的方法进行解释；另一方面，在某个条文的适用范围不明确时，应从“最狭义”的含义进行解释。严格解释规则是为了保护经济上处于弱者地位的相对人，但如果该规则的适用与保护相对人的要求相悖时，则应采用其他规则进行解释。

★72．试论缔约过失责任。

【参考答案】（1）缔约过失责任是指在订立合同过程中，当事人一方因违反其依据诚实信用原则产生的先合同义务，而致另一方信赖利益损失时所应承担的赔偿责任。其法理基础是诚实信用原则。缔约过失责任是一种独立的民事责任。

（2）缔约过失责任主要适用于以下情形：①假借订立合同，恶意进行磋商。②故意隐瞒与订立合同有关的重要事实或者提供虚假情况。③泄露或者不正当地使用在订立合同过程中知悉的对方商业秘密或者其他应当保密的信息。④其他违背诚实信用原则的行为。

（3）缔约过失责任的内容是损害赔偿，其构成条件包括：①一方违背依诚实信用原则应负的先合同义务。先合同义务是自缔约双方为签订合同而互相接触、磋商开始，逐渐产生的注意义务，而非合同有效成立而产生的给付义务，包括互相通知、协助、保密等义务。这些义务系以诚实信用原则为基础，随着合同关系的发展而逐渐产生的。违反这些义务，是承担缔约过失责任的前提。②他方受有信赖利益的损失。该信赖利益的损失不是履行利益的损失，而且不包括精神损害。③一方违反先合同义务与他方所受损失之间有因果关系。换言之，该信赖利益的损失是由于违反先合同义务引起的。④违反先合同义务的一方具有过失。违反先合同义务的一方对合同无效、被撤销、不被追认、不成立等的原因存在过错，这是构成缔约过失责任的主观要件。

（4）缔约过失责任的赔偿范围是信赖利益的损失。所谓信赖利益的损失，是指缔约人信赖合同有效成立，但是因法定事由发生，致使合同不成立、无效、不被追认或被撤销等而遭受的损失。信赖利益的损失一般包括：缔约费用，准备履行合同所支出的费用，受害人支出上述费用所失去的利息，以及丧失与第三人另订合同的机会所造成的损失。

73. 试论民法典中合同效力的法律适用及特别规则。

【参考答案】（1）合同的效力是指已成立的合同将对合同当事人乃至第三人产生的法律后果。合同是民事法律行为的一种类型，有关民事法律行为效力的基本规则在民法典总则编中已经作出规定。我国民法典合同编规定，本编对合同的效力没有规定的，适用本法第一编第六章的有关规定。由此可知，在合同效力的法律适用上，如果合同编没有规定，则适用总则编关于民事法律行为的规定。如果合同编对合同效力有特殊规定的，则应当适用合同编的规定。

（2）民法典合同编关于合同效力中具体规定了未生效的合同、无权代理人以被代理人名义订立的合同的效力、法定代表人超越权限订立的合同的效力、超越经营范围订立的合同的效力、合同中免责条款无效的情形、争议条款的独立性等。依法成立的合同，自成立时生效，但是法律另有规定或者当事人另有约定的除外。依照法律、行政法规的规定，合同应当办理批准等手续的，依照其规定。未办理批准等手续影响合同生效的，不影响合同中履行报批等义务条款以及相关条款的效力。应当办理申请批准等手续的当事人未履行义务的，对方可以请求其承担违反该义务的责任。依照法律、行政法规的规定，合同的变更、转让、解除等情形应当办理批准等手续的，适用上述规定。无权代理人以被代理人的名义订立合同，被代理人已经开始履行合同义务或者接受相对人履行的，视为对合同的追认。法人的法定代表人或者非法人组织的负责人超越权限订立的合同，除相对人知道或者应当知道其超越权限外，该代表行为有效，订立的合同对法人或者非法人组织发生效力。当事人超越经营范围订立的合同的效力，应当依照民法典总则编有关民事法律行为的效力的规定和合同编有关合同效力的规定确定，不得仅以超越经营范围为由确认合同无效。合同中的下列免责条款无效：造成对方人身损害的；因故意或者重大过失造成对方财产损失的。合同不生效、无效、被撤销或者终止的，不影响合同中有关解决争议方法的条款的效力。

74. 试论合同履行的一般规则。

【参考答案】（1）合同履行的一般规则是指当事人在履行合同过程中应当遵循的基本准则，包括全面履行规则、遵循诚实信用规则和保护生态环境规则。

（2）全面履行规则是指合同当事人应当依据合同和法律的规定全面履行其合同项下的义务，即债务人应当全面地、适当地完成其合同义务，从而使债权人的合同债权得到完全实现。我国民法典规定，当事人应当按照约定全面履行自己的义务。全面履行规则首先要求当事人按照合同约定的标的、数量、质量、履行期限、履行地点、履行方式，全面完成合同义务。按照合同的全面履行规则，债务人的履行在质量、数量、履行方法、地点等方面都必须符合合同的约定，否则构成违约。全面履行规则是合同拘束力的直接表现。履行义务的内容包括主给付义务、从给付义务和附随义务，全面履行规则要求主给付义务、从给付义务和附随义务都应当全面履行。全面履行意味着合同当事人任何一方，未经对方同意不得随意变更合同，否则构成违约，应当承担违约责任。合同有效成立后，未经对方同意，当事人一方不享有法定解除权的，不得单方面解除合同。

（3）遵循诚实信用规则是指当事人应本着诚实、守信、善意的态度履行合同义务，不得滥用权利或故意规避义务。诚信原则作为直接规范交易关系的法律原则，与债权债务关系尤其是合同关系联系最为紧密。在合同订立、履行、变更、解除的各个阶段，甚至在合同关系终止以后，当事人都应当依据诚信原则行使权利和履行义务。我国民法典规定，当事人应当遵循诚信原则，根据合同的性质、目的和交易习惯履行通知、协助、保密等义务。据此，诚信履行规则首先针对的是附随义务的履行，附随义务是指合同当事人依据诚实信用原则所产生的，根据合同的性质、目的和交易习惯所应当承担的通知、协助、保密等义务，由于此种义务是附随于主给付义务的，因此被称为附随义务。附随义务履行进一步强化了商业道德，并使这种道德以法定的合同义务的形式表现出来。

（4）保护生态环境规则是指在履行合同过程中，当事人应当避免浪费资源、污染环境和破坏生态。我国民法典规定，当事人在履行合同过程中，应当避免浪费资源、污染环境和破坏生态。这一规则顺应了节约资源和保护环境的现实需要，符合现代立法的发展趋势，明确了合同履行中应保护环境和避免浪费资源。保护生态环境规则属于法定义务，即使当事人对该项规则没有约定，当事人也同样负有此种法定义务。

75. 试论民法典中选择之债的履行。

【参考答案】（1）选择之债是指债的履行标的有数种，当事人可以选择其中之一予以履行的债。在履行债务之前，选择之债的给付标的必须特定，即通过在数种给付标的中选定一种而将选择之债转变为简单之债，否则无法履行。

（2）选择之债由选择权人行使选择权而将履行标的特定化，选择权人的确定顺序为：①根据法律规定、当事人的约定或者交易习惯确定；②标的有多项而债务人只需履行其中一项的，债务人享有选择权；③享有选择权的当事人在约定期限内或者履行期限届满未做选择，经催告后在合理期限内仍未选择的，选择权转移至对方。

（3）当事人行使选择权使选择之债的给付标的特定是最常见方式，该选择权在性质上为形成权，选择权人在行使选择权时不得附条件和附期限。选择权行使后效力溯及债之发生时。当事人行使选择权应当及时通知对方，通知到达对方时，标的确定。标的确定后不得变更，但是经对方同意的除外。可选择的标的发生不能履行情形的，享有选择权的当事人不得选择不能履行的标的，但是该不能履行的情形是由对方造成的除外。

76. 试论民法典中连带之债的履行。

【参考答案】（1）连带之债是指债的多数主体中任何一人都有权请求对方履行全部债务，或者任何一人都有义务向对方履行全部债务的债。连带之债由法律规定或者当事人约定，其中多数人一方相互间有连带关系。债权人为二人以上，部分或者全部债权人均可以请求债务人履行债务的，为连带债权；债务人为二人以上，债权人可以请求部分或者全部债务人履行全部债务的，为连带债务。

（2）连带之债既发生外部效力，也发生内部效力。在连带之债中，每个连带债权人都有请求债务人履行全部债务的权利，每个连带债务人都有履行全部给付的义务，在连带债权人中一人受领全部给付或者连带债务人中一人履行了全部债务后，连带之债归于消灭，但此时连带之债在连带债权人或者连带债务人之间转化为按份之债。连带债权人或者连带债务人之间的份额难以确定的，视为份额相同。实际承担债务超过自己份额的连带债务人，有权就超出部分在其他连带债务人未履行的份额范围内向其追偿，并相应地享有债权人的权利，但是不得损害债权人的利益。其他连带债务人对债权人的抗辩，可以向该债务人主张。被追偿的连带债务人不能履行其应分担份额的，其他连带债务人应当在相应范围内按比例分担。部分连带债务人履行、抵销债务或者提存标的物的，其他债务人对债权人的债务在相应范围内消灭；该债务人可以依法向其他债务人追偿。部分连带债务人的债务被债权人免除的，在该连带债务人应当承担的份额范围内，其他债务人对债权人的债务消灭。部分连带债务人的债务与债权人的债权同归于一人的，在扣除该债务人应当承担的份额后，债权人对其他债务人的债权继续存在。债权人对部分连带债务人的给付受领迟延的，对其他连带债务人发生效力。实际受领债权的连带债权人，应当按比例向其他连带债权人返还。

77. 试论民法典中向第三人履行的合同。

【参考答案】（1）向第三人履行的合同是指依照当事人的约定或者法律规定，由债务人向第三人履行债务的合同。该类合同包括债务人向第三人履行的合同和为第三人利益订立的合同。

（2）债务人向第三人履行的合同是指当事人约定由债务人向第三人履行债务的合同，又称为不真正利益第三人合同。我国民法典规定，当事人约定由债务人向第三人履行债务，债务人未向第三人履行债务或者履行债务不符合约定的，应当向债权人承担违约责任。适用债务人向第三人履行规则的前提是当事人在合同中必须明确约定由债务人向第三人作出履行，因此，向第三人作出履行是债务人依据合同应当承担的义务。债务人向第三人履行中的第三人并非由合同当事人一方指定，而是由双方当事人在合同中进行约定，且第三人不享有合同中的独立请求权，第三人只是可以接受债务人的给付。如果债务人不履行，或不按照合同的约定履行时，债务人向第三人履行的合同中的第三人不能向债务人主张违约责任。能够主张违约责任的仍然是合同债权人。

（3）为第三人利益订立的合同是指法律规定或者合同当事人约定由债务人向合同之外的第三人作出给付，该第三人即因此取得直接请求债务人作出给付权利的合同。我国民法典规定，法律规定或者当事人约定第三人可以直接请求债务人向其履行债务，第三人未在合理期限内明确拒绝，债务人未向第三人履行债务或者履行债务不符合约定的，第三人可以请求债务人承担违约责任；债务人对债权人的抗辩，可以向第三人主张。按照合同相对性原则，非合同当事人本不应享有合同权利或承担合同义务，但是在为第三人利益订立的合同中，合同当事人可以为第三人设定权利，但不能设定义务。第三人可以接受为其设定的权利，也可以拒绝。一旦拒绝为其设定的利益，则为第三人设定利益的条款不能生效，但合同的其他条款仍可在当事人之间生效。在为第三人利益订立的合同中，第三人并非订约当事人，但其可以请求债务人向其履行债务，并接受债务人的给付。但是，第三人请求履行的内容不能超出合同中为其设定的权利或利益的范围。如果债务人没有按照合同的约定向第三人作出给付，则第三人有请求债务人承担违约责任的独立请求权。债务人对债权人的抗辩，包括债权不成立的抗辩、合同被撤销或者被宣告无效的抗辩、合同债权已经履行或者清偿等原因而消灭的抗辩，以及同时履行抗辩、先履行抗辩、不安抗辩等，都可以向第三人主张。

78. 试论第三人代为履行。

【参考答案】（1）第三人代为履行是指由合同当事人之外的第三人代债务人履行合同债务的行为。我国民法典规定，债务人不履行债务，第三人对履行该债务具有合法利益的，第三人有权向债权人代为履行；但是，根据债务性质、按照当事人约定或者依照法律规定只能由债务人履行的除外。该规定为第三人代为履行规则。第三人代为履行或基于债务人的委托，或基于其本身的赠与意思，或基于第三人对债务人的无因管理。由于债务在绝大多数情况下并不具有专属性，可以由第三人代为清偿，因此，为了促进债权的实现，同时有效地保护债务人的利益，只要第三人对债的履行具有合法利益，且不违反法律规定和当事人的约定，可以由第三人代为清偿。

（2）第三人代为履行须具备如下条件：①第三人须为债务人及债务履行辅助人之外的人。代为履行的第三人具有独立的地位，其清偿不能视为债务人的清偿，在第三人履行不符合债的要求时，债权人不能据此请求债务人承担债务不履行的违约责任。②第三人对履行该债务具有合法利益。第三人代为履行以第三人对该债务具有合法利益为必要条件。第三人对债务具有合法利益主要包括第三人与债务人之间具有一定的人身关系，或者在债务履行后，第三人可以获得一定的财产利益。③除合同有特别约定、法律有特别规定或债务在性质上必须由债务人履行外，债权人不得拒绝第三人代为履行。一般情况下，如果第三人对履行债务具有合法利益，且不具有合同有特别约定、法律有特别规定或债务在性质上必须由债务人履行的情形，债权人不得拒绝第三人代为履行。

（3）在第三人未按照约定向债权人履行清偿义务时，原则上应当由债务人对债权人承担违约责任。债权人接受第三人履行后，其对债务人的债权转让给第三人，但是债务人和第三人另有约定的除外。

79. 试论同时履行抗辩权。

【参考答案】（1）同时履行抗辩权是指双务合同的当事人在没有约定履行顺序或约定应同时履行的情况下，一方当事人在对方未为对待给付之前，得拒绝履行自己债务的权利。我国民法典规定，当事人互负债务，没有先后履行顺序的，应当同时履行。一方在对方履行之前有权拒绝其履行请求。一方在对方履行债务不符合约定时，有权拒绝其相应的履行请求。

（2）同时履行抗辩权的构成要件包括：①须当事人就同一双务合同互负债务。同时履行抗辩权制度主要适用于双务合同，如买卖、租赁、承揽等。此外，当事人因合同不成立、无效、被撤销或解除而产生的相互义务，若具有对价关系，也可主张同时履行抗辩权。同时履行抗辩权发生的前提条件是在同一双务合同中双方互负债务。首先，须由同一双务合同产生债务；其次，须双方当事人互负相互牵连的债务。互负债务即双方根据同一双务合同互相承担债务，牵连关系即双方当事人所负的债务相互依存，不是相互独立的，且双方的债务具有对价关系。②须双方互负的债务均届清偿期。只有在双方的债务同时到期时，才能行使同时履行抗辩权。合法有效债务的存在是主张同时履行抗辩权的前提。③须对方未履行债务或履行债务不符合约定。原告向被告请求履行债务时，原告自己已负有的与对方债务有牵连关系的债务未履行，被告因此可以主张同时履行抗辩权，拒绝履行债务。如果原告已履行债务，则不发生同时履行抗辩权的问题。不过，如果原告未履行的债务与被告所负债务之间没有对价关系，则被告不得援用同时履行抗辩权。如果一方不适当履行债务，如部分履行、履行有瑕疵等，另一方可援引同时履行抗辩权的规定，拒绝对方相应的履行请求。④须对方的对待给付是可能履行的。同时履行抗辩权以能够履行为前提。如果一方已经履行，而另一方因过错不能履行其所负的债务，则只能适用债务不履行的规定请求补救，而不发生同时履行抗辩权的问题。如果因不可抗力发生履行不能，则双方当事人将被免责。在此情况下，如一方提出了履行的请求，对方可提出否认对方请求权存在的主张，而不是主张同时履行抗辩权。

（3）同时履行抗辩权属于延期抗辩权、一时抗辩权，不具有消灭对方请求权的效力。其效力主要在于对方未履行或履行债务不符合约定时，有拒绝履行自己债务的权利。如果对方已经履行了债务，该权利即消灭。

80. 试论先履行抗辩权。

【参考答案】（1）先履行抗辩权是指在当事人互负债务且有先后履行顺序时，负有先履行义务的一方未履行债务或履行债务不符合约定时，后履行一方拒绝其履行请求的权利。我国民法典规定，当事人互负债务，有先后履行顺序，应当先履行债务一方未履行的，后履行一方有权拒绝其履行请求。先履行一方履行债务不符合约定的，后履行一方有权拒绝其相应的履行请求。

（2）先履行抗辩权的成立要件包括：①当事人基于同一双务合同互负债务。先履行抗辩权是因双务合同履行机能上存在牵连性而发生的，其适用的前提是在同一双务合同中双方互负债务。所谓同一双务合同中互负债务，是指双方的债务是由一个合同产生的，且双方当事人互负债务。②双方债务均已届清偿期。双方的债务合法有效，且双方的债务均已届至履行期限。③一方当事人应当先履行债务。双方当事人在一个合同中存在履行顺序，先履行一方应当先履行合同义务，先履行一方未履行的，后履行一方有权拒绝其履行请求。④应当先履行的一方未履行债务或者履行债务不符合约定，如履行迟延、不完全履行、部分履行等。

（3）先履行抗辩权属于延期抗辩权、一时抗辩权，其成立及行使，使得后履行一方可以中止履行自己的债务，以保护自己的期限利益、顺序利益；在先履行一方采取了补救措施、变违约为适当履行的情况下，先履行抗辩权消灭，后履行一方须履行债务。

★81．试论不安抗辩权。

【参考答案】（1）不安抗辩权是指先履行一方在有确切证据证明后履行一方有丧失或者可能丧失履行债务能力的情况下，可暂时中止履行的权利。不安抗辩权主要是为了保护先履行一方所享有的利益。该抗辩权对于维护交易秩序是十分必要的。

（2）不安抗辩权的适用条件包括：①当事人基于同一双务合同互负债务。不安抗辩权以双方当事人互负债务为前提，只有在双务合同中，才能适用不安抗辩权，单务合同不能适用不安抗辩权。②主张不安抗辩权的一方应当先履行债务且其债务已届清偿期。当事人行使不安抗辩权须当事人一方先履行债务，即当事人一方有义务向他方先作出履行。正是因为履行是在不同时间作出的，因此，先履行一方在对方有可能难以作出对待履行时，有权拒绝作出履行。从根本上说，不安抗辩权是法律赋予先履行一方在符合法律规定的条件下方可享有的权利，以有效地防止先履行一方的利益受到损害。此外，先履行一方的债务必须已届清偿期，如果先履行一方的债务清偿期未至，则先履行一方不能行使不安抗辩权。③先履行一方有确切证据证明对方履行能力明显降低，有不能为对待给付的现实危险。我国民法典明确规定了一方在履行后另一方不能或不会作出对待履行的事由：经营状况严重恶化；转移财产、抽逃资金，以逃避债务；丧失商业信誉；有丧失或者可能丧失履行债务能力的其他情形。

（3）为了防止先履行一方滥用不安抗辩权，先履行一方行使不安抗辩权时必须负有举证义务和通知义务两项法定义务：①举证义务。先履行一方必须有确切证据证明对方具有法律规定的不能或不会对待履行的事由。没有确切证据而中止合同履行，表明先履行一方无正当理由拒不履行自己的义务，对此应当承担违约责任。②通知义务。如果先履行一方没有及时作出通知甚至根本没有通知，表明先履行一方并没有正当行使不安抗辩权，将有可能构成违约。

（4）不安抗辩权的效力表现在：先履行一方有确切证据证明对方具有法律规定的不能或不会对待履行的事由以后，可以行使不安抗辩权，暂时中止合同的履行。暂时中止合同的履行是不安抗辩权行使的主要效力。但对方恢复了履行能力或者提供适当担保的，应当恢复履行。中止履行后，对方在合理期限内未恢复履行能力且未提供适当担保的，视为以自己的行为表明不履行主要债务，中止履行的一方可以解除合同并可以请求对方承担违约责任。

★82．试论债权人的代位权。

【参考答案】（1）债权人的代位权，是指当债务人怠于行使其债权或者与该债权有关的从权利而影响债权人的到期债权实现时，债权人享有的以自己名义代位行使债务人对相对人的权利之权利。代位权作为合同保全措施，其内容在于行使债务人的权利，借以保持债务人的责任财产。

（2）债权人的代位权的成立条件包括：①债权人对债务人的债权合法。一般情形下，债权人应当在其债权到期时才能行使代位权，但我国民法典对债权人在债权到期前行使代位权作出了特别规定，即债权人的债权到期前，债务人的债权或者与该债权有关的从权利存在诉讼时效期间即将届满或者未及时申报破产债权等情形，影响债权人的债权实现的，债权人可以代位向债务人的相对人请求其向债务人履行、向破产管理人申报或者作出其他必要的行为。②债务人对第三人（相对人）享有债权。债务人必须对第三人（相对人）享有合法的债权，这里的相对人，不仅包括次债务人，还包括抵押人、质押人和保证人等。如果债务人对第三人不享有合法的债权，则债权人不能行使代位权。③债务人怠于行使其债权或者与该债权有关的从权利影响债权人的到期债权的实现。这是指债务人不履行其对债权人的到期债务，又不以诉讼方式或者仲裁方式向其债务人主张其享有的具有金钱给付内容的债权，以致影响债权人的到期债权的实现。④债务人对第三人的债权为非专属性权利和可以强制执行的权利。通常而言，基于扶养关系、抚养关系、赡养关系、继承关系产生的给付请求权和劳动报酬、退休金、养老金、抚恤金、安置费、人寿保险、人身伤害赔偿请求权等权利属于专属于债务人自身的债权。

（3）债权人的代位权必须通过诉讼方式行使，代位权的行使范围以债权人的到期债权为限。债权人行使代位权的必要费用，由债务人负担。相对人对债务人的抗辩，可以向债权人主张。人民法院认定代位权成立的，由债务人的相对人向债权人履行义务，债权人接受履行后，债权人与债务人、债务人与相对人之间相应的权利义务终止。债务人对相对人的债权或者与该债权有关的从权利被采取保全、执行措施，或者债务人破产的，依照相关法律的规定处理。

★83. 试论债权人的撤销权。

【参考答案】（1）债权人的撤销权，是指在债务人实施的处分行为影响债权人的债权实现时，债权人享有的依诉讼程序申请法院撤销债务人实施的行为的权利。债权人的撤销权是合同保全措施，债权人通过行使撤销权，使债务人的责任财产得以保全。

（2）债权人撤销权的成立要件因债务人所为的行为系无偿或有偿的不同而有所区别。若为无偿行为，如以放弃其债权、放弃债权担保、无偿转让财产等方式无偿处分财产权益，或者恶意延长其到期债权的履行期限，则只需具备客观要件；若为有偿行为，则需同时具备客观要件与主观要件。其中，客观要件包括：①债务人实施了一定的处分财产的行为，具体包括以明显不合理的低价转让财产、以明显不合理的高价受让他人财产或者为他人的债务提供担保。转让价格达不到交易时交易地的指导价或者市场交易价的70%的，一般可以视为明显不合理的低价；对收购价格高于当地指导价或者市场交易价的30%的，一般可以视为明显不合理的高价。②债务人的处分行为已经发生法律效力。债权人之所以要行使撤销权，是因为债务人处分财产的行为已经生效，如果债务人的行为并没有成立或生效，或者法律上属于当然无效的行为，或者该行为已经被宣告无效等，都不必由债权人行使撤销权。③债务人的行为影响债权人的债权实现。主观要件要求在债务人实施影响债权人的债权实现的行为时，债务人的相对人具有恶意，即债务人的相对人知道或者应当知道债务人是以明显不合理的低价转让财产、以明显不合理的高价受让他人财产或者为他人的债务提供担保等情形。

（3）债权人的撤销权由债权人以自己的名义在诉讼中行使，其行使范围以债权人的债权为限。债权人行使撤销权的必要费用，由债务人负担。撤销权自债权人知道或者应当知道撤销事由之日起1年内行使。自债务人的行为发生之日起5年内没有行使撤销权的，该撤销权消灭。债务人影响债权人的债权实现的行为被撤销的，自始没有法律约束力。

84. 试论免责的债务承担。

【参考答案】（1）免责的债务承担是指原债务人将全部或部分债务转移给第三人承担而脱离相应的债的关系。我国民法典规定，债务人将债务的全部或者部分转移给第三人的，应当经债权人同意。

（2）免责的债务承担的要件包括：①须存在有效的债务。当事人转移的合同债务只能是有效存在的债务。如果债务本身不存在，或者合同订立后被宣告无效或被撤销，自然不能发生义务转移的法律后果。②须有以债务转移为内容的协议。该协议可以是第三人与债权人签订的，也可以是第三人与债务人签订的，还可以是债务人、债权人与第三人三方共同签订的。③须债务具有可转移性。凡性质上不可转移的债务以及当事人约定不得转移的债务，均不具有可转移性。④须经债权人同意。当债务转移协议是第三人与债务人签订时，债务转移须经债权人同意。一般来说，债务转移可能损害债权人的利益，因此债务转移须经债权人同意。此外，法律、行政法规规定债务转移应当办理批准、登记等手续的，依照其规定。

（3）免责的债务承担的效力表现为：①债务人转移债务的，新债务人可以主张原债务人对债权人的抗辩；原债务人对债权人享有债权的，新债务人不得向债权人主张抵销。②债务人转移债务的，新债务人应当承担与主债务有关的从债务，但是该从债务专属于原债务人自身的除外。从债务包括利息债务、违约金债务和损害赔偿债务等。③新债务人不得以对抗原债务人的事由对抗债权人。④由第三人为债权设定的担保，除担保人继续同意担保外，因债务承担而消灭。

85. 试论代物清偿。

【参考答案】（1）代物清偿是指在履行合同债务过程中，债权人受领他种给付以代替原定给付而使债的关系消灭。我国民法典并未规定代物清偿，因此对于代物清偿合同，可以认定为非典型的要物合同，可类推适用关于合同清偿的规定。

（2）代物清偿须具备以下要件：①有原债务存在。②经双方当事人约定，以他种给付代替原定给付。两种给付在价值上可以有差异，但须经双方当事人约定。③有双方当事人关于代物清偿的合意。④债权人或其他有履行受领权的人现实地受领给付。所谓现实地受领他种给付，在他种给付为移转不动产所有权时，仅仅有表示移转的意思尚不足够，必须还要办理移转登记手续，完成登记或交付，才能成立代物清偿。

（3）代物清偿合同成立，原债权债务关系归于消灭，债权的从权利（如担保权）也归于消灭，即便代物清偿的他种给付存在瑕疵，原债权债务关系也归于消灭，债权人也不能请求债务人履行无瑕疵的给付，只能依据代物清偿合同的有偿性主张瑕疵担保责任。连带债务人、不可分之债的债务人所为代物清偿的，其他债务人一同解除债权债务关系，保证人也因代物清偿而免除相应的保证责任。

86. 试论清偿抵充。

【参考答案】（1）清偿抵充是指在债务人对于同一债权人负担数项同种类的债务而债务人提供的给付不足以清偿全部债务时，决定以该给付抵充何宗债务的规则。清偿抵充应具备如下要件：①一个债务人对同一债权人负担数项债务。清偿抵充的债务人应当是同一债务人，清偿抵充的债权人也应当是同一债权人，且清偿抵充的成立以债务人负担数项债务为条件。②债务人负担的债务给付的种类相同。给付的种类相同是指债务人所负担的给付义务属于同一种类，即债务人所负担的数项债务都是交付同一性质的财产或者提供的是同类劳务。③清偿人提供的给付不足以清偿全部债务。只有在债务人所提供的给付无法清偿全部债务时，才有必要由债务人确定其作出的给付用于清偿哪一债务。如果债务人的给付可以清偿全部债务，则债权人的各项债权都能够实现，此时就没必要再确立各个债权的清偿顺序。

（2）清偿抵充的形式有约定抵充、指定抵充和法定抵充。约定抵充是指当事人就抵充的方法达成合意。根据我国民法典规定，债权人与债务人对清偿的债务或清偿抵充顺序有约定的，依约定进行抵充。指定抵充是指当事人一方以其单方意思确定债务人的清偿应抵充的债务。根据我国民法典规定，若债权人和债务人没有约定的，债务人的给付不足以清偿其对同一债权人所负的数项相同种类的全部债务，由债务人在清偿时指定其履行的债务。法定抵充是指当事人在未约定抵充或作出指定抵充时，应依据法律规定的顺序和方法，对债务进行抵充。根据我国民法典规定，债务人未作指定的，应当优先履行已经到期的债务；数项债务均到期的，优先履行对债权人缺乏担保或者担保最少的债务；均无担保或者担保相等的，优先履行债务人负担较重的债务；负担相同的，按照债务到期的先后顺序履行；到期时间相同的，按照债务比例履行。

（3）债务人在履行主债务外还应当支付利息和实现债权的有关费用，根据民法典的规定，其给付不足以清偿全部债务的，除当事人另有约定外，应当按照下列顺序履行：①实现债权的有关费用。有关费用包括保管费用、诉讼费用、执行费用等。②利息。利息包括法定利息和约定利息。利息是债权人预期的收益，所以应当先于本金而抵充。③主债务。

87. 试论合同解除的种类及条件。

【参考答案】（1）合同解除的种类。合同解除的方式包括单方解除和协议解除。单方解除是指在解除事由出现时，由享有解除权的一方当事人以单方行为解除合同的方式。单方解除包括约定解除和法定解除。约定解除是指当事人以合同形式约定一方当事人保留解除权，该当事人行使约定的解除权而导致合同的解除。法定解除是指在合同成立以后，没有履行或者没有履行完毕以前，当事人一方通过行使法定的解除权而使合同效力消灭的行为。协议解除是指当事人通过协商一致解除合同的行为。约定解除、法定解除和协议解除的条件不同。

（2）约定解除的条件。只要不违反法律强制性规定和公序良俗，当事人可以约定一方当事人解除合同的条件。解除合同的条件成就时，解除权人可以解除合同。解除权条款既可以在当事人订立合同时约定，也可以在合同订立后另行约定。

（3）法定解除的条件。①因不可抗力致使不能实现合同目的。只有在发生不可抗力，且不能实现合同目的时，才能解除合同。不能实现合同目的是指当事人在订立合同时所追求的目标和基本利益不能实现。②在履行期限届满前，当事人一方明确表示或者以自己的行为表明不履行主要债务。此为预期违约，包括明示毁约和默示毁约。③当事人一方迟延履行主要债务，经催告后在合理期限内仍未履行。必须是债务人在履行期限到来之后未履行主要债务，而不是未履行次要债务；必须经过债权人的催告履行；在催告后债权人要给予债务人一段合理的宽限期，使债务人继续准备履行；经催告后在合理期限内仍未履行。④当事人一方迟延履行债务或者有其他违约行为致使不能实现合同目的。这包括两种情况：一是迟延履行影响到合同目的的实现，对此不需要经过催告程序，便可以解除合同。迟延履行是否导致合同目的不能实现，应考虑时间对合同的重要性。如果时间因素对当事人的缔约目的的实现至关重要，迟延履行将导致合同目的不能实现，应允许非违约方解除合同。二是有其他违约行为致使不能实现合同目的。该情况实际上是赋予非违约方在违约方的违约已构成根本违约的情况下享有解除合同的权利。所谓根本违约，是指一方违反合同而致另一方损害，导致非违约方缔约目的无法实现。在根本违约的情况下，非违约方有权解除合同。⑤法律规定的其他情形。除了上述法定解除权以外，民法典合同编通则部分基于不安抗辩权、情事变更规则等解除合同的规定，民法典合同编典型合同部分有关定作人的单方解除权、委托合同双方当事人的随时解除权等，以及特别法规定中有关法定解除权的规定，都属于“法律规定的其他情形”。

（4）协议解除的条件。即双方达成合意。此种解除方式是在合同成立以后，通过双方协商解除合同，而不是在合同订立时约定解除权，属于事后协商解除。

88. 试论合同解除的效力。

【参考答案】（1）合同解除的效力即合同解除的法律后果。有效合同经过双方协议解除或者一方行使解除权后，合同权利义务关系终止。具体表现为：合同解除后，尚未履行的，终止履行；已经履行的，根据履行情况和合同性质，当事人可以请求恢复原状或者采取其他补救措施，并有权请求赔偿损失。首先，我国民法典承认合同解除应向将来发生效力，即对于尚未履行的应终止履行。其次，我国民法典承认合同解除可以产生溯及既往的效果，即已经履行的，可以请求恢复原状或者采取其他补救措施。恢复原状是指当事人应恢复到订约前的状态。在合同解除后，当事人要达到订约前的状态，应当包括如下两方面的内容：首先，已经作出履行的，除返还财产以外，还应补偿因返还所支付的费用。其次，如果返还的是能够产生孳息的物，则除应返还原物之外，还应返还孳息。

一方在占有标的物时为维护标的物而支付的必要费用也应返还。但是，由于解除合同本身是对受害人的一种补救方式，它体现了对违约方的制裁，所以，返还作出的履行，应充分考虑保护非违约方的利益以及对违约行为的制裁，如违约方因履行或返还而产生的费用及非违约方已经得到的孳息，就不应返还。所谓其他补救措施，是指如果依据合同的性质或当事人的实际状况，无法使合同履行恢复原状时，当事人可以采取修理、加工、减价等措施代替返还财产、恢复原状。

（2）合同因违约解除的，解除权人可以请求违约方承担违约责任，但是当事人另有约定的除外。所谓当事人另有约定，是指当事人在合同中约定，或者在解除合同时明确免除对方的违约责任。我国民法典承认合同解除与损害赔偿可以并存，因为合同解除只是使受害人摆脱了合同关系的束缚，但受害人遭受的损失并没有得到补偿，因此合同解除后，受害人可以请求损害赔偿。

（3）我国民法典对主合同解除后担保人的担保责任作出了规定，从而明确了担保人的责任，即主合同解除后，担保人对债务人应当承担的民事责任仍应当承担担保责任，但是担保合同另有约定的除外。在主合同被解除后，债务人所应当承担的责任是其合同债务的一种延续，担保人应当对其承担担保责任。当然，如果当事人在担保合同中明确约定主合同解除后担保人不再承担担保责任的，该约定也有效。

89. 试论民法典中的抵销制度。

【参考答案】（1）抵销是指互负债务的双方当事人将两项债务相互充抵，以使双方债务在对等数额内消灭的行为。抵销作为合同消灭的一种原因，为我国民法典所承认。抵销依其产生根据的不同，可分为法定抵销与合意抵销，两种抵销都会导致债权债务的消灭。

（2）法定抵销是指依照法律规定以当事人一方的意思表示所作的抵销。用作抵销的债权称为主动债权或自动债权，被抵销的债权称为被动债权。根据民法典的规定，法定抵销的构成要件包括：①须双方当事人互负债务、互享债权。双方当事人相互负担合法债务，也相互享有合法债权，此为抵销成立的前提。②须自动债权即提出抵销的债权已届清偿期。抵销并不要求双方债权均届清偿期，只需要主张抵销的一方当事人的债权即主动债权已届清偿期，即可主张抵销。③须双方债务的标的物种类、品质相同。种类相同即标的物的类型是同一的；品质相同即标的物的质量是相同的。④须不存在根据债务性质、按照当事人约定或者依照法律规定不得抵销的情形。法律禁止抵销的债务以及依据债务的性质等不得抵销的债务，不能抵销。抵销权属于形成权，享有抵销权的当事人只需通知对方即可发生抵销后果，无须对方同意。当事人主张抵销的，应当通知对方，通知自到达对方时生效；但抵销不得附条件或者附期限。抵销使当事人双方的债权在对等数额内消灭，对于未抵销的债务部分，债务人仍然负有清偿义务。抵销具有追溯力，溯及抵销权成立之时。

（3）合意抵销是指当事人协商一致时，双方的债权债务按对等数额消灭的抵销方式。合意抵销是当事人意思自治的具体体现，法律不应禁止。合意抵销的发生条件、期限、法律后果等均须遵从当事人的约定，双方的抵销协议只需满足合同的成立及生效要件即可，不受法定抵销的限制。除当事人有特别约定外，抵销合同没有溯及既往的效力。

90. 试论民法典上的提存制度。

【参考答案】（1）提存是指由于债权人的原因而无法向其交付履行标的物时，债务人将该标的物交付给提存机关以消灭债务的行为。提存涉及提存人、提存机关和提存受领人三方当事人。

（2）提存须具备的条件有：①须有因债权人方面的原因使债务人难以履行债务的客观情况发生。根据我国民法典的规定，这种客观情况包括：债权人无正当理由拒绝受领；债权人下落不明；债权人死亡未确定继承人、遗产管理人，或者丧失民事行为能力未确定监护人；法律规定的其他情形，如债权人分立、合并或者变更住所没有通知债务人，致使履行债务发生困难的，债务人可以中止履行或者将标的物提存。②须提存的标的物适宜提存。如果标的物不适于提存或者提存费用过高的，债务人依法可以拍卖或者变卖标的物，提存所得的价款。债务人将标的物或者将标的物依法拍卖、变卖所得价款交付提存部门时，提存成立。提存成立的，视为债务人在其提存范围内已经交付标的物。③须经法定程序进行。债务人应当向提存部门提交提存申请，提存部门应予提存的，债务人向提存部门提交提存物，提存生效。

（3）提存的效力在于：提存之日起，债务人与债权人之间的权利义务终止。标的物提存后，债务人应当及时通知债权人或者债权人的继承人、遗产管理人、监护人、财产代管人，标的物毁损、灭失的风险由债权人承担。提存期间，标的物的孳息归债权人所有。提存费用由债权人负担。债权人可以随时领取提存物。但是，债权人对债务人负有到期债务的，在债权人未履行债务或者提供担保之前，提存部门根据债务人的要求应当拒绝其领取提存物。债权人领取提存物的权利，自提存之日起5年内不行使而消灭，提存物扣除提存费用后归国家所有。但是，债权人未履行对债务人的到期债务，或者债权人向提存部门书面表示放弃领取提存物权利的，债务人负担提存费用后有权取回提存物。

91. 试论预期违约。

【参考答案】（1）预期违约是指在合同履行期限到来之前，一方无正当理由而明确表示其在履行期限到来后将不履行合同，或者以其行为表明其在履行期限到来以后将不可能履行合同。预期违约是在履行期限到来之前的违约，此时一方的违约只是表现为未来将不履行义务，预期违约行为侵害的是期待的债权而不是现实的债权。预期违约包括两种形态，即明示毁约和默示毁约。

（2）明示毁约是指一方当事人无正当理由，明确肯定地向另一方当事人表示其将在履行期限到来时不履行合同。我国民法典规定，当事人一方明确表示不履行合同义务的，对方可以在履行期限届满前请求其承担违约责任。构成明示毁约须具备的条件有：①必须是一方明确肯定地向对方作出毁约的表示；②一方明确表示不履行合同的主要义务，从而使另一方订约的目的不能实现，或严重损害其期待利益；③一方明确表示不履行合同没有任何正当理由。对于一方明示毁约的，另一方可以在履行期限到来之前承担诸如赔偿损失、支付违约金、适用定金罚则等违约责任，并有权解除合同。

（3）默示毁约是指在履行期限到来之前，一方以自己的行为表明其将在履行期限到来之后不履行合同。我国民法典规定，当事人一方以自己的行为表明不履行合同义务的，对方可以在履行期限届满前请求其承担违约责任。构成默示毁约须具备的条件有：①一方以自己的行为表明不履行合同主要义务的情形，这些情形包括：经营状况严重恶化；转移财产、抽逃资金，以逃避债务；丧失商业信誉；有丧失或者可能丧失履行债务能力的其他情形。②另一方有确切证据证明对方有上述情形。③一方不愿提供适当担保。另一方虽然有确切的证据证明一方将不履行合同，但还不能立即确定对方已构成违约。只有在对方不提供履约担保的情形下，才能确定其构成违约并追究其违约责任。但是，对方已经提供履约担保或者恢复履行能力的，则不构成默示毁约，不能追究其违约责任。

92. 试论继续履行责任。

【参考答案】（1）继续履行是指在合同债务人不履行合同义务或者履行合同义务不符合约定条件时，债权人要求违约方继续按照合同的约定履行义务。我国民法典规定，当事人一方不履行合同义务或者履行合同义务不符合约定的，应当承担继续履行、采取补救措施或者赔偿损失等违约责任。继续履行作为违约责任形式中的一种，是实际履行的延伸和补充，其内容是强制违约方交付按照合同约定本应交付的标的。我国采用继续履行为主、赔偿为辅的救济原则。

（2）由于债务性质不同，因此，继续履行在适用时亦有所不同，具体而言：违反金钱债务的，应继续履行。因为金钱债务不存在履行不能的问题。违反非金钱债务的，除特殊情况外，原则上应继续履行。但有下列情形之一的除外：①法律上或者事实上不能履行。法律上不能继续履行，也就是说，实际履行不能违反法律规定；实施上不能履行是指履行标的客观上不能或者永久不能。②债务的标的不适于强制履行或者履行费用过高。债务的标的不适于强制履行是指依据合同的性质以及合同所确立的标的，不适合强制履行。而履行费用过高一般是指继续履行在经济上不具有合理性，或者履行时间过长而不适合实际履行。③债权人在合理期限内未请求履行。如果非违约方决定采取实际履行的补救措施，则必须要在合理期限内向违约方提出继续履行的请求。如果在违约方违约后，未在合理期限内提出实际履行的请求，则不得再提出继续履行的请求。

（3）由于上述不能继续履行非金钱债务的情形致使不能实现合同目的的，人民法院或者仲裁机构可以根据当事人的请求终止合同权利义务关系，但是不影响违约责任的承担。这里的当事人包括双方当事人。人民法院判决解除合同的，违约方本应当承担的违约责任不因解除合同而减少或免除，其应当继续依据法律或合同承担违约责任。此外，根据民法典的规定，当事人一方不履行债务或者履行债务不符合约定，根据债务的性质不得强制履行的，对方可以请求其负担由第三人替代履行的费用。在根据债务的性质不得强制履行时，非违约方可以与第三人订立合同，由第三人替代履行，而由违约方负担替代履行的费用。这有利于债权人合同目的的实现，也有利于违约责任的承担。

93. 试论违约损害赔偿责任。

【参考答案】（1）违约损害赔偿即赔偿损失，是指违约方以支付金钱的方式弥补受害方因违约方的违约行为而遭受损失的责任形式。承担赔偿损失的责任除应具备违约责任的必要条件外，还必须有违约行为造成对方财产损失的事实。赔偿损失责任包括约定损害赔偿和法定损害赔偿。

（2）当事人可以在订立合同时约定损害赔偿额。约定损害赔偿是指当事人在订立合同时，预先约定一方违约时应向对方支付一定的金钱或约定损害赔偿额。我国民法典规定，当事人可以约定一方违约时应当根据违约情况向对方支付一定数额的违约金，也可以约定因违约产生的损失赔偿额的计算方法。一般来说，损害赔偿的主要形式是法定损害赔偿，而约定损害赔偿是为了弥补法定损害赔偿的不足而设置的规则，但约定损害赔偿一般要优先于法定损害赔偿适用，这是合同自由原则的体现。

（3）法定损害赔偿包括完全赔偿规则、可预见性规则、减轻责任规则和过失相抵规则。完全赔偿规则是指因违约方的违约使受害人遭受的全部损失都应当由违约方负赔偿责任。根据民法典合同编的规定，当事人一方不履行合同义务或者履行合同义务不符合约定，造成对方损失的，损失赔偿额应当相当于因违约所造成的损失，包括合同履行后可以获得的利益。完全赔偿就是要通过赔偿受害人的实际损失和可得利益的损失，弥补受害人遭受的全部损失，使受害人恢复到合同订立前的状态，或者恢复到合同能够得到严格履行情况下的状态。可预见性规则是指，只有当违约所造成的损害是违约方在订约时可以预见到的情况下，才能认为损害结果与违约行为之间具有因果关系，违约方才应当对损害负赔偿责任。如果损害不可预见，则违约方不承担赔偿责任。我国民法典规定，损害赔偿不得超过违约一方订立合同时预见到或者应当预见到的因违约可能造成的损失。可预见性规则要求将违约当事人的责任限制在可预见性的范围之内。减轻责任规则是指在一方违约并造成损害后，另一方应及时采取合理的措施以防止损失的扩大，否则，应对扩大部分的损失负责。我国民法典规定，当事人一方违约后，对方应当采取适当措施防止损失的扩大；没有采取适当措施致使损失扩大的，不得就扩大的损失请求赔偿。当事人因防止损失扩大而支出的合理费用，由违约方负担。减轻损失规则是依据诚实信用原则而产生的，未尽到减轻损害的义务，构成对诚实信用原则的违反。同时，一方在另一方违约后未能采取合理措施防止损失扩大，其本身也是有过错的，应对自己行为的后果负责。依据诚实信用原则，在一方违约后，对方当事人负有防止损失扩大的义务，对于因损失扩大而支出的合理费用，应由违约的当事人承担。过失相抵规则是指合同当事人对损害的发生都有过错，则应按各自的过错承担责任的规则。我国民法典规定，当事人都违反合同的，应当各自承担相应的责任。当事人一方违约造成对方损失，对方对损失的发生有过错的，可以减少相应的损失赔偿额。据此，在一方违约的情况下，如果另一方对损失的发生也有过错的，则应当适用过失相抵规则，减轻违约方的责任。另据民法典的规定，债务人按照约定履行债务，债权人无正当理由拒绝受领的，债务人可以请求债权人赔偿增加的费用。在债权人受领迟延期间，债务人无须支付利息。

★94. 试论违约责任与侵权责任的竞合。

【参考答案】（1）违约责任与侵权责任的竞合是指行为人实施的某一违法行为，同时违反了合同规范和侵权规范，并符合违约责任和侵权责任的构成要件，导致违约责任与侵权责任同时产生，又互相排斥、彼此不能包容的法律现象。我国民法典明确规定，因当事人一方的违约行为，损害对方人身权益、财产权益的，受损害方有权选择请求其承担违约责任或者侵权责任。

（2）违约责任与侵权责任发生竞合需要具备如下条件：①违约责任与侵权责任竞合，当事人之间必须存在合同关系。不存在合同关系，就不会有违约责任，没有违约责任，就不会发生竞合问题。此外，还需要有侵权的事实和损害结果。②违约责任与侵权责任竞合，当事人一般有过错。违约责任不以过错为构成要件，但在合同关系中，成立侵权责任一般需要过错这个主观要件，而且违约责任的过错与侵权责任的过错是同一的。由于违约责任不以过错为必要条件，因而导致违约责任和侵权责任在举证方面存在差异。③违约责任与侵权责任竞合，表现为受损害人请求权的竞合。同一法律事实符合两种法律构成要件，就会产生两种请求权，受害人可以根据自己利益的需要，选择最有利于自己的方式请求侵害人承担责任。④违约责任与侵权责任竞合，要有损害结果。构成违约责任，不一定有损害结果，构成侵权责任，要有损害结果。在两者发生竞合的情况下，则必须存在损害结果，否则不发生竞合。⑤违约责任与侵权责任的赔偿范围不同。违约责任只赔偿财产损失，对人身伤害不予赔偿，赔偿范围可由当事人约定，如果没有约定，则对被违约人的全部损失予以赔偿，但是不能超过当事人的合理预见，赔偿范围有时还受到法定赔偿范围的限制。侵权责任的赔偿，不受当事人对违约赔偿约定或可得利益的限制，侵权责任也不限于财产损失，如果人格权遭受侵害，还可以请求精神损害赔偿。

（3）违约责任与侵权责任竞合的原因主要有：①当事人实施了侵权性的违约行为，即侵权行为直接构成违约的原因。②当事人实施了违约性的侵权行为，即违约行为造成了侵权的后果。

（4）违约责任与侵权责任竞合的处理方式。在违约责任与侵权责任发生竞合时，受损害方有权选择其中一种责任要求对方承担，而不能同时主张违约责任和侵权责任。由于违约责任与侵权责任存在诸多不同，故受害方选择不同的责任，对其权益的保护有着重大影响。

95. 试论买卖合同中出卖人的瑕疵担保义务。

【参考答案】（1）瑕疵担保义务是指出卖人对其所交付的标的物，应担保其权利完整无缺并且依通常交易观念或当事人的意思认为应当具有的价值、效用或品质。如果出卖人违反或未履行此项担保义务，则应承担民事责任。瑕疵担保义务包括物的瑕疵担保义务和权利瑕疵担保义务。

（2）物的瑕疵担保义务是指出卖人应担保给付的标的物在价值、效用或品质上无瑕疵，即担保给付标的物的质量无瑕疵。我国民法典规定，出卖人应当按照约定的质量要求交付标的物。出卖人提供有关标的物质量说明的，交付的标的物应当符合该说明的质量要求。确定标的物的质量标准，是判断出卖人是否全面履行物的瑕疵担保义务的前提。买卖合同中，当事人对标的物的质量标准没有约定或者约定不明确的，可以协议补充；不能达成补充协议的，按照合同有关条款或者交易习惯确定；仍不能确定的，出卖人交付的标的物，应当符合同种物的通常标准或者为了实现合同目的该物应当具有的特定标准。出卖人交付的标的物不符合质量标准的，属于对物的瑕疵担保义务的违反，出卖人应当承担违约责任。对违约责任没有约定或者约定不明确，也不能达成补充协议或者按照合同有关条款以及交易习惯仍不能确定的，受损害方可以根据标的物的性质及损失的大小，合理选择请求对方承担修理、更换、退货或者减少价款等违约责任。质量不符合约定，造成其他损失的，受损害方可以请求赔偿损失。买受人要求出卖人承担违反物的瑕疵担保义务的违约责任，除非法律另有规定，以买受人及时向出卖人通知标的物质量不合格为条件。买受人在订立买卖合同时知道或者应当知道标的物质量不合格的，不得向出卖人主张违反物的瑕疵担保义务的违约责任。当事人约定减轻或者免除出卖人对标的物瑕疵承担的责任，因出卖人故意或者重大过失不告知买受人标的物瑕疵的，出卖人无权主张减轻或者免除责任。

（3）权利瑕疵担保义务是指出卖人担保给付的标的物的权利没有瑕疵。我国民法典规定，出卖人就交付的标的物，负有保证第三人对该标的物不享有任何权利的义务，但是法律另有规定的除外。违反权利瑕疵担保义务的，应当承担违约责任。依据民法典的规定，买受人订立合同时知道或者应当知道第三人对买卖的标的物享有权利的，出卖人不承担权利瑕疵担保义务。另外，买受人能够依据保护交易安全的规定，善意取得标的物所有权的，出卖人也无须承担违反权利瑕疵担保义务的违约责任。另外，买受人有确切证据证明第三人对标的物享有权利的，可以中止支付相应的价款，但是出卖人提供适当担保的除外。

96．试论买卖合同标的物风险负担规则。

【参考答案】买卖合同中标的物的风险，是指买卖合同的标的物因不可归责于双方当事人的事由毁损、灭失所致的损失。我国民法典合同编明确规定了如下买卖合同标的物的风险负担规则：

（1）标的物风险负担的一般规则：标的物毁损、灭失的风险，在标的物交付之前由出卖人承担，交付之后由买受人承担，但是法律另有规定或者当事人另有约定的除外。

（2）迟延交付标的物的风险负担：因买受人的原因致使标的物未按照约定的期限交付的，买受人应当自违反约定时起承担标的物毁损、灭失的风险。

（3）路货买卖中标的物的风险负担：出卖人出卖交由承运人运输的在途标的物，除当事人另有约定外，毁损、灭失的风险自合同成立时起由买受人承担。

（4）需要运输的标的物的风险负担：出卖人按照约定将标的物运送至买受人指定地点并交付给承运人后，标的物毁损、灭失的风险由买受人承担。当事人没有约定交付地点或者约定不明确，依据民法典相关规定标的物需要运输的，出卖人将标的物交付给第一承运人后，标的物毁损、灭失的风险由买受人承担。

（5）买受人不收取标的物的风险负担：出卖人按照约定或者依据民法典的相关规定将标的物置于交付地点，买受人违反约定没有收取的，标的物毁损、灭失的风险自违反约定时起由买受人承担。

（6）未交付有关标的物的单证时的风险负担：出卖人按照约定未交付有关标的物的单证和资料的，不影响标的物毁损、灭失风险的转移。

（7）出卖人根本违约的风险负担：因标的物不符合质量要求，致使不能实现合同目的的，买受人可以拒绝接受标的物或者解除合同。买受人拒绝接受标的物或者解除合同的，标的物毁损、灭失的风险由出卖人承担。

（8）标的物的风险负担与违约责任的分离：标的物毁损、灭失的风险由买受人承担的，不影响因出卖人履行义务不符合约定，买受人请求其承担违约责任的权利。

★97．试论买卖合同中的所有权保留。

【参考答案】（1）所有权保留是指在买卖合同中，买受人虽先占有、使用标的物，但是在双方当事人约定的特定条件（通常是价款的一部或全部清偿）成就之前，出卖人仍保留标的物的所有权，待条件成就后，再将所有权转移给买受人。

（2）在保留所有权的买卖合同中，买受人在条件成就之前，享有所有权的期待权，该项权利为物权化的债权或效力扩张的债权；出卖人基于其所保留的所有权享有标的物的取回权。我国民法典明确规定了所有权保留制度。依据我国民法典规定，所有权保留仅适用于动产，不动产不适用所有权保留，当事人约定不动产所有权保留的，会因违反物权法定原则而无效。

（3）为避免出卖人无法收回价款的风险，当事人可以在买卖合同中约定，买受人未履行支付价款或者其他义务的，标的物的所有权属于出卖人。出卖人对标的物保留的所有权，未经登记，不得对抗善意第三人。

（4）出卖人保留所有权的主要目的就是担保价款债权的实现，在买受人的行为会对出卖人的债权造成损害时，应当允许出卖人取回标的物。根据我国民法典规定，当事人约定出卖人保留合同标的物的所有权，在标的物所有权转移前，买受人有下列情形之一，造成出卖人损害的，除当事人另有约定外，出卖人有权取回标的物：①未按照约定支付价款，经催告后在合理期限内仍未支付；②未按照约定完成特定条件；③将标的物出卖、出质或者作出其他不当处分。出卖人可以与买受人协商取回标的物；协商不成的，可以参照适用担保物权的实现程序。

（5）在所有权保留的买卖合同中，买受人有回赎权。回赎权是指出卖人对标的物行使取回权后，在一定期限内买受人履行支付价款义务或完成其他条件后享有的重新占有标的物的权利。在所有权保留情形下，出卖人依照相关规定取回标的物后，买受人在双方约定或者出卖人指定的合理回赎期限内，消除出卖人取回标的物的事由的，可以请求回赎标的物。买受人行使回赎权的目的是阻止出卖人为实现债权而对标的物再行出卖，从而使得原买卖交易重新回到正常的轨道上来。买受人在回赎期限内没有回赎标的物，出卖人可以以合理价格将标的物出卖给第三人，出卖所得价款扣除买受人未支付的价款以及必要费用后仍有剩余的，应当返还买受人；不足部分由买受人清偿。

98. 试论保证方式。

【参考答案】（1）保证的方式包括一般保证和连带责任保证。保证人以何种方式承担保证责任，由当事人在保证合同中约定，没有约定或者约定不明确的，按照一般保证承担保证责任。

（2）当事人在保证合同中约定，债务人不能履行债务时，由保证人承担保证责任的，为一般保证。一般保证的保证人在主合同纠纷未经审判或者仲裁，并就债务人财产依法强制执行仍不能履行债务前，有权拒绝向债权人承担保证责任。可见，在一般保证中，保证人享有先诉抗辩权，先诉抗辩权是指保证人在债权人未就主债务人的财产强制执行而无效果前，得拒绝承担保证责任的请求。也就是说，在一般保证中，一般保证人仅在债务人的财产不能完全清偿债权时，才对不能清偿的部分承担保证责任。否则，保证人可以拒绝承担保证责任。但是有下列情形之一的，保证人不享有先诉抗辩权：①债务人下落不明，且无财产可供执行；②人民法院已经受理债务人破产案件；③债权人有证据证明债务人的财产不足以履行全部债务或者丧失履行债务能力；④保证人书面表示放弃先诉抗辩权。

（3）当事人在保证合同中约定保证人和债务人对债务承担连带责任的，为连带责任保证。连带责任保证的债务人不履行到期债务或者发生当事人约定的情形时，债权人可以请求债务人履行债务，也可以请求保证人在其保证范围内承担保证责任。可见，连带责任保证的保证人的责任重于一般保证的保证人的责任。一般保证的保证人只有在债务人不能履行债务时才承担保证责任，而连带责任保证的保证人不论债务人能否履行债务，只要债务人未履行债务，或者只要发生当事人约定的保证人应当承担保证责任的情形时，保证人就有义务承担保证责任。

99. 试论保证合同在保证人与主合同当事人之间的效力。

【参考答案】（1）保证合同在保证人与债权人之间的效力。当债务人不履行到期债务或者发生当事人约定的情形时，债权人可以请求保证人承担保证责任。保证的范围包括主债权及其利息、违约金、损害赔偿金和实现债权的费用。当事人另有约定的，按照其约定。保证人可以主张债务人对债权人的抗辩。债务人放弃抗辩权的，保证人仍有权向债权人主张抗辩。债务人对债权人享有抵销权或者撤销权的，保证人可以在相应范围内拒绝承担保证责任。同时，一般保证中的保证人还享有债务人和连带责任保证中保证人不享有的先诉抗辩权。此外，一般保证的保证人在主债务履行期限届满后，向债权人提供债务人可供执行财产的真实情况，债权人放弃或者怠于行使权利致使该财产不能被执行的，保证人在其提供可供执行财产的价值范围内不再承担保证责任。

（2）保证合同在保证人与债务人之间的效力。保证合同在保证人与债务人之间的效力体现在保证人享有的求偿权和清偿代位。保证人的求偿权是指保证人履行保证债务后，可向主债务人请求返还的权利。保证人的清偿代位是指保证人承担保证责任后，在其承担保证责任的范围内承受债权人对于主债务人的债权，而对主债务人行使原债权人之权利的权利。根据我国民法典的规定，保证人承担保证责任后，除当事人另有约定外，有权在其承担保证责任的范围内向债务人追偿，享有债权人对债务人的权利，但是不得损害债权人的利益。

100. 试论主合同的变更和转让对保证合同的效力。

【参考答案】保证合同为担保主债权债务合同而订立，主债权债务合同发生变更对保证合同会产生相应的影响。

（1）主合同变更对保证合同的效力。主合同内容的变更改变了主债权人和主债务人之间的权利义务的内容，从属于主合同的保证合同必将会因主合同的变更发生影响。根据我国民法典的规定，债权人和债务人未经保证人书面同意，协商变更主债权债务合同内容，减轻债务的，保证人仍对变更后的债务承担保证责任；加重债务的，保证人对加重的部分不承担保证责任。债权人和债务人变更主债权债务合同的履行期限，未经保证人书面同意的，保证期间不受影响。

（2）债权转让对保证合同的效力。根据我国民法典的规定，债权人转让全部或者部分债权，未通知保证人的，该转让对保证人不发生效力。保证人与债权人约定禁止债权转让，债权人未经保证人书面同意转让债权的，保证人对受让人不再承担保证责任。主债权转让仅涉及债权人的变化，对主债务人的履约能力不发生影响，一般不会增加保证人的风险和负担，因此，担保权利随同主债权一并转移。我国民法典规定，债权人转让债权的，受让人取得与债权有关的从权利，但是该从权利专属于债权人自身的除外。保证债权的实现有赖于保证人的履行行为，因此应当通知保证人关于主债权转让的情况。主债权转让之时债权人通知保证人的，保证人对受让人承担相应的保证责任：全部转让时，保证人成为保证债权人，保证法律关系在受让人和保证人之间得以存续；部分转让时，债权人和受让人均为保证债权人。主债权转让之时未通知保证人的，该转让对保证人不发生效力。

（3）债务承担对保证合同的效力。根据我国民法典的规定，债权人未经保证人书面同意，允许债务人转移全部或者部分债务，保证人对未经其同意转移的债务不再承担保证责任，但是债权人和保证人另有约定的除外。第三人加入债务的，保证人的保证责任不受影响。主债务的移转关乎保证人的利益，未经保证人书面同意的主债务移转虽可在当事人之间发生效力，但不得对保证人主张，保证人在转移的主债务范围内免除保证责任。第三人加入债务，对保证人的权益不发生不利影响，因此不需要保证人书面同意，保证人按照原来的约定继续承担保证责任。

101. 试论承租人的优先购买权。

【参考答案】（1）承租人的优先购买权是指当出租人出卖房屋时，承租人在同等条件下，依法享有优先于其他人购买房屋的权利。优先购买权的权利属性为形成权，其实质系属对出租人选择合同对方当事人自由的限制。我国民法典对承租人享有的优先购买权予以确认。法律赋予承租人享有优先购买权是为了简化法律关系，实现物尽其用。

（2）我国民法典规定，出租人出卖租赁房屋的，应当在出卖之前的合理期限内通知承租人，承租人享有以同等条件优先购买的权利；但是，房屋按份共有人行使优先购买权或者出租人将房屋出卖给近亲属的除外。出租人与抵押权人协议折价、变卖租赁房屋偿还债务，应当在合理期限内通知承租人。承租人有权请求以同等条件优先购买房屋。所谓同等条件，要综合考虑价格的多少、付款期限的长短、一次付清还是分期付款、交付房屋期限和方式、有无担保等因素。但是，房屋共有人行使优先购买权的，或者出租人将房屋出卖给配偶、父母、子女、兄弟姐妹、祖父母、外祖父母、孙子女、外孙子女等近亲属，承租人主张优先购买权的，不予支持。

（3）承租人的优先购买权为债权，原则上不具有对抗第三人的效力，因此，出租人违反优先购买权的规定而将房屋出卖给第三人的，承租人与第三人之间的房屋买卖合同的效力不受影响。我国民法典规定，出租人未通知承租人或者有其他妨害承租人行使优先购买权情形的，承租人可以请求出租人承担赔偿责任。但是，出租人与第三人订立的房屋买卖合同的效力不受影响。

（4）出租人履行通知义务后，承租人在 15 日内未明确表示购买的，视为承租人放弃优先购买权。出租人委托拍卖人拍卖租赁房屋的，应当在拍卖 5 日前通知承租人。承租人未参加拍卖的，视为放弃优先购买权。

102. 试论建设工程承包人的优先受偿权。

【参考答案】（1）建设工程承包人的优先受偿权是指在建设工程合同中，如果发包人未按照约定支付价款的，承包人可以催告发包人在合理期限内支付价款。发包人逾期不支付的，除根据建设工程的性质不宜折价、拍卖外，承包人可以与发包人协议将该工程折价，也可以请求人民法院将该工程依法拍卖。建设工程的价款就该工程折价或者拍卖的价款优先受偿。民法典确立承包人的优先受偿权，强化了对承包人利益的保护。

（2）建设工程承包人享有的优先受偿权所担保的建设工程价款，包括承包人为建设工程应当支付的工作人员报酬、材料款等实际支出的费用，但是承包人就逾期支付建设工程价款的利息、违约金、损害赔偿金等主张优先受偿的，不予支持。承包人享有的优先受偿权所担保的债权优先于其他民事主体的债权得到实现；也优先于其他民事主体在建设工程上设定的抵押权所担保的债权得到实现。消费者交付购买商品房的全部或者大部分款项后，承包人的优先购买权不得对抗买受人。

（3）建设工程竣工交付验收后或建设工程在建期间，发包人虽未按约支付价款，承包人并不能立即实现优先受偿权。在发包人尚未支付价款时，承包人还需对发包人进行催告，给发包人规定支付价款的合理期限，在期限届满后仍不支付的，承包人方可行使优先受偿权。但是，承包人在合理期限内行使建设工程价款优先受偿权，最长不得超过 18 个月，自发包人应当给付建设工程价款之日起算。优先受偿权的实现方式，一是通过发包人与承包人之间的协议，对建设工程进行折价，承包人在支付折价款与工程价款的差额后，取得该项工程的所有权，使其工程价款债权得到实现；二是对建设工程进行拍卖，拍卖在人民法院的主持下进行，承包人在拍卖所得价款中优先受偿。发包人与承包人约定放弃或者限制建设工程价款优先受偿权，损害建筑工人利益，发包人根据该约定主张承包人不享有建设工程价款优先受偿权的，不予支持。

103. 试论委托合同中的间接代理制度。

【参考答案】间接代理是指代理人以自己的名义从事代理活动，该代理活动的法律效果间接归属于本人的代理制度。间接代理需要通过委托和授权才能产生，这种委托和授权构成了代理人和被代理人之间的内部关系，而代理人以自己的名义对外发生联系，从而形成真正的代理关系。间接代理中，代理人只有在授权范围内从事代理行为，其法律后果才能归属于被代理人。我国民法典合同编在委托合同中确立了间接代理制度。间接代理制度的内容包括委托人的自动介入、委托人的介入权和第三人的选择权。

（1）委托人的自动介入。受托人以自己的名义，在委托人的授权范围内与第三人订立的合同，第三人在订立合同时知道受托人与委托人之间的代理关系的，该合同直接约束委托人和第三人，即此时委托人自动介入受托人与第三人订立的合同关系中，取代受托人的合同当事人地位。当然，在有确切证据证明该合同只约束受托人和第三人时，不发生委托人自动介入受托人和第三人之间的合同关系的后果。

（2）委托人的介入权。委托人的介入权是指当受托人因第三人的原因对委托人不履行义务时，受托人应当向委托人披露第三人，以便委托人介入受托人与第三人之间的合同关系而直接向第三人主张权利。确认委托人的介入权制度的目的是为了提高权利救济效率，维护委托人的利益。委托人的介入权的行使需要具备的条件包括：①受托人以自己的名义与第三人订立合同；②第三人在订立合同时，不知道受托人和委托人之间存在代理关系；③受托人因第三人的原因对委托人不履行义务；④受托人在因第三人的原因对委托人不履行义务时，向委托人披露了第三人；⑤不存在“第三人与受托人订立合同时如果知道该委托人就不会订立合同”的情形。在委托人行使介入权时，第三人可以向委托人主张其对受托人的抗辩。

（3）第三人的选择权。第三人的选择权是指当受托人因委托人的原因对第三人不履行义务时，受托人向第三人披露委托人，第三人因此可以选择委托人或者受托人作为相对人主张权利。第三人的选择权的行使需要具备的条件包括：①受托人以自己的名义与第三人订立合同；②第三人在订立合同时，不知道受托人和委托人之间存在代理关系；③受托人因委托人的原因对第三人不履行义务；④受托人向第三人披露了委托人。第三人可以在受托人和委托人中选择一方作为相对人主张权利，但不能同时选择受托人和委托人为共同相对人，且第三人在作出选择后不得变更选定的相对人。第三人选定委托人作为其相对人的，委托人可以向第三人主张其对受托人的抗辩以及受托人对第三人的抗辩。

104. 试论无因管理。

【参考答案】（1）无因管理是指没有法定的或者约定的义务，为避免他人利益受损失而进行管理或者服务的行为。无因管理发生后，管理人与受益人之间便发生债权债务关系，这就是无因管理之债。无因管理能够引起债的发生，因此是一种法律事实。该种债权债务关系的产生，是基于法律的规定，而非当事人的约定，故非民事法律行为，而是事实行为。

（2）无因管理的构成要件包括：①管理他人事务。他人事务是指有关人们生活利益的一切事项，可以是有关财产的，也可以是非财产性的，但不包括公益事业。管理是指处理事务的行为，包括事实行为和民事法律行为。但并非对所有事务的管理均会构成无因管理。管理下列事务的，一般不发生无因管理：违法或者违背社会公德的行为；纯粹道义上、宗教上或一般生活事务；依法须由本人亲自实施或须经本人授权才能实施的行为。②有为他人谋利益的意思。这是无因管理成立的主观要件，也是无因管理阻却违法性的根本原因。该意思无须表示，只要管理行为在客观上避免了他人利益受损且管理人不纯粹是出于为自己谋利的目的，就构成无因管理行为，即使管理人主观上有为自己的动机且在客观上使自己同时受益，仍不影响无因管理的成立。③没有法定的和约定的义务。在无因管理中，管理人管理他人事务时没有法定义务和约定义务。有无法定义务和约定义务应当以管理人开始管理时的客观事实而定。

（3）无因管理一经成立，当事人之间即形成债的关系，管理人可以请求受益人偿还因管理事务而支出的必要费用；管理人因管理事务受到损失的，可以请求受益人给予适当补偿。管理事务不符合受益人真实意思的，管理人不享有上述权利；但是，受益人的真实意思违反法律或者违背公序良俗的除外。管理人管理事务不属于为避免他人利益受损失而管理他人事务的情形，但是受益人享有管理利益的，受益人应当在其获得的利益范围内向管理人承担义务。管理人管理他人事务，应当采取有利于受益人的方法；中断管理对受益人不利的，无正当理由不得中断。管理人管理他人事务，能够通知受益人的，应当及时通知受益人；管理的事务不需要紧急处理的，应当等待受益人的指示。管理结束后，管理人应当向受益人报告管理事务的情况。管理人管理事务取得的财产，应当及时转交给受益人。管理人管理事务经受益人事后追认的，从管理事务开始时起，适用委托合同的有关规定，但是管理人另有意思表示的除外。

105. 试论不当得利。

【参考答案】（1）不当得利是指一方没有法律根据取得不当利益而使另一方财产受损的事实。正因为不当得利没有法律根据，因此虽属既成事实也不能受到法律的保护，不当得利应返还给受损失的人，这种权利义务关系就是不当得利之债。不当得利是一种法律事实，它既可以因给付行为而发生，也可以因给付之外的法律事实而发生，不当得利是债的发生根据。

（2）不当得利之债的构成要件包括：①一方获得利益。一方获得利益即一方的财产增加。财产的增加包括积极增加和消极增加两种情形。前者是指财产或权利范围的增加或扩大；后者是指财产本应减少却因一定事实而未减少。②另一方受有损失。另一方所受损失可以表现为现有财产利益的减少，也可以表现为财产本应增加而未增加，即应得利益的损失。此处的应得利益是指在正常情形下可以得到的利益，而不是指必然得到的利益。③一方获益和另一方受损之间有因果关系。此处的因果关系表现为另一方的损失是因一方受益造成的，即一方受益是另一方受损的原因。④获益没有法律根据。没有法律根据是指一方获益既无法律上的根据，亦无合同上的根据。没有法律根据包括取得利益时无法律根据和取得利益时有法律根据但嗣后丧失法律根据两种情形。

（3）不当得利一经成立，当事人之间形成债的关系，受损失的一方享有请求返还其利益的权利，获得利益的一方负有返还利益的义务。应予返还的利益，包括原物、原物所生的孳息以及利用原物所取得的其他利益。返还利益的具体范围依获益方的主观心态而定：得利人为善意时，取得的利益已经不存在的，不承担返还该利益的义务；得利人为恶意时，受损失的人可以请求得利人返还其取得的利益并依法赔偿损失。一般认为，受益方为善意时，若损失大于利益，只返还现存利益；若损失小于利益，返还利益的范围以损失为准。受益方为恶意时，应返还其取得的全部利益，若利益少于损失，还须就损失与利益之间的差额进行赔偿。受益方取得利益时为善意，而后变为恶意的，返还的范围以恶意开始时剩余的利益为限。此外，得利人已经将取得的利益无偿转让给第三人的，受损失的人可以请求第三人在相应范围内承担返还义务。

106. 试论民法典人格权编对我国人格权立法的发展与完善。

【参考答案】（1）人格权是民事主体依法享有的为维护其独立法律人格所必备的基本民事权利。经过改革开放40多年的发展，人们在物质生活水平得到极大提高的同时，对精神权利的追求日益明显，已经成为对美好生活向往的重要方面和内容。这些精神性权利，在民法上集中体现为人格权。民法典将人格权制度独立设为一编，强调人格权保护，这既是民法典的一大亮点，也是一个重大的制度创新。人格权编规定了人格权的一般规则，并对生命权、身体权和健康权，姓名权和名称权，肖像权，名誉权和荣誉权，隐私权和个人信息保护等作了明确规定。

（2）人格权编的“一般规定”一章确认了请求权，并细化规定了人格权受侵害后的救济方式，为人格权提供了严密的事前预防和事后救济的保护措施。例如，人格权编明确规定，人格权人的停止侵害、排除妨碍、消除危险、消除影响、恢复名誉、赔礼道歉请求权不受诉讼时效限制。人格权编明确规定，民事主体有证据证明行为人正在实施或者即将实施侵害其人格权的违法行为，不及时制止将使其合法权益受到难以弥补的损害的，有权依法向人民法院申请采取责令行为人停止有关行为的措施。人格权编明确规定了出现违约责任与侵权责任竞合情况时，精神损害赔偿不受影响等制度。

（3）针对在人格权保护领域出现的人体基因编辑、性骚扰、深度伪造他人肖像、网络暴力等新情况新问题，人格权编对这些问题作了有针对性的规定。例如，为规范人体基因编辑活动，人格权编明确规定，从事与人体基因、人体胚胎等有关的医学和科研活动的，应当遵守法律、行政法规和国家有关规定，不得危害人体健康，不得违背伦理道德，不得损害公共利益。该新增条款从立法的角度对医学和科研活动作出规制，划出了基因研究的道德底线，也体现了不得侵犯生命权、身体权和健康权的原则性要求。人格权编对利用深度伪造技术带来的“换脸”问题予以积极回应，明确禁止任何组织或者个人利用信息技术手段伪造等方式侵害他人的肖像权。同时，明确对自然人声音的保护参照适用上述规定。民法典针对隐私权和个人信息保护领域存在的突出问题，在现行法律规定的基础上，在个人信息保护方面作了一些规定，进一步强化对隐私权和个人信息的保护。

（4）人格权编充分平衡各方利益，为民事主体提供了明确的行为规范，为司法机关提供了明确的裁判依据。例如，人格权编明确规定，任何组织或者个人不得以丑化、污损、利用信息技术手段伪造等方式侵害他人的肖像权。同时，为了平衡保护肖像权和保护公共利益之间的关系，还规定了为个人学习、艺术欣赏等可以合理使用他人肖像。人格权编对名誉权加大了保护力度，同时也为正当的新闻舆论监督留出了空间。人格权编对个人信息的保护，充分考虑了个人信息保护和信息自由流通之间的平衡等。

107．试论合理使用他人的人格要素与不合理使用的民事责任。

【参考答案】（1）人格要素指的是姓名、名称、肖像、个人信息等具有人格利益的要素。我国民法典规定，为公共利益实施新闻报道、舆论监督等行为的，可以合理使用民事主体的姓名、名称、肖像、个人信息等；使用不合理侵害民事主体人格权的，应当依法承担民事责任。

（2）新闻报道是媒体告诉公众正在发生事实的信息，是对新近发生的事实的报告。舆论监督是媒体以及其他舆论通过发表新闻、评论等，对社会的政治生活、经济生活、文化生活等方面进行批评，实行监督的权利和功能。舆论监督属于新闻自由的范畴，是新闻批评的自由和权利，媒体通过行使新闻批评的自由和权利，实现对社会生活的监督功能。新闻报道和舆论监督都不可避免地要涉及被报道和监督的人物和人格利益。为保障新闻媒体的公正性和媒体职能的实现，新闻性就是承担侵害人格权民事责任的正当的抗辩事由。具有新闻性的合理抗辩事由，能够阻却新闻报道、舆论监督侵害人格权的违法性，成为正当的合法行为。

（3）因正当事由合理使用他人人格要素的行为，不承担侵害人格权的民事责任。其构成要件包括：①实施新闻报道、舆论监督等行为；②使用的是民事主体的姓名、名称、肖像、个人信息等人格要素；③须符合正当使用的范围，即为公共利益实施新闻报道、舆论监督。符合上述要件的，对他人人格要素的使用为正当使用，不承担民事责任。

（4）行为人对他人的人格要素进行不合理使用，应当依法承担民事责任。不合理使用的行为包括：第一，没有正当事由而使用，如为个人创作而使用；第二，使用的人格要素超出了法律规定的范围，如揭露个人隐私；第三，超出了正当使用的范围，即在正当使用范围之外进行使用。这些对他人人格要素的使用都是非法的，应承担侵害人格权的民事责任。

108．试论我国民法典规定的肖像权的内容。

【参考答案】（1）肖像是通过影像、雕塑、绘画等方式在一定载体上所反映的特定自然人可以被识别的外部形象。肖像权是指自然人依法制作、使用、公开或者许可他人使用自己的肖像，借此享受一定利益并排除他人非法侵害的权利。我国民法典人格权编专章规定了肖像权，体现了民法典对肖像权的重视。我国民法典规定，自然人享有肖像权，有权依法制作、使用、公开或者许可他人使用自己的肖像。

（2）肖像权人享有肖像制作权。制作肖像即以物质材料反映肖像人的形象。自然人有权决定是否制作肖像，有权决定肖像的制作形式、肖像载体所用的材料；有权决定是否由自己抑或由他人制作自己的肖像，也有权禁止他人非法制作自己的肖像。

（3）肖像权人享有肖像使用权和许可使用权。肖像权人对自己的肖像有权以任何合法的方式自己使用或者许可他人使用并获得一定的收益。合法的肖像使用行为，就是通过有效的肖像许可使用合同的方式进行。当事人对肖像许可使用合同中关于肖像使用条款的理解有争议的，应当作出有利于肖像权人的解释。当事人对肖像许可使用期限没有约定或者约定不明确的，任何一方当事人可以随时解除肖像许可使用合同，但是应当在合理期限之前通知对方。当事人对肖像许可使用期限有明确约定，肖像权人有正当理由的，可以解除肖像许可使用合同，但是应当在合理期限之前通知对方。因解除合同造成对方损失的，除不可归责于肖像权人的事由外，应当赔偿损失。自然人有权决定是否允许他人使用自己的肖像；未经肖像权人同意，任何人原则上不得使用其肖像。在涉及肖像作品时，未经肖像权人同意，肖像作品权利人不得以发表、复制、发行、出租、展览等方式使用或者公开肖像权人的肖像。

（4）肖像权人享有肖像利益维护权。肖像权人有权维护自己的肖像利益，对于恶意损毁、丑化、玷污、利用信息技术手段伪造其肖像或以营利为目的非法使用其肖像的行为，均有权请求其停止侵害并可要求侵害人赔偿损失。但是，他人合法的使用行为应当受到法律的保护，根据我国民法典的规定，合理实施下列行为的，可以不经肖像权人同意：为个人学习、艺术欣赏、课堂教学或者科学研究，在必要范围内使用肖像权人已经公开的肖像；为实施新闻报道，不可避免地制作、使用、公开肖像权人的肖像；为依法履行职责，国家机关在必要范围内制作、使用、公开肖像权人的肖像；为展示特定公共环境，不可避免地制作、使用、公开肖像权人的肖像；为维护公共利益或者肖像权人合法权益，制作、使用、公开肖像权人的肖像的其他行为。

109. 试论我国民法典中对隐私权的保护。

【参考答案】（1）隐私是自然人的私人生活安宁和不愿为他人知晓的私密空间、私密活动、私密信息。隐私权是指自然人享有的对自己的个人隐私进行支配并排除他人非法干涉的权利。我国民法典人格权编整章规定隐私权和个人信息保护，凸显了作为一种具体人格权的隐私权的重要性。我国民法典规定，自然人享有隐私权。任何组织或者个人不得以刺探、侵扰、泄露、公开等方式侵害他人的隐私权。隐私权受到侵害的，权利人可以请求司法救济。

（2）采取刺探、侵扰、泄露、公开等方式，侵入他人私人空间、侵害私密活动或者侵害私密信息，是侵害隐私权的侵权行为。我国民法典规定了六种禁止实施的侵害隐私权的行为，排除了不构成侵害隐私权的行为，即法律另有规定或者获得权利人明确同意的。无论何种隐私，都因法律另有规定或者隐私权人同意而构成对侵害隐私权的抗辩，不成立侵害隐私权的行为。任何组织或者个人不得实施下列行为：①以电话、短信、即时通讯工具、电子邮件、传单等方式侵扰他人的私人生活安宁。私人生活安宁是自然人享有的维持安稳宁静的私人生活状态，并排除他人不法侵扰，保持无形的精神需要的满足。②进入、拍摄、窥视他人的住宅、宾馆房间等私密空间。隐私权保护的私密空间包括具体的私人空间（个人住宅、宾馆房间、旅客行李、学生书包、个人通信等）和抽象的私人空间（专指日记，即思想空间）。凡是对私密空间进行搜查、进入、窥视等，都构成侵害私人活动。③拍摄、窥视、窃听、公开他人的私密活动。私密活动是一切个人的，与公共利益无关的活动，对此进行拍摄、窥视、窃听、公开，都构成侵害私人活动。④拍摄、窥视他人身体的私密部位。身体的私密部位也属于隐私，是身体隐私，拍摄者拍摄或者窥视他人身体私密部位，构成侵害隐私权。⑤处理他人的私密信息。私密信息是关于自然人个人的隐私信息，获取、删除、公开、买卖他人的私密信息，都构成侵害隐私权。⑥以其他方式侵害他人的隐私权。凡是侵害私人生活安宁、私密信息、私密空间、身体隐私等的行为，都构成侵害隐私权。

（3）我国民法典还规定，国家机关、承担行政职能的法定机构及其工作人员对于履行职责过程中知悉的自然人的隐私和个人信息，应当予以保密，不得泄露或者向他人非法提供。

110. 试论我国民法典中的个人信息保护。

【参考答案】（1）个人信息是以电子或者其他方式记录的能够单独或者与其他信息结合识别特定自然人的各种信息，包括自然人的姓名、出生日期、身份证件号码、生物识别信息、住址、电话号码、电子邮箱、健康信息、行踪信息等。我国民法典规定，自然人的个人信息受法律保护。任何组织或者个人需要获取他人个人信息的，应当依法取得并确保信息安全，不得非法收集、使用、加工、传输他人个人信息，不得非法买卖、提供或者公开他人个人信息。

（2）个人信息的处理包括个人信息的收集、存储、使用、加工、传输、提供、公开等。处理个人信息的，应当遵循合法、正当、必要原则，不得过度处理，并符合下列条件：①征得该自然人或者其监护人同意，但是法律、行政法规另有规定的除外；②公开处理信息的规则；③明示处理信息的目的、方式和范围；④不违反法律、行政法规的规定和双方的约定。实施合法的处理自然人个人信息的行为，行为人不承担民事责任。一是在该自然人或者其监护人同意的范围内实施的行为；二是合理处理该自然人自行公开的或者其他已经合法公开的信息，但是该自然人明确拒绝或者处理该信息侵害其重大利益的除外；三是为维护公共利益和自然人的合法权益，实施合理的其他行为。合理处理个人信息不构成对自然人信息权益的侵害。

（3）自然人可以依法向信息处理者查阅或者复制其个人信息；发现信息有错误的，有权提出异议并请求及时采取更正等必要措施。自然人发现信息处理者违反法律、行政法规的规定或者双方的约定处理其个人信息的，有权请求信息处理者及时删除。

（4）信息处理者不得泄露或者篡改其收集、存储的个人信息；未经自然人同意，不得向他人非法提供其个人信息，但是经过加工无法识别特定个人且不能复原的除外。信息处理者应当采取技术措施和其他必要措施，确保其收集、存储的个人信息安全，防止信息泄露、篡改、丢失；发生或者可能发生个人信息泄露、篡改、丢失的，应当及时采取补救措施，按照规定告知自然人并向有关主管部门报告。国家机关、承担行政职能的法定机构及其工作人员对于履行职责过程中知悉的自然人的隐私和个人信息，应当予以保密，不得泄露或者向他人非法提供。

111. 试论民法典婚姻家庭编对婚姻家庭制度的创新与发展。

【参考答案】婚姻家庭编是民法典的重要组成部分。婚姻家庭编以婚姻法、收养法为基础，在坚持婚姻自由、一夫一妻、男女平等基本原则的前提下，结合社会发展需要，修改了部分规定，并增加了一些新规定。

（1）婚姻家庭编在“一般规定”中增加了“家庭应当树立优良家风，弘扬家庭美德，重视家庭文明建设”的倡导性规定。新增婚姻家庭受国家保护的规定，落实宪法规定的保护婚姻家庭原则。为强化对残疾人的保护，在规定保护妇女、未成年人、老年人的基础上，增加规定特殊保护残疾人。为了更好地维护未成年人的合法权益，将儿童利益最大化原则落实到婚姻家庭编中，并对亲属制度作了原则规定。

（2）在结婚制度中，为尊重当事人的婚姻自主权，婚姻家庭编不再将“患有医学上认为不应当结婚的疾病”作为禁止结婚的情形。完善了无效婚姻和可撤销婚姻制度，将隐瞒重大疾病作为可撤销婚姻的事由，完善受胁迫可撤销婚姻的规定，保护无效或者可撤销婚姻中的无过错方。

（3）在家庭关系中，完善家事代理权制度，完善了法定夫妻财产制，坚持采用婚后所得共同制，并将劳务报酬、投资收益纳入共同财产的范围。确立了婚内共同财产分割的原则，将关于婚内共同财产分割的规定上升为法律并进一步完善。明确夫妻共同债务的范围，有效平衡夫妻双方与债权人各方利益。对亲子关系的确认与否认进行规范。

（4）在离婚制度中，设置冷静期，防止冲动草率离婚，保护婚姻家庭。解决离婚诉讼中的“久调不判”问题，增加规定，经人民法院判决不准离婚后，双方又分居满 1 年，一方再次提起离婚诉讼的，应当准予离婚。保护离婚中的儿童，对于不满 2 周岁的子女，以由母亲直接抚养为原则，子女已满 8 周岁的，应当尊重其真实意愿。增加离婚分割共同财产照顾无过错方的权益。完善离婚救济制度，充分尊重家务劳动的付出，将采用法定共同财产制的夫妻付出的家务劳动纳入离婚经济补偿的范围。完善离婚损害赔偿制度，将“有其他重大过错”规定为离婚损害赔偿的适用情形。

（5）在收养制度中，进一步完善收养条件，扩大被收养人范围，严格限制收养人条件，落实收养男性与女性同等保护的规则，规范政府部门的收养工作，完善外国人收养制度。

112. 试论可撤销婚姻。

【参考答案】（1）可撤销婚姻是指虽已办理结婚登记，但撤销权人可基于法定事由向人民法院请求撤销的婚姻。

（2）婚姻可撤销的情形有两种：①受胁迫。我国民法典规定，因胁迫结婚的，受胁迫的一方可以向人民法院请求撤销婚姻。这里的胁迫，是指行为人以给另一方当事人或者其近亲属的生命、身体、健康、名誉、财产等方面造成损害为要挟，迫使另一方当事人违背真实意愿结婚的情况。②隐瞒重大疾病。我国民法典规定，一方患有重大疾病的，应当在结婚登记前如实告知另一方；不如实告知的，另一方可以向人民法院请求撤销婚姻。若当事人以结婚登记程序存在瑕疵为由提起民事诉讼，主张撤销结婚登记的，人民法院应告知其可以依法申请行政复议或者提起行政诉讼。

（3）撤销婚姻只能通过诉讼程序，撤销婚姻的机关是人民法院。因受胁迫而请求撤销婚姻的，只能是受胁迫一方的婚姻关系当事人本人。根据我国民法典的规定，因受胁迫而请求撤销婚姻的，应当自胁迫行为终止之日起 1 年内提出。被非法限制人身自由的当事人请求撤销婚姻的，应当自恢复人身自由之日起 1 年内提出。一方患有重大疾病的，应当在结婚登记前如实告知另一方；不如实告知的，另一方可以向人民法院请求撤销婚姻。请求撤销婚姻的，应当自知道或者应当知道撤销事由之日起 1 年内提出。

（4）被撤销的婚姻自始没有法律约束力，当事人不具有夫妻的权利和义务。同居期间所得的财产，由当事人协议处理；协议不成的，由人民法院根据照顾无过错方的原则判决。当事人所生的子女，适用民法典婚姻家庭编关于父母子女的规定。婚姻被撤销的，无过错方有权请求损害赔偿。

113. 试论夫妻共同债务的认定及清偿。

【参考答案】（1）夫妻共同债务是指在婚姻关系存续期间，夫妻一方或双方为共同生产经营活动需要所负的债务。是否属于夫妻共同债务应满足如下两个条件：①时间性。通常情况下，夫妻共同债务形成于婚姻关系存续期间，但在婚姻关系存续期间所负的债务，又并非都是夫妻共同债务。②用途性。通常情况下，夫妻共同债务用于共同生活或共同生产经营活动。

（2）夫妻双方共同签名或者夫妻一方事后追认等共同意思表示所负的债务，以及夫妻一方在婚姻关系存续期间以个人名义为家庭日常生活需要所负的债务，属于夫妻共同债务。夫妻一方在婚姻关系存续期间以个人名义超出家庭日常生活需要所负的债务，不属于夫妻共同债务；但是，债权人能够证明该债务用于夫妻共同生活、共同生产经营或者基于夫妻双方共同意思表示的除外。

（3）债权人就一方婚前所负个人债务向债务人的配偶主张权利的，人民法院不予支持。但债权人能够证明所负债务用于婚后家庭共同生活的除外。夫妻一方与第三人串通，虚构债务，第三人主张该债务为夫妻共同债务的，人民法院不予支持。夫妻一方在从事赌博、吸毒等违法犯罪活动中所负债务，第三人主张该债务为夫妻共同债务的，人民法院不予支持。

114. 试论约定财产制。

【参考答案】（1）约定财产制是指夫妻以契约确定夫妻财产关系的制度。在我国，法定财产制是我国基本的夫妻财产制，约定财产制是补充的、特殊的夫妻财产制，但在适用上，约定财产制具有排斥法定财产制适用的效力，即约定财产制优先于法定财产制适用，只要缔结夫妻财产契约的男女双方协议成立，在他们之间就不再适用法定财产制。

（2）夫妻财产约定的有效条件主要包括：第一，约定的主体须为具备完全民事行为能力的夫妻双方。我国的法定婚龄比完全民事行为能力的年龄为高，从年龄的角度，有婚姻能力者即有缔结婚姻财产契约的能力。第二，约定的意思表示必须自愿、真实。第三，约定的内容必须合法。约定的内容不得超出夫妻财产的范围，夫妻双方可以约定婚姻关系存续期间所得的财产以及婚前财产归各自所有、共同所有或者部分各自所有、部分共同所有，但不得将国家、集体或他人的财产列入约定财产的范围。此外，约定不得违背公序良俗。第四，约定的形式必须合法。约定应当采用书面形式，口头约定无效。

（3）夫妻财产约定的效力包括对内效力和对外效力。对内效力是指婚姻财产契约对婚姻当事人的拘束力。夫妻对婚姻关系存续期间所得的财产以及婚前财产的约定，对双方具有法律约束力。对外效力是指夫妻对婚姻财产的约定是否可以对抗第三人。根据我国民法典规定，夫妻对婚姻关系存续期间所得的财产约定归各自所有，夫或者妻一方对外所负的债务，相对人知道该约定的，以夫或者妻一方的个人财产清偿。

115. 试论民法典继承编对我国继承制度的创新与发展。

【参考答案】继承制度是关于自然人死亡后财富传承的基本制度。根据我国社会家庭结构、继承观念等方面的发展变化，民法典继承编在继承法的基础上，修改完善了继承制度，以满足人民群众处理遗产的现实需要。

（1）关于一般规定，民法典增加了相互有继承关系的数人在同一事件中死亡，且难以确定死亡时间的继承规则；增加了“隐匿遗嘱，情节严重”和“以欺诈、胁迫手段迫使或者妨碍被继承人设立、变更或者撤回遗嘱，情节严重”两种丧失继承权情形，保障被继承人按照自己的自由意志处分财产；尊重被继承人的意思自治，增加规定对继承人的宽恕制度，对继承权法定丧失制度予以完善。

（2）关于法定继承部分，重申继承权男女平等原则，规定法定继承人的顺序和范围，以及遗产分配的基本制度。同时，在继承法的基础上，完善代位继承制度，适当扩大法定继承人的范围。民法典继承编顺应财产向下流传的社会传统习惯，通过增加规定兄弟姐妹的子女代位继承的方式，将法定继承人的范围适当扩大到三代旁系血亲，增加规定：“被继承人的兄弟姐妹先于被继承人死亡的，由被继承人的兄弟姐妹的子女代位继承。”

（3）关于遗嘱继承和遗赠部分，民法典进一步修改完善了遗嘱继承制度：一是增加了打印、录像等新的遗嘱形式，适应了社会生活的新发展，扩大了遗嘱人的可选择范围。二是修改了遗嘱效力规则，取消公证遗嘱的优先效力。民法典继承编保留“立有数份遗嘱，内容相抵触的，以最后的遗嘱为准”的规定，删去了公证遗嘱效力优先的内容，有助于贯彻遗嘱自由原则，有助于推动遗嘱人真实意思表示的实现。

（4）关于遗产的处理部分，民法典进一步完善了有关遗产处理的制度：一是为确保遗产得到妥善管理、顺利分割，更好地维护继承人、债权人利益，增加遗产管理人制度，明确遗产管理人的产生方式、职责和权利等内容。二是吸收继承法司法解释的有关规定，明确转继承规则，以充分保障继承人的合法权益。三是完善遗赠扶养协议制度，适当扩大扶养人的范围，明确继承人以外的组织或者个人均可以成为扶养人，以满足养老形式多样化需求。四是完善无人继承遗产的归属制度，明确归国家所有的无人继承遗产应当用于公益事业。

民法典继承编既具有鲜明的民族特色，又与时俱进地体现时代精神，与市场经济和社会发展相匹配，为相关民事主体提供了更加细致完备的继承法律保障。民法典继承编的贯彻实施，将更加充分保护自然人的财产处分权和继承权，不断满足人民群众日益增长的处理遗产的现实需要，促进家庭和睦，培育和践行社会主义核心价值观，进一步推进老龄事业的健康发展。

116. 试论遗嘱的效力。

【参考答案】（1）遗嘱的效力是指遗嘱人设立遗嘱所产生的法律后果。遗嘱作为一种单方民事法律行为，只要有遗嘱人单独的意思表示就可以成立。但成立的遗嘱并不一定就能发生遗嘱人预期的法律后果，即未必有法律效力。因为遗嘱作为一种民事法律行为，也只有具备法律规定的一定条件，才能有效地发生法律效力；不具备法律规定条件的遗嘱，则不能发生法律效力。

（2）具备法定条件，能够发生法律效力的遗嘱，为有效遗嘱。遗嘱有效须具备以下条件：①立遗嘱人必须有遗嘱能力，即立遗嘱时必须具有完全民事行为能力。只有完全民事行为能力人才有遗嘱能力。如果立遗嘱时无行为能力，以后恢复行为能力，所立遗嘱仍然无效。立遗嘱时有行为能力，以后丧失行为能力的，不影响遗嘱的效力。②遗嘱人在立遗嘱时必须意思表示真实。如果不是遗嘱人的真实意思，则遗嘱无效。③遗嘱内容必须合法，即遗嘱的内容不得违反法律和公序良俗。根据我国民法典规定，遗嘱应当为缺乏劳动能力又没有生活来源的继承人保留必要的遗产份额。如果遗嘱没有为这种继承人保留必要的遗产份额，就是违反法律的表现。当然，继承人是否属于缺乏劳动能力又没有生活来源的人，应以遗嘱生效时为准。④遗嘱的形式必须符合法律的规定。遗嘱为要式民事法律行为，必须符合法律所要求的形式。

（3）违反法律规定，不能发生法律效力的遗嘱，为无效遗嘱。遗嘱无效的情形有：①无民事行为能力人或者限制民事行为能力人所立的遗嘱无效。无民事行为能力人、限制民事行为能力人属于无遗嘱能力的人，不具有以遗嘱处分其财产的资格。②遗嘱必须表示遗嘱人的真实意思，受欺诈、胁迫所立的遗嘱无效。受欺诈、胁迫所立的遗嘱并非遗嘱人真实的意思表示，因而是无效的。③伪造的遗嘱无效。伪造的遗嘱是假遗嘱，由于其根本不是被继承人意思表示的遗嘱，所以不论遗嘱的内容如何，也不论遗嘱是否损害了继承人的利益，都当然无效。④遗嘱被篡改的，篡改的内容无效。被篡改的遗嘱，篡改的内容已经不是遗嘱人的意思表示，因而也就不能发生遗嘱的效力，是无效的。⑤遗嘱人以遗嘱处分了国家、集体或者他人财产的，应当认定该部分遗嘱无效。

117. 试论转继承。

【参考答案】（1）转继承是指继承开始后，继承人于遗产分割前死亡，本该由该继承人继承的遗产转由其法定继承人承受。实际接受遗产的继承人称为转继承人，于继承开始后遗产分割前死亡的继承人称为被转继承人。我国民法典规定，继承开始后，继承人于遗产分割前死亡，并没有放弃继承的，该继承人应当继承的遗产转给其继承人，但是遗嘱另有安排的除外。转继承只是将被转继承人应继承的遗产份额转由其继承人继承，转继承所移转的不是继承权，而是遗产所有权。转继承的客体是被转继承人应取得的遗产份额，而不是被转继承人应取得的全部遗产份额。

（2）转继承应具备的条件有：①被转继承人于被继承人死亡后、遗产分割前死亡。这是转继承发生的时间要件。只有在被继承人死亡后、遗产分割前，继承人死亡的，才会发生转继承，这就限定了一个时间范围，也就是在被继承人死后至遗产分割前这一时间范围内。如果被继承人还没有死亡，则继承就尚未开始，无论是法定继承还是遗嘱继承，不存在转继承的问题。即使继承人先于被继承人死亡，也只会发生代位继承，而不存在转继承。如果继承人于遗产分割后死亡的，则该继承人的继承人直接继承其遗产，而不必直接参与被继承人遗产的分割，此时也不存在转继承的问题。②被转继承人未丧失继承权，也未放弃继承权。这是转继承发生的客体要件。如果继承人因法定事由丧失了继承权或者放弃了继承权，因其不能继承被继承人的遗产，即使其于被继承人死亡后、遗产分割前死亡，也不发生其应继份由何人承受问题，也就不发生转继承。③被转继承人生前未立另有安排的遗嘱。如果被转继承人生前立有另有安排的遗嘱，则应当按照遗嘱处理，而不发生转继承的问题。

（3）转继承的效力体现在：①在适用转继承时，作为转继承客体的被转继承人的应继份，根据死亡的被转继承人的继承方式而有差异。如果死亡的被转继承人根据法定继承方式进行继承，则其应继份为根据法定继承取得的份额；如被转继承人为遗嘱继承人时，则依照被继承人的遗嘱来取得应继份。②在转继承中，转继承人取得的份额也根据继承方式的不同而有差异。转继承在存在合法有效遗嘱时，适用遗嘱继承取得被转继承人的遗产份额；无有效遗嘱存在时，适用法定继承取得被转继承人的遗产份额。③转继承是对被转继承人应继承的遗产份额的转移，因此，转继承的适用不能对继承关系的结果发生影响。也就是说，在不适用转继承时，如继承人有配偶存在，则其应继承的遗产属于夫妻双方共有。而在适用转继承时，除另有约定外，死亡继承人的遗产份额也应当作为夫妻共同财产，在死亡继承人的继承人进行转继承时，先分出死亡继承人配偶的部分，再将剩余部分进行遗产分割。

118. 试论遗产的分割原则。

【参考答案】遗产的分割是指按照遗嘱指定或法律规定在共同继承人之间对遗产进行分配的行为。

分割遗产时，应遵循如下原则：

（1）先遗嘱继承后法定继承原则。在有遗嘱的情况下，首先应按照遗嘱的指定分割遗产。特别值得注意的是，遗嘱人未保留缺乏劳动能力又没有生活来源的继承人的遗产份额，遗产处理时，应当为该继承人保留必要的遗产，所剩余的部分，才可参照遗嘱确定的分配原则处理。继承人是否缺乏劳动能力又没有生活来源，应当按遗嘱生效时该继承人的具体情况确定。

（2）保留胎儿继承份额原则。遗产分割时应当保留胎儿的继承份额，没有保留的，应从继承人所继承的遗产中扣回。为胎儿保留的遗产份额，如胎儿出生后死亡的，由其继承人继承；如胎儿娩出时是死体的，由被继承人的继承人继承。

（3）法定继承的遗产分配原则。法定继承中，同一顺序继承人的应继份额按照以下原则确定：①一般情况下应当均等。在没有法律规定的特别情形下，同一顺序的法定继承人应按照人数平均分配遗产。继承人有扶养能力和扶养条件，愿意尽扶养义务，但被继承人因有固定收入和劳动能力，明确表示不要求其扶养的，分配遗产时，一般不应因此而影响其继承份额。②特殊情况下可以不均等。在下列情况下，同一顺序法定继承人的继承份额可以不均等：对生活有特殊困难又缺乏劳动能力的继承人，分配遗产时，应当予以照顾；对被继承人尽了主要赡养义务或者与被继承人共同生活的继承人，分配遗产时，可以多分；有扶养能力和扶养条件的继承人，不尽扶养义务的，应当不分或者少分；继承人协商同意的，也可以不均等。

（4）互谅互让、协商分割原则。继承人应当本着互谅互让、和睦团结的精神，协商处理继承问题。遗产分割的时间、办法和份额，由继承人协商确定；协商不成的，可以由人民调解委员会调解或者向人民法院提起诉讼。

(5) 物尽其用原则。遗产分割应当有利于生产和生活需要，不损害遗产的效用。人民法院在分割遗产中的房屋、生产资料和特定职业所需要的财产时，应当依据有利于发挥其使用效益和继承人的实际需要，兼顾各继承人的利益进行处理。

119. 试论民法典侵权责任编对我国侵权责任制度的创新与发展。

【参考答案】侵权责任是行为人对其侵权行为或准侵权行为造成的损害依法应当承担的民事法律后果，属于民事基本法律制度。民法典侵权责任编总结实践经验，针对侵权领域出现的新情况，对侵权责任制度作了必要的补充和完善。

(1) 民法典侵权责任编区分了侵害与损害、绝对权请求权与侵权损害赔偿请求权，进而明确了无论是过错责任还是无过错责任，都只是损害赔偿责任的归责原则。为防止公平责任被滥用，侵权责任编限缩了公平责任的适用范围，确立法定分担损失规则；为明确行为规范和裁判规范，促进公平正义，确立“自甘风险”规则；明确规定“自助行为”制度，赋予自然人在一定条件下的自我保护权利，同时也对这种行为进行规范。侵权责任编还完善了个人劳务使用人责任，强化了对提供劳务者权益的保护。

(2) 民法典侵权责任编完善损害赔偿规则，扩大和强化对民事权利和合法利益的保护，一是拓展了精神赔偿的适用范围，二是扩大了惩罚性赔偿的适用范围。侵权责任编在产品责任一章专门规定了产品质量缺陷的惩罚性赔偿规则。为了进一步加大对恶性侵权人的惩罚力度，遏制严重侵权行为，侵权责任编增加规定侵害知识产权的惩罚性赔偿和环境污染、生态破坏侵权的惩罚性赔偿。此外，侵权责任编在产品责任中对缺陷产品确立了召回过程中必要费用的负担规则，强化了生产者和销售者的责任，有助于加强对消费者的保护。

(3) 民法典侵权责任编顺应时代发展要求，积极作出回应。侵权责任编细化了网络侵权责任的具体规定，完善了权利人通知、网络服务提供者转通知的具体规则，明确因错误通知给网络用户或者网络服务提供者造成损害的，应当承担侵权责任。侵权责任编确立了生态责任制度，修改完善了生态环境损害责任制度：一是增加规定生态环境损害的惩罚性赔偿制度。二是明确生态环境损害的修复和赔偿制度。

(4) 民法典侵权责任编对侵权责任领域的一些重点难点问题作出了有针对性的规定。为了既保护受害者的权益，又鼓励大家助人为乐，民法典侵权责任编完善了机动车交通事故责任的主体确定等（如机动车挂靠时的责任主体），并明确将“好意同乘”作为机动车交通事故责任的减责事由。由于“高空抛物坠物”造成他人损害的事件频发，“头顶上的安全”引发社会关注，侵权责任编对高空抛物坠物规则作了进一步完善：一是增加规定，禁止从建筑物中抛掷物品。二是增加规定，从建筑物中抛掷物品或者从建筑物上坠落的物品造成他人损害的，由侵权人依法承担侵权责任。三是增加规定，发生此类行为的，“公安等机关应当依法及时调查，查清责任人”，并明确“经调查难以确定具体侵权人”的，才适用由可能加害的建筑物使用人给予补偿的规定。四是增加规定，可能加害的建筑物使用人补偿后发现侵权人的，有权向侵权人追偿。五是增加规定，物业服务企业等建筑物管理人应当采取必要的安全保障措施防止此类行为的发生；未采取必要的安全保障措施的，应当依法承担未履行安全保障义务的侵权责任。

★120. 试论我国民法典确立的侵权责任的归责原则体系。

【参考答案】我国侵权责任的归责原则体系是由过错责任原则（包括过错推定责任原则）和无过错责任原则构成的。

(1) 过错责任原则。过错责任原则，是指以行为人的过错作为归责根据的原则。1) 过错责任原则的特征。①过错责任原则是一种主观归责原则。它以行为人的主观心理状态作为确定和追究责任的绝对标准，即“有过错有责任”“无过错无责任”。而过错一般表现为行为人主观上的故意和过失两种情形。②过错责任原则以行为人的过错作为责任的构成要件。侵权责任的成立必须具备法律所规定的所有要件，在适用过错责任原则的场合，行为人的主观过错是必备要件之一。③过错责任原则适用于一般侵权行为。侵权行为有一般侵权行为和特殊侵权行为之分。特殊侵权行为适用无过错责任原则，法律对这类侵权行为有专门规定。特殊侵权行为之外的侵权行为，就属于一般侵权行为。④过错责任原则对确定责任范围具有决定性作用。行为人过错的大小决定了损害赔偿责任的轻重。2）过错推定责任原则。过错推定是指依照法律规定推定行为人有过错，行为人不能证明自己没有过错的，应当承担侵权责任。过错推定属于过错责任原则的一部分，是过错责任原则适用中的一种特殊情形，它仍然以侵权人的过错作为确定责任的根据。因此，不可将其作为侵权责任的归责原则之一。3）过错责任原则的适用范围。过错责任原则适用于一般侵权行为，只有法律规定适用无过错责任原则的侵权行为，才不适用过错责任原则。但是值得注意的是，过错推定不是普遍适用于一般侵权行为，法律对适用过错推定的侵权行为有专门的规定。所以过错推定只适用于法律规定的几种侵权行为，如堆放物倒塌、滚落或者滑落造成他人损害，堆放人不能证明自己没有过错的，应当承担侵权责任。4）过错责任原则的适用方法。过错责任原则的适用方法，是指对过错的举证和证明负担的分配方法。过错责任原则的适用方法有二：一是谁主张谁举证，通常是由被侵权人对侵权人的过错进行举证和证明，而侵权人无须证明自己没有过错。二是过错推定实行举证责任倒置，无须被侵权人对侵权人的过错进行举证，而是由侵权人承担证明自己没有过错的责任。如果侵权人不证明或不能证明自己不存在过错，则推定侵权人有过错。如果侵权人能够证明自己没有过错，则不承担侵权人。在适用方法上，过错推定显然有利于被侵权人。

（2）无过错责任原则。无过错责任原则，是指不论行为人有无过错，只要行为人损害他人民事权益，就应依法承担民事责任的原则。1）无过错责任原则的特征。①无过错责任原则不以行为人有过错作为责任的构成要件。在侵权责任构成要件方面，就没有了主观要件的要求。凡适用无过错责任原则的，都不考虑侵权人的过错。就是说，无论侵权人有无过错，都要承担侵权责任。②无过错责任原则的适用必须有法律的明确规定。无过错责任原则并非普遍适用于所有侵权行为，而是只适用于法律规定的几种特殊侵权行为。③无过错责任原则仍然存在免责事由。即使适用无过错责任原则，如果损害是出于受害人自身原因或是其故意造成的，也会依法免除行为人的责任。2）无过错责任原则的适用范围。无过错责任原则适用于特殊侵权行为，法律对其有专门规定。依据我国《民法典》，无过错责任原则主要适用于以下侵权行为：①产品质量不合格致人损害；②机动车交通事故中机动车一方致非机动车或行人的损害；③环境污染、破坏生态致人损害；④高度危险作业致人损害；⑤饲养的动物致人损害；⑥用人者的雇员在工作中致人损害；⑦被监护人致人损害。3）无过错责任原则的适用方法。既然无须考虑侵权人有无过错，所以在适用无过错责任原则时就免除了被侵权人对侵权人过错的举证和证明责任，侵权人也不得以证明自己没有过错而主张免责。但作为侵权责任的构成要件，除主观要件不需举证外，对其他三个要件被侵权人还是要证明的，仍要证明侵权行为、损害后果以及二者之间的因果关系（因果关系推定的除外）。

★121．试论一般侵权责任的构成要件。

【参考答案】（1）加害行为。加害行为是指行为人实施的加害于被侵权人民事权益的不法行为。加害行为包括行为和违法两个要素。加害行为首先必须有行为，其次，该行为必须违反了法律，具有违法性的特征。加害行为可以分为直接加害行为和间接加害行为；积极加害行为和消极加害行为。直接加害行为是指侵权人的加害行为直接作用于被侵权人受法律保护的人身或者财产权益。间接加害行为是指侵权人通过他人或者其他介质作用于被侵权人受法律保护的人身或者财产权益。积极加害行为是指违反法律规定的不作为义务的行为。积极加害行为是侵权行为的主要行为方式。消极加害行为是指违反法律规定的作为义务的行为。

（2）损害事实。损害事实是指被侵权人的人身权利、财产权利以及其他利益所遭受的不利后果。我国民法典将损害后果分为财产损失、人身损害和精神损害三类。财产损失是指被侵权人的财产或人身所遭受的经济损失。人身损害是指被侵权人的人格权、身份权益所遭受的不利后果。精神损害是指被侵权人在精神方面出现痛苦或严重精神反常等现象。根据精神损害的程度，精神损害可以分为轻微精神损害、一般精神损害和严重精神损害。我国民法典只对严重精神损害给予损害赔偿救济。对于严重精神损害，需要被侵权人举证证明。

（3）因果关系。因果关系是指加害行为与损害事实之间的引起与被引起的关系。加害行为是损害发生的原因，被侵权人遭受的损害则是加害行为的后果。由于因果关系的复杂性和多样化，关于因果关系的确定，国际上有多种判定规则。在我国，主要有直接原因规则、相当因果关系规则、近因规则和推定因果关系规则。侵权责任构成中的因果关系要件，是违法行为作为原因，损害事实作为结果，在它们之间存在的前者引起后者，后者被前者引起的客观联系。

（4）主观过错。过错是指侵权人的一种可归责的心理状态，表现为故意和过失两种形式。故意是指行为人预见到损害后果的发生，并希望或者放任该结果发生的心理状态。故意这种心理状态之所以具有可责难性，就在于这种心理状态的不正当性，并且行为人对于损害的发生具有完全的控制力和主动性。如果不让具有这种心理状态的侵权人承担民事责任，民事主体的合法权益就得不到保障。过失是指行为人应当预见到损害后果的发生，却因为疏忽大意而没有预见到或已经预见而轻信能够避免损害后果发生的心理状态。过失分为重大过失和一般过失。所谓重大过失，是指行为人极为疏忽大意的情况；而一般过失则是指尚未达到重大过失的过失。假设法律对行为人提出了较高程度的注意义务，而行为人的注意没有达到该较高程度，但却达到了一般人的注意程度，此时就可认为构成一般过失；假设行为人的注意不仅未达到该较高程度，而且连一般人的注意程度都没有达到，就可认定为构成重大过失。过失这种心理状态之所以具有可责难性，在于这种心理状态的不正当性，行为人的行为是处于其控制之下的，损害后果是可以因行为人的适当注意而避免的，所以行为人应当对自己的过失承担民事责任。

122. 试论违反安全保障义务的侵权责任。

【参考答案】（1）安全保障义务是指宾馆、商场、银行、车站、机场、体育场馆、娱乐场所等经营场所、公共场所的经营者、管理者或者群众性活动的组织者，在合理限度范围内应尽的使他人免受损害的义务。违反安全保障义务的侵权责任是指依照法律规定对他人负有安全保障义务的人，违反该义务，因而直接或者间接地造成他人人身或者财产权益损害，应当承担的侵权责任。违反安全保障义务的侵权责任包括设施、设备违反安全保障义务，服务管理违反安全保障义务，对儿童违反安全保障义务，以及防范、制止侵权行为违反安全保障义务等。

（2）违反安全保障义务的侵权责任的主要内容有：①责任主体。责任主体是指负有安全保障义务的主体，包括宾馆、商场、银行、车站、机场、体育场馆、娱乐场所等经营场所、公共场所的经营者、管理者或者群众性活动的组织者。②加害行为。加害行为是指负有安全保障义务的主体违反了法定的作为义务，应当履行作为的安全保障义务而未履行，即不作为。③归责原则。违反安全保障义务的侵权责任适用过错责任原则。④责任的承担。违反安全保障义务的侵权责任分为两种：一是直接责任，即宾馆、商场、银行、车站、机场、体育场馆、娱乐场所等经营场所、公共场所的经营者、管理者或者群众性活动的组织者，未尽到安全保障义务，造成他人损害的，应当承担侵权责任。二是补充责任，即因第三人的行为造成他人损害的，由第三人承担侵权责任；经营者、管理者或者组织者未尽到安全保障义务的，承担相应的补充责任。经营者、管理者或者组织者承担补充责任后，可以向第三人追偿。

123. 试论产品责任的归责原则和责任承担。

【参考答案】（1）产品责任是指因产品有缺陷造成他人财产、人身损害，产品生产者、销售者所应承担的侵权责任。我国产品责任的归责原则采取二元归责原则，既适用无过错责任原则，也适用过错责任原则，但以无过错责任原则为主导。

（2）产品责任的归责原则适用无过错责任原则的情形有：①生产者和销售者对直接责任（表面责任）的承担，均适用无过错责任原则。换言之，只要因使用或消费缺陷产品而受到损害的被侵权人向该产品的生产者、销售者主张赔偿，生产者和销售者均不得以无过错抗辩，即使是无过错的销售者，也应首先承担直接责任。②生产者的最终责任。无过错的销售者向受害者承担直接责任后，得向生产者追偿，由生产者承担最终责任，生产者的最终责任属于无过错责任。如果受害者直接向生产者主张赔偿，这时适用的也是无过错责任。

（3）产品责任的归责原则适用过错责任原则的情形有：①销售者的最终责任。由于销售者的过错使产品存在缺陷，销售者应承担最终责任。于此情形，如果销售者承担了责任，则不得再向生产者追偿；如果生产者承担了直接责任，生产者则可通过证明缺陷是由于销售者过错所致，而向销售者追偿。②运输者、仓储者等第三人的最终责任。运输者、仓储者等第三人不是直接责任的承担者，但如果产品的缺陷是因其过错所致，生产者或销售者在承担无过错的直接责任后，则可向有过错的运输者、仓储者等第三人追偿。运输者、仓储者等第三人对这种最终责任的承担适用过错责任原则。

（4）根据民法典的规定，产品责任的承担有：①因产品缺陷危及他人人身、财产安全的，被侵权人有权请求生产者、销售者承担停止侵害、排除妨碍、消除危险等侵权责任。②产品投入流通后发现存在缺陷的，生产者、销售者应当及时采取停止销售、警示、召回等补救措施；未及时采取补救措施或者补救措施不力造成损害扩大的，对扩大的损害也应当承担侵权责任。依照法律规定采取召回措施的，生产者、销售者应当负担被侵权人因此支出的必要费用。③明知产品存在缺陷仍然生产、销售，或者没有依法采取有效补救措施，造成他人死亡或者健康严重损害的，被侵权人有权请求相应的惩罚性赔偿。

124. 试论环境污染和生态破坏责任。

【参考答案】（1）环境污染和生态破坏责任是指污染环境、破坏生态造成他人财产或者人身损害而应承担的侵权责任。

（2）环境污染和生态破坏责任适用无过错责任原则。环境污染和生态破坏责任的构成要件有：①有污染环境、破坏生态的行为。该类行为一般表现为积极的作为，且行为人不得以排污符合国家规定的标准或者行为不具有违法性主张免责，即使排污没有超过批准的指标，只要造成他人人身、财产损害的，也构成污染环境、破坏生态的行为。因为环境污染和生态破坏责任是一种危险责任，危险责任本身不是对违法行为的制裁，而是对不幸损害的分配，所以不需要行为的违法性。②发生损害。污染环境、破坏生态致人损害，既有财产损害，也有人身损害。③污染环境、破坏生态行为与损害之间存在因果关系。我国对环境污染和生态破坏责任的因果关系规定了举证责任倒置（因果关系推定）。我国民法典规定，因污染环境、破坏生态发生纠纷，行为人应当就法律规定的不承担责任或者减轻责任的情形及其行为与损害之间不存在因果关系承担举证责任。

（3）根据我国民法典的规定，环境污染和生态破坏责任的承担内容有：①责任主体。环境污染和生态破坏责任的责任主体是污染环境、破坏生态造成他人损害的侵权行为人。因第三人的过错污染环境、破坏生态的，被侵权人可以向侵权人请求赔偿，也可以向第三人请求赔偿。侵权人赔偿后，有权向第三人追偿。②责任范围。两个以上侵权人污染环境、破坏生态的，承担责任的大小，根据污染物的种类、浓度、排放量，破坏生态的方式、范围、程度，以及行为对损害后果所起的作用等因素确定。③责任的形式。侵权人违反法律规定故意污染环境、破坏生态造成严重后果的，被侵权人有权请求相应的惩罚性赔偿。违反国家规定造成生态环境损害，生态环境能够修复的，国家规定的机关或者法律规定的组织有权请求侵权人在合理期限内承担修复责任。侵权人在期限内未修复的，国家规定的机关或者法律规定的组织可以自行或者委托他人进行修复，所需费用由侵权人负担。违反国家规定造成生态环境损害的，国家规定的机关或者法律规定的组织有权请求侵权人赔偿下列损失和费用：生态环境受到损害至修复完成期间服务功能丧失导致的损失；生态环境功能永久性损害造成的损失；生态环境损害调查、鉴定评估等费用；清除污染、修复生态环境费用；防止损害的发生和扩大所支出的合理费用。

125. 结合民法典的规定论述抛掷物、坠落物致人损害责任与补偿的主要内容。

【参考答案】抛掷物、坠落物致人损害责任是指从建筑物中抛掷的物品或者从建筑物上坠落的物品致人损害应当承担的侵权责任。

抛掷物、坠落物致人损害责任的内容有：

（1）禁止从建筑物中抛掷物品。从建筑物中抛掷物品是十分危险的危害公共安全的行为，必须严格禁止。

（2）责任主体。从建筑物中抛掷物品或者从建筑物上坠落的物品造成他人损害的，由侵权人依法承担侵权责任。任何人从建筑物中抛掷物品，或者建筑物上坠落物品，造成他人损害，都由侵权人承担责任，侵权人就是抛掷物品的行为人，或者坠落物品的建筑物的所有人、管理人或者使用人。

（3）侵权人不明的损失补偿。经调查难以确定具体侵权人的，除能够证明自己不是侵权人的外，由可能加害的建筑物使用人给予补偿。抛掷物、坠落物致人损害责任的形式是由可能加害的建筑物使用人对受害人的损失给予补偿，而不是承担连带责任。

（4）责任追偿。可能加害的建筑物使用人补偿后，有权向侵权人追偿。由可能加害的建筑物使用人承担补偿责任，其中必定有无辜者，即没有加害的建筑物使用人。如果查到了侵权人，当然对其享有追偿权，可以向其进行追偿。

（5）物业服务企业的安全保障义务。物业服务企业等建筑物管理人是建筑物的管理者，其对建筑物的安全负有安全保障义务。未尽安全保障义务的，应当承担责任。我国民法典规定，物业服务企业等建筑物管理人应当采取必要的安全保障措施防止前款规定情形的发生；未采取必要的安全保障措施的，应当依法承担未履行安全保障义务的侵权责任。

（6）公安等机关应当依法及时调查，查清责任人。在加害人不明的高空抛物的损害责任中，绝大多数其实都是能够查清的，因而我国民法典规定“公安等机关应当依法及时调查，查清责任人”。对于造成损害后果的，公安机关依法立案调查，对责任人依法给予治安管理处罚；构成犯罪的，应当依法追究刑事责任。

第三节　案例分析题

一、历年真题考查内容

民法学案例分析题每年考一道题，分值为20分，考题时难时易，难易程度取决于考生对民法理论和民法规定的掌握程度和综合运用能力。从命题规律看，案例分析题有一些重复考查的内容，但考查内容仍然具有多元化特点，考查知识的覆盖程度越来越广阔。一般而言，合同、物权考查频率最高，其次是民法总则和侵权责任，同时兼考婚姻家庭与继承。具体出题情况见下表：

出题年份	主要考查内容
2010 年	有权处分、返还原物请求权、有效合同、可撤销合同、违约责任。
2011 年	保证方式、保证担保的范围、保证期间、夫妻共同债务、离婚协议。
2012 年	合同法的适用范围、夫妻忠诚协议。
2013 年	民事法律关系、反担保、混合（共同）担保、保证方式、借款合同、保证合同。
2014 年	善意取得、无权处分、合同相对性、无因管理。
2015 年	留置权、合同相对性、合同的解除、侵犯所有权的侵权行为。
2016 年	法人的分支机构、物上请求权、货运合同、格式条款。
2017 年	留置权、承揽合同、定金罚则、合同的解除。
2018 年	法定监护、宣告失踪、区分原则、合同的效力、夫妻债务。
2019 年	代表行为、诉讼时效、最高额抵押、抵押权的从属性、抵押权的行使期间（在主债权诉讼时效期间内行使）。
2020 年	地役权、土地承包经营权。
2021 年	合同的成立、定金罚则、减轻损失规则。
2022 年	无权处分的买卖合同；不动产善意取得的适用条件；共有财产的分割；对胎儿利益的保护。

二、案例分析题专项训练

1. 甲商场业务员张某到乙公司采购空调，张某见到乙公司生产的浴室防水暖风机小巧实用，在暖气没有供应之前以及在暖气停止之后的一段时间之内对普通家庭大为有用，遂自行决定购买一批该公司生产的暖风机。货运到后，甲商场即对外销售该暖风机。后因该市提前供应暖气，暖风机销量大减。甲商场遂认为并未授权张某购买暖风机，因而拒绝支付货物款项。

根据上述案情回答下列问题：

（1）如何认定张某和乙公司签订的合同的效力？为什么？

（2）甲商场是否应支付货款？为什么？

【参考答案】（1）张某和乙公司签订的合同为效力未定合同，依据民法典规定，行为人没有代理权、超越代理权或者代理权终止后而以被代理人的名义订立的合同为效力未定合同。本案中，张某并无购买暖风机的代理权，其自行决定以甲商场的名义签订合同构成超越代理权的行为，为狭义无权代理行为，因该行为所签订的合同为效力未定合同。

（2）甲商场应当向乙公司支付货款。本案中，甲商场接受乙公司的履行，并实际对外销售暖风机，这意味着甲商场作为被代理人以行为方式实际表明对效力未定合同予以追认，既然甲商场已经在事后对合同进行了追认，则该效力未定合同由效力未定状态转化为有效合同，甲商场应当受到合同的约束，享受合同权利并承担合同义务，因此，甲商场应当向乙公司支付货款。

2. 甲将祖传名贵玉石误认为是普通山石，于 2010 年 1 月 30 日以 500 元的价格出售给乙，约定价金于 2010 年 2 月 10 日由乙交付给甲。2010 年 2 月 2 日，甲通知乙其将该价金债权赠与丙，嘱咐乙向丙支付 500 元价金即可。2010 年 2 月 4 日，甲获知玉石价值连城，找乙协商撤销玉石买卖合同，乙未答应，甲一气之下，暴病死亡。甲的继承人丁向法院提起诉讼，要求撤销与乙之间的买卖合同，丙也向法院起诉要求撤销该合同。

根据上述案情回答下列问题：

（1）如何认定本案的性质和合同的效力？为什么？

（2）丁是否享有玉石买卖合同撤销权？为什么？

（3）丙是否享有玉石买卖合同撤销权？为什么？

【参考答案】（1）①本案在性质上属于合同债权转让和合同债权债务的概括承受。本案中，甲将债权转让给丙，属于债权转让，丙因受让债权而成为债权人，而丁因继承的概括承受而成为合同一方当事人。②合同的效力是可撤销合同，根据民法典规定，因重大误解所签订的合同为可撤销合同。

（2）丁享有玉石买卖合同撤销权。本案中，甲的继承人丁因为被继承人甲死亡可以概括承受甲生前的权利和义务，继受甲在与乙的合同中的当事人地位。甲生前将祖传名贵玉石误认为山石出卖于乙，属于因重大误解订立的合同，按照民法典规定，甲享有向人民法院申请撤销买卖合同的权利。丁可以继承这一买卖合同中甲的地位，当然享有合同撤销权。

（3）丙不享有玉石买卖合同撤销权。甲将其债权转让给丙，丙受让后成为新的债权人，其对乙享有受让的合同债权，但是丙并不因此而成为合同的当事人，依合同而由甲享有的专属性权利，如撤销权，并不转让给丙享有，丙仅是享有甲生前让与的价金债权，但并不享有撤销权。

3. 甲、乙仅为商业上的合作伙伴，二人各出资5万元，共同购买了一台大型机械。二人约定，该机械放在乙处，由乙负责日常的保养，但对该机器的处分，需经二人一致同意，否则，另一方有权追回该机械。后来，乙因出现债务危机，遂自行将该机械以9万元的价格，出卖给不知情的丙，并已交付。甲得知后，向丙交涉，并以甲、乙之间有约定为由，要求丙退还机械。

根据上述案情，请回答：

（1）甲、乙之间就该机械，成立何种共有关系？

（2）丙是否能取得该机械的所有权？

（3）甲能否以甲、乙之间的约定为由，请求丙返还该机械？

【参考答案】（1）甲、乙之间就该机械，成立按份共有关系。根据民法典规定，共有人对共有的不动产或者动产没有约定为按份共有或者共同共有，或者约定不明确的，除共有人具有家庭关系等外，视为按份共有。本案中，甲、乙共同购置的机械并没有约定共有类型，且二人仅为商业上的合作伙伴，不具有家庭关系，因此应当认定为按份共有关系。

（2）丙能够取得机械的所有权。丙取得机械符合善意取得的规定：首先，丙并不知道乙对机械无处分权，系善意；其次，丙向乙支付了9万元钱，该价款构成了合理对价；最后，该机械已经由乙实际交付给丙。因此，丙可以依据善意取得制度取得机械的所有权。

（3）甲不能以甲、乙之间的约定为由，请求丙返还机械。因为丙已经取得机械所有权，甲不能要求丙返还机械，只能要求乙赔偿损失。

4. 甲公司为了建造办公楼而向乙银行借款500万元，向丙银行借款1 000万元，向丁银行借款1 500万元，并签订了合法有效的借款合同。甲公司对三家银行的还款期均到2010年10月5日。2010年7月，甲公司的办公楼建造完毕，但甲公司未将借款全部用于建造办公楼，所建办公楼总值仅为1 800万元。2010年10月，债务清偿期届至后，乙、丙、丁三家银行均到甲公司催讨还款，甲公司声称无力还债，只有借前所建办公楼1栋。实际上，2010年9月1日，甲公司与乙银行相互恶意串通已就该办公楼为清偿乙银行的债权订立了抵押合同，并进行了登记。丙银行、丁银行得知情况后，于2010年10月15日向法院起诉，要求甲公司清偿欠款并撤销甲公司与乙银行之间签订的抵押合同。

根据上述案情回答下列问题：

（1）甲公司何时取得所建办公楼的所有权？为什么？

（2）如何认定甲公司和乙银行设定抵押权行为的性质？为什么？

（3）丙银行、丁银行的诉讼请求能否成立？为什么？

【参考答案】（1）甲公司于2010年7月取得所建办公楼的所有权。根据民法典规定，因合法建造房屋等事实行为设立或者消灭物权的，自事实行为成就时发生效力。据此，甲公司的办公楼于2010年7月建造完毕，事实行为成就，因此甲公司于2010年7月取得所建办公楼所有权。

（2）甲公司和乙银行设定抵押权的行为属于恶意抵押。债务人有多个普通债权人的，在清偿债务时，债务人与其中一个债权人恶意串通，将其全部或者部分财产抵押给该债权人的，因此丧失了履行其他债务的能力，损害了其他债权人的合法权益，受损害的其他债权人可以请求人民法院撤销该抵押行为。本案中，甲公司与乙银行相互恶意串通在甲公司的办公楼上设定抵押权，损害了其他债权人的利益，故为恶意抵押行为。

（3）丙银行、丁银行的诉讼请求能够成立，因为丙银行、丁银行是合法债权人且行使的是债权撤销权的行为。①丙银行、丁银行作为借款合同的合法债权人，在借款合同清偿期届至时，有权要求债务人甲公司清偿借款。②甲公司作为债务人，与乙银行恶意串通，实施恶意抵押行为，损害了债权人的合法债权，符合债权人行使撤销权的构成条件，因此丙银行、丁银行有权请求法院撤销甲公司处分办公楼的行为，以保全自己的债权。

5. 2012年1月1日，甲经营生意，因本钱不够向乙借钱，借期1年。乙因甲初入商海，不了解甲的经营能力，遂要求其提供担保，甲父丙为支持甲创业，以其名下的一套房屋为甲提供担保，并与甲、乙约定，为避免拍卖等复杂手续，若甲到期不能清偿债务，则该房屋归乙所有，乙对甲的债权随之消灭。合同签订后，因国家调控，房价起伏很大，2012年6月1日，乙找到甲，以房屋价值不稳定为由要求甲继续提供其他担保，甲找到其朋友丁作为保证人，乙同意并签订了保证合同。2012年7月21日，因遭遇暴雨，丙设定的抵押房屋被冲垮，但因其投保了相关保险，于2012年8月30日获得保险金若干。

根据上述案情，请回答：

（1）甲、乙、丙三人关于甲到期不能清偿债务时房屋处理方式的约定是否有效？为什么？

（2）丙的房屋灭失后，乙原本对房屋享有的抵押权应当如何行使？

（3）若甲到期后未能清偿债务，乙有哪些救济措施？

【参考答案】（1）甲、乙、丙三人关于甲到期不能清偿债务时房屋处理方式的约定无效。甲、乙、丙三人约定，若甲到期不能清偿债务，则该房屋归乙所有，乙对甲的债权随之消灭。该约定在性质上属于流押契约，对于流押契约，根据民法典规定，抵押权人在债务履行期限届满前，与抵押人约定债务人不履行到期债务时抵押财产归债权人所有的，流押条款无效，抵押权人只能依法就抵押财产优先受偿。

（2）丙的房屋灭失后，乙应当就丙因该房屋取得的保险金行使抵押权。根据民法典规定，抵押物灭失的，抵押权人可以就抵押物灭失所获得的保险金、赔偿金或者补偿金等优先受偿，因此，乙可依据抵押权的物上代位性就丙在房屋灭失后所获得的保险金优先受偿。

（3）根据民法典规定，被担保的债权既有第三人提供的物的担保又有人的担保的，债权人可以就物的担保实现债权，也可以请求保证人承担保证责任。因此，若甲到期后未能清偿债务，乙可以采取的救济措施是：乙既可以就丙提供的房屋行使抵押权实现债权，也可以请求保证人丁承担保证责任。但因丙的房屋灭失，乙可以就丙因房屋灭失所获得的保险金行使优先受偿权。

6. 张某因经营需要向银行借款20万元，借款期限为1年，自2011年1月至2012年1月，由王某作为保证人。为此，张某与王某于2011年1月3日达成书面协议，以其自有的大型汽车设定抵押作为反担保，并于2011年1月10日办理了抵押登记。2011年11月，王某就催促张某还款，张某偿还了银行借款5万元及其利息，但尚余15万元及其利息没有偿还。王某经数次催促之后，见张某仍

未偿还，遂将张某的大型汽车开到交通大队，言明若张某不还款，就变卖汽车还款。张某多次要求将汽车开回，均遭拒绝，无奈诉至法院，要求王某赔偿损失。经查，汽车被扣押期间，张某损失经营收入 2 万元，另外，汽车的三个新轮胎被换成旧轮胎。

根据上述案情回答下列问题：

（1）反担保协议是否有效？何时生效？为什么？

（2）王某将汽车开走是否合法？为什么？

（3）本案应如何处理？为什么？

【参考答案】（1）反担保协议有效，因为该反担保协议的民事主体合格、意思表示真实，其内容符合民法典规定，且反担保协议采取书面形式，对提供反担保的抵押物也办理了抵押登记，形式也符合法律要求，因此，反担保协议有效，反担保协议应自 2011 年 1 月 3 日起生效。至于 2011 年 1 月 10 日对提供反担保的抵押物办理抵押登记，则是抵押权的公示方式，不能作为反担保协议的生效时间。

（2）王某将汽车开走的行为不合法，因为在债务人不履行债务时，担保人承担了担保责任后，成为反担保协议的债权人，此时，才可以请求以担保物变价优先受偿。本案中，王某并未履行担保责任，因此，尚未成为反担保协议的债权人，故无权行使和实现大型汽车的抵押权。此外，根据民法典规定，抵押权的行使，抵押权人可以与抵押人协议以抵押财产折价或者以拍卖、变卖该抵押财产所得的价款优先受偿。本案中，王某私自将大型汽车开走，其抵押权的实现方式不符合民法典规定，其开走大型汽车的行为属于侵犯财产权的侵权行为，而非行使抵押权的行为。

（3）王某应承担侵害张某财产权的侵权责任并赔偿张某的损失。本案中，王某在抵押关系存续期间对抵押物汽车不享有所有权，王某强行将汽车开走，并将三个新轮胎换成旧轮胎，构成了对张某汽车所有权的侵害，王某应当依法将三个新轮胎换回，并赔偿张某因车辆被扣所遭受的损失。

7. 甲公司向乙公司赊购 5 万吨钢材，价款总计 5 000 万元，为保证该笔债权能得以安全实现，乙公司要求甲公司提供抵押物，于是甲公司决定与丙公司分别提供价值2 000 万元与 3 000 万元的建筑物两栋进行抵押，签订了抵押合同并办理了抵押登记。但甲公司与丙公司之间没有就各自提供的抵押物所担保的债权的数额作出约定。该抵押设定后，因市政规划的原因导致甲公司提供的价值 2 000万元的作为抵押标的的建筑物价值下降为 1 000 万元，乙公司遂要求甲公司另行提供担保，丁公司愿意为甲公司提供保证，并签订了保证合同，但保证合同对保证方式并没有作出约定。甲公司赊欠价款到期后，因无力清偿到期债务，于是乙公司决定拍卖丙公司提供的价值 3 000 万元的建筑物，并要求保证人丁公司承担保证责任。

根据上述案情回答下列问题：

（1）如何认定乙公司与甲公司、丙公司设定抵押权的性质和效力？为什么？

（2）如何确定丁公司承担的保证责任方式？为什么？

（3）如何确定担保顺位？为什么？

（4）乙公司决定拍卖丙公司的建筑物的做法是否合法有效？为什么？

【参考答案】（1）①从性质上看，乙公司和甲公司、丙公司设定的抵押权属于共同抵押权，因为甲、丙二公司是为了担保同一债权而在甲公司和丙公司提供的建筑物上设定的抵押权。②从效力上看，乙公司和甲公司、丙公司设定的共同抵押权有效，因为设定抵押权的行为为当事人真实的意思表示，且签订了抵押合同并办理了抵押登记，其内容和形式都符合法律要求，因此是有效的，尽管抵押人甲公司与丙公司之间没有就各自提供的抵押物所担保的债权的数额作出约定，但这并不影响共同抵押权的效力。

（2）丁公司承担保证责任的方式为一般保证。依民法典规定，当事人在保证合同中对保证方式没有约定或者约定不明确的，按照一般保证承担保证责任。本案中，由于保证合同对丁公司承担保证的方式没有约定，因此丁公司应当按一般保证承担保证责任。

（3）本案应当按照如下顺序确定担保顺位：债权人乙公司应先行使对甲公司和丙公司享有的抵押权，如果甲公司和丙公司的建筑抵押物仍不能清偿乙公司债务的，乙公司才有权请求保证人丁公司承担保证责任。

（4）乙公司决定拍卖丙公司的建筑物的做法合法有效。依据相关司法解释规定，同一债权有两个以上抵押人的，当事人对其提供的抵押财产所担保的债权份额或者顺序没有约定或者约定不明确的，抵押权人可以就其中任一或者各个财产行使抵押权。据此，乙公司既可以将抵押物作为一个整体拍卖并就所得价款优先受偿，也可以拍卖其中的一个抵押物并就价款优先受偿。因此，乙公司的做法合法有效。

8．2011 年 4 月，甲公司与乙公司签订了汽车发动机买卖合同。双方约定，乙公司供应甲公司汽车发动机 1 万台，每台价格 1 万元。乙公司于同年 6 月始，每季度交货2 000 台，甲公司于签约后 10 天内付给乙公司定金 80 万元，乙公司每季度末交货，甲公司收货后 10 天内验货付款，违约责任为未履行货款的 2%。合同签订后，甲公司依约支付了乙公司定金。在支付了前两批 4 000 台发动机后，因原材料市场出现了大幅度变动，原材料价格飞涨，导致乙公司生产发动机的成本价和成品出厂价相差无几，乙公司要求变更合同价款，遭到甲公司拒绝。乙公司便要求解除合同，甲公司不同意。为此双方发生纠纷，甲公司诉至法院，甲公司在审理中辩称，因乙公司不能按时交货，导致甲公司仅向丙公司交付了部分车辆，以后无法按期向丙公司再行交付丙公司向其购置的数百辆汽车。因此，甲公司要求乙公司支付违约金和双倍返还定金。乙公司只同意返还部分定金，但坚持解除合同。后查明，甲公司对丙公司无法再行交付数百辆汽车的事实查证属实。

根据以上案情回答下列问题：

（1）乙公司变更合同价款和解除合同的请求能否成立？为什么？

（2）甲公司要求乙公司支付违约金和双倍返还定金的请求能否成立？为什么？若返还定金，应如何返还？为什么？

（3）如果丙公司请求甲公司承担违约责任，甲公司是否可以其违约是由于乙公司原因所致而拒绝承担违约责任？为什么？

【参考答案】（1）乙公司变更合同价款和解除合同的请求能够成立。因为乙公司变更合同价款和解除合同的主张符合情事变更原则，乙公司有权依据情事变更原则变更和解除合同。本案中，原材料价格飞涨这一事实已经超出了一般的价格涨落，并非单纯的市场价格的变化，构成了当事人无法预料的重大情事变化，且价格飞涨这一情事致使乙公司再按照原合同履行会显失公平，因此，乙公司有权变更合同价款或解除合同。

（2）①甲公司要求乙公司支付违约金的请求不能成立。乙公司依据情事变更原则变更合同价款或者解除合同是乙公司的法定解除合同的权利，乙公司不存在解除违约的事实，因此甲公司要求乙公司支付违约金的请求不能成立。②甲公司双倍返还定金的请求不能成立。乙公司不存在违约的事实，不存在双倍返还定金的法律根据。③在合同解除后，合同已经部分履行，乙公司可以返还部分定金，在定金冲抵价款情形下，乙公司应按比例返还相应的定金，但不是双倍返还；在合同解除后，因合同关系不复存在，甲公司可以依据不当得利要求乙公司返还部分定金。

（3）甲公司拒绝向丙公司承担违约责任的主张不能成立。根据合同相对性原则，在第三人乙公司的行为造成债务不履行的情况下，甲公司作为债务人仍然应当向丙公司承担违约责任。

9．甲经养路道班同意后，约乙等四人在距离公路约 10 米的高斜坡上放炮炸石头。放炮后，乙

等人清除了公路上的碎石，准许他人通过。放炮后半小时，丙骑自行车路过该段公路，但由于甲、乙等人清理不彻底，在甲放炮位置斜下方约 2 米处，滚下一块约 1 吨重的大石头，将丙撞倒，致右手 6 级残废，自行车被压坏。丙向法院提起侵权之诉，法院在认定案件性质后，判决甲、乙等 4 人侵权责任成立，在限制甲、乙等 4 人分担损失数额的基础上，由丙和甲、乙等 4 人分担损失。

根据上述案情，请回答：

（1）该案从性质上属于何类侵权责任？为什么？

（2）法院的判决是否正确？为什么？

【参考答案】（1）该案从性质上属于高度危险作业致人损害的侵权责任。因为甲、乙等 4 人从事的放炮活动属于高度危险行为，该活动对周围环境具有高度的危险性，在此情形下致人损害，应当承担侵权责任。

（2）法院判决部分正确，部分错误。理由在于：①尽管法院没有确切认定该案属于高度危险作业致人损害的侵权责任，但认定甲、乙等 4 人侵权责任成立，该判决在定性上没有问题。②法院判决甲、乙等 4 人和丙分担损失的判决是错误的，因为高度危险责任适用无过错责任原则，而不是法定分担损失规则。③法院判决限制甲、乙等 4 人的赔偿数额是错误的。对于高度危险责任，适用无过错责任原则并采取赔偿责任限额，但是采取赔偿责任限额是有一定条件的。尽管高度危险责任适用无过错责任原则，但受害人能够证明加害人一方存在过失的，应当准许受害人一方请求全额赔偿，而不能采取限制赔偿额的办法；加害人对于损害无过失的，则采取赔偿责任限额。本案中，甲、乙等人对于石头的清理是不彻底的，存在过错，因此应当采取全额赔偿，而不是限额赔偿。

10. 李某明知其朋友刘某没有驾驶证，但碍于情面不得不将其轿车借给刘某使用。刘某无证驾驶该轿车沿 A 公路向东行驶，因超速行驶，加之清晨雾气较大，在发现路边有人影闪动时，已经来不及刹车，刘某为躲避该人影而强行将车向右拐，但还是将该行人吴某撞伤。因躲避吴某，刘某不慎掉入附近 100 米处的施工路段，导致车毁人伤。经公安机关交通管理部门调查得知，该路段施工队未在距离施工作业点来车方向安全距离处设置明显的安全警示标志，也未采取安全防护措施。

根据上述案情回答下列问题：

（1）刘某对于无证驾驶车辆的行为，是否应当承担责任？该责任是否属于侵权责任？为什么？

（2）对于吴某被撞伤的人身伤害，应由谁承担责任？为什么？

（3）对于刘某的人身伤害，施工队是否应当承担责任？为什么？

【参考答案】（1）刘某应当对无证驾驶车辆的行为承担责任，但该责任并非侵权责任，而是行政责任。

（2）对于吴某的人身伤害，应由刘某承担赔偿责任，李某承担相应的责任。首先，根据民法典规定，因租赁、借用等情形机动车所有人、管理人与使用人不是同一人时，发生交通事故造成损害，属于该机动车一方责任的，由机动车使用人承担赔偿责任。据此，刘某是机动车借用方，对于吴某的损害，应当承担侵权损害赔偿责任。其次，根据民法典规定，机动车所有人、管理人对损害的发生有过错的，承担相应的赔偿责任。据此，机动车所有人李某明知刘某没有驾驶证，还将轿车借给刘某使用，存在主观过错，因此对于吴某的损害也应承担相应的赔偿责任。

（3）对于刘某的人身伤害，施工队应当承担侵权损害赔偿责任。根据民法典规定，在公共场所或者道路上挖掘、修缮安装地下设施等造成他人损害，施工人不能证明已经设置明显标志和采取安全措施的，应当承担侵权责任。本案中，施工队未在施工作业点来车方向安全距离处设置明显的安全警示标志，也未采取安全防护措施，导致刘某车毁人伤，施工队应当承担地面施工致人损害的侵权责任。

11．甲与乙签订房屋买卖合同，买受人乙付款后居住该房屋，但未办理登记过户手续。3年后，该房屋增值10万元。现甲提出补给乙10万元收回该房。乙不同意，并请求办理登记过户手续。

请回答下列问题：

（1）乙是否可以向法院请求甲履行登记过户手续？为什么？

（2）乙请求办理登记过户手续是否超过诉讼时效？为什么？

（3）房屋的升值利益应当归谁？依据是什么？

【参考答案】（1）乙可以向法院请求甲履行登记过户手续。依据民法典规定，甲、乙签订的买卖合同合法有效，甲应当按照买卖合同的约定履行义务，法院应当支持乙登记过户的请求。

（2）没有超过诉讼时效。乙一直居住该房屋，推定其一直在主张权利，乙请求办理登记过户手续没有超过诉讼时效。

（3）房屋的升值利益（非孳息）应当归买受人乙。其依据是买卖合同的债权，而不是所有权。

12．甲公司委托李某作为代理人到异地的乙公司购买香料，甲公司给李某开具加盖公司印章的空白介绍信。李某与乙公司签订买卖合同后，乙公司才想到要求李某出具甲公司的授权文件，但李某将文件遗失。乙公司于是向甲公司催告，要求甲公司在1个月内对李某的身份予以确认，甲公司未作任何答复，乙公司害怕香料价格波动，便将存货全部卖给丙公司。15日后，甲公司通知乙公司，确认李某是甲公司的代理人，并将文件遗失情况告知乙公司。由于乙公司已无香料存货，因而无法交货。甲公司认定乙公司违约。

请回答下列问题：

（1）如何认定李某和乙公司签订的买卖合同的效力？为什么？

（2）乙公司是否违约？为什么？

【参考答案】（1）李某和乙公司签订的买卖合同为效力待定合同。因为李某将甲公司的授权文件丢失，对于乙公司而言，李某是无权代理人，因无权代理订立的合同，是效力待定合同。

（2）乙公司并没有违约。因为乙公司是善意相对人，乙公司在甲公司追认之前有撤销合同的权利，而乙公司的行为表明其已经撤销该合同，因此，乙公司并未违约。

13．甲、乙签订100台平板电脑的买卖合同，约定甲交付电脑后6个月内乙再行付款，在乙没有付款前，甲保留电脑所有权。电脑交付后，为担保债务履行，丙向甲保证：在乙不履行债务时由丙承担付款责任，承担责任直至主债务本息还清时为止。但是，乙到期没有履行付款义务，并经催告后仍没有履行付款义务。

请回答下列问题：

（1）甲能否取回100台平板电脑？为什么？

（2）丙承担何种保证责任？为什么？

（3）如何认定丙承担保证责任的期间？为什么？

【参考答案】（1）甲能够取回100台平板电脑。因为甲保留了电脑的所有权，且乙未按照约定支付价款，经催告后在合理期限内仍未履行付款义务，甲有权行使100台电脑的取回权。

（2）丙承担一般保证责任。因为丙向甲保证：在乙不履行债务时由丙承担付款责任，应当认定为一般保证。

（3）丙的保证期间为主债务履行期限届满之日起6个月。因为保证合同约定保证人承担保证责任直至主债务本息还清时为止等类似内容的，视为约定不明，保证期间为主债务履行期限届满之日起6个月。

14．甲公司委托乙公司发明一种新型的日光灯，乙公司在与甲公司签订合同之后，派其负责日

光灯开发工作的人员丙主持该项工作。经过研究开发，丙发明了一种新型的日光灯。同时，乙公司的另一工作人员丁在业余时间自行搜索资料进行研究，也发明了一种达到甲公司要求的新型日光灯，而丁并未利用甲公司与乙公司提供的资料与技术。

请回答下列问题：

（1）丙完成的发明创造的专利申请权属于谁？为什么？

（2）丁完成的发明创造的专利申请权属于谁？为什么？

（3）如果乙公司就丙完成的发明创造申请获得了专利权，专利权属于谁？为什么？

【参考答案】（1）乙公司。丙利用单位提供的物质条件与资料完成的发明创造属于职务技术成果。甲公司与乙公司存在技术委托开发合同，在未约定所完成技术成果专利申请权归属的情况下，该职务技术成果的专利申请权属于乙公司。

（2）丁。丁虽然是乙公司的工作人员，但其是利用自己的业余时间自行研究的，未利用乙公司的物质条件和资料，因此，丁所完成的发明创造为非职务发明创造，专利申请权属于发明创造人丁。

（3）乙公司。专利申请人申请获得的专利权归属于申请人，即乙公司。

15. 甲欠乙 20 万元，一直未还。甲做生意失败，经济状况极差，无力还钱。不过，甲拥有两套古书，市场价格分别为 10 万元、15 万元。此外，甲对丙还享有 10 万元的到期债权尚未行使。后来甲为了逃避对乙的债务，先以 5 000 元的价格将第一套古书卖给了知情的丁，随后又以 1 万元的价格将第二套古书卖给了戊。戊目不识丁，丝毫不懂古书。

请根据上述材料，回答下列问题并说明理由：

（1）乙对甲为行使权利而提起诉讼的理由是什么？

（2）乙对丙为行使权利而提起诉讼的理由是什么？

（3）乙能否通过诉讼撤销甲、戊之间的买卖合同？

（4）乙从丙处受领了 10 万元并撤销了甲与丁之间的买卖合同后，假如戊与丁一样知情，乙要求撤销甲、戊之间的买卖合同，能否得到法院的支持？

【参考答案】（1）乙对甲应提起撤销权诉讼。甲以明显不合理的低价将古书转让给丁，丁具有恶意，乙可以提起撤销权诉讼。

（2）乙对丙应提起代位权诉讼。甲怠于行使对丙到期债权的行为给乙的债权造成损害，乙可以对相对人丙行使代位权。

（3）乙不能撤销甲、戊之间的买卖合同。甲以明显不合理的低价转让财产，具有危害债权的故意，但受让人戊没有恶意，故撤销权不能成立。

（4）乙不能撤销甲、戊之间的买卖合同。因为乙对丙行使代位权，取得了 10 万元，使乙的债权降至 10 万元；乙又撤销了甲与丁之间的买卖合同，从而使第一套古书的所有权仍然归甲，甲的责任财产至少已有 10 万元。此时，甲的财产足以清偿乙的债权，不论甲与戊之间的买卖合同对第二套古书定价多少，均不会损害乙的债权，所以，乙撤销甲与戊之间的买卖合同的请求不能得到支持。

16. 甲将房屋出售给乙，乙为了购置汽车，遂将该购得的房屋抵押给银行，乙和银行于 4 月 3 日签订了房屋抵押合同，并于 4 月 5 日办理了房屋抵押登记。后因乙到期不能清偿银行的借款，银行欲拍卖该房屋。此时丙到法院起诉，声称甲的房屋为其所有，经查明，该房屋确系丙所有，只不过因登记机关的过错使得该房屋登记在甲的名下。对此，乙并不知情。

请根据案情回答下列问题：

（1）在银行没有拍卖房屋之前，该房屋的所有权归谁？丙应如何维护自己的权益？为什么？

（2）银行与乙签订的抵押合同何时生效？抵押权何时生效？为什么？

（3）如果甲通过欺诈的手段从丙处骗购该房屋，并办理了登记过户手续，则本案应如何处理？

【参考答案】（1）在银行没有拍卖房屋之前，房屋所有权属于乙。因为买受人乙可以依据善意取得制度取得房屋的所有权。丙有权要求登记机构承担赔偿责任。因为登记错误是登记机构所致，登记机构应当承担赔偿责任。

（2）银行与乙签订抵押合同与设定抵押权的行为均为有效。理由在于：乙取得了房屋所有权；不动产物权登记的效力与合同效力不同，抵押合同于4月3日生效，抵押权于4月5日有效设立。

（3）甲通过欺诈的手段从丙处购得房屋，甲、丙之间签订的买卖合同属于可撤销合同。如果丙未在其自知道或者应当知道受欺诈之日起1年的除斥期间内主张撤销合同，则甲、丙之间签订的买卖合同有效，乙取得房屋所有权；如果丙在其自知道或者应当知道受欺诈之日起1年的除斥期间内主张撤销权，则买卖合同归于无效，房屋所有权归丙，但乙仍然可以因善意取得房屋所有权。

17. 甲因有事要长时间外出，临行前几天与乙约定，将甲的未婚妻赠与甲的一块价值2万元的名贵手表交由乙保管，回来后请乙吃饭。3日后甲外出，同时将表交至乙处。2个月后，因乙急需用钱，便以2.5万元的价格将手表卖给丙，丙并不知道手表非乙所有。在丙付款后，乙将手表交付给丙。手表当时的市价为2.3万元。

请回答下列问题：

（1）甲、乙订立的保管合同何时成立？为什么？

（2）乙的行为应如何定性？其与丙之间签订的合同效力如何？为什么？

（3）丙是否取得手表的所有权？为什么？

（4）若甲对乙提起诉讼，甲可以行使何种请求权？可以请求的金额是多少？为什么？

【参考答案】（1）甲、乙订立的保管合同于保管合同订立之日的3日后成立，即手表交付之日成立。因为保管合同为实践合同，保管合同的成立除了要求双方当事人意思表示一致、民事主体合格、合同形式合法和内容合法等条件外，还要求交付保管物。

（2）乙的行为构成无权处分，因为乙只是手表的管理者，没有权利转让手表，但乙、丙之间签订的无权处分手表的买卖合同是有效合同。

（3）丙能够取得手表的所有权。因为丙是不知情的善意第三人，且丙支付了合理的价款，该手表也交付给丙占有，丙的行为构成善意取得，可以取得手表的所有权。

（4）甲可以行使的请求权包括违约责任请求权、侵权责任请求权和不当得利返还请求权。理由：①甲可以行使违约责任请求权和侵权责任请求权，但甲只能择一行使，不能同时主张。如果甲行使违约责任请求权，可以主张的金额为2.3万元，因为乙应当赔偿甲因自己的违约行为而受到的全部损失，该损失依据当时的市场价格确定。如果甲行使侵权责任请求权，可以主张的金额为2.3万元，因为乙应当赔偿甲因自己的侵权行为而受到的全部损失，该损失也依据当时的市场价格确定。②乙因其行为而获得不当利益并使甲因此而受有损失，构成不当得利。如果甲行使不当得利返还请求权，可以主张的金额为2.5万元，由于乙为恶意，应返还所获得的全部利益。

18. 甲将房屋卖给乙，并签订了房屋买卖合同，乙向甲支付了200万元价款，但甲、乙二人未办理房屋登记过户手续。不久，甲通过自书遗嘱指定其孙子丙为继承人，继承该房屋。后甲死亡，乙、丙因房屋所有权的归属发生纠纷。经查，甲死亡后除了该房屋外，没有其他财产。

根据上述案情，请回答下列问题：

（1）甲、乙二人签订的房屋买卖合同是否有效？为什么？

（2）房屋的所有权属于谁？为什么？

（3）甲所立遗嘱是否有效？为什么？

（4）如果乙要求丙偿还其购房款，乙的要求能否成立？为什么？

【参考答案】（1）甲、乙之间签订的房屋买卖合同合法有效。根据民法典的规定，该合同在订立时主体合格、意思表示真实、内容合法，其他方面也符合法律的有关规定，因而属于合法有效的合同。

（2）房屋的所有权属于甲。①根据民法典的规定，不动产的变动须登记，否则不发生物权变动的效力。②根据民法典有关区分原则的规定，物权变动和合同效力无关，甲、乙之间因没有办理房屋登记过户手续而不发生所有权转移的法律效力，甲仍然享有房屋所有权。③根据民法典的规定，对于不动产，适用善意取得的条件之一就是必须办理登记，如果没有办理登记，则不适用善意取得。乙不能依据善意取得制度享有房屋的所有权。

（3）甲所立的遗嘱合法有效。甲享有房屋的所有权，有权处分该房屋。该遗嘱是甲生前真实的意思表示，不存在欺诈、胁迫等不合法的情形。虽然民法典未将孙子女列为法定继承人的范围，但这并不能否认其法定继承人的地位。

（4）如果乙要求丙偿还其购房款，乙的要求可以成立。根据民法典的规定，继承人丙有义务在所继承的遗产范围内清偿被继承人甲生前所欠的债务，即有义务返还购房款。

19. 张某（某市城镇居民）承包了某集体组织的荒地以经营果园，但该承包并没有办理登记。由于资金短缺，张某遂将果园抵押给银行，并签订了抵押合同，但并未办理抵押登记。由于科学经营，水果获得了大丰收，但张某并不懂得销售的途径和方法，遂委托市里的朋友李某在市里代为销售，双方约定，水果每斤最低1元钱，李某按销售总额的15%提成，提成每年年底结算，并约定了其他事宜。合同签订后，李某以自己的名义给各水果销售商供货。结算到期后，张某拒绝按照合同的约定向李某支付报酬，李某遂将水果留置。

请根据案情回答下列问题：

（1）张某能否取得某集体组织荒地的承包经营权？为什么？

（2）张某与银行签订的抵押合同的效力如何？抵押权是否成立？为什么？

（3）张某与李某签订的合同是委托合同还是行纪合同？为什么？

（4）李某是否对张某的水果享有留置权？为什么？

【参考答案】（1）张某能够取得某集体组织荒地的承包经营权，因为根据民法典的规定，对于荒地的承包，集体经济组织成员以外的自然人、法人或者非法人组织可以依法取得土地承包经营权，故张某可以取得荒地的土地承包经营权。

（2）张某与银行签订的抵押合同有效，因为该合同意思表示真实，不违反法律和社会公共利益，且行为主体合格。根据民法典的规定，家庭承包经营的土地承包经营权不得抵押，但对于荒地的土地承包经营权可以设定抵押权，但是该抵押权必须办理登记，否则抵押权不成立。

（3）张某与李某签订的合同为委托合同，而不是行纪合同。本案中，李某虽然以自己的名义与各水果销售商签订合同，但李某并非商人，而为一般的自然人，故为委托合同，而不是行纪合同。

（4）李某对张某的水果享有留置权。首先，张某与李某签订的委托合同为双务、有偿合同，依据民法典的规定，张某应当按照委托合同的约定向李某结算费用，但是张某到期仍不向李某结算费用；其次，根据民法典的规定，李某留置的水果与结算费用之间有牵连关系，且张某到期不清偿债务，符合留置权行使的条件，故李某有权将水果留置。

20. 甲因为要调往外地工作，欲将家里的财产变卖，甲的朋友乙知道后同甲商量，要求甲把电视机卖给他，双方协商的价格是1 500元。6月1日，乙将钱交给甲以后，将电视机装上车欲拉走。甲想起自己还有一个月才走，就问乙能否借用一个月，乙同意。7月1日，乙将电视机拉回家，到家

后，他接通电源，电视机不显示图像，乙认为甲的电视机在卖给他之前就已毁坏，就把电视机给甲送回去，要求甲把钱退给他。甲请来修理电视机的技术人员检查，认为是搬运不当导致显像管损坏。乙坚决不要电视机，要求甲退钱。如果甲一定要将电视机卖给他，那就退给他电视的修理费将近500元。

请根据案情回答下列问题并说明理由：

（1）甲交付电视机采用的是哪种交付方式？

（2）电视机的所有权发生转移的时间是何时？

（3）甲是否应当承担电视机的修理费用或者收回电视机？

【参考答案】（1）甲交付电视机的方式为占有改定。因为出卖人甲先行占有电视机，以代替电视机的现实交付，因此交付方式为占有改定。

（2）电视机所有权发生转移的时间是6月1日。因为对于以占有改定方式交付电视机的，电视机自该约定生效时发生效力，约定生效时，电视机所有权转移。

（3）甲无须承担修理费用或者收回电视机。因为电视机的损坏系乙搬运不当造成的，甲对电视机的损坏没有过错，乙应对损坏电视机显像管的行为负责。

21. 王某与张某育有二子，长子王甲，次子王乙。王甲娶妻李某，并于2015年生有一子王小甲。王甲于2019年5月遇车祸身亡。王某于2020年10月病故，留有与张某婚后修建的面积相同的房屋6间。王某过世后张某随儿媳李某生活，该6间房屋暂时由次子王乙使用。

2020年11月，王乙与曹某签订售房协议，以120万元的价格将该6间房屋卖给曹某。张某和李某知悉后表示异议，后因王乙答应取得售房款后在所有继承人间合理分配，张某和李某方表示同意。王乙遂与曹某办理了过户登记手续，曹某当即支付购房款50万元，并答应6个月后付清余款。曹某取得房屋后，又与朱某签订房屋转让协议，约定以150万元的价格将房屋卖给朱某。在双方正式办理过户登记及付款前，曹某又与钱某签订了房屋转让协议，以180万元的价格将房屋卖给钱某，并办理了过户手续。

2021年5月，曹某应向王乙支付70万元的购房余款时，曹某因生意亏损，已无支付能力。但曹某有一笔可向赵某主张的到期货款50万元，因曹某与赵某系亲戚，曹某书面表示不再要求赵某支付该货款。另查明，曹某曾于2021年4月外出时遭遇车祸受伤，肇事司机孙某系曹某好友，曹某一直未向孙某提出车祸损害的赔偿请求。

请回答下列问题：

（1）王某过世后留下的6间房屋应由哪些人分配？各自应分得多少？为什么？

（2）王乙与曹某签订的售房协议是否有效？为什么？

（3）曹某与朱某、钱某签订的房屋转让协议效力如何？如朱某要求履行与曹某签订的合同，取得该房屋，其要求能否得到支持？为什么？

（4）如王乙请求人民法院撤销曹某放弃要求赵某支付货款的行为，其主张能否得到支持？为什么？如王乙要求以自己的名义代位请求孙某支付车祸致人损害的赔偿金，其主张能否得到支持？为什么？

【参考答案】（1）王某遗留的6间房屋应由张某、王乙、王小甲继承并分配。其中，张某分得4间，王乙、王小甲各分得1间。因为该6间房屋系王某与张某的共同财产，王某死后，张某应获得其中的3间，余下3间在第一顺序继承人间平均分配。第一顺序的继承人有张某、王甲、王乙，因王甲先于王某死亡，其子王小甲享有代位继承权。故余下3间房屋中张某、王乙、王小甲应各分得1间。

（2）王乙与曹某签订的售房协议有效。因为该6间房屋虽属共有财产，但转让协议已经其他共有人张某及王小甲的监护人李某同意。

（3）曹某与朱某签订的协议有效，曹某与钱某签订的协议亦有效。如朱某要求履行与曹某签订的合同，取得该房屋，其要求不能得到支持。因为曹某已与钱某办理了房屋过户登记手续，钱某已取得了该房屋的所有权，曹某履行不能，朱某只能要求曹某承担违约责任。

（4）如王乙请求人民法院撤销曹某放弃要求赵某支付货款的行为，其主张能得到支持。因为根据民法典的规定，债务人放弃其债权，影响债权人的债权实现的，债权人可以请求人民法院撤销债务人放弃债权的行为。如王乙要求以自己的名义代位请求孙某支付车祸致人损害的赔偿金，其主张不能得到支持。因为该赔偿金是专属于曹某自身的债权，根据民法典的规定，王乙不能行使代位权。

22. 齐某为某瓷器厂的业务员，因故于2017年5月被辞退。次年4月，齐某以瓷器厂的名义与甲公司签订了一份合同，约定由瓷器厂于年底前向甲公司供应瓷器1 000件，价款为10万元。甲公司同时向齐某支付定金3万元，并约定如果任何一方违约，违约方应向对方支付3万元违约金。合同同时约定了瓷器的规格、送货方式、交货日期等有关事宜。之后，甲公司由于合同到期后未见货到，便派人前去催货。该瓷器厂此时才知道齐某是以瓷器厂的名义与甲公司签订了合同。由于合同约定的瓷器单价较高，瓷器厂遂以检修为名，要求宽限5个月交货，双方达成了延期交货的协议。宽限期满后甲公司仍不见对方交货，便再次派员到瓷器厂催货，要求对方供货并支付逾期供货的违约金。瓷器厂由于不能交货，就以齐某已被辞退，其订立的合同对瓷器厂没有约束力为由拒绝供货，甲公司遂向法院起诉。

请回答下列问题：

（1）如何认定齐某与甲公司在订立合同时合同的效力？为什么？

（2）合同订立后，瓷器厂是否有权拒绝交货？为什么？

（3）瓷器厂是否有权要求齐某将定金交付给瓷器厂？为什么？

（4）瓷器厂拒绝交货后，如果甲公司引用定金条款和违约金条款，甲公司获得的最大利益是多少？为什么？

【参考答案】（1）齐某与甲公司订立的合同为效力待定（未定）合同。齐某被瓷器厂辞退，没有代理权，但却以瓷器厂的名义签订合同，其行为构成无权代理，因无权代理签订的合同为效力待定合同。

（2）瓷器厂无权拒绝交货。因为瓷器厂与甲公司达成了延期交货的协议，这是以行为表明瓷器厂对齐某的无权代理行为予以事后追认，合同由效力待定状态转化为有效，瓷器厂应当按照延期交货的协议履行合同，否则构成违约。

（3）瓷器厂有权要求齐某将定金交付给瓷器厂。因为瓷器厂已经追认齐某的无权代理行为，齐某获得的定金为不当得利，应当将定金返还给瓷器厂。

（4）甲公司获得的最大利益为6万元。因为：①合同价款为10万元，约定定金数额为3万元，其中，超过的1万元的部分无效，这1万元定金应依据不当得利返还给甲公司。②甲公司只能就定金和违约金选择一种主张。若要获得最大利益，应当引用违约金条款，即要求瓷器厂支付违约金3万元，另外2万元定金和多收的1万元，依据不当得利主张返还，总额为6万元，此为甲公司获得的最大利益。

23. 2019年3月1日，甲与乙订立借款合同，约定甲向乙借款500万元，借款期限为2年，借款当日交付。3月3日，双方就甲自有的别墅又订立了一份商品房买卖合同，其中约定：如甲按期偿还对乙的500万元借款，则本合同不履行；如甲到期未能偿还对乙的借款，则该借款变为购房款，甲应向乙转移别墅所有权；合同订立后，该房屋仍由甲占有使用。2019年4月1日，甲因资金需求，

瞒着乙将别墅出卖给丙，并告知丙其已与乙订立别墅买卖合同一事。2019 年 5 月 5 日，丙支付了全部房款并办理了过户登记，但因丙自 5 月 12 日出国访学，为期 1 年，双方约定丙回国后交付房屋。2019 年 5 月 15 日，甲未经丙同意将别墅租给丁，租期为 9 个月，月租金为 1 万元。2020 年 5 月 9 日，丙回国，甲将别墅交付给丙。2021 年 3 月 6 日，甲未能按期偿还乙的 500 万元借款，乙并未起诉甲履行借款合同，而要求甲履行买卖合同。

请根据上述材料，回答下列问题并说明理由：

（1）乙要求甲履行买卖合同，对此法院应如何处理？

（2）甲、丙之间签订的别墅买卖合同是否有效？丙是否取得别墅所有权？

（3）谁有权收取别墅 9 个月的租金？

【参考答案】（1）答案一：本案应按照抵押合同处理。根据民法典的规定，行为人与相对人以虚假的意思表示实施的民事法律行为无效。据此，应当认定甲、乙之间签订的别墅买卖合同无效。进而，又根据民法典的规定，以虚假的意思表示隐藏的民事法律行为的效力，按照有关法律规定处理。据此，应当认定甲、乙隐藏的行为是抵押合同，应当按照抵押合同处理。

答案二：本案应按民间借贷处理。理由是：根据司法解释的规定，当事人以签订买卖合同作为民间借贷合同的担保，借款到期后借款人不能还款，出借人请求履行买卖合同的，法院应按民间借贷法律关系审理。按照民间借贷法律关系审理作出生效判决后，借款人不履行生效判决确定的金钱债务，出借人可以申请拍卖合同标的物，以偿还债务；就拍卖所得的价款与应偿还借款本息之间的差额，借款人或者出借人有权主张返还或者补偿。

（2）甲、丙之间签订的别墅买卖合同有效，丙知情并不影响别墅买卖合同的效力。丙已取得别墅所有权，因为甲系有权处分，丙因办理过户登记而取得别墅所有权。

（3）甲有权收取租金。因为按照甲、丙约定，房屋尚未交付，甲有权占有房屋，租赁合同也有效，甲有权收取别墅所生法定孳息。

24. 甲公司将新办公大楼工程发包给了乙公司，双方约定，工程款为 5 000 万元，工期为 1.5 年，工程完工后结清全部工程款。工程按期完工，乙公司将新大楼交给甲公司使用，但乙公司尚欠丙公司材料款合计 150 万元。丙公司多次向乙公司索要未果，于是向法院起诉了乙公司，要求乙公司支付材料款。法院判决乙公司败诉。但在判决执行过程中，乙公司所有员工包括法定代表人均不见踪影。在查找乙公司的财产过程中，丙公司发现，甲公司尚欠乙公司工程款 400 万元未付。甲公司称，未付工程款是因为工程质量存在问题。甲公司还称，工程完工后双方只进行过一次结算，此后一年多，乙公司一直未向其主张过这笔工程款。丙公司就乙公司所欠的工程款向法院起诉了甲公司。

请回答下列问题：

（1）丙公司起诉甲公司所依据的是什么权利？为什么？

（2）丙公司提起诉讼时，应当以谁的名义提出？

（3）丙公司在诉讼中提出，要求甲公司支付其欠乙公司的全部 400 万元工程款，这种要求能否得到法院支持？为什么？

【参考答案】（1）债权人的代位权。丙公司与乙公司之间存在债权关系，可以请求乙公司支付材料款。乙公司对丙公司陷于履行迟延，且怠于行使对甲公司的到期债权，丙公司可以代位行使乙公司对甲公司的债权。

（2）丙公司行使债权人代位权诉讼的，应当以自己的名义提起诉讼。

（3）不能得到支持。因为债权人行使代位权时应以自己的债权为限，即丙公司只能就其享有的债权数额行使代位权，要求甲公司进行支付。此外，由于大楼存在质量问题，乙公司的债务履行不适当，甲公司对乙公司享有抗辩权，甲公司可以向丙公司主张这种抗辩权。

25. 2014 年 6 月 2 日，甲公司与乙公司订立合同约定，甲公司向乙公司交付 20 台电脑，乙公司向甲公司交付 20 万元。7 月 2 日，甲公司便要求乙公司支付 20 万元，但乙公司以合同未约定履行顺序为由，拒绝支付 20 万元，除非甲公司交付 20 台电脑。甲公司急于周转资金，便于 7 月 6 日与丙公司订立合同，将其对乙公司的债权转让给丙公司。7 月 7 日，甲公司告知乙公司债权转让的事实，乙公司通知甲公司其不接受甲公司与丙公司间的债权转让，因此不会向丙公司履行债务。2018 年 6 月 2 日，丙公司想起了债权转让一事，经过询问后，丙公司得知甲公司已对乙公司履行了债务，交付了 20 台电脑。但丙公司认为乙公司很可能不会向自己支付 20 万元，于是丙公司便于 2018 年 7 月 2 日与丁公司签订了合同，将债权转让给丁公司，并于当日将此情形通知乙公司。

请根据上述材料，回答下列问题并说明理由：

（1）2014 年 7 月 2 日，乙公司对甲公司行使的权利是什么？

（2）乙公司表示不接受甲公司与丙公司间的债权转让，甲公司与丙公司所签订的债权转让合同是否有效？

（3）丙公司与丁公司之间的债权转让合同是否有效？

（4）2018 年 7 月 3 日，如果丁公司向乙公司提出了履行请求，乙公司是否可以拒绝丁公司的履行请求？

（5）如果乙公司拒绝向丁公司履行合同，丁公司应如何维护自己的利益？

【参考答案】（1）同时履行抗辩权。因为甲公司与乙公司基于同一双务合同互负债务，合同并未约定先后履行顺序，甲公司未履行的，乙公司可以拒绝履行。因此，乙公司行使的是同时履行抗辩权。

（2）债权转让合同有效。债权转让合同的生效不以债务人的同意为条件，甲公司与丙公司所签订的债权转让合同符合有效条件，合同有效。

（3）债权转让合同有效。因为丙公司基于有效的债权转让而成为乙公司的债权人。虽然丙公司的债权已过诉讼时效，但债权仍具有可让与性。乙公司是否愿意履行债务，与丙公司和丁公司之间的债权转让合同的效力无关。

（4）乙公司可以拒绝丁公司的履行请求。由于债权转让有效，乙公司可以向丁公司履行债务，但由于该转让的债权已经超过诉讼时效，乙公司可以此为由拒绝履行。

（5）丁公司可以请求丙公司承担责任。因为该债权是因丙公司的原因导致诉讼时效届满，这表明该转让债权存在无法行使的瑕疵，丙公司应当承担瑕疵担保责任，债权无法实现的后果也是由丙公司所致，所以丁公司可以要求丙公司承担责任。

26. 2017 年 12 月，胡某所在单位决定派他到国外学习，胡某因办出国手续一时钱不够用，遂向朋友张某借款 10 万元，并立字据约定胡某在出国前将钱还清，但一直到 2018 年 7 月 27 日胡某出国，都没有还钱。此前张某虽然经常来看望胡某，但对钱的事只字未提。2021 年 8 月，胡某回国。2021 年 10 月张某因买房急需用钱，找到胡某要钱，胡某当即表示，全部钱款月底还清，并在原来的字据上对此作了注明。11 月 5 日，当张某再次来找胡某要钱时，胡某却称他们之间的债务已过诉讼时效，可以不用还钱了。张某一气之下第二天向法院起诉，要求胡某归还 10 万元本金和利息。

请运用民法典规定（不考虑溯及适用）回答下列问题：

（1）胡某对张某的债务的诉讼时效实际上是否已经届满？为什么？

（2）胡某在 2021 年 10 月在字据上对月底还钱作注明的行为是何种性质的行为？

（3）张某能否向人民法院主张向胡某要回钱款和利息，为什么？

【参考答案】（1）已经届满。根据民法典规定，向人民法院请求保护民事权利的诉讼时效期间为3年。胡某于2017年12月向张某借款10万元，直到2021年10月张某才第一次向胡某要钱，期间已经过了近4年，因此胡某债务的诉讼时效已经届满。

（2）属于同意履行义务的承诺（认诺）。胡某在字据上对月底还钱作注明，这表明胡某在诉讼时效期间届满后作出同意履行义务的承诺，该承诺有效。

（3）张某能要回钱款和利息。根据民法典规定，诉讼时效期间届满后，义务人同意履行的，不得以诉讼时效期间届满为由抗辩。胡某在诉讼时效期间届满后作出同意履行义务的承诺，该承诺具有法律效力，张某有权请求其归还钱款和利息。

27. 2021年1月10日，甲与乙订立借款合同，约定甲向乙借款100万元，借款期限为1年，借款当日交付。1月12日，双方就甲自有的A商品房又订立了商品房买卖合同，其中约定：如甲按期偿还100万元借款，则本合同不履行；如甲到期未偿还对乙的借款，则借款变成购房款，甲应向乙转移该房屋所有权；合同订立后，该房屋仍由甲占有使用。1月15日，甲利用该笔借款设立了B独资企业。为扩大经营规模，该企业向丙借款200万元，借款期限为1年，丁为此提供保证，未约定保证方式，戊以一辆高级轿车为质押并交付，但后经戊要求，丙让戊取回使用，戊又私自将该车以市价卖给不知情的己，并办理了过户登记。2021年2月10日，甲因资金需要，瞒着乙将A商品房卖给了庚，并告知庚其已订立房屋买卖合同一事。3月10日，庚支付了全部房款并办理完过户登记，但因庚自3月12日出国访学，为期4个月，双方约定庚回国后交付房屋。5月16日，因雷电引发火灾，房屋严重受损。2022年2月15日，由于甲未能按期偿还对乙的借款，B企业也未能按期偿还对丙的借款，现乙和丙都向甲催要。

请根据上述材料，回答下列问题并说明理由：

（1）就甲对乙的100万元借款，如乙未起诉甲履行借款合同，而是起诉甲履行买卖合同，应如何处理？

（2）就B企业对丙的200万元借款，甲、丁、戊各应承担何种责任？

（3）甲、庚的房屋买卖合同是否有效？庚是否已经取得了房屋的所有权？

（4）谁应承担房屋火灾损失？

【参考答案】（1）应当按照借贷法律关系作出认定和处理。根据《最高人民法院关于审理民间借贷案件适用法律若干问题的规定》的规定，当事人以订立买卖合同作为民间借贷合同的担保，借款到期后借款人不能还款，出借人请求履行买卖合同的，人民法院应当按照民间借贷法律关系审理。当事人根据法庭审理情况变更诉讼请求的，人民法院应当准许。按照民间借贷法律关系审理作出的判决生效后，借款人不履行生效判决确定的金钱债务，出借人可以申请拍卖买卖合同标的物，以偿还债务。就拍卖所得的价款与应偿还借款本息之间的差额，借款人或者出借人有权主张返还或者补偿。

（2）首先，甲仅于B企业财产不足以清偿债务时以个人其他财产予以清偿。因为个人独资企业财产不足以清偿债务的，投资人甲应当以其个人的其他财产予以清偿。其次，丁应承担一般保证责任。因为并未约定保证方式，按照一般保证承担保证责任。最后，戊不承担责任。因为其质权因占有丧失而消灭。

（3）合同有效，庚知情并不影响买卖合同效力。庚已经取得房屋所有权，因为甲系有权处分，庚因办理过户登记而取得房屋所有权。

（4）应由甲承担损失。因为标的物毁损、灭失的风险自交付时起转移。当事人虽然已经办理了房屋过户登记，但因房屋尚未交付于买受人庚，故该房屋毁损、灭失的风险应当由出卖人甲承担。此外，因甲对该房屋仍有占有、使用和收益权，要求其承担风险也符合公平原则。

28. 2021年1月，甲公司与乙公司签订协议，约定甲公司将其建设用地使用权用于抵偿其欠乙公司的2 000万元债务，但甲公司并未依约将该建设用地使用权过户到乙公司名下，而是将之抵押给不知情的银行以获取贷款，并办理了抵押登记。

同年3月，甲公司、丙公司与丁公司签订了协议，约定甲公司欠丁公司的5 000万元债务由丙公司承担，并约定了履行期限，且甲公司法定代表人王某为该笔债务提供保证，但未约定保证方式和保证期间。曾为该5 000万元负债提供保证的钱某对此协议并不知情。同年4月，丁公司的债权到期。同年5月，丙公司丧失偿债能力。

请根据上述材料，回答下列问题并说明理由：

(1) 甲公司欠乙公司的2 000万元债务是否消灭？

(2) 银行能否取得建设用地使用权的抵押权？

(3) 丁公司是否有权向丙公司主张债权？

(4) 王某应当承担何种保证责任？如何确定王某的保证期间？

(5) 钱某是否继续承担保证责任？

【参考答案】(1) 甲公司欠乙公司的2 000万元债务并未消灭。甲公司虽与乙公司约定以建设用地使用权抵偿其欠乙公司的2 000万元债务，但并未现实地将建设用地使用权过户给乙公司，债务并未因代物清偿而消灭。

(2) 银行能取得建设用地使用权的抵押权。因为甲公司有权处分建设用地使用权，且办理了抵押登记，银行因而取得抵押权。

(3) 丁公司有权向丙公司主张债权。因为甲公司、丙公司与丁公司约定，甲公司欠丁公司的5 000万元债务由丙公司承担，甲公司不再承担清偿义务，故丁公司只能向新的债务人丙公司主张债权。

(4) 王某应当承担一般保证责任。因为王某与丁公司并未约定保证方式，因此王某应当按照一般保证承担保证责任。王某的保证责任期间为主债务履行期限届满之日起6个月。

(5) 钱某不再承担保证责任。因为甲公司、丙公司与丁公司三方签订债务承担协议时，并未经保证人钱某的书面同意，故钱某不再承担保证责任。

29. 大学生李某要去A市某会计师事务所实习。此前，李某通过某租房网站租房，明确租房位置和有淋浴热水器两个条件。张某承租了王某一套二居室，租赁合同中有允许张某转租的条款。张某与李某联系，说明该房屋的位置及房屋配有高端热水器。李某同意承租张某的房屋，并通过网上银行预付了租金。

李某入住后发现，房屋的位置不错，但热水器老旧不堪，不能正常使用，屋内也没有空调。另外，李某了解到张某拖欠王某1个月的租金，王某已表示，依租赁合同的约定要解除与张某的租赁合同。李某要求张某修理热水器，修了几次都无法使用。再找张某，张某避而不见。李某只能用冷水洗澡并因此感冒，花了一笔医疗费。无奈之下，李某去B公司购买了全新电热水器，B公司派其员工郝某去安装。安装后郝某因有急事未按要求试用便离开，走前向李某保证该热水器可以正常使用。李某电话告知张某，热水器已买来装好，张某未置可否。另外，因暑热难当，李某经张某同意，买了一部空调安装在卧室。当晚，同学黄某来A市探访李某。黄某去卫生间洗澡，按新安装的热水器上的提示刚打开热水器，该热水器的接口处迸裂，热水喷溅不止，黄某受到惊吓，摔倒在地受伤，经鉴定为一级伤残。

请根据上述材料，回答下列问题并说明理由：

(1) 由于张某拖欠租金，王某要解除与张某的租赁合同，李某想继续租用该房屋，可以采取什么措施以抗辩王某的合同解除权？

（2）李某的医疗费应当由谁承担？

（3）李某是否可以更换热水器？李某更换热水器的费用应当由谁承担？

（4）李某购买空调的费用应当由谁承担？

（5）黄某的损失，李某、张某是否应当承担赔偿责任？

（6）黄某的损失应当由谁承担赔偿责任？

【参考答案】（1）李某（次承租人）可以请求代张某（承租人）支付其欠付王某（出租人）的租金和违约金，以抗辩王某的合同解除权。因为出租人解除权的行使将使得次承租人占有、使用、收益租赁物的权益受到影响，次承租人代为支付租金和违约金的，属于有利害关系第三人代为清偿，出租人原则上无权拒绝。

（2）由张某（出租人）承担。因为张某有提供热水（热水器）的义务，张某违反该义务，致李某损失，应当由张某承担赔偿责任。因李某本身对违约损害的发生也具有过错，应当适当减轻张某的赔偿责任。

（3）可以更换，更换费用由张某承担。因为张某作为出租人应当按照约定将租赁物交付承租人、应当履行租赁物的维修义务。同时，张某有保持租赁物符合约定用途的义务。

（4）由李某承担。因为李某经张某同意装饰装修，但未就费用负担作特别约定，故承租人不得请求出租人补偿费用。

（5）李某、张某不承担赔偿责任。因为李某、张某与黄某之间都没有合同关系，李某、张某不承担违约损害赔偿责任。对于黄某的损失，李某、张某也无过错，也不需要承担侵权责任。

（6）B公司应当承担赔偿责任。因为郝某是B公司的工作人员，执行B公司的工作任务，故不需承担侵权责任。因热水器是缺陷产品，缺陷产品造成损害，被侵权人黄某既可向产品的生产者请求赔偿，也可向产品的销售者请求赔偿。故B公司需要承担侵权责任。

30. 甲公司与乙公司签订的合作开发协议约定，合作开发的A区房屋归甲公司、B区房屋归乙公司。乙公司与丙公司签订委托书，委托丙公司对外销售房屋。委托书中委托人签名盖章处有乙公司盖章和法定代表人王某签名，王某同时也是甲公司法定代表人。

张某查看合作开发协议和委托书后，与丙公司签订房屋预订合同，约定："张某向丙公司预付房款50万元，购买A区房屋一套。待取得房屋预售许可证后，双方签订正式合同。"丙公司将房款用于项目投资，全部亏损。后王某向张某出具承诺函：如张某不闹事，将协调甲公司卖房给张某。但甲公司取得房屋预售许可后，将A区房屋全部卖与他人。张某要求甲公司、乙公司和丙公司退回房款。

张某与李某签订债权转让协议，将该债权转让给李某，通知了甲、乙、丙三公司。

请根据上述材料，回答下列问题并说明理由：

（1）乙公司和丙公司签订的委托合同是否有效？如何确定委托合同的当事人？

（2）对于甲公司而言，张某能否善意取得A区该套房屋所有权？

（3）承诺函是否具有法律效力？

（4）对于乙公司而言，张某能否基于表见代理主张房屋预订合同具有法律效力？

（5）张某预付的50万元房款如何处理？

【参考答案】（1）委托合同有效。乙公司和丙公司签订的委托书属于委托合同，系乙、丙二公司真实的意思表示，且没有违反法律的强制性规定，属于有效的委托合同。其中，乙公司为委托人，丙公司为受托人。

（2）张某不能善意取得A区该套房屋所有权。首先，根据甲公司和乙公司签订的合作开发协议，合作开发的A区房屋归甲公司。对于甲公司而言，丙公司并无销售该区房屋的处分权，故应当认定丙公司销售A区房屋的行为属于无权处分。其次，张某订立合同时已经查看合作开发协议和委托书，知道或者应当知道丙公司仅有受托销售B区房屋的权利，这表明张某缺乏善意。最后，房屋并未办理过户登记。因而张某不能善意取得A区该套房屋所有权。

（3）承诺函不具有法律效力。因为承诺函只是承诺“协调甲公司卖房给张某”，而非“保证”甲公司与张某订立买卖合同，显然欠缺受法律拘束的意思，故不产生法律行为上的效果。

（4）张某不能依据表见代理主张房屋预订合同有效。首先，张某订立合同时已经查看合作开发协议和委托书，知道或者应当知道丙公司仅有受托销售B区房屋的权利，故张某没有理由相信丙公司有代理权，不构成表见代理。其次，对于乙公司而言，根据乙公司、丙公司签订的委托书，丙公司仅具有销售B区房屋的权利，而丙公司销售的却是A区房屋，超越了代理权限，构成无权代理。因而张某不能依据表见代理主张房屋预订合同有效。

（5）50万元房款应由丙公司退还给李某。首先，丙公司超越代理权以乙公司的名义对外订立合同，构成无权代理，因被代理人乙公司并未追认该合同，故应当由行为人丙公司承担退还预付款50万元的责任。其次，张某与李某签订债权转让协议，将其对丙公司的50万元债权转让给李某，并通知了债务人丙公司，故李某成为新的债权人，张某丧失债权人资格。

31．甲、乙两家公司订立了一份买卖合同，双方约定由甲公司向乙公司提供70台专用仪器，甲公司于6月30日以前交货，并负责将货物运至乙公司，乙公司在收到货物后10日内付清货款。双方均未在合同上签名盖章。5月28日，甲公司与丙运输公司签订了货物运输合同，约定由丙公司将70台仪器运至乙公司。6月1日，丙公司先运了40台仪器至乙公司，乙公司全部收到，并于6月9日将40台仪器的货款付清。6月20日，甲公司认为乙公司在转移财产，有逃避债务的可能，随即通知丙公司暂停运输其余30台仪器并通知了乙公司中止交货，要求乙公司提供担保；乙公司及时提供了担保。6月26日，甲公司通知丙公司将其余30台仪器运往乙公司，丙公司在运输途中发生交通事故，30台仪器全部毁损，致使甲公司6月30日前不能按时全部交货。9月15日，乙公司请求甲公司承担违约责任。

请回答下列问题：

（1）甲公司与乙公司订立的买卖合同是否成立？为什么？

（2）甲公司6月20日中止履行合同的行为是否合法？为什么？

（3）乙公司9月15日请求甲公司承担违约责任的行为是否合法？为什么？

（4）丙公司对货物毁损应承担什么责任？为什么？

【参考答案】（1）买卖合同成立。买卖合同是不要式合同，除法律特殊规定外，买卖合同的成立和生效一般不需要具备特定的形式和履行批准手续，所以甲公司与乙公司订立的买卖合同成立。

（2）甲公司中止履行合法。根据民法典的规定，当事人依据不安抗辩权中止履行的，应当及时通知对方。对方提供适当担保的，应当恢复履行。中止履行后，对方在合理期限内未恢复履行能力且未提供适当担保的，视为以自己的行为表明不履行主要债务，中止履行的一方可以解除合同并可以请求对方承担违约责任。因此，甲公司中止履行合法。

（3）乙公司的请求合法。根据民法典的规定，当事人一方因第三人的原因造成违约的，应当依法向对方承担违约责任。据此，因第三人丙公司的原因致使甲公司未能按时交货，乙公司有权请求甲公司承担违约责任。

（4）丙公司对货物的毁损承担损害赔偿责任。根据民法典的规定，承运人对运输过程中货物的毁损、灭失承担赔偿责任。除非承运人证明货物的毁损、灭失是因不可抗力、货物本身的自然性质或者合理损耗以及托运人、收货人的过错造成的，不承担赔偿责任。

32. 2021年1月，甲旅游公司刊登了新春南岳衡山四日游的广告，在旅游广告上明确、具体地登载了旅游景点（8个），旅游时间（新春四日游），交通、食宿价格及标准（旅游服务费2 300元）等内容。同月，乙、丙等9人利用春节休假时间，各自交付旅游服务费人民币2 300元，参加了甲公司组织的南岳衡山赏雪四日游旅游团，于同月23日乘火车从广州出发赴衡山。24日、25日的游览活动中，因天下大雪，甲公司只安排乙、丙等9人游览了3个景点，其余未安排，且未在游览出发前告诉乙、丙等9人。乙、丙等9人认为甲公司违反旅游合同，造成其经济、精神损失，曾两次到甲公司处要求赔偿和赔礼道歉。甲公司除表示赔礼道歉外，不同意赔偿乙、丙等9人所要求的赔偿数额。据此，乙、丙等9人以上述理由起诉到人民法院，要求甲公司无偿重新安排游览未游的5个景点，否则，应退回全程旅游费；甲公司应登报向乙、丙等9人赔礼道歉，并赔偿精神损失费每人1 000元，赔偿重游5个景点的误工费每人4 000元。甲公司辩称：由于当时下大雪结冰影响交通，致使乙、丙等9人不能按原定景点进行游览，我们已向乙、丙等9人赔礼道歉，我们只同意赔偿每人110元人民币，不同意乙、丙等9人的其他诉讼请求。

请回答下列问题：

（1）甲公司的行为是否构成违约？为什么？

（2）甲公司在答辩状中称：由于当时下大雪结冰影响交通，致使乙、丙等9人不能按原定景点进行游览，这一理由能否成为免除或减轻甲公司违约责任的事由？为什么？

（3）甲公司是否应按乙、丙等9人的请求继续履行旅游合同，即甲公司是否应该组织乙、丙等9人继续游览剩余的5个景点？为什么？

（4）乙、丙等9人要求赔礼道歉、精神损害赔偿的请求能否得到法院的支持？为什么？

【参考答案】（1）甲公司的行为构成违约。因为甲公司没有按照合同的约定游览全部景点。

（2）甲公司的答辩理由不能成为免责或减责的事由。因为是甲公司组织的南岳衡山赏雪四日游，因此，活动中的风雪天气对活动的影响，已在甲公司预料之中，不能构成免责或者减责的理由。所以，甲公司在应安排8个旅游景点而实际上只安排了3个旅游景点的情况下，不能强调风雪天气的客观原因，其减少了服务，即应相应减收服务费用。

（3）甲公司不能按照乙、丙等9人的请求继续游览剩余的景点。由于此次活动已经结束，且合同的主要内容为“赏雪”，故合同不可能继续履行或者采取重新安排游览的补救措施。

（4）法院不支持乙、丙等9人赔礼道歉和精神损害赔偿的请求。首先，由于甲公司在诉讼前和庭审中已经进行过赔礼道歉，应为已经承担了赔礼道歉的民事责任，法院不能再判决甲公司承担赔礼道歉的民事责任。虽然甲公司的违约行为造成乙、丙等9人不愉快，但甲公司与乙、丙等9人之间成立的是合同关系，对于合同关系不能主张精神损害赔偿。

33. 岭南公司到四川收购一批干辣椒，准备到当地销售。由于事先没有组织好运输工作，因此购买辣椒后，决定先存放在当地德鑫仓储公司，时间为10天（从6月11日至20日），待组织到车辆后前往装运。德鑫公司给岭南公司开具了仓单。6月15日，岭南公司由于组织车辆非常麻烦，因此决定将这批货物转让，遂将仓单背书转让给星云公司，此事告知了德鑫公司，德鑫公司在仓单上签字表示同意。6月17日，储存干辣椒的仓库遭到雷击，电线起火，导致干辣椒着火，虽经全力抢救，但仍有近一半的辣椒被烧。剩下的干辣椒被清理出来以后，由于没有其他仓库存放，而且由于当时工作人员救火很累，因此这些辣椒就被堆放在露天。当天晚上下暴雨，所有的干辣椒均被淋湿，第二天，德鑫公司员工上班后发现此情况，遂以发生火灾为由，分别通知星云公司和岭南公司来人处理。岭南公司、星云公司了解情况后，要求德鑫公司承担违约责任，德鑫公司以不可抗力为由拒绝承担违约赔偿。

请回答下列问题：

(1) 本案中的火灾与暴雨是否分别构成不可抗力？德鑫公司是否应当承担赔偿责任？请说明理由。

(2) 火灾和暴雨发生后，作为仓储合同的双方当事人享有哪些权利？承担哪些义务？

(3) 在岭南公司、星云公司之间，应当由谁承担货物毁损、灭失的风险？请说明理由。

【参考答案】(1) 火灾构成不可抗力，暴雨不构成不可抗力。德鑫公司应当赔偿被雨水淹掉的货物损失，但对于火灾导致的货物损失则不承担赔偿责任。因为电线遭受雷击是既不可预见，也不可避免，电线着火后烧掉的货物是不可抗力因素所致，对于不可抗力造成的损失，德鑫公司不应承担法律责任。而夏季多暴雨的情况是可以预见的，由于德鑫公司将货物露天放置，也没有采取任何防范措施，这一行为存在重大过失，德鑫公司没有尽到保管义务，对于这部分损失，德鑫公司是不能免责的，应当承担相应责任。

(2) 在不可抗力发生后，当事人双方负有及时通知对方的义务，以减轻可能给对方造成的损失，并应当在合理期限内提供证明。当事人一方违约后，对方应当采取适当措施防止损失的扩大；没有采取适当措施致使损失扩大的，不得就扩大的损失请求赔偿。

(3) 标的物毁损、灭失的风险应由星云公司承担。因为岭南公司已将仓单转让给星云公司，则货物毁损、灭失的风险应由星云公司承担。

34. 4月1日，某建筑公司为买进一批水泥，分别向甲水泥厂和乙水泥厂发出了信函，内容如下：我公司急需某型号水泥100吨，如果你厂有货，请来函告知，具体价格面议。甲水泥厂收到该信后，给建筑公司回了一封信，内容是：你公司所需的某型号水泥我厂有货，每吨的价格为600元，如果需要的话，请先预付货款1 000元，余款货到后支付。如果我厂在4月10日没有收到贵公司的回信，即表示你公司同意我厂提出的条件，我厂将径直发货至你公司。建筑公司收到甲水泥厂的回信后，认为甲水泥厂提出的支付方式可以接受，但是希望每吨价格为550元，于是，向甲水泥厂发出了第二封信，内容是：我公司愿意和你厂达成这笔交易，但每吨价格能否为550元，货款支付方式我公司都接受，但是希望你厂能送货上门，并在本月15日之前给予答复。建筑公司4月10日收到乙水泥厂的报价信函，内容为：我厂有你公司需要的水泥，价格为450元，如果同意购买，请于4月20日之前给予答复。建筑公司认为乙水泥厂的价格合理，于是4月12日向乙水泥厂发出表示同意乙水泥厂的条件的信函。

请回答下列问题：

(1) 如何认定建筑公司给甲水泥厂和乙水泥厂发出的信函的法律性质？

(2) 哪些信件属于要约？为什么？

(3) 如果建筑公司未能在4月10日给甲水泥厂回信，该买卖合同是否成立？为什么？

(4) 如果甲水泥厂收到建筑公司的信后，积极备货，并准备了与送货有关的事宜，但是没有在建筑公司规定的时间内给予答复，建筑公司以与乙水泥厂订立了买卖合同为由，拒绝与之订立合同，甲水泥厂可否要求建筑公司给予赔偿？为什么？

(5) 如果甲水泥厂在4月15日给予建筑公司答复，表示同意，可建筑公司发给甲水泥厂表示不购买该厂的水泥的信函于4月16日到达甲水泥厂，那么甲水泥厂与建筑公司的合同是否成立？建筑公司可否以发出拒绝的信函否认合同的成立？为什么？

(6) 如果建筑公司发给乙水泥厂的信函由于邮局的原因而没能在4月20日送达给乙水泥厂，乙水泥厂并没有表示是否接受这封迟到的信函，那么建筑公司和乙水泥厂的买卖合同是否成立？请说明理由。

【参考答案】(1) 建筑公司给甲水泥厂和乙水泥厂发出的信函属于要约邀请。

(2) 甲水泥厂向建筑公司发出的信函、建筑公司发给甲水泥厂的第二封信、乙水泥厂发给建筑公司的信函为要约。因为根据民法典的规定，要约是希望与他人订立合同的意思表示，以上信件符合要约的条件。

（3）买卖合同不成立。因为要约到达受要约人后，受要约人没有在要约人规定的期限内实施承诺的义务，同时也没有义务告知要约人其是否予以承诺，要约对受要约人的效力是赋予受要约人承诺的权利，而不是让其负有承诺义务。要约人在要约中表示如果不在规定的期限内答复则合同成立的意思表示对受要约人没有拘束力。

（4）甲水泥厂不可以请求赔偿。因为甲水泥厂向建筑公司发出要约后，建筑公司并没有承诺，而是向甲水泥厂发出了反要约，而甲水泥厂没有在规定时间内给予答复，尽管积极备货，并准备了与送货有关的事宜，但是这些行为并不是承诺，因此买卖合同不成立。而且建筑公司的要约并没有使甲水泥厂产生了要约不可撤销的信赖，因此甲水泥厂不能要求建筑公司赔偿。

（5）甲水泥厂与建筑公司的合同成立，建筑公司不能否认合同的成立。因为甲水泥厂给予建筑公司的答复是对要约的承诺，买卖合同已经有效成立。建筑公司发给甲水泥厂表示不购买该厂的水泥的信函为撤销要约的意思表示，撤销要约的意思表示应当在承诺发出之前到达受要约人，而该意思表示于 4 月 16 日到达甲水泥厂时承诺已经发出，因此该意思表示并不能阻却合同成立的效力。

（6）买卖合同成立。要约人负有及时通知承诺迟延的义务，如果要约人对于承诺迟延怠于通知，承诺视为未迟到，合同成立。本案中，建筑公司在 4 月 12 日发出承诺，按正常情况应该能在要约规定的时间内到达，但是由于邮局的原因承诺迟延，而乙水泥厂并没有履行通知义务，因此买卖合同成立。

35. 2021 年 2 月 20 日，王某与丁某签订了一份房屋买卖合同。合同约定，王某将一套位于锦城住宅小区的房屋出售给丁某，房价 200 万元。丁某因一笔银行定期存款一个月后才到期，购房款不足，遂与王某商定，先交付一半的购房款，等余款付清后交房并办理房屋所有权变更登记手续。一个月以后，丁某前往王某处付款并要求办理过户手续时，得知王某已经将该套房屋卖给了张某，并与张某办理了房屋所有权变更登记手续。经过交涉没有结果后，丁某向人民法院提起诉讼，主张拥有该房屋的所有权，但法院经审理判决该房屋所有权属于张某。张某入住后，发生如下事项：（1）张某要求租用地下车库的停车位时，被告知车位已满，张某由于没有合适的位置停车，遂自行将小区内的一块绿地改造为停车位；（2）由于很多业主对电梯运行状况不满意，经专有部分占建筑物总面积过半数的业主同意，业主委员会决定动用维修基金对现有电梯进行改造。

请根据案情回答下列问题：

（1）王某与丁某之间签订的房屋买卖合同是否有效？为什么？

（2）法院判决该套房屋所有权属于张某是否正确？请说明理由。

（3）张某自行将小区内的一块绿地改造为停车位的行为是否合法？请说明理由。

（4）业主委员会决定动用维修基金对现有电梯进行改造的决定是否合法？请说明理由。

【参考答案】（1）王某与丁某之间签订的房屋买卖合同有效。根据民法典的规定，不动产物权变动以登记为生效要件，但不动产物权变动与合同效力无关，合同是王某与丁某真实的意思表示，主体合格，内容也不违反法律的强制性规定和公序良俗，因此合同有效。

（2）法院判决该套房屋所有权属于张某是正确的。根据民法典的规定，不动产物权的设立、变更、转让和消灭，经依法登记，发生效力；未经登记，不发生效力，但是法律另有规定的除外。由于王某将房屋卖给张某，并办理了房屋过户手续，因此张某取得房屋所有权。

（3）不合法。建筑区划内的绿地，属于业主共有，张某自行改造为停车位的行为是不合法的。

（4）不合法。住宅维修资金是专项用于住宅共用部位、共同设施设备保修期满后的维修和更新、改造的资金。电梯属于住宅共同部分，可以用维修资金改造。但是，根据民法典的规定，使用建筑物及其附属设施的维修资金，应当由专有部分面积占比 2/3 以上的业主且人数占比 2/3 以上的业主参与表决，且应当经参与表决专有部分面积过半数的业主且参与表决人数过半数的业主同意。业主委员会动用维修基金程序不符合民法典的规定。

36. 甲公司与乙公司签订了一个供货合同，约定由乙公司在一个月内向甲公司供货 100 吨，价值 130 万元，双方约定如果乙公司不按期供货，每逾期一天须向甲公司支付货值 0.1%的违约金。由于组织货源的原因，乙公司在两个月后才向甲公司交付了 100 吨货物，甲公司在验货时发现不是一级货而是二级货，就以对方违约为由拒绝付款，要求支付一个月的违约金 39 000 元，并且要求乙公司重新提供 100 吨一级货。但乙公司称逾期供货不是自己的过错，而是国家的产业政策调整，所以不应支付违约金，而且所供的货是经检验合格的产品，甲公司不应小题大做，现在货源供应比较紧张，根本不可能重新提供货物。甲公司坚持乙公司应当支付违约金和按照合同约定的质量标准履行合同。

请回答下列问题并说明理由：

（1）甲、乙两公司所签合同是否有效？

（2）乙公司没有在约定的时间内交货是客观原因还是市场原因？乙公司是否应当承担违约责任？

（3）甲公司要求乙公司支付违约金和重新提供一级货的说法有无根据？如果乙公司重新提供一级货有困难，应当如何做？

（4）乙公司主张不能按时供应货物有无法律依据？

（5）乙公司主张违约金的数额太高，自己不应当承担这么多的违约金的说法有无根据？

【参考答案】（1）有效。因为合同主体合格，意思表示真实，合同合法有效。

（2）乙公司没有在约定的时间内交货属于市场原因，乙公司应当承担违约责任。不管是哪种原因，合同采取无过错责任原则，只要不是不可抗力，就应当承担违约责任。

（3）甲公司的说法有法律依据。如果乙公司重新提供一级货确实困难，成本太高，可向法院举证不予再提供，从而赔偿甲公司的实际损失。

（4）乙公司没有法律依据。因为产业政策的调整不能认定为不可抗力。

（5）乙公司没有法律依据。因为违约金已经约定，乙公司应当按照约定给付违约金，主张太高没有法律依据。

37. 甲、乙、丙、丁设立了宏达有限责任公司。甲以建设用地使用权认购出资 500 万元；乙以商标专用权认购出资 600 万元；丙以现金认购出资 1 000 万元，但约定在公司成立 2 年内予以缴清；丁以一幅古画认购出资 500 万元。在公司的经营过程中，因资金紧张向 A 银行贷款 500 万元，并以建设用地使用权抵押，并办理了登记。因向 B 公司赊购 500 万元货物，以古画抵押，双方签订了合同。因向 C 银行贷款以商标专用权质押，并办理了登记。因向 D 银行贷款 500 万元，以自己的办公设备、原材料、库存物品办理了浮动抵押登记，后库存物品又卖给了 E 公司，E 公司提货并付款。因宏达公司经营不善，发生债权债务纠纷，经查，丙认购的出资 500 万元已逾五年未交付；该幅古画早已被公司出卖给不知情的第三人；公司在建设用地使用权的土地上新建了办公大楼，承建商不具备资质，但工程验收合格，拖欠工程款 500 万元；该商标专用权因未办理续展而被注销。

请回答下列问题：

（1）A 银行对该建设用地使用权欲行使抵押权，其效力是否及于所建的办公大楼？为什么？

（2）C 银行因该商标专用权已被注销，应如何救济？

（3）B 公司对该幅古画在出卖后是否享有抵押权？为什么？

（4）不知情的第三人能否取得古画的所有权？为什么？

（5）宏达公司与承建商所签工程合同是否有效？为什么？

（6）承建商对于拖欠的工程款能否主张权利？如何行使权利？

（7）D银行能否对已卖给E公司的库存物品主张抵押权？为什么？

（8）丙能否以诉讼时效已过为由拒绝交付500万元？为什么？

【参考答案】（1）A公司行使抵押权的效力不及于新建的办公大楼，因为新建的办公大楼不在担保范围内。

（2）C银行可以主张违约责任，因为宏达公司应当承担权利瑕疵担保责任。

（3）B公司不享有抵押权，因为古画由第三人善意取得后，古画上存在的权利消灭。

（4）不知情的第三人能取得古画的所有权，因为第三人取得古画符合善意取得的条件。

（5）合同无效，因为承建商不具备相应的资格，因此合同无效。

（6）承建商可以主张权利，因为承建商对拖欠的工程款享有优先受偿权。

（7）D银行不能对库存物品主张抵押权，因为浮动抵押登记不得对抗已经支付合理价款并取得财产的买受人E公司。

（8）丙不能以诉讼时效已过为由拒绝交付500万元，因为交付出资的，不受诉讼时效的限制。

38. 甲塑料制品公司（以下简称“甲公司”）与乙化工机械制造公司（以下简称“乙公司”），于2021年5月18日签订了一份买卖注塑设备合同，甲公司为买方，乙公司为卖方。双方在合同中约定：（1）由乙公司于10月30日前分二批向甲公司提供注塑设备10套，每套价格为15万元，价款总计为150万元；（2）甲公司应向乙公司给付定金25万元；（3）如一方迟延履行，应向另一方支付违约金20万元；（4）因甲公司必须在2021年底前全面开工投产，为保证该合同的按时履行，由丙生物医药公司（以下简称“丙公司”）作为乙公司的保证人，在乙公司不能履行债务时，丙公司承担一般保证责任。该买卖合同依法生效后，甲公司因故未实际向乙公司给付定金。7月1日，乙公司向甲公司交付了3套注塑设备，甲公司按合同规定支付了45万元货款。9月，该种注塑设备的市场价格因受供求关系的影响而大幅上涨，乙公司便向甲公司提出变更合同的主张，要求将剩余的7套注塑设备价格提高到每套20万元，甲公司不同意乙公司提出的涨价要求，随后乙公司于10月4日通知甲公司解除合同。11月1日，甲公司仍未收到剩余的7套注塑设备，从而严重影响了其正常的生产，并因此遭受了50万元的经济损失。于是甲公司诉至法院，要求乙公司增加违约金数额并继续履行合同；同时要求丙公司对乙公司不履行合同的行为承担连带保证责任。

请根据上述事实及有关法律规定回答下列问题并说明理由：

（1）合同约定甲公司向乙公司给付25万元定金是否合法？

（2）乙公司通知甲公司解除合同是否合法？

（3）甲公司要求增加违约金数额依法能否成立？

（4）甲公司要求乙公司继续履行合同依法能否成立？

（5）丙公司是否应对乙公司不履行合同的行为承担连带保证责任？

【参考答案】（1）合同约定甲公司向乙公司给付25万元定金合法。根据民法典规定，当事人可以在合同中约定定金条款，定金的数额由当事人约定；但是，不得超过主合同标的额的20%，超过部分不产生定金的效力。因此，甲公司、乙公司双方可以约定定金担保方式，约定的数额25万元，为主合同标的额的16.67%，未超过主合同标的额的20%。但由于定金合同自实际交付定金时成立，而甲公司因故未实际向乙公司给付定金，因此，合同约定甲公司向乙公司给付25万元定金虽然合法，但该定金合同未成立。

（2）乙公司通知甲公司解除合同不合法。根据民法典的规定，依法订立的合同成立后，即具有法律约束力，任何一方当事人都不得擅自变更或解除合同，但当事人协商一致可以解除合同。当事人一方主张解除合同时，对方有异议的，应当请求人民法院或仲裁机构确认解除合同的效力。本案中，甲公司、乙公司双方并未在合同中约定解除权，并且也未协商一致，因此，乙公司通知甲公司解除合同没有法律依据。

（3）甲公司要求增加违约金数额能够依法成立。根据民法典规定，当事人双方约定的违约金低于造成损失的，人民法院或仲裁机构可以根据当事人的请求予以增加。本案中，甲公司、乙公司双方约定的违约金为20万元，而甲公司遭受的损失达50万元，已超过了约定的违约金数额，因此，甲公司可以请求人民法院予以增加。

（4）甲公司要求乙公司继续履行合同依法成立。根据民法典的规定，当事人一方不履行非金钱债务或者履行非金钱债务不符合约定的，对方当事人可以请求履行，违约方应当承担继续履行的违约责任。

（5）丙公司不应对乙公司不履行合同的行为承担连带保证责任，而是承担一般保证责任。根据民法典的规定，当事人在合同中约定债务人不能履行债务时，才由保证人承担保证责任的，为一般保证。一般保证的保证人享有先诉抗辩权，即在主合同纠纷未经审判或者仲裁，并就债务人财产依法强制执行仍不能履行债务前，对债权人可以拒绝承担保证责任。本案中，双方当事人在合同中约定的保证方式为一般保证，则丙公司应当履行一般保证责任，不应对乙公司不履行合同的行为承担连带保证责任。

39. 甲与乙、丙签订了合同，按照合同约定，乙、丙于2021年4月6日之前，向甲交付100只孔雀，甲在4月8日之前支付10万元。同时合同还约定，乙、丙对甲的债权为按份债权，每人可受领5万元。不料甲在受领了100只孔雀之后，因禽流感暴发，孔雀都染病，甲为治疗孔雀耗资巨大，最后100只孔雀全部死亡。后乙、丙不断催促甲支付款项，甲心灰意冷，失去了生活的希望。因甲、乙关系较好，甲便从自己所余不多的钱中拿出5万元偿付给乙，并叮嘱乙不要告诉丙。然后将自己所剩的2万元赠给了他的弟弟。丙在知道情况之后，于6月4日找到乙，要求将乙所得5万元平分，被拒绝之后，丙提起诉讼，请求法院撤销甲对乙的清偿行为。随后，丙又提起诉讼，请求法院撤销甲对其弟2万元的赠与。丙又得知，在此之前，甲被他的朋友丁打伤，经过诉讼，法院判令丁于5月1日之前，向甲赔偿1万元。但在诉讼后，甲想恢复与丁原有的朋友关系，不再要求丁支付赔偿金。丙再次提起诉讼，要求代位行使甲对丁的权利，请求丁向自己支付1万元。

请回答下列问题：

（1）乙拒绝丙的要求是否合法？为什么？

（2）丙请求撤销甲对乙的清偿是否应当得到支持？为什么？

（3）丙请求法院撤销甲对其弟的赠与，要求甲弟直接向自己支付，是否应当得到法院的支持？

（4）丙能否代位行使甲对丁的权利？为什么？

【参考答案】（1）乙拒绝丙的要求合法。因为乙、丙都是甲的债权人，各自享有5万元债权，乙的债权已经到期，有权受领甲支付的5万元。

（2）丙的请求不应得到支持。清偿债务是债务人应当履行的义务，乙也完全有权受领甲的给付。甲对乙的清偿虽然使其财产减少，但该财产的减少是因正常的债务履行行为所致，甲、乙之间的行为并无不当。

（3）丙请求法院撤销赠与应得到支持。甲向其弟无偿转让财产，具有损害债权的恶意，给丙的债权造成损害，丙可以请求法院撤销甲的赠与。赠与被撤销后，甲弟不应向丙作出支付，而应将其取得的2万元返还给甲，再由甲向丙支付。

（4）丙不能代位行使甲对丁的权利。甲对丁的权利属于人身损害赔偿请求权，该权利专属于债务人甲自身，丙不能代位行使。

40．李某婚前有8间瓦房。1987年与蒋某结婚，婚后生育3个子女：长子李甲、次子李乙和女儿李丙。1992年，蒋某死亡。李某抚养3个孩子长大成人。2014年前后，李甲和李乙分别结婚搬出去单过。李某与女儿李丙共同生活。2017年，李丙与赵某结婚，生有一子赵A。李某还与女儿一家一起生活。2018年，李某经介绍与齐某结婚，婚后女儿李丙搬出去另住。齐某是再婚，与前夫生有两子，即王B与王C。王B已经成年独立工作，王C（10周岁）正在读小学，与李某一起生活。2019年，李某的长子李甲因工伤死亡，留有一女李D。2020年，李某自书遗嘱：自己专有的瓦房8间，齐某4间，女儿李丙4间。2017年存的2万元钱全部归齐某，自己少年时珍藏的一幅山水画送给好友康某。2021年，李某病故，齐某因伤心过度休克。李丙与康某在送齐某去医院途中，遇交通事故，三人全部死亡。在李某死后2个月，某出版社又寄来李某的稿酬6万元，在李某的财产继承上，继承人之间发生了纠纷。

问：哪些财产属于李某的遗产？其遗产应当如何分配？

【参考答案】（1）李某的财产有瓦房8间，金钱8万元和一幅画。根据民法典的规定，李某的上述财产，属于公民的合法财产，因此，应当列入李某个人的财产范围。

（2）李某的自书遗嘱有效。依据民法典有关遗嘱继承的规定，虽然遗嘱中指定的遗嘱继承人死亡，但是他们是后于遗嘱人死亡的，故遗嘱中指定继承的财产可以作为齐某和李丙的遗产由各自的继承人继承。

（3）根据民法典的规定，受遗赠人应当在知道受遗赠后60日内，作出接受或者放弃受遗赠的表示；到期没有表示的，视为放弃受遗赠。因此，本案遗嘱中指定的受遗赠人在未明确表示接受受遗赠前死亡，遗赠不发生效力，康某的继承人不能请求分得山水画。

（4）根据民法典的规定，对于遗嘱中没有涉及的遗产，应当按照法定继承办理。首先，稿酬属于知识产权收益，应当认定为夫妻共有财产。因此，李某自书遗嘱没有处分的6万元稿酬中，有一半属于齐某的个人财产，剩余的3万元稿酬以及无效赠与的山水画应当按照法定继承处理，由其法定继承人分配，即把财产分为5份，由李甲、李乙、李丙、齐某和王C分配。

（5）根据民法典的规定，先于被继承人死亡的继承人的直系晚辈血亲，有权代位继承被继承人的遗产。本案中，李甲先于被继承人死亡，其应当继承的份额由其女儿李D代位继承。

（6）根据民法典的规定，对于继承人在被继承人死亡后遗产分割前死亡的，应由继承人的继承人转继承被继承人的遗产。本案中，李丙在李某死后也死亡，由李丙的继承人进行转继承，即由其丈夫赵某和儿子赵A继承李丙所取得的财产。

（7）根据民法典的规定，对于继承人在被继承人死亡后遗产分割前死亡的，应由继承人的继承人转继承被继承人的遗产。本案中，齐某也在被继承人死亡后遗产分割前死亡，故齐某所得到的份额转由其法定继承人王B和王C继承。

41．南某是某中学学生，15周岁。一天，在放学回家的路上，南某看到商场正在进行有奖销售，每消费20元可领取奖券一张，最高奖金为5 000元，便买了一瓶价值为20元的洗发水，领到一张奖券。几天后，抽奖结果公布，南某所持奖券中了最高奖，南某非常高兴，将中奖的消息告诉了母亲肖某，母子二人马上去商场兑了奖，肖某把这5 000元钱放到家里的箱子中。第二天，南某与肖某发生争执，南某一气之下，便偷偷将柜子中的5 000元钱拿出，到商场中购物消气，其见到商场中正在促销钻戒，便花了4 800元买了一只钻戒。几天后，肖某要购买股票，想用箱中的钱，却发现钱已不见，于是质问南某，南某在质问之下说出真相。但南某认为钱是自己中奖所得，自己有权决定想买什么就买什么。肖某则认为南某还小，钱应当由自己和南某的父亲支配，于是马上拉着南某到商场，说南某购买钻戒未征得父母同意，要求退货。售货员拒绝退货。

请根据上述材料，回答下列问题：

(1) 南某购买洗发水的行为的法律效力如何？为什么？

(2) 5 000 元奖金究竟归谁所有？为什么？

(3) 南某购买钻戒的行为的法律效力如何？肖某是否有权要求退货？为什么？

(4) 肖某是否有权持 5 000 元奖金购买股票？为什么？

(5) 假设南某没有告诉肖某，直接到商场领奖，商场能否以南某是未成年人为由拒绝兑奖？为什么？

【参考答案】(1) 有效。根据民法典的规定，8 周岁以上的未成年人是限制民事行为能力人，可以独立实施与其年龄、智力相适应的民事法律行为。南某是限制民事行为能力人，其购买洗发水的行为与其年龄、智力相适应，故有效。

(2) 奖金归南某。根据民法典的规定，8 周岁以上的未成年人可以独立实施纯获利益的民事法律行为。南某获得 5 000 元奖金属于纯获利益的民事法律行为，南某对此抽奖获得奖金的行为可以独立实施，故有效。

(3) 南某购买钻戒的行为属于效力未定合同；肖某有权要求退货。根据民法典的规定，限制民事行为能力人实施的纯获利益的民事法律行为或者与其年龄、智力、精神健康状况相适应的民事法律行为有效；实施的其他民事法律行为经法定代理人同意或者追认后有效。而在购买钻戒的行为被追认之前，其效力处于未定状态。南某用 4 800 元购买钻戒，标的额较大，与其年龄、智力不相适应，须征得其父母追认。而其母亲肖某事后拒绝追认该行为，则该行为归于无效。既然行为归于无效，则肖某有权要求退货。

(4) 无权。根据民法典的规定，监护人应当按照最有利于被监护人的原则履行监护职责。监护人除为维护被监护人利益外，不得处分被监护人的财产。肖某购买股票并非为维护被监护人南某的利益，因此肖某无权用 5 000 元奖金购买股票。

(5) 商场不能以南某是未成年人为由而拒绝兑奖。根据民法典的规定，限制民事行为能力人独立实施纯获利益的民事法律行为有效。南某兑奖的行为属于其纯获利益的行为，是有效的，商场不能拒绝兑奖。

42. 甲、乙签订房屋租赁合同，双方约定：甲将其所有的房屋 3 间租给乙，期限为 8 个月，自 2019 年 11 月 1 日至 2020 年 6 月 30 日，若有一方违约，应付给对方违约金 2 000 元。2019 年 12 月，甲为了经营水果批发业务向银行贷款，为了获取贷款，甲将该房屋抵押给银行，并办理了抵押登记。2020 年 2 月，甲又与丙签订了该房屋买卖合同，但甲并未将出卖房屋的事实告知乙和银行。

根据上述案情，请回答下列问题：

(1) 甲、乙之间签订的房屋租赁合同是否有效？为什么？

(2) 甲与银行之间设定的抵押权是否成立？为什么？

(3) 甲是否有权将房屋转让给丙？甲转让房屋对抵押权人负有什么义务？房屋转让后，银行对房屋是否继续享有抵押权？

(4) 乙是否可以甲未通知其行使优先购买权为由主张房屋买卖合同无效？乙为此应如何救济？

(5) 乙是否可以主张甲、丙签订的房屋买卖合同对其不发生效力？为什么？

【参考答案】(1) 甲、乙之间签订的房屋租赁合同有效。根据民法典的规定，该合同在订立时主体合格、意思表示真实、内容合法，其他方面也符合法律的有关规定，因而属于合法有效的合同。

(2) 甲与银行之间设定的抵押权成立。虽然甲、乙之间签订了房屋租赁合同，但甲仍然对房屋拥有所有权，自然有权处分自己的房产；而且甲以不动产设定抵押权，签订了抵押合同并办理了抵押登记。

(3) 甲与丙之间签订的房屋买卖合同有效。甲转让房屋，应当通知抵押权人，即甲负有通知抵押权人的义务。房屋转让给丙后，银行继续对房屋享有抵押权。

（4）乙不能主张房屋买卖合同无效。根据民法典的规定，出租人未通知承租人或者有其他妨害承租人行使优先购买权情形的，承租人可以请求出租人承担赔偿责任。但是，出租人与第三人订立的房屋买卖合同的效力不受影响。

（5）乙不能主张甲、丙签订的房屋买卖合同对其不发生效力。根据民法典规定，租赁物在承租人按照租赁合同占有期限内发生所有权变动的，不影响租赁合同的效力。因此，甲、丙签订的房屋买卖合同对乙仍然有效。

43. 王某是居住在美国的老华侨，年老后体弱多病，希望落叶归根，于是回到中国。他希望由在中国的长子来扶养自己，并立有书面遗嘱希望自己的遗产由其亲人继承。王某委托曾在美国留学的孙某代为回老家寻找自己的亲人，并转告他的意思。孙某回来后说，王某家中已经没有任何亲人了。王某非常失望，孙某表示愿意扶养王某，但需由其取得遗产。王某觉得孙某对自己还可以，而家中也没有了亲人，于是与孙某签订了书面协议，约定王某生前由孙某扶养照顾，死后其全部遗产归孙某所有。3 年后，王某在老家的妹妹的儿子辗转得知王某回到中国的消息，于是前来认亲。王某见到自己的外甥后，知晓妹妹尚在世，非常高兴。1 个月后，王某向孙某提出不再履行协议。于是，孙某以王某违约为由向法院起诉，而王某也主张撤销协议并要求孙某承担缔约过失责任。

根据案情回答下列问题：

（1）本案涉及哪些民事法律关系？

（2）王某与孙某达成的协议和其所立遗嘱的效力如何确定？为什么？

（3）王某要求孙某承担缔约过失责任的主张能否成立？为什么？

（4）法院应当如何认定民事责任的归属？为什么？

【参考答案】（1）本案涉及如下法律关系：王某与其妹妹之间形成遗嘱继承法律关系；王某与孙某之间形成事务性委托法律关系；王某与孙某之间形成遗赠扶养协议法律关系。

（2）王某与孙某之间签订的遗赠扶养协议属于可撤销合同，因为遗赠扶养协议是王某在受欺诈的情形下签订的。王某在知道欺诈事由后 1 个月内撤销了遗赠扶养协议，遗赠扶养协议归于无效，书面遗嘱因遗赠扶养协议的依法撤销而生效。

（3）王某要求孙某承担缔约过失责任的主张不能成立。理由在于：遗赠扶养协议被撤销后，孙某虽然有欺诈行为，但王某并未因此受到损失，且王某还得到 3 年时间的照顾，王某也并没有不满意之处。

（4）虽然协议被撤销，但是毕竟孙某按照遗赠扶养协议的约定实施了 3 年的扶养行为，这应当被认为是原协议的履行部分，而这部分履行虽然不是具体的财产，但是孙某却为此进行了支出，且遗赠扶养协议已经被撤销，因此，孙某可以要求王某返还财产。

44. 2020 年 7 月 1 日，甲、乙签订房屋买卖合同，将甲所有的一套房屋以 200 万元的价格出售于乙。双方约定，合同订立时乙先支付 150 万元，其余 50 万元每个月 10 万元分五次付清。乙支付首期款 3 日后双方于 7 月 5 日办理了过户登记，但是特别约定乙付清全部价款之日才取得所有权。8 月 1 日，乙因交通事故意外死亡。其子丙为乙唯一的继承人，于 9 月 1 日与善意的丁签订房屋买卖合同，丙将钥匙交给丁并交付房屋给丁。甲见乙未如期支付分期款，方知原委。10 月 1 日，丙将未支付的分期房款支付给甲。

请根据上述案情回答下列问题：

（1）甲、乙约定的房屋所有权保留条款是否有效？为什么？

（2）乙何时取得房屋所有权？

（3）丙能否取得房屋所有权？何时取得房屋所有权？为什么？

（4）丁能否取得房屋所有权？为什么？

【参考答案】（1）甲、乙约定的房屋所有权保留条款无效。因为不动产买卖不得约定所有权保留条款，双方当事人约定的所有权保留条款因违反物权法定原则而无效。

（2）乙于7月5日取得房屋所有权。

（3）丙能够取得房屋所有权，8月1日，丙取得房屋所有权。因为丙是乙的继承人，丙于乙死亡时通过继承取得房屋所有权。

（4）丁不能取得房屋所有权。因为丙处分房屋，未经登记，不发生物权效力。

45. 甲公司向乙公司购买一批货物，价值100万元，合同中约定甲公司预先付货款35万元，其余的65万元货款在提货后一年内付清。甲公司请求丙公司为其提供担保，丙公司与乙公司签订了保证合同，但是没有约定保证方式和保证范围。提货1个月后，甲公司在征得乙公司同意后，将65万元的债务移转给欠自己70万元货款的丁公司并签订转让协议，丙公司对此完全不知情。债务清偿期届满之后，乙公司要求丁公司偿还65万元的货款及其利息和实现债权的费用，而这时丁公司因违法经营被依法查处，公司的账户被银行冻结。于是，乙公司找到了丙公司，要求其承担保证责任，丙公司以自己刚刚知道甲公司将债务移转给丁公司为由，拒绝承担责任。乙公司诉诸法院。

请回答下列问题并说明理由：

（1）丙公司的保证方式和保证担保的范围如何确定？

（2）甲公司转移债务的行为是否有效？为什么？

（3）丙公司是否继续承担保证责任？为什么？

（4）若乙公司将其债权转让给戊公司，该债权转让合同是否有效？若乙公司转让债权通知了甲公司但未通知丙公司，则债权转让对甲公司和丙公司的效力如何？

【参考答案】（1）丙公司的保证方式为一般保证。丙公司对全部债务承担责任。理由：丙公司与乙公司签订的保证合同没有约定保证方式，丙公司按照一般保证承担保证责任。丙公司和乙公司在保证合同中，对保证范围没有约定，因此丙公司应对全部债务承担责任，包括65万元债务及其利息和实现债权的费用。

（2）有效。理由：甲公司经乙公司同意，将其欠乙公司的债务移转给丁公司，因此，甲公司与丁公司的债务移转具有法律效力。

（3）丙公司不再继续承担保证责任。理由：乙公司许可甲公司移转债务给丁公司，但是并未取得保证人丙公司的书面同意，丙公司不再继续承担保证责任。

（4）乙公司和戊公司之间的债权转让合同有效。因债权转让通知了甲公司，该债权转让对甲公司有效，甲公司应当向戊公司履行债务；因债权转让没有通知丙公司，丙公司不再承担保证责任。

46. 甲公司向乙银行借款300万元，双方约定：借用期限为6个月，期限截至2019年8月31日，期限届满一次性偿还，并按照银行同期存款利率计算利息，如果甲公司逾期不还，乙银行有权要求甲公司承担违约责任。同时，乙银行与丙公司签订担保合同，约定：丙公司为甲公司的借款提供连带责任保证，保证期间截至2019年8月31日。此外，为了顺利保证甲公司按期还款，丙公司又以自己所有的大厦第五层的房屋为甲公司提供抵押担保，并将应收账款作为甲公司还款的质押担保，乙银行请求丙公司及时办理抵押登记和质押登记，但是丙公司未按约定办理抵押担保登记和质押担保登记。后来，甲公司没有按期还款，乙银行于2019年10月20日将甲公司和丙公司诉至法院，请求甲公司承担违约责任并请求丙公司承担担保责任。

请回答下列问题：

（1）如何认定甲公司和乙银行签订的借款合同的效力？为什么？

（2）如何认定乙银行和丙公司签订的抵押担保合同和质押担保合同的效力？为什么？

（3）乙银行与丙公司设定的抵押权担保合同和质权能否成立？为什么？

（4）甲公司和丙公司是否应对乙银行承担民事责任？为什么？

（5）如何起算丙公司承担保证责任的期间和保证债务的诉讼时效？为什么？

【参考答案】（1）借款合同有效。理由：甲公司和乙银行具有签约能力、意思表示真实，所签合同内容不违反法律、行政法规的强制性规定，也不违背公序良俗，因此借款合同有效。

（2）抵押担保合同和质押担保合同有效。理由：抵押合同和质押合同是乙银行和丙公司真实的意思表示，内容不违反法律和行政法规的强制性规定，也不违背公序良俗，抵押财产和质押财产也为法律允许抵押和出质的财产，因此抵押合同和质押合同都有效；虽然抵押和质押并未办理登记，但这并不影响抵押合同和质押合同的效力。

（3）抵押权和质权并未设立。理由：以不动产设立抵押权的，必须办理抵押权登记，但该登记并未办理，抵押权并未设立；以应收账款设立质权的，需办理出质登记，但该登记也未办理，质权并未设立。

（4）首先，甲公司没有按期还款，甲公司应当对乙公司承担违约责任。其次，由于丙公司和乙银行的抵押权和质权并未成立，丙公司不承担抵押担保和质押担保责任，但丙公司违反抵押担保合同和质押担保合同的约定没有办理登记，应就违反该约定向乙银行承担违约责任。再次，乙银行有权请求丙公司继续承担保证责任。因为丙公司对甲公司承担的是连带责任保证，应当承担保证责任。

（5）①丙公司承担保证责任的期间截至2020年2月29日。因为债权人乙银行和保证人的担保合同约定的保证期间等于主债务履行期限，视为没有约定，保证期间应为主债务履行期限届满之日起6个月，截至2020年2月29日。②保证债务的诉讼时效截止于2022年10月20日。因为乙银行在2019年10月20日（保证期间）请求连带责任保证人丙公司承担保证责任，从请求之日起开始计算保证债务的诉讼时效，诉讼时效期间为3年，截至2022年10月20日。

47．甲有一套三室两厅的房屋，由于长期空置想对外出租。乙寻至甲处，欲租赁此房屋。2019年2月2日，甲与乙书面约定：乙以每月3 000元的价格承租甲的房屋，租赁期为25年。随后，乙便住进该房屋。2019年6月2日，天降大雨，狂风将屋顶吹破，致使房屋漏雨、透风。发生事故之后，乙积极找甲协商，希望甲尽快将房屋修好。但甲拒绝维修房屋。乙被迫自己拿出2 000元进行维修，并向甲索要维修费。2019年8月2日，乙感觉自己居住房屋比较浪费，便将房屋中的一间出租给丙，每月收取丙的租金1 500元，甲知道转租后直至2020年3月1日前并未表态。不久，甲的经济状况有所下滑，便想把租给乙的房屋卖出去，以便周转资金。2020年7月2日，甲在未通知乙的情况下与丁签订合同，将房屋出售给丁，并办理了过户手续。随后，丁便要求乙搬出房屋，但乙拒绝搬出。

请回答下列问题：

（1）甲与乙之间的租赁期如何确定？为什么？

（2）狂风导致房屋受损，此笔损失应由谁承担？

（3）乙修理房屋所花费的2 000元，是否可以向甲索要？为什么？

（4）乙与丙之间的转租关系是否有效？丙每月应向谁支付1 500元？为什么？

（5）若乙拖欠甲两个月租金未付，丙能否代乙向甲支付？

（6）乙是否有权请求确认甲、丁签订的房屋买卖合同无效？

（7）乙拒不搬出房屋是否合法？为什么？

【参考答案】（1）租赁期限为20年。因为对于租赁合同约定超过20年期限的，超过20年的期限无效。

（2）房屋损失由甲承担。甲是房屋的所有权人和出租人，在当事人没有约定的情况下，应由甲承担房屋受损的风险。

（3）乙可以向甲索要。因为房屋的维修费用应由出租人甲承担。

（4）转租有效，丙应向乙支付租金。因为乙将房屋转租给丙，出租人甲在知道转租事宜后 6 个月内并未表态，视为同意转租，转租合同合法有效。基于合同的相对性，丙应向乙支付租金。

（5）丙可以代乙向甲支付。

（6）乙有权请求甲赔偿损失，但是乙无权请求确认甲、丁签订的房屋买卖合同无效。

（7）乙拒绝搬出房屋合法。根据买卖不破租赁原则，房屋所有权的变动不影响租赁合同的效力，租赁合同对新的所有权人仍然有效。

48. 甲、乙签订房屋租赁合同，双方约定，甲将其所有的房屋 3 间租给乙，期限为 6 年，自 2014 年 9 月 1 日至 2020 年 8 月 31 日，若有一方违约，应付给对方违约金 5 万元。但是，乙因在国外留学而一直未居住并占有该房屋。2016 年 12 月，甲为了经营水果批发业务向银行贷款，为了获取贷款，甲将该房屋抵押给丁银行，并办理了抵押登记。2020 年 2 月，甲又与丙签订了该房屋的买卖合同，办理了过户登记手续并通知了丁银行，但甲并未将出卖房屋的事实告知乙。2020 年 6 月，甲因到期不能清偿贷款，丁银行欲实现抵押权，遭到丙与刚回国的乙的反对。各方为此发生纠纷。

请回答下列问题：

（1）甲、乙签订的房屋租赁合同是否有效？为什么？

（2）甲与丁银行设定的房屋抵押权是否成立并有效？为什么？

（3）丙能否取得房屋所有权？为什么？

（4）甲将房屋出卖给丙，乙可否请求甲赔偿损失？为什么？

（5）丙可否请求乙腾退房屋？为什么？

（6）乙和丙是否有权阻止丁银行实现抵押权？为什么？

【参考答案】（1）房屋租赁合同有效。因为合同订立时主体合格，意思表示真实，合同内容不违反法律、行政法规的强制性规定，不违背公序良俗，因此合法有效。

（2）房屋抵押权成立并有效。理由：①房屋租赁后仍可设定抵押权。②房屋抵押签订了书面抵押合同并办理了抵押登记，且符合合同有效条件。

（3）丙能取得房屋所有权。甲、丙之间签订的房屋买卖合同合法有效，且办理了房屋过户登记手续，丙依法取得房屋所有权。

（4）乙可以请求甲赔偿损失。因为乙享有优先购买权，甲转让房屋未通知乙，乙有权请求甲赔偿损失。

（5）丙无权请求乙腾退房屋。因为租赁物所有权发生变动，不影响租赁合同的效力，租赁合同对房屋新的所有权人仍然有效。

（6）乙和丙无权阻止丁银行实现抵押权。理由：①乙一直未占有租赁房屋，乙享有的租赁权不能对抗抵押权。②抵押权具有从属性，甲将房屋转让的，抵押权一并转让，丁银行享有的抵押权不受影响。

49. 甲公司有 300 立方米的木材要加工成家具，乙公司与丙公司一起找到甲公司，三方签订了合同，合同约定，乙公司与丙公司共同将 300 立方米的木材加工成家具，合同履行期为 50 天，价款为 60 万元。乙公司与丙公司也签订了一份合同，约定乙公司负责 200 立方米，丙公司负责 100 立方米，所取得的价款以及所承担的责任也照此比例处理。在加工过程中，因为乙公司工作人员抽烟，

导致60立方米的木材被全部烧毁。合同履行期满后，乙公司与丙公司将全部木材加工成了家具，但乙公司交付的数量不足。甲公司请求乙公司与丙公司连带赔偿损失，丙公司拒绝承担责任。三方无法协商一致，甲公司请求丙公司交付家具，丙公司提出，甲公司不交付价款，自己便拒绝交付家具。甲公司索性通知丙公司解除合同。

请回答下列问题：

（1）乙公司工作人员抽烟，致使60立方米木材被烧毁，如何定性？甲公司对此应如何主张权利？

（2）木材被烧毁，能否适用风险负担规则加以处理？为什么？

（3）乙公司与丙公司是否应当对甲公司承担连带责任？为什么？

（4）丙公司如果赔偿了甲公司的损失，是否有权向乙公司追偿？为什么？

（5）丙公司能否在甲公司交付价款之前拒绝交付家具？为什么？

（6）甲公司能否依据法定解除权解除合同？为什么？

【参考答案】（1）乙公司工作人员抽烟致使木材被烧毁，乙公司应为此承担侵权责任和违约责任。乙公司工作人员抽烟致使木材被烧毁，侵犯了甲公司的财产所有权，构成侵权；乙公司负有保管木材的义务，因保管不善致使木材毁损，构成违约。甲公司有权就侵权损害赔偿请求权和违约责任请求权择一行使。

（2）木材被烧毁不能适用风险负担规则。因为风险负担适用的前提是该风险的发生不可归责于双方当事人，而木材的烧毁归责于乙公司。

（3）乙公司与丙公司应当承担连带赔偿责任。因为乙公司和丙公司是共同承揽人，且乙公司、丙公司和甲公司并未就排除连带责任作出约定，因此应当承担连带责任。

（4）丙公司有权向乙公司追偿。因为乙公司和丙公司承担的债务属于连带债务，对于连带债务，丙公司有权就超出自己赔偿范围的部分向乙公司追偿。

（5）丙公司有权拒绝交付家具。因为丙公司交付家具与甲公司支付价款构成对待给付，丙公司在甲公司支付价款前可以行使同时履行抗辩权，要求双方同时履行。如果甲公司拒绝支付价款的，丙公司可以对家具行使留置权，从而拒绝交付家具。

（6）甲公司不能解除合同。尽管甲公司有解除承揽合同的解除权，但解除权应当在承揽人完成工作成果之前行使。乙公司与丙公司已完成工作成果，甲公司不能行使合同解除权。

50. 4月5日，甲、乙订立房屋买卖合同，约定乙购买甲的A房屋一套，价格200万元；并约定，合同签订后一周内乙先付80万元，交付房屋后付60万元，办理登记过户后付60万元。4月8日，丙得知甲欲将房屋出卖，表示愿意购买。甲告知其已签订合同的事实，丙说愿意出225万元。于是，甲与丙签订了房屋买卖合同，约定合同签订后3日内丙付清全部房款，同时办理过户登记。4月11日，丙付清了全部房款，并办理了过户手续。

4月12日，当乙支付第一笔房款时，甲说："房屋已卖掉，但同小区还有一套B房屋，可作价250万元出售。"乙看后当即表示同意，但提出只能首付80万元，其余170万元向银行申请贷款。甲、乙在原合同文本上将房屋相关信息、价款和付款方式作了修改，其余条款未修改。乙支付首付80万元后，恰逢国家出台房地产贷款调控政策，乙不再具备贷款资格。故乙表示仍然要买A房屋，要求按原合同履行。甲表示A房屋无法交付，并表示第二份合同已经生效，如乙不履行将要承担违约责任。乙认为甲违约在先。5月中旬，乙诉请法院确认甲、丙之间的房屋买卖合同无效，甲应履行4月5日双方签订的合同，交付A房屋，并承担迟延履行交付的违约责任。甲则要求乙继续履行购买B房屋的义务。

5月20日，丙聘请不具备装修资质的丁公司装修A房屋。装修期间，丁公司的装修工张某因操作失误将水管砸破，漏水导致邻居任某的家具等物件损坏，损失约1万元。

请根据上述材料，回答下列问题并说明理由：

(1) A房屋的物权归属应如何确定？

(2) 4月12日，甲、乙之间对原合同修改的行为的效力应当如何认定？

(3) 乙的诉讼请求能否得到支持？在变更合同后，乙是否可以请求甲承担违约责任？

(4) 针对甲要求乙履行购买B房屋的义务，乙可以主张什么权利？

(5) 邻居任某所遭受的损失应当由谁赔偿？

【参考答案】(1) A房屋的所有权归丙。甲、丙订立了有效的房屋买卖合同，并依照约定办理了房屋所有权登记过户手续，完成了不动产物权的公示行为，丙依法取得A房屋的所有权。

(2) 甲、乙之间修改原合同的行为有效。甲、乙之间对原合同修改的行为，为当事人真实的意思表示，且并不违反法律、行政法规的强制性规定，该行为有效。变更后的合同对双方当事人有法律约束力。

(3) 乙的诉讼请求不能得到支持。乙与甲通过协商变更了合同，且甲、丙之间的合同有效且已经办理了物权变动的手续，丙取得了A房屋的所有权，故乙关于确认甲、丙之间合同无效，由甲交付A房屋的请求不能得到支持。但是，乙可以请求甲承担违约责任，乙同意变更合同不等于放弃追索甲在A房屋买卖合同项下的违约责任。

(4) 乙可以请求解除合同，甲应将收受的购房款本金及利息返还给乙。因政策限购属于当事人无法预见的情形，且属于不可归责于双方当事人的重大情事变更，合同履行不能，乙有权解除合同，且无须承担责任。

(5) 邻居任某的损失应当由丙和丁公司承担。张某是丁公司的工作人员，其执行任务的行为，由丁公司承担侵权赔偿责任。丙聘请没有装修资质的丁公司进行装修，具有过错，也对任某的损失承担赔偿责任。丙和丁公司应当按照各自责任的大小向任某承担按份责任。

第三章
法理学

第一节　简答题

一、历年真题考查内容

法理学简答题难度不高，除个别年份的考题外，基本上能在《考试分析》中找到答案。考试中，法理学考查一道简答题，分值为 10 分。从命题规律上看，法理学简答题命题角度较广，概念、特征、成立条件、种类、原则、功能、区别等，都能在考试中出现。具体出题情况见下表：

出题年份	考查内容
2010 年	科学技术对法律的影响。
2011 年	法的基本特征。
2012 年	我国法律责任的归责原则。
2013 年	法律责任的构成要件。
2014 年	法的作用的局限性。
2015 年	法与国家的一般关系。
2016 年	法律论证的正当性标准。
2017 年	法律全球化的主要表现。
2018 年	中国特色社会主义法治体系的主要内容。
2019 年	法律的基本特征。
2020 年	法律职业的内涵与特征。
2021 年	法律事实的概念与主要分类。
2022 年	形式法律推理的种类。

二、简答题专项训练

1．简述马克思主义法学的特征。

【参考答案】（1）马克思主义法学坚持历史唯物主义的立场。马克思认为，不是国家和法决定市民社会，而是市民社会决定国家和法。马克思主义法学主张，法律实现、反映或者体现了占统治地位的经济关系，法律归根结底是由社会的物质生活条件决定的。

（2）马克思主义法学认为法律具有阶级性和意识形态性。马克思主义法学主张，在阶级社会中，法律的内容和程序直接或者间接地体现了统治阶级的利益，法律不仅体现了统治阶级的内在价值观，还为其提供了合法性。

（3）马克思主义法学致力于实现人的解放。马克思主义第一次站在人民的立场探求人类自由解放的道路，以科学的理论为最终建立一个没有压迫、没有剥削、人人平等、人人自由的理想社会指明了方向。如何通过法律实现人的解放是马克思毕生关注的一个问题。在马克思的学说中，实现人的解放是法律的本质性要求，法律也是实现人的解放的一种方式，人的解放的实现离不开法律。

2. 简述“十一个坚持”法治思想的主要内容。

【参考答案】坚持党对全面依法治国的领导；坚持以人民为中心；坚持中国特色社会主义法治道路；坚持依宪治国、依宪执政；坚持在法治轨道上推进国家治理体系和治理能力现代化；坚持建设中国特色社会主义法治体系；坚持依法治国、依法执政、依法行政共同推进，法治国家、法治政府、法治社会一体建设；坚持全面推进科学立法、严格执法、公正司法、全民守法；坚持统筹推进国内法治和涉外法治；坚持建设德才兼备的高素质法治工作队伍；坚持抓住领导干部这个“关键少数”。

3. 简述中国特色社会主义法治理论的主要内容。

【参考答案】（1）社会主义民主制度化、法律化和程序化理论。

（2）依法治国、建设社会主义法治国家理论。

（3）中国特色社会主义法治的核心价值理论。

（4）党的领导、人民当家作主和依法治国的有机统一理论。

（5）依法治国和以德治国相结合理论。

（6）推进法治中国建设，促进国家治理体系和治理能力及其现代化理论。

（7）中国特色社会主义法治体系理论。

（8）良法善治理论。

（9）依法治国与改革开放关系理论。

4. 简述中国特色社会主义法治核心价值理论的基本内容。

【参考答案】（1）法治的诸多价值目标与全面推进依法治国的中国特色社会主义法治建设相结合，主要体现为“人民主体地位”和“公正是法治的生命线”。

（2）“人民是依法治国的主体和力量源泉”，坚持人民主体地位既是全面推进依法治国的基本原则，也是社会主义法治的根本价值。法治建设为了人民、依靠人民、造福人民、保护人民，以保障人民根本利益为出发点和落脚点，保证人民依法享有广泛的权利和自由、承担应尽的义务，维护社会公平正义，促进共同富裕。

（3）坚持公正是法治的生命线。当代中国法治的基本价值体系，主要包括：保障和促进社会公平正义、维护社会和谐稳定、确保国家长治久安、推进经济持续发展、维护世界和平。

5. 简述马克思主义法学关于法本质学说的主要内容。

【参考答案】（1）法律是统治阶级意志的体现。法律是统治阶级或取得胜利并掌握国家政权的阶级的意志的体现。法律所体现的统治阶级意志不是统治阶级内部的各党派、集团及每个成员的个别意志，也不是这些个别意志的简单相加，而是统治阶级的整体意志、共同意志或根本意志。这种共同意志或根本意志是统治阶级作为一个整体在政治上、经济上的根本利益的反映。

（2）法律所体现的意志由一定的物质生活条件所决定。法律是国家意志的体现，而国家意志实质上是统治阶级的共同利益的反映。但法律并不是以意志为基础的，而是由物质生活条件决定的。

（3）法律所体现的意志也受经济以外诸多因素的影响。物质生活条件决定阶级意志的内容，但阶级意志的内容还受到经济以外的各种因素的不同程度的影响。法律和这些因素归根结底在由经济因素起决定作用的条件下相互作用。经济以外的各种因素的范围是很广泛的，主要包括政治、思想、道德、文化、历史传统、民族、宗教、习惯等。

6. 简述法起源的一般规律。

【参考答案】（1）法由个别调整逐步发展为规范性调整。由个别到一般、由自发到自觉，是人类认识发展的一条基本规律，也是法起源和发展的规律。先自发产生了氏族习惯，后来发展为国家自觉认可或制定的法律规范；先出现对特定人、特定事的调整，然后才发展为对一般人、一般事的调整。

（2）法由习惯到习惯法再到制定法。任何国家法的起源，都不可能在刚形成时就具备完全成熟的形态或只有一种形态。法的形态总是先表现为不成文形式，即习惯和习惯法，然后才发展为成文（制定）形式，即成文法。在这一过程中，文化的因素起着相当大的作用。

（3）法由与道德规范、宗教规范混为一体到相对独立。法在氏族习惯的母体中孕育生长，而氏族习惯融原始的道德、宗教等多种社会规范于一体，它们之间没有明确的界限。法律规则的专门化、独立化是社会规范分化的结果，法的形成过程实际上是法日益脱离宗教、道德规范而成为独立的专门的社会规范的过程。

7. 简述我国社会主义法的本质特征。

【参考答案】（1）我国社会主义法的本质，是工人阶级领导下的全国人民共同意志的体现。我国社会主义法所体现的意志既体现了鲜明的阶级性，又体现了广泛的人民性，它不仅强调工人阶级的领导，还强调坚持人民主体地位，一切以人民为中心，因而是人民性与阶级性的统一。

（2）我国社会主义法还体现出代表社会发展进步方向的正义性，同时，在中国共产党的领导下，以五大发展理念为引领，以社会主义法治为保障，实现创新、协调、绿色、开放、共享的社会发展。社会主义法所体现的这种发展理念与人民意志不是自发形成的，而是在中国共产党的领导下逐步形成的，因此，社会主义法是正义性与政治性的统一。

（3）我国社会主义法坚持从中国实际出发，吸收借鉴古今中外优秀的法律文化与制度经验，又与时俱进，不断发展与完善自身制度与实践，体现了科学性与先进性的统一。

8. 简述法律全球化的重大进展。

【参考答案】（1）《联合国宪章》是世界共同遵守的基本规范。《联合国宪章》在相当长的时间里被视为政治宣言，与《世界人权宣言》以及其他重要的国际人权公约一道构成了国际法治的基本框架，具有了“准世界宪法”的性质，如果违反不仅会受到国际社会的谴责，而且会受到联合国的经济乃至军事的制裁。

（2）国际法的许多任意性规范成为强制性规范。国际条约的数量迅速增加，覆盖的领域不断扩大，涉及经济、政治、人权、环境、海洋、外太空等领域，调整的社会关系也日趋具体。另外，根据《维也纳条约法公约》的规定，强行规范高于一般规范，由此，一般国际法强制性规范的地位得到了确立。

（3）国际司法机制正在强化。安理会的地位明显加强，国际法院的作用也在强化，国际刑事法院可自动启动审判程序，即检察官启动。这意味着，国际刑事法院可跨越主权国家的界域对某些犯罪行为实行管辖。

9. 简述法律全球化的主要途径。

【参考答案】（1）国际法的国内化、地方化。联合国、国际组织和国际社会层面的法律被各国全部或部分承认或接受，全球性的法律成为各国法律的组成部分。这主要表现在以下两个方面：①在人权领域中，联合国和国际组织已经形成了许多标准人权文件，规定了一般权利和自由，这些权利对于主权的绝对性构成了实质性限制。②世界贸易组织成立后，成员方必须根据有关协议调整自己的法律制度，突出强调善治或良政原则。

（2）地方法或国内法的全球化。原本是地方性的法律，经由某种途径被全球化。这主要表现在：①新商人法穿越国家领土。新商人法是一种“自我合法化”的法律，是一种“自我繁衍”和“自我发展”的法律制度。②美国等西方国家通过“法律与发展”项目“推销”西方的法律。这些项目尽管没有取得完全的成功，但毕竟影响了许多拉美受援国法律发展的方向和法律改革的进程。

10. 简述法的规范作用和社会作用的区别。

【参考答案】(1) 考察基点不同。法的规范作用是基于法的规范性特征进行考察，即根据法是一种调整人的行为的规范这一基本事实；法的社会作用是基于法的本质、目的和实效进行考察的。

(2) 作用对象不同。法的规范作用的对象是人的行为；法的社会作用的对象是社会关系，即人与人之间的关系。

(3) 存在方式不同。法的规范作用是一切法所共同具有的；法的社会作用则依不同类型、国家，同一国家的不同时期而有所差别。

(4) 所处的层面不同。法的规范作用具有形式性和表象性；法的社会作用具有内容性和本质性。

(5) 发挥作用的前提不同。实现规范作用的前提是颁布法律，把法律告诉人们，法就能发挥规范作用；实现社会作用的前提是法律被运用、被实施，它要通过人们的法律行为或产生一定的法律关系。前者是静态中发生的，后者是在动态中发生的。

11. 简述法的作用的含义和实质。

【参考答案】法的作用是指法律对人们的行为、社会生活和社会关系产生的影响。

对法的作用的实质可以从如下两个方面来认识：一方面，法的作用是国家权力运行和国家意志实现的具体表现。国家权力是法的载体和支点，法是国家意志这一内容的规范化。法对人的行为以及对社会关系的影响，实质上就是国家把自己的意志和态度通过国家权力加以推行和实现。另一方面，法的作用是社会经济状况的具体体现。法的作用取决于经济基础，在一定的社会中，法能否承担起立法者所赋予它的功能，从根本上说，取决于生产关系或生产方式自身的生命力，而不是取决于立法者的主观愿望。

12. 简述法的价值的特征。

【参考答案】(1) 法的价值是阶级性与社会性的统一。从主体角度看，法的价值是以人为主体的价值关系，具有阶级性与社会性；从客体角度看，法律本身也具有反映统治阶级意志和执行社会公共事务的双重属性。

(2) 法的价值是主观性与客观性的统一。法的价值以主体的需要为转移，具有主观性；法的价值要受到物质生活条件的制约，具有客观性。二者统一于法律主体的社会实践。

(3) 法的价值是统一性与多样性的统一。法的主体需要的不断发展和多样性决定了法的价值的多样性；法所蕴含的某种共同价值标准体现了法的价值的统一性。

★13. 简述法律确认和保障平等价值实现的基本方式。

【参考答案】法律一般通过立法、执法和司法等活动来确认和保障平等实现。

法律确认和保障平等价值实现的基本方式有：

(1) 法律将平等确立为一项基本的法律原则。平等贯穿于一个国家的整个法律体系，如宪法层面、民法和程序法领域确认的平等原则等。

(2) 法律确认和保障主体法律地位的平等。主体地位平等是法律形式平等的最重要的体现，也是实质平等的前提。

(3) 法律确认和保障社会财富、资源、机会与社会负担的平等分配。法律将这些内容转化为相应的法律权利与义务，并保障其实现。

(4) 法律公平地分配法律责任。责任自负、责任相称、过错责任为主而无过错责任为辅等，都是责任公平原则的体现。

★14. 简述解决法的价值冲突的基本原则。

【参考答案】（1）价值位阶原则。在不同位阶的法律价值发生冲突时，在先的价值优于在后的价值。当基本价值与非基本价值之间发生冲突时，基本价值优于非基本价值。

（2）个案平衡原则。在处于同一位阶上的法律价值之间发生冲突时，必须综合考虑主体之间的特定情形、需求和利益，使个案的解决能够适当兼顾双方的利益。

（3）比例原则。为保护某种较为优越的法律价值须侵害某一法益时，不得逾越达此目的所必要的程度。

（4）人民根本利益原则。解决法律价值之间的冲突应以是否满足最广大人民的根本利益为标准，这是当代中国社会主义法律价值体系中的根本价值原则。

15. 简述当代中国正式意义上的法律渊源的构成。

【参考答案】当代中国的法律渊源是以宪法为核心、以制定法为主的法律渊源。当代中国正式意义上的法律渊源包括宪法、法律、行政法规、监察法规、地方性法规、自治条例和单行条例、行政规章、特别行政区基本法及特别行政区的法律、国际条约和国际惯例。

（1）宪法。宪法是我国的根本法，具有最高的法律效力，是我国社会主义法律的基本渊源。

（2）法律。法律是由全国人大及其常委会制定的规范性法律文件，其法律效力仅次于宪法。法律分为基本法律和非基本法律，此外，全国人大及其常委会发布的具有规范性内容的决定和决议，也属于法律渊源。

（3）行政法规。行政法规是由国务院制定的有关国家行政管理的规范性文件。国务院发布的具有规范性内容的决定和命令，与行政法规具有同等效力，也属于我国的法律渊源。

（4）监察法规。监察法规是国家监察委员会根据宪法和法律制定的一种法规。作为法律渊源之一的监察法规不得与宪法、法律相抵触。

（5）地方性法规。地方性法规是省、自治区、直辖市、设区的市、自治州的人民代表大会及其常务委员会根据本行政区域的具体情况和实际需要，在不同宪法、法律、行政法规相抵触的前提下制定的规范性文件。

（6）自治条例和单行条例。民族自治地方的人大有权根据当地民族的政治、经济和文化的特点，制定自治条例和单行条例。自治区人大制定的自治条例和单行条例，报全国人大常委会批准后生效；自治州、自治县人大制定的自治条例和单行条例，报省、自治区、直辖市人大常委会批准后生效，并报全国人大常委会备案。

（7）行政规章。行政规章包括部门规章和地方政府规章。部门规章即国务院各部、委员会、中国人民银行、审计署和具有行政管理职能的直属机构，根据法律和国务院的行政法规、决定、命令，在本部门的职权范围内制定的规范性文件。地方政府规章是指省、自治区、直辖市、设区的市、自治州政府制定的在本行政区域内实施的规范性法律文件。

（8）特别行政区基本法及特别行政区的法律。特别行政区基本法属于基本法律；特别行政区的法律是根据宪法和特别行政区基本法，在特别行政区内施行的法律。

（9）国际条约和国际惯例。我国签订或者加入的国际条约，具有与国内法一样的约束力，也是我国的法律渊源之一；我国缔结或者参加的国际条约没有规定的，可以适用国际惯例。

★16. 简述法的效力等级的一般原则。

【参考答案】（1）上位法的效力高于下位法，即规范性法律文件的效力层次决定于其制定主体的法律地位，行政法规的效力高于地方性法规。

（2）特别法优于一般法，指在同一位阶的法律之间，特别法优于一般法。即同一事项，两种法律都有规定的，特别法比一般法优先，优先适用特别法。

(3) 新法优于旧法，即在同一位阶的法律之间，两者对同一事项规定不一样的，新颁布的法律优先适用。

17. 简述法律概念的含义和功能。

【参考答案】法律概念是法律的构成要素之一，是对各种法律事实进行概括，抽象出它们的共同特征而形成的权威性范畴。法律概念具有明确性、规范性、统一性等特点。

法律概念具有如下功能：

(1) 表达功能。法律概念间的连接使法律得以表达，没有法律概念，法律是难以想象的。

(2) 认识功能。法律概念使人们得以认识和理解法律，不借助法律概念，人们便无法认识法律的内容，难以进行法律交流，更无法在此基础上进行法律实践活动。

(3) 改进法律、提高法律科学化程度的功能。丰富而明确的法律概念可以提高法律的明确化程度和专业化程度，使法律成为专门的工具，使法律工作成为独立的职业。

★18. 简述法律规则的含义和特点。

【参考答案】法律规则，又称法律规范，是采取一定的结构形式具体规定人们的法律权利、法律义务以及相应的法律后果的行为规则。法律规则具有微观指导性、可操作性较强、确定性程度较高、可预测性等特征。

(1) 法律规则是一种一般的行为规则，它使用同一标准，对属于其效力范围内的主体行为进行指导和评价，这一特点使它有别于任何个别性调整措施。

(2) 法律规则规定了一定的行为模式，是一种命令式的必须遵守的行为规则，这使它区别于不包含确定行为方案或仅具有倡导性的口号或建议。

(3) 法律规则是由国家制定或认可的行为规则，具有强烈的国家意志性，这是它区别于其他社会规则的最基本特征。

(4) 法律规则规定了社会关系参加者在法律上的权利和义务以及违反规则要求时的法律责任和制裁措施。

(5) 法律规则有明确的、肯定的行为模式，有特殊的构成要素和结构，是一种高度发达的社会行为规则。

★19. 简述法律规则和法律原则的区别。

【参考答案】(1) 在内容上，法律规则的规定是明确具体的，而法律原则不预先设定明确的、具体的假定条件，更没有设定明确的法律后果，其要求比较笼统、模糊。

(2) 在适用范围上，法律规则只适用于某一类型的行为，而法律原则具有宏观的指导性，其适用范围比法律规则宽。

(3) 在适用方式上，法律规则是以“全有或全无的方式”应用于个案当中的，如果一条规则所规定的事实是既定的，或者这条规则是有效的，在这种情况下，必须接受该规则所提供的解决办法。而法律原则的适用则不同，它不是以“全有或全无的方式”应用于个案当中的，当两个原则在具体的个案中冲突时，法官必须根据案件的具体情况及有关背景在不同强度的原则间作出权衡。不同强度的甚至冲突的原则都可能存在于一部法律之中。

(4) 在作用上，法律规则具有比法律原则强度大的显示性特征，它形成了法律制度中坚硬的部分，没有规则，法律制度就缺乏硬度。法律原则是法律规则的本源和基础，它们可以协调法律体系中规则之间的矛盾，弥补法律规则的不足与局限，它们甚至可以直接作为法官裁判的法律依据。

20. 简述法律部门的含义和特征。

【参考答案】法律部门又称部门法，是指一个国家根据一定原则和标准划分的本国同类法律规范的总称。法律部门也是法律分类的一种形式。

法律部门具有如下特征：

(1) 构成一国法律体系的所有部门法是统一的，各个部门法之间是协调的。我国法律部门都统一于宪法基础之上。

(2) 各个法律部门之间既相互联系又相互独立，它们的内容是有区别的。各个法律部门既相互联系又相互独立，构成完整的法律体系，不同的法律部门有各自不同的调整对象和调整方法，其内容也是有区别的。

(3) 各个法律部门的结构和内容基本上是确定的，但又是相对的和变动的。各个法律部门的结构和内容是相对稳定性和变动性的统一。

(4) 法律部门是主客观相结合的产物。一方面，法律部门的划分离不开客观的社会关系，它有客观的基础；另一方面，法律毕竟是人们尤其是立法者主观活动的产物，法律部门的划分又带有主观的因素。

21. 简述法律部门的划分标准。

【参考答案】法律部门的划分标准包括法律调整的对象和法律调整的方法，二者紧密联系，不可或缺。

(1) 法律调整的对象。法律调整的对象，即法律调整的社会关系，是划分法律部门的首要标准和第一位标准。法律调整的是社会关系，每部法律规范的制定都是对于某一社会关系的规定，离开了社会关系，就不会有任何法律规范的存在。以法律所调整社会关系的不同为标准，可以把法律规范划归不同的法律部门。

(2) 法律调整的方法。法律调整的对象虽然是划分法律部门的首要标准和第一位标准，但是仅依据这一标准不能解决所有法律部门的划分问题，因此，还需要将法律调整的方法作为划分法律部门的辅助标准。法律调整的方法的种类包括：①依据法律责任承担方式的不同划分法律部门。②依据法律所调整的社会关系的不同主体以及确定这种主体间权利义务关系的不同原则和形式划分法律部门。

(3) 法律调整的对象和法律调整的方法之间存在着非常密切的关系，法律调整的方法是由法律调整的社会关系的性质决定的，不同性质的社会关系应当以不同的方法来调整。因此，与法律调整的对象相比，法律调整的方法是辅助的、从属的标准。

22. 简述当代中国法律体系的构成。

【参考答案】(1) 宪法及其相关法。宪法是我国社会主义法律体系的基础和主导性的法律部门，是其他部门法所有规范性法律文件的最高依据，处于特殊的地位，起着特殊的作用。宪法除了包括《中华人民共和国宪法》这一占主导地位的法律文件外，还包含处于附属层次的一些法律文件。

(2) 行政法。行政法是有关国家行政管理活动的法律规范的总称，它是由调整行政管理活动中国家机关之间、国家机关同企业事业单位、社会团体、公民之间发生的行政关系的规范性文件组成的。

(3) 民商法。民商法是调整作为平等主体的公民之间、法人之间、公民与法人之间的财产关系和人身关系的法律规范的总和。民商法可以分为民法和商法两个次级法律部门。

(4) 经济法。经济法是有关国家对经济实行宏观调控的各种法律规范的总和。

(5) 环境法。环境法是关于保护、治理和合理开发自然资源，保护环境、防治污染和其他公害、维护生态平衡的法律规范的总称。它包括环境污染防治法和资源法两方面的法律。

(6) 社会法。社会法是调整国家在解决社会问题和促进社会公共事业发展的过程中所产生的各种社会关系的法律规范的总称，它的主要功能是解决社会问题，促进社会事业发展。

(7) 军事法。军事法是有关国防和军队建设的法律规范的总称。军事法是中国特色社会主义法律体系的重要组成部分，依法治军、从严治军是强军之基，是建军、治军的基本方略。

(8) 刑法。刑法是有关犯罪和刑罚的法律规范的总称。

(9) 程序法。程序法是指规范因诉讼和非诉讼活动而产生的社会关系的法律规范的总和，由诉讼程序法与非诉讼程序法两部分组成。

23. 简述我国现行的立法体制及实行该体制的原因。

【参考答案】(1) 我国现行的立法体制是"既统一而又分层次"的立法体制。概括地说，就是在全国人大及其常委会统一行使国家立法权的同时，赋予国务院制定行政法规和省、自治区和直辖市人民代表大会及其常务委员会制定地方性法规的权限，还赋予民族自治地方制定自治条例和单行条例，以及经济特区所在省、市制定经济特区法规的权限。

(2) 我国实行"既统一而又分层次"的立法体制的原因：①我国是单一制国家，不是联邦制。这决定了我国的立法权必须相对集中于中央。②我国实行人民代表大会制度，各级人民代表大会是人民行使国家权力的根本途径。这就决定了我国的立法权必须相对集中于国家权力机关。③我国地域辽阔，人口众多，各地经济、政治、文化、社会情况各不相同，特别是多民族性，决定了我国的立法权不能全部集中在中央，必须给民族自治地方一定的立法权，在少数民族聚居的地方实行民族区域自治，以适应各地的不同情况。④我国正在实行改革开放，法律尚不完备。这就决定了我国的立法权不能完全集中在国家权力机关的手中，必须给行政机关以一定的立法权，以适应体制改革和对外开放的实际需要。

24. 简述法律实施的含义和意义。

【参考答案】法律实施是指法在社会生活中被人们实际施行，即在社会生活中通过执法、司法、守法、法律监督等方式对法律贯彻落实。

法律实施具有如下意义：

(1) 法律实施是实现法的作用与目的的条件，是实现法的价值的必由之路。法律本身反映了统治者或立法者通过法律调整社会关系的愿望与方法，反映了立法者的价值追求。没有法律实施，就不可能实现法律所蕴含的基本价值，就无法实现法所具有的作用与目的。

(2) 法律实施是建立法治国家的必备条件。建立法治国家有赖于法律实施，没有法律实施活动，建立法治国家就成为一句空话。制定好的法律，并严格实施这种法律，这是实现法治的重要条件。

25. 简述法律实施的主要基础与动力。

【参考答案】(1) 法律的人民性是法律实施的根本基础与动力。法律实施需要人民的拥护和信赖。我国宪法和法律秉持"以人为本"的基本理念，以尊重人民主体地位、增进人民利益福祉、促进人的全面发展、保障和改善民生、确保改革成果的广泛公平分享为核心价值，必将获得人民群众发自内心的拥护和支持，进而不断增强宪法和法律实施的内生动力，提升宪法和法律实施的水平和效果。

(2) 法律的公正性是法律实施的前提和基础。公正是法律的生命线，保障和维护社会公正是法治的核心价值。法律公正是良法善治的基本标志，也是法律有效实施的基本前提。只有公正的法律才能获得人民群众的认可、接受和遵守。在法治的范畴内，法律公正主要包括权利公平、机会公平、规则公平等。

(3) 法律的权威性是法律实施的根本保障和动力。法律的权威性是指在国家生活中法律应当有至上的效力和尊严，宪法和法律拥有足够的力量规范权力运行、制约权力任性，维护宪法和法律秩序，维护国家制度安全。法律权威的重要标志和基本保障在于，法律由国家强制力保证实施。

★26. 简述行政执法和司法的区别。

【参考答案】（1）行政执法具有主动性，司法具有被动性。

（2）行政执法具有单方面性，司法活动要有多方主体参加。

（3）行政执法的内容具有广泛性，司法的内容具有单一性。

（4）行政执法具有鲜明的阶级倾向性和非中立性，司法具有中立性。

（5）行政执法的合法性要受到司法的审查，不具有终极性，司法具有终极性。

（6）行政执法注重结果的实质性，司法注重程序性。

（7）行政执法具有可转授性，执法可以由行政机关实施，也可以授权社会组织实施，还可以委托社会组织和个人实施；司法不能转授，只能由法定的司法机关行使。

27. 简述执法活动中比例原则的内涵。

【参考答案】比例原则是指行政机关实施行政行为应兼顾行政目标的实现和相对人权益的保护，如果为了实现行政目标可能对相对人权益造成某种不利影响时，应使这种不利影响限制在尽可能小的范围和限度内，使二者处于适度的比例。

比例原则的内涵分为如下三个方面：

（1）妥当性（适当性）原则。妥当性原则是指行政行为对于实现行政目的、目标是适当的。

（2）必要性原则。必要性原则是指行政行为应以达到行政目的、目标为限，不能给相对人权益造成过度的不利影响，即行政权的行使只能限于必要的度，以尽可能使相对人权益遭受最小的侵害。

（3）比例性原则。比例性原则是指行政行为的实施应衡量其目的达到的利益与侵犯相对人的权益二者孰轻孰重。只有前者重于后者时，其行为才具合理性，行政行为在任何时候均不应给相对人权益造成超过行政目的、目标本身价值的损害。

★28. 简述司法机关依法独立行使职权原则的内涵。

【参考答案】（1）司法权的专属性。国家的司法权只能由国家各级审判机关和检察机关统一行使，其他任何机关、团体和个人都无权行使此项权力。

（2）司法权行使的独立性。人民法院、人民检察院依照法律独立行使自己的职权，不受行政机关、社会团体和个人的干涉。

（3）司法权行使的合法性。司法机关审理案件必须严格依照法律规定，正确适用法律，不得滥用职权，枉法裁判。

★29. 简述司法体制改革的主要任务。

【参考答案】（1）保证公正司法、提高司法公信力。重点包括推进以审判为中心的诉讼制度改革，改革法院案件受理制度，探索建立检察机关提起公益诉讼制度，实行办案质量终身负责制和错案责任倒查问责制，完善人民陪审员和人民监督员制度等。探索设立跨行政区划的人民法院和人民检察院，办理跨地区案件。完善行政诉讼体制机制，合理调整行政诉讼案件管辖制度，切实解决行政诉讼立案难、审理难、执行难等突出问题。

（2）增强全民法治观念、推进法治社会建设。重点包括发展中国特色社会主义法治理论，把法治教育纳入国民教育体系和精神文明创建内容，完善守法诚信褒奖机制和违法失信行为惩戒机制，推进公共法律服务体系建设，构建对维护群众利益具有重大作用的制度体系，完善多元化纠纷解决机制等。

（3）加强法治工作队伍建设。重点包括完善法律职业准入制度，加快建立符合职业特点的法治工作人员管理制度，建立法官、检察官逐级遴选制度，健全法治工作部门和法学教育研究机构人员双向交流与互聘机制，深化律师管理制度改革。

★30. 简述法律解释的概念和特征。

【参考答案】法律解释是指一定的人或组织对法律规定含义的说明。

法律解释具有如下特征：

（1）法律解释的对象是法律规定。法律解释的任务是要通过研究法律文本及其附随情况即制定时的经济、政治、文化、技术等方面的背景情况，探求它们所表现出来的法律意旨。

（2）法律解释与具体案件密切相关。法律解释往往由待处理的案件所引起，法律解释需要将条文与案件事实结合起来进行。

（3）法律解释具有一定的价值取向性。法律解释的过程是一个价值判断和价值选择的过程。人们创制并实施法律是为了实现一定的目的，而这些目的又以某些基本的价值为基础。这些目的和价值就是法律解释所要探求的法律意旨。

（4）法律解释受解释学循环的制约。解释学循环是解释学中的一个中心问题，它是指“整体”只有通过理解它的“部分”才能得到理解，而对“部分”的理解又只能通过对“整体”的理解来实现。

★31. 简述立法解释的主要任务。

【参考答案】（1）阐明法律实施中产生的疑义。即对法律规定本身不十分清楚、明确的条文进行说明，或者规定本身虽然清楚、明确，但实施法律的人不了解立法者的立法精神，因此需要立法解释。

（2）适应社会发展，赋予法律规定以新含义。在没有对原法律进行修改、补充、废止之前，通过赋予法律规定新含义的方法以补充法律。

（3）解决法条冲突以及司法解释之间的冲突。一方面，当出现法条冲突，而不能用法条竞合的一般规则来解释时，需要全国人大常委会进行立法解释；另一方面，根据我国现行法律解释体制，最高人民法院和最高人民检察院都有权进行司法解释，如果它们的司法解释发生冲突，应当报请全国人大常委会作出最终解释。由全国人大常委会负责解释我国整个法律制度的核心部分，即宪法和法律，表明它在我国法律解释体制中应当占有主体地位。

32. 简述我国法律解释体制的基本内容。

【参考答案】我国确立了以全国人大常委会为主体的各机关分工配合的法律解释体制。其基本内容如下：

（1）凡关于法律、法令条文本身需要进一步明确界限或作补充规定的，由全国人民代表大会常务委员会进行解释或用法令加以规定。

（2）凡属于法院审判工作中具体应用法律、法令的问题，由最高人民法院进行解释。凡属于检察院检察工作中具体应用法律、法令的问题，由最高人民检察院进行解释。最高人民法院和最高人民检察院的解释如果有原则性的分歧，报请全国人民代表大会常务委员会解释或决定。

（3）不属于审判和检察工作中的其他法律、法令如何具体应用的问题，由国务院及主管部门进行解释。

（4）凡属于地方性法规条文本身需要进一步明确界限或作补充规定的，由制定法规的省、自治区、直辖市人民代表大会常务委员会进行解释或作出规定。凡属于地方性法规如何具体应用的问题，由省、自治区、直辖市人民政府主管部门进行解释。

★33. 简述司法解释的作用。

【参考答案】（1）对法律规定不够具体而使理解和执行有困难的问题进行解释，赋予比较概括、原则的规定以具体内容。

（2）通过法律解释适应变化了的社会情况。法律调整应当与社会现实相协调，应当随社会的发展而赋予某类行为以相应的法律意义，作出适合社会发展的评价。

（3）对适用法律中的疑问进行统一的解释。一种情况是在适用法律过程中对具体法律条文理解不一致，通过解释，统一认识，正确司法；另一种情况是为统一审理标准，针对某一类案件、某一问题或某一具体个案，就如何理解和执行法律规定而作出的统一解释。

（4）对各级法院之间应如何依据法律规定相互配合审理案件、确定管辖以及有关操作规范问题进行解释。

（5）通过解释活动，弥补立法的不足。

★34. 简述法律推理的概念和特征。

【参考答案】法律推理通常是指以法律与事实两个已知的判断为前提，运用科学的方法和规则，为法律适用提供正当理由的一种逻辑思维活动。

法律推理具有如下特征：

（1）法律推理是法律运用中的一种思维活动。它不仅需要对抽象的法律规范进行理解和选择，而且还需要将这种抽象的法律规范应用于具体案件之中，因此，它可能是一系列复杂的推理和论证活动的综合。

（2）法律推理以法律与事实为两个已知的判断作为推理的前提。在法律规范所作出的规定和已判明的法律事实之间建立合理的联系，以此为前提，推理论证出适用结果，也就是“以事实为根据，以法律为准绳”。法律推理要受到现行法律的约束，现行法律是法律推理的前提和制约法律推理的条件。在缺乏明确的法律规定的情况下，有时法律原则、政策、法理等也会成为法律推理的前提。

（3）法律推理运用多种科学的方法和规则进行。其中除了最基本的逻辑推理方法外，还需要应用一些非逻辑的分析和论证。

（4）法律推理的目的是为法律适用提供正当理由。法律推理的结果与法律适用的理由相关，法律推理为适用结论提供正当理由，故推理过程实际上带有说明理由的成分。

（5）法律推理的结果往往涉及当事人的利害关系。在许多情况下，法律推理的结论事关当事人是否拥有权利、是否应承担义务、是否应负法律责任等，而这些问题直接关系当事人的利益。

★35. 简述法律论证的含义和特点。

【参考答案】法律论证主要是指在司法过程中对判决理由的正当性、合法性或合理性进行论证，即在诉讼过程中，诉讼主体运用证据确定案件事实、得出结论的思维过程。

法律论证具有如下特点：

（1）法律论证的目的，是从多种合理甚至合法的法律主张中论证出最佳选择。

（2）法律论证是合情理论证。法律论证理论是对传统法律教义学和解释理论的超越，即意识到法律三段论的局限，强调“法外”因素在法律正当性论证（证成）中的意义，实际上与论理解释中的目的解释和社会学解释以及实质推理异曲同工，属于演绎论证和归纳论证之外的似真论证，即合情理论证。

（3）法律论证具有可证伪性。法律论证一般由两个部分组成，即法律问题和事实问题。由于事实、法律、社会等因素的变化，论证的结论有可能被证伪或被修正，因此，法律论证的结论不是绝对的，具有可废止性，或称为可改写性或可证伪性。

36. 简述法律权利的概念、特点和法律权利和权力的区别。

【参考答案】（1）法律权利是指法律关系主体即权利主体或享有权利的人，依法具有自己这样或不这样行为，或要求他人这样或不这样行为的能力或资格。

（2）法律权利具有如下特征：①法律权利来自法律规范的规定，得到国家的确认和保障，法律权利是体现国家意志的法律、法规所承认和保护的。②法律权利是保证权利人实现利益的法律手段。法律权利的本质受社会经济关系的制约，法律权利永远不能超出社会的经济结构以及由经济结构所制约的社会的文化发展。因此，法律权利的本质决定了法律权利是权利人实现利益的手段。③法律权利与法律义务相关联。离开义务就无法理解权利，权利得到义务的保证，否则权利人的权利不可能行使。④法律权利确定了权利人从事法律所允许的行为的范围，在这一范围内，权利人满足自己利益的行为或者要求义务人从事一定行为是合法的。

（3）法律权利和权力的区别表现在：①针对的对象不同。在我国现行宪法中，对中央国家机关使用职权一词，对地方国家机关使用权限一词，对公民则使用权利一词。②主体不同。权利主体一般是公民与法人和其他社会组织，权力主体则只能是被授予权力的国家机关及其特定的工作人员。③自由度不同。权利主体对其享有的某些权利是可以转让或放弃的，职权不能放弃、不可让与。④强制性程度不同。权力的强制性是直接的，权利的强制性则是以权力为中介的，是间接的。

★37. 简述法律事实的概念和特征。

【参考答案】法律事实是指能够引起法律关系产生、变更或消灭的各种事实的总称。

法律事实具有如下特征：

（1）法律事实是一种规范性事实。法律事实是法律规范规定的事实，没有法律规范就不会有法律事实。

（2）法律事实是一种能够用证据证明的客观事实。这意味着法律事实不仅是客观事实，而且还是能够用证据证明的客观事实。法律事实是客观存在的事实，法律事实应该通过完善的证据规则、审判规则以尽可能地反映客观事实。

（3）法律事实是一种具有法律意义的事实。法律事实必须是法律所规定的，只有那些具有法律意义的事实才能够引起法律后果。法律事实反映了法律调整受到具体社会生活情况和社会事实的制约。

★38. 简述法律责任的功能。

【参考答案】（1）惩罚功能。惩罚功能就是惩罚违法者和违约者，维护社会安全与秩序的功能。该功能是法律责任的首要功能。

（2）救济功能。救济功能就是救济法律关系主体受到的损失，恢复受侵犯的权利的功能。法律通过设定一定的财产责任，赔偿或补偿在一定法律关系中受到侵犯的权利或者在一定社会关系中受到损失的利益。

（3）预防功能。预防功能就是通过使违法者、违约者承担法律责任，教育违法者、违约者和其他社会成员，预防犯罪或违法行为的发生的功能。法律通过设定犯罪和违法行为必须承担不利的法律后果，表明社会和国家对这些行为的否定态度。这不仅对犯罪者和违法者具有教育、震慑作用，而且也可以教育其他社会成员依法办事，不做有损国家、社会、集体和他人合法利益的行为。

★39. 简述法律责任免除的条件。

【参考答案】（1）时效免责。如果没有法律的特别规定，违法者在其违法行为发生一定期限后因时间的流逝而不再承担法律责任。

（2）不诉免责。对于不告不理或告诉才处理的违法行为，因当事人不告诉而使违法者免除法律责任。

（3）自首立功免责。对那些违法之后有自首或立功表现的人，免除其部分或全部法律责任。

（4）有效补救免责。对于那些实施违法行为，造成一定损害，但在国家机关追责之前采取及时补救措施的人，免除其部分或全部责任。

（5）自助免责。权利人为保护自己的权利，在情势紧迫而又不能及时请求国家机关予以救助的情况下，对他人的财产或自由施加扣押等相应措施，因被法律所认可而免责。

★40．简述法治和法制的区别。

【参考答案】（1）法治不仅包括形式意义上的法律制度及其实施，更强调实质意义上的法律至上、权利保障的内涵；而法制则侧重于形式意义上的法律制度及其实施。

（2）法治关注法律制度的内容，讲究“良法”之治，强调法律的至高权威，强调法律的公正性、稳定性、普遍性、公开性和平等性，以及对权力的制约与对人权的保障；而法制则侧重于关注法的规范性和有效性，要求严格依法办事，以实现立法者期望的法律秩序，对法律本身的内容和价值取向并无特殊的规定性。只要有法律和制度存在就有法制存在，但这不一定就是法治。

（3）法治与人治对立，法治要求“法律的统治”，将法律置于统治者的权力之上，要求公共权力必须依法取得和行使；而法制不与人治对立，专制政体的统治者为巩固统治秩序也可以建立或推行法制。

（4）法治的政治基础是民主政治，其根本意义在于制约国家权力，以确认和保障公民的权利和自由，没有民主和宪政就没有真正的法治；而法制的问世早于法治，法制和民主、宪政无关，专制政体下的法制是专制和主权的统治工具。

41．简述法治与民主的关系。

【参考答案】（1）法治与民主存在矛盾：法治的前提是国家里没有一个最高的权威和力量，如果有，只有作为妥协的法律是最高的权威；民主的前提是国家中有一个最高权威，即公意或多数，而公意是可以随时变化的，如果法律沦为工具，法治就不可能真正实现。

（2）法治与民主并不必然对立：法治是一种以民主宪政为核心的政治法律制度，没有民主就没有法治，法治必须建立在民主基础上，民主化是实现法治的先决条件；民主理念要在国家统治中得到实现，离不开法治。民主与法治不可分割，法治支持民主，民主兼容法治。既不能离开民主片面地强调法治，也不能脱离法治的轨道片面地强调民主。

42．简述全面依法治国的重要地位。

【参考答案】（1）全面依法治国是新时代坚持和发展中国特色社会主义的基本方略，在“五位一体”总体布局和“四个全面”战略布局中具有基础性、引领性、支撑性作用。

（2）全面依法治国是国家治理的一场深刻革命，要敢于啃硬骨头、涉险滩、闯难关，大刀阔斧地推进法治领域的改革，坚决破除一切妨碍依法治国、依法执政、依法行政、依法治军、依法办事的体制机制弊端和思想观念。

（3）全面依法治国既是中国特色社会主义的本质要求，也是中国特色社会主义的重要保障。要重视法治、厉行法治，更好发挥法治固根本、稳预期、利长远的重要保障作用，有效地运用法治应对重大挑战、抵御重大风险、克服重大阻力、解决重大矛盾。

43．简述全面依法治国的重点任务。

【参考答案】（1）全面贯彻实施宪法是全面依法治国的首要任务，要坚持依宪治国、依宪执政，更好展现国家根本法的力量、更好发挥国家根本法的作用。

（2）科学立法、严格执法、公正司法、全民守法是全面依法治国的关键环节，要坚持全面推进科学立法、严格执法、公正司法、全民守法，继续推进法治领域改革，解决好立法、执法、司法、守法等领域的突出矛盾和问题。

（3）坚持统筹推进国内法治和涉外法治，坚决维护国家主权、尊严和核心利益。

44．简述全面依法治国的重大意义。

【参考答案】（1）全面推进依法治国的重大意义包括：①依法治国是坚持和发展中国特色社会主义的本质要求和重要保障。②依法治国是实现国家治理体系和治理能力现代化的必然要求。③依法治国事关我们党执政兴国，事关人民幸福安康，事关党和国家长治久安。④依法治国也是全面建成小康社会、实现中华民族伟大复兴的中国梦的必然要求。⑤依法治国是全面深化改革、完善和发展中国特色社会主义制度，提高党的执政能力和执政水平的必然要求。

（2）全面依法治国是党领导人民治理国家的基本方略，是党的执政方式和国家治理方式的重大变革。它把坚持党的领导、发扬人民民主和严格依法办事统一起来，从制度上和法律上保证党的基本路线和基本方针的贯彻实施，保证党始终发挥领导核心的作用。这对于推进社会主义民主政治建设、促进社会主义市场经济的发展、确保国家长治久安和社会稳定等都有着极其重要的意义。

45．简述法与社会的相互作用。

【参考答案】（1）社会是法律的基础。首先，法是社会的产物。社会性质决定法律性质，社会物质生活条件最终决定着法律的本质。不同的社会就产生不同的法律。即使是同一性质或历史形态的社会，在其不同的发展阶段上，法律的内容、特点和表现形式也往往不尽相同。但是，法律也像上层建筑的其他组成部分一样，并不仅仅消极地反映社会，而且还对社会具有强大的反作用，它要么表现为对社会发展的促进作用，要么表现为对社会发展的阻碍作用。其次，社会是法的基础。一方面，法律应该以社会为基础。法律应该是社会共同的、由一定的物质生产方式所产生的利益和需要的表现，而不是单个人的恣意横行。另一方面，制定、认可法律的国家以社会为基础，国家权力以社会力量为基础。总之，法以社会为基础，不仅指法律的性质与功能决定于社会，而且还指法律变迁与社会发展的进程基本一致。

（2）法律是社会关系的调整器。首先，法对社会的调整，是通过调和社会各种冲突的利益，进而保证社会秩序得以确立和维护。法对社会的调整，还表现为通过法律对社会机体的疾病进行疗治。具体而言，就是运用法律解决经济、政治、文化、科技、道德、宗教等方面的各种社会问题，由此实现法的价值，发挥法的功能。其次，法律不是万能的。所以，普及法律知识，提高全民法律意识，使民众守法、用法，人人都善于使用法律，法律的作用才能得以充分发挥。

46．简述法与经济基础的关系。

【参考答案】（1）法律与经济基础之间的关系是形式与内容的关系。一方面，法律只能在经济基础所蕴含的可能性范围内选择，而不能任意地选择；法律的性质、内容和发展趋势等，都主要是由其赖以建立的经济基础的状况和要求所决定的。另一方面，法律虽然根源于经济基础，但作为一种超经济的力量，对经济基础既具有依赖性，又具有一定的反作用和相对独立性。

（2）法律与经济基础的关系主要表现为经济基础对法律的决定作用。这主要体现在：①经济基础决定法律的性质；②经济基础决定法律的基本内容；③经济基础的发展变化决定法律的发展变化。但在法律与经济基础的关系中，法律也并不是消极地被决定的。法律是在归根结底决定于一定的经济基础的同时，又服务于该经济基础，对经济基础具有能动的反作用，这主要体现在：①法律对经济基础具有选择和确认作用；②法律对经济基础具有加速或延缓其发展的作用；③法律对经济基础具有保障和促进作用；④法律对生产关系的某些方面具有否定、阻碍或限制作用。

★47．简述法对科技的作用。

【参考答案】（1）法保证科学技术的顺利发展有良好的社会环境。

（2）法为组织科学技术活动提供必要的准则。法确认和保证科学技术发展在国家社会生活中的优先地位，确定国家科技发展战略，确立科技管理体制和科技运行机制。法在推动国际科学技术合作，促进科学技术成果的全球共享和高效能运用方面也有重要作用。

(3) 法是鼓励科学技术发展的有效手段。法通过规定对公民的创造性劳动的保护和鼓励措施，如授予职称、荣誉称号和物质奖励等，激发人们为科技发展作出贡献的热情。

48. 简述法与政治的相互作用。

【参考答案】(1) 政治对法的影响和制约作用。一般认为，由于政治在上层建筑中居主导地位，因而总体上法的产生和实现往往与一定的政治活动相关，反映和服务于一定的政治，政治活动和政治关系的发展变化必然在一定程度或意义上影响法律的内容或价值追求的发展变化。

(2) 法对政治的确认和调整作用。法作为上层建筑相对独立的部分，对政治并非无所作为。特别是在近现代，可以说，法在多大程度上离不开政治，政治也便在多大程度上离不开法，法对政治具有确认、调整和影响作用。具体表现为：①法与政治体制。在集权型权力结构中，法的被需要还只是作为人治这种权力运行方式的点缀或辅助，而在分权型权力结构中，权力的配置和行使都须以法为依据。②法与政治功能。法不仅贯穿经济关系反映和凝聚为政治关系的过程，且将利益和各种社会资源的权威性分配以规范、程序和技术性形式固定下来，使之具有形式上共同认同的性质，并因此具有形式上的正统性。③法与政治角色的行为。法对于国家机构、政治组织、利益集团等政治角色行为和活动的程序性和规范性控制，表明了法对重要政治角色行为控制、调整的必然性和必要性。④法与政治运行和发展。政治运行的规范化，政治发展中政治生活的民主化和政治体系的完善化，离开法的运作都无从谈起。

49. 简述社会主义法与中国共产党政策的相互关系。

【参考答案】中国共产党的政策与社会主义法在本质上的一致性以及在外部形式和调整方式上的不同特点决定了二者的相互关系。首先，党的政策是社会主义法的核心内容；其次，社会主义法是贯彻党的政策，完善和加强党的领导的不可或缺的基本手段；最后，党的政策充分发挥作用，能够保障、促进社会主义法的实现。正确认识社会主义法与党的政策的关系，既不能把二者割裂、对立起来，也不能把二者简单等同。

具体而言，中国社会主义法体现为以宪法为核心的中国特色社会主义法律体系，是在中国共产党领导之下制定和不断完善的，是通过将党的政策上升为法律的方式形成和发展起来的庞大体系。当前，坚持依宪治国、依宪执政，是全面推进依法治国的工作重点。宪法作为国家的根本大法，是治国安邦的总章程，是党和人民意志的集中体现，具有最高的法律地位、法律权威、法律效力。坚持依法治国首先要坚持依宪治国，坚持依法执政首先要坚持依宪执政。党领导人民制定宪法法律，也领导人民实施宪法法律，党自身必须在宪法法律范围内活动。宪法和法律的实施，也是保障党的基本路线方针政策得以贯彻落实的重要途径。要坚持宪法确定的中国共产党领导地位不动摇，坚持宪法确定的人民民主专政的国体和人民代表大会制度的政体不动摇，加强宪法实施和监督，推进合宪性审查工作，维护宪法权威。理解了这些根本的法治精神，就能很好地理解两者的基本关系。

★50. 简述法律文化的内容特点。

【参考答案】(1) 法律文化是法律的制度、规范和现象的态度、价值、信念、心理、感情、习惯以及学说理论的复合有机体和法律的文化传统。

(2) 法律文化是人们从事法律活动的行为模式和思维模式。法律文化体现在实际生活中起着作用、指导人们的法律活动的实际规则中。

(3) 法律文化在不同的国家和不同的历史发展阶段会有很大的差异，体现出法律文化的多样性。

(4) 法律文化作为一个整体，一方面受到经济基础的制约，反映社会发展的客观需要和统治阶级的意志，具有阶级性；另一方面又具有相对独立性，它是一个民族长期积累起来的通过法律调整社会关系、进行社会管理的智慧、知识和经验的结晶，反映了历史上形成的有价值的法律思想和法律技术，反映了一个民族法律调整所达到的水平，具有民族性。

第二节　分析题

一、历年真题考查内容

法理学分析题除了极个别年份外，考查难度适中。考试中，法理学考查一道分析题，分值为15分，考查方式是给出相关法律规定、相关材料或者案例，针对给出的规定、材料或者案例，要求考生根据法理学原理和相关规定进行分析。分析题不能完全在《考试分析》中找到答案，因此，考生在平日复习中应当加强综合运用能力和分析能力的训练，不能在考试前临时抱佛脚，这对提高分析题的分值没有帮助。具体出题情况见下表：

出题年份	考查内容
2010 年	法与道德的关系。
2011 年	科技发展对法的影响、人权保障的法治原则。
2012 年	法律渊源、法律规则、法律部门。
2013 年	科技发展对立法的影响、立法对科技成果应用的规范。
2014 年	自由、法的自由价值、法与自由的关系。
2015 年	法律监督、法律监督的意义。
2016 年	法律责任的归责原则、法律制裁形式。
2017 年	法律论证。
2018 年	法律渊源、法律效力、法律与社会发展。
2019 年	法律实证主义的基本观点并对其作出评价。
2020 年	法律原则的特点、司法审判的法律效果与社会效果的统一。
2021 年	法治政府的目标：权责法定。
2022 年	党的政策是国家法律的先导和指引、党领导立法工作的主要内容。

二、分析题专项训练

1. 材料 1：古希腊思想家认为自然法是法律基础，自然法要求“和自然相一致的生活”，人定法必须符合自然理性要求；中世纪神学家阿奎那认为法是管理社会的人为了公共幸福而制定、颁布的理性规则；近代自然法学派认为，法的基础不是大自然，也不是神的意志，而是人类理性，自然法就是人类理性，是立法者以及一切人的永恒规范；人生来就有不可剥夺的权利，这种权利源于自然法，不允许任何政府以及任何人侵犯。

材料 2：孟德斯鸠说：从最广泛的意义来说，法是由事物的性质产生出来的必然关系。在这个意义上，一切存在物都有它们的法。上帝有他的法；物质世界有它的法；兽类有它们的法；人类有他们的法。埃利希（奥地利法社会学家——编者注）说：法律史上已经证明，最初，立法和司法都是在国家范围以外的。司法并不来自国家，而是根源于国家存在以前。奥斯丁认为，法就是主权者的命令，每一实在法是由一个主权者个人或集体，对独立政治社会的一个成员或若干成员，直接地或间接地设立的。这是一种严格意义上的法，是一般法理学的研究对象。

材料3：马克思在评论资产阶级法律时指出：你们的观念本身是资产阶级的生产关系和所有制关系的产物，正像你们的法不过是被奉为法律的你们这个阶级的意志一样，而这种意志的内容是由你们这个阶级的物质生活条件决定的。

请结合上述材料回答下列问题：

（1）材料1关于法律现象的认识有何相同点和不同点？

（2）材料2中孟德斯鸠和埃利希对于法的定义有何相同点？奥斯丁关于法的本质的看法有何局限性？

（3）结合上述材料概括说明马克思主义法学关于法本质的认识。

【参考答案】（1）①相同点：都认为实在法之上有自然法，实在法要符合自然法的要求。②不同点：古希腊自然法主要是自然的法；中世纪时期认为自然法是神的意志；近代资产阶级认为自然法是人的理性。

（2）孟德斯鸠和埃利希在定义法时都认为法与国家权力没有必然联系。奥斯丁认为法的本质是主权者的命令，其局限性在于：①奥斯丁将法律与强制力联系起来，但没有说明该强制力是否国家强制力。②法律是主权者的命令这一说法揭示了法律的强制力和法律的效力渊源，但没有阐明法律的其他来源，如法律可能来源于习惯，也没有指明法律的物质渊源和法的规范形式，使得规范性法律文件与其他国家文件、非规范性法律文件难以区别。

（3）马克思主义法学关于法本质的认识有：①法律是统治阶级意志的体现。阶级意志性是法律的第一层的浅层本质。②法律所体现的意志是由一定的物质生活条件所决定。物质制约性是法律的第二层的深层本质。③阶级意志性和物质制约性是辩证统一的，片面强调法律的阶级意志性会导致"唯意志论"；片面强调法律的物质制约性，甚至以物质制约性否定阶级意志性将导致"宿命论"。④在物质制约性的制约下，经济以外的因素对法的本质也产生着广泛的影响。

2. 材料1：古代西亚楔形文字法的主要法典"苏美尔法典"第一条：推撞自由民之女，致堕其身内之物者，应赔偿银十舍客勒。……第九条：倘牛伤害栏中之牛，则应以牛还牛。

材料2：据《国语·鲁语下》记载：昔禹致群神于会稽之山，防风氏后至，禹杀而戮之。即传说禹在会稽之山大会部落首领，防风氏迟到，因此禹杀了防风氏。

材料3：《新旧约全书》中的"出埃及记·戒民数例"规定：行邪术的女人，不可容她存活。凡与兽淫合的，总要把他治死。祭祀别神，不单单祭祀耶和华的，那人必要灭绝。

请根据法理学有关法的起源的有关知识和原理，回答下列问题：

（1）试从材料1中概括出法起源的规律。

（2）试从材料2中概括出法起源的规律。

（3）试从材料3中概括出法起源的规律。

【参考答案】（1）法律对人们行为的调整由个别调整逐步发展为规范性调整，即不是对特定人、特定事的调整，而是对一般人、一般事的调整。由苏美尔法典的条文可知，法律萌芽之初，对行为的调整是针对个别行为进行的。在法律调整的实践中，随着偶尔的个别行为演变为比较常见的行为，进而在个别调整基础上形成人们共同遵行的行为规则，调整着大量同类的社会关系，个别调整便发展为规范性调整。规范性调整为某一类社会关系提供了行为模式，它相对地使人们摆脱了偶然性和任意性的左右，有利于形成稳定的社会秩序。

（2）法的产生经历了由习惯演变为习惯法再发展为成文法的过程。这个事例就反映了由氏族习惯向习惯法转变的过程。当时，氏族习惯作为协调社会纠纷、约束人们共同劳动以及平均分配的共同准则，随着母系社会向父系社会的转变，母系氏族的习惯也逐渐向父系氏族的习惯转变。父权制习惯的表现之一，就是确认部落联盟酋长的权威地位。事例中记载的这个传说，反映了氏族习惯的某些变化，即不但确认部落联盟酋长的权威地位，而且赋予他们临时处置的大权。这类习惯到奴隶制确立以后，则被改造成为维护君主专制的习惯法。

（3）从法律、道德和宗教规范混为一体，逐渐分化为各个相对独立的、不同的社会规范。原始社会的习惯，集各种社会规范于一体，兼有风俗、道德和宗教规范等多重属性。《新旧约全书》的上述规定，既是宗教规范，同时也是道德规范和法律规范。在国家与法律萌芽之初，法律与道德和宗教等社会规范并无明显的界限，随着社会管理经验的积累和文明的进化，对相近或不同行为影响社会的性质和程度有了区分的必要和可能，法律规范与道德规范和宗教规范及其调整的行为类型开始从混沌走向分化。这种分化在不同的社会所经历的过程不完全相同，但是，使法律调整与道德调整和宗教调整相对区分开来，却是一个共同的趋势。

★3. 材料1：甲抓住了潜入家中行窃的窃贼，非常生气，本想教训教训他，但后来想起老师曾经说过抓住窃贼应该交给公安机关处理，私自对窃贼用刑是违法的，于是就和家人一起将窃贼送到了当地派出所。

材料2：乙因涉嫌行凶杀人而被公安机关依法逮捕，邻里一片哗然，邻居们议论纷纷，有的说乙可能会被判处死刑，实属罪有应得，有的说乙虽属杀人，但罪不至死。

材料3：我国刑法规定了贪污贿赂犯罪，但是当有人以谋取不正当利益为目的，向国家工作人员进行性贿赂时，法律并没有规定为犯罪。

结合上述材料回答下列问题：

（1）材料1和材料2体现了法的何种规范作用？为什么？

（2）结合材料3说明法的作用的局限性。

【参考答案】（1）①材料1体现的是法的指引作用。指引作用是指法律规范对本人行为起到的导向和引导的作用。指引作用的对象是本人的行为。材料1中，甲在法律的指引下，没有对窃贼用刑，而是将其交给公安机关处理，体现了法的指引作用。②材料2体现的是法的评价作用。评价作用是指法作为人们对他人行为的评价标准所起的作用。评价作用的对象是他人的行为。材料2中，有的评价乙的行为可获死刑，有的评价乙的行为罪不至死，这正是利用法律对他人行为的评价，因此是评价作用。

（2）材料3表明了法的作用存在局限性，法的局限性表现在诸多方面，本题所体现的法的作用的局限性体现在法的特性与社会生活的现实之间存在着矛盾。作为一种规范，法必然具有抽象性、稳定性特征，而现实生活中的问题却是具体的、千姿百态和不断变化的。法还具有保守性，它总是落后于现实生活的变化，而立法者认识能力上的局限性也会使法律存在某种不合理、不科学的地方。基于上述理由，我国刑法具有稳定性，其规定往往落后于现实社会生活，因此导致刑法对性贿赂犯罪的调整与现实不协调，这正是法的局限性之所在。

★4.《传染病防治法》第39条规定："医疗机构发现甲类传染病时，应当及时采取下列措施：（一）对病人、病原携带者，予以隔离治疗，隔离期限根据医学检查结果确定；（二）对疑似病人，确诊前在指定场所单独隔离治疗；（三）对医疗机构内的病人、病原携带者、疑似病人的密切接触者，在指定场所进行医学观察和采取其他必要的预防措施。拒绝隔离治疗或者隔离期未满擅自脱离隔离治疗的，可以由公安机关协助医疗机构采取强制隔离治疗措施。医疗机构发现乙类或者丙类传染病病人，应当根据病情采取必要的治疗和控制传播措施。医疗机构对本单位内被传染病病原体污染的场所、物品以及医疗废物，必须依照法律、法规的规定实施消毒和无害化处置。"

新冠肺炎疫情暴发后，国家采取各种措施，加强人员管控，做好重点场所防控，严防输入和扩散风险，采取封闭隔离等措施。重点防控城市的各个居住区、工作区都实行出入证进出小区的办法，地铁、商店等还采取出示健康码、佩戴口罩等措施。疫情防控措施落实后，社会秩序井然，居民生

活无忧，社会各界也普遍对疫情防控措施表示理解和支持。

请结合上述材料，运用法理学相关知识，回答下列问题：

(1)《传染病防治法》属于何种性质的法律渊源？

(2)《传染病防治法》第39条规定体现了何种法律价值？该法律价值的作用是什么？

(3)《传染病防治法》第39条规定所体现的价值与何种价值之间存在冲突？如何解决冲突？

【参考答案】(1)《传染病防治法》在法律渊源上属于法律，是由全国人大常委会制定的非基本法律。

(2)《传染病防治法》第39条规定体现了法的秩序价值。法律有助于建立和维护社会生活秩序，建立和维持社会经济秩序。新冠肺炎疫情暴发后，国家采取各种防控措施，有效地控制疫情，社会生活秩序井然有序，社会生活秩序得以维护，社会经济有效运转，社会的基本安全得到充分保障。

(3) 疫情防控隔离措施限制了人的自由，导致自由与秩序的冲突，解决二者的冲突要采取个案平衡原则和比例原则。因为自由和秩序属于同一位阶的基本价值，当二者存在冲突时，应当综合考虑主体的特定情况，在做好疫情防控的同时，兼顾主体的利益需求。在保护某种较为优越的法律价值即秩序的同时，不得逾越达到维持秩序所必要的程度，如封闭隔离采取出入证制度、对于不能出示健康码的老年人要予以特殊照顾等。

★5. 材料1：法国思想家皮埃尔·勒鲁《论平等》：平等已经成为一种原则，一种信条，成为社会的基础。

材料2：美国法哲学家博登海默《法理学：法律哲学与法律方法》：平等乃是一个具有多种不同含义的多型概念。它所指的对象可以是政治参与权利、收入分配制度，也可以是不得势的群体的社会地位和法律地位。其范围涉及法律待遇平等、机会的平等以及人类基本需要的平等。它可能关注保护诺成合同的义务与对应义务间的平等，关注因损害行为进行赔偿时作出恰当补偿与恢复原状，并关注在执行刑法时维护罪行与刑罚间的某种程度的均衡。

材料3：法国思想家托克维尔：一个社团的基本努力或许就是设法使其成员平等，但其成员个人的自尊心却总是希望自己出人头地，在某处形成某种对自己有利的不平等。

请结合上述材料回答下列问题：

(1) 结合材料2说明平等含义的特点和博登海默阐述的平等价值的主要内容。

(2) 结合材料3说明平等的特点。

(3) 结合材料1、2、3说明法律确认和保障平等价值实现的基本方式。

【参考答案】(1) 材料2表明了平等是具有多重含义的复合价值，其含义具有广泛性。平等价值的基本内容包括：①参与政治权利和收入分配的平等；②法律待遇、机会和基本需求的平等；③财产交换的平等；④损害的补偿要平等；⑤刑法适用的平等。

(2) 平等有绝对平等和相对平等之分，平等是绝对平等和相对平等的统一，在一定条件下可以相互转化。①平等是无差别的、绝对的，所有人都应受到同样的对待，法律更应当追求绝对的平等，并为绝对平等的实现创造条件。②平等是相对的，人们应该得到与自己的优点、贡献、需要、身份等相称的待遇。

(3) 法律确认和保障平等价值实现的基本方式有：①法律将平等确立为一项基本的法律原则。平等贯穿于一个国家的整个法律体系，无论是宪法，还是实体部门法、程序法，都确认平等原则，因此，平等成为法律和社会的基础。②法律确认和保障平等的法律地位。主体地位平等是法律形式平等的最重要的体现，也是实质平等的前提。③法律确认和保障社会财富、资源、机会与社会负担的平等分配。法律将上述内容转化为相应的法律权利与义务，并保障其实现。④法律公平地分配法律责任。责任自负、过错责任为主而无过错责任为辅等，都是责任公平原则的体现。

★6. 某市为加强道路交通管理，规范日益混乱的交通秩序，决定出台一项新举措，由交通主管部门向市民发布公告，凡自行摄录下机动车辆违章行驶、停放的照片、录像资料，送经交通部门确定后，被采用并在当地电视台播出的，一律奖励人民币500元至1 000元。此举使许多市民踊跃参与，积极举报违章车辆，当地的交通秩序一时间明显好转，市民满意。新闻报道后，省内甚至外省不少城市都来取经、学习。但与此同时，也发生了不少意想不到的事情：有违章驾驶者去往不愿被别人知道的地方，电视台将车辆及背景播出后，引起家庭关系、同事关系紧张，甚至影响了当事人此后正常生活的；有乘车人以肖像权、名誉权受到侵害，把电视台、交管部门告上法庭的；有违章司机被单位开除，认为是交管部门超范围行使权力引起的；有抢拍者被违章车辆故意撞伤后，向交管部门索赔的；甚至有利用偷拍照片向驾车者索要高额“保密费”的；等等。报刊将上述新闻披露后，某市治理交通秩序的举措引起了社会不同看法和较大争议。

请结合上述材料，回答下列问题：

（1）材料中，交管部门出台相关措施，体现了法律的何种价值？为什么？

（2）材料中，交管部门出台相关措施使诸如个人隐私等遭受损害等问题出现，这说明什么？应当如何解决出现的问题？

（3）运用法理学知识，请谈谈你对某市治理交通秩序新举措合法性、合理性的认识。

【参考答案】（1）交管部门出台相关措施，体现了法的秩序价值。交管部门出台的措施旨在恢复混乱的交通秩序，从而减少违章车辆，减少冲突和混乱，维护正常的社会秩序。

（2）交管部门出台相关整顿违章车辆的新举措，出现了个人隐私受到侵害等问题，这说明法的价值之间存在冲突，体现在材料中，就是法的秩序价值和法的自由、人权等价值之间存在冲突。就材料本身案例而言，解决法的秩序价值和自由、人权等价值之间的冲突，应当遵循价值位阶原则和比例原则：①在价值位阶上，虽然秩序、自由、人权价值属于同一位阶，但自由和人权价值优于秩序价值，在秩序和自由、人权价值发生冲突时，秩序价值应当作出一定的让渡。②在保护法的秩序价值而对自由、人权等基本价值造成损害时，要遵循比例原则，不得逾越达到目的所必要的程度。为了维护公共秩序，要尽可能实现最小损害或最小限制，以保障自由和人权价值。

（3）①交通管理部门向市民发布的这一通告有合法性依据。依法行政原则，是指行政机关必须依照法定的权限、法定程序和法治精神进行管理，越权无效。该原则的具体要求包括执法的主体合法、执法的内容合法和执法的程序必须合法。从这些方面看，交通管理部门做到了依法行政，因为对于违反道路交通安全的行为，交通管理部门有权对违章车辆实施行政管理权，也有权接受他人对道路交通违章行为的举报并作出处理。此外，依据交通管理部门的要求，市民的举报属于委托社会组织、个人的执法情形，是符合法律规定的。②交通管理部门的做法缺乏合理性依据。首先，法律与道德毕竟属于不同的社会规范，二者不能混同。正因为二者具有各自不同的特性，才能在各自的范围内发挥不同的作用。违反道德的行为不一定违法，甚至是符合法律规定的。从本题中交代的情形看，交通管理部门行使行政管理权时使他人的肖像权和名誉权等的保护成为一个关注的问题，做法虽然不具有法律的可责性，但却具有道德的非难性。其次，出现的抢拍者和索要“高额保密费”是道德所不允许的，是应受到道德谴责的。最后，在法治社会，必须是有权利保障的社会，如果是没有权利保障的社会，那么制定出来的法律只能是恶法。综上分析，交通管理部门的做法缺乏合理性依据。

7. 在谈到我国的法律时，有下列不同的观点：（1）认为法律应当具有稳定性，这是其固有的特点，否则朝令夕改就会让人难以适从；（2）认为当前我国正处在社会大变革时期，各种社会关系变化极快，无论怎样加紧立法，也永远无法适应生活对法律的需求，因此还是要及时修改法律，有效的办法是先制定一些法规、规章，待将来时机成熟时再将其变成法律；（3）认为要使法律适应急剧

变化的社会生活，有效的办法是充分发挥其他社会规范的效应，如道德、党的政策等，也可以加快法律解释的步伐。

请运用法理学的有关知识对上述观点加以分析。

【参考答案】（1）上述观点反映出法律具有稳定性与适应性两面性，这始终是一对矛盾，是法律局限性的反映。同时材料也反映出法律与政策等其他社会规范，法律的诸形式之间的关系问题。

（2）要看到法律的稳定性与社会生活的复杂多变性之间的矛盾，也正是这种矛盾运动推动着法律的发展，因此法律在保持基本稳定的同时也要增强其适应性，尽量跟上社会发展的步伐。这就要求法律要不断立、改、废，而不能为保持其稳定性而牺牲其适应性，故题中第一种观点具有片面性。

要解决这一矛盾，有很多办法，可以通过加快法律立、改、废的步伐进行，但有效的办法并非是先制定一些法规、规章，待将来时机成熟时再将其变为法律，因为大量制定法规、规章不仅会由于其效力层次和效力范围的有限而限制其作用的发挥，而且由于它们间往往难以协调从而造成法制的不统一。可以在一定程度上、一定范围内发挥道德、政策等规范的效用，但不可将法治的任务寄予这些规范之上，否则会从根本上破坏依法治国的法治原则。司法解释只是一种法律解释，它的作用和效力决定了其功能是非常有限的，并不能从根本上解决法律空白问题。

★8. 材料1：2010年《最高人民法院关于案例指导工作的规定》第2条规定：本规定所称指导性案例，是指裁判已经发生法律效力，并符合以下条件的案例：（1）社会广泛关注的；（2）法律规定比较原则的；（3）具有典型性的；（4）疑难复杂或者新类型的；（5）其他具有指导作用的案例。

材料2：天津市高级人民法院的案例指导制度实行于2002年10月，其主要做法是：将该院民商事审判领域中的典型案例选编为“判例”，经审判委员会讨论决定后正式予以公布，供司法管辖区内所有的法院在审理同类型案件时作为裁判的参考。经选编的“判例”由案情、审判要旨和评析三部分组成。

请结合上述材料回答下列问题：

（1）《最高人民法院关于案例指导工作的规定》是否属于我国正式的法律渊源？为什么？

（2）材料1、2中的“案例指导”和材料2中的典型案例汇编是否属于司法判例？为什么？“案例指导”和“案例汇编”在司法审判中有何意义？

（3）结合材料说明我国是否应当将判例法作为法律渊源。

【参考答案】（1）《最高人民法院关于案例指导工作的规定》从性质上看属于司法解释，并非属于我国正式意义上的法律渊源。因为司法解释是对如何具体适用法律问题所作的说明，其法律渊源地位尚不明确。

（2）“案例指导”和“案例汇编”并非判例，判例作为普通法系的重要法律渊源，是法院对于诉讼案件所作判决的成例，判例对于法院以后审理类似案件具有普遍约束力，判例可以确定新的审判原则，它不仅是个案的决定，而且具有普遍适用的意义，判例实际上是创造了法律。材料1和材料2中提及的“案例指导”和“案例汇编”对辖区内各级法院不具有法律意义上的强制约束力，只具有指导性；“案例指导”和“案例汇编”不能作为裁判的依据，也不具有普遍适用的意义；“案例指导”和“案例汇编”也不是造法。尽管“案例指导”和“案例汇编”并非判例，但“案例指导”和“案例汇编”在司法实践中却具有非常重要的意义：①“案例指导”和“案例汇编”能引导司法工作者正确适用法律和司法政策，切实体现司法公正和司法高效。②最高人民法院的指导性案例，从其性质上看是解释法律的一种形式，实际上起到了解释、明确、细化相关法律的作用。③实行案例指导制度能够充分发挥这些案例独特的启示、指引、示范和规范功能，实现裁判尺度的统一和司法个案的公正。

（3）我国目前还不能将判例法作为正式意义上的法律渊源，理由在于：判例法的原则与中国现行政治制度不符；从法律文化角度来看，中国并没有普通法意义上的判例法传统；从法律实践角度看，我国也不宜实行判例法制度；判例法本身既有长处也有不足之处。但我国可以采取“案例指导”或“案例汇编”的形式，指导司法工作人员的司法活动，同时充分发挥最高司法机关司法解释的作用，来指导审判工作方面出现的疑难问题。

★9. 2003年7月30日，国务院出台了《婚姻登记条例》，该条例根据2001年4月28日修订的《中华人民共和国婚姻法》的有关规定，没有规定婚姻登记中的强制婚检制度，这被认为是婚姻登记改革的一大进步。但是后来人们发现，在1994年颁布的《中华人民共和国母婴保健法》第12条则要求：“男女双方在结婚登记时，应当持有婚前医学检查证明或者医学鉴定证明。”这说明，两部法律在婚姻登记是否应当进行婚检的问题上发生了冲突。在这个问题尚未解决之际，《黑龙江省母婴保健条例》规定恢复了强制婚检，这在全国上下引起了广泛争议。

请运用法理学知识和理论并结合上述材料回答下列问题：

（1）《婚姻法》《婚姻登记条例》《母婴保健法》《黑龙江省母婴保健条例》是何种性质的法律渊源？

（2）如何解决材料中存在的法律在效力上的冲突？

（3）请概括说明我国确立和解决法律效力等级冲突的原则。

【参考答案】（1）从法律渊源角度看，《婚姻法》和《母婴保健法》属于法律；《婚姻登记条例》属于行政法规；《黑龙江省母婴保健条例》属于地方性法规。

（2）对于材料中存在的法律冲突，应当按照《立法法》的有关规定解决：①对于《婚姻法》和《母婴保健法》之间的冲突，应由全国人民代表大会常务委员会裁决或者通过法律的修改与解释来解决。②对于《婚姻登记条例》和《黑龙江省母婴保健条例》之间的冲突，在《婚姻法》和《母婴保健法》的冲突解决后，按照上位法优于下位法的原则，再由全国人民代表大会常务委员会决定《黑龙江省母婴保健条例》是否撤销。

（3）我国确立和解决法律效力等级冲突的原则包括：①上位法的效力高于下位法，即规范性法律文件的效力层次决定于其制定主体的法律地位，行政法规的效力高于地方性法规。②特别法优于一般法，指在同一位阶的法律之间，特别法优于一般法。即同一事项，两种法律都有规定的，特别法比一般法优先，优先适用特别法。③新法优于旧法，即在同一位阶的法律之间，两者对同一事项规定不一样的，新颁布的法律优先适用。

10. 材料1：张某在路途中遭到流氓殴打，跑到附近的派出所向值班民警求救，民警要求张某给“保护费”，张某没有答应，于是民警拒绝给予保护，导致张某被打成残疾。事后张某向法院提起行政诉讼，状告派出所民警行政不作为。法院审理案件之后认为由于公安机关不履行法定行政职责，致使张某的合法权益遭受损害，应当承担赔偿责任。

材料2：王某与同村的张某因为琐事打架，王某不慎失手将张某打死。王某的父母向张某的父母求情，并表示愿意赔偿张家40万元，希望张家不要向公安机关报案。考虑到两家是世交，关系一直很好，王家又愿意赔偿，在经过一番讨价还价之后，张某的家人答应接受赔偿，不向公安机关报案，两家“私了”此事。后来村里有人向公安机关举报，公安机关介入此案，在查明事实后，移交给检察机关提起公诉，法院经过审判之后，认为王某犯有过失杀人罪，判处其有期徒刑3年。

材料3：根据我国的刑事诉讼制度，我国实行公诉主义，对犯罪分子由国家检察机关向审判机关提起公诉。但对于某些刑事案件，如暴力干涉他人婚姻自由案件，虐待案件，侮辱、诽谤案件等，刑法规定告诉才处理。就是说只有当事人向法院起诉，法院才受理，而检察机关并不主动对这些案件提起公诉。黄某（男）1996年经人介绍与陈某结婚。陈某系再婚，其前夫因病去世，遗有一子刘

某。婚后，黄某经常对陈某带来的儿子进行虐待，不让小孩吃饱饭，并对其拳打脚踢，造成孩子身上多处受伤，给孩子的身心健康带来严重伤害。陈某稍加阻拦，黄某即对陈某拳脚相向。无奈之下，陈某作为刘某的法定代理人向法院提起刑事诉讼。法院经过审理之后，判决黄某犯虐待罪，判处有期徒刑1年。

请阅读上述材料，运用法理学知识和原理回答下列问题：

（1）材料1中民警的做法违反了何种法律规则？说明了什么问题？

（2）材料2中"私了"的行为违反了何种法律规则？说明了什么问题？

（3）材料3中体现的法律规则的种类是什么？说明了什么问题？

【参考答案】（1）材料1中民警的做法违反了权义复合性规则。权义复合性规则是指兼具授予权利、设定义务两种性质的法律规则。权义复合性规则大多是有关国家机关组织和活动的规则。这类规则的特点是，一方面主体有权按照法律规则的规定作出一定行为，另一方面作出这些行为又是他们不可推卸的责任，否则将承担相应的法律责任。依据法律规定，公安机关负有维持社会公共秩序、维护公民生命财产安全的职责。这种职责既是公安机关所享有的一种权力，同时也是一种必须履行的义务。如果公安机关拒绝履行这种义务，将承担相应的法律责任。

（2）材料2中"私了"的行为违反了强行性规则。强行性规则是指内容规定具有强制性，不论人们的意愿如何，都必须加以适用的规则。据此，行为主体必须遵守规则的规定，不允许他们自行协议解决问题，违反法定行为模式的协议是无效的。在该案当中，王某犯有过失杀人罪，按照刑法的规定，必须由检察机关提起公诉，由审判机关判决此案。刑法的有关规定是强行性规则，必须依照这些强行性规则来处理此案。张家和王家并没有权利自行达成协议，"私了"此事。

（3）材料3中体现了任意性规则。任意性规则是指在一定范围内，允许人们自行选择或协商确定法律关系中的权利义务内容的法律规则。对于黄某所犯的虐待罪，检察机关并不提起公诉，而由受害人自主决定是否提起刑事诉讼。如果陈某不愿意向法院提起诉讼，则司法机关不会主动介入此案。

★11. 材料1：《中华人民共和国刑法》第395条第1款规定：国家工作人员的财产、支出明显超过合法收入，差额巨大的，可以责令该国家工作人员说明来源，不能说明来源的，差额部分以非法所得论，处5年以下有期徒刑或者拘役；差额特别巨大的，处5年以上10年以下有期徒刑。财产的差额部分予以追缴。

材料2：《中华人民共和国民法典》第1260条规定：本法自2021年1月1日起施行。

材料3：《中华人民共和国信托法》第2条规定：本法所称信托，是指委托人基于对受托人的信任，将其财产权委托给受托人，由受托人按委托人的意愿以自己的名义，为受益人的利益或者特定目的，进行管理或者处分的行为。

材料4：《中华人民共和国行政许可法》第5条第1款规定：设定和实施行政许可，应当遵循公开、公平、公正的原则。

《中华人民共和国行政许可法》第6条规定：实施行政许可，应当遵循便民的原则，提高办事效率，提供优质服务。

结合上述规定并运用法理学的知识和理论回答下列问题：

（1）材料中涉及的《刑法》《民法典》《信托法》《行政许可法》属于何种性质的法律渊源？

（2）运用法律规则的逻辑结构知识和理论，分析材料1中给定的法律规则的逻辑结构。

（3）材料2、3、4所给的规定是否属于法律规则？为什么？

（4）试说明法律规则和法律条文的关系。

【参考答案】（1）《刑法》《民法典》是由全国人大制定的，属于基本法律。《信托法》《行政许可法》是由全国人大常委会制定的，属于基本法律以外的法律。它们的法律渊源表现形式都是法律。

（2）法律规则是由假定（条件）、行为模式和法律后果三要素构成的。假定（条件）是法律规则中有关适用该规则的条件和范围部分；行为模式是法律规则中规定人们如何具体行为的方式的部分，即作为和不作为的具体行为模式；法律后果是法律规则中对遵守规则或违反规则的行为予以肯定或否定评价的部分。《刑法》第 395 条第 1 款中规定的“国家工作人员”为假定（条件）；“财产、支出明显超过合法收入，差额巨大的，可以责令该国家工作人员说明来源”为法律规则中的行为模式；“差额部分以非法所得论”“处 5 年以下有期徒刑或者拘役”“财产的差额部分予以追缴”是法律规则中的法律后果。

（3）材料 2、3、4 所给的法律规定都不属于法律规则。材料 2 所给的法律规定属于法律技术性规定；材料 3 所给的法律规定属于法律术语的规定；材料 4 所给的规定属于法律原则的规定。

（4）法律规则是法律条文的内容，法律条文是法律规则的表现形式。法律规则不同于法律条文：①并不是所有的法律条文都是规定法律规则的，某些法律条文并没有规定具体法律规则，而是法律技术性规定、法律术语和法律原则的规定。②不是每一个条文都能完整地表述一个法律规则或只表述一个法律规则。③一个法律规则可以包括在几个法律条文中，一个法律条文可能包含几个法律规则。

12. 在美国著名的黑格斯诉帕尔默案件中，一名 16 岁男孩毒死了他的祖父，围绕他是否能够继承被害人遗产的问题引起了很大争议。肯定者认为他是合法继承人，按照美国法律规定应当继承其祖父的遗产。反对者则认为，其继承的目的与法律的目的不符。最终法院以“一个人不能从他的不当行为中得利”这一原则剥夺了男孩的继承权。

请运用法理学法律原则的知识和理论并结合材料回答下列问题：

（1）材料中美国该法院的判决是否正确？为什么？

（2）结合材料说明法律原则发挥作用的前提。

（3）如何解决我国确定既有法律规则和法律原则的矛盾与冲突？为什么？

【参考答案】（1）法院的判决是正确的。按照美国的法律，男孩是合法继承人，应当继承财产，但由于财产继承的出现是男孩的不当乃至犯罪行为所致，如果允许男孩继承遗产，无疑是对其犯罪行为的肯定甚至鼓励，是对法律所体现的正义价值的违背，因此，法院应当判决剥夺该男孩的继承权。

（2）要使法律原则直接作为判案依据，发挥其应有的作用，必须具备如下前提条件：①案件在法律上必须是有争议的特殊或疑难案件。②没有明确的法律规则作为依据，即存在法律漏洞，或者存在法律规则，但两个或两个以上的规则存在冲突，无法判定适用何者；或者存在一个法律规则，但适用法律规则得出的结果违背立法目的，且显而易见使人无法接受。就材料中的案件而言，男孩是否享有继承权是有法律规则可以适用的，但适用该规则不仅违背立法目的，而且令人难以接受，因此法院引用法律原则作出判决，剥夺了男孩的继承权。

（3）一般而言，在确定的既有的法律规则的前提下，不能援引法律原则作出判决，因为在确定的既有的法律规则前提下，必须适用该规则，这在成文法国家显得尤为突出。但在判例法国家，通过判例形式较好地解决了两者的冲突。在确定的既有的法律规则与法律原则发生冲突时，应采取下列方式解决：①法律原则是法律规则的基础，是在法律中较为稳定的原理和准则，法律规则不能违反法律原则，否则就不能实现法律的目的和价值。因此，二者存在冲突的情况下，必须通过立法形式对违反法律原则的法律规则予以废止或修改。②直接援引法律原则判案，必须有充分的理由，必须进行法律论证，做到内容的融贯性和效果最优性。

13. 据沿海某市劳动保障部门发布的信息，该市开展的以清理拖欠农民工工资为主要内容的“春雨行动”告一段落，全市劳动保障部门共检查用户单位 2 426 户，涉及职工 31 万人。其中 764 家用人单位拖欠 1.2 万名职工工资 2 060 万元，追回工资 2 000 万元，其中涉及农民工 1.15 万人。对 26 家支付工资不力用人单位进行了处罚。

为了确保农民工在春节前按时足额领到工资，该市于去年 11 月启动了“春雨行动”，市政府还专门下发了《关于进一步解决拖欠农民工工资问题的通知》，对各地清欠农民工工资的情况进行了督查。在“春雨行动”期间，各地加大了检查力度，保证了清欠工作的顺利进行。

阅读上述材料，并根据执法原理回答下列问题：

（1）材料主要反映了执法活动的哪方面特征？请说明理由。

（2）材料主要反映的执法原则是什么？请说明理由。

【参考答案】（1）材料主要反映了执法活动的主动性特征。执法程序的启动与司法程序的启动不同，一般不必要求由有关当事人提出请求，而是由执法主体依据其职权即可开始执法活动。执法主体执行法律，既是一种职权，也是一种职责。执法机关必须积极主动地去行使其执法权力，实现对社会的管理，有效地维护法律所要求的社会正常秩序。本材料中，劳动保障部门开展劳动执法检查，清查用人单位拖欠农民工工资情况，就不必等有关农民工提出申请才采取行动。所以，有关部门及其工作人员开展劳动保障的检查执法活动，恰恰体现了行政执法的主动性特征。

（2）材料体现了依法行政的执法原则。依法行政原则，是指行政机关必须依照法定的权限、法定程序和法治精神进行管理，越权无效。该原则的具体要求包括执法的主体、内容和程序必须合法。就材料反映的问题看，主要体现了依法行政原则的执法内容要合法。材料中，劳动保障部门对拖欠农民工工资的用人单位进行处罚，就必须要先认定用人单位存在拖欠工资的事实，证据确凿充分，然后还要正确适用有关劳动保障法规，处罚的法律依据必须具体明确，这些都是依法行政的要求。

14. 某市来一外商投资，在宾馆住的时候，碰到小偷偷了钱包，钱包里面有现金 1 万余元，外商报了案。党委和政府知道此事后非常重视，便责令公安机关要限期抓到小偷。公安机关抓住小偷以后，党委和政府责令法院要严肃处理，严惩不贷。然后把钱包还给外商，结果外商走了，没有在该市投资。

请结合法理学关于法的制定的知识和原理，回答下列问题：

（1）党委和政府的做法是否合法？为什么？

（2）外商没有在该市投资说明了什么问题？

【参考答案】（1）党委和政府干预司法活动，破坏了司法独立的原则。首先，司法权的专属性，即国家的司法权只能由国家各级审判机关和检察机关统一行使，其他任何机关、团体和个人都无权行使此项权利；其次，行使职权的独立性，即人民法院、人民检察院依照法律独立行使自己的职权，不受行政机关、社会团体和个人的干涉。本案中，党委和政府责令公安机关要限期抓到小偷，公安机关抓住小偷以后，党委和政府责令要严肃处理，严惩不贷。执政党和行政机关不仅干预了司法侦查机关，而且干预了司法审判机关的审判活动，完全将司法机关的独立和自主的法治精神抛弃。司法独立不仅仅是司法机关的独立，而且更重要的是司法机关行使司法活动的独立。司法机关所进行的处理案件的活动以及整个司法活动过程，只依照法律规定，在法定程序范围内，独立自主地进行，不受其他国家机关、社会团体和政党的干预和影响。

（2）司法机关是公民人身、财产的最后保障，司法机关从事司法活动必须依法执行。外商从自身的利益出发，如果投资当地，其投资的利益是否能够得到保障，最后的一道防线就是法律保障和司法独立。司法独立对投资风险是最大的保障，没有司法独立就没有投资保障。作为投资人而言，最不能忍受的当然是没有司法保障的投资高风险，外商走了就不足为奇了。

15. 材料 1：王某系某市个体经营者。从某年 3 月开始，王某在本市大唐轻纺市场中租用了一间房屋，为丝袜生产者进行丝袜包装并兼作生活用房。同年 5 月 3 日下午，该市工商局所属市场工商所工作人员来王某处检查后认为，其无营业执照，属违法经营，责令其到工商所申办营业执照。王某认为袜子生产者已经领取了营业执照，而自己只是负责包装袜子，无须申办营业执照，双方发生争吵。工商所人员要将王某房内的 6 箱袜子搬到工商所，但不出具扣留凭证，双方为争夺袜子发生争执。工商所工作人员随即将王某扭送到市场管理办公室，并用手铐将其铐在办公室窗户的铁栅栏上长达 4 小时之久。事后，王某向工商局提出行政赔偿申请，被工商局拒绝。王某遂向法院提起行政诉讼。法院审理后认为，工商局工作人员用手铐将王某铐在窗户上属于限制公民人身自由的行政处罚措施。根据《行政处罚法》等法律的规定，只有公安（或国家安全）机关才拥有限制公民人身自由的行政处罚权。而工商所的工作人员没有限制公民人身自由的权力，其行为是一种严重的越权行为，侵犯了公民的人身自由，应当承担相应的赔偿责任。

材料 2：某市技术监督局在春耕期间，对该市农资公司经销的“大地”牌畜力播种机进行质量检查。技术监督局抽取了两台播种机进行了机械性能检查和现场模拟试验，发现该播种机存在严重缺陷，不符合国家规定的技术指标，而且还查明该产品无质量合格证书。技术监督局遂将该产品认定为不合格产品，并依据《中华人民共和国产品质量法》的有关规定，作出了如下行政处罚：(1) 没收违法所得 1 万元；(2) 处以违法销售产品货值金额 3 倍的罚款；(3) 停止销售库存的产品，待技术处理之后方可销售。该农资公司不服，向人民法院提起行政诉讼。法院经过审理之后认为，依据《产品质量法》的规定，技术监督局对农资公司作出“没收违法所得，并处违法销售产品货值金额 3 倍的罚款”的处罚是合法的，但考虑到农资公司是贫困山区的小企业，效益不好；而且农资公司是初次销售该不合格产品，技术监督局并处违法销售产品货值金额 3 倍的罚款就显得过多，构成了显失公正。因此人民法院依法变更了相应的处罚决定，减少了罚款数额。

阅读上述材料，并根据执法原理回答下列问题：

(1) 材料 1 中工商局的做法违反了什么执法原则？请说明理由。

(2) 材料 2 反映了什么执法原则？请说明理由。

(3) 对比材料 1 和材料 2，请说明如何处理执法原则的冲突？

【参考答案】(1) 材料 1 中工商局的做法违反了依法行政原则。依法行政原则，是指行政机关必须依据法定的权限、法定程序和法治精神进行管理，越权无效。在材料 1 中，工商局在行政执法过程中，不出具扣留凭证，系执法程序违法；将王某非法限制人身自由，违反了关于行政拘留系由公安机关执行的规定，属于行政越权行为；拒绝王某的行政赔偿请求，违反了国家赔偿法的规定，即违反了行政执法活动中的法治精神。

(2) 材料 2 中反映了行政合理性原则。行政合理性原则是指执法主体在执法活动中，特别是在行使自由裁量权进行行政管理时，必须做到适当、合理、公正，即符合法律的基本精神和目的，具有客观、充分的事实根据和法律依据，与社会生活常理相一致。在材料 2 中，行政执法部门的处罚虽然合法，但考虑到具体情况，其处罚并不合理，所以法院依法予以变更。在行政机关执法的过程中，不但要遵守合法性的原则，还要遵守合理性的原则。

(3) 合法性原则和合理性原则存在一致性，但也存在冲突，冲突的表现就是合理但不合法、合法但不合理两种情况。解决合法性原则和合理性原则冲突的根本就是要在坚持合法性原则的基础上，合理地行使自由裁量权，做到程序公正，特别是对显失公平的执法行为应当依法及时予以纠正。

16. 1996 年，四川省夹江县某个体印刷厂仿冒印制另一企业的产品，被技术监督机构查封。该印刷厂认为该技术监督机构无权对其实施行政处罚，属于越权行政，遂向法院提起行政诉讼。对此，中央电视台“焦点访谈”栏目以“打假者上了被告席”为题进行了报道，并以“恶人先告状”为道德批判模式，对“制假者”的起诉行为予以谴责。面对媒体形成的舆论压力，法院不得不违心地作出不利于“制假者”的裁决。实际上，依照相关法律，“制假者”是有起诉权的，法院应当受理。媒体的报道把一个法律问题变成了一个是非分明的道德问题，给司法审判带来了不利影响，也损害了当事人的权利。

阅读上述材料，并根据执法原理回答下列问题：

（1）请说明该段材料反映的司法原则及其含义。

（2）请阐述该段材料中新闻媒体的做法说明的问题。

（3）针对该材料说明法与道德的冲突。

【参考答案】（1）该段材料反映的是司法独立原则。司法独立原则，即司法权独立行使原则，是指司法机关在办案过程中，依照法律规定独立行使司法权。司法独立原则要求国家的司法权只能由国家的司法机关独立行使，其他任何组织和个人都无权行使此项权力；要求司法机关行使司法权只服从法律，不受其他行政机关、社会团体和个人的干涉。

（2）该段材料表明，在实践中必须把握好“监督”与“非法干预”之间的界限。司法机关依法独立行使职权并不意味着司法权不受监督，从本材料来看，接受舆论监督是必要的，但有时候，监督者的“监督”可能会演变为“干预”。在上述事例当中，新闻媒体的本意是为了进行舆论监督，但这种监督却干预了法院的独立审判。法官审理案件，必须以法律而不是道德为标准，尽管造假者在道德上应受到谴责，但依据法律，其享有向法院起诉的权利。媒体借助于舆论的力量对法院施加了压力，形成了事实上的“媒体审判”。类似的情形在权力机关对法院的个案监督中也时常出现。

（3）法与道德之间存在冲突，就该材料而言，反映的问题是道德不允许的，但法律是允许的。司法机关行使司法权时，一定要坚持司法机关依法独立行使职权的原则。

17. 汪某和范某是邻居，某天，双方因生活琐事发生争吵，范某怒而挥刀砍向汪某，致汪某死亡。事后，范某与汪某的妻子在中间人的主持下，达成“私了”。后汪某父母得知儿子身亡，坚决不同意私了，遂向当地公安部门告发。公安部门立案侦查之后，移送检察院。最后，法院依据刑法规定判处范某无期徒刑，同时依据民法典规定判决范某向汪某的家属承担民事责任。

请结合上述材料，运用法理学相关知识，回答下列问题：

（1）本案形成哪些法律关系？

（2）引起范某与司法机关之间法律关系的法律事实是什么？

（3）法院判决适用的法律推理形式是什么？

【参考答案】（1）本案形成刑事法律关系、民事法律关系和诉讼法律关系。范某的行为致汪某死亡，在范某与汪某的家属之间形成了刑事法律关系。由于范某的行为，在范某与检察院之间形成刑事诉讼法律关系，在范某与汪某的家属之间形成了因范某的犯罪行为直接导致的物质损失而引起的以损害赔偿为内容的民事损害赔偿法律关系。

（2）引起范某与司法机关之间法律关系的法律事实属于法律行为。

（3）法院判决适用的法律推理是演绎推理。法院依据刑法规定判决范某承担刑事责任，并依据民法典规定判决范某承担赔偿责任，这是法院适用刑法和民法典规定（大前提），结合案件事实（小前提，即范某致人死亡），依法作出判决（结论），这是演绎推理形式。

★18. 材料 1：全国人民代表大会常务委员会《关于〈中华人民共和国刑法〉第三百一十三条的

解释》规定："人民法院的判决、裁定"，是指人民法院依法作出的具有执行内容并已发生法律效力的判决、裁定。人民法院为依法执行支付令、生效的调解书、仲裁裁决、公证债权文书等所作的裁定属于该条规定的裁定。

材料 2：2008 年 9 月 1 日，最高人民法院《关于审理民事案件适用诉讼时效制度若干问题的规定》（2020 年 12 月修改）开始施行。该规定分别从诉讼时效总则、起算、中断、中止、效力、附则等方面进行了较为系统、全面的规定。该规定符合诉讼时效制度的立法目的，更有利于保护权利人的利益。

材料 3：《行政法规制定程序条例》第 31 条规定：行政法规条文本身需要进一步明确界限或者作出补充规定的，由国务院解释。国务院法制机构研究拟订行政法规解释草案，报国务院同意后，由国务院公布或者由国务院授权国务院有关部门公布。行政法规的解释与行政法规具有同等效力。

请结合上述材料回答下列问题：

（1）从法律解释角度分析材料 1、2、3 中提及的规范性法律文件。

（2）对比材料 1、2 中涉及的两种法律解释的界限。

（3）说明材料 3 中的法律解释适用的情形及其效力。

【参考答案】（1）材料 1 中全国人民代表大会常务委员会《关于〈中华人民共和国刑法〉第三百一十三条的解释》属于立法解释；材料 2 中《关于审理民事案件适用诉讼时效制度若干问题的规定》属于司法解释；材料 3 中《行政法规制定程序条例》属于行政解释。

（2）立法解释和司法解释的界限是：①凡关于法律、法令条文本身需要进一步明确界限或作补充规定的，由全国人民代表大会常务委员会进行解释或用法令加以规定。②凡属于法院审判工作中具体应用法律、法令的问题，由最高人民法院进行解释。凡属于检察院检察工作中具体应用法律、法令的问题，由最高人民检察院进行解释。最高人民法院和最高人民检察院的解释如果有原则性的分歧，报请全国人民代表大会常务委员会解释或决定。③法律解释应当以立法解释为主导，但必须以司法解释为主体，只要不是明显地侵入立法解释的范围，司法解释就具有广泛的解释权限。

（3）行政解释的适用情形是行政法规条文本身需要进一步明确界限或者作出补充规定的，由国务院解释。行政法规的解释与行政法规具有同等效力。

19. 1969 年，美国得克萨斯州一名叫罗伊的女孩子因为一次意外事件而怀孕，根据当时得克萨斯州刑法，堕胎属于犯罪行为，要受到严厉的处罚。迫于无奈，罗伊将孩子生了下来，并于不久后送给他人收养，随即与收养人失去了联系，无法找到孩子的下落。罗伊对此非常伤心。当时，有两个主张堕胎自由的律师正寻找试验案件以挑战得克萨斯州的刑法，他们找到罗伊表示愿意为她代理本案。于是罗伊以得克萨斯州刑法违反美国联邦宪法，剥夺了她的堕胎自由为由将得克萨斯州政府告上法庭。美国联邦最高法院开庭审理了这一案件。在案件审理同时，关于法律应否允许妇女堕胎的争议在全国如火如荼地进行。不同的团体对此发表了自己的看法。由于美国联邦宪法对堕胎是否违宪并没有明确规定，而且这个案件并不是一个简单的案件，在罗伊的背后可能有成千上万的渴望堕胎自由的年轻人，而在得克萨斯州政府的背后，则是呼唤负起家庭责任心的中老年人以及一大批禁止堕胎的各州法律。因此无论如何判决，赞成与反对的呼声都不会少。美国联邦最高法院在赞成与反对的声音中，法官对此都有着不同的观点：有的法官推崇个人自由，愿意宽容年轻人的生活方式；有的法官看重责任心和对爱情的忠诚和家庭的稳定；有的法官则主张采取折中办法，有限度地允许堕胎自由。最终在九名老法官中，以 6：3 的比例作出裁决：得克萨斯州刑法规定过于宽泛地限制了妇女的选择权，构成违宪，裁定相关堕胎条款的规定无效。

请结合上述材料并根据法理学的知识和理论回答下列问题：

（1）美国法官最终裁决得克萨斯州刑法违宪总体上运用的法律推理形式是什么？为什么？

（2）请结合上述材料从法与自由的关系角度分析您对堕胎所持的基本态度（赞成、不赞成或折中，只能选择其中一种观点）。

【参考答案】（1）美国法官运用的法律推理形式是辩证推理（实质推理）。辩证推理是指当作为推理前提的是两个或两个以上相互矛盾的法律命题时，借助辩证思维，从中选择出最佳的命题，以解决法律问题。适用法律推理的前提是因法律规定的复杂性而引起的疑难问题。本材料中，美国联邦最高法院法官在赞成堕胎和反对堕胎这两种不同的声浪中，通过价值判断过程，对一起因堕胎引起的疑难案件，通过选择最佳命题的方式，作出了堕胎违宪的判决。

（2）赞成的观点，从法与自由的关系角度分析：理由：自由不仅表现为主体有在法律规定的范围内进行活动的权利，也表现为主体有在法律规定之外不被强迫的权利。自由表明主体可以自主选择和从事的行为，而堕胎完全是个人意志的选择。一方面，法律要保障堕胎的自由免受侵害，特别是免受刑事法律的危害，政府对堕胎更不应加以干涉；另一方面，法律要支持个人追求自己堕胎的自由，并为保障个人的积极自由提供必要的帮助。

反对的观点，从法与自由的关系角度分析：理由：自由并不意味着主体可以随心所欲地选择，自由是法律规定范围内的自由，法律在规定和保障自由的同时，主体自主选择的行为必须与既有的法律规定相一致，更不能以维护自由为名侵害他人的自由，否则要受到法律制裁。本材料中，既然得克萨斯州刑法既有规定禁止堕胎，则行为人没有选择的自由，否则就是对爱情的忠诚和家庭的背叛，破坏了家庭关系的稳定和追求爱情的自由，从而逃脱应有的责任。

折中的观点，从法与自由的关系角度分析：理由：法律在保障自由的同时应当对每个主体享有的自由进行界定和限制，防止主体之间对各自自由的相互侵害，同时应当明确政府在鼓励自由和限制自由方面的权力和责任。自由的实现很大程度上要依赖于社会的法律环境，法律通过约束义务主体的自由保障权利主体自由的顺利实现是现代社会自由实现的最主要形式；在受法律支配的社会中，没有法律也就没有自由的实现。就本材料而言，应当有限度地允许堕胎，但绝非放任不管，例如，政府为保护孕妇健康，在堕胎危险性增加期限内禁止强制引产的，这时必须限制堕胎自由；但在挽救孕妇生命情况下不得不采取堕胎的，则应捍卫妇女的堕胎自由。

20. 甲公司未在有较大危险因素的生产经营场所和有关设施、设备上设置明显的安全警示标志，并使用应当淘汰的危及生产安全的工艺、设备，被A省B市市场监督管理局依据A省人民代表大会常务委员会制定的《安全生产管理条例》罚款50万元，并责令限期改正。甲公司以处罚违法为由诉至法院。法院查明，根据《安全生产法》第96条规定，对甲公司的行为的罚款为5万元以下，逾期未改正的，罚款为5万元以上20万元以下。

请结合上述材料，运用法理学相关知识，回答下列问题：

（1）《安全生产法》与《安全生产管理条例》属于何种性质的法律渊源？为什么？

（2）法院应当援引何种规范性法律文件进行判决？为什么？

（3）《安全生产管理条例》如何报备？

【参考答案】（1）《安全生产法》为全国人大常委会制定的非基本法律，因此其属于作为法律渊源的“法律”。《安全生产管理条例》为A省人民代表大会常务委员会制定的，因此其属于作为法律渊源的“地方性法规”。

（2）法院应当援引《安全生产法》进行判决。因为《安全生产法》为上位法，《安全生产管理条例》为下位法，《安全生产法》在效力位阶上高于《安全生产管理条例》。

（3）《安全生产管理条例》报全国人民代表大会常务委员会和国务院备案。

★21. 材料1：A县电缆受到破坏，大面积停电5小时，后经调查得知为甲偷割电缆所致。甲被

控犯有“危害公共安全罪”，被判处5年有期徒刑。甲不服遂向上级法院提起上诉，称自己偷割电缆变卖仅得200元钱，顶多是“小偷小摸”行为。二审法官依照最高人民法院《关于审理破坏公用电信设施刑事案件具体应用法律若干问题的解释》维持原判。

材料2：出租车司机乙送病危病人去医院，该病人需要及时治疗，否则性命难保。为争取时间，乙将车开至非机动车道掉头，被交警拦截并被告知罚款。经乙解释，交警对乙未予处罚且为其开警车引道，将病人及时送至医院，使病人脱离危险。

根据法理学知识和理论并结合上述材料回答下列问题：

（1）对比材料1和材料2分析二审法官和交警运用的法律推理形式。

（2）材料1和材料2中，二审法官和交警运用的案件判断方法是价值判断还是事实判断？为什么？

（3）根据材料2分析法的价值存在的冲突即解决办法。

【参考答案】（1）①材料1中，二审法官运用的推理形式是演绎推理。演绎推理是从一般到特殊的推理形式，二审法官依据《关于审理破坏公用电信设施刑事案件具体应用法律若干问题的解释》这个大前提进行审判，并针对甲盗割电缆这个具体案件的小前提，从而得出一个确定的判决，这正是演绎推理的推理形式。②材料2中，交警运用的推理形式是辩证推理。辩证推理即当作为推理前提的是两个或两个以上相互矛盾的法律命题时，借助于辩证思维，从中选择出最佳命题，以解决法律问题。交警在存在保护生命权和维持秩序价值两个相互矛盾命题的情形下，从中选择出最佳命题，该方法是辩证推理方法。

（2）材料1和材料2中，二审法官和交警运用的案件判断方法都是价值判断而非事实判断。因为二审法官引用的最高人民法院《关于审理破坏公用电信设施刑事案件具体应用法律若干问题的解释》并非既有法律规范，而是司法解释，不能认定是事实判断；交警并没有以法律制度作为判断的取向，而是以具体案件中的人作为判断标准，因此也是价值判断。

（3）材料2中存在秩序价值和人权价值之间的冲突。在人权价值和秩序价值存在冲突时，应遵循价值位阶原则、比例原则和人民群众根本利益原则解决二者的冲突，即人权价值要优先于秩序价值。

22. 在无任何证据证明其辖区存在“河南籍敲诈勒索团伙”的情况下，A市公安局B区分局C派出所在其辖区某大型市场附近的大街上悬挂了“坚决打击河南籍敲诈勒索团伙”和“凡举报河南籍团伙敲诈勒索犯罪、破获案件的，奖励500元”字样的横幅。此行为引起了河南籍人士的不满。2009年4月15日，河南籍市民甲、乙二人以B区分局的行为侵害了二人的名誉权为由向法院起诉，要求B区分局在国家级媒体上公开赔礼道歉。后经法院调解，双方当事人自愿达成和解协议，B区公安分局撤下横幅，并向甲、乙二人赔礼道歉，甲、乙二人对B区公安分局的做法给予谅解。

请结合上述材料回答下列问题：

（1）B区公安分局应当承担何种性质的责任？为什么？

（2）结合本材料说明法律平等价值的特点。

（3）法律确认和保障平等价值实现的基本方式。

【参考答案】（1）B区公安分局应当承担民事责任。国家机关及其工作人员行使职权导致民事侵权的，应当承担民事责任。本材料中B区公安分局在行使职权的过程中造成对河南籍公民社会评价的降低，致使河南籍人士的名誉权遭受侵害，其性质属于民事侵权，应当承担民事责任。

（2）本材料说明法律具有平等价值，由于特权与歧视都是对平等的否定，因此要消除特权与歧视，本材料恰恰体现了平等要求排除特权和消除歧视这一特点。具体而言，地域歧视也属于对平等原则的否定，因此，为了促进法律平等成为现实，必须消除普遍存在的地域歧视。

（3）法律一般通过立法、执法和司法等活动来确认和保障平等实现。其基本方式有：①法律将平等确立为一项基本的法律原则。②法律确认和保障主体法律地位的平等。③法律确认和保障社会财富、资源、机会与社会负担的平均分配。④法律公平地分配法律责任。

★23. 某日早上8时许，一头野生羚牛闯入一户人家，将某甲顶倒在地，其妻某乙亦被困屋中，当地有关部门闻讯展开营救。根据《中华人民共和国野生动物保护法》第21条明文规定，禁止猎捕、杀害国家重点保护野生动物。因科学研究、种群调控、疫源疫病监测或者其他特殊情况，需要猎捕国家一级保护野生动物的，必须由国务院野生动物保护主管部门批准。由于野生羚牛是国家一级保护动物，因此当地有关部门不敢擅自捕杀，只能逐级请示；当日下午1时许才从省林业厅传来指示，可以击毙羚牛；下午4时许，羚牛终于被击毙，而此时某甲已经死亡，其妻某乙亦因伤势过重抢救无效死亡。

请根据上述材料，运用相关法理学知识，回答下列问题：

（1）该案存在的法律价值冲突是什么？如何解决这种冲突？

（2）省林业厅的指示是否合理、合法？为什么？

（3）从法制要求和法治目标角度谈谈您对该案的认识。

【参考答案】（1）该案存在法的人权、正义价值和法的秩序价值之间的冲突。从人权价值角度看，人的生命价值高于一切，在人的生命遭到威胁时，应当牺牲法律调整所形成的法律秩序；从正义价值角度看，法律调整所形成的法律秩序必须以维护正义为己任，而保护人的生命则是最大的正义。解决上述法律价值之间的冲突应遵循价值位阶原则和人民群众根本利益原则。

（2）省林业厅的指示具有合理性，也具有合法性。省林业厅得知人的生命受到羚牛威胁时，为了维护人的生命价值，作出了击毙羚牛的决定，从而维护了人权和正义，因此是合理的；省林业厅根据《野生动物保护法》有关"其他特殊情况"的规定作出指示，是依法办事的表现，因而是合法的。

（3）法制要求严格依法办事，形成稳定的法律秩序，该案相关部门严格按照法律规定办事，他们一面组织营救，一面向上级主管部门请求，这正是《野生动物保护法》所要求的。法治强调法律的至高权威，法治的终极目标是对权力的制约和人权的保障，就该案而言，法律的至高权威和保障人权都是法治的内在要求，但在二者存在冲突时，必须寻求既能够维护法律权威又能够保障人权的平衡，即只有人们都能够认识到保护人的生命的崇高价值、牺牲法律的权威而不被认为是践踏法治的时候，法治的终极目标才能实现。

24. 李某因热水器漏电受伤，经鉴定为重伤，遂诉至法院请求厂家赔偿损失，其中包括精神损害赔偿。庭审时被告代理律师辩称，一年前该法院在审理一起类似案件时并未判决给予精神损害赔偿，本案也应作相同处理。但是法院根据《民法典》第996条规定，支持了李某的诉讼请求。

《民法典》第996条规定："因当事人一方的违约行为，损害对方人格权并造成严重精神损害，受损害方选择请求其承担违约责任的，不影响受损害方请求精神损害赔偿。"

请结合上述材料，运用法理学相关知识，回答下列问题：

（1）《民法典》第996条规定的逻辑结构。

（2）被告代理律师运用的法律推理的形式是什么？

（3）法院能否援引一年前类似案件的判决结论对李某伤害案作出判决？为什么？

（4）本案形成哪些法律关系？

【参考答案】（1）《民法典》第996条规定的逻辑结构：当事人一方的违约行为是假定（条件）；损害对方人格权并造成严重精神损害是行为模式；承担违约责任和精神损害赔偿是法律后果。

（2）被告代理律师运用的是类比推理。被告代理律师认为，法院审理的李某伤害案与一年前该法院判决的案件类似，那么适用的法律和判决结果也应当类似，法院应当按照一年前类似案件的判决处理李某伤害案，此为类似案件类似处理，是类比推理。

（3）法院不能援引一年前类似案件的判决结论对李某伤害案作出判决，因为判例不是我国正式意义上的法律渊源。

（4）本案在李某与厂家之间形成民事法律关系，李某、厂家与法院之间形成诉讼法律关系。

★ 25. 某县县长甲在一次县人民代表大会上郑重指出："为了维护全县良好的社会秩序，加快全县经济的发展，各主管部门必须坚决做好依法治国方略的具体落实。具体来说，必须做到依法治县、依法治镇、依法治村，要制定各种办法、规定来治理全县的经济秩序和社会秩序，特别是重点治理有违法、违规的居民和村民，做到稳扎稳打，快速而有效地推进，对违法行为做到不枉不纵、决不姑息。"

请运用法治的知识和理论对县长甲的讲话作出评价。

【参考答案】（1）县长甲的讲话体现了人治思想。法治是与人治对立的治国方略：法治是民主政治，其依据是反映众人意志的法律；人治则是专制政治，其依据是统治者个人或少数人意志。依法治国是法治的典型表述。县长甲的言论表明，他所认为的法治仅是少数人治理社会的工具，这是人治观念的典型表现，是以法治之名行人治之实。

（2）县长甲的讲话体现了对法律范围的误解。法律有广义和狭义之分，狭义的法律仅指全国人大及其常委会制定的法律，广义的法律包括宪法、法律、行政法规、监察法规、地方性法规、规章等一切规范性法律文件。无论是广义的法律，还是狭义的法律，其范围都是有限的，不能将法律的范围泛化，不能认为只要是有关部门制定的规则都是法律，这是对法律的严重曲解。

（3）县长甲的讲话错误地理解了依法治国的内涵。依法治国或者说法治的主体是人民，依法治国的根本目的在于保证人民充分行使当家作主的权利，依法治国重点在于治吏，依法治国要求依法行政和严格执法，法治政府的重心是各级政府和各级领导干部要依法行政和严格执法。依法治国的客体是国家权力和社会政治、经济生活，而不是人民的行为。县长甲的讲话不仅错误地曲解了依法治国的主体，而且错误地认为依法治国就是依法治理居民、村民，这对于实现法治和依法治国方略是十分有害的。

26. 材料 1：《民法典》第 658 条规定：赠与人在赠与财产的权利转移之前可以撤销赠与。

经过公证的赠与合同或者依法不得撤销的具有救灾、扶贫、助残等公益、道德义务性质的赠与合同，不适用前款规定。

材料 2：王某与同村的张某因为琐事打架，王某不慎失手将张某打死。王某的父母向张某的父母求情，并表示愿意赔偿张家 40 万元，希望张家不要向公安机关报案。考虑到两家是世交，关系一直很好，王家又愿意赔偿，在经过一番讨价还价之后，张某的家人答应接受赔偿，两家"私了"此事。后来村里有人向公安机关举报，公安机关介入此案，在查明事实后，移交给检察机关提起公诉，法院经过审判之后，认为王某犯有过失杀人罪，判处其有期徒刑 3 年。

请结合上述材料并根据法理学的知识和理论回答下列问题：

（1）试分析材料 1 所列《民法典》第 658 条第 2 款规定的逻辑结构。

（2）从认知上看，材料 2 中的"私了"行为体现了当事人何种法律意识？"私了"违反了何种法律规则？为什么？

【参考答案】（1）法律规则是由假定（条件）、行为模式和法律后果三要素组成的。《民法典》第 658 条第 2 款中，"赠与人"为该法律规则的假定（条件）；"经过公证的赠与合同或者依法不得撤销的具有救灾、扶贫、助残等公益、道德义务性质的赠与合同，不适用前款规定"为行为模式；法律后果为“承担违约责任”。

（2）①材料 2 中当事人“私了”体现了当事人低级阶段的法律意识，即法律心理。材料 2 中，当事人“私了”说明中国民众的普遍“厌讼”的法律意识，该法律意识是人们在长期日常生活中形成的表面的直观感受，因此属于认知阶段的法律心理。②材料 2 中的“私了”违反了强行性规则。强行性规则是指内容规定具有强制性，不论人们的意愿如何，都必须加以适用的规则。据此，行为主体必须遵守规则的规定，不允许他们自行协议解决问题，违反法定行为模式的协议是无效的。在该案当中，王某犯有过失杀人罪，按照刑法的规定，必须由检察机关提起公诉，由审判机关判决此案。刑法的有关规定是强行性规则，必须依照这些强行性规则来处理此案。张家和王家并没有权利自行达成协议，“私了”此事。

27. 某大学法学讲师在讲授法律文化时提出了如下观点：

观点 1：法律文化蕴含在现行法之中，这种现行法中蕴含的法律文化是偶然因素和必然因素相互交织、相互作用的结果。

观点 2：法律意识是法律文化的重要组成部分，法律意识和法律规范一样，属于观念形态的法文化。

观点 3：法律文化具体体现在规则性的法律制度中。

试运用法理学有关法律文化的基本理论对上述观点加以辨析。

【参考答案】（1）观点 1 的说法错误。法律文化的载体是法律现实，法律文化蕴涵其中。但是法律文化并不等于现行法、法律实践以及法律意识，也并非简单地等同于这些法律现象的总和。法律文化是这些法律现象中所包含的知识、智慧和经验，是其中一切有价值的、流传久远的行为方式或思想方式，是一种文化传统。法律文化不包括现行法、法律实践、法律意识中一切因偶然因素、个别事件而变化的成分。它是一个国家、地区和民族从事法律活动的过程中长期起作用的“定式”，是一种习惯。

（2）观点 2 的说法错误。法律意识是法律文化的重要组成部分，这没有错，但是，从法律文化层面的组成上看，法律文化由两个层面组成：其一是物质性的法律文化，诸如法律制度、法律规范等，即制度形态的法律文化；其二是精神性的法律文化，诸如法律学说、法律心理、法律习惯等，即观念形态的法律文化。可见，法律规范所体现出来的法律文化属于物质性的法律文化，而法律意识所体现出来的法律文化属于观念形态的法律文化。二者不能混淆。

（3）观点 3 的说法错误。法律文化是人们从事法律活动的行为模式和思维模式。这里的行为模式并不是指法律规则，或者法律所规定的行为模式。法律文化并不体现在脱离现实的法律规则中，而是体现在实际生活中起着指导人们法律活动的实际规则中。

28. 据媒体报道，四川律师李宗发慎重地向四川省人大提交了一份《四川省父母子女家庭关系规定》即“孝法”的立法草案建议稿。据他调查，对于如何尽孝，我们仅有婚姻法略有涉及。他希望四川省能为“孝”立法，让子女尽“社会主义亲情孝敬、奉养”义务，要求国家、社会继续弘扬爱老敬老的传统美德，使父母不受子女暴力等不敬行为的侵犯。李宗发律师还建议，公务员录用应以孝为先，即：“本省招收、聘用、晋升公务员、领导干部，必须审查其孝敬、赡养父母情况，并以此作为衡量审查其品行是否端正的第一前提。”

阅读上述材料，结合法理学知识和原理，谈谈你对李宗发律师提出的“孝法”的看法。

【参考答案】（1）法律是传播道德、保障道德实施的有效手段。通过立法，将社会中的道德理念、信念、基本原则和基本要求法律化、制度化、规范化，赋予社会的道德价值观念以法律的强制力，这有利于传播、促进道德的实施。但也应当看到，法律与道德毕竟属于不同的社会规范，二者不能混同。正因为二者具有各自不同的特性，才能在各自的范围内发挥不同的作用。因此，最好的办法是，最大限度地减少法律与道德进行不必要的碰撞概率，而不能将本应属于道德调整的范畴强行纳入法律调整的范畴。

（2）法律在社会生活调整中居于主导地位，但是并非所有的问题都可以适用法律，在有些社会关系的调整中，法律无法发挥其作用，而更多地需要道德等手段来调整。法律本身是有局限的，法律不是万能的，法律是众多社会调整手段中的一种，对于有些社会关系而言，法律并不是有效的调整手段。因此，法律不能替代道德。本题中提到的让子女尽“社会主义亲情孝敬、奉养”义务，要求国家、社会继续弘扬爱老敬老的传统美德，使父母不受子女暴力等不敬行为的侵犯。这些恰恰是道德发挥应有作用的领域。

（3）从法律实施角度看，法律的实施必须以国家强制力为后盾，有具体的制裁措施。可是对于违反“孝法”规定的，很难确定法律责任的承担方式，也并不容易制定出具体的制裁措施。本题中提到的孝道无可厚非，但一个人不尽孝道，却很难对其规定相应的制裁措施，这恰恰说明“徒法不足以自行”的道理。

★29. 洪某10岁时父母离异，随其母生活。洪某14岁时祖父去世，但洪某自觉与祖父感情不深，未参加葬礼。洪某之父老洪遂不再向洪某提供抚养费。洪某及其监护人向当地法院提起诉讼，请求责令老洪承担抚养费。老洪在答辩状中说，洪某不参加葬礼不孝之至。法院没有采纳老洪的答辩理由，并依据相关法律判决洪某胜诉。二审法院还在判决书后附有一段“判后语”：祖父去世，令人悲恸。双方当事人要节哀顺变，不能因抚养费而生纠纷。死者已去矣，亲者尚生存，亲情不可废。愿双方重修亲情，死者永瞑目。

请根据上述材料，运用相关法理学知识，回答下列问题：

（1）法院的“判后语”是否具有法律效力？为什么？

（2）法院的“判后语”反映了哪一层面的法律文化？

（3）您对法院在判决书后附入“判后语”有何看法？请说明理由（赞成或反对，仅选择一种观点回答）

（4）结合材料分析法与道德的关系和法律作用的局限性。

【参考答案】（1）法院的“判后语”不具有法律效力。因为“判后语”并非案件适用的具有普遍效力的规范性法律文件，也并非法律适用的结果，而只是对案件的道德评价和补充意见。

（2）法院的“判后语”反映的是观念形态的法律文化。

（3）赞成的观点：①法律适用的过程不能完全排除道德判断，“判后语”可以弥补法律适用缺乏道德判断的不足。②“判后语”可以弘扬社会主义法律文化，推进法治建设和精神文明建设。③“判后语”可以起到法制宣传和法制教育的作用，培养人们的守法意识。

反对的观点：①“判后语”破坏了法律的统一性和权威性，对判决的性质也缺乏在“法治”层面上的认可。②“判后语”反映出法官对法律与道德的界限仍模糊不清。③“判后语”损害了法律的严肃性和权威性。

（4）①道德是法律的价值基础，是判断、评价法律的价值尺度。②法律是传播道德、保障道德实施的有效手段。③法律在社会生活的调整中起到主导作用，但并非所有问题都可以用法律来调整，对于法律调整无法发挥作用的领域，道德调整起着不可忽视的作用。本案中洪某没有参加祖父的葬礼，虽然不孝，但法律对此无能为力，这体现了法律作用的局限性。

30. 28岁的打工者王某余，因急需钱给父亲治病，并且自己因身体原因不想继续打工，和弟弟一起准备向包工头吴某国要回当年的工钱。2005年5月11日晚，兄弟俩到吴某国住处讨要工钱时，

吴某国一直没有开门。住在旁边的苏某才、苏某刚、苏某兰、吴某还有吴某国之妻过来让他俩走。吴某骂哥俩像条狗，用拳头打王某余，还用脚踢他。苏氏父子也对兄弟二人连踢带打。“为什么我活着总是让人欺负?”愤怒的王某余拿出随身携带的折叠刀，将苏某刚、苏某才、吴某、苏某兰相继捅倒在地，见吴某国之妻汤某琴扶着被捅伤的苏某刚蹲在墙角处，王某余持刀又将汤某琴捅伤，最终酿成四死一伤的惨案。王某余杀人后没有逃跑，而是投案自首。“他们这样欺负农民工，却受不到法律的制裁，我就要杀了他们。我杀了他们，并不是我想的，这是命运的安排。”对于自己的所作所为，王某余没有后悔，“反正我不想活了，我这样活着太累了!”

请结合上述材料，运用法理学相关知识，回答下列问题：

（1）王某余只是想讨要工钱，找回属于自己的“正义”，但却酿成了重大血案，等待他的必然是法律的制裁。在这起案件中，法律规定和正义是否存在冲突？为什么？

（2）正义作为法律价值有哪些作用？

（3）如何运用法律实现正义？

（4）从社会治理角度分析社会公平正义的实现。

（5）王某余应当承担何种法律责任？其存在何种免责条件？

【参考答案】（1）法律规定与正义不存在冲突，因为我国不存在严重缺乏“正当性”的恶法去阻碍正义的实现。王某余在分配正义实现受阻时，采取了自力救济，而未采取法律手段来维护自己的合法权益。但是，王某余在实现自己的分配正义时，破坏了他人的分配正义，导致矫正正义的发生，王某余要受到法律制裁。

（2）法律的价值在于实现正义。正义作为法律价值有下列作用：①正义是法律的存在根据和评价标准。②正义是法律发展和进步的根本动因。③正义适用于具体的法律实践。

（3）国家要通过制定法律，运用法治手段解决社会问题，要对王某余等弱势群体通过法律关怀和救济实现正义，实行法治化管理，公正地分配正义，并设定公正的程序来保障，使实体正义和程序正义以看得见的方式实现。

（4）王某余讨薪杀人案虽然是个案，但也表明社会治理在某一方面出现了机能失调、制度调节失效的问题。从社会治理和法治本质看，执法为民是社会主义法治的本质要求。法治作为一种社会治理形式，其最根本的目的就是使公民的权利得到实现。从价值追求看，社会主义法坚定不移地追求社会公平正义。实现公平正义，首先要从程序正义来实现，也就是司法过程的公正，它是从立法公正通往现实公正的路径。公平与效率，是司法制度追求的两种价值，诉讼公正与诉讼效率作为司法的价值追求，当二者难以兼得时，必须将实现公正作为优先选项，唯有在实现公正的前提下，高效方能体现出它的意义。

（5）王某余应当承担刑事责任，其可以免责的条件是自首免责。

31. 西方法学家艾尔利希（埃利希）在《法社会学原理》中指出：“在当代以及任何其他的时代，法的发展的重心既不在立法，也不在法学或司法判决，而在于社会本身。”

请结合上述材料，运用法理学相关知识，回答下列问题：

（1）艾尔利希是哪一个法学流派的代表人物？其主要观点有哪些？

（2）根据材料分析法与社会的一般关系。

【参考答案】（1）艾尔利希是社会法学派的代表人物。艾尔利希的主要观点是：反对成文法是唯一的法律渊源，重视现实社会中的活法；扩大法官自由裁量权；法律的发展重心在于社会本身。

（2）法与社会的一般关系可以概括为：①社会是法律的基础。社会是法律产生与形成的基础。法是社会的产物。社会是法的基础，即社会是法赖以产生或形成的基础。②法律是社会关系的调整器。首先，法对社会的调整，是通过调和社会各种冲突的利益，进而保证社会秩序得以确立和维护。

其次，法对社会的调整还表现为通过法律对社会机体的疾病进行疗治。

★32. 王某参加朋友李某婚礼期间，自愿帮忙接待客人，婚礼后王某返程途中遭遇车祸，住院治疗花去费用1万元。王某认为，参加婚礼并帮忙接待客人属于帮工行为，遂将李某诉至法院要求赔偿损失。法院审理认为，王某的行为属于由道德规范调整的情谊行为，不在法律的调整范围内。

请结合上述材料，运用法理学相关知识，回答下列问题：

（1）法律有哪些局限性？

（2）法院审理案件能否将道德规范作为裁判的理由？

（3）如何解决法律与道德的冲突？

【参考答案】（1）法律的局限性体现在：①法律调整的范围是有限的。②法的特性与社会生活的现实之间存在着矛盾。③法的制定和实施受人的因素的影响。④法的实施受政治、经济、文化等社会因素的制约。正因为法律有上述局限性，法律不能调整所有的社会关系。该案中的情谊行为，法律则不宜调整，这表明了法律的局限性。

（2）在既有法律规则或法律原则的情况下，不能援引道德规范作出裁判，特别是在刑法领域，道德规范不能作为裁判依据。但法律与道德不能截然分开，法官往往参照道德规范进行价值判断。在特定情形下，道德规范可以作为裁判的理由，这在民商事领域有所体现，这里的特定情形包括：①没有法律规定可借助于道德规范；②有法律规定但裁判结果不公正、不合理可借助于道德规范。

（3）解决法律与道德在日常法律适用领域中冲突的措施主要有：①提高立法质量，尽量避免出现法律的漏洞，要最大限度地减少法律与道德进行不必要碰撞的概率。②在宣传法律过程中，对旧道德进行批判，使道德与法律尽量吻合。

★33. 张某和女儿联合起来，准备一文不花将母亲陆老太的房产骗到手，被陆老太告上法庭。北京市东城法院开庭审理并宣判此案，法官首次在判决中援引《孝经》，维护了陆老太的权益。依据相关法律条文，法院已足以作出如此判决，但是，法官引用了传统的孝道，在判决书中指出，我国有"百善孝为先"的古语，"孝"有孝顺、善事父母之意，古代以尽心奉养和绝对服从父母为孝，儒家经典《孝经》把孝誉为"天之经、地之义、人之行、德之本"。法官通过孝道原则进行说理，体现了法律的公正和法律文本的道德升华。

请结合上述材料，运用法理学相关知识，回答下列问题：

（1）判决书援引的《孝经》是否属于我国的法律渊源？《孝经》确立的规则对当事人是否具有法律约束力？

（2）法院援引了相关法律条文进行裁判，其适用的法律推理形式是什么？

（3）法院在审理过程中进行了释法说理，体现的法律论证的标准有哪些？

（4）结合材料，从规范内容的角度说明法律是最低限度的道德。

【参考答案】（1）《孝经》属于道德规范，不属于我国正式意义上的法律渊源，但可作为我国非正式意义上的法律渊源。《孝经》确立的规则对当事人不具有法律约束力。

（2）法院适用的是演绎推理形式。法院援引相关法律条文作为裁判的大前提，将相关条文作为适用具体案件的法律依据，这是演绎推理的逻辑。

（3）法院在审理过程中，通过适用法律进行分析和释法说理，体现了内容的融贯性、程序的合理性、依据的客观性和逻辑有效性、效果最优性。

（4）法律与道德不同，法律是立法机关制定或认可的具有强制约束力的社会规范，道德是在长期社会生活中形成的关于善恶美丑的判断标准和行为规范。从规范内容的角度分析，法律对人的要求相对较低，即人的行为不应伤害他人与社会；而道德的要求比较高，不仅要求人的行为无害于他人，更要追求对他人和社会有益。道德规范要广于法律规范，法律不能将一切道德规范上升为法律，但是法律有必要将最低限度的道德上升为法律。法官援引《孝经》判案，显示了法官更高的社会责任意识，法律只是最低限度的道德，父母与子女的关系不只是法律关系，更是道德的关系。判决书起到的道德教化的作用，将更有效，也更持久。

★34. 王某向市自然资源局提出信息公开申请，市自然资源局为此公开相关信息，但信息不全面、不真实，给王某造成误导。王某遂请求自然资源局及时公开全面、真实的信息，但是自然资源局并未在法定期限内答复，也未进一步全面公开准确、真实的信息。王某诉至法院，法院判决自然资源局败诉，并判决其承担相应的法律责任。

请结合上述材料，运用法理学相关知识，回答下列问题：

（1）王某向市自然资源局提出信息公开申请是否属于守法行为？为什么？

（2）市自然资源局的做法违反了执法的何种原则？为什么？

（3）法院判决自然资源局败诉并判决其承担相应的法律责任体现的是法律的哪些规范作用？

（4）法院对市自然资源局的监督属于何种性质的法律监督？其法治意义何在？

【参考答案】（1）王某的行为属于守法行为。守法包括履行法定义务和依法行使权利，王某申请信息公开，是依法行使权利的行为，是守法行为。

（2）市自然资源局的做法违反了执法的诚实守信原则。根据诚实守信原则，行政机关公布的信息应当全面、准确、真实，否则承担相应的法律责任。但是，市自然资源局公开的信息不全面、不真实，违反了诚实守信原则中的行政信息真实原则。

（3）法院判决市自然资源局败诉，体现了法的评价作用；法院判决市自然资源局承担相应的法律责任，体现了法的强制作用。

（4）法院对市自然资源局的监督属于国家监督中的国家司法机关的监督，该监督有助于督促政府依法行使权力，提升管理和服务水平，切实保护公民、法人的合法权益。

★35. 公司周经理与员工在饭店喝酒聚餐后表示：别开车了，酒驾入罪，咱把车推回去。随后，周经理在车内掌握方向盘，其他人推车缓行。记者从交警部门了解到，如机动车未发动，只操纵方向盘，由人力或其他车辆牵引，不属于酒后驾车。但交警部门指出，路上推车既会造成后方车辆行驶障碍，也会构成对推车人的安全威胁，建议酒后将车置于安全地点，或找人代驾。鉴于我国对“酒后代驾”缺乏明确规定，周经理起草了一份《酒后代驾服务规则》，包括总则、代驾人、被代驾人、权利与义务、代为驾驶服务合同、法律责任共6章21条邮寄给国家立法机关。

请结合上述材料，运用法理学相关知识，回答下列问题：

（1）周经理和员工拒绝酒驾体现了法的规范作用中的何种作用？

（2）交警部门的推车前行不属于酒驾的解释，运用的推理形式是什么？为什么？

（3）周经理起草的《酒后代驾服务规则》是否属于立法议案？为什么？

【参考答案】（1）周经理和员工拒绝酒驾体现了法的指引作用。法的指引作用是指法律规范对本人行为起到的导向和引导的作用。本案中，周经理和员工在酒驾入罪（构成危险驾驶罪）的指引下，没有实施酒驾行为，这正是指引作用的体现。

（2）交警部门运用的是演绎推理。演绎推理是从一般到个别的推理。本案中，交警部门依据大前提“酒驾入罪”和小前提“推车前行”的具体案件事实，得出结论“推车前行不入罪”。交警部门的推车前行不属于酒驾的解释显然是根据演绎推理而得出的结论。

（3）周经理起草的《酒后代驾服务规则》并非属于立法议案。因为周经理不符合法律规定的立法议案的提案主体资格，《酒后代驾服务规则》只是公民的立法建议。

36. 马克思在《哲学的贫困》中指出：其实，只有毫无历史知识的人才不知道：君主们在任何时候都不得不服从经济条件，并且从来不能向经济条件发号施令。无论是政治的立法或市民的立法，都只是表明和记载经济关系的要求而已。

正如马克思所指出的，随着经济基础的变更，全部庞大的上层建筑也或慢或快地发生变革。这种变化可以划分为量变和质变两种类型。如果经济基础的内容只是发生了局部的变化，那么法律将在原来的性质范围内发生量变；如果经济基础发生了质的改变，例如从封建主义发展为资本主义，那么法律也随之发生质的飞跃，成为一种新的历史类型的法。

恩格斯晚年在写给施米特的信中说：总的来说，经济运动会替自己开辟道路，但是它也必定要经受它自己所造成的并具有相对独立性的政治运动的反作用……法也是如此：产生了职业法律家的新分工一旦成为必要，立刻就又开辟了一个新的独立部门，这个部门虽然一般地完全依赖于生产和贸易，但是它仍然具有反过来影响这两个部门的特殊能力。

恩格斯曾指出，国家权力对于经济发展的作用可能有三种：它可以沿着同一方向起作用，在这种情况下就会发展得比较快；它可以沿着相反方向起作用，在这种情况下它在每个大民族中经过一定的时期就都要遭到崩溃；或者是它可以阻碍经济在某一种方向上的发展，而推动经济沿着另一种方向发展。恩格斯同时也指出，这种情形也适用于法律。

运用法理学的有关知识对此作出分析。

【参考答案】（1）法律是上层建筑的组成部分，它与经济基础之间的关系是形式与内容的关系。一方面，经济基础对法律起决定作用，法律只能在经济基础所蕴含的可能性范围内选择，而不能任意地选择；法律的性质、内容和发展趋势等，都主要是由其赖以建立的经济基础的状况和要求所决定的。另一方面，法律虽然根源于经济基础，但作为一种超经济的力量，它又超越于经济基础，对经济基础既具有依赖性，又具有一定的反作用和相对独立性。

（2）在法律与经济基础的关系中，法律并不是消极地被决定的，而是在归根结底决定于一定的经济基础的同时，又服务于该经济基础，对经济基础具有能动的反作用。恩格斯的最后一句话表明，对于符合统治阶级根本利益需要的生产关系，法律一般起着保障和发展作用；反之，对于不符合统治阶级根本利益要求的生产关系，法律一般就沿着这种生产关系发展的相反方向起否定和排除作用。但是对于整个经济条件的发展来说，这种作用的最终效果还要取决于生产关系与生产力的关系的性质以及法律自身的形式合理性水平。

37. 甲与所就职的 A 航空公司发生劳动争议，解决争议中曾言语威胁将来乘坐 A 航空公司航班时采取报复措施。甲离职后在选乘 A 航空公司航班时被拒载，遂诉至法院。法院认为，A 航空公司依《民法典》负有强制缔约义务，依《民用航空法》有保障飞行安全义务。尽管相关国际条约和我国法律对此类拒载无明确规定，但依航空业惯例航空公司有权基于飞行安全事由拒载乘客。

请结合上述材料，运用法理学相关知识，回答下列问题：

（1）甲乘坐飞机和 A 航空公司拒载体现了哪些法律价值之间的冲突？

（2）我国缔结或参加的国际条约、航空业惯例是否属于我国正式意义上的法律渊源？

【参考答案】（1）自由与秩序之间的冲突。因为甲有乘坐飞机的自由，但航空公司基于安全的考虑，可以对这种自由作出限制，从而发生自由与秩序的冲突。

（2）我国缔结或参加的国际条约，属于我国正式意义上的法律渊源。但航空业惯例属于行业惯例，属于我国非正式意义上的法律渊源。

38. 材料 1：北京市为了解决交通拥堵问题实行车辆单双号限行制度，但在清明节期间又取消了单双号限行，以方便人们的扫墓拜祭活动。

材料2：《民法典》第7条规定：民事主体从事民事活动，应当遵循诚信原则，秉持诚实，恪守承诺。

材料3：《刑法》第21条规定：为了使国家、公共利益、本人或者他人的人身、财产和其他权利免受正在发生的危险，不得已采取的紧急避险行为，造成损害的，不负刑事责任。紧急避险超过必要限度造成不应有的损害的，应当负刑事责任，但是应当减轻或者免除处罚。

请根据上述材料，运用法理学相关知识，回答下列问题：

（1）分析材料1中存在的价值冲突及解决原则，并简要说明理由。

（2）材料2规定的是何种法律要素？为什么？体现的是何种法律价值？

（3）分析材料3中所规定的紧急避险这一法律规则的逻辑结构。

【参考答案】（1）材料1体现了秩序价值和自由价值的冲突，要解决限行和自由出行之间的矛盾，应当遵循比例原则。因为在清明节期间，自由出行的自由价值优于限行的秩序价值，要实现自由价值，必须遵循一定的比例，在特定情况下减少限制，维护人们的自由。

（2）材料2体现的是法律要素中的法律原则，因为材料2中的规定比较笼统、模糊，仅具有宏观指导性，且现实性弱。材料2中的规定体现了法的秩序价值。

（3）法律规则是由假定（条件）、行为模式和法律后果三要素组成的。材料3中有关紧急避险的规定，其假定（条件）是“行为人为了使国家、公共利益、本人或者他人的人身、财产和其他权利免受正在发生的危险”；其行为模式是“不得已采取紧急避险行为”；其法律后果是“造成损害的，不负刑事责任”。

39. 民主是全人类的共同价值，是中国共产党和中国人民始终不渝坚持的重要理念。国务院新闻办公室发表的《中国的民主》白皮书，紧紧围绕全过程人民民主，从历史和现实、理论和实践、形式和内容等多个维度，系统介绍中国民主的价值理念、发展历程、制度体系、参与实践和成就贡献。国务院新闻办公室发表的《中国的民主》白皮书全面总结党领导人民发展民主的历程，深刻指出“中国共产党的奋斗史，是团结带领人民探索、形成、发展全过程人民民主的奋斗史”。经过长期探索实践，今天，全过程人民民主在中华大地展示出勃勃生机和强大生命力，中国人民的民主自信更加坚定，中国的民主之路越走越宽广。

请根据上述材料回答下列问题：

（1）中国民主的本质和核心是什么？

（2）如何认识社会主义法治对社会主义民主的积极作用？

（3）如何实现党的领导和人民民主在立法工作中的有机统一？

（4）国务院新闻办公室发表的《中国的民主》白皮书对社会主义法治建设有何意义？

【参考答案】（1）中国民主的本质和核心是人民当家作主，人民当家作主是一种全过程的民主。

（2）社会主义法治是社会主义民主的保障，其积极作用体现在：社会主义法治确认人民群众当家作主的地位，确认国家的基本民主体制及其活动原则的合法性；社会主义法治确认和保障广大人民群众享有广泛的民主权利和自由，为政治参与提供畅通的渠道；社会主义法治确认和规范社会主义民主的范围以及实现社会主义民主的程序和方式；社会主义法治是保卫社会主义民主的重要武器。

（3）实现党的领导和人民民主在立法工作中的有机统一，要坚持党领导立法和人大主导立法。党领导立法强调坚持党的政治领导原则，党通过确定立法工作方针、批准立法规划、提出立法工作建议、明确立法工作的重大问题、加强立法队伍建设等，把握正确的政治方向。我国实行人民代表大会制度，人大主导立法，体现了人民当家作主，能够将人民的意志准确地体现在立法之中。

（4）国务院新闻办公室发表的《中国的民主》白皮书，能够增强法治观念，进一步扩大自由、完善民主，促进社会主义民主和社会主义法治相互结合，人民当家作主的民主制度进一步落实。

40. 材料1：某日，在甲市公共体育场内，武警荷枪实弹，数千市民正被组织围观一场特别公审公判。陈某是一名犯罪嫌疑人，其胸前挂着70厘米长、50厘米宽的木牌，1斤多重。上面白底黑字写着“犯罪嫌疑人陈某”，其他被示众者亦如此。甲市法院院长认为公审公判能够起到震慑作用。

材料2：乙市在市直机关开展了一场普法宣传和一系列普法讲座，使市直机关的工作人员的法律知识水平有了一定的提高。一名市直机关干部丙在接受采访时表示“普法宣传和普法讲座提高了工作人员的法律意识，因为一个人只有具备了一定的法律理论知识，才具有法律意识”。

请结合上述材料回答下列问题：

（1）材料1中，甲市的做法侵犯了何种法律价值？试从法律意识角度分析材料1中甲市公审公判的行为。

（2）材料2中，市直机关干部丙的说法是否正确？请从法律意识的角度进行分析。

（3）结合材料1、2分析法律意识的培养对建设社会主义法治国家的作用。

【参考答案】（1）①甲市的做法侵犯了陈某和相关公审犯罪嫌疑人的人权。人权普遍地为所有人平等享有，不容侵犯，甲市公审公判的做法是对犯罪嫌疑人人权的漠视。②甲市对诸犯罪嫌疑人采取公审公判的做法，从法律意识角度讲，是法律意识缺失的表现。在法律适用过程中，司法人员的法律意识水准对于适用法律的活动以及案件影响很大。它直接关系到司法人员能否合法、公正地审理案件，能否有效地维护公民权利。如果法律意识缺失，就会使公民权利得不到维护，使审判结果的公正性受到质疑，从而不利于法治建设。

（2）丙的说法并不正确，因为一个人不具备法律理论知识，也可能具有法律意识。法律理论知识是对法律现象理性化、系统化的思想观点，需要经过专门的职业训练才能获得。法律意识可以分为低级阶段的法律心理和高级阶段的法律思想体系，对于低级阶段的法律心理，不需要有法律理论知识，而对于高级阶段的法律思想体系，则需要法律理论知识。

（3）①对于材料1中出现的违反人权的公审公判，应当提高基层司法人员的法律意识，要积极培养司法工作人员的人权观，消除落后的法律意识的影响。②对于材料2中开展的普法宣传，应予以肯定。普法教育，要求开展法制宣传，普及法律常识，重视法制教育，加强法学研究，要求广大干部群众掌握一定程度的法律知识，养成学法、知法、守法、用法的习惯，增强主人翁责任感，强化民主意识，坚决同一切违法犯罪现象作斗争。培养社会主义法律意识，重在公民意识，要培养广大公民的主人翁观念、权利义务观念、自由纪律观念、平等观念。

41. 甲在盗窃自行车的时候被失主乙等三人抓获，遭到乙等三人的殴打。甲挣脱后跳入河中，并向对岸游去，终因力不从心而溺水身亡。甲在水中挣扎的整个过程中，乙等三人袖手旁观，没有采取任何抢救措施，直至甲被溺死。案发后乙等三人被公安机关抓获归案。法院在审理案件过程中，控方、辩方等诉讼参与人围绕着乙等三人是否构成犯罪进行了深入控辩，最后法院经审理认为，乙等三人负有救助的先前行为义务，因而判处乙等三人构成故意杀人罪。此案在社会上引起巨大反响。很多人觉得，乙是失主，是盗窃的受害人，最后却变成了故意杀人的加害人，被判处有期徒刑，这无法理解。此案也引起业界人士的讨论，并提出了针锋相对的观点。

请根据上述材料回答下列问题：

（1）根据演绎推理，说明法院可能进行的法律推理的基本逻辑。

（2）法院对乙等三人的判决不符合法律论证的哪一个标准？为什么？

（3）您认为应当如何提高法律论证的效果最优性？

【参考答案】（1）法院进行法律推理的基本逻辑：

大前提（《刑法》规定）：有关危害行为中的不作为可以构成犯罪；

小前提（本案事实）：有关因先前行为引起的义务属于危害行为中的不作为；

结论（判决）：违反先前行为引起的义务构成不作为的故意杀人罪。

（2）法院的判决违反了法律论证的效果最优性标准。理由：法院判决乙等三人构成故意杀人罪，其判决引起了多方的争议，其结论没有得到社会的认可，没有实现法律效果和社会效果的统一。

（3）提高法律论证的效果最优性的途径有：①通过法律推理积极寻求法律判决的正当性。②判断必须经过充分的、认真的论证，判断既有法律依据，又有合理性，积极消除合法性和合理性之间存在的矛盾，在坚持合法性基础上做到合理性。③限制判断的任意和武断，使结论可以接受价值正当性的考验。

42. 为了抑制房价的过快上涨，近些年来我国各地陆续出台一系列限购措施，同时对保障性住房的申请也规定了较为严格的条件和程序。一时间人们议论纷纷，一部分人认为这种限制有违自由和平等原则，与市场经济的效率原则格格不入，应当予以废除；另一部分人认为，这种限制是维护市场秩序、实现实质正义、保障更多人居住权的需要，应当予以坚持。目前，“房住不炒”已经成为政府调控房价的基调。

请结合上述材料，并依据法的价值的相关理论进行分析。

【参考答案】由于法的价值是统一性与多样性的统一，上述两种观点，深刻地反映了法的各种价值之间既相互统一，又在特定情形下相互冲突的现实。

第一种观点，认为限购措施不合理，从法的平等、自由、效率价值角度展开分析：

（1）法律上的平等主要是社会主体能够获得同等的待遇，法律确认和保障主体法律地位的平等。主体地位平等是法律形式平等的最重要的体现，也是实质平等的前提。同时，法律确认和保障社会财富、资源、机会与社会负担的平等分配，人们应当有平等的机会买卖房屋。

（2）法的自由价值表明，保障人民自主选择的权利是法的重要任务，尤其是在私权领域，排除国家权力的不当干预是近现代法律的基本实践。像买卖房屋这种市场经济中基本的交易行为，人们应当具有自由选择的权利。

（3）法的效率价值就是指法所具有或应当具有的促进社会财富增长和活动便利并满足人们对物质的需求和便利条件的价值。价值规律表明，不受限制的买卖自由有助于效率的提高。

第二种观点，认为限购措施合理，从法的秩序、正义、人权价值角度展开分析：

（1）法的秩序价值表明，法有助于社会秩序的建立和维护，良好的社会秩序是社会进步的基础，通过法律建立和维护良好的社会秩序是推进改革和建设的重要前提，法律维护基本的经济秩序是法的基本使命。近年来房价的一再飙升影响了经济秩序，应当予以干预。

（2）正义是人类追求的共同理想，也是法律的核心价值。一般认为，作为社会基本结构的社会体制的正义，是最为根本和具有决定意义的正义，是社会的首要正义。坚持自由买卖的市场经济基本规则在特定情形下并不符合实质公平正义。

（3）人权是人作为人所享有或应当享有的权利，其中包括了经济、社会和文化权利，这类权利旨在实现对公民的物质和文化利益的保障。保障基本的居住权是人权的基本内容，不断飙升的房价影响了收入较低居民这种权利的实现。

从实质上看上述不同观点所反映的价值具有统一性，法学意义上的自由是指在法律容许范围内的自由，法律在把自由确认为权利的同时，也就确定了自由的范围；法律上的平等包括形式平等与实质平等，实质平等是在考虑主体本身自然的、社会的、历史的和现实的具体情况而相应地适用差别性的评价标准。因此，法律保障自由、平等并不与保障秩序、正义相矛盾。当然从形式上看，在特定情形下，这些价值之间会出现暂时的冲突，这就需要坚持一定的原则解决这些冲突，这些原则主要有价值位阶原则、个案平衡原则、比例原则、人民根本利益原则。根据价值位阶原则，人权和正义作为基本价值中更优位的价值应当优先考虑，在特定的时期出台限购令具有一定的合理性；根据比例原则，在实行限购的同时，应当尽量减少其限制程度和影响，以保障人们平等和自由。

43. 某港资企业投资3亿元人民币与内地某市自来水公司签订合作合同，经营该市污水处理。享有规章制定权的该市政府为此还专门制定了《污水处理专营管理办法》，对港方作出一系列承诺，并规定政府承担污水处理费优先支付和差额补足的义务，该办法至合作期结束时废止。

两年过后，市人大常委会以合作项目系国家明令禁止的变相对外融资举债的“固定回报”项目，违反了《国务院办公厅关于妥善处理现有保证外方投资固定回报项目有关问题的通知》的精神，属于应清理、废止、撤销的范围为由，作出“关于废止《污水处理专营管理办法》的决定”，但并未将该决定告知合作公司和港方。港方认为市政府的做法不当，理由是：其一，市政府事前不做充分论证，事后也不通知对方，违反了文件精神；其二，1998年9月国务院通知中已明令禁止审批新的“固定回报”项目，而污水处理合作项目是2002年经过市政府同意、省外经贸厅审批、原国家外经贸部备案后成立的手续齐全、程序合法的项目。

请根据上述材料回答下列问题：

(1) 材料中涉及的法律关系及其类型。

(2) 后来引起法律关系变动的法律事实及其类型。

(3) 市人大常委会是否有权作出“关于废止《污水处理专营管理办法》的决定”？其依据有哪些？

(4) 市政府的做法违反了哪些行政执法原则？为什么？

【参考答案】(1) 港资企业与内地某市自来水公司签订合作合同引起的法律关系是平权型法律关系，市政府对港资企业的承诺所引起的法律关系是隶属型法律关系。

(2) 后来引起法律关系变动的法律事实是《国务院办公厅关于妥善处理现有保证外方投资固定回报项目有关问题的通知》，属于法律事实中的相对事件。

(3) 市人大常委会有权作出“关于废止《污水处理专营管理办法》的决定”。其依据有：①下位法不得违反上位法。②地方人民代表大会常务委员会有权撤销本级人民政府制定的不适当的规章。

(4) 市政府的做法违反了如下行政执法原则：①依法行政原则：市政府应当依照法律规定的权限和程序进行行政执法，但市政府违反上位法规定制定规章，违反了依法行政原则。②诚实守信原则的保护公民信赖利益原则：市政府因法定事由需要撤回或者废止行政决定的，应依照法定权限和程序进行，并对行政管理相对人因此而受到的财产损失依法予以补偿。③权责统一原则：行政机关违法或者不当行使职权，应当依法承担法律责任。市政府所为的行政行为违反了上位法规定的精神，侵犯了相对人的私权利，应当承担法律责任。

44. 某日凌晨，A市某小区地下停车场发现一具男尸，经辨认，死者为甲公司法定代表人刘某。停车场录像显示一男子持刀杀死了被害人，但是画面极为模糊。小区某保安向侦查人员证实其巡逻时看见形似李某的人拿刀捅了被害人后逃走（开庭后该保安已辞职无法联系）。侦查人员在现场提取了一只白手套，一把三棱刮刀（由于疏忽，提取时未附笔录）。侦查人员对现场提取的血迹进行了血型鉴定，认定其中的血迹与犯罪嫌疑人李某的血型一致。李某到案后几次讯问拒不认罪，后来交代了杀人的事实并承认系被他人雇佣所为，公安机关据此抓获了另外两名犯罪嫌疑人乙房地产公司开发商张一、张二兄弟。侦查终结后，检察机关提起公诉，认定此案系因开发某地块利益之争，张一、张二雇佣李某杀死刘某。

法庭上张一、张二兄弟和李某同时翻供，称侦查中受到严重刑讯，不得不按办案人员意思供认，但均未向法院提供非法取证的证据或线索，未申请排除非法证据。公诉人指控定罪的证据有：①小区录像；②小区保安证言；③现场提取的手套、刮刀；④血型鉴定；⑤侦查预审中三被告人的有罪

供述及其相互证明。三被告对以上证据均提出异议，主张自己无罪。

请结合上述材料，运用法理学相关知识，回答下列问题：

（1）材料中，哪些司法活动体现了对程序公正的追求？

（2）结合材料说明如何“确保侦查、审查起诉的案件事实证据经得起法律的检验”？

（3）如何推动以审判为中心的诉讼制度改革？

【参考答案】（1）程序公正追求的体现：①侦查人员依法在案发现场提取证据和进行血型鉴定；②检察机关依法提起公诉；③侦查预审对被告人的有罪供述进行相互质证。

（2）要确保侦查、审查起诉的案件事实证据经得起法律的检验，首先要坚持直接言词原则，确保侦查、审查起诉收集的证据，在法庭上经过质证。本案被告人对证据提出异议，如果确系需要鉴定的，应当重新鉴定，需要出庭作证的证人应当出庭作证。如果被告人对证据合法性提出异议，法官认为确有疑问的，应当依照职权启动调查程序。其次要贯彻证据裁判原则，对所有事实的认定，都应当建立在证据的基础之上。作为定案根据的证据必须具有证据能力；所有证据都要经过质证，查证属实；定罪证据应当确实充分，排除其他可能性。

（3）推动以审判为中心的诉讼制度改革，要切实发挥审判程序的职能作用，促使侦查程序和公诉程序围绕审判程序的要求进行，确保侦查程序和公诉程序收集的证据达到审判程序的法定定案标准，使事实认定符合客观规律，办案结果符合实体公正，办案过程符合程序公正，保证庭审在查明事实、认定证据、保护诉权、公正裁判中发挥决定性作用，最终实现司法公正目标。

45. 杨某是省高速公路建设指挥部的处长，为某承包商承建某段高速公路立交桥绿化工程结算问题向该工程的建设指挥部打招呼，使该承包商顺利地拿到了工程款，然后收受了该承包商的 20 万元人民币。一审法院依据上述事实认为杨某的行为触犯了《刑法》第 385 条的规定，构成受贿罪，判处杨某有期徒刑 10 年。杨某不服，提出上诉。二审法院经审理认为不构成受贿罪，撤销一审判决，宣告杨某无罪。理由是，该工程的建设指挥部是一个独立的单位，其人、财、物均归该省所管辖的某市的人民政府管理，因此，该省高速公路建设指挥部与该省工程建设指挥部之间不存在直接的领导关系。另外，该承包商的工程结算款不属于不正当利益，杨某的行为不具备“为请托人谋取不正当利益”的受贿罪要件。

请结合上述材料，运用法理学相关知识，回答下列问题：

（1）根据演绎推理，说明一审法院可能进行的法律推理的基本逻辑。

（2）二审法院运用的推理形式是什么？

（3）二审法院的法律论证是否具有正当性？

【参考答案】（1）一审法院进行法律推理的基本逻辑：

大前提（《刑法》第 385 条规定）：国家工作人员利用职务上的便利，索取他人财物的，或者非法收受他人财物，为他人谋取利益的，是受贿罪。

小前提：杨某作为国家工作人员，非法收受请托人财物 20 万元，为请托人谋取利益。

结论：杨某的行为构成受贿罪。

（2）二审法院运用的推理形式是类比推理。二审法院审理时，将“省高速公路建设指挥部”与“省工程建设指挥部”进行属性上的比较，并进而认为杨某不构成受贿罪。这种推理符合类比推理的特征。因此，二审法院侧重对案件的实质内容进行评价和选择，运用的是类比推理。

（3）二审法院的法律论证具有正当性：①论证内容具有融贯性。二审法院的说理论证符合规定受贿罪的法律规则，也符合法律原则（刑法并不禁止有利于被告人的无罪类推），在规定上具有一致性。②论证程序具有合理性。二审法院依据事实和法律进行认定，撤销了一审法院的判决，在程序上具有合理性。③论证说理在逻辑上具有客观有效性。二审法院从逻辑上进行证成，认为“该省高速公路建设指挥部与该省工程建设指挥部之间不存在直接的领导关系”，从而在逻辑上否定存在领导关系，进而认定杨某的行为不构成受贿罪，在逻辑上具有客观有效性。

46. 材料 1：法律是治国之重器，法治是国家治理体系和治理能力的重要依托。全面推进依法治国，是解决党和国家事业发展面临的一系列重大问题，解放和增强社会活力、促进社会公平正义、维护社会和谐稳定、确保党和国家长治久安的根本要求。要推动我国经济社会持续健康发展，不断开拓中国特色社会主义事业更加广阔的发展前景，就必须全面推进社会主义法治国家建设，从法治上为解决这些问题提供制度化方案。

——摘自习近平《关于〈中共中央关于全面推进依法治国若干重大问题的决定〉的说明》

材料 2：同党和国家事业发展要求相比，同人民群众期待相比，同推进国家治理体系和治理能力现代化目标相比，法治建设还存在许多不适应、不符合的问题，主要表现为：有的法律法规未能全面反映客观规律和人民意愿，针对性、可操作性不强，立法工作中部门倾向化、争权诿责现象较为突出；有法不依、执法不严、违法不究现象比较严重，执法体制权责脱节、多头执法、选择性执法现象仍然存在，执法司法不规范、不严格、不透明、不文明现象较为突出，群众对执法司法不公和腐败问题反映强烈。

——摘自《中共中央关于全面推进依法治国若干重大问题的决定》

请结合上述材料，运用法理学相关知识，回答下列问题：

（1）如何完善中国特色的社会主义法治体系？

（2）如何深入推进依法行政，加快建设法治政府？

（3）如何保证公正司法，提高司法公信力？

【参考答案】（1）要完善以宪法为核心的法律体系，加强宪法实施。建设中国特色社会主义法治体系，必须坚持立法先行，发挥立法的引领和推动作用，抓住提高立法质量这个关键。形成完备的法律规范体系，要贯彻社会主义核心价值观，使每一项立法都符合宪法精神。要完善立法体制机制，坚持立改废释并举，增强法律法规的及时性、系统性、针对性、有效性。

（2）要深入推进依法行政，加快建设法治政府。法律的生命力和法律的权威均在于实施。建设法治政府要求在党的领导下，创新执法体制，完善执法程序，推进综合执法，严格执法责任，建立权责统一、权威高效的依法行政体制，加快建设职能科学、权责法定、执法严明、公开公正、廉洁高效、守法诚信的法治政府。

（3）要保证公正司法，提高司法公信力。要完善司法管理体制和司法权力运行机制，规范司法行为，加强监督，让人民群众在每一个司法案件中感受到公平正义。

47. 直播带货行业普遍存在一些不合规的行为，偷逃税行为在直播带货行业屡屡发生，造成了极为恶劣的社会影响。在 2019 年至 2020 年期间，某直播平台女主播黄某通过隐匿个人收入、虚构业务转换收入性质虚假申报等方式偷逃税款 6.43 亿元，其他少缴税款 0.6 亿元，税务机关依法对黄某作出税务行政处理处罚决定，追缴税款，加收滞纳金处罚共计 13.41 亿元。黄某事后补缴税款并在社交平台上公开道歉。2021 年 9 月，国家税务总局专门印发通知，明确网络主播 2021 年底前，能够主动报告并及时纠正涉税问题的，可以依法从轻、减轻或免于处罚。据了解，已有上千名主播主动自查补缴税款。

根据上述材料，运用法理学相关知识，回答以下问题：

（1）从守法内容的角度，评价网络直播带货女主播黄某和上千名主播补缴税款的行为。

（2）如何实现全民守法？

（3）税务机关对黄某作出税务处罚决定体现了公民纳税义务应遵循的何种原则？对网络直播人

员有何启示？

（4）如何培育良好的网络法治意识？

【参考答案】（1）守法内容：依法行使权利和履行义务。黄某偷逃税款的行为属于违法行为。黄某事后补缴税款，其履行了纳税义务的行为属于守法行为。上千名主播主动自查补缴税款属于守法行为。

（2）深入开展法治宣传教育，弘扬法治精神，建设社会主义法治文化；依法抑恶扬善、严格公正执法司法，形成守法光荣、违法可耻的法治氛围；发挥法治建设的强大效能，引导人民群众依法表达利益诉求、依法维护自身权益；倡导公民学法守法，自觉遵守法律，坚定捍卫法治。

（3）税务机关的处罚决定体现了贯彻租税平等与公正的原则。任何公民都有依法纳税的义务，网络直播带货主播也是纳税义务主体，应当依法纳税。税务机关的处罚决定体现了税法权威和公平公正，再次警示网络直播从业人员，要自觉依法纳税，承担与其收入和地位相匹配的社会责任。

（4）坚持依法治网和以德润网相结合，弘扬时代主旋律和社会正能量。加强和创新互联网内容建设，实施社会主义核心价值观、中华文化新媒体传播等工程。提升网络媒介素养，推动互联网信息服务领域严重失信“黑名单”制度和惩戒机制，推动网络诚信制度化建设。建立健全互联网违法和不良信息举报一体化受理处置体系。加强全社会网络法治和网络素养教育，制定网络素养教育指南。深入实施中国好网民工程和网络公益工程，引导网民文明上网、理性表达。

48. 材料1：某国跨国甲公司发现中国乙公司申请注册的域名侵犯了甲公司的商标权，遂起诉要求乙公司撤销该域名注册。乙公司称，商标和域名是两个领域完全不同的概念，网络域名的注册和使用均不属于中国《商标法》的调整范围。法院认为，两国均为《巴黎公约》成员国，应当根据中国法律和该公约处理注册纠纷。法院同时认为，对驰名商标的权利保障应当扩展到网络空间，故乙公司的行为侵犯了甲公司的商标专用权。

材料2：科学技术的发展对法律适用产生重大影响。例如，1905年，英国伦敦破获一起凶杀案，被公认为世界上第一个用指纹来确定罪犯的案例。再如，美国一家公司开发出了一种神经网络计算机系统，能够从成千上万的人中间准确无误地辨认出银行抢劫犯。又如，国际商业贸易企业之间正频繁地使用电子信息交换（EDI）来传送信息，关于这种信息的证据力问题已经引起司法界的关注和讨论。

请结合上述材料，运用法理学相关知识，回答下列问题：

（1）结合材料1说明科技对法的影响和法对科技的作用。

（2）结合材料2说明科技对司法的影响。

【参考答案】（1）材料1中，法院对驰名商标的权利保障扩展到网络空间，这表明：①科技发展影响了法律的调整范围，也对传统法律领域的认定产生影响。②科技发展影响到法律推理，将驰名商标的权利保障扩展到域名，对法律推理方式产生影响。③法院通过判决乙公司的行为构成侵权，抑制了侵权行为的发生，这表明，在知识经济时代，法律对科技活动和科技发展所引发的各种侵权行为起到抑制和预防作用。

（2）材料2中，各类事例体现了科技对司法中的事实认定和法律适用的影响。指纹认定、神经网络计算机系统的应用表明科技发展对司法过程中事实认定的影响；而电子信息交换在司法领域中的应用，增强了证据认定能力，推动了法律适用的扩展。

49. 中华法律文化中有“天理、国法、人情”的要求，它要求法律与道德、法律效果与社会效果相统一。中华法律文化中有“天理、国法、人情”的要求也是建设中国特色社会主义法治体系，建设社会主义法治国家的题中之义。在现实社会的司法、执法实践中，一些影响性裁判、处罚决定

公布后，有的深获广大公众认同，取得良好社会效果，有的则与社会公众较普遍的认识有相当距离。

请分析：

（1）依据“天理、国法、人情”的要求，分析法律与道德的关系及该要求的意义。

（2）联系实际说明为什么要实现法律效果与社会效果的统一？

（3）如何保证公正司法？

【参考答案】（1）中华法律文化中的“天理、国法、人情”三者密切相关，背后是法律效果与社会效果不可分离。天理离不开国法，法律无外乎人情。以天理与国法来体现人情与道德的理念，以天理与国法来保障人情与道德，实现天理、国法和人情、道德相辅相成，天理、法理和人情、道德相得益彰。

（2）如果司法不公，人心不服，小康社会就没有办法实现。现实中，如于欢案等，一些裁判、处罚决定公布后，有的深受广大公众认可，取得良好社会效果，有的则与社会公众较普遍的认识有相当距离，未能实现法律效果和社会效果的统一。

（3）保证公正司法：①完善确保依法独立行使审判权和检察权的制度。②优化司法职权配置。③推进严格司法。④保障人民群众参与司法。⑤加强人权司法保障。⑥加强对司法活动的监督。

50. 十三届全国人大常委会第一百零二次委员长会议决定，十三届全国人大常委会第三十一次会议在北京举行。此次常委会会议拟审议地方各级人民代表大会和地方各级人民政府组织法修正草案的情况。地方组织法修正草案拟在总则中明确：“地方各级人民代表大会、县级以上地方各级人大常委会和地方各级人民政府坚持以人民为中心，坚持全过程人民民主，始终同人民保持密切联系，倾听人民的意见和建议，为人民服务，对人民负责，受人民监督。”此次地方组织法修改的重点内容还包括：一是明确地方各级人大和政府坚持中国共产党的领导；二是适当增加省、设区的市两级人大常委会组成人员名额；三是按照法治政府建设实施纲要的要求，明确法治政府建设的原则要求。

请结合上述材料，运用法理学知识和原理回答下列问题：

（1）修正地方组织法要坚持哪些立法原则？

（2）修正地方组织法应如何贯彻我国立法工作的根本原则？为什么？

（3）修正地方组织法建设法治政府的目标是什么？

（4）修正地方组织法对法治政府建设有何意义？

【参考答案】（1）修正地方组织法要坚持合宪性与法制统一原则、科学立法和民主立法原则。

（2）修正地方组织法应加强党对立法工作的领导和人大主导立法，这是我国立法工作的根本原则和立法实践经验的总结。党领导立法强调坚持党的政治领导原则，党通过确定立法工作方针、批准立法规划、提出立法工作建议、明确立法工作的重大问题、加强立法队伍建设等，把握正确的政治方向。人大主导立法是我国宪法确定的准则，我国是单一制国家，实行人民代表大会制度。有权的各级人民代表大会或人大常委会依法具体履行立法职责，落实立法工作任务，将人民的意志准确地体现在立法之中。

（3）法治政府是有限政府，其权力受到法律的界分和限定，不能超越法律的界限运行；法治政府是责任政府，有权必有责，有责必承担；法治政府是人民政府，以人的基本自由和权利为依归；法治政府是程序政府，一切重大决策和行动都必须通过公众参与、专家论证、风险评估、合法性审查和集体讨论决定；法治政府是阳光政府，实行信息公开，赋予社会大众广泛的知情权和参与权，以民主决策和民主监督来实现公开公正、保障政府的法治本色；法治政府是诚信政府，应当自觉维护法律权威、自觉履行职责，为政令畅通、政民和谐奠定基础。

（4）修正地方组织法对于我国地方政权机关更好地践行以人民为中心的发展思想，发展全过程人民民主，进一步发挥中国特色社会主义民主政治的独特优势，具有重大的现实意义。修正地方组织法还有利于推动全面建设职能科学、权责法定、执法严明、公开公正、智能高效、廉洁诚信、人民满意的法治政府。

第三节　论述题

一、历年真题考查内容

法理学论述题时难时易，不太容易作答。考试中，法理学考查一道论述题，分值为 15 分。法理学论述题突出考查考生的理解能力和综合运用能力，因此，在某些年份的考题中，仅掌握《考试分析》中的内容不足以应答论述题，个别年份的考题在《考试分析》中找不到答案。从命题规律看，法的运行（法的实施、法的实现、立法、执法、司法、守法、法律监督、法律职业、法律方法）、法治和法与社会出题频率很高，是应对论述题的重点内容。具体出题情况见下表：

出题年份	考查内容
2010 年	立法民主原则的内容、要求和意义。
2011 年	社会主义民主是社会主义法治的前提和基础。
2012 年	影响法律实现的主要因素。
2013 年	法治国家的主要标志。
2014 年	法律权利与法律义务之间的关系。
2015 年	通过司法实现正义的途径与措施。
2016 年	公民普遍守法的一般条件。
2017 年	法治的权利保障原则。
2018 年	“将权力关进制度的笼子里”的内涵与意义。
2019 年	2018 年，最高人民法院印发《关于加强和规范裁判文书释法说理的指导意见》。联系我国的司法实践，结合法律论证原理，论述释法说理的内涵及目的。
2020 年	试论“正义不仅要实现，而且要以看得见的方式实现”。
2021 年	法律的权威性与法律实施的关系。
2022 年	司法责任原则的内涵及对促进司法公正的意义。

二、论述题专项训练

1．论述依法治国与以德治国的关系。

【参考答案】（1）依法治国属于政治文明范畴，以德治国属于精神文明范畴，依法治国与以德治国并非彼此对立，而是相互补充、相互促进。

（2）法律是成文的道德，道德是内心的法律，法律和道德都具有规范社会行为、维护社会秩序的作用。因此，治理国家、治理社会必须一手抓法治、一手抓德治，既重视发挥法律的规范作用，又重视发挥道德的教化作用，实现法律和道德相辅相成、法治和德治相得益彰。

（3）从法哲学角度讲，一方面，道德使法律更善，增加了法律的德性；另一方面，法律使人们对待社会道德问题更加客观，增加了道德的理性。

（4）依法治国和以德治国相结合的理论是对我国古代治国理政经验的传承，也是对国家治理现代化理论的丰富和发展。

2. 联系我国法治建设的实际，论述依法治国与改革开放的关系。(没有“联系实际”的论述题，联系实际部分的内容由考生根据论述内容自行总结，下同)

【参考答案】(1) 依法治国与改革开放是辩证统一关系：全面推进依法治国本身就是全面深化改革的有机组成部分，法治又是改革的牵引力、推动力和保障力。全面深化改革需要法治保障，全面推进依法治国也需要深化改革。

(2) 以法治凝聚改革共识，发挥立法对改革的引领和推动作用，实现改革决策和立法决策相统一、相衔接；以法治规范改革行为，做到重大改革于法有据，运用法治思维和法治方式推进各项改革，许多重大改革都涉及现行法律，如果在法律当中没有规定，就要抓紧制定法律，一些合理的改革如果与现行法律有明显冲突，法律应适应改革需要，抓紧“立改废释”；以法治确认、巩固和扩大改革成果，将实践证明已经比较成熟的改革经验和行之有效的改革举措尽快上升为法律，使其更加定型化、精细化，并以法律的强制力保证其实施。

(3) 在全面深化改革的总体框架下全面推进依法治国，在改革中完善法治，以改革驱动法治现代化。

3. 联系实际，论述法的社会作用。

【参考答案】(1) 维护阶级统治的作用。①调整统治阶级与被统治阶级之间的关系。调整统治阶级与被统治阶级之间的关系，是法的社会作用的重要体现。一方面，统治阶级用法律在经济上确认和维护自己赖以存在的经济基础，在政治上维护统治阶级对被统治阶级的政治统治，在思想意识形态上维护有利于统治阶级的思想、道德和意识形态。另一方面，由于被统治阶级的斗争，统治阶级在一定条件和限度内，也在法律中规定一些对被统治阶级有利的条款。这种条款既反映了被统治阶级斗争的成果，也是统治阶级为了维护自己的统治而暂时缓和阶级矛盾的一种手段。②调整统治阶级与其同盟者之间的关系。统治阶级与其同盟者之间既存在共同的利益，又有利益冲突，统治阶级需要用法的形式确定与其同盟者之间的关系，适当给予同盟者在政治、经济上的某些权力和利益；同时对同盟者滥用其权利的行为，甚或对统治阶级进行政治对抗的行为也实行法律上的制裁。③调整统治阶级内部的关系。法维护的是统治阶级整体的长远的利益，统治阶级中个别成员违背统治阶级整体利益和长远利益的行为，也会受到法的制裁。统治阶级需要用法来规定和确认他们自己内部各阶层、集团的相互关系，以此建立起个人意志服从整个阶级的关系，通过这种服从，确保其成员的权利的实现，解决其内部因财产、婚姻等问题而引起的矛盾和纠纷，保证其内部和谐一致。

(2) 执行社会公共事务的作用。阶级对立社会的法，除了维护阶级统治这一核心作用外，还具有执行各种社会公共事务的作用。法在执行社会公共事务上的作用具体表现在：①维护人类社会的基本生活条件，包括维护最低限度的社会治安，保障社会成员的基本人身安全，保障食品卫生、生态平衡、环境与资源合理利用、交通安全，等等。②维护生产和交换条件，即通过立法和实施法律来维护生产管理，保障基本劳动条件，调节各种交易行为，促进公共设施建设，组织社会化大生产，确认和执行技术规范，保护消费者权益等。③促进教育、科学和文化事业的发展，如通过法律对人们的受教育权加以保护，鼓励兴办教育和科技发明，保护人类优秀的文化遗产，要求政府兴办各种图书馆、博物馆等文化设施。

(3) 从统治阶级的角度看，调整和维护社会公共事务的法律在根本上与维护政治统治的法律是一致的，执行社会公共事务的法主要体现在法的社会性，维护阶级统治的作用和执行社会公共事务的作用并不矛盾。但作为两种不同的社会作用，二者还是有差别的。维护阶级统治的作用和执行社会公共事务的作用存在着如下明显的区别：①维护阶级统治作用的对象是阶级统治，执行社会公共事务作用的对象是阶级统治以外的事务。维护阶级统治的法律和执行社会公共事务的法律都是调整社会关系，即人与人之间的关系，但其保护的直接对象是不同的。②维护阶级统治的法律当然仅有利于统治阶级，对被统治阶级则是剥夺和压迫；执行社会公共事务的法律，至少从客观上说，是有利于全社会而不是仅有利于统治阶级一个阶级。③执行社会公共事务的法律，即使在不同社会制度下，往往也是相似的，是可以相互借鉴的。

★4. 联系我国法治建设的实际，论述法的作用的局限性。

【参考答案】（1）法律调整的范围是有限的。法只是众多社会调整手段中的一种，而不是唯一的。法是调整社会关系的重要手段，但并不是唯一手段。国家用以调整社会关系的手段，除法律外，还有经济、政治、行政、思想道德、政策、纪律、习俗、舆论等多种手段。法在社会生活调整中具有主导地位，但是并非所有的问题都可以适用法律。很多社会关系需要由法和其他手段并行调整，在对有些社会关系的调整中，法只能起到辅助作用；而对有些社会关系而言，法并不是有效的调整手段，比如人们的思想、信仰或私生活方面，就不宜采取法律手段加以调控。

（2）法的特性与社会生活的现实之间存在着矛盾。作为一种规范，法必然具有抽象性、稳定性等特征，而现实生活中的问题却是具体的、千姿百态和不断变化的。法还具有保守性，它总是落后于现实生活的变化，而立法者认识能力上的局限性也会使法律存在着某种不合理、不科学的地方。

（3）法的制定和实施受人的因素的制约。如果没有高素质的立法者，就不可能有良好的法律。即使是制定得很好的法律，也需要合适的人正确地执行和适用，才能真正发挥其作用。如果没有具备良好法律素质和职业道德的专业队伍，法律再好，其作用也是难以发挥的。另外，法律的实施还需要绝大多数社会成员的支持，如果他们缺乏一定的法律意识，缺乏自觉遵守法律的思想道德风尚和习惯，法律也不可能有效地实施。

（4）法的实施受政治、经济、文化等社会因素的制约。法总是十分依赖其外部条件，其作用总是容易受到社会因素的制约，其中的主要因素有经济体制、政治体制、执法机关的工作状况、各级领导干部及普通公民的法律观、传统法律文化等。

要正确认识法的作用。在认识法的作用的时候，一方面要反对法律万能论，另一方面也要反对法律虚无主义、法律无用论。

★5. 联系实际，论述法律移植的必要性。

【参考答案】法律移植是指在鉴别、认同、调适、整合的基础上，引进、吸收、采纳、摄取、同化外国法，使之成为本国法律体系中的有机组成部分，为本国所用。

法律移植的必要性体现在：

（1）社会发展和法律发展的不平衡性决定了法律移植的必然性。同一时期不同国家的发展是不平衡的，或者它们处于不同的社会形态，或者处于同一社会形态的不同发展阶段。在这种情况下，比较落后的国家或后发达国家为了赶上先进国家，有必要移植先进国家的某些法律，以保障和促进社会发展。世界法律的发展史已经表明，这是落后国家加速发展的必由之路。

（2）市场经济的客观规律和根本特征决定了法律移植的必要性。法律移植有助于减少不同国家之间的法律抵触和冲突，降低法律适用上的成本，为长期、稳定、高效的经济技术合作，进而推进经济一体化创造良好的法律环境。

（3）法律移植是对外开放的应有内容。全方位的对外开放不仅使经济国际化，而且其他的社会事务和国家事务也越来越带有跨国性质，从而使一个国家的国内法越来越具有涉外性和外向性，法律在处理涉外问题和跨国问题的过程中，必然逐步与国际社会通行的法律和惯例接轨。

（4）法律移植是法治现代化的必然需要。对于法律制度仍处于传统型和落后状态的国家来说，要加速法治现代化的进程，必须适量移植发达国家的法律，尤其是对于发达国家法律制度中反映市场经济和社会发展共同客观规律和时代精神的法律概念和法律原则，要大胆地吸纳，这对于当代中国的法治现代化来说尤为重要。

6. 联系实际，论述法律继承的根据和理由。

【参考答案】法律继承是不同历史类型或不同时代的法律制度之间的延续和继受，一般表现为旧法对新法的影响和新法对旧法的承接和继受。法律继承是新事物对旧事物的扬弃。法律继承的根据和理由有：

(1) 社会生活条件的历史延续性决定了法律的继承性。法是社会生活的反映，尽管这种反映是通过人类的意识作出的，尽管立法者在表现社会生活条件时有一定范围的选择自由，但是，只要那些延续下来的生活条件在现实的社会中具有普遍意义，那么，反映这些生活条件的既有规则就会或多或少地被继承下来并被纳入新的法律体系之中。

(2) 法律的相对独立性决定了法的发展过程的延续性和继承性。与经济基础相对应的社会意识形态或社会上层建筑，具有相对的独立性，即社会意识在反映社会存在的同时，还具有自身的能动性和独特的发展规律。这种独特的发展规律就是每一历史时期的社会意识及其诸形式都同它以前的成果有着继承关系。正是由于这种历史的继承性，社会意识及其诸形式的发展才能持续而不中断，才有其可追溯的历史线索。同时由于历史继承性在不同历史条件下的表现，才形成了各具特色的民族法律文化传统。

(3) 法作为人类文明成果的共同性决定了法律继承的必要性。法作为社会调整或控制的技术，是人类对自身社会的性质、经济、政治、文化以及其他社会关系及其客观规律的科学认识的结晶。这些认识成果不管形成于何种社会，具有什么特定的时代性、阶级性和社会性，都是人类认识的成果和人类文明的标识，具有超越时空的长久而普遍的科学性、真理性和实践价值。因为文明本来就是借鉴、积累和升华的产物，作为人类文明成果的法律制度也不例外。所以，任何后继的法律制度绝不可能是在世界法律文明发展的大道之外产生的，而是人类以往法律思想、法律技术和法治经验的继续和发展。

(4) 法律演进的历史事实验证了法律的继承性。法的继承性与法的阶级性不是绝对对立的，它们反映的是法的历史类型变更过程中的两个不同方面。人类法制史的实践证明，不仅私有制即剥削阶级类型的法之间可以继承，社会主义法也可以而且必然要批判地借鉴资本主义法和其他类型的法。这已经成为法的历史发展进程中的一个必然规律。

7. 联系实际，论述法律与正义的相互关系。

【参考答案】正义是对一定社会现存经济关系的观念化的反映，是一种有着客观基础的，人们关于某种特定事物如思想、行为、规范、制度、事业等的理想状态及模式的主观评价尺度和价值判断。法与正义的关系主要体现在正义作为法律价值所具有的作用和法律对正义具有保障作用两个方面。

(1) 正义作为法律价值的作用。①正义是法律的存在根据和评价标准。一定的正义观不仅是评价人们行为公正与否、善良与否的标准，而且也是评价现实中法律是“良法”还是“恶法”的根本标准和依据。②正义是法律发展和进步的根本动因。正义作为区别良法和恶法的标准，始终是法律进化的精神动力。作为一种社会观念和社会准则，正义不是永恒不变的，不同时代的正义观念具有一定的差异。社会正义观的进步，常常是法制改革的先驱。人们在评价法律是否优良或合理时，总是以特定时代的正义观为标准。正义目标的实现要求严格、明确、公正、公开的程序，正义成为程序法进化的直接推动力量。由于正义的最低要求是相同情况相同对待，所以正义提高了法律的普遍性。同时，正义要求标准的同一性，符合人们对平等的需求，从而推动法律平等的实现。③正义适用于具体的法律实践。正义不仅是法律的评价目标，也是法律的重要组成部分。正义原则已被吸纳为众多法律的法源。在法律实践中，正义由于其内涵的丰富，从而能够弥补法律漏洞，成为纠正法律错误的力量。在法律推理和解释过程中，按照正义要求对法律进行推理和解释也体现了法律的本质目标。在司法实践中，正义也为解决疑难案件提供了依据。

(2) 法律对正义的保障作用。①法律通过将社会生活的主要领域及其重要的社会关系纳入法律之内，使正义融入法律规范与制度之中。正义只有通过良好的法律才能实现，良好的法律使正义的原则和要求规范化、明确化，从而实现法治化治理，严格依法办事，全面促进和保障社会正义。②通过法律权利和法律义务机制，将正义要求具体化为权利和义务，公正地、权威地分配资源、社会利益和负担，并设定公正的程序来保障，使实体正义与程序正义得以通过立法来落实。③通过法律实施，发挥法律的特殊强制性，惩罚非正义行为，以促进和保障正义的实现。正义是法律的价值目标，法律是实现正义的手段。由于正义作为社会价值必然会遭到各种形式的侵扰，因此在执法和司法上通过惩罚机制，对非正义行为作出否定性评价，以恢复正义，从而在执法和司法上保障实体正义与程序正义的实现。

8. 联系实际，论述法的秩序价值。

【参考答案】法律与秩序表现为一种互相生成、相互促进的关系。一方面，法律基于社会对秩序的需求，是社会内在规律的表达；另一方面，法律对于建立和维护社会生活各方面的秩序起着根本性的作用。在现代社会中，法律在建立和维护社会秩序中的作用主要体现为以下几个方面：

(1) 法律有助于建立相应的社会秩序。在建立秩序方面，法律制度通常依照人们所向往的理想社会秩序来设计，法律不仅通过赋予社会主体一定的权利和自由来引导社会主体的各种行为，还通过给社会主体施加一定的义务与责任的方式，使之对自身的行为加以必要的克制与约束，以建立相应的社会秩序。

(2) 法律有助于维护合理的政治统治秩序。在现代社会中，国家主要是以法律为手段来调整社会各阶级、各集团之间的矛盾和冲突。法律使社会政治秩序合法化、社会化，把阶级冲突限制在社会存在所允许的范围之内。任何人只要侵犯了他人的合法权利，或者超出自身权利的范围而滥用权利，不履行自己的法定义务或要求他人履行无法律根据的义务，其行为都将被取缔。同时，法律是社会各阶级根本利益和共同意志客观化的产物。作为客观的准则，法律明确规定哪些行为应当受到保护、哪些行为应该受到限制或者禁止，人们据以行为，并且能够对自己的行为后果作出准确预测，或者对别人的行为作出是否合法的判断。法律的普遍性和客观性容易为社会成员接受，也便于遵守，使国家暴力仅仅在个别案件上使用或者仅仅作为一种威慑的力量而存在，社会政治秩序得到很好的维持。

(3) 法律有助于维护合理的权力运行秩序。法律在建立和维护合理的权力运行秩序的过程中具有非常重要的作用。法律明确规定了公民的各项政治权利和自由，并加以有力的保障，确保国家政权的民主性质；同时，法律要对国家权力系统的结构作出科学的安排，规定各权力主体（各国家机构）之间的权限划分以及相互间的合作、协调与制约关系，各权力主体内部的职权分配以及权力运行的程序机制等。

(4) 法律有助于维护正常的社会经济秩序。法律通过将内在于社会生产、分配和交换等经济活动的规则加以提升，使之明确化、合理化以及权威化，从而建立起有条不紊的社会生产和交换秩序，使得生产和交换等生产活动脱离偶然性和任意性，达到稳定性和连续性，社会经济生活得以正常、健康地运行。在市场经济中，经济秩序对法律的依赖前所未有地增强，法律在建立和维护市场经济秩序的过程中，起到了至关重要的作用。

(5) 法律有助于维护正常的社会生活秩序。在现代社会中，法律确定权利和义务的界限，以避免和解决纠纷；法律以和平、文明的手段解决纠纷；法律对社会基本安全加以特殊维护。

9. 联系实际，论述法的效率价值的实现方式。

【参考答案】法的效率价值就是指法所具有或应当具有促进社会财富增长和活动便利并满足人们对物质的需求和便利条件的价值。法律是通过有利于资源优化配置的权利义务分配来实现这一价值的。实现法的效率价值的方式包括：

（1）通过确认和维护人权，调动生产者的积极性，促进生产力的进步。确认和维护人权，使作为主体的人的尊严得到尊重，从而调动人的积极性，促进生产力的提高。

（2）确认并保障主体的物质利益，从而鼓励主体增进物质利益。利益的不断实现和追求是提高生产力、促进经济增长的决定性动机，是社会发展的动力，那么，承认和保护人们的利益，使之成为一种权利，从而激励人们在法的范围内尽其所能地实现物质利益，就成为人类之所以需要法律的一个重要理由。法在承认和保护人们的物质利益的同时，还要权衡和调节各种利益冲突，以便把对立和摩擦减少到最低限度。法的整个运行过程实际上就是对各种利益进行平衡、选择、取舍，并通过权利和义务对这些不同利益进行权威性、规范性调整的过程。

（3）确认和保护产权关系，鼓励人们为着效益的目的而占有、使用或转让财产。法在确认财产权的同时，还要创造财产权有效利用的机制，其中最主要的是为财产权的转移提供保障和便利。如果说财产权的法律确认和保障是有效利用资源的必备条件，那么，财产权的可转移性就是有效利用资源的充分条件。

（4）确认、保护、创造最具有效率的经济运作模式，使之容纳更多的生产力。在市场经济模式中，市场把生产者和经营者置于自由竞争、优胜劣汰的境地，为人们施展才能创造了广阔的场所，同时也使资源能够从低效益利用向高效益利用流转。市场经济中的宏观调控则使市场中的竞争摆脱盲目状态，减少生产和经营中的偶然性、任意性、风险性及其他浪费资源的现象。

（5）承认和保护知识产权，使人类创造性的智力成果最大化的发展。把人类创造性智力成果宣布为权利，推动人们进行创造性活动，创造新思想、新知识、新技术。

（6）通过设立法律责任、赔偿与惩罚等机制，使社会上的违法、犯罪行为最大限度地减少，从而使人们的人身安全与社会财富总量不受损害或少受损害，从而使社会效率得到一定程度的保障。

10. 联系实际，论述法律确认和保障自由及法律在实践中对主体自由的保障。

【参考答案】（1）法律上的自由是指主体的行为与法律的既有规定相一致或相统一。

（2）法律确认和保障自由。①法律确认自由。法律确认自由通常采用两种方式：一是以权利和义务规定来设定主体享有自由的范围，即把自由法律化为权利。法律在把自由确认为权利的同时，也就确定了自由的范围，国家通过对权利的保护来实现自由。二是以权利和义务来设定主体自由的实现方式。②法律保障自由。法律保障自由的方式具有多样性：首先，法律通过划定国家权力本身的合理权限范围，明确规定公权力正当行使的程序，排除各种非法妨碍，以保障社会主体的自由免受公权力的侵害；其次，法律对每个主体享有的自由进行界定和限制，防止主体之间对各自自由的相互侵害，防止社会主体超越权利滥用自由；再次，法律禁止主体任意放弃自由；最后，法律为各种对主体自由的非法侵害确立救济手段与程序。

（3）实践中法律对主体自由保障的体现。法律在实践中对于主体自由的保障体现为两个方面：一方面，法律排除国家权力对于某些个人自由的干涉，即保障主体的自由免受侵害。特别是私权领域，保障个人的生活选择不受公权力的干预。但随着福利国家的出现，传统上属于这类自由的领域，如就业、医疗、住房等，开始越来越受到政府福利政策的大幅干预。另一方面，法律保障主体可以合法地享有行使各项权利的自由。国家通过法律为个人的发展提供平等机会，使个人能自由地追求自己的合法目标；同时，国家还必须为保障个人的积极自由，提供必要的帮助。

11. 联系实际，论述法律确认和保障平等价值实现的基本方式和贯彻平等原则对落实法治原则、实现全面依法治国的总目标的意义。

【参考答案】（1）法律上的平等主要是社会主体能够获得同等的待遇，包括形式平等与实质平等。

（2）法律的平等价值体现在，法律能确认和保障平等价值的实现。法律一般通过立法、执法和司法等活动来确认和保障平等实现。其基本方式有：①法律将平等确立为一项基本的法律原则。平等贯穿于一个国家的整个法律体系，如宪法层面、民法和程序法领域确认的平等原则等。②法律确认和保障主体法律地位的平等。主体地位平等是法律形式平等的最重要的体现，也是实质平等的前提。③法律确认和保障社会财富、资源、机会与社会负担的平等分配。法律将这些内容转化为相应的法律权利与义务，并保障其实现。④法律公平地分配法律责任。责任自负、责任相称、过错责任为主而无过错责任为辅等，都是责任公平原则的体现。

（3）贯彻平等原则对落实法治原则具有重要意义。建设法治国家要贯彻权利保障原则，而法律面前人人平等是权利保障原则的主要内容之一。首先，法律面前人人平等是民主和法治的基本要求。法治原则首先要求法律适用上的平等，即在执法和司法的过程中，对一切公民权利和自由的平等保护，对一切主体义务的平等要求，对违法行为平等地追究法律责任，不承认任何法外特权。其次，法律面前人人平等还要求在立法上平等分配各种社会资源。此外，平等还意味着尊重社会主体的多元价值观和生活方式，消除歧视与偏见。法治原则要求在法的制定和实施过程中贯彻主体的权利与义务相一致原则。一方面，确认和保障主体的权利和自由是法治的根本目的；另一方面，权利和义务具有一致性，没有无权利的义务，也没有无义务的权利，这是平等原则的必然要求。对国家权力而言，在资源分配上不能将权利分配给一部分人，义务分配给另一部分人；对社会主体而言，在行使权利时，也必须尊重他人和社会的相应权利，不能只享有权利而不承担义务。

（4）全面依法治国的总目标是建设中国特色的社会主义法治体系，建设社会主义法治国家。为了实现全面依法治国的总目标，也要坚持法律面前人人平等。平等是社会主义法律的基本属性。任何组织和个人都必须尊重宪法法律权威，都必须在宪法法律范围内活动，都必须依照宪法法律行使权力或权利、履行职责或义务，都不得有超越宪法法律的特权。

12. 联系实际，结合人权作为法律价值的重要意义论述我国宪法对人权保护的特点。

【参考答案】（1）人权是人作为人所享有或应当享有的那些权利。人权作为法律价值的意义体现在：①人权作为法律价值表明了法律对作为主体的人的肯定，即对人的独立且平等的人的尊严的尊重。②人权作为法律价值，表明法律的来源、法律运作的各个环节以及法律的根本目的都基于人本身，并以人的现实生活为关注焦点，以人的理想生活为直接目标。③人权作为法律价值，既是对法律的精神、原则、规范的直接检验和方向引导，也是对法律的内在品质进行批判的标准和完善的依据。

（2）我国人权法律保护的特点。①我国人权的法律保护主张与本国的具体国情相结合。我国宪法在对基本人权的保障中，从我国的实际情况出发，充分考虑到了我国现阶段的政治、经济、文化发展的实际水平，来确认基本人权的范围、内容和基本保障问题。例如，对于受教育的权利，宪法规定了公民的受教育权，并基于这一权利规定了国家举办各种学校的国家责任，同时还规定了国家鼓励各种社会力量依法办学。②我国宪法对人权进行了全面的保障。我国宪法规定了公民权利和政治权利以及经济、社会和文化权利。这两大类权利都属于人权的基本内容，并受到我国宪法和法律的保护。从主体上分析，我国保障的人权既包括个人权利，也包括集体权利。③生存权和发展权是全面实现其他人权的基础，是我国宪法首要保障的人权。生存权和发展权是首要人权，没有生存权、发展权，其他一切人权均无从谈起。这是我国在人权问题上的基本观点。④我国宪法在人权的保障中强调权利与义务的统一。没有无义务的权利，也没有无权利的义务。我国宪法明确规定，任何公民享有宪法和法律规定的权利，同时必须履行宪法和法律规定的义务。中华人民共和国公民在行使自由和权利的时候，不得损害国家的、社会的、集体的利益和其他公民的合法的自由和权利。因此，宪法在规定公民各项权利的同时，也规定了公民的义务，包括劳动的义务，受教育的义务，遵守宪法和法律的义务，依法服兵役和参加民兵组织的义务，依法纳税的义务等。

★13. 联系实际，论述法的价值冲突的表现和解决价值冲突的一般原则。

【参考答案】（1）从主体角度看，法的价值冲突具体表现为如下三种情形：①个体之间法律所承认的价值冲突，如个人自由可能导致与他人利益的冲突。②共同体之间发生的价值冲突，如国际人权与一国主权之间的冲突。③个体与共同体之间的价值冲突，典型的如个人自由与社会秩序之间常常会出现的矛盾情形。

（2）由于立法不可能穷尽社会生活的一切形态，在个案中更可能因为特殊情形的存在而使价值冲突难以避免，因而必须形成相关的平衡或解决冲突的规则或原则。解决价值冲突的原则一般有：①价值位阶原则。价值位阶原则是指在不同位阶的法律价值发生冲突时，在先的价值优于在后的价值。当基本价值与非基本价值之间发生冲突时，应以基本价值为优位；而基本价值之间有冲突时，人权和正义作为法治保障的核心和标尺，具有重要的价值地位，这与我国宪法确立的“国家尊重和保障人权”的原则精神相符合，它也是正义原则的具体体现。②个案平衡原则。个案平衡原则是指在处于同一位阶上的法律价值之间发生冲突时，必须综合考虑主体之间的特定情形、需求和利益，使个案的解决能够适当兼顾双方的利益。③比例原则。比例原则即指为保护某种较为优越的法律价值须侵害某一法益时，不得逾越达此目的所必要的程度。如为了维护公共秩序，必要时可能会实行交通管制，但应尽可能实现最小损害或最小限制，以保障社会上人们的自由。④人民根本利益原则。人民根本利益原则是当代中国社会主义法律价值体系中的根本价值原则，即以是否满足最广大人民的根本利益为标准，来解决一些存在重大疑难的法律价值冲突问题。它也可以作为价值位阶原则的补充和保障。

★14. 联系实际，论述法律部门的划分原则。

【参考答案】划分法律部门应当坚持正确的原则，划分法律部门的原则主要有客观原则、合目的性原则、适当平衡原则、辩证发展原则、相对稳定原则和主次原则。

（1）客观原则（从实际出发原则）。划分法律部门不是主观任意进行的，它有相对稳定的客观依据，这就是社会关系。划分法律部门时应当考虑到法律调整的不同社会关系的广泛程度以及法律、法规数量的多少。社会关系范围较广并且相应法律法规也较多的，可以成为一个甚至几个独立的法律部门，所以，划分法律部门尽管属于主观的活动，但仍然需要有客观理由，即划分法律部门要从实际出发，尊重客观规律，要以社会关系为依据。

（2）合目的性原则。划分法律部门的目的在于帮助人们了解和掌握本国现行法律，所以合目的性原则是划分部门法时首先应当坚持的原则。如果某种划分不利于这一目的，那么其划分就是无意义的。人们在学习和研究某个问题时，尤其是当人们想从数以千计的法律和法规中找到解决某个问题的有关法律时，必须借助于法律部门的划分的理论和知识，才能顺利达到目的。所以，划分法律部门时，合目的性原则是首先要坚持的原则。

（3）适当平衡原则。划分法律部门时应当注意在各种法律部门之间保持适当的平衡，各法律部门所包含的法律范围不宜太宽，也不宜太窄。每个具体的法律部门所包含的法律、法规数量既不能太少，也不能太多。不同部门法所包含的法律、法规应当保持适当的平衡。

（4）辩证发展原则。客观世界是在发展变化的，社会关系也是在发展变化的，那么作为调整社会关系的法律本身当然也会发展变化，法律和法规也始终处在变化中。同时，人们的主观认识也不是一直停留在一个水平上，也在发生变化。由于主客观条件都在变化，因此法律部门的划分就不可能是绝对不变的，只能是相对的。没有也不可能有运用于一切时代、适合于任何国家的、永远不变的法律部门划分模式。

（5）相对稳定原则。虽然法律部门是发展的，但是法律的稳定性特征要求我们不能频繁地变动法律部门的内容和结构，这就要求在划分法律部门时不能只考虑目前的法律、法规的多少，而应当具有一定的前瞻性，在划分部门法时应当考虑到法律、法规今后的发展，即考虑到即将制定和可能制定的法律、法规，避免法律体系结构的频繁变动。

（6）主次原则（重点论原则）。具体的社会关系和法律规范是极为复杂的，有时同一部法律、法规可以被划归几个不同的法律部门。还有时候，有的法律被采用一个或者几个标准予以划分，也很难弄清楚其到底应属于哪一个法律部门。在这种情况下，划分法律部门时应当考虑这一法律、法规的主导因素是什么，按照其主导因素来进行划分和归类。

由于划分者的主观情况和意图，注意和强调的角度或者原则、标准有所差别，受到诸多因素影响的程度不同等，法律部门的具体划分也不会是完全一样的，在社会上也存在许多划分方法。但是，力求法律部门划分的科学和实用，既合乎逻辑又便于操作，应该是划分法律部门时坚持努力的方向和目标。

★ 15. 联系我国法治建设的实际，论述当代中国法律体系的完善。

【参考答案】完善中国特色社会主义法律体系，是推进中国特色社会主义制度发展完善的内在要求，也是今后立法工作面临的重要任务。实现科学发展，加快转变经济发展方式，进一步保障和改善民生，迫切需要法律制度建设予以推动和引导。利益主体多元化、利益格局复杂化的客观现实，对科学立法、民主立法的要求愈来愈高，通过立法调整社会利益关系的难度越来越大。为适应推动科学发展、促进社会和谐、全面落实依法治国基本方略的要求，当前和今后一个时期，中国将根据经济社会发展的客观需要，紧紧围绕实现科学发展、加快转变经济发展方式、着力保障和改善民生、推动和谐社会建设，不断健全各项法律制度，推动中国特色社会主义法律体系不断完善。具体而言，今后一段时间要着力加强和完善以下几个方面的立法：

（1）积极加强发展社会主义民主政治的立法。适应积极稳妥推进政治体制改革的要求，完善选举、基层群众自治、国家机构组织等方面的法律制度；加强规范行政行为的程序立法，完善审计监督和行政复议等方面的法律制度；适应司法体制改革要求，进一步修改法院组织法、检察院组织法，完善诉讼法律制度；完善国家机关权力行使、惩治和预防腐败等方面的法律制度，扩大社会主义民主，加强对权力行使的规范和监督，不断推进社会主义民主政治制度的完善和发展。

（2）继续加强经济领域立法。适应社会主义市场经济发展要求，完善民事商事法律制度；适应深化财税、金融等体制改革要求，完善预算管理、财政转移支付、金融风险控制、税收等方面的法律制度，特别是加强税收立法，适时将国务院根据授权制定的税收方面的行政法规制定为法律；完善规范国家管理和调控经济活动、维护国家经济安全的法律制度，促进社会主义市场经济健康发展。

（3）突出加强社会领域立法。坚持以人为本，围绕保障和改善民生，在促进社会事业、健全社会保障、创新社会管理等方面，进一步完善劳动就业、劳动保护、社会保险、社会救助、社会福利、收入分配、教育、医疗、住房以及社会组织等法律制度，不断创新社会管理体制机制，深入推进社会事业建设。

（4）更加注重文化科技领域立法。适应推进文化体制改革、促进科技进步的要求，完善扶持公益性文化事业、发展文化产业、鼓励文化科技创新、保护知识产权等方面的法律制度，推动社会主义文化大发展、大繁荣，建设创新型国家。

（5）高度重视生态文明领域立法。适应资源节约型、环境友好型社会建设的要求，完善节约能源资源、保护生态环境等方面的法律制度，从制度上积极促进经济发展方式转变，努力解决经济社会发展与环境资源保护的矛盾，实现人与自然和谐相处。

（6）深入推进科学立法、民主立法，着力提高立法质量。完善人大代表参与立法工作机制，充分发挥人大代表在立法工作中的作用；完善法律草案审议制度，建立健全科学民主的审议和表决机制；探索公众有序参与立法活动的途径和形式，完善立法座谈会、听证会、论证会和公布法律法规草案征求意见等制度，建立健全公众意见表达机制和采纳公众意见的反馈机制，使立法更加充分体现广大人民群众的意愿；建立健全立法前论证和立法后评估机制，不断提高立法的科学性、合理性，进一步增强法律法规的可操作性。同时，在完善各项法律制度的同时，更加注重保障法律制度的有效实施。建立健全工作机制，做好法律法规配套规定制定工作；完善法律解释机制的途径和方法，建立法律解释常态化机制，对需要进一步明确法律规定的具体含义或者法律制定后出现新情况需要明确法律适用依据的，及时作出法律解释；健全备案审查机构，完善备案审查机制，改进备案审查方式，加强对法规、规章、司法解释等规范性文件的备案审查；健全法律法规清理工作机制，逐步实现法律法规清理工作常态化，确保法律体系内在科学和谐统一。

★16. 联系我国法治建设的实际，论述我国的立法原则。

【参考答案】(1) 合宪和法制统一原则。合宪原则是指享有立法权的立法机关在创制法律的过程中，应当以宪法为依据，符合宪法的理念和要求，遵循宪法的基本原则。立法合宪性的要求具体还包括立法主体的合宪性、内容的合宪性和程序的合宪性等。依法立法原则，是在合宪原则的前提下，立法还应遵循《立法法》。我国现行《立法法》不仅明确规定了立法原则，还规定了不同立法主体所具有的不同立法权限以及应遵循的立法程序。《立法法》特别对法律、行政法规、地方性法规与规章等的制定主体、内容与程序作了明确的规制。各主体均应严格依法立法，保证立法合法。法制统一原则是指立法应当依照法定的权限和程序，从国家整体利益出发，维护社会主义法制的统一和尊严。它同时要求立法机关所创设的法律应内部和谐统一，做到法律体系内各项法律、法规之间相互衔接且相互一致、相互协调。法制统一的前提和基础是宪法，只有在严格遵守和维护宪法的前提下，才能保证法制的统一。

(2) 民主原则。民主原则是指在立法中要贯彻人民民主思想，集中反映和体现人民意志、利益和要求，保障、发展和发扬社会主义民主，立法机关主导与人民群众参与相结合的原则。民主原则的内容包括：①立法主体具有广泛性。在立法中要广泛听取各方面的意见，反复进行比较、论证和协调。例如，对于列入全国人大常委会会议议程的法律案，《立法法》第 36 条第 1 款规定，法律委员会、有关的专门委员会和常务委员会工作机构应当听取各方面的意见。听取意见可以采取座谈会、论证会、听证会等多种形式。②立法内容具有人民性。立法要从最大多数人的最根本利益出发，要以民意为依托，要深入群众征求意见，这是由我国社会主义的性质决定的。③立法过程和立法程序具有民主性。在立法过程中，要把民主精神贯彻到立法的每一环节中去。立法过程和立法程序的民主性，首先要求立法主体的产生要民主；其次是立法过程要公开；最后是立法主体的活动要民主，保障人民通过多种途径参与立法活动。

(3) 科学原则。科学原则即立法必须从实际出发，尊重客观规律，维护和保障立法的科学性。科学原则的内容包括：①立法从实际出发。立法活动应坚持从实际出发，尊重客观规律，维护和保障立法的科学性。立法不能脱离客观实际，不能凭主观臆想进行。从实际出发首先要求立法要从现实国情出发，适应经济社会发展和全面深化改革的要求；其次要求立法要尊重和反映客观规律。②科学合理地规定权利与义务、权力与责任。立法活动应该科学、合理地规定公民、法人和其他组织的权利和义务以及国家机关的权力与责任，这就要求在立法工作中首先要坚持权利本位，把保障权利作为权利义务设定的出发点；其次要考虑权利义务的平衡；此外，还应该要考虑弱势群体的实际承受能力。而国家机关的权力与责任应当是统一的。按照现代法治原则，国家机关并不是权力的天然享有者，权力的赋予必须以责任为基础，以维护公共利益、实现社会职能为目标。立法机关赋予国家机关以某种权力，必须与其承担的责任相对应。③法律规范明确、具体，具有针对性和可执行性。这就要求立法不仅要在语言上具有明确性和严谨性，而且要在内容上具有针对性和可执行性。法律不明确，执法者的自由裁量权就会扩大，法律的权威和效能就会降低。

17. 联系我国法治中国建设的实际，谈谈在坚持科学立法原则基础上如何提高立法质量。

【参考答案】（1）科学原则是指立法必须从实际出发，尊重客观规律，维护和保障立法的科学性。①立法从实际出发。立法活动应坚持从实际出发，尊重客观规律，维护和保障立法的科学性。立法不能脱离客观实际，不能凭主观臆想进行。从实际出发首先要求立法要从现实国情出发，适应经济社会发展和全面深化改革的要求；其次要求立法要尊重和反映客观规律。②科学合理地规定权利与义务、权力与责任。立法活动应该科学、合理地规定公民、法人和其他组织的权利和义务以及国家机关的权力与责任，这就要求在立法工作中首先要坚持权利本位，把保障权利作为权利义务设定的出发点；其次要考虑权利义务的平衡；此外，还应该要考虑弱势群体的实际承受能力。而国家机关的权力与责任应当是统一的。按照现代法治原则，国家机关并不是权力的天然享有者，权力的赋予必须以责任为基础，以维护公共利益、实现社会职能为目标。立法机关赋予国家机关以某种权力，必须与其承担的责任相对应。③法律规范明确、具体，具有针对性和可执行性。这就要求立法不仅要在语言上具有明确性和严谨性，而且要在内容上具有针对性和可执行性。法律不明确，执法者的自由裁量权就会扩大，法律的权威和效能就会降低。

（2）深入推进科学立法，着力提高立法质量。1）完善各项法律制度。①完善人大代表参与立法工作机制，充分发挥人大代表在立法工作中的作用；②完善法律草案审议制度，建立健全科学的审议和表决机制；③建立健全立法前论证和立法后评估机制，不断提高立法的科学性、合理性，进一步增强法律、法规的可操作性。2）保障法律制度的有效实施。在完善各项法律制度的同时，更加注重保障法律制度的有效实施：①建立健全工作机制，做好法律法规配套规定制定工作；②完善法律解释机制的途径和方法，建立法律解释常态化机制，对需要进一步明确法律规定的具体含义或者法律制定后出现新情况需要明确法律适用依据的，及时作出法律解释；③健全备案审查机构，完善备案审查机制，改进备案审查方式，加强对法规、规章、司法解释等规范性文件的备案审查；④健全法律法规清理工作机制，逐步实现法律法规清理工作常态化，确保法律体系内在科学和谐统一。

★18. 联系法律实施的实际，论述法律实施的条件。

【参考答案】法律实施是指法在社会生活中被人们实际施行，即在社会生活中通过执法、司法、守法、法律监督等方式对法律贯彻落实。法律实施就是使法律从书本上的法律变成行动中的法律，使它从抽象的行为模式变成人们的具体行为，从应然状态到实然状态。法律实施依赖于各种条件，包括制度条件和社会条件，具体而言，法律实施需要具备如下条件：

（1）法律实施有赖于法律的正当性、良善的法律和社会公众的认同。符合正当性、具备公正性的法律是法律得以实施的价值保障，法律是正当的，符合传统道德及绝大多数人的利益和价值观，法律实施的成本就低；缺少正当性和社会公众的认同，法律实施的成本就高。良法即良好的规则和制度体系容易有效地得到实施，也可以最大限度地避免和减少国家强制力的作用。因此，法律实施的公正性、贯彻法律实施的民主化和信息公开等，对法律实施具有重要意义。

（2）法律实施有赖于社会成员的道德水平和守法意识。尽管任何法律都不可能百分之百地得到实施，但是，符合传统和公共道德及绝大多数人的利益和价值观的规则或制度，被社会成员自觉遵守的程度就会高，法律实施就较为容易。缺乏道德、信仰和守法意识的支持，法律制度或规则只能依靠强制力和执法保障实施。因此，法律实施有赖于社会成员，包括执法者和公民的较高的道德水平和守法意识。

（3）法律实施有赖于良好的社会环境。法律需要在具体的社会环境中实施，因此社会环境对法律实施起着不可替代的重要作用。社会环境可以对法律实施起到积极作用，促进法律规范和法律制度既定功能的正常发挥，产生预期的效果和目的，实现公正与效率的价值目标，推进法律适应社会发展需求的不断改进和发展；社会环境也可以对法律实施起到消极作用，阻碍法律规范和法律功能既定目标的实现。因此，法律实施必须注意法律与社会环境的适应，克服社会环境对法律实施的消极影响，培养和提高全社会的法律意识，逐步创造良好的法律环境。

（4）法律实施有赖于良好的传统和习惯。法律实施必须来源于真实的法律需求，并具备必要的实施条件和良好的时机。而具备必要的实施条件和良好的法律实施时机，良好的传统和习惯是必不可少的，在这一依赖条件中，法律传统和法律文化起着非常重要的作用。

（5）法律实施有赖于完善的执法、司法制度。完善的执法和司法制度是法律得以充分实施的制度保障，如果执法人员执法不严，司法人员违法不究，再好的法律也无法得到实施。因此，要提高执法、司法人员的法律实施水平，并结合社会力量，使法律实施活动处于多元化纠纷解决机制的状态中。

19. 联系实际，论述法律实现的意义。

【参考答案】法律实现是指法律的要求在社会生活中被转化为现实，达到法律设定的权利和义务的目的。法律实现的意义在于：

（1）法律实现是法律实施活动的直接目的。法作为一种社会规范，只有将抽象的行为模式转化为人们现实的权利、义务关系，才能发挥其应有的功能。但法律实施并不必然意味着法的要求的实现，要使法律产生实效，又必须以法律实施为条件，只有将法律实施与对法的实效的追求结合起来，法才能真正得到实现。

（2）要发挥法的作用，就必须使法在生活中真正实现。通过法的制定，使社会关系上升为法律规范固然很重要，更重要的是把应然的东西变成现实的东西。如果法的规定不能在人们及其组织的活动中实现，就不能实现法的价值。仅仅承认公民在宪法中的基本权利是不够的，还必须通过法的实施使公民真正享受这些权利。

（3）法的实现是协调利益的有效工具。法是反映和实现一定利益的形式之一，我国通过法律在社会生活中的实现，协调人们之间的利益关系，维护广大人民群众的长远利益、根本利益。法的实现还能充分保障公民的宪法权利，使公民的权利得到真正保护，从而真正地尊重、保障和促进人权。我国通过法的实现，能够充分发挥人民群众及社会组织的主动性和创造性，也体现了社会主义国家的意志和广大人民群众利益的一致性。

（4）法的实现是实现法治国家的必备条件。法治国家不仅要求有完备而良善的法律，而且还要使这些法律得以充分实现，这不仅是法治的内在要求，也是实现法治国家的必由之路。

★20. 联系实际，论述我国的执法原则。

【参考答案】（1）依法行政原则（合法性原则）。依法行政原则是指行政机关必须依照法定的权限、法定程序和法治精神进行管理，越权无效。该原则的具体要求是：①执法的主体合法。国家行政机关的设立及其职权必须有法律依据，必须在法律规定的职权范围内活动，越权违法，越权无效。②执法的内容合法。执法活动是根据法律的规定进行的，执法的具体内容也要符合法律的规定。③执法的程序合法。要严格按照法定的步骤、顺序和时限执法，不得任意改变、省略和超越。

（2）讲求效率原则。讲求效率原则是指行政机关应当在依法行政的前提下，讲求效率，主动有效地行使其权能，以尽可能低的成本取得最大的行政执法效益。该原则的具体要求是：①执法主体从保护公民权利和国家权益出发，对行政相对人的各项请求作出及时反应，对各种行政事务通过执法作出及时反应。②执法主体必须严格按照法定程序和法定权限执法，不能以效率为借口而违反法律规定，效率原则是建立在行政合法性原则基础之上的。

（3）合理性原则。合理性原则是指执法主体在执法活动中，特别是在行使自由裁量权进行行政管理时，必须做到适当、合理、公正，即符合法律的基本精神和目的，具有客观、充分的事实根据和法律依据，与社会生活常理相一致。行政合理性原则要求：①执法主体要平等地对待行政相对人，对于实施了同样或类似行为的行政相对人应给予公平处理。②行使自由裁量权时要以法律精神为指导，考虑相关因素，尽可能照顾到各方利益，在多方利益之间衡量时要合情合理，禁止偏袒，禁止谋私，严格控制自由裁量权的行使。③对于法律只有原则规定或没有法律规定的，应以客观、充分的事实根据为基础，依据法律的基本精神和目的，遵循与社会公理相一致原则，公平合理地处理，执法还要符合当地的善良风俗。④对于不适当、不合理等显失公平的执法行为应当依法及时予以纠正，宣布无效并予以撤销。

（4）严格执法原则。严格执法原则是对政府机关及其公职人员提出的重要执法原则，它与依法行政属于同一范畴。坚持这一原则，要求执法者应当严谨、严肃、严明、公正地执法，应当在准确理解法律精神的基础上，严格规范地遵循法律，依法裁量当事人的行为，准确判断其是否符合法律的规定，是否需要依法惩处。反对任性执法、选择性执法、钓鱼式执法等非正常执法模式，强调执法者通过严格执法来维护法律权威。

（5）正当程序原则。正当程序原则是指执法机关在实施行政执法行为的过程中，必须遵循法定的步骤、方式、形式、顺序和时限，执法要做到程序公正，不单方面接触行政相对人，不在事先未通知和听取行政相对人申辩意见的情况下作出对相对人不利的处理。目的是使执法行为公平、公开、民主，保障公民、法人和非法人组织的合法权益，以促进行政权行使的合法性和合理性，提高行政效率。

（6）比例原则。比例原则是指行政机关实施行政行为应兼顾行政目标的实现和相对人权益的保护，如果为了实现行政目标可能对相对人权益造成某种不利影响时，应使这种不利影响限制在尽可能小的范围和限度内，使二者处于适度的比例。其内涵分为三个方面：①妥当性（适当性）原则。妥当性原则是指行政行为对于实现行政目的、目标是适当的。②必要性原则。必要性原则是指行政行为应以达到行政目的、目标为限，不能给相对人权益造成过度的不利影响，即行政权的行使只能限于必要的度，以尽可能使相对人权益遭受最小的侵害。③比例性原则。比例性原则是指行政行为的实施应衡量其目的达到的利益与侵犯相对人的权益二者孰轻孰重。只有前者重于后者时，其行为才具合理性。行政行为在任何时候均不应给相对人权益造成超过行政目的、目标本身价值的损害。

（7）诚实守信原则。其内涵分为两个方面：①行政信息真实原则。行政机关公布的信息应当全面、准确、真实。无论是向普通公众公布的信息，还是向特定人或者组织提供的信息，行政机关都应当对其真实性承担法律责任。②保护公民信赖利益原则。非因法定事由并经法定程序，行政机关不得撤销、变更已经生效的行政决定；因国家利益、公共利益或者其他法定事由需要撤回或者变更行政决定的，应当依照法定权限和程序进行，并对行政管理相对人因此而受到的财产损失依法予以补偿。

（8）权责统一原则。其内涵分为两个方面：①行政效能原则。行政机关依法履行经济、社会和文化事务管理职责，要由法律、法规赋予其相应的执法手段，保证政令有效。②行政责任原则。行政机关违法或者不当行使职权，应当依法承担法律责任。这一原则的基本要求是行政权力和法律责任的统一，即执法有保障、有权必有责、用权受监督、违法受追究、侵权须赔偿。

21. 联系实际，论述依法行政的执法原则。

【参考答案】（1）依法行政原则是指行政机关必须依照法定的权限、法定程序和法治精神进行管理，越权无效。

（2）依法行政原则的具体内容。国家行政机关在全部行政管理中要严格依法办事，使国家的行政管理活动完全建立在法治的基础上，该原则的具体要求是：①执法的主体合法。国家行政机关的设立及其职权必须有法律依据，必须在法律规定的职权范围内活动，越权违法，越权无效。②执法的内容合法。执法活动是根据法律的规定进行的，执法的具体内容也要符合法律的规定。③执法的程序合法。要严格按照法定的步骤、顺序和时限执法，不得任意改变、省略和超越。

（3）坚持依法行政原则的理由和意义。①指导国家行政机关正确实施管理。国家行政机关的执法活动涉及面广，内容庞杂，关系到国计民生和社会发展的一切方面，具有普遍性和社会性。不按法律规则和程序办事，整个国家机器将处于混乱无序的状态，其后果不堪设想。只有依法行政，行政执法活动才能始终保持正确的方向。②有利于防止行政权力的滥用。由于执法主体特殊、范围广泛、活动带有强制性和主动性的特点，权力易被滥用，有可能滋生腐败，走向执法宗旨的反面。坚持依法行政原则，既能使行政机关充分行使行政权力，对社会进行有效的管理，又能对权力进行有效的制约和监督。③有利于把行政执法活动的自由裁量权限制在合理的范围之内。由于执法活动涉及的社会范围很广，加之社会生活的复杂性和社会发展的不平衡性，法律不可能都作出明确而严格的规定，一般只作概括性的规定，由行政机关根据具体情况决定，因而执法具有较大的灵活性，国家行政机关在执法活动中享有较大的自由裁量权。坚持依法行政原则，有利于将行政执法活动的自由裁量权控制在合理的范围之内，有利于保护行政相对人的合法权益。

★22. 联系实际，论述我国的司法原则。

【参考答案】（1）司法法治原则。司法法治原则就是以事实为依据、以法律为准绳的原则。以事实为依据，就是指司法机关审理一切案件，都只能以与案件有关的事实作为依据，而不能以主观臆断作依据。以事实为依据的“事实”包括被合法证据证明了的事实和依法推定的事实。以法律为准绳，就是指司法机关在司法过程中，要严格按照法律规定办事，把法律作为处理案件的唯一标准和尺度。为了贯彻实行该原则，必须坚持实事求是、从实际出发的思想路线，重证据，重调查研究，不轻信口供；坚持维护社会主义法律的权威和尊严，严格遵守实体法和程序法的规定。

（2）司法平等原则。司法平等原则就是公民在适用法律上一律平等原则。司法平等原则要求法律对于全体公民都统一适用，所有公民依法享有同等的权利并承担同等的义务；任何权利受到侵犯的公民一律平等地受到法律的保护；在民事诉讼和行政诉讼中，要保证诉讼当事人享有平等的诉讼权利，不能偏袒任何一方当事人；在刑事诉讼中，要切实保障诉讼参与人依法享有的诉讼权利；对任何公民的违法犯罪行为，都必须追究法律责任，依法给予相应的法律制裁，不允许有不受法律约束或凌驾于法律之上的特殊公民。实行司法平等原则是发展社会主义市场经济的必然要求；是建设社会主义民主政治的重要保证；是社会主义精神文明的必要条件；是建设社会主义法治国家的要求。在司法实践中贯彻司法平等原则，要坚决反对封建特权思想；司法工作者在司法活动中必须忠于事实，忠于法律，忠于人民。

（3）司法独立原则。司法独立原则意味着司法权具有专属性和独立性，司法独立原则还要求行使职权必须具有合法性。专属性即国家的司法权只能由国家各级审判机关和检察机关统一行使，其他任何机关、团体和个人都无权行使此项权力；独立性即人民法院、人民检察院依照法律独立行使自己的职权，不受行政机关、社会团体和个人的干涉；行使职权的合法性即司法机关审理案件必须严格依照法律规定，正确适用法律，不得滥用职权，枉法裁判。实行司法独立原则对于发扬社会主义民主、维护国家法制统一、保证司法机关正确适用法律和维护社会主义司法公正，具有重要意义。

（4）司法责任原则。司法责任原则是指司法机关和司法人员在行使司法权过程中侵犯了公民、法人和其他组织的合法权益，造成严重后果而应承担相应的责任的一种责任制度。司法责任原则是根据权力与责任相统一的法治原则而提出的权力约束机制。司法机关和司法人员接受人民的委托，行使国家的司法权，掌握着重大的责任。按照权力与责任相统一的原则，一方面，对司法机关和司法人员行使国家司法权给予法律保障，另一方面，对司法机关及其司法人员的违法和犯罪行为给予严惩。只有将司法权力与司法责任结合起来，才能更好地增强司法机关和司法人员的责任感，防止司法过程中的违法行为，并对违法行为进行法律制裁，以更好地维护社会主义司法的威信和社会主义法制的权威和尊严。

（5）司法公正原则。司法公正原则是指司法机关及其司法人员在司法活动的过程和结果中应坚持和体现公平和正义的原则。司法公正是社会正义的重要组成部分，它包括实体公正和程序公正，其中实体公正主要是指司法裁判的结果公正，当事人的权益得到了充分的保障，违法犯罪者受到了应得的惩罚和制裁；程序公正主要是指司法过程的公正，司法程序具有正当性，当事人在司法过程中受到公平公正的对待。司法活动的合法性、独立性、有效性，裁判人员的中立性，当事人地位的平等性以及裁判结果的公正性，都是司法公正的必然要求和体现。司法公正是司法的生命和灵魂，是司法的本质要求和终极价值准则。追求司法公正是司法的永恒主题，也是民众对司法的期望。当今中国正在进行司法改革，它包括制度、程序和体制的改革以及建立现代司法制度，其最终目的就是实现司法公正，并通过司法公正维护和促进社会公正。

★23. 联系实际，论述我国的司法法治原则的具体内涵和要求。

【参考答案】（1）司法法治原则即以事实为依据、以法律为准绳的原则。以事实为依据，就是指司法机关审理一切案件，都只能以与案件有关的事实作为依据，而不能以主观臆断作依据。适用法律，就是运用法律对已经发生的事情作出判断、处理。任何一个案件，都是一种客观存在，由特定的、已经发生的事实构成。以事实为依据的“事实”包括被合法证据证明了的事实和依法推定的事实。后一种事实是在案件客观事实真相无法查明的情况下，依照法律中有关举证责任和法律原则推定的事实。尽管这种事实可能与客观事实有所不同，但是，在法律上能够引起同样的效果。以法律为准绳，就是指司法机关在司法过程中，要严格按照法律规定办事，把法律作为处理案件的唯一标准和尺度。在查办案件的全过程中，都要按照法定权限和法定程序，依据法律的有关规定，确定案件性质，区分合法与违法、一般违法和犯罪等，并根据案件的性质，给予恰当正确的裁决。以法律为准绳，意味着在整个司法活动中，法律是最高的标准，这是社会主义法治对司法提出的必然要求。

（2）认真贯彻司法法治原则，首先要求在司法工作中，应当坚持实事求是、从实际出发的思想路线，重证据，重调查研究，不轻信口供；其次要求在司法工作中，坚持维护社会主义法律的权威和尊严，不仅要严格遵守实体法的规定，而且要严格执行程序法的各项规定。另外，还要求在司法工作中，正确处理依法办事与坚持党的政策的指导作用的关系。一方面，不能将坚持依法办事和坚持党的政策的指导作用对立起来；另一方面，也不能以政策改变、代替法律甚至取消法律，而是应当将两者统一起来。

★24. 联系实际，论述司法平等原则的具体内涵和意义。

【参考答案】（1）司法平等原则是指各级国家司法机关及其司法人员在处理案件、行使司法权时，对于任何公民，不论其民族、种族、性别、职业、社会出身、宗教信仰、财产状况、居住期限等有何差别，也不论其出身、政治历史、社会地位和政治地位有何不同，在适用法律上一律平等。这一原则不仅适用于公民个人，也适用于法人和其他社会组织。我国宪法明确规定，中华人民共和国公民在法律面前一律平等。这是我国的一项宪法原则，也是司法的基本原则之一。它意味着法律对于全体公民都统一适用，所有公民依法享有同等的权利并承担同等的义务；任何权利受到侵犯的公民一律平等地受到法律的保护；在民事诉讼和行政诉讼中，要保证诉讼当事人享有平等的诉讼权利，不能偏袒任何一方当事人；在刑事诉讼中，要切实保障诉讼参与人依法享有的诉讼权利；对任何公民的违法犯罪行为，都必须追究法律责任，依法给予相应的法律制裁，不允许有不受宪法和法律约束或凌驾于宪法和法律之上的特殊公民。

(2) 实行司法平等原则的意义在于：①司法平等原则是发展社会主义市场经济的必然要求。市场经济是法治经济，只有贯彻司法平等原则，才能为法治经济的良好运行提供切实可行的保障。②司法平等原则是建设社会主义民主政治的重要保证。我国在经历了两千多年的封建帝制和近一个世纪的半殖民地半封建社会后，社会中的特权思想一度根深蒂固，这种思想不仅制约了政治民主理念的传播和发展，也容易导致国家权力的滥用和对公民权益的非法剥夺。因此，贯彻司法平等原则，有利于推动社会主义民主政治的发展。③司法平等原则是社会主义精神文明的必要条件。司法机关贯彻司法平等原则，必须尊重事实，尊重法律，严格并依法行使司法职权，维护公民的根本利益，从而有利于弘扬良好的社会风气和道德操守。④司法平等原则是建设社会主义法治国家的要求。司法是公民权益维护的最后手段，如果司法机关不能平等对待诉讼当事人，那么公民的平等权利就失去了最后屏障，腐败和不公将随之产生并扩大，也就谈不上建设社会主义法治国家。因此，司法平等原则是建设社会主义法治国家的应有之义。

★25. 联系我国法治建设的实际，论述司法独立原则的内涵、意义、要求和对司法权的监督。

【参考答案】(1) 司法独立原则即司法机关依法独立行使职权，不受任何机关、团体和个人的干涉。其具体内涵是：①司法权的专属性，即国家的司法权只能由国家各级审判机关和检察机关统一行使，其他任何机关、团体和个人都无权行使此项权利；②司法权行使的独立性，即人民法院、人民检察院依照法律独立行使自己的职权，不受行政机关、社会团体和个人的干涉；③司法权行使的合法性，即司法机关审理案件必须严格依照法律规定，正确适用法律，不得滥用职权，枉法裁判。

(2) 实行司法独立原则的意义。①实行这项原则是发扬社会主义民主、维护国家法制统一的需要。行使司法权意味着运用法律裁决纠纷，纠正法律，制裁违法犯罪。它可以决定公民、法人和其他组织的政治权利、财产权利以及公民的人身权利。在我国，为了实现和保障公民的民主权利和人权，维护国家利益，宪法规定，审判权由人民法院统一行使，检察权由人民检察院统一行使。②实行这项原则是保证司法机关正常行使职权的基本条件。要行使职权就必须独立，不独立就无法行使职权。如果谁都可以干涉职权的行使，就无法确定真正的行使职权的主体；在主体不确定的状态下，法律所规定的行使司法权的机关也不可能正常行使自己的职权。③实行这项原则是正确适用法律的前提。法律适用是一项专业性很强的工作，只能由受过专业训练的法律职业人员从事，这些人员具有从事司法工作所必需的职业素养和职业技能。如果不能做到司法机关独立行使职权，如果司法机关的工作受到肆意干涉，不仅无法发挥司法机关及其工作人员的专业特长，而且会因为外行干预、外行办案而曲解法律，违法办案，损害法律的权威和尊严。④实行这项原则是维护社会主义司法公正的重要条件。因为，独立行使职权，只服从法律，有统一的标准；独立行使职权，办案人自己承担责任，可以提高办案质量。如果任何机关、组织和个人都可以对司法机关施加影响，不仅会导致司法活动背离社会主义法律准绳，而且会削弱办案人员的责任意识，损害办案人员严格司法的积极性。独立司法，责任自负，是司法公正的重要制度保证。

(3) 贯彻司法独立原则的要求。①要正确处理司法机关和党组织的关系。司法机关依法独立行使职权和党对人民法院、人民检察院的领导是一致的。要求司法机关依法独立行使职权，并非认为司法机关可以脱离党的领导。要坚持党对司法工作的领导不能动摇。党的领导主要是政治领导，而不是具体包办司法业务，不是以党代政、党法不分。②在全社会进行有关树立、维护司法机关权威与尊重、服从司法机关决定的法治教育。司法机关应当具有国家权威性，服从司法机关的决定就是服从法律。但是，由于两千多年封建思想的影响，司法机关的权威受到严重损害，司法机关依法作出的判决、裁定和决定难以执行，因此，有必要在全社会进行维护司法权威，尊重、服从司法机关决定的法制教育。③推进司法改革，从制度上保证司法机关依法独立行使审判权和检察权。要适当强化有关司法人员的职权，使之能够在制度上避免和对抗非法干涉。

（4）坚持司法独立原则，并不意味着司法机关行使司法权可以不受任何监督和约束。司法权如同其他任何权力一样，都要接受监督和制约。对司法权的监督表现为：①司法权要接受党的领导和监督，这是司法权正确行使的政治保证。②司法权要接受国家权力机关的监督，司法权由国家权力机关产生，并对国家权力机关负责。因此，国家权力机关有权监督司法权的行使，司法机关也有义务接受国家权力机关的监督。③司法机关的上、下级之间以及同级之间也存在监督和约束，这种监督和约束是通过司法制度中的一系列制度来体现和实现的。④司法权也要接受行政机关、监察机关、企事业单位、社会团体、民主党派和人民群众的监督，还要接受舆论的监督。这些种类广泛的监督形式和监督机制，有利于更好地行使司法权，并防止司法权的滥用等司法腐败现象和行为。

★26. 联系实际，论述保证司法公正的要求和司法公正原则的意义。

【参考答案】（1）司法公正原则是指司法机关及其司法人员在司法活动的过程和结果中应坚持和体现公平和正义的原则。

（2）司法公正是社会正义的重要组成部分，保证司法公正有助于促进社会正义的实现。保证司法公正的要求主要有：①从制度上保证司法公正。在司法制度方面，强调以司法的公开性、平等性、当事人的参与性、审级之间的制约性等保证司法的公正。②从司法官行为上保证司法公正。要求司法官保证中立、廉洁、独立，具有准确适用法律的能力、良知和经验。③从司法程序上保证司法公正。在司法程序方面，要求严格遵循正当程序原则，保证当事人的各种程序权利，平衡法院职权与当事人权利之间的关系。④从司法活动的结果上保证司法公正。在司法活动的结果方面，要求认定事实准确，正确适用法律。⑤从司法公正的内容上保证司法公正。司法公正包括实体公正和程序公正。实体公正主要是指司法裁判的结果公正，当事人的权益得到了充分的保障，违法犯罪者受到了应得的惩罚和制裁。程序公正主要是指司法过程的公正，司法程序具有正当性，当事人在司法过程中受到公平公正的对待。司法公正是司法的生命和灵魂，是司法的本质要求和终极价值准则。此外，为了做到司法公正，应当注意实体公正对程序公正的一些固有局限性进行衡平和修正，这种衡平和修正包括：通过增加法官的自由裁量权在个案中追求实现实质正义；通过法官的释明权，减少某些当事人由于诉讼能力较低而可能出现的重大不利后果；强调诉讼中各方当事人的诚实信用。

（3）司法公正原则的意义在于：①司法公正原则是法的自身要求，也是法治的要求。法本身蕴含公正的精神价值，而法治则更加彰显人与人之间的平等，更加强调对公民生命、自由、财产和人权的尊重与保障。②司法公正是保障社会公正的最后屏障。没有司法公正就没有法律的权威，没有法律权威就没有司法权威，因此，司法公正是司法工作的生命所在，是司法活动的前提。③公正对司法的重要意义是由司法活动的性质决定的。司法机关的职责就是适用法律裁断纠纷，人们之所以委托司法机关裁决纠纷并信任其决断，一个重要原因就是相信其能够不偏不倚地公正裁决，不代表任何一方。司法机关的公正性就是司法机关的职责。④公正司法是司法机关存在的合法性基础。正是因为人们相信司法机关是公正的，才将解释法律、判断是非的权力交给它并服从它的判决。在现代社会，如果司法机关不能保持其公正性，司法机关也就失去自身的社会基础。虽然社会生活的所有方面都应当公正，但公正对司法有着特殊的意义，公正是司法的生命。

★27. 联系我国法治建设的实际，论述司法体制改革的方向和原则。

【参考答案】深化司法体制改革事关党和国家事业大局，必须树立科学的司法改革观，在司法改革中坚持正确的方向和原则：

（1）坚持正确的政治方向。坚持党的领导是我国社会主义司法制度的根本特征和政治优势。深化司法体制改革，必须在党的统一领导下进行，坚持党的领导，关键是坚持党对政法工作的领导，坚持党管政法干部的原则，坚持走中国特色社会主义司法改革之路，努力创造更高水平的社会主义司法文明。

（2）坚持以宪法为根本遵循。我国宪法以国家根本法的形式确立了司法制度的基本框架和司法活动的基本规矩，是组织实施司法体制改革的根本遵循。深化司法体制改革，不仅不能违反宪法的规定，更重要的是把宪法的规定落实到位。

（3）坚持以提高司法公信力为根本尺度。深化司法体制改革，必须坚持以提高司法公信力为根本尺度，以矛盾纠纷得到公正的解决、合法权益得到有效的维护为目标，确保取得人民满意的改革实效。

（4）坚持符合国情和遵循规律相结合，坚持依法有序推进。凡是同现行法律规定不一致的改革举措，必须先提请立法机关修改现行法律规定，然后再开展改革。修改现行法律规定的条件尚不成熟的，应及时提请立法机关进行授权，在授权范围内进行改革试点。

★28. 完善人权司法保障制度是我国司法改革的重要组成部分，也是建设公正高效的社会主义司法制度的重要内容。请结合我国的实际，论述如何完善我国的人权司法保障制度。

【参考答案】完善人权司法保障制度是我国司法体制改革的重要组成部分，也是建设公正高效权威的社会主义司法制度的重要内容。完善人权司法保障制度要正确处理打击犯罪与保护人权、程序公平与实体公正、追求公正与注重效率的关系，确保人民群众有尊严地参加诉讼，及时得到公正的裁判结果。

（1）完善人权司法保障要注重对法治原则的遵循。法治原则要求良法善治，坚持法律面前人人平等。加强对人权的司法保障要以宪法和法律为依据，逐步健全人权司法保障的法律法规，完善制度设计，细化保障措施。在司法活动中，要切实遵守人权保障的相关法律规定，着力提升司法理念、加强保障力度、完善监督制约，做到尊重人权与防止侵权有机结合，充分发挥社会主义司法制度的优越性。

（2）完善人权司法保障要体现对基本人权的尊重。国家尊重和保障人权是宪法的明确要求，要始终贯彻尊重和保障人权的理念，切实保护公民的人身权利、财产权利、民主权利等合法权益。司法活动直接涉及公民的人身、自由、人格尊严、财产权益等基本权利，要以完善人权司法保障改革为契机，不断提升人权司法保障的制度化、法治化水平。

（3）完善人权司法保障要突出对司法权力的制约。在司法活动中，当事人及诉讼参与人的权利相对于司法机关的公权力，处于弱势地位，容易受到侵犯。完善人权司法保障就要强化对司法权力的限制和制约，防止滥用权力侵犯人权。要完善外部监督制约，认真贯彻《宪法》和《刑事诉讼法》关于司法机关“分工负责、互相配合、互相制约”的基本原则，完善内部监督制约，改革人民陪审员制度，健全人民监督员制度，推进审判公开、检务公开，为公民维护自身权利提供坚实的制度保障。

（4）完善人权司法保障要强化对诉讼权利的保障。树立理性、平和、文明、规范的执法理念，严禁刑讯逼供、体罚虐待。充分保障犯罪嫌疑人、被告人的辩护权、辩解权等诉讼权利，要重视其辩护辩解的内容，对涉及无罪、罪轻的辩护意见要认真核实。完善律师执业权利保障机制，发挥律师在依法维护公民和法人合法权益方面的重要作用。

（5）完善人权司法保障要加强对公民权利的救济。完善人权司法保障，既要有效防止侵权行为的发生，又要切实保障公民权利在受到侵犯后，能及时得到有效救济。不论是民事诉讼、行政诉讼还是刑事诉讼，司法活动本身就是对公民权利最有效的救济手段。

★29. 联系我国法治建设的实际，论述提高司法公信力的改革要求和意义。

【参考答案】（1）提高司法公信力的改革要求。保证公正司法、提高司法公信力在当前有如下六个方面的改革要求：①完善确保依法独立公正行使审判权和检察权的制度。主要有：建立领导干部干预司法活动、插手具体案件处理的记录、通报和责任追究制度，健全尊重法院裁判制度，建立健全司法人员履行法定职责保护机制等举措。②优化司法职权配置。主要有：推动实行审判权和执行权相分离的体制改革试点，统一刑罚执行体制，探索实行法院、检察院司法行政事务管理权和审判权、检察权相分离，最高人民法院设立巡回法庭，探索设立跨行政区划的人民法院和人民检察院，探索建立检察机关提起公益诉讼制度等举措。③推进严格公正司法。主要有：推进以审判为中心的诉讼制度改革，实行办案质量个人负责制和错案责任倒查问责制等举措。④保障人民群众参与司法。主要有：完善人民陪审员制度，构建开放、动态、透明、便民的阳光司法机制等举措。⑤加强人权司法保障。主要有：健全落实罪刑法定、疑罪从无、非法证据排除等法律原则的法律制度。完善对限制人身自由司法措施和侦查手段的司法监督等举措。⑥加强对司法活动的监督。主要有：完善检察机关行使监督权的法律制度，完善人民监督员制度。建立终身禁止从事法律职业制度等举措。

（2）提高司法公信力的意义。深化司法体制改革，建设公正高效权威的社会主义司法制度，是推进国家治理体系和治理能力现代化的重要举措。其中，公正是法治的生命线。司法公正对社会公正具有重要引领作用，司法不公对社会公正具有致命的破坏作用。必须完善司法管理体制和司法权力运行机制，规范司法行为，加强对司法活动的监督，努力让人民群众在每一个司法案件中感受到公平正义。公正司法事关人民切身利益，事关社会公平正义，事关全面推进依法治国。要坚持司法体制改革的正确方向，坚持以提高司法公信力为根本尺度，坚持符合国情和遵循司法规律相结合。

30. 联系实际，论述法律监督的现实意义。

【参考答案】法律监督有狭义和广义之分。狭义上的法律监督是指由特定的国家机关依照法定职权和法定程序，对立法、执法和司法活动的合法性进行的监督。广义上的法律监督是指由所有的国家机关、社会组织和公民对各种法律活动的合法性进行的监督。在现代国家，法律监督是法治不可缺少的特殊组成部分，它贯穿于法律运行的全过程，对社会生活和经济生活有着广泛的影响。法律监督的意义主要体现在以下几个方面：

（1）法律监督是社会主义民主政治的保障和重要组成部分。①法律监督将权力及其运行置于监督之下，从而保障民主政治的安全。法律监督对公权力进行有效制约，是确保国家机关、公职人员依法办事的重要保障。在任何国家中，国家机关行使执法权、司法权，执行法律、适用法律是法律实施的主要方式和途径。然而，权力需要制约，不受约束的权力必然导致腐败。为了防止权力的滥用，保证国家工作人员忠于法律，公正执法和司法，必须建立起最广泛、最切实的法律监督制度。特别是在惩治腐败、加强廉政建设的过程中，充分发挥法律监督的作用，具有重要意义。②法律监督是普通公民参与民主政治的重要途径和方式。人民群众的监督行为是一种法律行为，它或者直接促使监督对象纠正错误、改进工作，或者可以启动诉讼程序或国家权力机关的监督。任何破坏或阻止人民群众行使监督权的行为都是违法行为，应当受到法律的追究。

（2）法律监督是依法治国、建设社会主义法治国家的保证。①法律监督有利于维护国家法律体系的统一完整，保障法律在全国范围内的统一实施，确立和维护法律的权威。法律体系自身的和谐统一是保证国家法律统一和尊严的内在要求，也是保证法律统一实施的前提条件。有效的法律监督能够保证立法活动及其结果的合法性，消除法律规范之间的矛盾，避免下位法违反上位法，杜绝各法律部门之间的相互冲突、不衔接、不配套的现象，使国家的立法以宪法为基础，成为各法律部门紧密衔接、各种规范性文件互相配合的统一整体，具有至上的权威。②现代法治的真正意义在于法律在全国范围内统一实施，确立和维护法律的权威。法律监督能够保证国家法律的统一和尊严的内在要求，也是保证法律统一实施的前提条件。③现代法治的真正意义在于法律在全国范围内统一实施，全社会依法办事。建立和实现法治首先应当有尽可能完备而良善的法律，但这是不够的，在现实生活中，无论立法如何完善，但法律有法不依、执法不严、违法不究，法律也得不到实现。因此，法律监督有助于法律的实施和实现，使全社会依法办事。

(3) 法律监督是建立和完善社会主义市场经济的需要。在建设和完善社会主义市场经济体制过程中，法律监督可以起到导向作用。通过法律监督，可以规范市场主体的行为，督促市场主体从事经济活动时要遵守规则、平等竞争，形成权利意识观念。法律监督还可以制约违反市场秩序的行为。

★31. 联系实际，论述法律解释的必要性。

【参考答案】法律解释是指一定的人或组织对法律规定含义的说明。法律解释的必要性是由法律调整的特殊性及其运作的规律所决定的，它有助于解决法律实施中原则性与灵活性、一般与具体的矛盾，是完善立法的需要。

(1) 由于法律具有概括性、抽象性的特点，因此需要法律解释化抽象为具体，变概括为特定。法律规范是抽象的、概括的行为规则，只能规定一般的适用条件、行为模式和法律后果，它不可能也不应该对一切问题都作出详尽无遗的规定。在法律实施过程中，要把一般的法律规定适用于千差万别的具体情况，对各种具体的行为、事件和社会关系作出处理，就必须对法律作出必要的解释。

(2) 人们对同一法律规定往往有不同的理解，因此需要通过法律解释来统一人们的理解，保证法的实施的统一性。由于人们在认识能力、认识水平以及利益与动机上的差别，因此会对同一法律规定有不同的理解，特别是对法律规定中一些专门术语有不同的理解。法律规范是以严格的、专门的法律概念、术语表述出来的，有时会与实际生活用语含义不同，不易为人们所理解。同时，由于社会主体的社会地位、生活环境和文化水平等特定原因，对于同一法律规范往往会产生不同的理解，这就需要有权威性的法律解释，来统一人们的理解，保证法的实施的统一性。

(3) 对于立法缺憾，需要通过法律解释来改正、弥补。法律规范是由不同的国家机关创制的，分属于不同的法律部门，在现实的法律运作过程中，属于不同法律部门的各种法律规范之间，有时会发生各种各样的矛盾或冲突；而且，在任何法律体系中都不可避免地存在着应规定的而未作规定、规定不够准确清晰或界限不明等诸如此类的法律漏洞。为了弥补法律漏洞，使法律规范得以实施，有效地进行法律调整，法律解释就是必不可少的手段。

(4) 由于法律滞后于社会发展，因此需要通过法律解释解决法律的稳定性与社会发展之间的矛盾。法律规范是相对稳定、定型的规则，而社会生活却是不断发展变化的。要把相对确定的法律规定适用于不断变化的法律实际，就需要对法律规范作出必要的解释，以期在保证法律体系和基本原则的稳定性的同时，能够适时根据法律规范的基本原则、精神和规定，对新情况、新问题作出符合实际的处理。

(5) 通过法律解释普及法律知识，开展法制教育。在社会主义初级阶段，由法学工作者和法律界人士进行的，旨在普及法律知识、开展法制宣传教育的法律解释工作，对全面推进依法治国、建设社会主义法治国家的伟大进程具有十分重要的意义。

32. 试论法律关系的含义和特征。

【参考答案】法律关系是根据法律规范产生、以主体之间的权利与义务关系的形式表现出来的特殊社会关系，即在法律规范调整社会关系的过程中所形成的人们之间的权利和义务关系。

法律关系具有如下特征：

（1）法律关系是依法建立的社会关系。这一特征包含四个方面的含义：首先，法律规范的存在是法律关系产生的前提。如果没有相应的法律规范的存在，就不可能产生法律关系。其次，法律关系不同于法律规范调整或保护的社会关系本身。社会关系是一个庞大的体系，其中有些领域是属于法律所调整的，有些是不属于法律调整或法律不宜调整的，还有些是法律所保护的对象，这些被保护的社会关系不属于法律关系本身。再次，法律关系是法律规范的实现形式，是法律规范的内容（行为模式及法律后果）在现实社会生活中得到的具体贯彻。人们按照法律规范的要求行使权利、履行义务并由此而发生特定的法律上的联系，既是一种法律关系，也是法律规范的现实状态。最后，法律关系是合法的社会关系，即法律关系是符合法律规范的社会关系。在社会生活中，往往存在着大量的事实关系，它们没有严格的合法形式，甚至完全违背法律。这些事实关系，都不能看作是法律关系，但是又可能与法律适用相关联，是法律适用过程中必须认真处理的一类法律事实。

（2）法律关系是一种体现意志性的特殊社会关系。首先，法律关系属于思想社会关系和上层建筑现象，法律关系是一种体现意志性的特殊社会关系。法律关系是根据法律规范建立的，而法律规范是国家意志的体现，因此法律关系像法律规范一样必然体现国家的意志。从实质上看，法律关系作为一种社会关系的特殊形式，正在于它体现了国家意志，从这个意义上讲，破坏了法律关系，其实也就违背了国家的意志。其次，法律关系参加者的意志对于法律关系的建立和实现也有着重要的作用。有的法律关系的建立要根据法律关系参加者的意志，如合同法律关系的建立，除了要有一般规定外，签订合同的各方还需要意思表示一致，不能把一方的意思强加给另一方；有的法律关系的建立只需要法律关系参加者一方的意志即可成立，如绝大部分行政法律关系；有的法律关系的产生可以不通过人的意志，而仅由于某种不以当事人的意志为转移的事件发生，如出生、死亡、自然灾害等。在法律关系产生或实现的过程中，国家意志和法律关系参加者的意志是相互作用的，一方面，法律关系参加者的意志必须符合国家意志，否则该法律关系得不到国家的确认和保护，法律关系不可能建立起来。在这个意义上，国家意志对于法律关系的产生和实现起着主导作用。另一方面，体现在法律规范中的国家意志，只有通过法律关系参加者的意志才能实现，否则法律规范所体现的权利和义务就只能是一种抽象的可能性和必然性，不能变成现实，在这个意义上，法律关系参加者的意志对于法律规范中所体现的国家意志的实现又是必不可少的。承认法律关系的意志性，并不能否认它的客观性。其客观性主要表现在：任何法律关系都根源于一定的经济关系，反映一定的经济关系的要求；法律关系作为一定社会关系的特殊形式，除了受经济关系的制约外，还受其他社会关系的制约，反映一定社会关系的性质、内容和发展规律的要求；从法律关系本身来看，其一经形成，就作为一种社会法律现象而存在，并对一定社会关系发生影响。

（3）法律关系是以法律上的权利和义务为内容的社会关系。法律关系属于思想社会关系。法律关系之所以属于思想社会关系，就在于它是根据法律规定而结成的权利义务关系。法律规范与法律关系中都包含着主体的权利与义务，但它们在法律规范和法律关系中的表现形式不同：首先，法律规范中的权利和义务具有可能性，法律关系中的权利和义务具有现实性。法律规范中的权利和义务只是一种可能性，是主体能做和应该做的行为，并不是现实行为，是在假定某种事实发生的情况下，设定主体有什么权利和义务，并不表明主体实际已经有了某种权利和义务。而在法律关系中，主体的权利和义务是现实的，法律规范所假定的事实已经发生，从而使主体之间产生了实际的权利义务关系。因此，法律规范中的权利与义务属于可能性的领域，而法律关系中的权利和义务属于现实性的领域。其次，法律规范中的权利和义务是抽象的，法律关系中的权利和义务是具体的。在法律规范中，主体的权利和义务是针对同一类人、同一类行为的，凡是出现法律规范所假定的事实，具有法律规范所规定的主体资格的，都享有同一类权利并承担同一类义务。而在法律关系中，法律所规定的事实情况、主体、权利与义务及其所指向的对象都是具体的。因此，法律规范中的权利和义务是抽象的，而法律关系中的权利和义务是具体的，法律关系是法律规范规定的权利和义务在现实社会关系中的体现。没有具体法律关系主体的实际法律权利和法律义务，就不可能有法律关系的存在。在此，法律权利和义务的内容是法律关系区别于其他社会关系的重要标志。

33. 联系实际，论述全面依法治国的工作布局。

【参考答案】如何推进全面依法治国，工作布局很关键、是引领。习近平总书记从坚持和发展中国特色社会主义的总体布局和战略全局出发，提出“坚持在法治轨道上推进国家治理体系和治理能力现代化”“坚持建设中国特色社会主义法治体系”“坚持依法治国、依法执政、依法行政共同推进，法治国家、法治政府、法治社会一体建设”三个理论命题，科学回答了全面依法治国谋篇布局的问题，既为全面依法治国指明了总目标，又为全面依法治国提出了总抓手。

（1）国家治理体系和治理能力现代化，是国家治理现代化的具体表现，其核心内含主要是实现国家治理的制度化、程序化、法治化。从当前中国社会主义法治的理论与实践的要求来看，法治是国家治理体系和治理能力的重要依托，坚持在法治轨道上推进国家治理体系和治理能力现代化，是实现良法善治的必由之路。我国宪法是国家的根本大法，是国家制度和法律法规的总依据。因此，必须在宪法范围内和法治轨道上推进国家治理体系和治理能力现代化。通过宪法法律确认和巩固国家根本制度、基本制度、重要制度，并运用国家强制力保证实施，保障了国家治理体系的系统性、规范性、协调性、稳定性，这有利于充分实现国家和社会治理的有法可依、有法必依、执法必严、违法必究，最终实现国家治理现代化。

（2）中国特色社会主义法治体系是全面推进依法治国总目标的内容之一，为此要形成完备、良善的法律规范体系，公正高效的法治实施体系，科学严密的法治监督体系，充分有力的法治保障体系和完善的党内法规体系。

（3）依法治国是党和人民治国理政的根本方略，是以法律权威至上为核心、以权力制约为机制、以人权保障为目标的治理模式。依法执政是中国共产党的执政方式在新时期的重要转变，是指党依据宪法和法律以及党内法规体系治国理政和管党治党，实现党和国家政治生活的法律化、制度化、规范化。依法行政是指各级政府在党的领导下，依法行使行政管理权和依法执行法律。依法治国、依法执政和依法行政是相互联系、相辅相成的关系，具有价值取向的一致性、基本要求的统一性、运行机制的关联性。依法治国是全局、依法执政是核心、依法行政是关键，三者缺一不可、不可偏废，应当通盘谋划、共同推进。法治国家是全面依法治国的根本目标。法治国家是指依法赋予、运行和制约国家权力、通过公正司法和严格执法来维护法律权威并实现人民权利的国家存在形式。法治政府是政府依据宪法法律设立、政府权力法定、政府决策和行为严格依据法律程序进行并对其后果承担相应责任的政府。法治社会是社会依法治理、社会成员人人崇尚法治和信仰法治、社会组织依法自治、社会秩序在法治下和谐稳定的社会。法治国家、法治政府和法治社会三者内在统一、相互融合、相互促进，共同成长为社会主义法治国家。

34. 联系实际，论述社会主义法治和社会主义民主的关系。

【参考答案】（1）社会主义民主和社会主义法治的关系可以概括为：社会主义民主是社会主义法治的前提，社会主义法治是社会主义民主的保障。具体而言：社会主义法治与社会主义民主有着非常密切的关系，两者相互依存，不可分离。如果离开社会主义民主讲法治，法治就可能改变性质；如果离开社会主义法治来讲民主，民主就可能失去强有力的保障，就可能偏离社会主义方向。

（2）社会主义民主是社会主义法治的前提和基础。社会主义民主对社会主义法治的积极作用主要表现在：①从民主作为一种国家制度来看，社会主义民主是社会主义法治的政治前提和基础；

②从民主作为一种公共决策方法和机制来看，社会主义民主决定着法的创制的质量；③社会主义民主是社会主义法治的力量源泉；④社会主义民主在促进社会主义法治发展方面也有重大作用。

（3）社会主义法治是社会主义民主的保障。社会主义民主内在地需要社会主义法治，要求法治原则贯穿于民主发展的全过程。没有社会主义法治也就不会有真正的社会主义民主，应当通过法治来积极推进民主的进程。社会主义法治对社会主义民主的积极作用主要表现在：①社会主义法治确认人民群众当家作主的地位，确认国家的基本民主体制及其活动原则的合法性；②社会主义法治确认和保障广大人民群众享有广泛的民主权利和自由，为政治参与提供畅通的渠道；③社会主义法治确认和规范社会主义民主的范围以及实现社会主义民主的程序和方式；④社会主义法治是保卫社会主义民主的重要武器。

（4）社会主义民主和社会主义法治的融合、发展和完善。对于正在进行社会主义现代化建设的中国来说，对民主与法治的融合必须有一个清醒的认识。社会主义民主和社会主义法治的建设要受很多条件的制约。我国现阶段的民主和法治并不完善，但它不是静止不变的，而是在不断发展的。它的发展是一个从不完善到逐步完善的过程，这是我国社会主义民主和社会主义法治建设的一个基本特征和发展规律。在引进西方民主经验的时候，必须仔细考察它特定的孕育背景，仔细研究它与本国国情的契合条件。在推进民主政治时，既要以各方面完备的法律体系代替对个人完美道德的预期，又要防止西方极端个人主义和无政府主义乘虚而入。

（5）社会主义民主和社会主义法治的完善途径。在增强民主参与意识的同时增强法治观念，逐步扩大自由、完善民主，让社会在稳定的环境中逐步实现民主政治，而不能让激情的民主淹没理性的法治。这样，民主与法治才能相互结合、相互促进，我国“依法治国，建设社会主义法治国家”的治国方略才能真正得到实现，人民当家作主才能最终得到保障。

35. 联系我国法治建设的实际，论述社会主义法治理念的基本内容。

【参考答案】社会主义法治理念是社会主义法治建设的指导思想，是社会主义法治的观念体系、理论体系。当代中国社会主义法治理念是马克思主义关于国家与法的理论同中国国情和现代化建设实际相结合的产物。社会主义法治理念的基本内容有：

（1）依法治国。依法治国是社会主义法治的核心内容，是中国共产党领导人民治理国家的基本方略。只有坚持依法治国，才能使广大人民群众在党的领导下依照宪法和法律规定，通过各种途径和形式管理国家事务，管理经济文化事业，管理社会事务；才能保证国家各项工作都依法进行；才能逐步实现社会主义民主政治的制度化、规范化、程序化。

（2）执法为民。执法为民是社会主义法治的本质要求，这是党全心全意为人民服务的根本宗旨和立党为公、执政为民的执政理念在政法工作上的体现。人民是国家的主人，一切权力来源于人民，这不仅是我国宪法确立的基本原则，也是党一贯倡导的立党为公、执政为民的思想源头。为人民服务、对人民负责是执法的根本目的和要求。做好执法工作，必须把人民利益放在第一位，把人民满意不满意、拥护不拥护、赞成不赞成作为检验工作的根本标准。

（3）公平正义。公平正义是社会主义法治的价值追求。法治有两项最基本的要求，第一是要有制定得良好的法律；第二是这种法律得到普遍的服从。良好的法律就是体现社会公平和正义的法律；普遍的服从就是法律的实体正义和程序正义都得到全面的实现。公平正义是人类社会文明进步的重要标志，是社会主义和谐社会的关键环节。只有坚持公平正义，做到合法合理、平等对待、及时有效，才能实现公正执法，才能真正维护人民群众的合法权益，促进社会和谐。

（4）服务大局。服务大局是社会主义法治的重要使命。法治作为国家治理方式，必须服务于国家的根本任务。社会主义法治的重要使命就是保障和服务建设富强民主文明和谐美丽的社会主义现代化强国这一根本目标。要树立大局观念，坚持自觉服从服务于党和国家的工作大局和社会主义经济建设。只有这样，才能掌握工作的主动权，与时俱进，最大限度地发挥职能作用。

（5）党的领导。党的领导是社会主义法治的根本保证。中国共产党的方针、政策集中反映了党的基本政治主张，蕴含着先进的社会主义法治理念和深刻的政治内涵，是制定法律的根据，是执行法律的灵魂。要全面理解和准确把握党的路线方针政策的精神实质，自觉地把执行党和国家的政策与执行法律统一起来，既要防止用政策代替法律，又要坚持以党和国家的一系列重要政策、策略为指导，坚定不移地依靠和接受党的领导和监督。要坚持把党的领导与严格依法办事，把执行法律与执行党的政策有机结合起来。

36. 联系我国法治建设的实际，试论法治思维的内涵。

【参考答案】（1）法治思维是指按照社会主义法治的逻辑来观察、分析和解决社会问题的思维方式，它是将法律规定、法律知识、法治理念付诸实施的认识过程。

（2）法治思维是将法律作为判断是非和处理事务的准绳，它要求崇尚法治、尊重法律，善于运用法律手段解决问题和推进工作。运用法治思维解决问题，要求国家工作人员，特别是领导干部，在行使国家公权力时，无论是决策，还是执行，都应始终关注至少以下五个方面的内容，即目的是否合法、权限是否合法、内容是否合法、手段是否合法以及程序是否合法。

（3）法治思维的内涵可以概括为：①法治思维是规则思维。法律规则具有明确性、稳定性和可预测性，可以为人们提供基本的行为准绳。有了它，人们对于自己乃至他人的行为及其法律后果就有了稳定的预期，便会依此对自己的行为进行调整和规范。规则思维要求制定良好的法律，并贯彻它、遵守它。②法治思维是平等思维。法律的一个重要价值取向是平等，即权利平等、机会平等、规则平等。平等思维要求每一个人都抛弃特权思想，自觉将自己置于法律的监督和制约之下。法律的制定需要贯彻平等原则，不允许个别人或个别集团将自己的特权法制化；法律的实施更要落实平等原则，任何人不得凌驾于法律之上，不得有法外特权。③法治思维是权力受制约思维。权力受制约思维要求制定科学的制度机制，使权力得到制约，使权力行使具有明确边界。依据法治思维，权力体制与机制必须保证权力在相互制约的前提下相互配合。因此，应逐条梳理权力事项，进一步强化对公权力的监督制约，努力形成科学有效的权力运行机制，促使手中握有公权力的人慎重对待权力行使的边界，把自己置于监督约束之下。④法治思维是程序思维。程序正义是实体正义的重要保证。程序思维要求分析问题特别是处理问题按照法定程序进行。必须遵循规律，为公权力的行使设立科学、合理的程序，并确立违反程序的制裁性后果，从而防止破坏法定程序的行为。⑤法治思维是人权保障思维。国家工作人员在运用法治思维解决实际问题时，要贯彻保障人权的思想，加强人权保障，注重人权保护，尊重基本人权，切实保护公民的人身权利、财产权利和民主权利等合法权益，防止滥用权力侵犯人权。

★37. 联系我国法治建设的实际，论述全面依法治国的基本原则。

【参考答案】（1）坚持中国共产党的领导。党的领导是中国特色社会主义最本质的特征，是社会主义法治最根本的保证。把党的领导贯彻到依法治国的全过程和各方面，是我国社会主义法治建设的一条基本经验。必须坚持党领导立法、保证执法、支持司法、带头守法，把依法治国基本方略同依法执政基本方式统一起来，把党总揽全局、协调各方同人大、政府、监察机关、审判机关、检察机关依法履行职能统一起来，把党领导人民制定和实施宪法法律同党坚持在宪法法律范围内活动统一起来。

（2）坚持人民主体地位。人民是依法治国的主体和力量源泉，人民代表大会制度是保证人民当家作主的根本政治制度。必须坚持法治建设为了人民、依靠人民、造福人民、保护人民，以保障人民根本权益为出发点和落脚点，保证人民依法享有广泛的权利和自由、承担应尽的义务，维护社会公平正义，促进共同富裕。

（3）坚持法律面前人人平等。平等是社会主义法律的基本属性。任何组织和个人都必须尊重宪法法律权威，都必须在宪法法律范围内活动，都必须依照宪法法律行使权力或权利、履行职责或义务，都不得有超越宪法法律的特权。

（4）坚持依法治国和以德治国相结合。必须坚持一手抓法治、一手抓德治，既重视发挥法律的规范作用，又重视发挥道德的教化作用，以法治体现道德理念、强化法律对道德建设的促进作用，以道德滋养法治精神、强化道德对法治文化的支撑作用，实现法律和道德相辅相成、法治和德治相得益彰。

（5）坚持从中国实际出发。必须从我国基本国情出发，同改革开放不断深化相适应，总结和运用党领导人民实行法治的成功经验，围绕社会主义法治建设重大理论和实践问题，推进法治理论创新。汲取中华法律文化精华，借鉴国外法治有益经验，但绝不照搬外国法治理念和模式。

★38. 联系我国法治建设的实际，论述全面依法治国的基本格局。

【参考答案】坚持中国特色社会主义法治道路，既要建成一套高效严密、统一协调的法治体系，更要以此为前提，实现科学立法、严格执法、公正司法、全民守法，促进国家治理体系和治理能力现代化，建成社会主义法治国家。

（1）科学立法。科学立法是法治的前提。在中国特色社会主义法律体系形成之后，提高立法质量成为立法的中心任务。科学立法，一要尊重客观规律，不仅要按照客观经济规律尤其是市场经济的价值规律、市场和自由关系的内在规定性等来及时进行法律的废、改、立，而且要充分反映社会规律，将社会文化以及民主政治建设和生态文明发展规律及时用法律的形式加以固定和强化，使改革发展稳定工作在良法体系的规范和保障下科学地推进。二要体现民意。人民性是法律的最根本特征，也是衡量法律质量的根本标准。凡是人民群众呼声高、要求强的，就应当及时进行立法；凡是与人民利益和意志不尽相符或根本相背离的，必须及时进行废、改。三要切合实际。立法必须立足现实，以解决现实问题和现实利益诉求为导向，既要有预见性和超前性，又要增强针对性和务实性。四要完善程序。民主立法是科学立法的保障，科学民主的立法程序是良法产生的基本途径，拓宽立法渠道、加强开门立法，为科学立法奠定基础。五要符合科学。立法应当按照科学的法治原理和原则加以完善，既要将人类法治发展史上凝聚的宝贵法治遗产，如罪刑法定、无罪推定和非法证据排除等及时吸纳到立法之中，又要增强可操作性和逻辑性，明确具体的适用条件、行为模式和法律后果，克服权利义务关系不明、责任抽象、有效性不足的局限性。

（2）严格执法。严格执法是对行政机关的正当要求，是指行政机关应当严格、严明和严肃地执行国家法律。法律的生命力在于实施，法律的权威也在于实施，严格执法是全面推进依法治国的重要内容。然而，在现实中，由于有的执法人员法治意识淡薄，有的部门权力制约不够、自由裁量权过大，导致不执法、乱执法、选择性执法、以权谋私、执法寻租等现象依然存在，偏离了法治的轨道、妨碍了法治的实施、损害了法治的权威，不符合人民群众的诉求和期待。为此，要依法惩处各类违法行为，加大关系群众切身利益的重点领域执法力度。完善执法程序，建立执法全过程记录制度。明确具体操作流程，重点规范行政许可、行政处罚、行政强制、行政征收、行政收费、行政检查等执法行为。严格执行重大执法决定法制审核制度。

（3）公正司法。公正司法是对司法机关的基本要求。司法是正义的最后防线，也是法治的生命线。司法不公，则权利受损；司法不公，则社会不稳；司法不公，则法治不存。司法公信力是法治的基本要求，也是社会主体普遍关注的重点。司法不公的深层次原因在于司法体制不完善、司法职权配置和权力运行机制不科学、人权司法保障制度不健全。所以，必须完善司法管理体制和司法权力运行机制，规范司法行为，加强对司法活动的监督，努力让人民群众在每一个司法案件中感受到公平正义。

（4）全民守法。全民守法是法治建设的基础工程，法治根系于社会大众对法律的信守和遵从。全民守法是指全体社会成员和一切国家机关、政党、社会团体、企事业组织，都必须尊重宪法法律权威，都必须在宪法法律范围内活动，都必须依照宪法法律行使权力或权利、履行职责或义务，都不得有超越宪法法律的特权。必须维护国家法制统一、尊严、权威，切实保证宪法法律有效实施，绝不允许任何人以任何借口任何形式以言代法、以权压法、徇私枉法。为此，必须深入开展法治宣传教育，大力弘扬社会主义法治精神，努力建设社会主义法治文化，增强全社会厉行法治的积极性和主动性；必须依法抑恶扬善、严格公正执法司法，形成守法光荣、违法可耻的社会氛围；必须发挥法治建设的强大效能，引导人民群众按照法律的规定和程序，依法表达利益诉求、依法维护自身利益；必须完善国家工作人员学法用法制度，坚持把领导干部带头学法、模范守法作为树立法治意识的关键，充分发挥领导干部率先垂范的带动效应，使全体人民都成为社会主义法治的忠实崇尚者、自觉遵守者、坚定捍卫者。

（5）人才强法。要注重人才强法，加强法治队伍建设和法治人才培养。从法律大国向法治大国和法治强国的发展是治国强国的强大保障，而法治人才则是其中的主体性力量。法治与人治相对，但法治社会绝不是要否定人的作用，相反，人的素养和主观能动性对法治的成败意义重大。无论是法律的制定，还是法律的实施，抑或法律的监督，在全面推进依法治国的每一个层面，都需要高素质的法治人员。法治以坚持人民主体地位为重要原则，法治的本源性主体是人民，但法治的执行性主体则是党和国家机关尤其是立法执法司法机关。法治的高度政治性、专业性、专门性以及技术性，要求必须重视法治专门人才的建设，发挥法治人才的作用。

★39. 联系我国法治建设的实际，谈谈您对“一个共同推进”的总体认识。

【参考答案】（1）“一个共同推进”指的是坚持依法治国、依法执政、依法行政共同推进，这是全面推进依法治国的基本途径。

（2）依法治国是党和人民治国理政的根本方略，是以法律权威至上为核心、以权力制约为机制、以人权保障为目标的治理模式。社会主义法治的核心内容就是依法治国。依法治国，就是广大人民群众在党的领导下，依照宪法和法律规定，通过各种途径和形式管理国家事务，管理经济和文化事业，管理社会事务，保证国家各项工作都依法进行，逐步实现社会主义民主的制度化、法律化，使这种制度和法律不因领导人的改变而改变，不因领导人看法和注意力的改变而改变。依法治国是党领导人民治理国家的基本方略，是发展社会主义市场经济的客观需要，是社会文明进步的重要标志，是国家长治久安的重要保障。

（3）依法执政是中国共产党的执政方式在新时期的重要转变，是指党依据宪法和法律以及党内法规体系治国理政和管党治党，实现党和国家政治生活的法律化、制度化、规范化。全面推进依法治国、建设社会主义法治国家，关键在于执政党依法民主科学执政。依法执政的基本内容，一是党领导立法，保证党的主张和意志通过法定程序上升为国家意志；二是依照宪法和法律，党领导国家政权，运用国家政权，实现党的宗旨、目标和任务；三是保证和支持行政机关依法严格执法、司法机关公正司法，确保民主的法律化、制度化；四是带头遵守宪法法律，自觉维护宪法法律权威；五是通过依法执政的体制机制改革，自觉提升运用法治思维和法治方式执政的意识和能力；六是依法保障和规范党的机关和党员干部执掌和运用权力的行为，反对以言代法、以权废法、徇私枉法。

（4）依法行政是指各级政府在党的领导下，依法行使行政管理权和依法执行法律。无论是哪一层级的政府及其部门，其权力的设定、取得、运行和监督都必须依法进行，确保始终不偏离法治的轨道。其基本要求是，以合法性原则为基本指导，坚持法定职责必须为、法无授权不可为、违法行为必追究。为此，应当改革行政执法体制，推进综合执法、严格执法责任，构建权责统一、权威高效、程序严谨的依法行政体制，切实防止选择性执法、多头执法、违法执法，牢固树立权力来源于人民、权力依据法律授予、权力为了人民并受人民监督的法治观念。

（5）依法治国、依法执政和依法行政是相互联系、相辅相成的关系，具有价值取向的一致性、基本要求的统一性、运行机制的关联性。依法治国是全局、依法执政是核心、依法行政是关键，三者缺一不可、不可偏废，应当通盘谋划、共同推进。

★40. 联系我国法治建设的实际，谈谈您对“一个一体建设”的总体认识。

【参考答案】（1）“一个一体建设”指的是坚持法治国家、法治政府、法治社会一体建设，这是全面推进依法治国的基本途径。

（2）法治国家是全面依法治国的根本目标。法治国家是指依法赋予、运行和制约国家权力，通过公正司法和严格执法来维护法律权威并实现人民权利的国家存在形式。一个成熟的法治国家首先是依法治理的国家。①法律之治是法治国家的第一要件。国家的政治、经济、社会、文化所涉及的一切国家权力形式之间及其与公民权利之间的关系，均被纳入法律调控的范围，接受法律的治理。②权力制约。依法制约公共权力。国家权力应当是有限的、分立的、受法律监督制约的。③注重程序。无论是司法过程、执法行为，还是政治决策与民主政治活动，都应该有一整套程序规范引导，并固化为法律程序，获得全体组织和所有人的一体遵循。④法律权威。法律与人尤其是领导者个人的权威比较是否具有至上性是人治与法治的最根本区别。当法律权威高于领导者个人的权威时，便是法治，反之，便只会是人治国家。⑤人权保障。坚持人民主体地位，以人民的基本权利和利益为最高价值追求，是法治国家的生命力之所在。⑥良法善治。不仅要有完备的法律体系，更需要抛弃恶法、弘扬良法，用文明进步的良善价值来主导和统率法律规范；不仅要依法治理，更要构建法治先行、透明公开、公平正义、以人为本、高效理性、权责统一的现代治理体系。依法进行良善治理的国家才是真正的法治国家。

（3）法治政府是政府依据宪法法律设立、政府权力法定、政府决策和行为严格依据法律程序进行并对其后果承担相应责任的政府。政府依法行政和严格执法，是法治的重心。在所有的国家机关中，与群众关系最密切的是各级人民政府，国家的法律法规也需要各级政府来实施。政府的决策与执法活动是否符合法治精神和法治原则，不仅关系到法治国家能否建成，更关系到社会的稳定和人民的幸福。因此，必须牢牢抓住这个关键，在规范政府权力的行使、防止权力滥用、明确权力价值取向上作出全面的法治制度安排，并确保在法治实践中得到有效落实。只有这样，全面依法治国、加快建成法治国家才不至于流于形式。法治政府是有限政府，其权力受到法律的界分和限定，不能超越法律的界限运行；法治政府是责任政府，有权必有责，有责必承担；法治政府是人民政府，以人的基本自由和权利为依归；法治政府是程序政府，一切重大决策和行动都必须通过公众参与、专家论证、风险评估、合法性审查和集体讨论决定；法治政府是阳光政府，实行信息公开，赋予社会大众广泛的知情权和参与权，以民主决策和民主监督来实现公开公正、保障政府的法治本色；法治政府是诚信政府，应当自觉维护法律权威、自觉履行职责，为政令畅通、政民和谐奠定基础。

（4）法治社会是社会依法治理、社会成员人人崇尚法治和信仰法治、社会组织依法自治、社会秩序在法治下和谐稳定的社会。全面依法治国，必须推进法治社会建设。具体包括：①全社会树立法治意识。法律的权威来自人民的内心拥护和真诚信仰。通过法治宣传教育，弘扬社会主义法治精神、建设社会主义法治文化，使全体人民自觉依法行使权利、履行义务、承担社会和家庭责任。②社会组织多层次多领域依法治理。坚持系统治理、依法治理、综合治理、源头治理，提高社会治理法治化水平，支持各类社会主体自我约束、自我管理。③党和国家依据宪法法律治理社会。要建设完备的法律服务体系，推进覆盖城乡居民的公共法律服务体系建设，加强民生领域法律服务；完善法律援助制度；健全依法维权和化解纠纷机制。强化法律在维护群众权益、化解社会矛盾中的权威地位，引导和支持人们理性表达诉求、依法维护权益，解决好群众最关心最直接最现实的利益问题。

总之，法治国家、法治政府和法治社会三者内在统一、相互融合、相互促进，共同成长为社会主义法治国家。

★41. 联系我国法治建设的实际，论述建设社会主义法治体系的标准和内容。

【参考答案】（1）形成完备、良善的法律规范体系。为此必须做到：健全宪法实施和监督制度；完善我国的立法体制；深入推进科学立法、民主立法；并加强重点领域立法，进一步形成完善的、科学规范的中国特色社会主义法律规范体系。

（2）形成公正高效的法治实施体系。在行政执法领域必须做到：依法全面履行政府职能；健全依法决策机制（包括公众参与、专家论证、风险评估、合法性审查、集体讨论决定）；深化行政执法体制改革；坚持严格规范公正文明执法；全面推进政务公开（坚持以公开为常态、不公开为例外原则，推进决策公开、执行公开）。公正是法治的生命线，实现公正司法必须做到：完善确保依法独立公正行使审判权和检察权的制度；优化司法职权配置（让公安机关、检察机关、审判机关、司法行政机关各司其职）；推进严格司法（坚持以事实为依据、以法律为准绳）；保障人民群众参与司法；加强人权司法保障；加强对司法活动的监督。

（3）形成科学严密的法治监督体系。特别是要强化对行政权力的制约和监督，通过加强党内监督、人大监督、民主监督、监察监督、司法监督、审计监督、社会监督、舆论监督制度的建设，努力形成科学有效的权力运行制约和监督体系，增强监督合力和实效。同时，加强对政府内部权力的制约，是强化对行政权力制约的重点。要完善政府内部监督机制，建立常态化监督制度。完善纠错问责机制，健全责令公开道歉、停职检查、引咎辞职、责令辞职、罢免等问责方式和程序。逐步完善监察体制机制，完善监督主体、范围、程序与责任，有效发挥监察机关对权力运行的监督作用。

（4）形成充分有力的法治保障体系。这方面主要应当强化两大保障体系，一是加强法治工作队伍建设；二是加强和改进党对全面推进依法治国的领导。在加强法治工作队伍建设方面，主要包括：建设高素质法治专门队伍；加强法律服务队伍建设，特别是加强律师队伍思想、政治与组织建设；创新法治人才培养机制。在加强和改进党对全面推进依法治国的领导方面，主要应强调：党的领导是全面推进依法治国、加快建设社会主义法治国家最根本的保证。必须加强和改进党对法治工作的领导，把党的领导贯彻到全面推进依法治国全过程。强化依法执政的法治意识，让各级党组织和领导干部深刻认识到依法执政是依法治国的关键。将进一步完善党内法规、从严管党、从严治党上升到法治国家建设保障体系的高度。

（5）形成完善的党内法规体系。这是党中央针对全面从严治党的新战略提出的全新主张，也是依法治国与依规治党相结合的具体体现。党在新时期既要坚持全面依法治国与依法执政，又要坚持全面从严治党，在从严治党问题上必须从源头上抓起，不断完善党内法规。中央出台了一系列准则、条例和规则，包括修改党章，还出台了多项党内法规，为从严治党提供了规则基础。

42. 联系我国法治建设的实际，论述当代中国法律在构建和谐社会中的作用。

【参考答案】当代中国社会主义法在构建社会主义和谐社会中的作用具体表现为以下六个方面：

（1）法对于社会主义民主的实现具有重要作用。社会主义民主是社会主义法治的前提和基础，社会主义法治是社会主义民主的体现和保障。

（2）法通过确认并保障正义标准的实现，协调主体之间的利益关系。实现社会公平正义的关键是确定公平正义的标准，并以有效方式保证公平正义的实现。在民主基础上达成关于公平正义的共识，将其制定为法律，确定利益主体和利益范围，指导利益分配，协调利益关系。当产生利益纠纷时，以法律判明是非；当利益受到侵害时，只有通过法律救济，才能排除根本上的不公正，将社会矛盾和冲突控制在一定范围内，使不同利益主体共存，公平合理地分享经济发展和社会进步的成果。在当今中国，通过法律切实保障弱势群体的利益，是实现公平正义的重要任务之一。

（3）法可以为诚信友爱的实现提供良好的制度环境。诚信友爱是和谐社会的基本要求之一。在生产社会化、人际关系依赖性高的现代社会中，离开诚信友爱，就不可能有良好的合作和互动，整个社会就无法维系。诚信友爱本身虽然从根本上说是主体的价值观问题，但法并非对其无能为力。首先，价值观只有通过行为表现出来，才能形成现实的合作与互动关系，法在指导和规范主体之间的互动行为关系方面有不可替代的作用。其次，法通过确立和维护普遍的社会正义标准，抑制和制裁违法行为，可以促进良好社会风气的形成，为全社会范围内诚信友爱精神的巩固和发展提供有利的制度环境。

（4）法为激发主体的活力创造制度条件。社会进步的动力源于每一个主体的创造力的发挥，而自由是发挥创造力的基本条件。与传统社会相比，现代社会的重要特征之一就是对主体行为自由的保护。自由是现代法律的基本价值取向之一，法律将社会公认的主体行为自由确定为法律上的“权利”，排除来自各个方面包括国家权力对主体自由的非法限制和干预，从而有效保障主体自由的实现，如以法律形式确认和维护劳动者的财产权利、交易自由和其他权利等。此外，法还可以通过制度安排直接鼓励公民从事有益于社会的创造性劳动，进一步激发主体的创新欲望。

（5）法为维护社会的安定和秩序提供有力保障。秩序是社会的基础价值之一。任何社会都需要安定和秩序，没有安定和秩序，社会共同体就无法存在，更无法正常运转。没有安定和秩序，也根本不可能有中国当前改革开放和经济建设的大好局面。社会的安定有序需要诸多条件，除主体利益分配的合理性这种实质要求以外，还需要有健全的组织结构和良好有效的管理。法可以确认和规范各种社会组织和国家机关的构成，界定其内部关系和不同组织之间的相互关系；法可以指导社会组织的活动，规范国家权力的运行；法可以大大提高社会管理的水平，使之制度化、规范化，做到有据、有序、有效、有力；法还可以缓和矛盾与冲突，将纠纷的解决控制在“秩序”的范围以内。总之，法在缓解矛盾、维护社会正常秩序方面有突出的优势。立法可以提供普遍的行为准则以形成统一的秩序，法的实施过程可以将法的秩序要求具体化为行政机关的管理活动和司法活动以实现秩序，法的国家强制力则是抑制违法犯罪行为、实现法律秩序的有效保障。

（6）法协调人与自然的关系，为经济发展与自然环境的和谐提供制度支持。市场经济激发了人们创造财富的潜能，在生产力飞速发展的同时，也构成对人类赖以生存的资源和环境的巨大威胁。如何实现人与自然的和谐，使发展经济与自然界能够提供的资源相适应，实现可持续的发展，这是摆在全人类面前的重大课题。对于人口众多、人均资源相对贫乏的中国来说，这一任务更为艰巨。以法律形式规范和调节人与自然的关系，确定可持续发展的基本原则和规范，抑制生产和消费活动中的任意性，制裁破坏资源和环境的违法行为，是实现可持续发展、维护良好生态环境的必要手段。

★43. 党的十八大报告指出了当代中国社会主义法治在社会治理中的重要作用，要“更加注重发挥法治在国家治理和社会管理中的重要作用，维护国家法制的统一、尊严、权威，保证人民依法享有广泛的权利和自由”。请结合实际，论述当代中国社会主义法治在社会治理中的作用。

【参考答案】中国社会主义法在社会治理中有着不可替代的地位。在进行经济建设的同时，必须加强社会主义法治建设。随着科技创新涌现、自我意识加强、社会物质增长，社会治理必须要有一个体现人民群众共同利益，且可保证社会平等公正，维护个体利益及社会秩序的规则。社会主义法治作为一种“规则之治”，其使命就是处理好社会中各种错综复杂的利益关系，解决好各种可能出现的社会冲突和矛盾。

第一，从经济和社会发展的角度看，社会主义法是解决社会复杂矛盾、维护社会稳定的利器。经济不断发展，会导致贫富差距加大等一系列社会问题，导致各种利益关系矛盾凸显，要化解这些矛盾，最好的解决方式就是将这些问题纳入法治轨道。唯有用法治的方式来实现公正、维护正义，使社会矛盾化解，才能从根本上防止严重的社会问题出现，实现长治久安。

第二，从政治运行角度看，社会主义法是政治权力认可并制定的行为规则。没有法律制度，庞大而复杂的国家机器就无法准确高效地运转。在我国，只有坚持党的领导，才能保证国家沿着社会主义法治方向前进，才能使各项方针政策符合广大人民群众的根本利益。社会主义法治是党通过领导国家的立法、司法、行政机关，制定、贯彻、落实良法，将人民的意志集合为国家意志，并运用国家的强制力加以实施。党的领导是社会主义法治的一个突出特点，党在对社会主义法治的领导中，主要体现为思想领导、政治领导、组织领导。构建社会主义法治社会，最根本的是要坚持党的领导、人民当家作主和依法治国的有机统一。

第三，从社会治理和法治本质看，执法为民是社会主义法治的本质要求。执法是行使公权力的行为；为民是维护广大人民群众根本利益的目标。法治作为一种社会治理形式，其最根本的目的就是使公民的权利得到实现。执法为民作为一个法治概念，表明了中国共产党的宗旨就是全心全意为人民服务，一切为了人民。执法为民是法治精神的具体实施，为了人民，依靠人民，这也是社会治理永远不变的宗旨和实质。

第四，从价值追求看，社会主义法坚定不移地追求社会公平正义。法律面前人人平等，是法治国家的一条基本准则，公平正义是社会主义法治的价值追求。实现公平正义，首先要从程序正义来实现，也就是司法过程的公正，它是从立法公正通往现实公正的路径。公平与效率，是司法制度追求的两种价值，诉讼公正与诉讼效率作为司法的价值追求，当二者难以兼得时，必须将实现公正作为优先选项，唯有在实现公正的前提下，高效方能体现出它的意义。

第五，从公众参与看，社会主义法广泛引导社会参与。要适应全面深化改革的新形势、新任务、新要求，厘清社会权力边界，科学界定政府、社会组织、社区居民在社会治理中的权利和义务；规范政府的社会管理权力，提升社会组织、社区居民参与社会治理的地位、权利，完善其法定程序，实现政府社会治理权责体系的明晰化、科学化和法治化。加快培育社会组织，完善政社分开、权责明确、依法自治的现代社会组织制度，充分发挥社会组织在公共事务管理和公共服务领域的主体作用。提升社会组织的治理效能，激发社会活力，形成政府与社会合作共治的新格局。

第六，从法治德治角度看，社会主义法与道德相互支撑。传统法律大多最初是由道德衍生出来的，制定的法律是否善法良法是法治的关键所在。法治若没有德治支持，就没有根基。一方面，在立法中明确政府的社会治理责任，实现社会治理权责关系明晰化，提升治理效能，激发社会活力；另一方面，建设法治的同时不能忽视中国的道德传统，要从中国的道德文化中发掘与法治相适应的文化因素，进一步完善现有的法治模式。

总之，依法治国作为治国理政的基本方式，在推进国家治理体系和治理能力现代化中具有基础性地位和作用。在社会治理过程中，通过推进国家与社会治理法治化，保障宪法和法律认真贯彻落实，让一切劳动、知识、技术、资本管理的活力竞相迸发，让一切创造社会财富的源泉充分涌流，让发展成果更多更公平地惠及全体人民，使法治现代化成为全面实现建设富强民主文明和谐美丽的社会主义现代化强国的根本保障。

44. 联系我国法治建设的实际，论述法律对我国新时期社会发展理念的体现、保障和促进作用。

【参考答案】法律助推五大社会发展理念，体现和保障创新、协调、绿色、开放、共享的社会发展。当前，我国经济发展已经进入新常态，作为社会发展调整器的法律应该积极适应社会的变动，保障和促进新时期的社会发展，这就要求法律体现和保障全新的社会发展理念。

（1）依法实施创新驱动发展战略。将创新摆在第一位，是因为创新是引领发展的第一动力。发展动力决定发展速度、效能、可持续性。对我国这么大体量的经济体来讲，如果动力问题解决不好，要实现经济持续健康发展和“两个翻番”是难以做到的。当然，协调发展、绿色发展、开放发展、共享发展都有利于增强发展动力，但核心在创新。抓住了创新，就抓住了牵动经济社会发展的“牛鼻子”。

（2）依法增强社会发展的整体协调性。事物是普遍联系的，事物及事物各要素相互影响、相互制约，整个世界是相互联系的整体，也是相互作用的系统。要从客观事物的内在联系去把握事物，去认识问题、处理问题，才能依法增强社会发展的整体协调性。

（3）依法推进人与自然和谐共生的绿色发展观。绿色发展，就其要义来讲，是要解决好人与自然和谐共生问题。人类发展活动必须尊重自然、顺应自然、保护自然，否则就会遭到大自然的报复，这个规律谁也无法抗拒。因此，依法绿色发展成为必然选择。

（4）依法形成对外开放的发展新体制。我国 40 多年来的发展成就得益于对外开放。一个国家能不能富强，一个民族能不能振兴，最重要的就是看这个国家、这个民族能不能顺应时代潮流，掌握历史前进的主动权。因此，应依法形成对外开放的发展新体制。

（5）依法践行以人民为中心的共享发展思想。依法践行以人民为中心的共享发展思想，体现了我们党全心全意为人民服务的根本宗旨，体现了人民是推动发展的根本力量的唯物史观。这也符合人民主体地位的法律原则。

45. 联系实际，论述依法治理网络空间的含义及内容。

【参考答案】依法治理网络空间，是指社会治理依法向网络空间覆盖，建立健全网络综合治理体系，加强依法管网、依法办网、依法上网，全面推进网络空间法治化。依据中共中央发布的《法治社会建设实施纲要（2020—2025 年）》，依法治理网络空间主要包括以下几个方面的内容：

（1）完善网络法律制度。通过立改废释并举等方式，推动现有法律法规延伸适用到网络空间。完善网络信息服务方面的法律法规，修订互联网信息服务管理办法，研究制定互联网信息服务严重失信主体信用信息管理办法。完善网络安全法配套规定和标准体系，建立健全关键信息基础设施安全保护、数据安全管理和网络安全审查等网络安全管理制度。研究制定个人信息保护法。健全互联网技术、商业模式、大数据等创新成果等知识产权保护方面的法律法规。修订预防未成年人犯罪法，制定未成年人网络保护条例。

（2）培育良好的网络法治意识。坚持依法治网和以德润网相结合，弘扬时代主旋律和社会正能量。加强和创新互联网内容建设，实施社会主义核心价值观、中华文化新媒体传播等工程。提升网络媒介素养，推动互联网信息服务领域严重失信“黑名单”制度和惩戒机制，推动网络诚信制度化建设。建立健全互联网违法和不良信息举报一体化受理处置体系。加强全社会网络法治和网络素养教育，制定网络素养教育指南。加强青少年网络安全教育，引导青少年理性上网。深入实施中国好网民工程和网络公益工程，引导网民文明上网、理性表达。

（3）保障公民依法安全用网。牢固树立正确的网络安全观，依法防范网络安全风险。落实网络安全责任制，明确管理部门和网信企业的网络安全责任。建立完善统一高效的网络安全风险报告机制、研判处置机制，健全网络安全检查制度。加强对网络空间通信秘密、商业秘密、个人隐私以及名誉权、财产权等合法权益的保护。健全网络与信息突发安全事件应急机制，完善网络安全和信息化执法联动机制。加强网络违法犯罪监控和查处能力建设，依法查处网络金融犯罪、网络诽谤、网络诈骗、网络色情、攻击窃密等违法犯罪行为。建立健全信息共享机制，积极参与国际打击互联网违法犯罪活动。

46. 联系实际，论述通过法律实现“共建共治共享”的社会治理新理念。

【参考答案】通过法律实现“共建共治共享”的社会治理新理念，核心是推进社会治理法治化，全面提升社会治理法治化水平，依法维护社会秩序、解决社会问题、协调利益关系、推动社会事业发展，培育全社会办事依法、遇事找法、解决问题用法、化解矛盾靠法的法治环境，促进社会充满活力又和谐有序。依据中共中央发布的《法治社会建设实施纲要（2020—2025年）》，它主要包括以下几个方面的内容：

（1）完善社会治理体制机制。完善党委领导、政府负责、民主协商、社会协同、公众参与、法治保障、科技支撑的社会治理体系，打造共建共治共享的社会治理格局。健全地方党委在本地区发挥总揽全局、协调各方领导作用的机制，完善政府社会治理考核问责机制。引领和推动社会力量参与社会治理，建设人人有责、人人尽责、人人享有的社会治理共同体，确保社会治理过程人民参与、成效人民评判、成果人民共享。加强社会治理制度建设，推进社会治理制度化、规范化、程序化。

（2）推进多层次多领域依法治理。推进市域治理创新，依法加快市级层面实名登记、社会信用管理、产权保护等配套制度建设，开展市域社会治理现代化试点，使法治成为市域经济社会发展的核心竞争力。深化城乡社区依法治理，在党组织领导下实现政府治理和社会调节、居民自治良性互动。区县职能部门、乡镇政府（街道办事处）按照减负赋能原则，制定和落实在社区治理方面的权责清单。加强基层群众性自治组织规范化建设，修改城市居民委员会组织法和村民委员会组织法。全面推进基层单位依法治理，企业、学校等基层单位普遍完善业务和管理活动各项规章制度，建立运用法治方式解决问题的平台和机制。广泛开展行业依法治理，推进业务标准程序完善、合法合规审查到位、防范化解风险及时和法律监督有效的法治化治理方式。依法妥善处置涉及民族、宗教等因素的社会问题，促进民族关系、宗教关系和谐。

（3）发挥人民团体和社会组织在法治社会建设中的作用。人民团体要在党的领导下，教育和组织团体成员和所联系群众依照宪法和法律的规定，通过各种途径和形式参与管理国家事务，管理经济文化事业，管理社会事务。促进社会组织健康有序发展，推进社会组织明确权责、依法自治、发挥作用。加大培育社会组织力度，重点培育、优先发展行业协会商会类、科技类、公益慈善类、城乡社区服务类社会组织。推动和支持志愿服务组织发展，开展志愿服务标准化建设。完善政府购买公共服务机制，促进社会组织在提供公共服务中发挥更大作用，等等。

（4）增强社会安全感。加快对社会安全体系的整体设计和战略规划，贯彻落实加快推进社会治理现代化开创平安中国建设新局面的意见。完善平安中国建设协调机制、责任分担机制，健全平安建设指标体系和考核标准。

（5）依法有效化解社会矛盾纠纷。坚持和发展新时代“枫桥经验”，畅通和规范群众诉求表达、利益协调、权益保障通道，加强矛盾排查和风险研判，完善社会矛盾纠纷多元预防调处化解综合机制，努力将矛盾纠纷化解在基层。全面落实诉讼与信访分离制度，深入推进依法分类处理信访诉求。充分发挥人民调解的第一道防线作用，完善人民调解、行政调解、司法调解联动工作体系。充分发挥律师在调解中的作用，建立健全律师调解经费保障机制。

★47. 联系实际，论述科技对法的影响。

【参考答案】（1）科学技术影响法的内容，成为法律规定的重要依据。科学技术进步所形成的新的科学知识，不断被运用到法律领域，成为法律规定的重要的科学依据。

（2）科学技术的发展扩展了法律调整的领域。在科学技术的研究发明和推广应用的实践活动中出现的大量新的社会关系需要法律规范的调整。

（3）科学技术的发展引起了有关的传统法律概念和原则的变化。随着科技的发展，科学技术知识内容的立法所占的比重不断增加，而这类专业性、技术性比较强的立法任务要求立法者具备一定的专门性的科学文化知识，需要将这类立法工作委托给专门的机关或人员，这导致“委任立法”范围的不断扩大。随着通信、交通技术的进步，以及信息交换的加快，法律时效和时限观念不断加强。

（4）科学技术的发展完善了法律调整机制，为立法和执法提供了新的技术和手段，对法的制定和实施产生重大影响。

（5）科学技术的发展影响了法学教育、法制宣传和法学研究的方式和内容，促进其方式和内容的更新和发展。

48. 联系我国法治建设的实际，从全民守法角度论述弘扬社会主义法治精神与建设社会主义法治文化。

【参考答案】（1）全民守法是法治建设的基础工程，法治根系于社会大众对法律的信守和遵从。全民守法是指全体社会成员和一切国家机关、政党、社会团体、企事业组织，都必须尊重宪法法律权威，都必须在宪法法律范围内活动，都必须依照宪法法律行使权力或权利、履行职责或义务，都不得有超越宪法法律的特权。必须维护国家法制统一、尊严、权威，切实保证宪法法律有效实施，绝不允许任何人以任何借口任何形式以言代法、以权压法、徇私枉法。为此，必须深入开展法治宣传教育，大力弘扬社会主义法治精神，努力建设社会主义法治文化，增强全社会厉行法治的积极性和主动性；必须依法抑恶扬善、严格公正执法司法，形成守法光荣、违法可耻的社会氛围；必须发挥法治建设的强大效能，引导人民群众按照法律的规定和程序，依法表达利益诉求、依法维护自身利益；必须完善国家工作人员学法用法制度，坚持把领导干部带头学法、模范守法作为树立法治意识的关键，充分发挥领导干部率先垂范的带动效应，使全体人民都成为社会主义法治的忠实崇尚者、自觉遵守者、坚定捍卫者。

（2）全面推进依法治国，科学立法是前提、严格执法是保障、公正司法是生命线，法治建设的成效如何则要看全民守法的情况如何。弘扬社会主义法治精神，建设社会主义法治文化，增强全社会厉行法治的积极性和主动性，形成守法光荣、违法可耻的社会氛围，使全体人民都成为社会主义法治的忠实崇尚者、自觉遵守者、坚定捍卫者。这表明守法意识、法治精神在法治中国建设中的重要性。历史发展表明，只有法律成为人们自觉遵守的规则，内化于心、外化于行，法的意义、法的精神才能真正展现出来，法治的理想才能最终落地。因此，在全面推进依法治国的过程中，“全民守法”对于弘扬法治精神和法治文化具有特殊重要的意义。

（3）要达到“全民守法”的目标，必须以法治政府的建立促进法治社会的发育，以司法的严谨、执法的严格来培育公民守法的自觉性。这就要求我们，一方面要加快建设职能科学、权责法定、执法严明、公开公正、廉洁高效、守法诚信的法治政府；另一方面要充分发挥司法公正对于社会公正的引领作用，并在此基础上，推进覆盖城乡居民的公共法律服务体系建设，健全依法维权和化解纠纷机制、利益表达机制、协商沟通机制、救济救助机制，畅通群众利益协调、权益保障法律渠道。只有让人民群众在每一件具体的司法案件中建立对法治的信心、在日常工作生活中感受到法律的权威，他们对法律的态度才能由认识到遵守，由信任到信仰。此外，推动社会主义法治文化和法律精神建设，离不开类型多样的法治宣传与教育。深入开展普法教育，对于推进依法治国、建设社会主义法治国家具有重要意义。

★49. 联系实际，论述法是传播道德、保障道德实施的有效手段。

【参考答案】法是传播道德、保障道德实施的有效手段，主要表现在以下几个方面：

（1）通过立法，将社会中的道德理念、信念、基本原则和基本要求法律化、制度化、规范化，赋予社会的道德价值观念以法的强制力，进一步强化、维护、实现道德规范。法的强制性和强制力远比道德的强制性和强制力更为有力，它能够有效地促使人们自觉地遵守道德的信念、原则和要求，从而在更大、更广的范围内维护社会秩序，促进、保障和维护人们的正当生活。通过道德法律化的形式和方式，社会规范真正实现了自律与他律的结合。

（2）法是道德的承载者，它弘扬、发展一定社会的道德理念、信条和原则，促进社会道德的更新和变革。在社会中，许多法律规定本身就是最低的基本的道德要求，比如“法律面前人人平等”“诚实信用”等原则就是道德中的平等性、诚实性的表现和升华。法律通过把道德理念、原则、信条和要求具体化，把社会中的道德准则、义务和要求确定为法的准则、义务和要求，促使人们更明确自己的道德义务，更为积极地认同和接受道德的制约。因此，在弘扬、发展和完善社会的道德价值体系方面，在提高社会的道德水平方面，法发挥了其他社会规范不可替代的独特功能。

（3）法是形成新的道德风貌、新的精神文明的强大力量。一个社会通过法律形式，把适合社会生活需要的道德法律化、制度化、规范化，使之成为法律规范，这实际上确立和形成了一个法定的基本道德体系和标准，促进和改善了社会的精神风貌。法通过自身特殊的制度性机制，推动道德的更新与进步，促进精神文明的发展，从而改造人和人性，改造社会，这是其积极的社会使命和功能。

★50. 联系实际，论述社会主义法与社会主义道德的关系。

【参考答案】社会主义法与社会主义道德之间具有极为密切的联系，二者相互渗透，相互作用，相互促进。

（1）社会主义道德对社会主义法的作用。①社会主义道德是社会主义法制定的价值指导。社会主义法的创制以道德为指导，体现了法的合理性、正义性。社会主义道德通过对社会关系和人的行为的正义与非正义的衡量，把它转换为法律上的权利和义务，把合理与否转换为合法与否，构成权利义务关系。如果社会主义立法不以道德为指导，将失去其合理性。社会主义法要保持合法性与合理性的一致，必须以道德为导向。另外，社会主义立法以道德为指导，不能脱离社会现实的道德基础，要受实际道德水平的制约。②社会主义道德对法的实施的促进作用。社会主义法的实施需要国家强制力的保证，也需要社会主义道德的驱动。良好的道德状况有助于法的更有效实现。执法人员执行法律，运用国家强制力，既依靠法律制度的保证，也要有执法人员内在素质的保证，包括道德素质因素。执法人员具有高度的职业道德，公正无私，刚直不阿，有助于正确合法地执行法律。执法人员在“自由裁量权”范围内直接按照合理性原则处理问题时，道德素质更为重要。法律遵守要依靠人民群众的舆论道义支持。道德觉悟的提高是顺利实施法律的重要条件，否则将助长对法律的机会主义态度。社会道德风尚会提高维护社会主义法的自觉性和积极性。③社会主义道德可以弥补社会主义法在调整社会关系方面的不足。对于由于社会主义法不健全而留下的空白，可以由社会主义道德加以弥补。还有，由于社会主义法本身的局限性，对法律不宜调整的社会关系，可以由社会主义道德加以调整。

（2）社会主义法对社会主义道德建设的作用。①社会主义法以法律规范的形式把社会主义道德的某些原则和要求加以确认，使之具有法的属性。遵守法律化的社会主义道德成为法律上的义务，从而使它获得强有力的保障。违反它，既是违反道德规范也是违反法律规范，既要受到道德谴责又要受到法律追究，这样就能够更好地实现社会主义道德。②社会主义法是进行社会主义道德教育的重要方式。由于社会主义法的规范深刻体现了社会主义道德的基本精神和要求，所以通过法律教育和法律实施活动，可以促进社会主义道德，提高人们的道德素质。一般说来，凡是法律所禁止的行为通常也是社会主义道德所谴责的行为，法律所鼓励的行为也是社会主义道德所要求的行为。通过对违法犯罪行为的处理，不仅使人们看到什么行为是法律禁止的，而且也使人们认识到什么行为是道德所谴责的。通过对合法行为的保护和奖励，表扬先进树立榜样，培养人们的道德观念。因此，社会主义法对道德方面的教育作用，不仅表现在对违法犯罪行为的制裁方面，而且还表现在对先进行为、模范遵守法律的公民的表彰奖励方面。社会主义法对那些为国家和社会作出积极贡献的公民，以及对为保护人民利益和国家财产作出贡献的公民予以奖励，对那些为了公共利益而受到损失的公民给予必要的补偿等，从而鼓励人们的道德行为，培养人们的道德情操，以形成良好的社会风尚。

第四章

中国宪法学

第一节　简答题

一、历年真题考查内容

宪法学简答题难度适中，从命题规律看，考试中宪法学考查一道简答题，分值为15分，除了考查《考试分析》所列内容外，考查内容还涉及对相关条文（特别是宪法条文）的掌握程度。具体出题情况见下表：

出题年份	考查内容
2010年	我国基层群众性自治组织的概念和特点。
2011年	我国宪法作为根本法的特征。
2012年	我国人民法院的审判工作原则。
2013年	我国中央对特别行政区行使的权力。
2014年	我国现行宪法规定的土地制度。
2015年	我国民族自治机关自治权的主要内容。
2016年	宪法的发展趋势。
2017年	我国现行宪法规定的公民基本义务。
2018年	我国选举制度的基本原则。
2019年	我国宪法上公民的监督权。
2020年	现行宪法对非公有制经济的规定。
2021年	我国人大代表执行职务的保障。
2022年	宪法解释的方法。

二、简答题专项训练

1. 简述近代宪法产生的条件。

【参考答案】（1）宪法并不是随着法的出现而产生的。宪法是法发展到一定阶段的产物，是社会政治历史条件发展到一定阶段的产物。

（2）宪法是近代资本主义经济发展的必然产物。

（3）宪法是资产阶级政治发展要求的必然结果。

（4）宪法是以资产阶级启蒙思想和民主政治理论为基础发展起来的。

2. 简述2018年宪法修正案关于《宪法》序言修改的主要内容。

【参考答案】（1）在《宪法》序言部分，增加了“科学发展观，习近平新时代中国特色社会主义思想”的内容，宪法确立其在国家政治和社会生活中的指导地位。

(2)《宪法》序言中明确写入“贯彻新发展理念”，“推动物质文明、政治文明、精神文明、社会文明、生态文明协调发展，把我国建设成为富强民主文明和谐美丽的社会主义现代化强国，实现中华民族的伟大复兴”。

(3) 统一战线的范围扩大到包括“致力于中华民族伟大复兴的爱国者”。

(4) 在民族关系上，“平等团结互助和谐的社会主义民族关系已经确立，并将继续加强”。

(5) 充实和平外交政策的内容，增加了“坚持和平发展道路，坚持互利共赢开放战略”，提出了“构建人类命运共同体”的构想。

(6) 完善依法治国和宪法实施举措，将《宪法》序言中“健全社会主义法制”修改为“健全社会主义法治”。

3. 简述2018年宪法修正案关于监察委员会的规定。

【参考答案】为实现反腐败对公职人员的全覆盖，2018年宪法修正案在国家机构中设立监察委员会，其规定有：

(1) 各级监察委员会是国家的监察机关。在国家机构中设立国家监察委员会和地方各级监察委员会。监察委员会由下列人员组成：主任，副主任若干人，委员若干人。监察委员会主任每届任期同本级人民代表大会每届任期相同。国家监察委员会主任连续任职不得超过两届。

(2) 国家监察委员会是最高监察机关。国家监察委员会领导地方各级监察委员会的工作，上级监察委员会领导下级监察委员会的工作。国家监察委员会对全国人大及其常委会负责。地方各级监察委员会对产生它的国家权力机关和上一级监察委员会负责。

(3) 监察委员会依照法律规定独立行使监察权，不受行政机关、社会团体和个人的干涉。监察机关办理职务违法和职务犯罪案件，应当与审判机关、检察机关、执法部门互相配合，互相制约。

4. 简述2018年宪法修正案关于国家机构修改的主要内容。

【参考答案】为推进国家治理体系和治理能力的现代化，2018年宪法修正案在国家机构方面进行了以下修改：

(1) 推进合宪性审查工作，将全国人大法律委员会改名为“宪法和法律委员会”。

(2)“中华人民共和国主席、副主席每届任期同全国人民代表大会每届任期相同，连续任职不得超过两届”，修改为“中华人民共和国主席、副主席每届任期同全国人民代表大会每届任期相同”。

(3) 增加设区的市制定地方性法规的规定，即“设区的市的人民代表大会和它们的常务委员会，在不同宪法、法律、行政法规和本省、自治区的地方性法规相抵触的前提下，可以依照法律规定制定地方性法规，报本省、自治区人民代表大会常务委员会批准后施行”。

(4) 为实现反腐败对公职人员的全覆盖，在国家机构中设立“监察委员会”。

5. 简述人民主权原则的主要内容及在我国宪法中的体现。

【参考答案】(1) 人民主权原则即主权在民原则，其主要内容是国家的一切权力属于人民。

(2) 人民主权是我国宪法原则之一。我国现行《宪法》第2条明确规定：中华人民共和国的一切权力属于人民。人民行使国家权力的机关是全国人民代表大会和地方各级人民代表大会。人民依照法律规定，通过各种途径和形式，管理国家事务，管理经济和文化事业，管理社会事务。

6. 简述基本人权原则在我国宪法中的体现。

【参考答案】(1) 现行宪法将“公民的基本权利和义务”一章规定在“总纲”之后、“国家机构”之前，突出了公民基本权利作为国家权力来源的宪法价值。

(2) 我国积极地宣传社会主义的人权价值观，并发布了十余个中国人权白皮书。同时，我国积极加入有关国际人权公约，中国先后批准加入了26项国际人权文书，其中包括6项联合国核心人权条约。

(3) 2004 年宪法修正案规定，国家尊重和保障人权。这是我国宪法上首次引入“人权”的概念，确立了基本人权原则。

7. 简述宪法关系的特点和种类。

【参考答案】(1) 宪法关系具有两个方面的特点：第一，宪法关系所涉及的领域非常广泛，几乎包括国家和社会生活的各个方面，而且均属于宏观的或者原则性方面的社会关系；第二，宪法关系的一方通常总是国家或者国家机关。因为宪法是国家的根本法，根据宪法所调整的社会关系一般必然有国家的参与，国家也依法承担相应的义务或者享有权利。

(2) 宪法所调整的社会关系主要包括以下四类：一是国家与公民之间的关系；二是国家与其他社会主体之间的关系；三是国家机关之间的关系；四是国家机关内部的关系。

8. 简述宪法规范的类型。

【参考答案】宪法规范具有如下四类：

(1) 组织权限规范。宪法中用大部分的条文去处理国家机关的组织、权限和职权行使的程序，或者至少规定其原则。

(2) 权利义务规范。这类规范是宪法在调整公民基本权利和基本义务的过程中形成的，是公民行使权利、履行义务的宪法基础。

(3) 宪法委托规范。这类规范和权利义务规范也属于实体规范，但只是规定了国家的义务，而没有赋予人民任何主观权利。广义的宪法委托规范包含宪法中所有的要求特定机关为具体行为的规定，一般仅限于狭义的对立法机关为立法委托。

(4) 宪法指示规范。宪法指示强制国家为一定行为，和宪法委托不同，原则上所有公权力机关直接或间接的都是其规范对象，行为也不以立法机关为限，公权力机关可以根据国家发展的实际情况决定履行宪法指示的具体方式和先后顺序。

9. 简述宪法解释体制的类型。

【参考答案】宪法解释体制属于国家宪制的组成部分，因各国政治体制、历史传统和法律体系的不同而有一定的差异。综合起来主要有以下三种：

(1) 立法机关解释体制。在这种体制下，立法机关是制定宪法的机关，同时也是解释宪法的机关。

(2) 司法机关解释体制。在这种体制下，司法机关按照司法程序对宪法进行解释，其他的机关或社会团体对宪法的解释属于非正式解释。司法机关对宪法的解释采用不告不理的原则，并将宪法解释寓于审理案件的司法活动中，一般来说，该解释对审理的某一特定的案件具有法律效力，不具有普遍的约束力。

(3) 专门机关解释体制。专门机关解释体制是依据宪法或其他宪法性法律的专门授权成立的机关行使宪法解释权的一种制度。这种宪法解释具有专门性和权威性的特点，在原理上能克服上述两种解释体制所存在的弊端，将宪法解释的司法性的专门性有效地结合在一起。

10. 简述合宪性审查的模式。

【参考答案】合宪性审查的模式取决于一个国家的政治、经济、文化条件和历史背景，不同的国家在模式的选择上会有一定的差异，大体上可以归纳为下列三种：

(1) 普通法院模式，是指普通法院在审理案件过程中附带地就适用于该案件的法律的合宪性进行审查的制度模式。

(2) 专门机关模式，是指在国家机构中设置如宪法法院这样专门的机关以特定的程序审查法律文件等是否符合宪法的制度。专门机关模式体现了司法性与专门性相结合的特点。

(3) 立法机关模式，是指由作为一国最高民意代表机关的议会或代表大会审查宪法行为是否合宪的制度模式。采取立法机关审查模式，对立法机关制定的法律，只能由立法机关审查其是否合宪，其他的机关无权进行审查。

11. 简述我国宪法关于合宪性审查依据的规定。

【参考答案】(1) 宪法是最高法，在整个法律体系中具有最高的效力。《宪法》序言庄严地宣告了宪法是我国的根本法，具有最高的法律效力。宪法规定全国各族人民、一切国家机关和武装力量、各政党和各社会团体、各企业事业组织，都必须以宪法为根本的活动准则，并且负有维护宪法尊严、保证宪法实施的职责。

(2) 宪法规定，中华人民共和国实行依法治国，建设社会主义法治国家。国家维护社会主义法制的统一和尊严。一切法律、行政法规和地方性法规都不得同宪法相抵触。一切国家机关和武装力量、各政党和各社会团体、各企业事业组织都必须遵守宪法和法律。一切违反宪法和法律的行为，必须予以追究。任何组织或者个人都不得有超越宪法和法律的特权。

12. 简述我国的合宪性审查机关的规定及意义。

【参考答案】(1) 我国宪法规定，全国人民代表大会行使监督宪法实施的职权。这是沿用了 1954 年宪法和 1978 年宪法的做法，有利于保证宪法监督的最高权威性。

(2) 全国人民代表大会常务委员会解释宪法，监督宪法的实施。这一规定为保证合宪性审查工作的经常开展提供了依据。

(3) 由全国人大及其常委会行使宪法监督的职权，能够使合宪性审查经常性地、有权威地进行，有利于对违宪事件进行及时处理。

13. 简述“五个文明”的协调发展。

【参考答案】(1)“五个文明”协调发展是中国共产党统筹推进经济建设、政治建设、文化建设、社会建设、生态建设的“五位一体”总体布局的宪法化表达。

(2) 社会主义社会应该是物质文明、政治文明、精神文明、社会文明和生态文明全面发展的社会，实现现代化的过程是包括经济、政治、文化、社会和生态发展在内的全面进步的过程。在这个过程中，生态文明是“五个文明”系统中的前提，物质文明是“五个文明”系统中的基础，政治文明是“五个文明”系统中的保障，精神文明是“五个文明”系统中的灵魂，社会文明是“五个文明”系统中的目的。

(3) 强调“五个文明”共同发展、协调发展，是对人类社会发展趋势的正确回应，“五个文明”共同构成文明系统整体，协调发展，相互影响，相互制约，最终实现宪法确立的国家根本任务。

14. 简述我国宪法总纲中关于民族关系和民族政策的规定。

【参考答案】(1) 中华人民共和国各民族一律平等。国家保障各少数民族的合法的权利和利益，维护和发展各民族的平等团结互助和谐关系。禁止对任何民族的歧视和压迫，禁止破坏民族团结和制造民族分裂的行为。

(2) 国家根据各少数民族的特点和需要，帮助各少数民族地区加速经济和文化的发展。

(3) 各少数民族聚居的地方实行区域自治，设立自治机关，行使自治权。各民族自治地方都是中华人民共和国不可分离的部分。

(4) 各民族都有使用和发展自己的语言文字的自由，都有保持或者改革自己的风俗习惯的自由。

★15. 简述现行宪法关于集体经济的规定。

【参考答案】(1) 农村集体经济组织实行家庭承包经营为基础、统分结合的双层经营体制。农村中的生产、供销、信用、消费等各种形式的合作经济，是社会主义劳动群众集体所有制经济。参加农村集体经济组织的劳动者，有权在法律规定的范围内经营自留地、自留山、家庭副业和饲养自留畜。

（2）城镇中的手工业、工业、建筑业、运输业、商业、服务业等行业的各种形式的合作经济，都是社会主义劳动群众集体所有制经济。

（3）国家保护城乡集体经济组织的合法的权利和利益，鼓励、指导和帮助集体经济的发展。

16. 简述我国宪法规定的分配原则。

【参考答案】（1）我国消灭了人剥削人的制度，实行各尽所能、按劳分配的原则。按劳分配原则是我国社会主义分配制度的基础。我国实行各尽所能、按劳分配的原则，是由生产资料的社会主义公有制决定的，是社会主义公有制的具体体现。

（2）国家在社会主义初级阶段，坚持公有制为主体、多种所有制经济共同发展的基本经济制度，坚持按劳分配为主体、多种分配方式并存的分配制度。在按劳分配为主体的情况下又允许多种分配方式并存，这是由我国社会主义初级阶段生产力发展水平和多种生产方式并存的实际状况所决定的，并最终取决于生产力的发展水平。

17. 简述我国宪法总纲关于教育政策的规定。

【参考答案】（1）国家发展社会主义的教育事业，提高全国人民的科学文化水平。

（2）国家举办各种学校，普及初等义务教育，发展中等教育、职业教育和高等教育，并且发展学前教育。

（3）国家发展各种教育设施，扫除文盲，对工人、农民、国家工作人员和其他劳动者进行政治、文化、科学、技术、业务的教育，鼓励自学成才。

（4）国家鼓励集体经济组织、国家企业事业组织和其他社会力量依照法律规定举办各种教育事业。

（5）国家推广全国通用的普通话。

18. 简述我国选举法关于代表辞职的规定。

【参考答案】（1）全国人民代表大会代表，省、自治区、直辖市、设区的市、自治州的人民代表大会代表，可以向选举他的人民代表大会的常务委员会书面提出辞职。常务委员会接受辞职，须经常务委员会组成人员的过半数通过。接受辞职的决议，须报送上一级人民代表大会常务委员会备案、公告。

（2）县级的人民代表大会代表可以向本级人民代表大会常务委员会书面提出辞职，乡级的人民代表大会代表可以向本级人民代表大会书面提出辞职。县级的人民代表大会常务委员会接受辞职，须经常务委员会组成人员的过半数通过。乡级的人民代表大会接受辞职，须经人民代表大会过半数的代表通过。接受辞职的，应当予以公告。

（3）县级以上的各级人民代表大会常务委员会组成人员，县级以上的各级人民代表大会的专门委员会成员，辞去代表职务的请求被接受的，其常务委员会组成人员、专门委员会成员的职务相应终止，由常务委员会予以公告。乡、民族乡、镇的人民代表大会主席、副主席，辞去代表职务的请求被接受的，其主席、副主席的职务相应终止，由主席团予以公告。

19. 简述我国人民代表大会制度的概念和特点。

【参考答案】（1）人民代表大会制度是马克思主义关于政权组织形式的基本理论同中国具体实际情况相结合的产物，是人民通过选举的方式，选举代表组成各级国家权力机关，由各级国家权力机关产生其他的国家机关，其他国家机关对权力机关负责，权力机关对人民负责的一种制度。

（2）我国人民代表大会制度具有以下五个特点：①人民代表大会制度的目标是规范国家权力和保障公民权利。人民代表大会制度的核心内容是国家的一切权力属于人民。②人民代表大会在国家机关体系中居最高的地位，其他机关由它产生，对它负责，受它监督。③人民代表大会制度实行的是一院制。全国人民代表大会作为最高国家权力机关，代表全国行使国家权力。④人民代表大会代表是兼职代表。全国人大代表由省、自治区、直辖市、特别行政区和军队选出的代表组成。各少数民族都应当有适当名额的代表。⑤在人民代表大会中设立常务委员会作为常设机关。

20. 简述人民代表大会制度的组织原则。

【参考答案】（1）人民代表大会制度的形成就是以民主集中制为原则，同时民主集中制也成为人民代表大会的组织活动原则。民主集中制就是在民主基础上的集中和在法治规范下的民主的有机结合。

（2）民主集中制在人民代表大会制度中主要表现为：①各级国家权力机关由民主选举产生，对人民负责、受人民监督，人民代表大会成为代表人民行使国家权力的代表机关。②国家行政机关、监察机关、审判机关、检察机关都由人民代表大会产生，对人民代表大会负责，受人民代表大会监督。人民代表大会代表人民产生其他国家机关，并监督这些国家机关，使这些国家机关具有广泛的民意基础，并在授权范围之内，行使各自的权力。③在中央与地方的关系上，遵循在中央的统一领导下，充分发挥地方的主动性和积极性的原则。

★21. 简述我国宪法关于行政区域建置和划分权限的规定。

【参考答案】（1）全国人民代表大会批准省、自治区和直辖市的建置。

（2）国务院批准省、自治区、直辖市的区域划分，批准自治州、县、自治县、市的建置和区域划分。

（3）省、直辖市的人民政府决定乡、民族乡、镇的建置和区域划分。

22. 简述我国行政区划的划分原则。

【参考答案】（1）有利于现代化建设的原则。我国各地区经济发展不平衡，划分行政区划既要考虑各地区实际经济发展状况，又要考虑自然资源的合理开发利用，这有利于经济发展和现代化建设。

（2）有利于行政管理的原则。划分行政区划的目的是建立地方各级国家机关，发挥人民群众当家作主的作用，以利于分级管理国家。这就要在坚持中央统一领导下，发挥地方主动性和积极性，提高行政管理效率。

（3）有利于各民族团结的原则。划分行政区划首要考虑的是如何解决民族问题。我国是多民族国家，划分行政区划就要考虑各民族成分、居住状况等，这有利于民族团结，促进各民族共同发展，共同繁荣。

（4）有利于巩固国防的原则。划分行政区划应有利于巩固国防，加快国防建设，保卫国家领土不受侵犯。

（5）照顾自然条件和历史状况的原则。我国行政区划自古有之，经历代变更已经形成不同的格局，不同的风俗习惯、民族风格和传统。划分新的行政区划时，必须照顾到这一历史状况。

23. 简述民族区域自治制度的优越性。

【参考答案】（1）民族区域自治制度体现了人民民主专政制度和民族平等原则、国家整体利益和各民族具体利益的高度结合，有利于国家的统一领导。

（2）民族区域自治制度保证了聚居的少数民族能够充分享有自治权，同时散居全国各地的少数民族的权益也能够得以保障。

（3）民族区域自治制度把行政区域和经济文化发展区域有机结合起来，能够更好地因民族制宜、因地区制宜地发展经济文化事业。

（4）民族区域自治制度有利于民族团结和各民族之间的互相合作。

24. 简述民族自治地方的自治机关及特点。

【参考答案】（1）民族自治地方的自治机关包括自治地方的人民代表大会和人民政府。

（2）民族自治机关的突出特点是自治性，民族自治机关人员的组成须具有民族性：①民族自治地方的人民代表大会常务委员会中应当有实行区域自治的民族的公民担任主任或者副主任。②自治区主席、自治州州长、自治县县长由实行区域自治的民族的公民担任，自治区、自治州、自治县的人民政府的其他组成人员以及民族自治地方自治机关所属工作部门的干部中，要尽量配备实行区域自治的民族和其他少数民族的人员。③民族自治地方的人民代表大会中，除实行区域自治的民族的代表外，其他居住在本行政区域内的民族也应当有适当名额的代表。

★25. 简述特别行政区的概念和特点。

【参考答案】特别行政区是指在统一的中华人民共和国范围内，根据我国宪法和法律所设立的具有特殊的法律地位，实行特别的政治、经济制度的行政区域。

特别行政区具有如下特点：

（1）特别行政区享有高度的自治权。特别行政区享有的高度自治权，有立法权、行政管理权、独立的司法权和终审权。除此之外，特别行政区财政独立、使用自己的货币，其收入全部用于自己的需要，中央人民政府不在特别行政区征税。

（2）特别行政区保留原有的资本主义制度和生活方式50年不变。在特别行政区的行政区域内“不实行社会主义制度和政策，保持原有的资本主义制度和生活方式，50年不变”。

（3）特别行政区由当地人管理。特别行政区的行政机关和立法机关由该区永久性居民依照基本法的规定组成，实现“港人治港”“澳人治澳”。

（4）特别行政区原有的法律基本不变。在特别行政区，除了基本法附件上所列举的法律外，全国性的法律一般不在特别行政区内适用，特别行政区继续适用原有的、不与基本法相抵触的法律。

26. 简述特别行政区的政权组织及主要职权。

【参考答案】（1）行政长官。行政长官是特别行政区的首长，代表特别行政区，对中央人民政府和特别行政区负责。行政长官的主要职权包括：执行权，立法、行政和司法方面的职权。

（2）行政机关。特别行政区政府是特别行政区的行政机关，对立法会负责。行政机关的主要职权包括：制定并执行政策，管理各项行政事务，办理基本法规定的中央人民政府授权的对外事务，编制并提出财政预算、决算，拟订并提出法案、议案、附属法规，委派官员列席立法会并代表政府发言。

（3）立法机关。立法会是特别行政区的立法机关，享有广泛的权力，包括：立法权、财政权、监督权和任免权。

（4）司法机关。香港特别行政区设立终审法院、高等法院、区域法院、裁判署法庭和其他专门法庭。澳门特别行政区设立初级法院（含行政法院）、中级法院和终审法院。特别行政区司法机关享有独立的司法权和终审权。

★27. 简述人权和公民权利的联系和区别。

【参考答案】（1）联系：①公民权是人权的法律化和具体化，而人权是公民权的政治基础。②宪法中公民权的相关规定以人权作为其政治基础和理性依据，而这种人权入宪入法的过程也为人权的发展和实现提供了具体化途径和法律保障。

（2）区别：①二者性质不同。人权是一个政治概念，在实践中不断发展，不同的人们可以对人权有各自的理解和解释。而公民权是一个法律概念，其含义和保护方式有着法律的界定，人权的内容一旦入宪而成为公民权，就具有了固定含义，只能依法解释和保护。②二者不能简单等同。我们可以笼统地讲公民权就是人权，这是因为它体现着人权的内在要求。然而，人权和公民权从性质到形式差异很大，人权的一个方面的要求可能具体化为公民权的若干项权利，而公民权的一项权利也可能同时体现着人权的多方面要求，二者不能一一对等。③人权与公民权相比，还具有阶级性、民族性、地域性以及时代性和国际性的特点。

★28. 简述我国宪法规定的公民平等权的内涵。

【参考答案】（1）平等权的主体是全体公民，它意味着全体公民法律地位的平等。

（2）平等权是公民的基本权利，是国家的基本义务。公民有权利要求国家给予平等保护，国家有义务无差别地保护每一个公民的平等地位。国家不得剥夺公民的平等权，也不能允许其他组织和个人侵害公民的平等权。

（3）平等权意味着公民平等地享有权利履行义务。平等不能和特权并存，平等也不允许歧视现象存在。

（4）平等权是贯穿于公民其他权利的一项权利，它通过其他权利，如男女平等、民族平等、受教育权平等而具体化。

★29. 简述我国宪法规定的公民平等权的主要内容。

【参考答案】（1）我国宪法明确规定，中华人民共和国公民在法律面前一律平等。任何公民享有宪法和法律规定的权利，任何组织或者个人都不得有超越宪法和法律的特权。平等权是我国公民的一项基本权利。

（2）我国宪法规定的平等权的主要内容包括：①民族平等权。各民族一律平等，禁止对任何民族的歧视和压迫。②选举平等权。年满18周岁的公民，不分民族、种族、性别、职业、家庭出身、宗教信仰、教育程度、财产状况、居住期限，都有选举权和被选举权；但是依照法律被剥夺政治权利的人除外。③宗教信仰平等权。任何国家机关、社会团体和个人不得歧视信仰宗教的公民和不信仰宗教的公民。④性别平等权。妇女在政治的、经济的、文化的、社会的和家庭的生活等各方面享有同男子平等的权利。国家保护妇女的权利和利益，实行男女同工同酬，培养和选拔妇女干部。

★30. 简述我国宪法关于公民政治权利的规定。

【参考答案】（1）公民的政治权利包括选举权和被选举权，言论自由，出版自由，集会、游行、示威自由和结社自由。我国宪法明确规定，中华人民共和国公民有言论、出版、集会、结社、游行、示威的自由。

（2）我国宪法规定的公民政治权利包括：①选举权和被选举权。我国年满18周岁的公民，不分民族、种族、性别、职业、家庭出身、宗教信仰、教育程度、财产状况、居住期限，都有选举权和被选举权；但是依照法律被剥夺政治权利的人除外。②言论自由。言论自由是指公民通过口头等形式表达其意见和观点的自由，言论自由是公民享有政治权利和宪法规定的其他基本权利的基础。③出版自由。出版自由是指在宪法和法律规定的范围内，公民有通过出版物系统地表达自己的意见和思想的权利。④集会、游行、示威自由。集会是指聚集于露天公共场所，发表意见、表示意愿的活动。游行是指在公共道路、露天公共场所列队行进、表达共同意愿的活动。示威是指在露天公共场所或者公共道路上以集会、游行、静坐等方式，表达要求、抗议或者支持、声援等共同意愿的活动。⑤结社自由。结社自由是指公民为了一定的宗旨而依照法律规定的手续组织成某种社会团体的自由。

★31. 简述我国宪法关于私有财产权的规定及意义。

【参考答案】（1）公民的合法的私有财产不受侵犯。确认和保护公民的财产不受非法侵犯，是发展生产、繁荣经济、富国强民的基本保障，也是社会发展必不可少的物质条件。

（2）国家依照法律规定保护公民的私有财产权和继承权。我国宪法对公民私有财产权和继承权的保护，不仅有助于在市场经济条件下形成平等竞争的环境，使公民私有财产及时转化为社会财富，而且有助于鼓励拥有财产的公民积极投资，推动市场经济的发展。同时，确认公民私有财产权，也是我国人权保障和立宪史上的里程碑，具有重要的现实意义和深远的社会影响。

（3）国家为了公共利益的需要，可以依照法律规定对公民的私有财产实行征收或者征用并给予补偿。国家在征收或者征用公民私有财产时必须要满足公共利益、正当程序和公平补偿三个要件，才能满足合宪性的要求，并有利于减少对公民财产权构成实质性损害。

★32. 简述我国宪法对公民财产实行征收、征用并给予补偿的条件。

【参考答案】（1）我国宪法修正案明确规定，国家为了公共利益的需要，可以依照法律规定对公民的私有财产实行征收或者征用并给予补偿。国家在征收或者征用公民私有财产时必须要满足公共利益、正当程序和公平补偿三个要件，才能满足合宪性的要求。

（2）对公民财产实行征收、征用并给予补偿的条件：①非经法律规定不得剥夺、限制公民财产；征收或者征用必须符合法定要件，一般情况下不允许征收、征用；征收、征用只能是例外情形。②必须是出于“公共利益”的需要。征收、征用必须符合“公共利益”的需要，不能假借公共利益之名行侵犯公民财产权之实。③应当遵守法定程序。宪法没有明确规定法定程序，但必须依照其他法律规定的程序实行征收、征用，要充分尊重被征收、征用人的知情权、请求权。④必须给予及时、充分、合理的补偿。

33. 简述国家赔偿请求权的含义、种类和意义。

【参考答案】（1）国家赔偿请求权是指国家机关和国家机关工作人员违法行使职权侵犯公民的合法权益造成损害时，受害人有取得国家赔偿的权利。

（2）国家赔偿的种类包括行政赔偿和刑事赔偿。行政赔偿的范围包括行政机关及其工作人员在行使行政职权时侵犯公民人身权和财产权的情形；刑事赔偿的范围则包括行使侦查、检察、审判职权的机关以及看守所、监狱管理机关及其工作人员在行使职权时侵犯公民人身权和财产权的情形。

（3）国家赔偿制度的建立和完善，将进一步增强国家机关工作人员执法、司法的严肃性，增强国家机关及其工作人员为人民、为社会负责的责任感，它是公民宪法权利的落实，对保障公民合法权益具有重要意义。

34. 简述国家机构的特点。

【参考答案】（1）阶级性。国家机构是统治阶级为了实现自己的使命而设立的政治组织，国家机构的权力运作和职责都反映了统治阶级的意志和利益，具有鲜明的阶级性。

（2）历史性。国家机构是一定历史范畴的产物，是社会发展到一定阶段的产物，随着国家的产生而出现，也会随着国家的消亡而消亡。

（3）特殊的强制性。国家机构是一种国家组织，拥有特殊的强制力，即以军队、警察、监狱、法庭等为主要内容的国家暴力。因此，国家机构不同于一般的社会组织。

（4）组织性。国家机构的组织体系的设置、职权划分及其相互之间的关系非常复杂，不同国家机关按照法律规定组成完整严密的整体，保证国家基本职能的实现。

（5）协调性。国家机构根据宪法划分职权，国家权力按照行使职权的性质和范围的不同而分工行使；同时各个国家机关之间又相互协作、互相配合，共同为实现宪法规定的目标而运行。

35. 简述我国宪法规定的责任制原则的表现形式及意义。

【参考答案】（1）我国宪法规定了国家机关实行工作责任制的原则，其表现形式包括集体负责制和个人负责制（首长负责制）。

（2）意义：①集体负责制能更好地集思广益，从而发挥集体的智慧和作用，克服主观性、片面性，从而防止独断专行和个人或极少数人决定重大问题。②个人负责制分工明确、权责相称，在执行决定时可以避免出现无人负责或推卸责任的现象，能够充分发挥首长的个人智慧和才能，有利于提高工作质量和工作效率。

★36. 简述我国宪法规定的法律的制定和修改权限。

【参考答案】根据现行宪法规定，全国人大及其常委会享有立法权，有权制定和修改法律，具体而言：

（1）全国人民代表大会制定和修改刑事、民事、国家机构的和其他的基本法律。

（2）全国人民代表大会常务委员会制定和修改除应当由全国人民代表大会制定的法律以外的其他法律。

（3）在全国人民代表大会闭会期间，全国人民代表大会常务委员会对全国人民代表大会制定的法律进行部分补充和修改，但是不得同该法律的基本原则相抵触。

37. 简述全国人大常委会的宪法监督权和对国家机关的监督职权。

【参考答案】（1）宪法监督权（合宪性审查权）。全国人大常委会有权监督宪法的实施，有权撤销国务院制定的同宪法、法律相抵触的行政法规、决定和命令；有权撤销省、自治区、直辖市的人大和人大常委会制定的同宪法、法律和行政法规相抵触的地方性法规和决议。

（2）在全国人大常委会会议期间，常委会组成人员10人以上，可以向常委会书面提出对国务院和国务院各部门、国家监察委员会、最高人民法院、最高人民检察院的质询案。

（3）国务院、最高人民法院、最高人民检察院在全国人大常委会会议上，围绕本单位职权范围内的事务向全国人大常委会作工作汇报。

（4）全国人大常委会开展对法律实施工作进行考察的执法检查。

★38. 简述我国宪法关于紧急状态的规定。

【参考答案】（1）根据现行宪法规定，全国人民代表大会常务委员会决定全国或者个别省、自治区、直辖市进入紧急状态。这是全国人民代表大会常务委员会对紧急状态这一国家重大事项行使决定权的表现。

（2）根据现行宪法规定，国家主席宣布进入紧急状态。国家主席行使该职权时，应当根据全国人民代表大会或者全国人民代表大会常务委员会的决定。

（3）根据现行宪法规定，国务院依照法律规定决定省、自治区、直辖市的范围内部分地区进入紧急状态。国务院行使紧急状态决定权，限于省、自治区、直辖市范围内的部分地区。

★39. 简述全国人大常委会的法律解释权。

【参考答案】（1）全国人大常委会有权解释宪法和法律。全国人大常委会所解释的法律不限于它自己所制定的法律，也包括由全国人民代表大会制定的法律。

（2）全国人大常委会对各地区、各部门提出的法律条文本身需要进一步明确界限或作补充规定的，由秘书长交全国人民代表大会宪法和法律委员会会同有关的专门委员会研究，并征求有关部门的意见，提出解释的方案，经全国人大常委会审议，作出法律解释。

（3）属于审判工作、检察工作中法律的具体应用问题，分别由最高人民法院和最高人民检察院作出解释。最高人民法院和最高人民检察院的解释如果有原则性分歧，报请全国人大常委会解释或决定。

（4）属于人大工作中法律的具体应用问题，由全国人大常委会有关部门拟出答复意见，经秘书长召集有关人员开会研究决定后答复。

40. 简述全国人大常委会的人事任免权。

【参考答案】在全国人大闭会期间，全国人大常委会行使对国家机关工作人员的人事任免权，具体而言：

（1）根据国务院总理的提名，可以决定国务院其他组成人员的任免。

（2）根据中央军事委员会主席的提名，可以决定中央军事委员会其他组成人员的任免。

（3）由委员长会议提名，可以任免专门委员会的副主任委员和委员。

（4）根据国家监察委员会主任的提请，任免国家监察委员会副主任、委员。

（5）根据最高人民法院院长的提请，任免最高人民法院副院长、审判员、审判委员会委员和军事法院院长。

（6）根据最高人民检察院检察长的提请，任免最高人民检察院副检察长、检察员、检察委员会委员和军事检察院检察长，并且批准省、自治区、直辖市的人民检察院检察长的任免。

（7）由委员长提请，任免常务委员会副秘书长、工作委员会的主任和副主任。

★41. 简述我国宪法关于全国人大常委会重大事项决定权的主要规定。

【参考答案】在全国人大闭会期间，全国人大常委会有对下列国家重大事项的决定权：

（1）对国民经济和社会发展计划以及国家预算部分调整方案的审批权。

（2）决定批准或废除同外国缔结的条约和重要协定。

（3）决定驻外全权代表的任免。

（4）规定军人和外交人员的衔级制度和其他专门衔级制度，规定和决定授予国家的勋章和荣誉称号。

（5）决定特赦。

（6）遇到国家遭受武装侵犯或者必须履行国际间共同防止侵略的条约的情况，有权决定宣布战争状态。

（7）决定全国总动员或者局部动员。

（8）决定全国或者个别省、自治区、直辖市进入紧急状态。

★42. 简述全国人大代表的义务。

【参考答案】（1）模范地遵守宪法和法律，保守国家秘密，在自己参加的生产、工作和社会活动中，协助宪法和法律的实施。

（2）按时出席本级人民代表大会会议，认真审议各项议案、报告和其他议题，发表意见，做好会议期间的各项工作。

（3）积极参加统一组织的视察、专题调研、执法检查等履职活动。

（4）加强履职学习和调查研究，不断提高执行代表职务的能力。

（5）与原选区选民或者原选举单位和人民群众保持密切联系，听取和反映他们的意见和要求，努力为人民服务。

（6）自觉遵守社会公德，廉洁自律，公道正派，勤勉尽责。

43. 简述终止人大代表资格的情形。

【参考答案】代表有下列情形之一的，其代表资格终止：

（1）地方各级人民代表大会代表迁出或者调离本行政区域的；

（2）辞职被接受的；

（3）未经批准两次不出席本级人民代表大会会议的；

（4）被罢免的；

（5）丧失中华人民共和国国籍的；

（6）依照法律被剥夺政治权利的；

（7）丧失行为能力的。

44. 简述国家主席的职权。

【参考答案】（1）公布法律、发布命令权。法律在全国人大或全国人大常委会正式通过后，由国家主席公布。国家主席根据全国人大或全国人大常委会的决定，发布特赦令，宣布进入紧急状态，宣布战争状态，发布动员令。

（2）任免权。国家主席向全国人大提名国务院总理的人选；根据全国人大或全国人大常委会的决定任免国务院总理、副总理、国务委员、各部部长、各委员会主任、审计长、秘书长。

（3）外交权。国家主席代表国家，进行国事活动，接受外国使节；根据全国人大常委会的决定，派遣和召回驻外全权代表，批准和废除同外国缔结的条约和重要协定。

（4）荣典权。国家主席根据全国人大常委会的决定，授予国家的勋章和荣誉称号，并享受对外交往中的最高礼遇。

45. 简述中央军事委员会的性质和领导体制。

【参考答案】（1）性质。中央军委是国家的最高军事领导机关，领导全国武装力量。

（2）领导体制。中央军委实行主席负责制，其具体内容是：①中央军委主席向全国人大及其常委会负责，但不报告工作。中央军委在中央国家机关体系中处于从属于最高国家权力机关的法律地位。②中央军委的有关重大问题要经委员会集体讨论，但是中央军委主席有决定权。③中央军委其他组成人员必须接受中央军委主席的领导，中央军委发布的军令和其他命令须由中央军委主席签署方有法律效力。

46. 简述国务院的提案权。

【参考答案】国务院的计划、报告都必须在全国人大及其常委会会议上以议案的形式提出，主要包括如下五个方面：

（1）国民经济和社会发展计划和计划执行情况。

（2）国家预算和预算的执行情况。

（3）必须由全国人大常委会批准和废除的同外国缔结的条约和重要协定。

（4）国务院组成人员中必须由全国人大或者全国人大常委会决定任免的人选。

（5）在国务院职权范围内的其他必须由全国人大或者全国人大常委会审议或决定的事项。

47. 简述上级人民法院监督下级人民法院审判工作的主要表现。

【参考答案】（1）上级人民法院有权审判下级人民法院移送的第一审案件。

（2）上级人民法院审判对下级人民法院的判决和裁定不服上诉和抗诉的案件。

（3）上级人民法院对下级人民法院已经发生法律效力的判决和裁定，如果发现确有错误，有权提审或指令下级人民法院再审。

（4）上级人民法院对管辖权有争议的下级人民法院受理的案件，指定受理法院。

（5）通过检查案件、考核工作，上级人民法院对下级人民法院进行监督。

48. 简述我国人民法院的基本制度。

【参考答案】（1）合议制度。人民法院审理案件，由合议庭或者法官一人独任审理。绝大多数案件以合议庭形式审判，合议庭审判是我国人民法院审理案件的基本组织形式。合议庭由法官组成，或者由法官和人民陪审员组成，成员为三人以上单数。

(2) 回避制度。人民法院受理的案件如果与审判人员有利害关系或其他关系，应当回避，以保护当事人合法权益，保证公正审判，防止审判人员主观偏向。

(3) 公开审判制度。人民法院对受理的案件公开审理和公开宣判。公开审判是人民法院各项诉讼制度和原则的中心环节。

(4) 两审终审制。人民法院审判案件实行两审终审制，一个案件经过两级人民法院的审判，即告终结，以保证案件的正确处理。

(5) 审判监督制度。人民法院对已经发生法律效力的判决、裁定，发现确有错误，依法重新进行审判，以保护公民和组织的合法权益，纠正冤假错案。

(6) 审判委员会制度。人民法院实行审判委员会制度，总结审判工作经验，讨论决定重大、疑难、复杂案件的法律适用，讨论决定本院已经发生法律效力的判决、裁定、调解书是否应当再审，以及讨论决定其他有关审判工作的重大问题。

(7) 司法责任制。人民法院实行司法责任制，建立健全权责统一的司法权力运行机制。

★49. 简述人民法院审判案件在适用法律上一律平等原则。

【参考答案】(1) 人民法院审判案件在适用法律上一律平等，禁止任何形式的歧视。要求人民法院对一切公民都必须一律平等对待，一切公民的合法权益，都要依法予以保护，任何公民的违法犯罪行为，都要依法予以追究。

(2) 适用法律一律平等，还要求在适用法律上不能有任何歧视，对公民一律平等对待，不能因公民的家庭出身、地位高低、政治倾向等非法定条件而对公民有不公正的待遇。

(3) 适用法律一律平等原则，也应当表现在对待法人或其他组织方面，不论组织规模大小、企业性质、何人经营、主办单位等情况如何，都应平等保护其合法权益、追究其违法责任。

50. 简述县级以上地方各级人民代表大会地方性法规的制定权。

【参考答案】地方各级人民代表大会在本行政区域内保证宪法、法律和行政法规的遵守和执行。在不同宪法、法律和行政法规相抵触的前提下，省、自治区、直辖市的人民代表大会可以制定和颁布地方性法规，报全国人民代表大会常务委员会和国务院备案；设区的市、自治州的人民代表大会根据本行政区域的具体情况和实际需要，在不同宪法、法律、行政法规和本省、自治区的地方性法规相抵触的前提下，可以依照法律规定的权限制定地方性法规，报省、自治区的人民代表大会常务委员会批准后施行，并由省、自治区的人民代表大会常务委员会报全国人民代表大会常务委员会和国务院备案。省、自治区、直辖市以及设区的市、自治州的人民代表大会根据区域协调发展的需要，可以开展协同立法。

第二节　分析题

一、历年真题考查内容

宪法学分析题考查的范围比较广，总体难度适中，个别年份稍难。考试中，宪法学考查一道分析题，分值为 15 分。从命题规律看，几乎《考试大纲》每章内容都会涉及分析题，但比较集中考查的知识包括宪法原则、合宪性审查、选举制度、基层群众自治制度、公民的基本权利、各国家机构的组织活动或工作原则和领导体制等。在法学方向考试中，一部分分析题在《考试分析》中找不到完整答案，因此考生在复习过程中应当加强宪法学知识的综合运用能力和解题能力。具体出题情况见下表：

出题年份	考查内容
2010 年	人大代表的言论免责权、人身特别保护权、通信自由和通信秘密。
2011 年	人大代表的罢免。
2012 年	选举权和被选举权、选举程序。
2013 年	选举权和被选举权、选举程序。
2014 年	财产权、人身自由、申诉、控告、检举权、国家赔偿请求权、言论自由。
2015 年	地方政府部门的调整、地方政府部门负责人的选举、任命、行政区划变更。
2016 年	住宅权、言论自由、监督权、通信自由和通信秘密、人格尊严。
2017 年	知情权和监督权、人民代表大会常务委员会的监督权、特定问题的调查委员会。
2018 年	村民委员会。
2019 年	合宪性审查。
2020 年	平等权与合理差别、财产权、社会权利、依法纳税的基本义务、法律保留原则、国务院的职权。
2021 年	通信自由和通信秘密、人格尊严、限制公民基本权利的原则、公民个人信息保护的趋势和方式。
2022 年	我国宪法上中央和地方关系的原则、关于暂时调整或者暂时停止法律部分适用（《立法法》第 13 条）、授权规则（《立法法》第 10 条）。

二、分析题专项训练

1.（1）我国《宪法》第 64 条规定：宪法的修改，由全国人民代表大会常务委员会或者 1/5 以上的全国人民代表大会代表提议，并由全国人民代表大会以全体代表的 2/3 以上的多数通过。法律和其他议案由全国人民代表大会以全体代表的过半数通过。

（2）我国《宪法》第 5 条第 3 款规定：一切法律、行政法规和地方性法规都不得同宪法相抵触。

（3）我国《宪法》在序言中明确规定：本宪法以法律的形式确认了中国各族人民奋斗的成果，规定了国家的根本制度和根本任务，是国家的根本法，具有最高的法律效力。

请根据宪法和法律的有关规定分析：

（1）从上述条文对比分析宪法与其他法律的相同点。

（2）从上述条文对比分析宪法与其他法律的不同点。

（3）宪法效力高于其他法律的精神在于什么？

【参考答案】（1）宪法是国家法律的一种，与刑法、民法等法律一样，都是代表统治阶级的意志，都是具有国家强制力的行为规范，都是阶级统治的重要工具。这是宪法与其他法律的相同之处。

（2）宪法与其他法律的不同之处在于宪法是国家根本大法，表现在：其一，宪法的内容是规定一个国家的根本制度，例如国家性质、政权组织形式、结构形式、经济制度及公民基本权利义务等。其二，宪法的效力高于其他法律。宪法是其他法律的立法依据和立法基础。一切法律、行政法规和地方性法规都不得同宪法相抵触。其三，由前两点就决定了宪法的制定和修改程序较之其他法律更为严格：首先，宪法制定和修改的机关是依法特别组成的机关，而不是普通立法机关。其次，通过或批准宪法及其修正案，不同于其他法律程序。

（3）宪法效力高于一般法律，修改程序比一般法律更为复杂，其精神在于维持宪法的尊严和最高地位。

2. 我国《宪法》第2条规定：中华人民共和国的一切权力属于人民。人民行使国家权力的机关是全国人民代表大会和地方各级人民代表大会。人民依照法律规定，通过各种途径和形式，管理国家事务，管理经济和文化事业，管理社会事务。

请根据宪法学知识和上述宪法规定分析：

(1) 上述规定体现的是何种宪法原则？该宪法原则的含义是什么？

(2) 结合世界宪政史简要分析该宪法原则的历史发展过程。

(3) 该原则在我国宪法规定中的体现。

【参考答案】(1)《宪法》第2条规定从整体上体现了人民主权原则。人民主权原则即国家一切权力属于人民、来源于人民的宪法原则。

(2) 近代意义上的主权观念是由法国人博丹提出来的，作为学说是由法国著名思想家卢梭首创，但作为一项宪法原则却是由美国宪法首次确立的。从世界宪政发展史上看，主权经历了由君主主权向议会主权，再由议会主权向人民主权的两次转变过程。第二次转变使美国宪法最终确立人民主权原则。人民主权原则认为，国家是人民根据自由意志缔结契约的产物，所以国家的最高权力应该属于人民而不是君主。在宪法原则中，人民主权原则是核心原则。近现代民主宪政国家的宪法都直接或间接规定了人民主权原则。

(3) 我国《宪法》第2条规定从整体上体现了人民主权原则：①一切权力属于人民的实质是主权在民，是人民主权原则的体现。②全国人民代表大会和地方各级人民代表大会制度是实现人民主权的基本形式和基本制度。③人民主权原则的具体内容包括人民通过各种途径和形式，管理国家事务，管理经济和文化事业，管理社会事务。

3. 法国思想家孟德斯鸠《论法的精神》：一切有权力的人都容易滥用权力，这是万古不易的一条经验，有权力的人们使用权力，一直到遇到有界限的地方才休止。要防止滥用权力，就必须"以权力制约权力"。司法、立法、行政这三种权力必须分开，而不能、不应该彼此合并。当立法权和行政权集中在一个人或同一个机关手中，自由便不复存在了；因为人们将要担心这个国王或者议会制定暴虐的法律，并暴虐地执行这些法律。如果司法权不同立法权和行政权分离，自由也不存在了。如果司法权同立法权合而为一，那将对公民的生命和自由施行专断的权力，因为法官就是立法者。如果司法权同行政权合而为一，法官将握有压迫者的力量。如果这三种权力集中在一个人或同一个机关手中，那么一切都完了。

结合上述材料并根据宪法学知识和理论回答下列问题：

(1) 何谓三权分立？三权分立原则基本内容如何？

(2) 国家权力分立的原因是什么？

(3) 实行三权分立原则有何意义？

【参考答案】(1) 三权分立就是将国家权力分为立法权、行政权和司法权，这三种权力分别由不同机关行使。三权分立原则的基本内容是：将国家权力划分为既相互独立又相互制约的三个部分：立法、行政、司法，并建立相应的国家机关，分别行使这三个方面的权力。三权之间，既相互分立，各有自己的职权范围，又相互制约，任何一方的权力都受到另一方的限制。

(2) 国家权力之所以分立，就是因为基于这样一个前提：绝对的权力导致绝对的腐败，所以，国家权力应当分立，将国家权力划分为既相互独立又相互制约的三个部分：立法、行政、司法，并建立相应的国家机关，分别行使这三个方面的权力。

(3) 实行三权分立原则的意义在于：① 三权分立能够起到防止专制、保障自由的作用。②三权分立使权力相互牵制以达到权力的占有力上的平衡。③三权分立可以维护社会成员的利益，以保障公民的权利。

4.（1）我国《宪法》第 2 条第 1 款规定，中华人民共和国的一切权力属于人民。

（2）我国《宪法》第 3 条第 2、3 款规定，全国人民代表大会和地方各级人民代表大会都由民主选举产生，对人民负责，受人民监督。国家行政机关、监察机关、审判机关、检察机关都由人民代表大会产生，对它负责，受它监督。

（3）我国《宪法》第 27 条第 2 款规定，一切国家机关和国家工作人员必须依靠人民的支持，经常保持同人民的密切联系，倾听人民的意见和建议，接受人民的监督，努力为人民服务。

（4）我国《宪法》第 41 条第 1 款规定，中华人民共和国公民对于任何国家机关和国家工作人员，有提出批评和建议的权利；对于任何国家机关和国家工作人员的违法失职行为，有向有关国家机关提出申诉、控告或者检举的权利，但是不得捏造或者歪曲事实进行诬告陷害。

结合上述材料并根据宪法知识和理论回答下列问题：

（1）请说明权力制约与监督原则的基本内涵。

（2）请说明权力制约与监督原则在我国宪法中的体现。

【参考答案】（1）权力制约与监督原则是指国家权力机关的各部分之间相互监督、相互制约，以保障公民权利的原则，既包括了公民权利对于国家权力的制约，也包括了国家权力对于国家权力的制约。其内涵涉及两个基本方面：①国家权力分为立法权、行政权、司法权，并分别由三个不同的国家机关行使；②在立法、行政、司法等部门之间建立一种相互平衡与相互制约的关系。

（2）我国宪法在以下三个方面体现了权力制约与监督原则：①人民对国家权力的制约监督。国家一切权力属于人民。全国人大和地方各级人大都由民主选举产生，对人民负责，受人民监督。一切国家机关和国家工作人员必须依靠人民的支持，经常保持同人民的密切联系，倾听人民的意见和建议，接受人民的监督，努力为人民服务。②公民权利对国家权力的制约监督。我国宪法规定了公民的基本权利，这些基本权利意味着国家不得干涉和予以保护的义务。我国宪法还明确了公民对于任何国家机关和国家工作人员，有提出批评和建议的权利。③国家机关内部的制约监督。宪法规定了不同国家机关之间、国家机关内部不同的监督方式。国家行政机关、监察机关、审判机关、检察机关都由人民代表大会产生，对它负责，受它监督。监察委员会依照法律规定独立行使监察权，不受行政机关、社会团体和个人的干涉。监察机关办理职务违法和职务犯罪案件，应当与审判机关、检察机关、执法部门互相配合，互相制约。人民法院、人民检察院和公安机关办理刑事案件，应当分工负责，互相配合，互相制约，以保证准确有效地执行法律。

★5．2003 年发生于广州的孙志刚案，引发了 3 位法学博士以公民的身份向全国人大常委会递交建议书，建议对国务院颁布的《城市流浪乞讨人员收容遣送办法》进行审查。随后，5 位法学界人士也以公民的名义，向全国人大常委会提交就孙志刚案及收容遣送制度实施状况启动特别调查程序建议书。两部分人士的建议书都要求全国人大常委会对收容遣送制度进行合宪性审查。

请结合上述材料，根据我国宪法和法律，回答下列问题：

（1）《城市流浪乞讨人员收容遣送办法》公布后，应如何备案？

（2）你认为对收容遣送制度应当进行合宪性审查还是进行违法审查？为什么？

（3）两部分人士的建议书都要求进行合宪性审查，全国人大常委会应如何处理？

【参考答案】（1）《城市流浪乞讨人员收容遣送办法》属于行政法规，公布后应当报全国人大常委会备案。

（2）《城市流浪乞讨人员收容遣送办法》既不合宪，又违法。由于法律体系内部存在分工，在《城市流浪乞讨人员收容遣送办法》既违反宪法又违反法律时，应当援引下位法（上位法与下位法的规定不存在冲突时），否则下位法的规定就成为多余。此外，宪法的原则性规定，不能被司法机关适用，因此宪法须经立法机关“法律化”，才能被适用。

(3) 全国人大常委会收到审查建议后，由常委会工作机构进行研究，必要时，送有关专门委员会进行审查、提出意见。全国人大专门委员会、常委会工作机构可以向制定机关提出书面审查意见、研究意见。制定机关根据上述意见对该条例进行修改或废止，审查终止；制定机关不予修改的，提请全国人大常委会审议决定。全国人大专门委员会和常委会工作机构应当将审查研究情况向两部分人士反馈。

★6. 材料 1：据报道，6 月 5 日，小西湖西街社区居委会接到辖区内有人搞婚外情的反映后，立即组织人员进行调查处理，几名社区综治员在居委会主任带领下，将正在睡觉的二人逮个正着。居委会李主任告诉记者，将依照《婚姻法》对此种情况进行相应处罚。

材料 2：成都居民余某的住房客厅与卧室窗子正对着楼下居委会老年活动室，每天楼下的搓麻声不断。她因不能休息而患了神经衰弱，靠服用镇静类药物强制睡眠。为此，她先后四次找到居委会主任反映，但对方置之不理，反叫她“要清静就住别墅去”。她曾数次拨打 110 报警，因此，她与居委会及打麻将的居民们的关系紧张。为此，居委会决定召开居委会扩大会议，让居民们表决麻将晚上到底打不打、打多久。居委会主任先解释了打麻将引起纠纷的由来，又用 10 分钟让大家学习《城市居民委员会组织法》，然后请居民们自由发表意见。最后举手表决，结果以 67 比 1 的绝对优势保住了夜间打麻将的惯例。余某为此向法院提起诉讼。

材料 3：2002 年 6 月，北京朝阳区北顶居委会贴出通知，规定出租房“凡是居住东北人的一律清除（不分男女），不准租住”。

材料 4：2003 年 4 月 24 日，10 号楼一层电梯口和 11 号楼出口墙壁上，都醒目地贴着用毛笔写的措辞颇为严厉的“紧急通告”：“在当前紧急预防非典时期……我们小区接到乡办事处通知，要求凡是居住在芍药居 10 号楼和 11 号楼的外地人，必须在三天之内搬出北京回到原籍，以免在北京传染上非典，请大家谅解。如若不搬，公安部门将强制执行。”落款为“居委会”和 4 月 24 日的日期，通告上没有任何印章。

阅读上述材料，回答下列问题：

(1) 材料 1 中，居民委员会的做法是否合法？为什么？

(2) 材料 2 中，居委会的做法有何不妥？为什么？

(3) 材料 3、4 中，居委会的做法有何不妥？为什么？

【参考答案】(1) 材料 1 中，居民委员会的做法是不符合法律规定的：①根据《宪法》的规定，公民的住宅不受侵犯。禁止非法搜查或者非法侵入公民的住宅。可见，居委会主任将他人从被窝里拖出的行为，严重违反了宪法，侵害了公民的住宅权和人身自由权。②至于居委会主任说在调查清楚后按照《婚姻法》进行处罚，也是没有法律依据的。如果当事人构成重婚罪，依法应当追究刑事责任的，只能由法院依法审理，不能由居委会主任实施处罚。③根据《城市居民委员会组织法》的有关规定，居委会是居民民主选举产生的自治组织，其职责是办理本居住地区居民的公共事务和公益事业；协助人民政府或者它的派出机关做好与居民利益有关的公共卫生、计划生育、优抚救济、青少年教育等项工作。本题中，居委会既没有行政权，也没有获得法律法规授权，更没有得到委托，所以其无权搜查他人住宅。

(2) 材料 2 中，居委会的做法不符合法律规定：①召开居委会扩大会议缺乏法定依据。可以说，鼓励更多的居民参与居民事务，这本是好事，不需要宪法、法律的特别授权。但是，本事例中的会议是在出现纠纷的情况下召开的，该会议直接关涉居民多数或少数的重大利益，召开扩大会议应当具有法律依据。②根据《城市居民委员会组织法》的规定，居委会可以召集居民会议。本题中，居委会召开的扩大会议，如果选出的居民代表都是麻将爱好者，这对反对打麻将的人来说是非常不公正的；缺乏正当程序的多数民主表决本身是违反宪法、法律精神的。③根据《城市居民委员会组织法》的有关规定，居民委员会决定问题，采取少数服从多数的原则。居民委员会进行工作，应当采取民主的方法，不得强迫命令。但采取少数服从多数的原则不能以牺牲他人的休息权这个宪法规定的公民基本权利为代价，即少数服从多数原则要受到宪法的约束。

(3) 材料 3、4 中，居委会的做法不符合法律规定：①材料 3 中，居委会侵犯了东北人的平等权。根据《宪法》规定，我国公民在法律上一律平等。本题中，居委会发布的通知歧视在此租住的东北人，侵犯了他们的平等权。②材料 4 中，居委会驱逐外地人的通知就是在非典紧急状态条件下根据地方政府要求而实施的歧视措施。应当指出，如果针对材料 3、4 中的情形确有必要采取行政措施，只能由有关行政机关依法作出，不能由居委会越权作出，居委会的做法与其规定的职责不符。

7. 2006 年 2 月至 6 月，某市 A 区黄村村民黄某四次发邮件到市长电子信箱反映：黄某是已婚妇女，由于丈夫是集体户口，没有将户口迁出。在 2005 年分配村集体经济所得收益时，在村民大会上，除了黄某的家人等极少数人以外，绝大部分村民由于涉及自身的经济利益，都拒绝给其分红。村民大会是处理村务的最高机关，可对村内集体所有的财产和收益进行处理。这样，黄某等“外嫁女”不得分红的制度就以“村规民约”的方式被确定下来。

据调查，在该市部分区的农村，外嫁女未将户口迁出的，却常常受到不公平的对待，像本案中外嫁女权益受到侵害的事项大量存在，已成为该市一个较为突出的问题。

请根据我国宪法和相关法律的规定，分析上述材料并回答下列问题：

(1) 黄某是否有权取得集体经济所得收益？请说明理由。

(2) 村民大会制定的村规民约中规定“外嫁女不得分红”是否合法？请说明理由。

(3) 如何解决材料中存在的问题？

(4) 黄某应当如何维护自己的权益？

【参考答案】(1) 黄某有权取得集体经济所得收益。《宪法》规定，公民在法律上一律平等。中华人民共和国妇女在政治的、经济的、文化的、社会的和家庭的生活等方面享有同男子平等的权利。因此，任何组织和个人都不能以妇女结婚为由，侵害妇女在农村集体经济组织中的各项权益。

(2) 村规民约中“外嫁女不得分红”的规定不合法。《村民委员会组织法》规定，村民会议可以制定和修改村民自治章程、村规民约，并报乡、民族乡、镇的人民政府备案。村民自治章程、村规民约以及村民会议或者村民代表决定的事项不得与宪法、法律、法规和国家的政策相抵触，不得侵犯村民的人身权利、民主权利和合法财产权利的内容。因此，如果妇女户口未迁出的，其仍然享有与同村男性居民相同的权利。

(3) 解决材料中存在问题的途径：①加强对村民自治的监督制度。②完善司法救济途径。③加强妇女、特别是农村妇女宪法权利的保障和落实。

(4) 黄某因其集体经济收益受到侵害，可以要求有关部门依法处理，或者依法向仲裁机构申请仲裁，或者向人民法院起诉。

★8. 某县选举县人民代表大会代表，依照选举法的规定，采取了直接选举的方式。在确认选民资格时，凡年满 18 周岁的城镇和农村人员均列入选民资格，对判处有期徒刑、拘役、管制而没有附加剥夺政治权利的人，均准予其行使选举权；对依法被剥夺政治权利的人，以及正在被羁押的人和正在受侦查、起诉、审判的人，一律不得行使选举权。在提出代表候选人时，有些是各政党、各人民团体单独或联合推荐提出的，有些是选民 5 人联名推荐提出的，有些是乡镇人大单独或联合推荐提出的。

结合上述材料并根据宪法学的知识和理论分析该县人大代表选举存在的问题，并说明理由。

【参考答案】(1) 该县对正在被羁押的人和正在受侦查、起诉、审判的人，一律不得行使选举权的做法是错误的。根据选举法和有关法律规定，对正在被羁押的人和正在接受侦查、起诉、审判的人，只要没有被剥夺政治权利，都有选举权和被选举权。因此，该县的做法不符合选举法规定。

（2）选民 5 人联名推荐代表候选人的做法是错误的。根据选举法规定，选民或者代表，10 以上联名，才可以推荐代表候选人。因此，5 人联名推荐代表候选人的做法不符合选举法规定。

（3）由乡、镇人大提出代表候选人的做法是错误的。根据选举法规定，各政党、各人民团体，可以联合或者单独推荐代表候选人。选民或者代表，10 人以上联名，也可以推荐代表候选人。乡镇人大推荐代表候选人这种做法不符合选举权的普遍性原则，因而是错误的。

9. 2015 年 3 月 15 日，十二届全国人大三次会议表决通过了关于修改《中华人民共和国立法法》的决定，修改后的《立法法》将税收专设一项作为第 8 条第 6 项，明确“税种的设立、税率的确定和税收征收管理等税收基本制度”只能由法律规定。这意味着，今后政府收什么税、向谁收、收多少、怎么收等事项，只能由法律予以明确。

请结合上述材料，根据我国宪法和法律，回答下列问题：

（1）税收法定原则中的“法定”的内涵是什么？

（2）落实税收法定原则符合哪些宪法原则？为什么？

（3）实行税收法定原则与我国宪法规定的公民纳税义务是否冲突？为什么？

【参考答案】（1）税收法定原则中的“法定”是指有关税收方面的事项，只能由全国人大及其常委会通过制定法律的方式予以明确。

（2）落实税收法定原则符合人民主权原则和法治原则。首先，落实税收法定原则符合人民主权原则。税收权是纳税人以缴纳税款的形式让渡自己的财产权利而形成的一种国家权力，是一切权力属于人民的宪法民主原则在税法领域的要求和反映。其次，落实税收法定原则符合宪法法治原则。税收法定主义是以约束征税权为手段，其根本目的是保障纳税人权利，通过对征税主体征税行为的规范，税收法定主义为保护作为宪法基本权利的公民财产权提供了制度依据。而公民的财产权属于公民基本权利，对于涉及公民基本权利的事项，应当由立法机关通过法律来规定，这符合法治原则。

（3）实行税收法定原则与我国宪法规定的公民纳税义务并不冲突。因为税收法定原则的根本目的在于限制公权力的征税权，在税收法定原则的限制下，公民依法履行宪法规定的纳税义务，使征税权和纳税义务之间形成平衡态势，才能更好地维护纳税人的基本权利。

10. 2005 年北京市西城区人大换届选举时，北京某著名的大饭店员工王某等 16 人，在大饭店登记为合法选民，但该饭店以王某等并没有本市户口或暂住证为由未发给他们选民证，选民名单也没有列入王某等 16 人作为选民，也没有通知他们参加选举。为此，王某等 16 人向选举委员会提出了申诉，但选举委员会到第四日仍未作出处理决定，王某等 16 人被迫向人民法院起诉，要求该饭店承担法律责任，并赔偿经济损失。

请结合我国现行宪法和选举法的规定，分析上述材料并回答问题：

（1）大饭店是否侵害王某等 16 名员工的选举权？为什么？

（2）王某等 16 名员工如何行使选举权利？依据何在？

（3）选举委员会没有作出处理决定的做法是否正确？为什么？

（4）王某等 16 名员工是否有权向人民法院起诉？为什么？

【参考答案】（1）大饭店的做法侵犯了王某等 16 名员工的选举权利。理由是：凡是年满 18 周岁的中国公民，不分民族、种族、性别、职业、家庭出身、宗教信仰、教育程度、财产状况和居住年限，都有选举权和被选举权。本题中，城市中的外来打工者，年龄一般超过了 18 周岁，只要其没有被依法剥夺政治权利，那么都拥有选举权和被选举权，不能以其在城市中没有“户口”或者没有“暂住证”为由而剥夺其选举权利。

（2）选区可以按照居住状况划分，也可以按照生产单位、事业单位、工作单位划分。据此，王某等16名员工可以在其打工的工作单位大饭店参加选举，也可以回原籍参加选举。如果回原籍不方便的，可以委托代为投票选举。

（3）选举委员会对王某等人的申诉没有处理是不符合选举法规定的。根据《选举法》的规定，对于公布的选民名单有不同意见的，可以在选民名单公布之日起5日内向选举委员会提出申诉。选举委员会对申诉意见，应在3日内作出处理决定。本题中，选举委员会在3日内仍未作出处理决定，因此是违反选举法的。

（4）王某等16名员工有权向人民法院起诉。根据《选举法》的规定，申诉人如果对处理决定不服，可以在选举日的5日以前向人民法院起诉，人民法院应当在选举日以前作出判决。人民法院的判决为最后决定。据此，王某等人有权向人民法院起诉。

★11. 某镇政府通知所辖某村村委会，要求村委会向每户村民收取1 000元用于修建该村公路，以利于该村农产品的输出；要求村委会将一幅村集体用地租赁给在该村开办的乡镇企业。村民认为修建村公路没有经过他们讨论同意，不愿意交款，而且反对将村集体土地租给乡镇企业。村委会告知村民，如不按期交款，就不执行村民会议讨论决定的征地补偿费的使用、分配方案。村民对此强烈不满，欲召集村民会议讨论修建村公路和租赁土地问题，并欲罢免村委会成员。

请结合上述材料，根据我国宪法和法律，回答下列问题：

（1）镇政府要求村委会向村民收费的做法是否合法？为什么？

（2）对于修建公路和将集体土地租赁给乡镇企业，应由谁决定办理？如何决定？

（3）村民会议的组成、召集有何法律要求？

（4）村民欲罢免村委会成员，需经过何种程序？

【参考答案】（1）镇政府要求村委会向村民收费的做法不合法。村委会是基层群众性自治组织，镇政府对村委会的工作给予指导、支持和帮助，但是不得干预村民自治范围内的事项。本案中，修建村公路属于村公益事业的兴办事项，属于自治范围内的事项，镇政府无权要求村委会执行其要求。

（2）修建公路和将集体土地租赁给乡镇企业，属于涉及村民利益的事项，因此应当经村民会议讨论决定方可办理。村民会议所作决定应当经到会人员的过半数通过。

（3）村民会议由本村18周岁以上的村民组成。村民会议由村民委员会召集。有1/10以上的村民或者1/3以上的村民代表提议，应当召集村民会议。召开村民会议，应当有本村18周岁以上村民的过半数，或者本村2/3以上的户的代表参加。

（4）本村1/5以上有选举权的村民或者1/3以上的村民代表联名，可以提出罢免村民委员会成员的要求，并说明要求罢免的理由。罢免村民委员会成员，须有登记参加选举的村民过半数投票，并须经投票的村民过半数通过。

★12. 2007年3月在某地进行县人民代表大会代表的选举，一选区应选举3名代表。经过选民联名推荐，共产党、各民主党派以及妇联、工会、共青团等单独或联合提名，一共提出了20多个代表候选人。选举委员会将汇总结果在选举日18天前公布并将其交给各选民小组讨论、协商，离选举日只剩下3天时间的时候，对正式代表候选人仍然没有达成一致意见，选民们认为应该被确定为正式候选人的有8人。选举委员会主任觉得马上要进行正式选举，不能再往后拖了，就从这8人里面指定武某、李某和马某作为正式候选人，并张榜公布。

请问：在该选区代表候选人的提出过程中，选举委员会违反了《选举法》的哪些规定？

【参考答案】（1）根据《选举法》的规定，如果所提候选人超过了选举法规定的最高差额比例，由选举委员会交各该选区的选民小组讨论、协商，根据较多数选民的意见，进行预选，根据预选时得票多少的顺序，确定正式代表候选人名单。该选区在不能确定正式代表候选人的情况下，由选举委员会主任指定3人为正式代表候选人，违反了上述规定，是严重违反了民主选举要求的做法。

（2）根据《选举法》的规定，正式代表候选人名单应当在选举日的7日以前公布。在该选区，指定的正式代表候选人的名单是在选举日3天前公布的，违反了该规定，损害了选民充分了解代表候选人的权利。

（3）根据《选举法》的规定，各级人民代表大会代表的选举，均实行差额选举，所提出的正式代表候选人的名额应当多于应选代表的名额。由选民直接选举的代表候选人的名额，应多于应选代表名额的1/3至1倍。按照这个规定，该选区正式代表候选人至少应该是4人，而公布的代表候选人名单上只有3人，等于是实行等额选举，违反了这一规定。

13. 1998年，有1000多名香港人在内地所生的子女，因没有香港特区政府颁发的居留权证书，特区政府欲将其遣返内地，要求他们办理申请批准手续后，按照先后顺序合法来港居住。在被遣返的无证儿童中有4名对此不服，以香港特区政府剥夺他们依法应该享有的权利为由，诉诸法院。这就是吴嘉玲、吴丹诉入境事务处处长案和陈锦雅案等相关案件。诉讼几经周折后，特区终审法院判决香港特区政府败诉，同时指出：香港终审法院享有宪法性管辖权，如果全国人大及其常委会的立法与基本法相抵触，香港法院有权审查并宣布全国人大及其常委会的立法行为无效。

结合上述材料并运用宪法学的知识和理论回答下列问题：

（1）如何界定香港特别行政区基本法的解释主体的权限？

（2）香港特区终审法院对吴嘉玲、吴丹案等相关案件的判决和对判决所作的解释是否具有法律效力？为什么？

【参考答案】（1）享有香港特别行政区基本法解释权的主体包括全国人大常委会和香港特区法院。香港特别行政区基本法解释权限划分为：①香港特别行政区基本法解释权属于全国人大常委会。②香港特区法院在审理案件时需要对基本法关于中央人民政府管理的事务或中央和香港特区关系的条款进行解释，而该条款的解释又影响到案件的判决，在对该案件作出不可上诉的终局判决前，应由香港特区终审法院请全国人大常委会对有关条款作出解释。如全国人大常委会作出解释，香港特区法院在引用该条款时，应以全国人大常委会的解释为准。③全国人大常委会授权香港特区法院在审理案件时对基本法关于香港特区自治范围内的条款自行解释。香港特区法院在审理案件时对基本法的其他条款也可解释。

（2）香港特区终审法院对吴嘉玲、吴丹案等相关案件的判决具有法律效力，但对判决的解释无效：①香港特区终审法院享有独立的司法权和终审权，因此，香港特区终审法院的判决是有效判决。②香港特区终审法院对案件的解释是无效的。因为全国人大常委会对基本法享有最终解释权限，特区法院必须以全国人大常委会的解释为依据。

★14. 材料1：甲、乙二人到丙快餐店就餐。丙店门口的灯箱广告中宣称：每位28元，国家公务员每位26元；1.3米以下儿童每位19元；当天生日者，凭身份证免费就餐一次。甲、乙二人每人交纳了28元进店就餐后，认为丙店的灯箱广告声称的“每位28元，国家公务员每位26元”是对非公务员消费者的歧视，遂向法院起诉，要求丙店退还多收的4元钱，并赔礼道歉。

材料2：铁路运输部门在寒、暑假期间对在异地求学的大、中学生实行半价优惠票价，并提前售票和专设售票窗口。就铁路部门的做法是否存在正当性问题，社会上曾经存在过非议，但实行了多年，社会上也得到了广泛认可。

请根据宪法学知识和理论对上述材料进行分析并回答下列问题：

（1）材料1中，丙店的做法是否构成宪法中的“区别对待与歧视”？为什么？

（2）材料 2 中，铁路运输部门对大、中学生实行优惠票价是否构成“合理差别”？为什么？

（3）结合材料 1、2 说明宪法中判断合理差别或区别对待的条件和标准。

【参考答案】（1）材料 1 中，丙店的做法并未构成宪法中的“区别对待和歧视”，因为宪法中构成“区别对待和歧视”是判断政府的行为，而不是其他组织或者个人的行为，其他组织的行为以及个人好恶不能成为宪法中的“区别对待和歧视”。如果甲、乙二人认为丙店的做法构成区别对待和歧视，只能通过民法规范或者保护弱者的法律予以规制，而不能依据宪法条款解决。

（2）材料 2 中，铁路运输部门的做法构成宪法规定的“合理差别”，因为铁路运输部门实行半价优惠票价的目的在于保护和照顾无收入来源的学生这一弱势群体，具有正当性。

（3）判断构成宪法中的合理差别的标准是：①采取合理差别措施的主体仅限于政府，不包括其他组织和个人。②政府进行区别对待的目的必须是为了实现正当的而且是重大的利益。③这种区别对待必须是实现其所宣称的正当目的的合理的乃至是必不可少的手段。④政府负有举证责任。

15. 某市公安交通管理部门为了整顿交通秩序，减少行人交通违章，决定对外地打工者不走人行横道或者私闯红绿灯的行为，除了按照交通法规进行处罚外，还吊销本人“外地人员务工证”，取消其在本市的务工资格。

请根据宪法和法律的有关规定分析：

（1）该市公安交通管理部门的做法侵犯了公民的何种宪法权利？为什么？

（2）公安交通管理部门违反宪法的依据是什么？

【参考答案】（1）该市公安交通管理部门的做法是错误的，它侵犯了外地打工者作为中华人民共和国公民的基本权利之一——平等权。该市公安交通管理部门的做法是将外地打工者与本市居民区别对待，使他们之间在违法行为的后果上承担不平等的责任，这既违反了宪法，也侵犯了公民的平等权。

（2）《宪法》规定，中华人民共和国公民在法律面前一律平等。这既包括公民在守法上一律平等，也包括任何公民的合法权益都一律平等地受到保护，对违法行为一律依法予以追究，即司法上的平等，同时还包括在法律面前反对任何特权。本题中，公安交通管理部门仅处罚外地人，这实际上是赋予了本市居民闯红灯可以不受处罚的特权，这违反了法律面前人人平等原则。

★ 16. 2005 年 3 月份，深圳市公安局龙岗分局龙新派出所在无任何证据证明在其辖区内存在“河南籍敲诈勒索团伙”的前提下，在辖区的怡丰路黄龙塘市场附近的大街上悬挂“坚决打击河南籍敲诈勒索团伙”和“凡举报河南籍团伙敲诈勒索犯罪、破获案件的，奖励 500 元”的横幅。这一明显带有地域歧视性质的横幅一挂出，当即招致不少市民的非议。当年 4 月 15 日，河南籍公民李东照和任诚宇以深圳市公安局龙岗分局的行为侵害了二人的名誉权为由，向郑州市高新区人民法院提起诉讼。此案引起了各地传媒的广泛关注，被称之为“首例地域歧视案”。2006 年初，该案经郑州市高新区人民法院主持调解，双方当事人表示和解，自愿放弃其他诉讼请求。

请结合上述材料，根据我国宪法和法律，回答下列问题：

（1）龙岗分局龙新派出所的做法是否构成地域歧视？为什么？

（2）龙岗分局龙新派出所的做法违反了何种宪法原则？为什么？

（3）判断政府的措施是合理差别还是违反平等保护的歧视性做法的标准有哪些？

【参考答案】（1）龙岗分局龙新派出所的做法构成地域歧视。根据我国宪法规定，对于所有公民应当采取无差别的待遇，除非存在进行差别对待的合理理由。尤其是不得把种族、性别、家庭出身、宗教信仰作为法律上的不同对待的理由。龙岗分局龙新派出所以身份和籍贯界定违法犯罪行为，并以此打击犯罪分子，构成地域歧视。

（2）龙岗分局龙新派出所的做法违反了“法律面前人人平等”的宪法原则。我国宪法规定，“中华人民共和国公民在法律面前一律平等”，“国家尊重和保护人权”。因此，龙岗分局龙新派出所的横幅中将地域作为一个犯罪特征来强调，实际上明显造成一种对犯罪分子籍贯的歧视，这是不符合我国宪法精神的，违反了平等权原则。

（3）判断政府的措施是合理差别还是违反平等保护的歧视性做法的标准有：首先，政府进行差别对待的目的必须是为了实现正当的而且是重大的利益；其次，这种差别对待必须是实现其所宣称的正当目标的合理的乃至是必不可少的手段；最后，政府负举证责任。

★17. 材料1：我国《宪法》第37条规定：中华人民共和国公民的人身自由不受侵犯。任何公民，非经人民检察院批准或者决定或者人民法院决定，并由公安机关执行，不受逮捕。禁止非法拘禁和以其他方法非法剥夺或者限制公民的人身自由，禁止非法搜查公民的身体。

材料2：我国《立法法》第8条第5项规定：下列事项只能制定法律……（5）对公民政治权利的剥夺、限制人身自由的强制措施和处罚。

材料3：2013年12月28日，全国人大常委会通过了《关于废止有关劳动教养法律规定的决定》。决定规定，在劳动教养制度废止前，依法作出的劳动教养决定有效；劳动教养制度废止后，对正在被依法执行劳动教养的人员，解除劳动教养，剩余期限不再执行。

结合上述材料并根据宪法学的知识和理论回答下列问题：

（1）结合材料1概括说明公民人身自由权的基本内容。

（2）结合材料1、2说明我国宪法在公民人身自由权保障方面存在的不足。

（3）结合材料1、2、3说明我国废止劳动教养制度的理由。

【参考答案】（1）我国宪法规定的公民人身自由权包括：①公民的人身自由不可侵犯；②对公民采取逮捕这一限制人身自由的强制措施，必须经人民检察院批准或者决定或者人民法院决定并由公安机关执行；③禁止非法拘禁和以其他方法非法剥夺或者限制公民的人身自由，禁止非法搜查公民的身体。

（2）我国宪法在公民人身自由权保障方面存在如下不足：①限制程序条款不够完善，只规定了逮捕的限制程序，没有涵盖限制人身自由的各种形式。②没有在宪法上明确规定严格的法律保留原则，而是在《立法法》中予以规定。

（3）我国废止劳动教养制度的理由：①缺乏法律依据。《立法法》规定限制人身自由的强制措施和处罚只能制定法律，而目前劳动教养制度是缺乏法律依据的。②处罚过重。劳动教养虽是一种行政强制措施，但实际是一种处罚。作为针对犯罪行为的刑罚，管制最高期限为2年，拘役最高期限为6个月，而针对不够刑事处分的违法行为的劳动教养竟然可达4年之久，重者轻罚、轻者重罚现象十分明显。③缺乏正当程序。正当程序是法律的灵魂，虽然劳动教养须经有关部门审查批准，但实际上是公安机关决定，由于没有一个公开、正当程序的约束，作出劳动教养的随意性很大，公民的人身自由没有保障。④废止劳动教养制度有利于贯彻尊重和保障人权的宪法原则，有利于保护公民的人身自由权和人格尊严权等宪法权利。因此，2013年12月28日，全国人大常委会通过了《关于废止有关劳动教养法律规定的决定》，具有历史进步意义。

★18. 甲县公民李某因涉嫌盗伐林木而被甲县公安机关刑事拘留，并被羁押于甲县某看守所。时隔一月后，李某死在了看守所，死因是“重度颅脑损伤”。甲县公安机关对此事的解释是：“人犯”李某受伤是由于其与同监室的狱友普某等人在看守所天井里玩“躲猫猫”游戏时，抓到了普某，引起普某的不满，最终两人发生争执，争执中普某先踢了李某一脚，随后又朝其头部击打一拳，由于李某重心不稳摔倒后不小心撞到墙壁，最终受伤。后经调查，李某是被牢头狱霸殴打致死。

（附：国务院于 1990 年制定的《中华人民共和国看守所条例》第 2 条规定：看守所是羁押依法被逮捕、刑事拘留的人犯的机关。第 4 条规定：看守所监管人犯，必须坚持严密警戒看管与教育相结合的方针，坚持依法管理、严格管理、科学管理和文明管理，保障人犯的合法权益。严禁打骂、体罚、虐待人犯。）

结合上述材料并运用宪法学知识和理论回答下列问题：

（1）《看守所条例》第 2、4 条规定是否符合宪法原则？为什么？

（2）全国人大常委会是否有权撤销《看守所条例》？为什么？

（3）李某的哪些宪法权利受到侵害？

【参考答案】（1）《看守所条例》第 2、4 条规定不符合宪法原则：①《看守所条例》违反了法治原则中的法律保留原则。根据立法法规定，限制人身自由的强制措施和处罚只能制定法律，因此，限制人身自由的强制措施属于法律保留事项，法律保留是宪法法治原则的内容之一，行政法规不得代位规定。《看守所条例》属于行政法规，不能就限制人身自由的强制措施作出规定。②《看守所条例》违反了基本人权原则。材料中，李某被限制人身自由，看守所应当保障犯罪嫌疑人李某的合法权益，使其生命权受到保护；《看守所条例》仍将犯罪嫌疑人称为“人犯”，这是有罪推定，这也违反了“国家尊重和保障人权”的宪法规定。

（2）全国人大常委会有权撤销《看守所条例》。根据宪法规定，全国人大常委会有权撤销国务院制定的同宪法、法律相抵触的行政法规、决定和命令。

（3）材料中，李某被看守所羁押，因此，李某的人身自由权受到侵害；李某被殴致死，其生命权并未得到保障，因此，李某的生命权也受到侵害。

19. 材料 1：我国《宪法》第 39 条规定：中华人民共和国公民的住宅不受侵犯。禁止非法搜查或者非法侵入公民的住宅。

材料 2：我国《刑法》第 245 条规定：非法搜查他人身体、住宅，或者非法侵入他人住宅的，处 3 年以下有期徒刑或者拘役。司法工作人员滥用职权，犯前款罪的，从重处罚。

材料 3：我国《治安管理处罚法》第 40 条规定：有下列行为之一的，处 10 日以上15 日以下拘留，并处 500 元以上 1 000 元以下罚款；情节较轻的，处 5 日以上 10 日以下拘留，并处 200 元以上 500 元以下罚款：（1）组织、胁迫、诱骗不满 16 周岁的人或者残疾人进行恐怖、残忍表演的；（2）以暴力、威胁或者其他手段强迫他人劳动的；（3）非法限制他人人身自由、非法侵入他人住宅或者非法搜查他人身体的。

根据上述材料回答下列问题：

（1）如何界定材料 1 中规定的“住宅”的范围？如何理解“非法侵入”的行为？

（2）结合材料 1、2、3 概括说明我国对住宅安全的法律保护。

（3）结合材料 1、2、3 概括说明住宅安全权的功能。

【参考答案】（1）住宅不限于公民具有所有权的房屋，还应当包括虽无所有权但长期或临时使用的场所；对住宅的非法侵入不仅指直接非法侵入住宅内部的行为，还包括在住宅外部通过一定的设备非法监听或窥视住宅内部的私生活情景的行为。

（2）我国通过多部法律依法保障公民享有的住宅安全权：通过宪法规定，我国将住宅安全权确认为公民的一项基本权利。通过刑法规定，我国将非法侵入他人住宅的行为规定为犯罪行为，并规定了相应的刑罚；为了防止公权力对住宅安全权的侵犯，刑法还规定了司法工作人员侵入住宅的从重处罚情节。通过治安管理处罚法的规定，我国将非法侵入住宅的行为规定为违法行为，并依情节相应给予拘留、罚款等行政处罚措施。

（3）住宅安全权具有如下功能：①防止公权力迫害的功能。住宅安全权是公民对国家享有的一种权利。②保护公民住宅安全的功能。立法机关为保护公民住宅安全，规定了多种惩罚措施。

20. A市某公安分局派出所接到群众举报，辖区内有人在家看“黄碟”，4名民警遂前去调查。当时新婚不久的甲、乙夫妻已经休息，4名民警以看病为由敲门进入诊所（甲、乙二人以开办的诊所为家，平时住在诊所内），没有表明身份，直接闯入甲、乙夫妻的卧室，他们一边掀起被子一边说：有人举报你们看黄碟，快将东西交出来。当民警欲将VCD机和电视机以及碟片拿走的时候，甲和民警们发生了争执。民警以妨害警方执行公务为由，将甲带回派出所，第二天甲家向派出所交了1 000元暂扣款后被放回。时隔2个月后的某天中午，该公安分局突然以“涉嫌妨害公务罪”刑事拘留了甲。案件发生后，当地媒体进行了报道，在社会上引起了强烈反响。

请根据上述材料回答下列问题：

（1）甲的哪些宪法权利受到了侵犯，这些宪法权利在我国现行宪法中是如何规定的？

（2）公安机关在执法过程中违反了哪些执法和处罚原则？

【参考答案】（1）甲受到侵害的宪法权利有：私有财产权；人身自由权；住宅安全权和隐私权（我国宪法没有规定隐私权，因此隐私权可以不回答——编者注）。我国宪法规定，公民的合法的私有财产不受侵犯。国家保护公民的私有财产权。公民的人身自由不受侵犯。禁止非法拘禁和以其他方法非法剥夺或者限制公民的人身自由。中华人民共和国公民的住宅不受侵犯。禁止非法搜查或者非法侵入公民的住宅。

（2）公安机关在执法过程中违反了合理性原则和正当程序原则，在具体的行政执法活动中还违反了行政处罚的一事不再罚原则和不得给予二次以上行政处罚的原则。公安机关在执法过程中因当事人的申辩而加重处罚的做法也是违法的。

21. 韩某因小时候患小儿麻痹症，导致下肢残疾，行动不便。2004年韩某高中毕业报考该市普通中专学校，填报第一志愿是该市某财经学院，该校录取分数线为400分，韩某的考试成绩为420分，超过了录取分数线，已具备录取条件。但该校以本校的计算机房在五层楼，韩某无处理能力为由，拒绝录取韩某。

请结合我国现行宪法的规定及相关宪法知识，分析上述材料并回答下列问题：

（1）该校提出“本校的计算机房在五层楼，韩某无处理能力”的理由不录取韩某，这是否违反宪法规定？依据何在？

（2）韩某应如何维护自己的合法权益？

【参考答案】（1）财经学院以“本校的计算机房在五层楼，韩某无处理能力”的理由不录取韩某，违反了我国宪法的规定。根据我国《宪法》的规定，国家和社会帮助安排盲、聋、哑和其他有残疾的公民的劳动、生活和教育。据此规定，残疾人享有平等的受教育的权利。如果残疾考生符合国家规定的录取标准，无论是普通高中，还是高等院校，都必须招收其入学，不得因其残疾而拒绝招收。

（2）根据宪法和相关法律规定，普通小学、初中，必须招收能适应其学习生活的残疾儿童、少年入学；普通高中、中专学校、技工学校和高等院校，必须招收符合国家规定的录取标准的残疾考生入学，不得因其残疾而拒绝招收；拒绝招收的，当事人或者其亲属、监护人可以要求有关部门处理，有关部门应当责令这一学校招收。据此，韩某可以要求有关部门处理，有关部门则应当责令财经学院招收。

★22. 公民甲某于2006年12月应聘到乙公司工作，并签订了劳动合同。根据乙公司规章制度的规定，员工应当在每周一至周五每天加班5小时，以加紧完成公司所委派的任务；在受雇期间，员工不得擅自外出，另行住宿。2007年2月某周五，甲某加班完后到亲戚家居住。乙公司以甲某严

重违反用人单位规章制度为由将其开除，并扣发工资。

请根据宪法原理和有关法律规定回答下列问题：

(1) 乙公司侵犯了甲某哪些宪法权利？请说明理由。

(2) 甲某应当如何维护自己的权利？请说明理由。

【参考答案】(1) 乙公司侵犯了甲某如下宪法权利：①休息权。我国《宪法》规定，我国公民有休息的权利，我国《劳动法》也规定要充分保障劳动者的休息权。本题中，乙公司违反宪法和劳动法规定，延长劳动者工作期限，这是违法的。②人身自由权。我国《宪法》规定，公民的人身自由不受侵犯。我国宪法赋予公民享有极其广泛的权利和自由，人身自由、居住自由是公民享有的人格权利。本题中，乙公司不允许员工在外住宿，这侵犯了甲某的人身自由权和居住权，违背了我国的宪法精神。③劳动权。我国《宪法》规定，公民享有劳动权。本题中，乙公司将甲某开除并扣发工资侵犯了甲某的劳动权和从劳动中获得报酬的权利。

(2) 甲某可以向乙公司所在地的劳动争议仲裁机构申请劳动仲裁，对于不服仲裁机构仲裁的，还可以在法定期限内向人民法院起诉。

★23. 材料1：2002年1月7日，四川大学法学院1998级学生蒋韬将中国人民银行成都分行告上法庭，理由是该行招聘限制身高，违反了宪法关于“公民在法律面前人人平等”的规定，侵犯了其担任国家机关公职人员的报名资格。该案被称为“中国宪法平等权第一案”。

材料2：安徽青年张先著大学毕业后于2003年6月参加国家公务员考试，笔试和面试都取得了第一名。然而安徽省芜湖市人事局并没有录用他。张先著因此状告芜湖市人事局，引出了公众广泛关注的“中国乙肝歧视第一案”。

材料3：四川大学2003级法律硕士杨世建因年龄受限无法通过中央、国家机关公务员考试报名，向北京市高级人民法院状告人事部。

根据上述材料并结合宪法学的知识和理论回答下列问题：

(1) 材料1、2、3中当事人的何种公民基本权利受到侵害？

(2) 材料中各级法院是否可以援引宪法条文对上述案件进行判决？应当如何处理？为什么？

(3) 在宪法规定的公民基本权利受到侵害时，如何保障公民的宪法权利？请结合材料谈谈您的想法。

【参考答案】(1) 材料1中当事人的平等权受到侵害；材料2和材料3中当事人的劳动权受到侵害，也侵犯了当事人的平等受教育权。

(2) 材料中的各级法院不能援引宪法条文对各案件进行判决，因为宪法规范具有宣誓性特征，法院不能直接援引宪法条文进行案件判决，法院也无权就中国人民银行或者人事部等部门的规范性文件是否合宪进行审查。在审理具体案件时，法院只能根据案件的性质，或者作为行政案件处理，或者作为民事案件处理；如果法院认为有必要援引法条予以说明的，则应当根据宪法基本权利条款的精神来解释规范性法律文件的有关条款。

(3) 由于法院没有规范性法律文件合宪性的审查权，且法院无权援引宪法具体条文对案件进行判决，因此，在公民宪法权利受到非法侵害时，往往得不到救济，从而阻碍了宪法的实施，损害了宪法的尊严，且目前合宪性审查机制尚未很好地发挥作用，故本人认为，我国应当建立保障公民宪法权利的机制和体制，对我国现行的合宪性审查制度进行调整，并加强合宪性审查机制，包括设立专门的合宪性审查机关，或者在一定程度上引用宪法司法化制度，弥补在公民宪法权利受到侵害时无法救济的弊端。

24.《扬子晚报》曾以《省内首家开发区法院在南通组建》为题报道：“最高人民法院近日正式

批复，同意组建南通经济技术开发区人民法院。”此外，最高人民法院还批复了北京、天津、广州、武汉、成都、大连、烟台、秦皇岛、淄博、廊坊等二十多个城市的开发区法院。一些地方还在开发区设立人大常委会的派出机构，负责联系监督开发区法院的工作。

请结合上述材料，根据我国宪法和法律，回答下列问题：

(1) 开发区是否属于我国一级行政单位？为什么？

(2) 最高人民法院是否有权批准设立开发区人民法院？为什么？

(3) 开发区法院的设置是否符合我国国家机构体制？为什么？

(4) 一些地方在开发区设立人大常委会的派出机构的做法是否正确？为什么？

【参考答案】(1) 开发区不属于我国一级行政单位。因为根据我国宪法规定，我国的行政区划不包括开发区。

(2) 最高人民法院无权设立开发区人民法院。因为人民法院依照宪法、法律和全国人民代表大会常务委员会的决定设置。

(3) 开发区法院不符合我国国家机构体制。因为根据我国宪法和法律规定，地方各级法院应在地方行政区划内设立，基层人民法院和专门法院中也不包括开发区法院，因此开发区法院不属于我国人民法院组织体系的一部分。开发区法院也没有与之对应的监督行使其职权的人民代表大会及其常务委员会，在人民代表大会不能设置的情况下，不能设置开发区人民法院。

(4) 一些地方在开发区设立人大常委会的派出机构的做法不正确，违反了法律保留原则。因为在一级政权体制外设立派出机构是涉及国家机构的组织和职权的重大问题，属于全国人大及其常委会的专属立法权限，必须有法律的明确规定方可为之。

25. 据报道，进入 2004 年，国务院作出决定，取消总理办公会议。此前，总理办公会议是由总理，有时也委托副总理主持召开，是国务院系统根据工作需要设立的决策会议。总理办公会议不定期召开，在过去发挥了重要的作用。很多重大决策都是在总理办公会议上作出的。

请结合材料分析下列问题：

(1) 总理办公会议是否符合我国宪法规定？为什么？

(2) 取消总理办公会议有何意义？

【参考答案】(1) 总理办公会议不符合我国宪法规定。理由：①根据我国宪法规定，国务院会议形式包括国务院全体会议和国务院常务会议两种，没有办公会议这种会议形式。②国务院全体会议由国务院全体成员组成，包括总理、副总理、国务委员、各部部长、各委员会主任、审计长、秘书长。国务院常务会议由总理、副总理、国务委员、秘书长组成。国务院工作中的重大问题，必须经国务院常务会议或者国务院全体会议讨论决定。总理办公会议在组成上和重大决策上都违反了我国宪法规定。

(2) 意义：①取消总理办公会议体现了依宪治国、依法行政的理念。②取消总理办公会议有助于实现国务院工作的法制化。

★26. 2001 年 9 月 23 日，最高人民法院作出批复：根据《中华人民共和国民事诉讼法》第 37 条第 1 款规定的精神，指定全军各级军事法院开始试行办理军内民事案件，并规定了军事法院审理军内民事案件的具体范围，以及当事人向军事法院提起民事诉讼的原则。

请结合材料分析下列问题：

(1) 军事法院能否办理民事案件？最高人民法院能否决定军事法院的管辖范围？为什么？

(2) 针对最高人民法院的决定，全国人大常委会应如何处置？

【参考答案】(1) 军事法院无权办理民事案件，最高人民法院无权决定军事法院的管辖范围。理由：①军事法院管辖权的分配属于国家权力的配置范围，国家权力的配置应由宪法或法律规定。②立法法规定，诉讼制度，包括法院管辖制度应由法律规定。现行法律中，并无有关军事法院可以审理军内民事案件的规定。最高人民法院有关军事法院管辖军内民事案件的规定违反了法治原则中的法律保留原则。③最高人民法院只能就具体应用法律的问题作出司法解释，而不能就案件的管辖范围作出具有规范性法律文件性质的规定。

（2）全国人大常委会可以根据宪法与有关法律的规定，对最高人民法院进行宪法监督，具体通过合宪性审查的方式对最高人民法院的决定作出处理，要求最高人民法院撤销该决定。

★27. 2006年9月，重庆彭水苗族土家族自治县教委借调干部秦中飞因填写的一阕《沁园春·彭水》而涉嫌诽谤罪被批捕。词中暗喻传言已被逮捕的彭水县原县委书记马某，和现任县委书记、县长，以及两件轰动一时的官民纠纷，3个政府公共工程。随后，秦中飞通过手机短信把他的得意之作“发给了10～15个朋友”；又通过QQ“传给了4～6名网友”。8月31日，秦中飞被警察带走。公安机关认为，秦中飞捏造了一首引起群众公愤、严重破坏社会秩序和县领导名誉的词，认为“肯定会影响社会稳定和政治稳定”。经过一天的审讯后，县公安机关以涉嫌诽谤罪将秦中飞刑事拘留，关进看守所。9月11日，县检察院批准逮捕秦中飞，如果罪名成立，秦中飞将获3年以下有期徒刑。这起案件经媒体报道后，在社会上引起了极大反响。10月24日，县公安局承认诽谤案属于错案，向秦中飞道歉，并让其领取2 125.70元的国家赔偿金。

请结合上述材料，根据我国宪法和法律，回答下列问题：

（1）秦中飞哪些宪法权利受到侵犯？其依据有哪些？

（2）公民在行使言论自由权时，是否可以对公共权力机关“评头论足”？

（3）我国宪法确定言论自由合理界限的基本依据是什么？

（4）请您谈一谈如何确定言论自由的合理界限？

【参考答案】（1）秦中飞的言论自由和人身自由受到侵犯。我国宪法明确规定，中华人民共和国公民有言论自由。中华人民共和国公民的人身自由不受侵犯。秦中飞通过手机短信将其作品发给多位朋友，公安机关将其拘留并关进看守所，侵犯了秦中飞的言论自由权和人身自由权。

（2）公民在行使言论自由权时，可以对公共权力机关“评头论足”。言论自由作为基本人权应当得到国家的尊重和保护。在行政执法、司法实践过程中，应当允许普通公民对公共权力机关“评头论足”。国家、政府对公民的不当言论应该适当宽容，当公权力与私权利发生冲突时，要保障公民的基本权利。

（3）我国宪法确定言论自由的合理界限的基本依据是：中华人民共和国公民在行使自由和权利的时候，不得损害国家的、社会的、集体的利益和其他公民的合法的自由和权利。

（4）确定言论自由的界限表现在两个方面：一是外在限制，即宪法规定的言论自由有确定的效力范围，在其效力范围内的言论才能得到法律的保护；二是内在限制，即言论自由的行使程序由宪法和法律规定，在其规定的程序之内的言论自由才是合理的，否则构成言论自由的滥用，甚至成为危害社会的行为（其他表述符合宪法理论的，亦可——编者注）。

★28. 某市下辖甲、乙、丙三个县，其中，甲县为了大力发展科技，请市政府选派1名博士来挂职担任科技副县长。有人提出，副县长应通过人大选举。市长答复：县长需要通过选举产生，而副县长可以由上级委派。乙县刚被确定为民族自治县，为了体现民族特色，市长指示：根据《民族区域自治法》的规定，县法院和县检察院的院长和检察长应当更换为自治民族的公民。丙县地域宽广，为了便于经济建设和行政管理，县政府请示市政府：拟设立5个区公所，分别管辖所属的30余个乡镇。市长答复：此事经县人大通过即可。此外，为了提高村民委员会整体素质，市长指示：市

里抽调一批应届高校毕业生担任村民委员会主任或副主任。

请根据宪法和法律的有关规定分析：

（1）市长对甲县的处理意见是否正确？为什么？

（2）市长对乙县的处理意见是否正确？为什么？

（3）市长对丙县的答复是否正确？为什么？

（4）市长抽调应届高校毕业生担任村民委员会主任或副主任的做法是否正确？为什么？

【参考答案】（1）市长对甲县的处理意见是错误的。根据《地方各级人民代表大会和地方各级人民政府组织法》的规定，县人民代表大会拥有选举县长和副县长的职权。因此，市长委派副县长的做法是错误的。

（2）市长对乙县的处理是错误的。根据《民族区域自治法》的规定，自治县的县长由实行民族区域自治的民族的公民担任，但并没有要求县法院的院长和县检察院的检察长应当由自治民族的公民担任，而且，人民法院和人民检察院并非属于民族自治地方的自治机关。

（3）市长对丙县的答复是错误的。根据《地方各级人民代表大会和地方各级人民政府组织法》的规定，县、自治县的人民政府在必要的时候，经省、自治区、直辖市的人民政府批准，可以设立若干区公所，作为它的派出机关。

（4）市长抽调应届高校毕业生担任村民委员会主任或副主任的做法是错误的。根据《村民委员会组织法》的规定，村民委员会主任、副主任和委员，由村民直接选举产生。任何组织或者个人不得指定、委派或者撤换村民委员会成员。因此，市长无权抽调应届高校毕业生担任村民委员会主任或副主任。

★29. 甲市（地级市）人大会议期间，讨论并通过了《关于加快发展甲市私营经济整合的暂行条例》，该条例规定，为了壮大甲市国有经济队伍，推动兼并重组改革，将甲市私营经济予以合并重组，改为国字号企业。在这一文件精神的指引下，甲市实施了一系列重组措施，并对拒绝重组的企业依据公共利益予以征收。

请根据宪法和法律的有关规定分析甲市的做法是否符合宪法规定，并说明理由。

【参考答案】（1）甲市制定《关于加快发展甲市私营经济整合的暂行条例》违反宪法规定。根据宪法规定，国务院有权制定行政法规，其他机关无权制定行政法规，故甲市无权制定所谓的“暂行条例”，因为“条例”属于行政法规这一规范性法律文件的专有名称，甲市无权以条例形式命名甲市人大通过的决议。

（2）甲市将私营经济重组为国有企业的做法违反宪法规定。根据宪法规定，在法律规定范围内的个体经济、私营经济等非公有制经济，是社会主义市场经济的重要组成部分。国家保护个体经济、私营经济等非公有制经济的合法的权利和利益。国家鼓励、支持和引导非公有制经济的发展。可见，无论是国有经济，还是非国有经济，都同等受宪法保护。

（3）甲市将拒绝重组的私营经济财产予以征收的做法违反法律规定。根据宪法规定，公民的合法的私有财产不受侵犯。国家为了公共利益的需要，可以依照法律规定对公民的私有财产实行征收或者征用并给予补偿。征收财产必须满足公共利益、合法性和充分补偿三个条件，不能任意征收私营经济的财产，更不能借公共利益之名行剥夺财产之实。

★30. 某自治州人大召开人大会议，由常委会主任主持会议。在人大会议上，该自治州制定并通过了两项自治条例和一项地方性法规，并由常委会副主任宣布生效。此次人大会议审查和批准了本州内的国民经济和社会发展计划。此次会议还选举出本州人民法院院长和人民检察院检察长。会议结束后，新当选的州人民检察院检察长本着为人民群众负责的精神，便即行上任。

根据宪法学知识分析材料中州人大会议不符合宪法规定之处，并简要说明理由。

【参考答案】(1) 由常委会主任主持会议的做法不符合宪法规定。根据宪法规定，自治州人大会议应由选举的主席团主持会议。

(2) 自治条例由常委会副主任宣布生效不符合宪法规定。根据宪法规定，自治州、自治县的自治条例和单行条例，报省或者自治区的人民代表大会常务委员会批准后生效，并报全国人民代表大会常务委员会备案。

(3) 自治州制定的地方性法规直接由常委会副主任宣布生效不符合立法法规定。根据立法法规定，自治州制定的地方性法规须报省、自治区的人民代表大会常务委员会批准后施行。

(4) 新当选的自治州检察院检察长即行上任的做法不符合宪法规定。根据宪法和相关组织法规定，选出的检察院检察长，须报经上一级检察院检察长提请该级人大常委会批准。因此，新当选的检察长不能直接走马上任。

31. 甲市乙区杨家坪鹤兴路 17 号有一原营业用房，周围都已拆迁，该房四周被挖下十多米的坑，成了“孤岛”，也成了网上传说的“史上最牛拆迁房”。杨家坪鹤兴路片区地处商业核心地段，紧邻杨家坪步行街和商业区。最后，房屋所有人杨某、吴某夫妇与开发商达成和解，杨某、吴某夫妇接受了异地安置和补偿差价的方案，并签署了拆迁安置协议。

请结合上述材料，根据我国宪法和法律，回答下列问题：

(1) 杨某、吴某夫妇对营业用房享有财产权的宪法依据是什么？

(2) 国家对公民财产进行征收、征用应当满足哪些条件？

(3) 公共利益与私人利益之间发生冲突时，宪法如何保护私人利益？

【参考答案】(1) 杨某、吴某夫妇对营业用房拥有所有权。我国宪法规定，公民的合法的私有财产不受侵犯。

(2) 国家在征收或者征用公民私有财产时必须要满足公共利益、正当程序和公平补偿三个要件，才能满足合宪性的要求。

(3) 公共利益和私人利益是平等的。在处理公共利益与个人利益的冲突时，应该在公共利益与私人利益之间找到一个平衡点。根据我国宪法规定，为了在公共利益和个人利益之间实现平衡，规定了征收和征用的条件和程序，对公共利益本身划定了严格的范围，既要考虑为公共利益而采取国家政策的价值，同时也要考虑社会正义的价值。

★32. 2010 年 11 月 23 日，甲自治区 A 市 B 区公安分局民警赴乙省以涉嫌“诽谤罪”为名将在乙省图书馆工作的图书助理馆员王某刑拘。王某此前多次发帖举报大学同学马某在公务员招考中作弊，马某父亲系甲自治区扶贫办副主任，母亲系甲自治区 A 市市委常委、政协主席，与人力资源厅厅长是同僚。后 A 市市委、市政府责成 A 市有关部门对 B 区公安分局刑事拘留王某一案进行了依法审查。审查结果认为，B 区公安分局在办理王某一案中存在过错，将本应属于自诉法律程序的案件按照公诉案件办理，属于错案。2010 年 12 月 1 日 23 时许，B 区公安分局对王某解除刑事拘留。

请结合上述材料，根据我国宪法和法律，回答下列问题：

(1) 公务员考试作弊侵犯了公民的何种宪法权利？为什么？

(2) 王某哪些宪法权利受到侵犯？为什么？

(3) 如何理解公民举报权利的权利属性？国家在保障公民的举报权利方面承担哪些保护义务？

(4) 公民行使检举权有哪些意义？

【参考答案】(1) 公务员考试作弊侵犯了公民的平等权。我国宪法规定，我国公民在法律面前一律平等。这意味着公民在公务员考试上应当受到无差别的平等对待，不能存在不合理的差别和歧视。

马某在公务员考试中作弊，侵犯了其他公民平等被相关机构录用的权利。

（2）王某的检举权和人身自由权受到侵犯。首先，我国宪法规定，我国公民对于任何国家机关和国家工作人员的违法失职行为，有向有关国家机关提出检举的权利。本案中，甲自治区A市B区公安分局仅因王某向有关机关检举大学同学马某在公务员招考中作弊便对其以涉嫌诽谤罪刑事拘留，将本应属于自诉法律程序的案件按照公诉案件办理。B区公安分局在办理王某案件中存在明显的过错，分局民警抓捕王某的行为有违宪法和法律精神，侵犯了王某的检举权。其次，我国宪法规定，我国公民的人身自由不受侵犯。本案中，王某被刑事拘留，人身自由受到侵犯。

（3）检举权是一种公民为了国家利益，采取行动，对国家权力实施民主监督的权利，是以监督为内容的政治参与权利。对于公民检举权的行使，国家要通过完善制度，给予积极引导、认真对待和加强保护，以保障公民民主监督、政治参与的自觉性、理性和合法性。

（4）检举权的行使有利于克服腐败现象，有利于克服官僚主义，有利于国家机关和国家工作人员改进工作，有利于维护国家利益和公民的合法权益，也有利于激发公民关心国家政治发展的公民精神。

33. 学生刘某患上乙肝，休学治疗一年后，经医院开具证明建议复学。但他到学校报到时，却遭遇校方的拒绝。随后，学校又要求他到县教育局盖章同意。刘某与父亲赶到县教育局，教育局在诊断证明书上签了“按医院意见复学”。但当他们将证明书拿到学校后，校方负责人还是不愿意让刘某复学。

问：校方的做法是否正确？结合宪法学有关知识进行分析。

【参考答案】（1）校方的做法是错误的，学生刘某乙肝治愈后，应当让其复学。

（2）校方拒绝刘某复学，既侵犯了刘某受教育的权利，又侵犯了刘某的平等权。学校没有按照医院和县教育局的建议让刘某复学，实际上剥夺了刘某就学的机会；同时，校方也是将刘某和其他学生区别对待，造成了刘某与其他学生事实上的不平等。

34. 某县政府为了组建农林场，向该县六个村委会征用了600亩耕地，并支付了一定的补偿金。该农林场是集体所有制经济性质，后因经营不善，农林场解体。六个村的村民希望县政府归还土地。县政府不同意归还，将土地承包给个人。

请结合我国现行宪法的规定，分析县政府的行为。

【参考答案】（1）县政府的行为不合法。

（2）土地征用与土地征收不同。县政府的征用是取得集体土地使用权，集体土地所有权不变。集体土地使用完毕后，应当再返还给原集体，县政府不能取得所有权，更不能将土地承包给个人。

（3）县政府不能作为集体土地所有权的主体。根据我国《宪法》和相关法律的规定，集体土地所有权只能属于农村集体经济组织。

35. 某县选举县人民代表大会代表，依照《选举法》的规定，采取了直接选举的方式。在划分选区时，城镇选区完全按照选民的居住状况划分；农村选区由几个村联合划为一个选区，对于人口特多的村或者人口少的乡，则单独划为一个选区。城镇选区完全是差额选举，农村选区由于代表候选人较少，既有差额选举，也有等额选举。在提出代表候选人时，有些是各政党、各人民团体单独或联合推荐提出的，有些是选民10人以上联名推荐提出的，有些是乡镇人大单独或联合推荐提出的。在投票时，由县人大常委会主持投票选举。凡各选区选举时所投的票数等于投票人数的，选举有效；所投的票数多于或少于投票人数的，选举无效。

问：根据我国《宪法》和《选举法》的规定，该县人民代表大会代表的选举存在哪些问题？为什么？

【参考答案】根据我国《宪法》和《选举法》，该县人民代表大会代表的选举存在下列问题：

（1）在划分选区时，不应只按居住状况划分，应该既可以按居住状况划分，也可以按生产单位、事业单位、工作单位划分。

（2）无论是城镇选区还是农村选区，都应当是差额选举。

（3）在提出代表候选人时，可以是各政党、各人民团体单独或联合推荐提出，也可以是选民10人以上联名推荐提出，但乡镇人大不能提出。

（4）在投票时，应由县选举委员会主持投票选举。

（5）凡各选区选举时所投的票数等于或少于投票人数的，选举有效；所投的票数多于投票人数的，选举无效。

36. 某市商贸城是一个以商业营业用房为主的房地产开发项目。市政府在未进行规划审核的情况下，为开发商发放《建设用地规划许可证》；在开发商未缴纳土地出让金的情况下，为其发放《国有土地使用证》。在项目实施过程中，市政府强制实行房屋拆迁，对拒不拆迁的公职人员，予以政务处分；对拒不拆迁的其他房主，则采取拘留、逮捕等措施。

请结合上述材料回答下列问题：

（1）市政府的做法违反了哪些行政执法原则？为什么？

（2）市政府的强制拆迁行为侵犯了公民哪些宪法权利？

【参考答案】（1）市政府的做法违反了依法行政原则、正当程序原则和比例原则。理由：①市政府滥发《建设用地规划许可证》的行为属于越权行为，违反了执法内容要合法的依法行政原则。②市政府违反法定程序滥发《建设用地规划许可证》，并违反法定程序进行拆迁，违反了正当程序原则。③市政府实施拆迁行为，给相对人权利造成损害，违反了比例原则中的妥当性原则。

（2）市政府的强制拆迁行为侵犯了公民的劳动权和私有财产权。对公民采取拘留、逮捕等措施侵犯了公民的人身自由权。

37. 某名牌大学高考录取工作已结束，新生正陆续前往学校报到。在高考中取得高分的考生张某（女）没有如愿进入该校，而比她低两分的男同学却被录取了。该学校招生办负责人称，这样做是因录取的女生太多了，想适当照顾男生，借以平衡男女比例。

运用宪法学的有关知识，分析上面的案例。

【参考答案】（1）学校的做法侵犯了张某的平等权。我国宪法规定，公民在法律面前人人平等，这种平等权既包括法律适用平等，还包括男女平等。我国宪法规定，中华人民共和国妇女在政治的、经济的、文化的、社会的和家庭的生活等各方面享有同男子平等的权利。学校的做法实际上造成了男女考生在招生中的不平等现象，侵犯了张某的平等权。

（2）学校的做法侵犯了张某的受教育权。我国宪法规定，中华人民共和国公民有受教育的权利和义务。学校的做法剥夺了张某受教育的机会，侵犯了张某的受教育权。

38. 某企业系城镇集体所有制经济组织，是职工白手起家逐步积累建立起来的。该企业主管单位为A区政府，A区政府认为该企业的产权属于该区政府所有。2015年，A区政府要求该企业改制，改制方案要求将该企业资产收归A区政府所有，企业职工可以对资产赎买经营。职工不同意该改制方案，拒绝执行。A区政府强制其改制，将该企业的公章、财务章封存管理，并要求企业停止生产经营。

请结合宪法学相关知识和我国现行宪法分析A区政府的观点和行为。

【参考答案】（1）该企业的产权属于该企业的全体职工共同所有，A区政府作为一级政府不能拥有企业产权。A区政府的行为侵犯了该企业的财产权。

（2）依据《宪法》的规定，集体经济组织在遵守有关法律的前提下，有独立进行经济活动的自主权。A 区政府的行为侵犯了该企业的自主经营权。

39. 某省会市人民政府为保护当地酒类生产，决定限制外地酒类进入本市，于是制定了《关于外地酒类运输车辆管理规定》。该规定要求，一切运输外地酒类的车辆在进城前，必须向市酒类专卖局设在各路口的检查站交纳运输管理费 500 元，不交者将不准进城。许多外地货车司机认为这项规定属于乱摊派，不少市民也认为限制外地酒类影响了他们的日常生活。根据群众的反映，市人大常委会通过决议，认为让外地货车司机交纳运输管理费 500 元有些偏高，决定将运输管理费改为 300 元。市人大常委会的决议公布后，许多外地货车司机仍感到不满，经常到市委进行上访。市委书记在接到上访后，决定将此事交由市委常务会议讨论，市委常务会议认为市政府的做法是错误的。于是，市委发布通知，决定暂时停止执行市政府的规定和市人大常委会的决议。

问：

（1）市人大常委会、市委的做法是否正确？为什么？

（2）如何纠正市政府的错误规定？

【参考答案】（1）该市政府有权制定地方政府规章，《关于外地酒类运输车辆管理规定》正属于地方政府规章。该市政府受上一级人民政府（省政府）领导，并受同级人大常委会监督。对于该市政府的规章，同级人大常委会不能改变规章的内容，只能依法撤销该规章；上一级人民政府（省政府）可以改变或者撤销该规章。因此，市人大常委会的做法是错误的。

市委的领导应体现在政治领导上，以市委的名义通知停止执行市政府的规定和市人大常委会的决议，是以党代政。因此，市委的做法也是错误的。

（2）纠正市政府的错误规定可以是由市人大常委会通过决议撤销该规章，或由上一级人民政府（省政府）撤销或者改变市政府规章的内容。

40. 2018 年 3 月 11 日，第十三届全国人民代表大会第一次会议通过了 21 条宪法修正案，主要涉及《宪法》序言、贯彻党的领导、国家机构等方面的内容。自 2004 年《宪法》修改以来，党和国家的事业又有了许多重要发展变化。特别是党的十八大以来，以习近平同志为核心的党中央形成了一系列治国理政新理念新思想新战略，推动党和国家事业取得历史性成就。为了将党和人民在实践中取得的重大理论创新、实践创新、制度创新成果通过国家根本法确认下来，使之成为全国各族人民共同遵循的和国家各项事业、各方面工作的活动准则，2018 年对《宪法》进行了第五次修改。

结合上述材料并利用宪法学理论和知识回答下列问题：

（1）我国的修宪机关、提案主体和修改通过程序。

（2）2018 年宪法修正案在国家机构方面作了哪些修改？

（3）2018 年宪法修正案的意义。

【参考答案】（1）全国人民代表大会行使修改宪法的职权。宪法的修改，由全国人民代表大会常务委员会或者 1/5 以上的全国人民代表大会代表提议。修宪由全国人民代表大会以全体代表的 2/3 以上的多数通过。

（2）为推进国家治理体系和治理能力现代化，在国家机构方面进行了以下修改：将全国人大法律委员会改名为宪法和法律委员会；修改国家主席、副主席的任期；增加设区的市制定地方性法规的规定；在国家机构中设立监察委员会。

（3）此次宪法修改，为在国家政治和社会生活中贯彻习近平新时代中国特色社会主义思想提供了宪法保障；为全面贯彻实施宪法确立的国家根本任务、发展道路、奋斗目标提供了宪法保障；为确保党的长期执政和国家长治久安提供了宪法保障；为进一步全面推进依法治国提供了宪法保障；

为支持和健全人民当家作主提供了宪法保障。

41．某女大学生甲到屈臣氏日用品有限公司开设的乙超市购物。当甲离开时，因该店门口报警器鸣响，甲被滞留检查近两个小时，其间还被保安强行带入该店办公室内，被迫解开裤扣接受检查。然而，该店并未检查出甲身上藏有带磁信号的商品。不久，甲以店方的行为侵害了宪法权利和名誉权、人身权等民法权利并使其精神受到极大伤害为由，向法院起诉，要求被告屈臣氏公司及乙店公开登报赔礼道歉并赔偿精神损失费 2 万元。法院根据宪法精神，依据当时的《民法通则》和《侵权责任法》有关人格权及其侵权的规定判决甲胜诉。

请结合上述材料回答下列问题：

（1）甲的宪法权利是否受到侵害？为什么？

（2）如果您是法官，是否可以直接适用宪法基本权利条款对该案进行判决？为什么？

（3）根据法官依据宪法精神断案这一事实说明宪法规范的特点。

【参考答案】（1）甲的人格尊严权受到侵犯。依据宪法规定，中华人民共和国公民的人格尊严不受侵犯。禁止用任何方法对公民进行侮辱、诽谤和诬告陷害。甲到超市购物，超市怀疑甲偷东西，对甲进行人身搜查，侵犯了甲的人格尊严。

（2）如果本人是法官，本人不能直接适用宪法关于人格尊严条款进行判决，因为宪法规范只提供调整社会关系的宏观性原则，宪法规范的实现不可能是直接的一次性调整具体的权利义务关系。因此，法官应当将宪法有关人格尊严的规定作为一种精神，并具体引用当时的《民法通则》有关人格权的规定和《侵权责任法》有关侵犯人格尊严的条款作出判决。

（3）法官依据宪法精神断案而不直接引用宪法条款说明宪法规范的立法原则性；由于宪法不能一次性完成对社会关系的调整，因此又体现了实施的多层次性。

42．2012 年 11 月，某市国家税务局到各高等院校发布招聘通知，招聘应届大学本科毕业生到该局工作，所需专业为计算机、法学、会计，其中该局法制处需要法学毕业生两名，在招聘要求中，头两条为：(1) 只要男生，不要女生；(2) 在校期间成绩优秀，英语通过六级。A 大学法律系 2008 级本科生刘某看到通知后，认为自己符合除招聘通知中第一条以外的所有要求，而且她非常渴望到税务机关工作，于是前去报考，但是税务局人事处工作人员告诉她法制处不要女生，刘某认为税务局的行为违反了我国宪法规定，要求税务局纠正自己的错误行为。

请结合材料并运用宪法学知识分析回答下列问题：

（1）税务局的招聘要求是否违反宪法规定？为什么？

（2）税务局的行为是否侵犯了刘某的宪法权利？为什么？

（3）如果税务局拒绝纠正自己的招聘要求，刘某应如何维护自己的权益？

【参考答案】（1）税务局的招聘要求违反了我国宪法关于平等权的规定。我国宪法规定：①中华人民共和国公民在法律面前一律平等。②中华人民共和国妇女在政治的、经济的、文化的、社会的和家庭的生活等各方面享有同男子平等的权利。国家保护妇女的权利和利益，实行男女同工同酬，培养和选拔妇女干部。

（2）税务局的行为侵犯了刘某的劳动权。①我国宪法和有关法律规定，中华人民共和国公民有劳动的权利和义务；国家保障妇女享有与男子平等的劳动权利；除不适合妇女的工种或者岗位外，不得以性别为由拒绝录用妇女或者提高对妇女的录用标准。②税务局在录用人员时，在相同的机会面前采取区别对待和歧视对待，构成不合理差别，违反了我国宪法规定。

（3）如果税务局拒绝纠正自己的招聘要求，刘某可以向法院提起行政诉讼，要求人民法院依法作出判决。

43. 某些公司实行“996”工作制，即早晨9点上班、晚上9点下班，中午和傍晚休息1小时，每天工作总计10小时，一周工作6天的制度。该制度被曝光后，在网上引起很大争议。

根据上述材料回答下列问题：

（1）“996”工作制侵犯了劳动者的何种宪法权利？有何宪法和法律依据？

（2）实行“996”工作制的公司是否有权对公民的基本权利进行限制？为什么？

【参考答案】（1）“996”工作制侵犯了劳动者的休息权。劳动者的休息权是指为了保护劳动者的身体健康和提高劳动效率，规定劳动者享有的休假或休养的权利。我国宪法规定，中华人民共和国劳动者有休息的权利。国家发展劳动者的休息和休养的设施，规定职工的工作时间和休假制度。根据我国劳动法及相关法律规定，我国实行8小时工作制，一些特殊部门实行6小时工作制，并实行法定2日休息日和规定的节假日。“996”工作制增加了每天的工作时间，缩短了每周的休息日，以损害劳动者身体健康为代价，侵害了劳动者的休息权。

（2）实行“996”工作制的公司无权对公民的基本权利进行限制。因为限制基本权利或者源于不同权利之间的冲突，或者出于公共利益的需要，相关公司实行“996”工作制度既不是为了保护公共利益，也不是源于不同权利之间的冲突，且对于公民基本权利的限制属于法律保留事项，相关公司无权对公民的基本权利进行限制。

44. 2001年，山东青岛3名应届高中毕业生在律师的陪同下来到北京，向最高人民法院递交行政诉讼状，起诉教育部侵犯了公民的平等权和受教育权。该3名考生当年并未达到山东省重点大学录取分数线，而无法就读重点大学。因为山东省的大学录取分数线明显高于全国包括北京、上海等在内的绝大多数省份和直辖市，不仅高于西部等经济、教育水平相对较低的省、自治区，也明显高于北京、上海等教育水平高的地区。该3名考生认为教育部划定的录取分数线不统一，其行政行为不能平等地对待全国考生，向最高人民法院起诉教育部。在诉状中起诉人请求，法院确认被告所作出的关于2001年全国普通高校高等教育招生计划的行政行为违反了《中华人民共和国宪法》和《教育法》的有关规定；法院向被告提出司法建议书，督促被告今后避免作出类似违法行政行为。最高人民法院裁定不予受理。

根据上述材料回答下列问题：

（1）最高人民法院裁定不予受理是否具有法律依据？为什么？

（2）教育部划定高考录取分数线的行政行为是否符合平等权中的“合理差别原则”？为什么？

（3）请概括说明受教育权的内涵。

【参考答案】（1）最高人民法院裁定不予受理于法有据。根据有关法律规定，对国务院各部门或者省、自治区、直辖市人民政府所作的具体行政行为提起诉讼的案件，应当由中级人民法院管辖。3名考生认为教育部侵害其受教育权的案件，应由教育部所在地的中级人民法院管辖，因此，最高人民法院应当依法作出不予受理的裁定。

（2）①教育部划定高考录取分数线的行政行为有一定的合理性：按照我国现有教育资源的分布状况以及国家对各地不同的教育投入水平给予有差别的招生配额具有合理性，换句话说，在教育资源薄弱的地方适当降低招生标准，而在教育资源优越的地区适当提高招生标准和条件，这体现了受教育权的合理差别，更是受教育权的实质平等的体现。②就本案分析，如果以山东省教育资源为参照对象，那么北京的教育条件应该高于该地区，相应的高考的招生条件也应当高于该地区，才能体现合理差别。因此教育部所作的高等教育招生计划并没有体现出受教育权的合理差别，与判断平等权的合理差别的标准不符。

（3）受教育权是指公民接受文化、科学、品德等方面教育训练的权利。受教育权具有如下内涵：①接受教育的自由。②受教育的平等权，即每个人平等地获得受教育的机会与条件。③国家为保障个人受教育权的实现而需承担的国家义务。

45. 李某与其丈夫张某是某信息研究所职工。2013 年底，张某向研究所提出辞职，研究所对其进行挽留，并阐明职工调动、辞职的有关规定："男性职工申请辞职，如系双职工，夫妇二人应一并提出申请，方可按程序办理。"2014 年 1 月，研究所又发出《关于职工调动（辞职）补充规定的通知》（依据劳动和社会保障部有关规章作出），规定申请调出（辞职）的职工，如系双职工，夫妇双方应同时调出，3 个月后不调出研究所的，停发工资，收回住房。2014 年 7 月 1 日，李某接到单位通知，说 2014 年 3 月研究所已同意张某辞职，同时限令她 3 个月内调离研究所并交回住房。研究所自 7 月 5 日起不再安排李某的工作，7 月 15 日起停发她的工资和各种待遇。

面对这突如其来的厄运，李某开始向劳动部、全国妇联、全国总工会、上级主管部门等单位反映情况。在与单位调解未果后，李某于 2015 年 2 月向劳动争议仲裁委员会申请仲裁，仲裁委员会判李某败诉。李某对仲裁不服，于 2015 年 7 月起诉至一审人民法院，法院于 2015 年 8 月一审判决，认为："研究所为了稳定队伍、加强管理制定的规章制度，符合国家的法律、政策，依据劳动和社会保障部有关规章的规定，予以维护。"李某对一审法院的判决不服，于 2015 年 9 月上诉至二审中级人民法院。二审法院维持了一审法院的判决。

请结合我国现行宪法的规定及相关宪法知识，分析上述材料并回答下列问题：

（1）材料中表述的各部门作出的处理结果、裁定或判决是否符合宪法规定？为什么？

（2）如果李某认为研究所的有关规定违反宪法规定，应如何处理？为什么？

【参考答案】（1）研究所、各有关部门和法院的判决不符合宪法规定：①劳动权是公民的基本权利，李某作为中国公民，享有依据宪法规定的劳动权，任何处理决定和判决都不得侵犯公民的劳动权。②法院援引劳动和社会保障部制定的部委规章作出判决是错误的，因为劳动和社会保障部制定的部委规章违反了宪法有关劳动权的规定，也违反了妇女权益保障法的规定，法院不应援引违宪的规章作出判决。

（2）鉴于二审法院已经判决，李某只能向终审法院对案件提出申诉；如果李某认为规章同法律、行政法规相抵触的，可以向国务院书面提出审查的建议，由国务院法制机构研究处理。

46. 2001 年 11 月 6 日，最高人民法院颁发了《地方各级人民法院及专门人民法院院长、副院长引咎辞职规定（试行）》（简称《引咎辞职规定》），并专门发出通知要求各级人民法院贯彻这一规定。该规定的主要内容包括：本规定制定的原则和适用范围；引咎辞职的情形；有关引咎辞职的具体程序和善后工作；本规定的解释权和实施日期。其中，规定第 3 条指出，引咎辞职是指在其直接管辖的范围内，因不履行或者不正确履行职责，导致工作发生重大失误或者造成严重后果，负有直接领导责任的院长、副院长，主动辞去现任职务的行为。第 4 条规定，院长、副院长在其直接管辖范围内，具有下列情形之一的，应当主动提出辞职：（1）本院发生严重枉法裁判案件，致使国家利益、公共利益和人民群众生命财产遭受重大损失或造成恶劣影响的；（2）本院发生其他重大违纪违法案件隐瞒不报或拒不查处，造成严重后果或恶劣影响的；（3）本院在装备、行政管理工作中疏于监管，发生重大事故或造成重大经济损失的；（4）不宜继续担任院长、副院长职务的其他情形。

请结合上述材料，运用宪法学知识回答下列问题：

（1）《引咎辞职规定》体现何种国家机构的组织和活动原则？为什么？

（2）《引咎辞职规定》是否存在违宪问题？为什么？

（3）作为公民如果发现法规或法律解释存在违宪问题，应如何提出合宪性审查建议？

【参考答案】（1）《引咎辞职规定》体现了责任制原则。理由：人民法院实行集体领导、集体负责的责任制度，《引咎辞职规定》指出：院长、副院长在其直接管辖的范围内，因不履行或者不正确履行职责，导致工作发生重大失误或者造成严重后果，负有直接领导责任的院长、副院长，主动辞去现任职务，并具体规定了引咎辞职的适用情形，这正是责任制原则的体现。

(2)《引咎辞职规定》存在下列违宪问题：①最高人民法院无权对地方各级人民法院的法官职务问题作出规定。根据宪法规定，地方各级人民法院院长均由地方各级人民代表大会选举并罢免，副院长以及其他法官均由地方各级人民代表大会常务委员会任免。据此，最高人民法院侵犯了地方各级人民法院法官任免权，因此是违宪的。②《引咎辞职规定》与宪法规定的法院职权范围不符。宪法以及相关宪法性法律规定，最高人民法院监督地方各级人民法院和专门人民法院的审判工作；下级人民法院的审判工作受上级人民法院监督；最高人民法院只能对在审判工作中如何具体应用法律、法令的问题进行解释。根据上述规定，上下级法院之间仅仅是监督关系，而且仅仅限于监督审判工作，不能越权，否则构成违宪。

(3) 如果公民认为某一法律、法规或司法解释存在违宪问题，可以向全国人大常委会书面提出进行审查的建议。公民认为行政法规、地方性法规、自治条例和单行条例同宪法或者法律相抵触的，可以向全国人大常委会书面提出进行审查的建议，由常务委员会工作机构进行研究，必要时，送有关的专门委员会进行审查、提出意见。

47. 某乡进行人大代表的选举。该乡选举委员会根据各方面提名、推荐，最后以代表候选人名额多于应选代表名额的1/4比例，确定了代表候选人名单，并于选举日的5日前予以公布。为便于选民对候选人的了解，选举委员会大张旗鼓地向选民介绍代表候选人，直至投票的当天。投票当日，该乡选民王某因公出差不能参加选举，他口头委托该乡选民刘某代他投票，并得到选举委员会同意。投票结果，按候选人得票多少的顺序，选出了该乡新一届的人大代表。

请用宪法和选举法的有关知识，分析上述案例有无问题，并说明理由。

【参考答案】本案例主要存在以下四个方面的问题：

(1) 关于推荐代表候选人。根据《选举法》的规定，正式代表候选人的人数，应当多于应选代表名额的1/3至1倍。但该乡选举委员会却根据各方面提名、推荐，最后以代表候选人名额多于应选代表名额的1/4比例，确定了代表候选人名单，存在错误。

(2) 关于确定代表候选人名单。根据《选举法》的规定，正式代表候选人名单及代表候选人的基本情况应当在选举日的7日以前公布。而该乡选举委员会在选举日的5日前予以公布，这是错误的。

(3) 关于介绍代表候选人。根据《选举法》的规定，选举委员会根据选民的要求，应当在选举日前通过召开见面会或者其他形式，组织代表候选人与选民见面，由代表候选人介绍本人情况，回答选民的问题，但是，在选举日必须停止。而该乡却是由选举委员会大张旗鼓地向选民介绍代表候选人，直至投票的当天，存在明显错误。

(4) 关于委托投票。根据《选举法》的规定，选民在选举期间外出的，经选举委员会同意，可以书面委托其他选民代为投票。而该乡选举委员会却同意刘某口头委托王某代为投票，存在错误。

48. 乙村村民赵某与户籍在甲村的村民钱某登记结婚后，与甲村村委会签订了“不享受本村村民待遇”的“入户协议”。此后，赵某将户籍迁入甲村，但与钱某长期在外务工。甲村村委会任期届满进行换届选举，赵某与钱某要求参加选举，遭到拒绝。甲村村委会还制定了土地承包经营方案，侵害了甲村村民的合法权益，引发了村民的强烈不满。

请结合上述材料，根据我国宪法和法律，回答下列问题：

(1) 赵某和钱某是否有权参加甲村村委会的选举？为什么？

(2) 甲村村委会制定土地承包经营方案是否违反法律规定？为什么？

（3）就土地承包经营方案，甲村村民如何维护自己的合法权益？

（4）就土地承包经营方案，村民如何依法罢免村委会成员？

【参考答案】（1）赵某和钱某有权参加村委会的选举。根据《村民委员会组织法》的规定，户籍在本村，不在本村居住，本人表示参加选举的村民，应当列入参加选举的村民名单。赵某、钱某是甲村村民，不在甲村居住，但赵某、钱某表示参加选举的，应当列入选民名单。

（2）甲村村委会制定土地承包经营方案违反了法律规定。根据《村民委员会组织法》的规定，土地承包经营方案属于须经村民会议讨论决定方可办理的事项，而村委会制定该方案，违反了法律规定。村民会议有权撤销或者变更村民委员会制定的该土地承包经营方案。

（3）受到侵害的甲村村民可以申请人民法院撤销该土地承包经营方案，责任人应当依法承担法律责任。

（4）本村 1/5 以上有选举权的村民或者 1/3 以上的村民代表联名，可以提出罢免村委会成员的要求。

49. 某市公安局通过官方微博发布消息证实，某市人大代表、著名影星李某因涉嫌“组织卖淫”、“吸毒”和“嫖娼”被逮捕。国家广播电视总局依据《关于加强有关广播电视节目、影视剧和网络视听节目制作传播管理的通知》，对李某的“吸毒”“嫖娼”行为明确点名，除电视剧作品外，由“劣迹艺人”参与制作的电影、电视节目、网络剧、微电影等也都被要求暂停播出。

请结合上述材料，根据我国宪法和法律，回答下列问题：

（1）市公安局逮捕李某，应履行何种法定程序？

（2）李某的何种宪法权利遭受侵害？为什么？

（3）本案是否存在违宪？为什么？

【参考答案】（1）李某是市人大代表，市公安局逮捕李某，须经市级人民代表大会常务委员会许可。

（2）李某有从事文学艺术创作的权利。李某参与制作电影、电视节目、网络剧、微电影等，属于从事文学艺术创作，是宪法规定的李某应当享有的基本权利。

（3）本案存在违宪，因为从事文学艺术创作属于公民的基本权利，对于公民基本权利的限制，行政机关不得代为规定。此外，即便对公民基本权利进行限制，也要遵循明确性原则和比例原则。

50. A 县政府根据省人大常委会制定的《拆迁补偿办法》的规定，以低于该《办法》中规定的补偿标准进行征地拆迁。甲因不同意该补偿标准，拒不拆迁自己的房屋。为此，县政府责令甲的儿子乙所在中学不为其办理新学期注册手续，并通知财政局解除甲的女婿丙（财政局工勤人员）与该局的劳动合同。甲最终被迫签署了拆迁协议。

请结合上述材料，根据我国宪法和法律，回答下列问题：

（1）《拆迁补偿办法》如何报备？

（2）如果甲认为《拆迁补偿办法》违宪，应如何提起审查？

（3）甲的住宅权是否受到侵害？为什么？

（4）甲、乙、丙的哪些宪法权利遭到侵害？为什么？

【参考答案】（1）《拆迁补偿办法》在性质上属于省人大常委会制定的地方性法规，应当报全国人大常委会和国务院备案。

（2）如果甲认为《拆迁补偿办法》违宪，可以向全国人大常委会书面提起审查建议，由常务委员会工作机构进行研究，必要时，送有关的专门委员会进行审查、提出意见。

（3）甲的住宅权没有受到侵犯。侵犯住宅权表现为非法“搜查”和“侵入”，题干中的县政府并没有这类行为，不构成对甲的住宅权的侵犯。

(4) 甲的财产权受到侵犯。《宪法》规定，公民的合法的私有财产不受侵犯。国家依照法律规定保护公民的私有财产权和继承权。国家为了公共利益的需要，可以依照法律规定对公民的私有财产实行征收或者征用并给予补偿。据此，县政府“以低于该《办法》中规定的补偿标准”进行征地拆迁，变相强迫甲拆迁，这就表明甲的财产权遭受侵犯。

乙的受教育权受到侵犯。《宪法》规定，我国公民有受教育的权利和义务。据此，甲的儿子乙与拆迁没有关系，县政府却责令其所在的学校不为其办理注册手续，侵犯了乙的受教育权。

甲的女婿丙的劳动权受到侵犯。《宪法》规定，我国公民有劳动的权利和义务。据此，丙与拆迁没有关系，但县政府责令财政局解除其与丙的劳动合同，侵犯了丙的劳动权。

第三节 论述题

一、历年真题考查内容

近几年宪法学论述题考查的综合性较强，宪法学可以单独考查论述题，也可以结合法理学知识进行综合考查，但以单独命题形式为主。宪法学考查一道论述题，分值为 15 分。宪法学论述题突出考查考生的理解能力和综合运用能力，和法理学考试基本相同，在有些年份的考题中，仅掌握《考试分析》中的内容不足以应付论述题。具体出题情况见下表：

出题年份	考查内容
2010 年	宪法监督制度的内容及其完善。
2011 年	公民在法律面前一律平等的内涵。
2012 年	言论自由。
2013 年	国家机构的组织和活动原则。
2014 年	我国的单一制国家结构形式。
2015 年	宪法上的平等保护与合理差别的内涵。
2016 年	宪法基本原则的内容及其在我国宪法中的体现。
2017 年	我国中央人民政府和特别行政区的关系。
2018 年	从人权司法保障的角度，论述宪法关于人民法院、人民检察院和公安机关在办理刑事案件中相互关系的规定。
2019 年	我国的总理负责制。
2020 年	2018 年我国宪法修改的主要内容。
2021 年	设立监察委员会对人民代表大会制度的发展。
2022 年	我国爱国统一战线的性质及特点。

二、论述题专项训练

1. 试论宪法作为根本法的特征。

【参考答案】宪法在我国社会主义法律体系中居于核心的地位，是其他部门法律规范的最高依据。宪法作为根本法，具有如下特征：

(1) 内容的根本性。宪法规定国家的根本制度，是对国家和社会生活的宏观规范和调整，宪法规定的内容是有关国家制度和社会制度的基本原则和主要问题，包括国家主权的归属、国家机关的设置及界限、中央和地方的权限划分、公民的权利及范围、基本国策等范畴。宪法内容的根本性表现在宪法规范国家生活和社会生活的总体运行规则，以及各种政治参与主体诸如国家机关、各政党、各种政治力量和公民的政治地位和权利义务界限。

（2）效力的最高性。在一国的法律体系中，宪法具有最高的法律效力。宪法是其他普通法律的立法基础，是其他普通法律制定的依据和基础，为其提供立法原则。宪法是国家的根本法，规定其他法律的立法原则，为整个国家的法律体系的构建提供准则、依据和基础。所以在这个意义上宪法又被称为“母法”，而普通法律则被称为“子法”，表明宪法和普通法律之间的内在关联。宪法具有的最高法律效力表明，任何其他的法律都不得同宪法相抵触，否则，该法律即为无效。在国家的整个法制体系的构建和运行中，宪法是核心和根本，具有最高的法律效力，一切普通法律规范的有效与否及其存废，都应以宪法规范为确定和取舍的依据。宪法是一切国家机关、政治力量、政治组织以及一切社会组织和个人的根本活动准则，任何组织和个人都不得享有超越宪法之上的特权。

（3）制定、修改程序的特殊性。宪法的制定和修改程序比其他普通法律更为复杂和严格，是由宪法内容的重要性和宪法所具有的最高法律效力决定的，其基本精神在于维护宪法的尊严和最高地位。宪法的制定和修改程序更为严格，对于宪法内容的修正也往往附加特别的限制。

★2. 试论宪法的实质特征。

【参考答案】（1）宪法是公民权利的保障书。宪法最主要、最核心的价值是保障公民的基本权利。从历史发展的角度看，宪法确立的目的就是确认公民的基本权利。从宪法的内容看，国家权力的正确行使和公民权利的有效保障是宪法文本中最为主要的部分，而且从二者之间的关系看，对国家权力的规制也是为了更好地实现和保障公民的权利。从国家的法律体系看，宪法是全面规定公民基本权利的法律部门，对于其他一般法律中对公民的法律权利的设计和规定具有重要的指引作用。

（2）宪法是民主制度法律化的基本形式。宪法确立了国家的民主施政规则：宪法规定了代议制和普选制，为人民主权的实现构建了政治运行机制；宪法以根本法的形式赋予人民广泛的政治权利和其他社会、经济、文化权利，这些权利既是人民当家作主的政治地位在其他社会生活领域的具体体现，同时也是人民政治权利实现的保障；宪法具体规范了国家机构的职权和行使程序，为国家权力的运行提供了法定界限，以确保其在民主施政中各司其职，发挥作用。宪法规范国家机构及其权力界限，就是对民主施政的保障，反映了民主政治的内在要求。

（3）宪法是各种政治力量对比关系的集中体现。宪法是掌握政权的阶级的意志和利益的集中体现：宪法是在社会政治斗争中取得胜利并掌握了国家政权的那个阶级的意志和利益的集中表现，是统治阶级以根本法的形式确认本阶级的斗争成果、巩固本阶级已经取得的在政治上和经济上的统治地位的法律武器；宪法反映各阶级力量的对比关系：宪法确认各阶级的政治地位，宪法的内容和形式要受到阶级力量对比关系的决定和影响，这是各阶级社会政治地位的动态反映。

3. 结合法理学和宪法学相关知识，从全面依法治国的重点任务角度阐述宪法和依宪治国的关系。

【参考答案】（1）全面贯彻实施宪法是全面依法治国的首要任务，要坚持依宪治国、依宪执政，更好展现国家根本法的力量、更好发挥国家根本法的作用。坚持依法治国首先要坚持依宪治国，坚持依法执政首先要坚持依宪执政。我国现行宪法确立的一系列制度、原则和规则，制定的一系列大政方针，都充分反映了我国各族人民的共同意志和根本利益。维护宪法尊严和权威，是维护国家法制统一、尊严、权威的前提，也是维护最广大人民根本利益、确保国家长治久安的重要保障。全国各族人民、一切国家机关和武装力量、各政党和各社会团体、各企业事业组织，都必须以宪法为根本的活动准则，并且负有维护宪法尊严、保证宪法实施的职责。任何组织或者个人，都不得有超越宪法和法律的特权。一切违反宪法和法律的行为，都必须予以追究。全面贯彻实施宪法，对于坚持全面推进科学立法、严格执法、公正司法、全民守法，继续推进法治领域改革，解决好立法、执法、司法、守法等领域的突出矛盾和问题等具有重要的意义。

（2）宪法与依宪治国互为基础和前提，是形式与内容的关系，两者是辩证统一的。宪法是国家的根本法，具有最高的法律效力。宪法的生命在于实施，宪法的权威也在于实施。唯有依宪治国，方能使宪法真正成为现实力量，保证任何组织和个人都不得有超越宪法和法律的特权，实现“一切违反宪法和法律的行为，必须予以追究”。只有坚持依法治国基本方略和依法执政基本方式，使执政党在宪法和法律范围内活动，真正做到党领导立法、保证执法、带头守法，才能使宪法成为所有国家机关及其工作人员的最高行为准则。依宪治国，必须坚持中国特色社会主义道路，坚持党的领导、坚持人民当家作主。保证宪法实施，就是保证人民根本利益的实现。依宪治国是宪法规范与宪法实施的政治实践相结合的产物。宪法是静态意义的法律文本；依宪治国是动态性质的实践过程，也是宪法实现的最终结果。

4. 结合法理学和宪法学知识，论述坚持党的领导、人民当家作主和依法治国有机统一对依宪治国的作用。

【参考答案】（1）依宪治国，维护宪法尊严和权威，是维护国家法制统一、尊严、权威的前提，也是维护最广大人民根本利益、确保国家长治久安的重要保障。全国各族人民、一切国家机关和武装力量、各政党和各社会团体、各企业事业组织，都必须以宪法为根本的活动准则，并且负有维护宪法尊严、保证宪法实施的职责。任何组织或者个人，都不得有超越宪法和法律的特权。一切违反宪法和法律的行为，都必须予以追究。

（2）发展社会主义民主政治，最根本的就是要把党的领导、人民当家作主和依法治国有机统一起来。其中，党的领导是关键，人民当家作主是目的，依法治国是途径。人民代表大会制度是坚持党的领导、人民当家作主、依法治国有机统一的根本制度安排。

（3）依宪治国，必须坚持中国特色社会主义道路，坚持党的领导、坚持人民当家作主。坚持中国特色社会主义道路是实行依宪治国的政治方向。全面贯彻实施宪法是全面依法治国的首要任务，要坚持依宪治国、依宪执政，更好展现国家根本法的力量、更好发挥国家根本法的作用。实现全面依法治国的首要任务，要坚持中国共产党的领导。“以人民为中心”是社会主义法治的核心价值，依宪治国的基础是人民，必须坚持为了人民、依靠人民，以人民为中心。保证宪法实施，就是保证人民根本利益的实现。

5. 试论“八二”宪法的内容特点。

【参考答案】（1）总结了历史的经验，规定了国家的根本任务和指导思想。《宪法》序言明确规定了国家的根本任务：“沿着中国特色社会主义道路，集中力量进行社会主义现代化建设”，“中国各族人民将继续在中国共产党的领导下，在马克思列宁主义、毛泽东思想、邓小平理论、‘三个代表’重要思想、科学发展观、习近平新时代中国特色社会主义思想指引下，坚持人民民主专政，坚持社会主义道路，坚持改革开放，不断完善社会主义的各项制度，发展社会主义市场经济，发展社会主义民主，健全社会主义法治，贯彻新发展理念，逐步实现工业、农业、国防和科学技术的现代化，推动物质文明、政治文明、精神文明、社会文明、生态文明协调发展，把我国建设成为富强民主文明和谐美丽的社会主义现代化强国，实现中华民族伟大复兴”。

（2）发展了民主宪制，恢复完善了国家机构体系。这在内容上主要表现为：①加强了人民代表大会制度，省级以上人大设立了专门委员会，规定了人民代表大会代表的权利和义务，扩大了人大常委会的职权。②恢复设置国家主席，并调整了国家主席的职权。③设立了中央军事委员会，加强党和国家对武装力量的统一领导。④实行了行政和军事系统的首长负责制。⑤规定了国家领导人的任期限任制。⑥体现了精简国家机构和人员的要求。

（3）强调加强民主与法制，保障公民的基本权利和自由。《宪法》关于社会主义民主建设的规定主要表现在：①确认了国家一切权力属于人民的原则，坚持和完善人民代表大会制度。②规定了国家生活中的一系列民主原则，如民主集中制，任期限任制，首长负责制，人大常委会组成人员不得兼任行政机关、监察机关和司法机关职务等。③扩大了公民的民主权利和自由，如重新规定了“法律面前一律平等”的原则，确认了人格尊严不受侵犯和对国家工作人员的批评建议权及取得赔偿权，而且对权利自由的规定更加具体、明确和切实。

（4）维护国家的统一和民族团结。为实现台湾和祖国大陆的统一，恢复对香港、澳门行使国家主权，宪法从实际出发，根据“一国两制”的原则，规定了特别行政区制度。同时，宪法还根据新中国成立以来民族工作方面的经验教训，进一步确认和健全了民族区域自治制度，扩大了民族自治地方的自治权限，加强了对自治权实现的法律保障。

总之，现行宪法是一部比较完善并且具有中国特色的社会主义宪法，它的颁布与实施将我国的社会主义民主政治建设推向了一个新阶段和新高度。

6. 试论2004年宪法修正案对公民财产权的修改及意义。

【参考答案】2004年宪法修正案对公民财产权的保障规定，进行了全面系统的修改。其主要内容有：

（1）将“公民的合法财产的所有权”改为“公民的合法的私有财产权”，2004年宪法修正案以此规定，公民的合法的私有财产不受侵犯。该修改的意义在于：公民的私有财产权作为一项基本权利的地位和价值得到确认和肯定；对公民的私有财产的保护范围扩大，不仅限于生活资料，还包括生产资料，不仅限于所有权，还包括所有权以外的与财产有关的权利。

（2）将“国家保护公民的合法的收入、储蓄、房屋和其他合法财产的所有权”改为“公民的合法的私有财产不受侵犯”，2004年宪法修正案以此规定，公民的合法的私有财产不受侵犯。这一改变的意义在于，作为一项宪法权利，对于公民的私有财产权，国家当然地有义务加以保护，而且对于公民的合法的私有财产，国家也不得侵犯，突出了私有财产权针对国家的特点。

（3）增加了对私有财产的征收或者征用并给予补偿的条款。2004年宪法修正案规定，国家为了公共利益的需要，可以依照法律规定对公民的私有财产实行征收或者征用并给予补偿。随着宪法确认的公民私有财产权范围的扩大，国家在必要时需要对公民的私有财产进行征收或者征用。2004年宪法修正案对国家进行征收或者征用的条件规定得非常明确，即只能基于“公共利益的需要”才能进行。为了体现对公民私有财产权保护的彻底性，即使是基于公共利益的需要，而要对公民的私有财产进行征收或者征用时，考虑到个体利益为公共利益作出了牺牲，也需要对个体利益的损失进行必要的或者合理的补偿。国家在征收或者征用公民的私有财产时必须满足公共利益、正当程序和公平补偿三个要件，才能满足合宪性的要求。

2004年宪法修正案对公民财产权的保障，按照不受侵犯、征收和征用条款、合理补偿条款对我国私人财产权作出了规定，体现了保护体系和保护结构的完整性。

7. 联系2018年宪法修正案的内容，论述2018年宪法修改的意义。

【参考答案】（1）宪法是国家的根本法，2018年全国人大对现行《宪法》进行了第五次修改，通过了21条修正案。此次修改主要涉及《宪法》序言、贯彻党的领导、国家机构等方面的内容。

（2）宪法确立了“科学发展观，习近平新时代中国特色社会主义思想”在国家政治和社会生活中的指导地位，反映了全国各族人民的愿望，体现了党的主张和人民意志的统一，具有重大的现实意义和深远的历史意义；宪法所确立的贯彻新发展理念，是党中央推动我国经济发展实践的理论结晶。宪法充实和加强中国共产党的全面领导的内容，规定中国共产党领导是中国特色社会主义最本质的特征。这是从社会主义制度的本质属性角度对坚持和加强党的全面领导进行规定，有利于在全国人民中强化党的领导意识，有效地把党的领导落实到国家工作全过程和各方面，确保党和国家事业始终沿着正确方向前进。充实“五个文明”协调发展的内容，实现社会全面发展的宪法总体布局。为推动国家治理体系和治理能力现代化，在国家机构方面进行了修改，推动了合宪性审查工作，完善了任期限任制，确认了设区的市制定地方性法规的立法权限，设立监察委员会，实现了反腐败对公职人员的全覆盖。

（3）此次宪法修改，为在国家政治和社会生活中贯彻习近平新时代中国特色社会主义思想提供了宪法保障；为全面贯彻实施宪法确立的国家根本任务、发展道路、奋斗目标提供了宪法保障；为确保党的长期执政和国家长治久安提供了宪法保障；为进一步全面推进依法治国提供了宪法保障；为支持和健全人民当家作主提供了宪法保障。

8. 结合2018年宪法修正案关于国家机构的修改论述推进国家治理体系和治理能力现代化及其意义。

【参考答案】（1）国家治理体系和治理能力现代化，是国家治理现代化的具体表现，其核心内含主要是实现国家治理的制度化、程序化、法治化。为推进国家治理体系和治理能力现代化，2018年宪法修正案对国家机构进行了修改，将法律委员会改名为宪法和法律委员会，推进合宪性审查，在法治轨道上加强了宪法监督，实现宪法监督的良法善治。将“中华人民共和国主席、副主席每届任期同全国人民代表大会每届任期相同，连续任职不得超过两届”，修改为“中华人民共和国主席、副主席每届任期同全国人民代表大会每届任期相同”，这有利于强化领导意识，保障国家治理体系和治理能力现代化的协调性、稳定性和连续性。增加设区的市制定地方性法规的规定：“设区的市的人民代表大会和它们的常务委员会，在不同宪法、法律、行政法规和本省、自治区的地方性法规相抵触的前提下，可以依照法律规定制定地方性法规，报本省、自治区人民代表大会常务委员会批准后施行。”地方立法作为地方治理的重要手段，通过行使地方立法权，可以修改和废止不合时宜或者有缺陷的制度，补充和完善尚有不足或者需要改善的制度，从而推进地方治理的法治化。因此，增加设区的市制定地方性法规的规定，不仅是完善立法体制的重大举措，也是推进国家治理体系和治理能力现代化的重大举措。为实现反腐败对公职人员的全覆盖，在国家机构中设立“监察委员会”。在2018年通过的21条宪法修正案中，有11条和监察委员会有关。监察委员会的设立不仅拓宽了人民监督权力的途径，而且是深化国家监察体制改革、健全党和国家监督体系、推进国家治理体系和治理能力现代化的有力举措。

（2）从当前中国社会主义法治的理论与实践的要求来看，法治是国家治理体系和治理能力的重要依托，坚持在法治轨道上推进国家治理体系和治理能力现代化，是实现良法善治的必由之路。我国宪法是国家的根本大法，是国家制度和法律法规的总依据。因此，必须在宪法范围内和法治轨道上推进国家治理体系和治理能力现代化。通过宪法法律确认和巩固国家根本制度、基本制度、重要制度，并运用国家强制力保证实施，保障了国家治理体系的系统性、规范性、协调性、稳定性，这有利于充分实现国家和社会治理的有法可依、有法必依、执法必严、违法必究，最终实现国家治理现代化。

9. 结合法理学和宪法学知识，论述2018年宪法修正案关于加强党的领导对立法工作和全面依法治国的意义。

【参考答案】（1）2018年宪法修正案充实和加强了中国共产党的全面领导的内容，在《宪法》中增加规定，“中国共产党领导是中国特色社会主义最本质的特征”。宪法从社会主义制度的本质属性角度对坚持和加强党的全面领导进行规定，有利于在全国人民中强化党的领导意识，有效地把党的领导落实到国家工作全过程和各方面，确保党和国家事业始终沿着正确方向前进。

（2）2018 年宪法修正案对于加强党对立法工作的领导具有重要意义。加强党对立法工作的领导与人大主导立法，既是我国立法工作的根本原则也是我国立法实践经验的科学总结。党领导立法强调坚持党的政治领导原则，党通过确定立法工作方针、批准立法规划、提出立法工作建议、明确立法工作的重大问题、加强立法队伍建设等，把握正确的政治方向。

（3）2018 年宪法修正案为全面依法治国确立了政治方向，那就是“坚持中国特色社会主义法治道路，最根本的是坚持中国共产党的领导”，自觉地把党的领导贯彻到依法治国全过程和各方面，更好地落实全面依法治国基本方略。全面依法治国的总目标是建设中国特色社会主义法治体系，建设中国特色社会主义法治国家。要坚持这个总目标，必须坚持中国共产党的领导。2018 年宪法修正案确立了“中国共产党领导是中国特色社会主义最本质的特征”，也是社会主义法治最根本的保证。把党的领导贯彻到依法治国的全过程和各方面，是我国社会主义法治建设的一条基本经验。必须坚持党领导立法、保证执法、支持司法、带头守法，把依法治国基本方略同依法履行职责统一起来，把党总揽全局、协调各方同人大、政府、监察机关、审判机关、检察机关依法履行职责统一起来，把党领导人民制定和实施宪法法律同党坚持在宪法法律范围内活动统一起来。

10. 结合法理学和宪法学知识，论述 2018 年宪法修正案对地方立法体制的完善。

【参考答案】（1）2018 年宪法修正案增加设区的市制定地方性法规的规定：“设区的市的人民代表大会和它们的常务委员会，在不同宪法、法律、行政法规和本省、自治区的地方性法规相抵触的前提下，可以依照法律规定制定地方性法规，报本省、自治区人民代表大会常务委员会批准后施行”。地方立法作为地方治理的重要手段，通过行使地方立法权，可以修改和废止不合时宜或者有缺陷的制度，补充和完善尚有不足或者需要改善的制度，从而推进地方治理的法治化。因此，增加设区的市制定地方性法规的规定是完善立法体制的重大举措。

（2）立法体制是关于立法权配置方面的组织制度，其核心是立法权限的划分问题。它既包括中央国家机关和地方国家机关关于立法权限划分的制度，也包括中央国家机关之间及地方各级国家机关之间关于立法权限划分的制度。2018 年宪法修正案赋予设区的市和自治州制定地方性法规的地方立法权限，这是从国家根本法的层面扩大了地方立法的主体和权限范围，是完善社会主义立法体制的重大举措，是对我国地方立法实践的宪法确认。地方性法规是以宪法为核心的中国特色社会主义法律体系的重要组成部分。改革开放以来特别是党的十八大以来，地方立法发挥着越来越重要的作用，为地方经济社会发展提供了各具特色、极富针对性的制度保障。把设区市立法权进一步提升到国家根本法的高度予以权威确认，必将极大推动地方因地制宜运用立法手段解决本地具体问题，让社会主义法治的触角更加灵敏，使地方经济社会发展的活力和创造力充分迸发，加快建设社会主义现代化国家的步伐。

11. 试论我国宪法关于国家尊重和保障人权原则的规定及其意义。

【参考答案】（1）我国宪法明确规定，国家尊重和保障人权。人权载入宪法虽然是一个原则性规定，但体现了我国宪法的基本精神和我国对人权的高度重视，有助于推进我国人权事业的发展。

（2）国家尊重和保障人权载入宪法，促进了我国宪法自身的发展和完善。我国历部宪法虽有关于公民基本权利保障的条款，但却没有明确规定人权保障条款，人权入宪促进了我国宪法自身的发展和完善。

（3）国家尊重和保障人权载入宪法为人权法治化提供了宪制基础。人权载入宪法是对改革开放以来我国人权事业发展的总结，是我国人权保障法治化的里程碑。以宪法原则的高度规定人权能够促进其他法律更充分地规定人权保障条款，并对司法者起到一个深化人权理念的作用。

（4）国家尊重和保障人权对立法、国家机关及其工作人员的工作和司法起着重要的指导作用。对立法而言，立法更注重权力和权利的平衡、权力和责任的平衡、权利和义务的平衡。对执法而言，国家尊重和保障人权将指导国家机关及其工作人员的工作，在执法中注重人权的保护。对司法而言，国家尊重和保障人权会促使司法机关将保障人权和正确适用法律结合起来，使我国人权保障进入法治化轨道。

（5）国家尊重和保障人权作为宪法原则将指导人与自然、环境、资源和社会的协调发展。只有尊重和保障人权，才能尊重自然规律，使人与自然协调发展。

12. 试论法治原则的内容及在我国宪法中的体现。

【参考答案】（1）法治原则的内容有：①宪法优位。宪法优位即宪法是国家的最高法律，法律必须受宪法拘束。全国人民代表大会及其常务委员会制定的法律，必须受到宪法的约束，而不能与宪法相抵触，否则无效。为了确保一个国家法制的统一，在行政和立法机关之间的关系上要遵循法律优位原则，也就是说行政机关的一切行政行为或其他活动都不得与法律相抵触。作为抽象行政行为的行政法规和行政规章必须在法律规定的范围之内作出。②法律保留。关于公民基本权利的限制等专属立法事项，应当由立法机关通过法律来规定，行政机关不得代为规定，行政机关实施的行政行为必须要有法律的授权，不得与法律相抵触。③审判独立。审判独立即法官在审判案件时不受任何干涉或压迫，只服从于宪法和法律。

（2）法治原则在我国宪法中的体现。①《宪法》序言明确指出，我国“发展社会主义民主，健全社会主义法治”。本宪法以法律的形式确认了中国各族人民奋斗的成果，规定了国家的根本制度和根本任务，是国家的根本法，具有最高的法律效力。②宪法规定，中华人民共和国实行依法治国，建设社会主义法治国家。国家维护社会主义法制的统一和尊严。一切法律、行政法规和地方性法规都不得同宪法相抵触。一切国家机关和武装力量、各政党和各社会团体、各企业事业组织都必须遵守宪法和法律。一切违反宪法和法律的行为，必须予以追究。任何组织或者个人都不得有超越宪法和法律的特权。③宪法规定了审判独立原则：人民法院依照法律规定独立行使审判权，不受行政机关、社会团体和个人的干涉。

13. 联系实际，论述权力制约与监督原则在我国宪法中的体现及对贯彻权力制约法治原则的作用。

【参考答案】（1）权力制约与监督原则是指国家权力机关的各部分之间相互监督、相互制约，以保障公民权利的原则，既包括了公民权利对于国家权力的制约，也包括了国家权力对于国家权力的制约。

（2）我国实行人民代表大会制度，在国家权力统一行使的基础上，国家机关分工负责，相互制约。我国宪法在以下三个方面体现了权力制约与监督原则：①人民对国家权力的制约监督。我国宪法规定，国家一切权力属于人民。全国人民代表大会和地方各级人民代表大会都由民主选举产生，对人民负责，受人民监督。一切国家机关和国家工作人员必须依靠人民的支持，经常保持同人民的密切联系，倾听人民的意见和建议，接受人民的监督，努力为人民服务。②公民权利对国家权力的制约监督。我国宪法规定了公民的基本权利，这些基本权利意味着国家不得干涉和予以保护的义务。此外，我国宪法还明确了公民对于任何国家机关和国家工作人员，有提出批评和建议的权利。③国家机关内部的制约监督。我国宪法规定了不同国家机关之间、国家机关内部不同的监督方式。我国宪法规定，国家行政机关、监察机关、审判机关、检察机关都由人民代表大会产生，对它负责，受它监督。监察委员会依照法律规定独立行使监察权，不受行政机关、社会团体和个人的干涉。监察机关办理职务违法和职务犯罪案件，应当与审判机关、检察机关、执法部门互相配合，互相制约。我国宪法还规定，人民法院、人民检察院和公安机关办理刑事案件，应当分工负责，互相配合，互相制约，以保证准确有效地执行法律。

（3）法治内在地要求对国家权力进行合理的分配和有效的制约。权力如何分配和制约是法治国家权力结构的基本问题。能否实现法治，也取决于国家权力结构中是否实行分配和制约。之所以强调权力的分配和制约，是因为法治的目的就在于运用法律防止国家权力的专横、恣意和腐败，保障公民的权利和自由。法治所强调的对国家权力进行制约，是权力之间的相互制约。让权力之间互相监督，是维护法的权威、保证国家权力的执行者不违背法律的有力措施。法治原则特别强调对国家行政权力的制约，要求严格依法行政。因为行政机关执掌着大量日常公共生活的组织指挥权能，代表公权力，能够通过各种抽象和具体行政行为直接干预公民和社会组织的活动，行政权力行使的广泛性、主动性和强制性、单方面性等都使得对行政权的约束成为法治的重点。

★14. 试论我国宪法规范的特点。

【参考答案】（1）内容的政治性。宪法所调整的社会关系决定了宪法规范内容的政治性；宪法规范内容的实现和变化都要受到各种政治力量对比关系的决定性影响。

（2）效力的最高性。宪法规范的性质和内容决定了宪法规范具有最高的法律效力，宪法规范在整个法律体系中居于最高的法律地位，具有最高的权威性。

（3）立法的原则性。宪法规范具有原则性和概括性，宪法规范要囊括国家生活和社会生活的各个方面，宪法的原则性是宪法保持稳定性和权威性的基础，也是宪法的概括性、适应性和相对稳定性的基础和综合体现。

（4）实施的多层次性。大部分的宪法规范只提供调整社会关系的宏观性规则，宪法规范要根据实际需要进行多层次的具体化，使之成为一种具有直接的可操作性的行为规范。少部分的宪法规范也可能通过一次性或较少具体化层次形成相关秩序，实现宪法规范的职能。

15. 试述制宪权的性质和主要特征。

【参考答案】（1）性质：①制宪权是一种原生性权力，在国家政权性质没有改变的情况下，无论宪法进行怎样的变化，无论是修改、解释还是其他的变迁形式，都不会导致制宪权的变化问题。②制宪权是创造宪法的力量或权限，具有合法性和权威性。③制宪权作为创造宪法的权力，是一种制度化的权力形态。

（2）主要特征：①制宪权具有正当性。制宪权的行使要服从一定的宪法目的，要遵循宪法发展的客观规律。②制宪权是阶级性和公共性的统一。制宪权反映特定阶级的根本意志，具有阶级性；制宪权作为治理国家经验的总结和升华，在客观上反映着社会公共职能，具有公共性。③制宪权具有统一性和不可分割性。为了能够有效地行使制宪权，国家成立制宪机关，统一行使制宪权；制宪权作为原生性权力，不可分割行使。④制宪权具有自律性。制宪权的具体运用过程和制宪内容，体现了主权国家和民族的独立意志，不受除本民族意志之外的其他意志制约。

★16. 试论中国的宪法解释体制。

【参考答案】（1）我国的宪法解释属于立法机关解释体制。这种解释体制首先是由1978年宪法予以确认和建立的。1982年宪法再次以根本法的形式确认了宪法解释的机关是全国人民代表大会常务委员会，这与我国的宪法体制是相吻合的。

（2）由全国人大常委会解释宪法具有一定的合理性：①全国人大作为最高的国家权力机关既有制宪权，也有立法权，而全国人大常委会是全国人大的组成部分，拥有解释宪法的权力，使得宪法解释具有立法性质和普遍的约束力，并使宪法解释工作成为一种经常性的行为。由全国人大常委会行使宪法解释权契合了我国人民主权的理念。在我国，人民是宪法的创制者，只有代表他们行使权力的机关才有资格决定宪法的含义。②从一定意义上讲，全国人大常委会比其他的国家机关更了解宪法的原意和精神，因为宪法的原意和精神是在立宪过程中产生的，且大量的宪法解释问题是在宪法的实施过程中出现的，监督权和解释权的统一有利于保障宪法解释的权威性。③全国人大常委会是经常开展活动的常设性及专门性机关，其组成人员富有政治和社会经验，具有合理的知识结构。④全国人大常委会在工作机制上也比较适宜行使宪法解释权。

（3）我国立法机关解释体制存在的问题：①宪法解释缺乏具体的规范化程序，因此，在我国目前还应当建立和完善一些具体的解释程序，用法律将宪法解释进一步规范化，包括规范宪法解释方式、确立宪法解释原则、强化宪法解释立法、明确宪法解释效力等。②全国人大常委会集立法权、宪法监督权和宪法解释权于一身，不利于权力的监督和制约。因此，在宪法解释主体的设置上需要设立专门的宪法解释机关。③全国人大常委会的宪法解释权长期处于虚置状态，而社会现实中的不合宪行为以及与宪法相抵触的规范性文件不在少数。

★17. 试论中国的宪法修改制度。

【参考答案】（1）宪法修改是指有权修改宪法的机关依据法定的程序对宪法规范予以补充、调整、删除的行为，以保证宪法的内容与社会的发展相适应。

（2）中华人民共和国成立至今，一共制定了四部宪法，前面三部采用全面修改的方式，现行宪法即1982年宪法是第四部宪法，该部宪法生效以后，采用部分修改的方式。我国宪法实践中有通过决议的方式对宪法进行部分修改，也有通过宪法修正案的方式对宪法部分条文进行修改。现行宪法经过了五次修改，通过了52条宪法修正案。

（3）我国的宪法修改制度包括以下三个方面的内容：①修宪机关。全国人民代表大会作为最高国家权力机关，是唯一有权修改宪法的机关，行使修改宪法的职权。②修宪提案主体。宪法的修改，由全国人民代表大会常务委员会或者1/5以上的全国人民代表大会代表提议。③修宪通过程序。宪法的修改，由全国人民代表大会以全体代表的2/3以上的多数通过。

（4）从现行宪法的修改来看，通常由中国共产党中央委员会提出修改宪法的建议案，然后再经宪法规定的法定程序进行修宪。中国共产党中央委员会的宪法修改建议对我国的宪法修改制度和宪法修改实践具有重要的意义。

18. 结合2018年宪法修正案论述关于宪法宣誓制度的建立及意义。

【参考答案】宪法是国家的根本法，是我国社会主义法律体系的基础，具有最高法律效力。同时，宪法是社会共同体的基本规则，凝聚着基本共识和价值观。2018年宪法修正案第40条规定："国家工作人员在就职时应当依照法律规定公开进行宪法宣誓"，公开进行宪法宣誓的国家工作人员包括全国人大及其常委会、国务院、中央军委、国家监察委员会、最高人民法院、最高人民检察院等中央国家机构和县级以上人大及其常委会、人民政府、人民法院、人民检察院等县级以上地方国家机构选出或任命的国家工作人员。

建立宪法宣誓制度的意义主要在于：

（1）宪法宣誓制度的建立有利于维护宪法的最高法律地位、法律权威和法律效力。全面贯彻实施宪法，是推进依法治国、建设社会主义法治国家的首要任务。任何组织和个人都必须尊重宪法权威，在宪法和法律范围内活动，将宪法作为其行为准则。

（2）宪法宣誓制度的建立有利于激励和教育国家工作人员忠于宪法、遵守宪法、维护宪法，是我国宪法实施制度的完善和最新发展。经人民代表大会及其常委会选举或决定任命的国家工作人员，在庄严的就职仪式上宣誓，对国家法律和权力赋予者郑重承诺。通过宪法宣誓可以使国家工作人员明确权力来源于宪法，宪法高于权力，宪法约束权力，按照宪法、法律规定行使权力。宣誓者将为人民服务的公仆意识和承诺公开化，产生神圣的使命感和强烈的责任感，时刻受到誓言和自身道德良知的约束。

（3）宪法宣誓制度的建立有助于提高公民的宪法意识。就职宣誓是一次很好的宪法教育，有助于公民更好地认知宪法，提高宪法意识，并从内心产生对宪法的情感寄托，使尊重和维护宪法权威成为公民的心理基础。

（4）宪法宣誓制度的建立有助于在全社会传播宪法理念，树立法治信仰。开展普遍的宪法教育，对于全社会树立法治信仰和宪法精神具有重要意义。建立宪法宣誓制度，是开展宪法教育，普及宪法知识，以宪法凝聚社会共识的有效手段。

19. 结合法理学和宪法学知识，论述宪法关于新发展理念的规定对五个文明的协调发展和社会和谐发展的新理念的体现和保障作用。

【参考答案】（1）创新、协调、绿色、开放、共享的新发展理念是十八大以来以习近平同志为核心的党中央推动我国经济发展实践的理论结晶，《宪法》序言中明确规定（2018 年宪法修正案明确写入）“贯彻新发展理念”，“推动物质文明、政治文明、精神文明、社会文明、生态文明协调发展，把我国建设成为富强民主文明和谐美丽的社会主义现代化强国，实现中华民族伟大复兴”。

（2）“五个文明”协调发展是中国共产党统筹推进经济建设、政治建设、文化建设、社会建设、生态建设的“五位一体”总体布局的宪法化表达。社会主义社会应该是物质文明、政治文明、精神文明、社会文明和生态文明全面发展的社会，实现现代化的过程是包括经济、政治、文化、社会和生态发展在内的全面进步的过程。在这个过程中，生态文明是“五个文明”系统中的前提，物质文明是“五个文明”系统中的基础，政治文明是“五个文明”系统中的保障，精神文明是“五个文明”系统中的灵魂，社会文明是“五个文明”系统中的目的。强调“五个文明”共同发展、协调发展，是对人类社会发展趋势的正确回应，“五个文明”共同构成文明系统整体，协调发展，相互影响，相互制约，最终实现宪法确立的国家根本任务。

（3）宪法助推五大社会发展理念，体现和保障创新、协调、绿色、开放、共享的社会发展，宪法规定的新发展理念体现和保障社会和谐发展的新理念：第一，依法实施创新驱动发展战略。创新是引领发展的第一动力，这就要求我国促进科技创新的法律与知识产权保护的法律进一步完善。第二，依法增强社会发展的整体协调性。宪法规定新发展理念，要求法律在协调各种社会关系、社会利益的过程中，应充分体现公平正义的基本价值追求，促进社会整体协调发展。第三，依法推进人与自然和谐共生的绿色发展观。绿色发展，就是要解决好人与自然和谐共生问题，宪法规定新发展理念，依法绿色发展有了宪法依据，并成为必然选择。第四，依法形成对外开放的发展新体制。一个国家能否富强和民族能否振兴，最重要的是看这个国家、民族能否顺应时代潮流，掌握历史前进的主动权，因此，应依法形成对外开放的新发展体制。第五，依法践行以人民为中心的共享发展思想。这是党的十八届五中全会首次提出来的，体现了我们党全心全意为人民服务的根本宗旨，体现了人民是推动发展的根本力量的唯物史观。让人民群众享受到改革与发展的红利，这也符合人民主体地位的法律原则。

20. 试论我国人民代表大会制度是我国的根本政治制度。

【参考答案】（1）人民代表大会制度是马克思主义关于政权组织形式的基本理论同中国具体实际情况相结合的产物，是人民通过选举的方式，选举代表组成各级国家权力机关，由各级国家权力机关产生其他的国家机关，其他国家机关对权力机关负责，权力机关对人民负责的一种制度。

（2）人民代表大会制度是我国的代议制度，它是建立在我国国情的基础上的根本政治制度：①人民代表大会制度直接全面地反映了我国的阶级本质。我国是工人阶级领导的，以工农联盟为基础的人民民主专政的社会主义国家。人民代表大会制度在人民代表大会的组成、人民代表大会同其他国家机关的关系以及人民代表大会在行使和实现国家权力等方面都直接地反映了我国的阶级本质。②人民代表大会制度产生于我国的革命斗争中，是其他制度赖以建立的基础。我国的人民代表大会制度是马克思主义国家学说同我国革命实践相结合的产物。在革命发展的过程中，人民代表大会制度不以其他的任何制度作为产生的依据，不依赖其他制度而产生。人民代表大会制度产生后，就成为其他制度形成的基础。③人民代表大会制度反映了我国政治生活的全貌，是人民实现民主管理的最好方式。我国的许多制度都是表现我国社会主义政治生活的某一个方面，只有人民代表大会制度才能体现我国政治生活的全貌。

21. 试论人民代表大会制度的优越性。

【参考答案】(1) 人民代表大会制度是马克思主义关于政权组织形式的基本理论同中国具体实际情况相结合的产物，是人民通过选举的方式，选举代表组成各级国家权力机关，由各级国家权力机关产生其他的国家机关，其他国家机关对权力机关负责，权力机关对人民负责的一种制度。

(2) 人民代表大会制度具有无比的优越性，体现在：①人民代表大会制度适合中国的国情，因而具有很强的生命力。人民代表大会制度是中国各族人民在中国共产党领导下，在长期的政权建设实践中创立的，走过了从不成熟到成熟，并不断予以完善的过程，因而它是在中国具体历史条件下形成的，是马克思主义政权建设理论在中国的具体运用，因此最适合中国国情，也最具有生命力。②人民代表大会制度便于人民参加国家管理。根据我国宪法和人民代表大会组织法规定，我国各级人大代表都由选民通过直接或者间接选举的方式产生；各级人大代表必须对选民或者原选举单位负责，受选民或者原选举单位的监督，选民或者原选举单位有权依法罢免自己选出的代表；人大代表必须深入选民中了解他们的意愿，及时向选民或者原选举单位报告自己的工作，听取他们对自己工作的意见和要求；人大代表有权根据民主集中制的原则，讨论和决定国家生活中的重大问题，等等。这就从制度上保证了我国人民行使当家作主、管理国家的权力。③人民代表大会制度便于集中统一行使国家权力。我国宪法规定，国家的一切权力属于人民，人民行使国家权力的机关是全国人民代表大会和地方各级人民代表大会。这表明，人民代表大会制度体现了国家权力与人民权力的统一。同时，各级国家行政机关、监察机关、审判机关和检察机关都由同级人民代表大会选举产生，对它负责，受它监督，这充分表明各级人民代表大会作为国家权力机关，在国家权力的行使和实现过程中处于主导支配地位。④人民代表大会制度既能保证中央的集中统一领导，又能保证地方主动性和积极性的发挥。我国宪法规定，中央和地方国家机关职权的划分，遵循在中央统一领导下，充分发挥地方的主动性和积极性的原则。由于人民代表大会作为国家权力机关，在国家机关体系中处于主导支配地位，因而人民代表大会制度可以将国家机关之间、中央和地方之间的权力关系有序化，从而既保证中央统一行使国家权力，又保证地方主动性和积极性得以充分发挥。

22. 试论我国人民代表大会制度的完善。

【参考答案】(1) 理顺各级人大及其常委会与其他机关组织的关系。由于多种原因，各级人大及其常委会与同级其他机关组织的关系并不十分通畅，因而妨碍了各级人大及其常委会有效地行使职权，因此极有必要予以理顺。理顺各级人大及其常委会与其他机关组织的关系包括：①理顺各级人大及其常委会与同级党组织的关系。党的领导是政治、组织和思想领导，而不能包办具体工作，加之党组织与国家政权机关在性质、职能和任务上都存在差别，因此理顺二者的关系不仅能够坚持和实现党的领导，而且为人大及其常委会依法行使职权提供保障。②理顺各级人大及其常委会与同级国家行政机关的关系。国家行政机关是人大的执行机关，由人大产生，向人大负责并报告工作。因此，各级人大及其常委会与同级国家行政机关是决定与执行、监督与被监督的关系。但各级人大及其常委会在审议决定重大问题和对政府的监督方面还存在着差距。③理顺各级人大及其常委会与同级监察机关、人民法院、人民检察院的关系。监察机关、人民法院、人民检察院都由人大选举产生，对它负责，受它监督。同时，监察机关、人民法院、人民检察院分别依法行使监察权、审判权和检察权。各级人大及其常委会与同级监察机关、人民法院、人民检察院的关系问题主要是人大监督和监察职权、司法独立的问题，因此理顺它们的关系就是既要明确人大及其常委会监督的范围和内容，又要保证依法行使监察权和司法独立。

（2）加强人民代表大会制度的自身建设。理顺各级人大及其常委会与其他机关组织的关系，必须加强各级人大及其常委会的自身建设：①加强组织机构建设。在结合现实情况的基础上，根据客观需要加强机构建设和组织建设，使各级人大及其常委会发挥其应有的作用。②制度建设。为了提高各级人大及其常委会的工作效率，保证各级人大及其常委会依法行使职权，必须加强各级人大及其常委会的制度建设，使各级人大及其常委会的职权行使法律化、制度化。③成员素质的提高。要加强人大代表的素质，尽可能地将政治品德高、政治思想好、参政议政能力强的人选为人大代表，并通过各种方式提高其素质，只有这样，才能保证各级人大及其常委会有效地行使职权。

23. 结合法理学和宪法学的有关知识，论述党领导立法和人大主导立法是对人民代表大会制度的完善。

【参考答案】（1）加强党对立法工作的领导与人大主导立法，既是我国立法工作的根本原则也是我国立法实践经验的科学总结，是党的领导与人民当家作主有机统一在立法领域的具体表现，两者相辅相成，并不矛盾。党领导立法强调坚持党的政治领导原则，党通过确定立法工作方针、批准立法规划、提出立法工作建议、明确立法工作的重大问题、加强立法队伍建设等，把握正确的政治方向。人大主导立法是我国宪法确定的准则，我国是单一制国家，实行人民代表大会制度。有权的各级人民代表大会或人大常委会依法具体履行立法职责，落实立法工作任务，将人民的意志准确地体现在立法之中。其中，全国人大及其常委会在国家立法体制中处于核心地位。我国宪法规定，全国人民代表大会和全国人民代表大会常务委员会行使国家立法权。《立法法》规定了地方人大及其常委会行使制定地方性法规的权限。这些正是人大主导立法的具体体现。

（2）党领导立法和人大主导立法完善了我国的人民代表大会制度。党领导立法与人大的权力机关地位是统一的，只有坚持党对立法工作的领导，才能保证人民代表大会制度运作的政治方向，才能在人民代表大会行使立法权时保证党的主张变为国家意志，才能使党的领导、人民当家作主和依法治国统一起来，并通过人民代表大会制度的制度安排得以认真贯彻实施，从而完善了人民代表大会制度。人大主导立法是加强和完善人大行使立法权的需要，也是科学立法和民主立法的要求，人大主导立法能够推进人大制度运行的科学化和民主化，是完善人民代表大会制度的关键环节。

24. 结合法理学和宪法学知识，论述人民代表大会制度是对坚持党的领导、人民当家作主和依法治国的有机统一的根本安排。

【参考答案】（1）发展社会主义民主政治，最根本的就是要把党的领导、人民当家作主和依法治国有机统一起来。这是我国社会主义法治建设的一条基本经验。其中，党的领导是关键，人民当家作主是主要目的，依法治国是途径。人民代表大会制度是坚持党的领导、人民当家作主、依法治国有机统一的根本制度安排。

（2）人民代表大会制度是我国根本的政治制度。我国宪法在序言中确认了中国共产党对国家生活的领导地位，同时又在总纲中确立了人民代表大会作为国家权力机关的地位。党的领导与人大的权力机关地位是统一的，只有坚持党的领导才能保证人民代表大会制度运作的政治方向，党的领导也只有通过法治的方式进行才能取得预期的民主政治效果。坚持党对人大的领导，能更好地完善人民代表大会制度，更好地落实依法治国基本方略。

（3）我国宪法明确规定，中华人民共和国的一切权力属于人民。人民行使国家权力的机关是全国人民代表大会和地方各级人民代表大会。人民依照法律规定，通过各种途径和形式，管理国家事务，管理经济和文化事业，管理社会事务。这表明人民代表大会是执行人民意志的代表机关，也是人民行使国家权力、实现社会主义民主最好的途径和方式。坚持党对人大的领导，才能实现人民当家作主的目的，从而实现党的领导和人民当家作主的统一。

（4）我国宪法明确规定，中华人民共和国实行依法治国，建设社会主义法治国家。依法治国，建设社会主义法治国家，是中国共产党领导中国人民治理国家的基本方略，人民代表大会是我国根本的政治制度，是中国人民民主专政的政权组织形式，是中国的政体，最直接反映中国社会的性质。人民代表大会制度与依法治国在根本上是一致的，人民代表大会是实现依法治国的最佳形式。人民代表大会制度是建立其他有关的国家管理制度的基础，依法治国作为党领导人民治理国家的基本方略，体现了党的领导、人民当家作主和依法治国的统一。

★25. 试述我国选举制度的基本原则。

【参考答案】（1）选举权的普遍性原则。选举权的普遍性即我国享有选举权和被选举权的人数占到了全体年满法定选举年龄的公民总数的绝大多数，从而使选举权和被选举权的享有率在全国范围内达到广泛的程度。凡年满18周岁的我国公民，除依法被剥夺政治权利的外，不分民族、种族、性别、职业、家庭出身、宗教信仰、教育程度、财产状况和居住期限，都有选举权和被选举权。我国享有选举权的公民的范围是极为广泛的。

（2）选举权的平等性原则。选举权的平等性即所有选民在平等的基础上参加选举，不允许任何人享有特权，更不允许对任何选民非法限制或歧视。除法律有特别规定外，选民平等地享有选举权和被选举权；在一次选举中，选民平等地拥有投票权；每一代表所代表的选民的人数相同。我国实行城乡按相同人口比例选举代表，体现了人人平等、地区平等和民族平等。

（3）直接选举和间接选举并用的原则。我国社会主义的民主选举中，采取直接选举和间接选举两种方式互相配合、共同采用的选举方式。我国在县级和县级以下实行直接选举，县级以上实行间接选举。随着社会主义民主政治的发展，扩大直接选举的范围是我国政治体制改革的需要。

（4）差额选举的原则。差额选举即民意机关代表或公职人员选举中候选人的人数多于应选代表名额的选举。差额选举优于等额选举，体现了民主选举的本意要求。我国实行差额选举，即全国和地方各级人民代表大会实行差额选举，代表候选人的名额应多于应选代表的名额。由选民直接选举人大代表的，代表候选人的人数应多于应选代表名额的1/3至1倍；由县级以上地方各级人大选举上一级人大代表的，代表候选人的人数应多于应选代表名额的1/5至1/2。差额选举体现了我国社会主义的民主性。

（5）秘密投票的原则。秘密投票即选民按照自己的意愿填写选票，不署自己姓名，不向他人公开的选举方式。我国实行秘密投票的选举原则，即全国和地方各级人大的选举，一律采用无记名投票的方法。

26. 试论影响国家结构形式的要素。

【参考答案】（1）民族因素。一般而言，单一制国家由于不存在民族关系问题，通常实行单一制，但在多民族国家，如各民族之间的关系融洽，同时各民族之间形成杂居，并且聚居的民族在地域上没有达到能够成为一个国家的范围，通常在这类国家建立的也是单一制。如果在多民族国家，聚居的各民族的地域范围差距不大，类同于一个国家，又没有形成一个起到主导作用的民族，在这种情形下，通常建立联邦制。

（2）经济因素。如果一国的不同区域之间的经济发展水平存在较大的不平衡，或者经济产业之间存在较大差异，使相互之间在经济上既缺乏互补性，也缺乏密不可分的联系。在这样的国家，通常建立起联邦制。

（3）地理因素。由于地理的关系，一个国家被自然地分割为若干部分，或者一个国家之内不同地区的地理条件存在较大差异等，都有可能使不同地区、部分之间只形成某种较为松散的联系。在这样的国家，通常建立起联邦制。反之，则实行单一制。

（4）历史因素。历史因素包括历史传统、特定的历史事实及其他历史遗留问题等。就历史传统而言，一个国家在其建立以后的历史中，中央集权与地方分权的政治体制存续的时间，对于建立单一制还是联邦制，有着很大的影响。就特定的历史事实而言，其中最具影响的是殖民地历史。殖民者对于殖民地通常采取分而治之的方法，同时，殖民者在被迫离开殖民地时通常故意制造不同地区之间的矛盾，以便继续控制这些殖民地。在这样的殖民地建立起来的通常是联邦制。

实践中，一个国家采取单一制还是联邦制，往往受到上述多种因素的综合影响。

27. 试述民族自治地方自治机关的自治权。

【参考答案】民族自治地方的自治机关除行使一般国家权力机关和地方国家行政机关的职权外，还依照宪法、民族区域自治法和其他法律的规定行使自治权，根据本地方的实际情况贯彻执行国家的法律、政策；在不违背宪法和法律的原则下，有权采取特殊政策和灵活措施，加速民族自治地方经济、文化建设事业的发展。自治机关的自治权可以概括为以下几个方面：

（1）制定自治条例和单行条例。民族自治地方的人大有权依照当地民族的政治、经济和文化的特点，制定自治条例和单行条例。自治区的自治条例和单行条例，报全国人大常委会批准后生效；自治州、自治县的自治条例和单行条例，报省、自治区、直辖市的人大常委会批准后生效，并报全国人大常委会和国务院备案。民族自治地方制定自治条例和单行条例的权力是民族自治地方享有民族自治权的标志。

（2）根据本地方的实际情况，贯彻执行国家的法律和政策，对于上级国家机关的决议、决定、命令和指示，如有不适合民族自治地方实际情况的，自治机关可以报经上级国家机关批准变通执行或停止执行。

（3）管理地方财政。凡是依照国家财政体制属于民族自治地方的财政收入，都由民族自治地方自治机关自主地安排使用。民族自治地方财政收入和财政支出的项目，由国务院按照优待民族自治地方的原则规定。民族自治地方的自治机关在执行财政预算过程中，自主安排使用收入的超收和支出的节余资金。

（4）安排和管理地方经济建设事业的自主权。民族自治地方的自治机关可以根据本地方的特点和需要，制定经济建设的方针、政策和计划，自主地安排和管理地方性的经济建设事业。

（5）管理本地方的教育、科学、文化、卫生、体育事业的自主权。民族自治地方的自治机关依照法律规定决定本地方的教育规划，自主地发展民族教育。自治机关自主地决定本地方的科学技术、医疗卫生事业发展规划，自主地发展具有民族形式和特点的民族文化事业，自主地发展医疗事业和体育事业，并积极开展教育、科学技术、文化艺术、卫生、体育等各方面的交流与协作。

（6）依照国家的军事制度和当地的实际需要，经国务院批准，可以组织本地方维护社会治安的公安部队。

（7）其他方面的职权。这些职权包括使用和发展当地通用的一种或几种语言文字，自主地培养干部、专业人才和技术工人等。

28. 试论特别行政区的法律地位。

【参考答案】（1）特别行政区是指在统一的中华人民共和国范围内，根据我国宪法和法律所设立的具有特殊的法律地位，实行特别的政治、经济制度的行政区域。

（2）特别行政区是中华人民共和国的一个不可分割的组成部分，其不享有主权，也不是一个独立的政治实体，而是一级地方行政区域，直辖于中央人民政府，受中央人民政府统一管辖，其法律地位相当于省、自治区、直辖市。特别行政区是一个享有高度自治权的地方行政区域，中央人民政府与特别行政区的关系是单一制国家结构形式内中央与地方之间的关系。

（3）特别行政区享有高度自治权，该高度自治权要比我国一般地方政权、民族自治地方的自治权更广泛。特别行政区享有的高度自治权的内容包括立法权、行政管理权、独立的司法权和终审权，除此之外，特别行政区财政独立、使用自己的货币，其收入全部用于自己的需要，中央人民政府不在特别行政区征税。

（4）中央人民政府对特别行政区享有如下职权：负责管理与特别行政区有关的外交事务，负责管理特别行政区的防务，任命特别行政区的行政长官和行政机关的主要官员，决定特别行政区进入紧急状态，解释特别行政区基本法，修改特别行政区基本法等。

29. 试论特别行政区和一般行政区的联系和区别。

【参考答案】（1）联系：①特别行政区和一般行政区都是中华人民共和国不可分离的一部分，是我国地方制度的有机组成部分。特别行政区设立的前提是“一个中国”，即中华人民共和国。特别行政区和一般行政区一样，都是我国地方制度的有机组成部分。②特别行政区和一般行政区一样，是中华人民共和国的一级地方行政区域，直辖于中央人民政府。特别行政区是中华人民共和国的一个享有高度自治权的地方行政区域，该区域建立的地方政权机关，是我国的一级地方政权，受中央人民政府统一管辖。③特别行政区和一般行政区一样，选举人民代表参加全国人民代表大会。

（2）区别：①地方政权体系不同。省、自治区、直辖市下设市、区、县、乡、镇等行政单位，而香港、澳门特区不再下设任何政权单位。②行使权力的大小不同。省、直辖市可以依法制定地方性法规，行使一定的自主权；民族自治地方还有权制定自治条例和单行条例，依法享有自治权，但它们都不能同特别行政区享有的高度自治权相比，特别行政区享有某些自治权，包括货币发行权、财政独立、司法终审权等，这些权力甚至超过了联邦制国家中各州或各成员国所能行使的权力。③中央对它们的干预程度不同。除与特别行政区有关的外交事务和国防事务由中央负责以外，其他事务均由特别行政区政府负责管理，并自行制定政策，中央政府所属各部门不得干预特别行政区自行管理的事务；一般的行政区域则必须遵守、执行和服从中央及其有关部门制定的规章、政策、命令和指示等。④实施的法律不同。各省、自治区、直辖市必须执行全国统一的法律和国务院制定颁布的行政法规；除极少数由基本法附件明确列举的全国性法律须在特别行政区实施的以外，特别行政区不实施全国统一的法律和行政法规，它有自己独特的法律体系。

30. 试论我国公民正确行使权利和自由的原则。

【参考答案】（1）我国宪法规定，公民在行使权利和自由的时候，不得损害国家的、社会的、集体的利益和其他公民的合法的自由和权利。该宪法条款确立了我国公民正确行使权利和自由的指导原则。

（2）我国宪法确立的公民正确行使权利和自由原则的基本内容有：①自由和权利是社会的，个人自由应以社会自由为前提和基础。个人自由只有在集体和社会中才有可能实现，并具有意义。重视个人自由并不意味着以个人为本位的自由观。②自由和权利是相对的，有限制的。自由只有进行合理限制，才能获得更大的自由。③自由特别是政治自由，只有和法律联系在一起才能存在。有了法律，才有秩序，才能防止对人的自由即人的权利的无礼干涉和侵犯，才能保证个人的真正独立。

（3）公民在行使权利和自由的时候，不得损害国家的、社会的、集体的利益和其他公民的合法的自由和权利，因此，公民行使权利和自由需要注意以下界限：①不得妨碍他人的权利和自由。国家对于公民的权利和自由，只能于保护全体公民权利和自由的必要范围内，以法律设定限制。②不违反国家承认的公民享有权利和自由的目的。公民不得滥用自由和权利。

★31. 试论公民基本权利的限制。

【参考答案】（1）公民基本权利的限制是指确定公民基本权利的范围，使之不得超过一定的限度，超过限度则构成权利的滥用。合理地限制公民基本权利的目的是有效地保障公民基本权利，而为了有效地保障公民基本权利，必须对不符合社会公共利益的公民基本权利进行必要的限制，换言之，对公民基本权利的限制，或者源于不同权利之间的冲突，或者出于对公共利益的保护。宪法作为一国法律秩序的基石，必然要对权利冲突或者公共利益保护进行相应的安排，对公民基本权利的行使进行相应的规制。

（2）对公民基本权利限制的形式有公民基本权利的宪法限制和公民基本权利的法律限制。宪法的公民基本权利条款中，有时不仅具有权利保障的内容，也有权利行使的限定规定。这被称之为公民基本权利的宪法限制。为了维护国家利益和社会公共利益，在必要时可以对公民的基本权利进行限制，以取得权利主体之间的利益的平衡。更常见的情形是宪法授权立法机关对公民基本权利予以限制，此为公民基本权利的法律限制，即法律保留。公民基本权利的法律限制，一方面是法律对公民基本权利的限缩，即公民基本权利被法律所限定；另一方面法律又具有对公民基本权利保护的意涵，唯有立法机关的法律才可以限缩基本权利，防止公民基本权利受到来自行政机关的非法限制。

（3）对公民基本权利进行一般性的限制，除了在立法上要符合法律保留原则外，还要受到下列原则的进一步约束：1）明确性原则。法律对公民基本权利所作的限制，必须内容明确，可以成为公民行动的合理预期。如果法律条文过于宽泛、笼统和模糊，在接受宪法审查的时候，此类法律往往会被宣告为违宪而无效。2）比例原则。比例原则要求为公共利益而限制公民基本权利的时候，必须要在手段和目的之间进行利益衡量。限制公民基本权利的目的必须具有宪法正当性。它包括三个方面的内容：①手段合适性，所采用手段必须适合目的之达成；②限制最小化，立法所采取的是对基本权利影响、限制最小的手段；③狭义比例原则，要求手段达成的公共目的与造成的损害之间具有适当的比例关系，即均衡法。

32．试述我国现行宪法规定的“公民在法律面前一律平等”的内涵。

【参考答案】（1）平等权既是我国公民的一项基本权利，也是我国宪法的基本原则。保护公民的平等权是宪法的要求。我国现行宪法明确规定，中华人民共和国公民在法律面前一律平等。

（2）平等权作为我国公民的基本权利，具有如下含义：①平等权的主体是全体公民，它意味着全体公民法律地位的平等。②平等权是公民的基本权利，是国家的基本义务。公民有权利要求国家给予平等保护，国家有义务无差别地保护每一个公民的平等地位。国家不得剥夺公民的平等权，也不能允许其他组织和个人侵害公民的平等权。③平等权意味着公民平等地享有权利履行义务。平等不能和特权并存，平等也不允许歧视现象存在。④平等权是贯穿于公民其他权利的一项权利，它通过其他权利，如男女平等、民族平等、受教育权平等而具体化。

33．联系实际，论述宪法上的平等保护与合理差别的内涵。

【参考答案】（1）平等保护是指对所有公民采取无差别的待遇，除非存在差别对待的合理理由，不得把种族、性别、家庭出身、宗教信仰等作为法律上差别对待的理由。

（2）平等保护不是绝对的，判断政府的措施是合理差别还是违反平等保护的歧视性做法的标准如下：第一，政府进行差别对待的目的必须是为了实现正当的而且是重大的利益；第二，这种差别对待必须是实现其所宣称的正当目标的合理的乃至是必不可少的手段；第三，政府负有举证责任。

（3）合理差别主要有以下几种：基于年龄差异的合理差别；基于生理差异的合理差别；基于民族差异的合理差别。

（上述要点需要展开论述——编者注）

34．结合法理学和宪法学知识，论述我国宪法平等权的规定对贯彻法律面前人人平等的法治原则的要求。

【参考答案】（1）平等权是公民的一项基本权利，同时也是重要的宪法原则，保护公民的平等权是宪法的基本要求。首先，我国宪法规定的平等权的主体是全体公民，它意味着全体公民法律地位的平等。我国宪法明确规定："中华人民共和国公民在法律面前一律平等。"其次，平等权是公民的基本权利，是国家的基本义务。公民有权利要求国家给予平等保护，国家有义务无差别地保护每一个公民的平等地位。国家不得剥夺公民的平等权，也不能允许其他组织和个人侵害公民的平等权。再次，平等权意味着公民平等地享有权利履行义务。平等不能和特权并存，平等也不允许有歧视现象存在。我国宪法明确规定："任何组织或者个人都不得有超越宪法和法律的特权。"最后，平等权是贯穿于公民其他权利的一项权利，它通过其他权利，如男女平等、民族平等、受教育平等而具体化。贯彻平等保护，对于所有公民应当采取无差别的待遇，除非存在进行差别对待的合理理由。

（2）宪法平等权的规定要求法律面前人人平等。首先，法律面前人人平等是民主和法治的基本要求。法治原则首先要求法律适用上的平等，即在执法和司法过程中，对一切公民权利和自由的平等保护，对一切主体义务的平等要求，对违法行为平等地追究法律责任，不承认任何法外特权。其次，法律面前人人平等还要求在立法上平等分配各种社会资源。此外，平等还意味着尊重社会主体的多元价值观和生活方式，消除歧视与偏见。

35. 结合法理学和宪法学知识，论述我国宪法关于宗教信仰的规定及在处理宗教问题上的作用。

【参考答案】（1）我国宪法规定，中华人民共和国公民有宗教信仰自由。任何国家机关、社会团体和个人不得强制公民信仰宗教或者不信仰宗教，不得歧视信仰宗教的公民和不信仰宗教的公民。国家保护正常的宗教活动。任何人不得利用宗教进行破坏社会秩序、损害公民身体健康、妨碍国家教育制度的活动。宗教团体和宗教事务不受外国势力的支配。

（2）在对待宗教的态度上，我国社会主义法不是运用行政命令的办法强制消灭宗教，不允许人们有宗教信仰，而是贯彻宗教信仰自由原则。宗教信仰自由的内容包括：每个公民既有信仰宗教的自由，也有不信仰宗教的自由；有信仰这种宗教的自由，也有信仰那种宗教的自由；有过去信教而现在不信教的自由，也有过去不信教而现在信教的自由；在同一宗教里面，有信仰这个教派的自由，也有信仰那个教派的自由。总之，宗教信仰自由是公民个人的权利，信仰与不信仰宗教由公民个人选择，任何国家机关、社会团体和个人都不得强制公民信仰宗教或者不信仰宗教，不得歧视信仰宗教的公民和不信仰宗教的公民。坚持宗教信仰自由原则，同时坚决反对邪教。

（3）贯彻宗教信仰自由，依法加强对宗教事务的管理，目的在于引导宗教与社会主义社会相适应。宗教是一种历史现象，在社会主义社会中将长期存在。这种适应并不要求宗教信徒放弃唯心主义、有神论的思想和宗教信仰，而是要求他们在政治上热爱祖国，拥护社会主义制度和共产党的领导，遵纪守法。同时，以法律的手段改革不适应社会主义的宗教制度和教条，利用宗教教义、教规和宗教道德中的某些积极因素为社会主义服务。

★36. 试论我国宪法上的通信自由和通信秘密。

【参考答案】（1）通信自由是指公民有根据自己的意愿自由进行通信不受他人干涉的自由。通信秘密是指公民通信的内容受国家法律保护，任何人不得非法私拆、毁弃、偷阅他人的信件。公民的通信包括书信、电话、电报、电子邮件等进行通信的各种手段。它涉及公民的个人生活、思想活动、社会交流等切身利益。因此，保障公民通信自由和通信秘密不受非法侵犯，是公民一项不可缺少的基本自由。我国历部宪法都肯定了公民的这一自由权利。我国的刑法、刑事诉讼法、邮政法等都对此作了相应的规定。公民的通信自由和通信秘密是一项重要的人身权利，我国法律为保障这一权利，作出了具体、详尽的规定，使宪法规定的通信自由和通信秘密得到了具体化。

（2）我国宪法规定，中华人民共和国公民的通信自由和通信秘密受法律的保护。除因国家安全或者追查刑事犯罪的需要，由公安机关或者检察机关依照法律规定的程序对通信进行检查外，任何组织或者个人不得以任何理由侵犯公民的通信自由和通信秘密。为了保障通信自由和通信秘密，扣押和检查公民的通信必须遵守以下规定：①只有公安机关、国家安全机关和检察机关才有权依照法律规定的程序扣押和检查公民的邮件、电报、电子邮件。②扣押和检查公民的通信只有两种原因：一是国家安全的需要，二是追查刑事犯罪的需要。③对于扣押的邮件、电报、电子邮件等，经查明不影响国家安全或与犯罪无关，应立即通知邮电部门或网络服务单位。④需扣押的邮件、电报、电子邮件等，应由人民检察院、国家安全机关或公安机关通知邮电部门或网络服务单位。

（3）宪法所保护的通信自由和通信秘密是一种合法的、正当的通信自由，危害宪法秩序与侵害他人权益的行为不属于通信自由的范畴。为了国家安全与公共利益的需要，可以对通信自由进行适当的限制。当然，这种限制必须基于合理的理由与正当的法律程序，不得侵犯通信自由和通信秘密的实质内容。

37．试论我国宪法上的社会保障权。

【参考答案】（1）社会保障权是一项基本人权。作为复合概念，社会保障权是指社会成员为了维护人的有尊严的生活而向国家要求给付的权利。社会保障权有广义和狭义之分。狭义的社会保障权属于社会弱势群体的权利，重点在于社会救助、国家对年老体弱者的物质帮助等权利；广义的社会保障权属于一般性的权利，只要是符合条件的公民都可以无条件享有，权能领域范围比较广，涉及医疗、养老、保险、基本住房等基本生活领域。

（2）社会保障权具有如下特征：①社会保障权是保障人们有尊严生活的有效手段，体现了社会公正原则；②社会保障权是一种具体的权利，当国家不履行社会保障义务时，当事人有权通过司法程序主张自己的权利；③社会保障权既是一种社会权利，又是一种经济权利，具有社会性和经济性二重性；④社会保障权是宪制国家必须履行的义务，其实现过程需要国家的积极干预。

（3）2004年宪法修正案增加了“国家建立健全同经济发展水平相适应的社会保障制度”的条款，这一规定体现了以人为本，经济与社会协调发展的基本思想。社会保障制度包括社会保险、社会救济、社会福利、优抚安置等各项制度。社会保障制度的建立与健全对于公民物质帮助等社会经济权利的实现具有重大意义。因此，2004年宪法修正案之后，广义的社会保障权已经成为我国宪法所承认的一项基本权利。

（4）社会保障权包括退休人员的生活保障权、物质帮助权等方面的内容：①退休人员的生活保障权。我国宪法规定，国家依照法律规定实行企业事业组织的职工和国家机关工作人员的退休制度。退休人员的生活受到国家和社会的保障。国家实行离退休制度，对离退休职工和国家机关工作人员的生活作妥善的安排。目前，我国已颁布了一系列法律、法规，对退休的年龄、条件和退休后的工资待遇、生活待遇作了详细规定。这些规定使我国宪法规定的退休制度得到了具体切实的贯彻落实。②物质帮助权。物质帮助权是公民因失去劳动能力或者暂时失去劳动能力而不能获得必要的物质生活资料时有从国家和社会获得生活保障，享受集体福利的一种权利。我国宪法规定，中华人民共和国公民在年老、疾病或者丧失劳动能力的情况下，有从国家和社会获得物质帮助的权利。

38．试论我国宪法规定的政治诉愿权。

【参考答案】政治诉愿权是公民依照宪法规定而享有的提出政治诉求和进行政治监督的权利。它既是国家一切权力属于人民的体现，也是公民作为国家管理活动的相对方对抗国家机关及其工作人员违法失职行为的有效手段。我国宪法规定，中华人民共和国公民对于任何国家机关和国家工作人员，有提出批评和建议的权利；对于任何国家机关和国家工作人员的违法失职行为，有向有关国家机关提出申诉、控告或者检举的权利，但是不得捏造或者歪曲事实进行诬告陷害。公民通过这项权利的行使，既可对国家机关和国家工作人员实行监督，同时又可维护自己的合法权益，使其免遭国家机关和国家工作人员的不法侵害。公民的政治诉愿权包括批评、建议、申诉、控告、检举和取得赔偿的权利。

（1）批评、建议权。批评权是公民对于国家机关和国家工作人员的缺点和错误，有权提出要求其克服改正的意见。建议权是公民对国家机关和国家工作人员的工作，有权提出自己的主张和建议。公民行使批评、建议权，对国家机关和国家工作人员的职务活动，进行监督、评议，防止国家机关和国家工作人员的官僚主义，提高工作效率，促使国家机关和国家工作人员更好地履行自己的职责。

（2）申诉、控告、检举权。申诉权是公民对国家机关作出的决定不服，可向有关国家机关提出请求，要求重新处理的权利。申诉分为诉讼上的申诉和非诉讼的申诉。凡针对法院作出的已经生效的裁判提出的申诉属于诉讼上的申诉，其余的则为非诉讼的申诉。控告权是公民对违法失职的国家机关及其工作人员的侵权行为提出指控，请求有关机关对违法失职者给予制裁的权利。检举权是公民对国家机关工作人员违法失职行为向有关机关进行检举的权利。控告和检举是公民同国家机关工作人员的违法失职行为作斗争的两种不同手段，控告权是因涉及公民自身的合法权益而行使，是一种救济权利；检举权不一定是自身权益受到侵害，是对国家机关及其工作人员行使的监督权利。为了保障公民监督权的有效实现，我国宪法规定，对于公民的申诉、控告或者检举，有关国家机关必须查清事实，负责处理。任何人不得压制和打击报复。

（3）国家赔偿请求权。国家赔偿请求权是指国家机关和国家机关工作人员违法行使职权侵犯公民的合法权益造成损害时，受害人有取得国家赔偿的权利，包括行政赔偿和刑事赔偿。国家赔偿请求权是一种救济权利，权利救济是权利保障的最后手段。我国还建立了国家赔偿制度，国家赔偿制度的建立和完善，将进一步增强国家机关工作人员执法、司法的严肃性，增强国家机关及其工作人员为人民、为社会负责的责任感，它是保障公民合法权益的重要法律制度。

39. 试论我国公民人身自由的主要内容。

【参考答案】公民的人身自由是公民一切权利和自由的基础。依据我国宪法规定，公民的人身自由的内容包括：

（1）公民的人身自由不受侵犯。这是指公民的人身和行动不受任何非法搜查、拘禁、逮捕、剥夺、限制和侵害。我国宪法明确规定，任何公民，非经人民检察院批准或者决定或者人民法院决定，并由公安机关执行，不受逮捕。禁止非法拘禁和以其他方法剥夺或者限制公民的人身自由，禁止非法搜查公民的身体。

（2）公民的人格尊严不受侵犯。我国宪法明确规定，公民的人格尊严不受侵犯。禁止用任何方法对公民进行侮辱、诽谤和诬告陷害。也就是说，公民享有人格权。公民的人格权包括公民的姓名权、肖像权、名誉权、荣誉权和隐私权等。人格权是我国现行宪法的内容之一。我国的民事立法与刑事立法进一步将人格权的保护具体化了。我国刑法规定了对犯有侮辱、诽谤和诬陷罪的处罚，我国民法典规定了侵犯公民生命权、健康权、姓名权等的民事责任。以法律手段对人格权加以保护，反映了我国保护公民人身权利已达到了一个新的高度。

（3）公民的住宅不受侵犯。公民的住宅不受侵犯是指公民居住、生活以及保存私人财产的场所不受非法侵入和搜查。我国宪法专门规定了住宅不受侵犯的问题，并且增加了“禁止非法搜查或者非法侵入公民的住宅”的规定。我国刑法则规定了对于非法侵入或搜查公民住宅的刑事犯罪予以严惩。

（4）公民的通信自由和通信秘密受法律保护。通信自由是指公民有根据自己的意愿自由进行通信不受他人干涉的自由。通信秘密是指公民通信的内容受国家法律保护，任何人不得非法私拆、毁弃、偷阅他人的信件。保障公民通信自由和通信秘密不受非法侵犯，是公民一项不可缺少的基本自由。公民的通信自由和通信秘密是一项重要的人身权利，我国法律为保障这一权利，作出了具体、详尽的规定。

40. 试论我国宪法对公民私有财产权的保障。

【参考答案】(1) 2004 年宪法修正案规定，公民的合法的私有财产不受侵犯，国家依照法律规定保护公民的私有财产权和继承权，并增加了对公民私有财产权的保障条款和补偿条款，即国家为了公共利益的需要，可以依照法律规定对公民的私有财产实行征收或者征用并给予补偿。这是首次在宪法中明确规定公民私有财产权保护条款，从而完善了对财产权的宪法保护的规范体系。

(2) 我国宪法把财产权利平等保护和普遍保护观念体现在宪法条文中，消除实质上的不平等，把公有财产权和私有财产权处于同等保护的地位，体现了我国对私有财产权保护的重视。

(3) 我国宪法将公民私有财产权作为公民的基本权利给予保护，把公民私有财产权放在“公民的基本权利和义务”中加以规定，明确了私有财产权的性质。

(4) 我国宪法完善了对私有财产实行征收或者征用并给予补偿的条款。随着宪法确认的公民的财产范围的扩大，国家在必要时需要对公民的私有财产实行征收或者征用，但必须要满足公共利益、正当程序和公平补偿三个要件，才能满足合宪性的要求。其中，公平补偿要件可以在一定程度上弥补政府通过管制性征收给公民私有财产权带来的实质性损害。

41. 试论民主集中制原则及国家机构贯彻该原则的表现。

【参考答案】(1) 民主集中制是我国国家机构组织和活动的基本原则。民主集中制是一种民主与集中相结合的制度，是在民主基础上的集中和在法治规范下的民主的结合。根据这一原则的要求，我国的国家权力必须集中由代表人民意志的、由民主选举产生的人大统一行使；各个国家机关之间不是分权关系，而是为实现国家管理任务进行的工作分工关系；各个国家机关依据宪法的具体规定，在人大及其常委会的统一领导和监督下，行使各自职权范围内的权力。

(2) 我国宪法规定，全国人大和地方各级人大由民主选举产生，对人民负责，受人民监督。行政机关、监察机关、审判机关、检察机关由人大产生，向它负责，受它监督。中央与地方国家机构职权的划分，遵循在中央统一领导下，充分发挥地方主动性、积极性的原则。依据规定，我国国家机关贯彻民主集中制原则主要表现为：①在意志代表方面，人大由民主选举产生，对人民负责，受人民监督；由人大代表人民的最高意志，制定法律，决定国家的重大问题。②在权限划分方面，行政、监察、审判、检察、军事等机关由人大选举或决定产生，对它负责，受它监督；各机关在其宪法权限内处理属于各自职权范围内的国家事务。③在中央和地方的权力关系方面，遵循在中央统一领导下，充分发挥地方的积极性和主动性的原则，但必须坚持中央的集中统一领导。④在国家机关内部关系方面，人大及其常委会实行集体领导体制，而行政机关和军事机关实行首长个人负责制。⑤在具体工作方面，任何一个国家机关，具体决策过程都必须遵循民主集中制的原则，既不能出现“一言堂”的情况，更不能出现互相推诿的情况。

(3) 民主集中制是与我国国情相适应的国家机构的基本原则。实行民主集中制，既防止了权力过分集中，又避免了不必要的牵制，保证了国家机关工作的有效进行。

42. 试论全国人大代表的性质和地位。

【参考答案】(1) 性质。全国人大代表是依照法律规定选举产生的最高国家权力机关的组成人员。他们代表全国人民的利益和意志，依据宪法和法律规定的程序，按照民主集中制原则，集体行使最高国家权力。因此，从性质上看，全国人大代表是最高国家权力机关——全国人大的组成人员，其中一部分代表同时又是全国人大常委会的组成人员，他们是最高国家权力机关的重要组成部分。

(2) 全国人大代表的地位具体体现在：①全国人大代表是依法选举产生的，他们的代表身份既不是由谁任命的，也不是自主决定的，其代表身份受法律保护。②全国人大代表是最高国家权力机关的组成人员，其中一部分代表同时又是全国人大常委会的组成人员。③全国人大代表受全国各族人民的委托，代表全国人民的利益和意志。他们的权力是由全国人民授予的，他们和人民之间的关系是委托与被委托、监督与被监督的关系。④全国人大代表按照民主集中制原则，集体行使最高国家权力，讨论和决定整个国家长远的、根本的、重大的问题。⑤全国人大代表执行代表职务，受法律保护，任何阻碍代表执行职务的行为都要受到追究。⑥全国人大代表必须模范地遵守宪法和法律；保守国家秘密；在自己参加的生产、工作和社会活动中，协助宪法和法律的实施；必须与原选举单位和人民群众保持密切联系，听取和反映他们的意见和要求，努力为人民服务。

★43. 试述全国人大专门委员会。

【参考答案】（1）全国人大专门委员会的性质和地位。全国人大的专门委员会是按专业分工设立的辅助性工作机构，也是常设性机构，在全国人大会议期间向全国人大负责，在全国人大闭会期间向全国人大常委会负责。专门委员会委员由全国人大主席团在代表中提名，大会选举产生。专门委员会是全国人大及其常委会的工作机关，不是最后决定问题的国家权力机关，没有独立的法定职权。

（2）全国人大专门委员会的主要职责和作用。专门委员会的主要职责是在全国人大及其常委会的领导下，研究、审议、拟定有关议案或提出有关报告，交全国人大或其常委会处理。全国人大根据宪法的规定和实际需要设立专门委员会，是完善人民代表大会制度、充分发挥全国人大及其常委会作用的重要措施。专门委员会的工作，对于全国人大及其常委会有效地行使立法、监督、决定、任免等项职权，更好地履行国家权力机关的职能，起着不可替代的作用。

（3）全国人大专门委员会的任务。包括：①审议全国人大主席团或常委会交付的议案。②向全国人大主席团或常委会提出属于全国人大或常委会职权范围内同本委员会有关的议案。③审议全国人大常委会交付的被认为同宪法、法律相抵触的国务院的行政法规、决定和命令，国务院各部委的命令、指示和规章，省、自治区、直辖市人大及其常委会的地方性法规和决议，以及省、自治区、直辖市人民政府的决定、命令和规章，并提出报告。④审议全国人大主席团或常委会交付的质询案，听取受质询机关对质询案的答复，必要时向全国人大主席团或常委会提出报告。⑤对属于全国人大或常委会职权范围内同本委员会有关的问题，进行调查研究，提出建议。此外，各专门委员会还有一些与本委员会职责有关的特殊工作。

★44. 试论全国人大代表的特殊身份保障。

【参考答案】全国人大代表是依照法律规定选举产生的最高国家权力机关的组成人员，是全国人民派往最高国家权力机关的使者，代表全国人民的意志和利益，依据宪法和法律的规定集体行使国家权力，管理国家事务，因而享有广泛的权利。

（1）出席全国人大会议，发表意见，参与表决，共同决定中央国家机关领导人员的人选和国家生活中的重大问题的权利。

（2）根据法律规定的程序提出议案、建议和意见的权利。1个代表团或者30名以上的代表，可以向全国人民代表大会提出属于全国人民代表大会职权范围内的议案。

（3）依照法律规定的程序提出质询案的权利。在全国人民代表大会会议期间，1个代表团或者30名以上的代表，可以书面提出对国务院和国务院各部门、国家监察委员会、最高人民法院、最高人民检察院的质询案。在常务委员会会议期间，常务委员会组成人员10人以上，可以向常务委员会书面提出对国务院和国务院各部门、国家监察委员会、最高人民法院、最高人民检察院的质询案。

（4）依法提出罢免案的权利。全国人民代表大会主席团、3个以上的代表团或者1/10以上的代表，可以提出对于全国人民代表大会常务委员会的组成人员，中华人民共和国主席、副主席，国务院和中央军事委员会的组成人员，国家监察委员会主任，最高人民法院院长和最高人民检察院检察长的罢免案。

(5) 人身特别保护权。全国人民代表大会代表非经全国人民代表大会主席团许可，在全国人民代表大会闭会期间非经全国人民代表大会常务委员会许可，不受逮捕或者刑事审判。如果因为是现行犯被拘留，执行拘留的公安机关应当立即向全国人民代表大会主席团或者全国人民代表大会常务委员会报告。

(6) 言论免责权。全国人大代表、全国人大常委会组成人员在全国人大和全国人大常委会各种会议上的发言和表决，不受法律追究。

(7) 物质保障权。全国人大代表在履职时，所在单位根据实际需要予以时间保障和工资福利保障，国家应当给予适当补贴和物质上的补助。

45. 试论国务院总理负责制及其意义。

【参考答案】国务院实行总理负责制。总理负责制是指国务院总理对他主管的工作负全部责任，与此相联系，他对自己主管的工作有完全的决定权。具体内容是：

(1) 由总理提名组成国务院，总理有向全国人大及其常委会提出任免国务院其他组成人员的议案的权利。国务院总理由国家主席提名，并由国家主席根据全国人大的决定，予以任命。由于国家主席是我国的国家元首，代表和象征着中华人民共和国，接受国家主席的任命也就意味着受命于国家，接受国家的托付，担负起总管全国行政的重任。国务院总理向全国人大提名副总理、国务委员、各部部长、各委员会主任、审计长、秘书长的人选。这意味着国务院组成人员都由总理挑选，他们就必须尊重总理对国务院全盘工作的领导。国务院其他组成人员的工作要对总理负责，国务院在整体上对最高国家权力机关负责，并由总理承担总的责任。

(2) 总理领导国务院的工作，副总理、国务委员协助总理工作，其他组成人员都在总理领导下工作，向总理负责。国务委员受总理的委托，负责某些方面的工作或者专项任务，并可以代表国务院进行外事活动。副总理、国务委员按照各自的分工或者总理的委托，做好工作，对于工作中的重要情况、重大事件，须向总理及时报告；对于方针性、政策性的问题，要认真调查研究，向总理提出解决问题的办法和建议。

(3) 总理召集和主持召开国务院常务会议和全体会议，议题由总理确定，会议在决定问题时不进行表决，而是在充分展开集体讨论的基础上，由总理集中与会者意见，形成国务院单独决定。对于所议事项总理有最后决定权，并对决定的后果承担全部责任。

(4) 国务院发布的行政法规、决定和命令、向全国人大及其常委会提出的议案、任免国务院有关人员的决定，都由总理签署。

国务院实行总理负责制，可以避免职责不清、权限不明，有利于加强国务院总理的责任心，发挥总理才干，保证责任明确，及时解决各种重要问题，提高国务院工作效率。总理负责制并非独断专行，而是在民主的基础上高度集中，从而更好地发挥集体智慧和作用。

46. 结合法理学和宪法学知识，论述设立监察委员会对中国法律监督体系的健全及意义。

【参考答案】2018年宪法修正案在“国家机构”中设立了“监察委员会”，对监察委员会的性质、组成、职权等作出规定。监察委员会纳入国家机构体系。“一府两院”变成“一府一委两院”。2018年宪法修正案增加对监察委员会的相关规定，为设立监察委员会并为其依法行使职权开展工作提供了宪法依据。监察委员会的设立整合了党和国家反腐败的资源力量，建立了集中统一、权威高效的监察体系，对同级国家权力机关负责，依照法律规定独立行使监察权，不受行政机关、团体和个人的干涉。监察委员会的设立有利于我国形成更加严密的法律监督体系，从而顺利实现全面推进依法治国的目标。

(1) 设立监察委员会是健全国家监督体系的重要内容。当代中国国家监督体系包括国家权力机关的监督、国家监察机关的监督、国家司法机关的监督和国家行政机关的监督，其中，国家监察机关的监督是由国家监察机关作为主体进行的监督。监察监督的确立实现了党内监督和国家监察的有机统一，将党内监督同国家机关监督、民主监督、司法监督、群众监督、舆论监督贯通起来，不断提高党和国家的监督效能，补齐了行政监察范围过窄的“空白”，解决了反腐败力量分散的问题，真正把权力关进制度笼子，确保党和人民赋予的权力用来为人民谋利益。

（2）监察委员会是实现国家自我监督的专责机关。2018 年宪法修正案规定：“中华人民共和国各级监察委员会是国家的监察机关。”这明确了监察委员会的性质和地位。在国家权力结构中设置监察机关，专责对履行公权力的公职人员进行监督，实现党性和人民性的高度统一。监察委员会是实现国家自我监督的机关，不是行政机关、司法机关，而是代表国家对所有行使公权力的公职人员进行监督，既调查职务违法行为，又调查职务犯罪行为。同时，监察委员会在履行职责过程中，既要加强日常监督、查清职务违法犯罪事实，进行相应处置，还要开展严肃的思想政治工作，进行理想信念宗旨教育，做到惩前毖后、治病救人，努力取得良好的政治效果、法纪效果和社会效果。

（3）监察委员会拓宽了“让人民监督权力”的渠道。2018 年宪法修正案规定：“中华人民共和国设立国家监察委员会和地方各级监察委员会。监察委员会由下列人员组成：主任，副主任若干人，委员若干人。监察委员会主任每届任期同本级人民代表大会每届任期相同。国家监察委员会主任连续任职不得超过两届。监察委员会的组织和职权由法律规定。”这明确了监察委员会的基本构成要素。监察机关的主要职能是调查职务违法和职务犯罪，开展廉政建设和反腐败工作，维护宪法和法律的尊严；主要职责是监督、调查、处置。各级监察机关通过行使监督职权，推动监督监察常规化、常态化，强化了人大作为国家权力机关的监督职能，拓宽了“让人民监督权力”的渠道，使国家监督体系更加完备、科学、有效，这是对人民代表大会制度的丰富和完善。

（4）监察委员会既要接受党的领导，也要接受人大监督，与其他机关和部门相互配合、相互制约。2018 年宪法修正案规定：“中华人民共和国国家监察委员会是最高监察机关。国家监察委员会领导地方各级监察委员会的工作，上级监察委员会领导下级监察委员会的工作。”“国家监察委员会对全国人民代表大会和全国人民代表大会常务委员会负责。地方各级监察委员会对产生它的国家权力机关和上一级监察委员会负责。”监察委员会首先必须始终接受党的领导和监督；其次，监察委员会要对人大及其常委会负责，并接受其监督。2018 年宪法修正案规定：“监察委员会依照法律规定独立行使监察权，不受行政机关、社会团体和个人的干涉。监察机关办理职务违法和职务犯罪案件，应当与审判机关、检察机关、执法部门互相配合，互相制约。”监察机关履行监督、调查、处置职责，行使调查权限，是依据法律授权，行政机关、社会团体和个人无权干涉。同时，有关单位和个人应当积极协助配合监察委员会行使监察权。在宪法中对这种关系作出明确规定，是将客观存在的工作关系制度化法律化，可确保监察权依法正确行使，并受到严格监督。

监察委员会的设立，进一步完善了权力制约与监督机制，有利于形成严密的法律监督体系，把权力关进笼子里。监察委员会的设立对于贯彻依法治国方略，推进国家治理体系和治理能力现代化具有重要意义。

47. 试论我国人民法院的基本制度。

【参考答案】（1）合议制度。人民法院审理案件，由合议庭或者法官一人独任审理。在我国，绝大多数案件以合议庭形式审判，合议庭审判是我国人民法院审理案件的基本组织形式。合议庭由法官组成，或者由法官和人民陪审员组成，成员为三人以上单数。合议庭评议案件采取少数服从多数原则，体现了民主集中制原则，保证案件能够充分讨论、提高质量。对于疑难、重大案件由合议庭提请院长提交本院审判委员会讨论决定。

（2）回避制度。在审判阶段，回避制度是指人民法院受理的案件如果与审判人员有利害关系或其他关系，应当回避。这是为了保护当事人合法权益，保证公正审判，防止审判人员主观偏向的诉讼制度。

（3）公开审判制度。公开审判是指人民法院对受理的案件公开审理和公开宣判。通过公开审理，使当事人充分行使法律规定的诉讼权利，对证据互相质证，明辨是非，便于审判人员查清事实。公开审判是人民法院各项诉讼制度和原则的中心环节。公开审判，可以把人民法院的审判活动直接置于当事人及人民群众的监督之下，有助于增强审判人员的责任感，改进审判作风，严格依法办事，从而保证审判质量，防止冤假错案的发生。公开审判还可以使旁听群众受到深刻的法制教育，对犯罪分子起到威慑作用，达到减少犯罪的效果。

（4）两审终审制。人民法院审判案件实行两审终审制。两审终审制是指一个案件经过两级人民法院的审判，即告终结的制度。两审终审制既可以使第一审的错误的或不当的判决和裁定在发生法律效力前得到及时的纠正，保证案件的正确处理；又可以便于群众进行诉讼，避免因审级过多，而引起诉讼的拖延，节省人力、财力和时间。

（5）审判监督制度。审判监督制度是指人民法院对已经发生法律效力的判决、裁定，发现确有错误，依法重新进行审判的一种特殊审判工作制度。确立审判监督制度，是我国审判工作中实事求是、有错必纠、对人民高度负责的精神的体现，通过审判监督制度，纠正错误的判决和裁定，能够保护公民和组织的合法权益，纠正冤假错案，有利于社会的稳定。

（6）审判委员会制度。人民法院实行审判委员会制度，各级人民法院设立审判委员会，总结审判工作经验；讨论决定重大、疑难、复杂案件的法律适用；讨论决定本院已经发生法律效力的判决、裁定、调解书是否应当再审；讨论决定其他有关审判工作的重大问题。审判委员会既是各级人民法院内部设立的审判工作组织，又是人民法院进行审判工作的一种制度，该制度对保证办案质量和实现国家审判职能有重大作用。

（7）司法责任制。人民法院实行司法责任制，建立健全权责统一的司法权力运行机制。

48. 试论我国人民检察院的工作原则。

【参考答案】（1）依法独立行使检察权原则。我国宪法和人民检察院组织法规定，人民检察院依法独立行使检察权，不受行政机关、社会团体和个人的干涉。这是检察机关的一项重要原则，也是检察机关进行法律监督、实现检察职能的重要保证。人民检察院独立行使检察权，有利于维护社会主义法制的统一实施，保证案件得到公正处理。

（2）行使检察权在适用法律上一律平等原则。人民检察院行使检察权在适用法律上一律平等，不允许任何组织和个人有超越法律的特权，禁止任何形式的歧视。

（3）司法公正原则。人民检察院坚持司法公正，以事实为根据，以法律为准绳，遵守法定程序，尊重和保障人权。

（4）司法公开原则。人民检察院实行司法公开，法律另有规定的除外。

（5）司法责任制原则。人民检察院实行司法责任制，建立健全权责统一的司法权力运行机制。

（6）公民使用本民族语言文字进行诉讼原则。人民检察院在办理案件过程中，对于不通晓当地语言文字的诉讼参与人，应当为他们翻译。在少数民族聚居区或者多民族共同居住的地区，应当用当地通用的语言进行讯问，应当根据实际需要用当地通用的一种或几种文字制作起诉书或其他法律文书。

49. 试论人民检察院的领导体制。

【参考答案】（1）人民检察院的领导体制实行双重从属制，即最高人民检察院领导地方各级人民检察院和专门人民检察院的工作，上级人民检察院领导下级人民检察院的工作。最高人民检察院对全国人大及其常委会负责并报告工作，地方各级人民检察院对本级人大及其常委会负责并报告工作。地方各级人民检察院检察长的任免，须报上一级人民检察院检察长提请本级人民代表大会常务委员会批准，这一规定也体现了双重领导体制。

（2）国家权力机关和人民检察院的关系体现为：最高人民检察院检察长由全国人民代表大会选举和罢免，副检察长、检察委员会委员和检察员由检察长提请全国人民代表大会常务委员会任免，全国人大及其常委会审议最高人民检察院的工作报告，对最高人民检察院进行各种形式的监督等；地方各级人民检察院检察长由本级人民代表大会选举和罢免，副检察长、检察委员会委员和检察员由检察长提请本级人民代表大会常务委员会任免，地方各级人大及其常委会审议同级人民检察院的工作报告，对检察院的工作进行各种形式的监督等。

（3）上级人民检察院对下级人民检察院的领导主要表现为：①主要组成人员的任免。地方各级人民检察院检察长由本级人民代表大会选举和罢免，副检察长、检察委员会委员和检察员由检察长提请本级人民代表大会常务委员会任免。地方各级人民检察院检察长的任免，须报上一级人民检察院检察长提请本级人民代表大会常务委员会批准。省、自治区、直辖市人民检察院分院检察长、副检察长、检察委员会委员和检察员，由省、自治区、直辖市人民检察院检察长提请本级人民代表大会常务委员会任免。全国人民代表大会常务委员会和省、自治区、直辖市人民代表大会常务委员会根据本级人民检察院检察长的建议，可以撤换下级人民检察院检察长、副检察长和检察委员会委员。②业务领导。上级人民检察院对下级人民检察院行使下列职权：认为下级人民检察院的决定错误的，指令下级人民检察院纠正，或者依法撤销、变更；可以对下级人民检察院管辖的案件指定管辖；可以办理下级人民检察院管辖的案件；可以统一调用辖区的检察人员办理案件。下级人民检察院应当执行上级人民检察院的决定；有不同意见的，可以在执行的同时向上级人民检察院报告。

（4）人民检察院内部的领导关系是：人民检察院检察长领导本院检察工作，管理本院行政事务。人民检察院副检察长协助检察长工作。检察官在检察长领导下开展工作，重大办案事项由检察长决定。检察长可以将部分职权委托检察官行使，可以授权检察官签发法律文书。各级人民检察院设检察委员会。检察委员会由检察长、副检察长和若干资深检察官组成，成员应当为单数。检察委员会履行下列职责：总结检察工作经验；讨论决定重大、疑难、复杂案件；讨论决定其他有关检察工作的重大问题。地方各级人民检察院的检察长不同意本院检察委员会多数人的意见，属于办理案件的，可以报请上一级人民检察院决定；属于重大事项的，可以报请上一级人民检察院或者本级人民代表大会常务委员会决定。

50. 试论人民法院、人民检察院和公安机关的关系。

【参考答案】（1）我国宪法明确规定，人民法院、人民检察院和公安机关办理刑事案件，应当分工负责，互相配合，互相制约，以保证准确有效地执行法律。这是一项重要的宪法原则。

（2）人民法院、人民检察院和公安机关的分工负责主要表现在：除当事人自诉案件外，公安机关负责对刑事案件的侦查、拘留、执行逮捕、预审，人民检察院负责检察、批准逮捕、检察机关直接受理的案件的侦查、提起公诉，人民法院负责审判。

（3）人民法院、人民检察院和公安机关的互相配合主要表现在：每一机关的工作依法完成后移交下一个环节的工作机关时，都能依法顺利接收并开始新环节的工作。每一个机关在工作上需要另一机关协助时，能依法在职权范围内协助。

（4）人民法院、人民检察院和公安机关的互相制约主要表现在：三机关通过各自的工作发现另外机关的工作问题，可提出建议要求其纠正；通过下一阶段的工作审查前一阶段工作是否存在问题，并作出相应的处理。

（5）分工负责、互相配合和互相制约三者密切相关。只有分工负责，才能互相配合、互相制约；只有互相制约才能保证办案质量。实行分工负责、互相配合、互相制约，才能发挥三机关的整体功能，防止主观片面和滥用权力，保证准确有效地适用法律，以及保护公民的合法权益。

第五章

中国法制史

第一节 简答题

一、历年真题考查内容

中国法制史简答题难度不大，从命题规律看，考试中中国法制史考查一道简答题，分值为10分，考查的主要是近代法制史的内容，但2015年、2019年和2022年考查的是古代法制史的内容。具体出题情况见下表：

出题年份	朝代或政权	考查内容
2010年	南京国民政府	《中华民国民法》的主要内容特点。
2011年	清末政府	清末司法组织体制改革的主要内容。
2012年	南京临时政府	《中华民国临时政府组织大纲》的特点和历史意义。
2013年	南京临时政府	《中华民国临时约法》的主要内容。
2014年	南京临时政府	《中华民国训政时期约法》的主要内容。
2015年	唐朝、宋朝、元朝、明朝、清朝	中国古代法典从《唐律疏议》到《大清律例》篇章体例的发展演变。
2016年	清末政府	清末诉讼审判制度改革的主要内容。
2017年	南京临时政府	《中华民国临时政府组织大纲》的性质及其历史意义。
2018年	南京国民政府	中华民国南京国民政府法律制度的主要特点。
2019年	汉朝	汉代的春秋决狱。
2020年	清末政府	《大清现行刑律》对《大清律例》的主要修改。
2021年	北洋政府	1923年《中华民国宪法》的主要特点。
2022年	宋朝	宋朝监察制度的主要内容。

二、简答题专项训练

1. 简述中国传统法制的主要特征。

【参考答案】中国传统法制的主要特征可以概括为：

（1）法自君出，重权隆法。君主享有最高的立法权，决定法律的创制和变迁。法律也以维护君权为要务。君主和统治集团重视制定和运用法律，巩固政权稳定，维护社会秩序。这种传统是古代农耕文明的特性所决定的，具有深刻的社会、历史和文化的根源。

（2）诸法并存，民刑有分。中国古代的法典编纂保持“诸法合体、民刑不分”的体例，但是在法律体系上，则是诸法并存、民刑有分的，即法律体系是由刑法、民事法、行政管理法、诉讼法等法律部门构成的。“诸法并存，民刑有分”是从法律所调整的社会关系的特殊性和具体性以及由此而形成的法律体系而言的，至于“诸法”是否都发展成独立的部门法，需要结合历史发展的进程予以具体分析。

（3）家族本位，伦理法制。中国古代是沿着由家而国的途径进入文明时代的，因此宗法血缘关系对于社会和国家的诸多方面都有着强烈的影响，尤其是宗法与政治的高度结合，造成了家国一体、亲贵合一的特有体制。儒家所倡导的伦理道德成为法律的重要内容和基本精神。法律维护家族本位的社会结构及其经济基础，历经数千年依然保持稳定。道德法律化和法律道德化的交融发展，成为传统法制的重要特征。

（4）调处息争，无讼是求。无讼是中国古代法制建设的价值取向，调处是实现息讼、无讼的重要手段。调处适用的对象是民事案件与轻微的刑事案件，调处的主持者包括地方州县官、基层小吏和宗族尊长等。调处息争适应封闭的小农经济基础的深厚地缘关系，依赖的是宗族势力和基层国家权力，凭借的是礼与法相结合的多种法律渊源，维护的是三纲五常的伦理秩序，形成了一整套的完备制度。

2. 简述中国法制历史中的优秀传统。

【参考答案】中国法制历史中的优秀传统可以概括为以下几个方面：

（1）德配王命，民贵君轻。民本主义是中国古代法制与法文化的基础。西周时期就确立了“以德配天”的观念，即天授王权取决于君王的德性，体现为“敬天保民”的统治政策。儒家进一步提出民贵君轻、民为国本的思想。这一传统对于中国古代法律有着深远的影响，可以说，传统法律的各个层面都表现出浓厚的民本主义色彩，如德主刑辅，注重教化；摆脱神判，重视证据；宽仁慎刑，爱惜人命等。

（2）礼法结合，综合为治。礼法结合是中国古代法律最主要的传统；礼法相互为用，实现社会综合治理是中华法系最鲜明的特征。礼法互补，以礼为主导，以法为准绳；以礼为内涵，以法为形式；以礼行法促进法律的实施，以法明礼增添礼的权威；以礼入法，使法律道德化，法由止恶而兼劝善；以法附礼，使道德法律化，出礼而入于刑。

（3）体系完备，律例并行。中国古代法的渊源经历了从先秦礼制与刑书，到《唐六典》与律令格式的长期发展，逐渐形成了以政典为组织法，以律典为基本法律，令格式为管理制度，并以廷行事、决事比、判例等为必要补充的完备体系；较好地解决了法部门分类，法效力层级划分的机制问题，并兼顾了法的稳定性和适应性。

（4）以法治官，明职课责。以法治官是中国古代法制的悠久传统，其主要内容包括：明确官吏的职、权、责；规定官吏的行为方式和自我约束的机制；实行考选、考课、监察等一系列制度，促其奉公守法，为君尽责。随着社会文明的进步，职官法不断充实完善，使官吏职责明确，有法可依，是古代法律体系中的重要组成部分。

（5）法尚公平，执法原情。先秦诸子在释法时，常以度量衡为比喻，强调法的公平。公平成为法律的基本价值追求。法尚公平不仅体现在立法的内容上，也讲求执法原情，达致天理、国法、人情的允协。

3. 简述中华法系的特点及重塑中华法系的意义。

【参考答案】（1）中华法系的特点有：皇权至上；维护宗法伦理；引礼入法，法律不断儒家化；以刑为主，诸法并存。

（2）重塑中华法系，使深厚的具有民主性精华的法文化与新的国情态势和时代任务相结合，使世界性和民族性相统一，对于实现依法治国的方略，提高全民的法律意识，增强中华民族的自豪感与自信心具有重大的历史意义。

★4. 简述西周时期礼与刑的关系。

【参考答案】（1）西周时期礼与刑互为表里、相辅相成：礼为正面积极的规范，刑则是对犯罪行为的制裁，着重于惩罚；礼禁于将然之前，刑禁于已然之后；礼之所去，刑之所取，失礼入刑，相互为表。二者共同构成西周法律的完整体系。

（2）礼不下庶人、刑不上大夫：礼为贵族礼仪，庶人不得享受，否则重惩；刑罚的目的主要不是针对贵族，而是防范和制裁庶人，贵族犯罪虽可宽宥，但也要受刑罚制裁。

5. 简述西周婚姻关系成立的条件。

【参考答案】（1）“父母之命，媒妁之言”。婚姻缔结必须经过父母之命，而不允许男女自由恋爱。婚姻缔结必须经过媒妁之言，而不允许男女自由结识。在宗法制下，子女的婚姻大事须由父母主持，并通过媒人撮合，否则，婚姻便是不循礼法。

（2）“同姓不婚”。同姓不得通婚，否则不利于后代的健康和宗族的繁衍，禁止同姓为婚也是为了加强与其他部族的政治联系。

（3）履行“六礼”程序。六礼是西周时期婚姻成立经过的六道烦琐程序，即婚姻成立须经纳采、问名、纳吉、纳征、请期、亲迎。至此，婚礼始告完成，婚姻最终成立。

6. 简述《法经》的内容、特点和历史地位。

【参考答案】（1）内容：《法经》共有六篇：《盗法》是侵犯官私财产所有权犯罪的法律规定。《贼法》是关于人身伤害、破坏社会秩序的法律规定。《囚法》是关于囚禁和审判罪犯的法律规定。《捕法》是关于追捕盗、贼及其他犯罪者的法律规定。《杂法》是关于“盗贼”以外的其他犯罪与刑罚的规定，主要规定了“六禁”。《具法》是关于定罪量刑中从轻从重等法律原则的规定，起着“具其加减”的作用，相当于近代法典中的总则部分。

（2）特点：①内容上，以惩治盗贼为首要任务，反对旧贵族的等级特权，体现了重刑主义精神。②体例上，出现了先开列罪名再规定刑罚的罪刑法定倾向；相当于法典总则的《具法》列在最后且适用于其他各篇。

（3）历史地位：《法经》作为中国历史上第一部比较系统、完整的成文法典，在中国立法史上具有重要地位。《法经》六篇为秦、汉直接继承，成为秦、汉律的主要篇目。

★7. 简述汉文、景帝刑制改革的主要内容及历史意义。

【参考答案】（1）文帝废肉刑：将黥刑（墨刑）改为髡钳城旦舂；将劓刑改为笞刑三百；将斩左趾改为笞刑五百；将斩右趾改为弃市刑（死刑）。

（2）景帝改革刑制：将笞三百最终改为笞一百；将笞五百最终改为笞二百；颁布《箠令》，规定笞杖规格、受刑部位以及行刑不得中途换人等。

（3）历史意义：刑制改革顺应了历史发展，使以肉刑为主的刑制摆脱了原始状态，拉开了从以肉刑为主的奴隶制刑罚体系向以劳役刑为主的五刑体系演变的序幕，为后世封建制五刑体系的建立奠定了基础。

★8. 简述汉代的秋冬行刑。

【参考答案】（1）汉代死刑的执行采取秋冬行刑制度。除谋反、大逆等“决不待时”者外，一般死刑犯须在秋天霜降以后、冬至以前执行。董仲舒的“天人感应”学说认为，春夏以阳为主，万物生长，不宜刑杀；秋冬以阴为主，万物凋零，宜施刑罚，清理狱讼。

（2）秋冬行刑理论渊源于西周，它把司法镇压与阴阳运行、四季变换联系起来，借助天的权威和实际生活感受来加强司法的严肃性。汉朝将秋冬行刑制度化，在客观上有利于农业生产与社会秩序的稳定，又标榜了德政慎罚，故为后世法律所继承。

9. 简述唐律的特点和历史地位。

【参考答案】（1）唐律的特点：①“一准乎礼”。唐律内容“一准乎礼”，真正实现了礼与法的统一。唐律无论是其律条，还是对律条的注疏，都集中体现了儒家的礼治精神，全面贯彻礼的核心内容——三纲五常。②科条简要、繁简适中。唐朝在前律的基础上再行精简，定律12篇，共502条。凝练概括，又严密周详。③用刑持平。唐律规定的刑罚比以往各代大为轻省，死刑、流刑大为减少。除涉及礼教的犯罪外，比后世明清律的处刑为轻。④立法技术空前完善。唐律的篇章结构井然有序，法律形式相得益彰，概念精练明确，用语确切简要，逻辑严谨缜密，疏议得当精深，显示立法技术的高度成熟与发达。

（2）唐律的历史地位：①唐律是目前为止保存下来最早、最完整的中国古代法典。唐律继往开来，承前启后，成为传统法典的楷模。②唐律作为中华法系的典型代表，其影响力远远超越国界，对亚洲特别是东亚如日本、朝鲜、越南等国产生了重大影响，在世界法制史上也占有重要地位。

10. 简述《唐六典》。

【参考答案】《唐六典》是唐玄宗开元年间修订的系统规定唐朝官制的政书。《唐六典》以《周礼》为指导和模式，采取了“官领其属，事归于职”的修订方法，分为理职、教职、礼职、政职、刑职和事职六部分，共30卷。内容涉及三师、三公、三省、六部、各寺、监直至州县等40余个国家机关的设置、人员编制以及官员的选拔、任用、考核、奖惩、俸禄、休致、执掌等方面。有关的历史沿革，分别作注附于正文之下。《唐六典》是记载唐朝官制的重要文献，对于后世王朝的行政立法产生了重大影响。

★11. 简述明朝犯罪与刑罚的主要特点。

【参考答案】（1）明朝在定罪量刑上实行“轻其所轻、重其所重”的原则，突出刑法的打击对象，加大刑罚的力度。

（2）明朝加重了对一些重点犯罪的镇压，和唐朝相比，对这些犯罪实行“重其所重”。对谋反、大逆等政治性犯罪，强盗、窃盗、抢夺等侵害财产以及官吏贪赃受贿等犯罪的处罚，明律都比唐律明显加重。

（3）和唐朝相比，明朝对一些轻微的犯罪，实行“轻其所轻”。对不孝、子孙违反教令等触犯礼教、典礼的犯罪，以及对某些危害不大的“轻罪”的处罚，明律都比唐律有所减轻，使刑法的打击对象更具针对性。

12. 简述明朝诉讼制度的特点。

【参考答案】（1）严厉制裁诬告行为。历朝的法律都视诬告为严重犯罪，诬告者反坐。明律进一步加重处罚，规定诬告加等反坐。

（2）严禁越诉。明律规定，凡军民词讼，皆须自下而上陈告，不得越诉，否则追究法律责任。

（3）军官、军人诉讼一般不受普通司法机构管辖。

（4）明确地域管辖的原则。对于被告不在同一州县，或被告分居数州县诉讼案件的管辖，明律规定了“原告就被告”“轻囚就重囚”“少囚就多囚”“后发就先发”的原则。

（5）强调以民间半官方组织调解“息讼”。

13. 简述清朝的秋审制度。

【参考答案】（1）秋审是清朝最重要的死刑复审制度，审理的对象是各省上报的斩、绞监候案。

（2）秋审案件经过复审程序后，分为以下五种情况处理：①情实：案情属实，罪名恰当，执行死刑。②缓决：案情虽属实，但危害不大，可再押监候。③可矜：案情属实，但情有可原，可免死减等发落。④可疑：案情不明，可驳回原省再审。⑤留养承祀：案情属实，罪名恰当，但为孀妇独子，可改判重杖，枷号示众。

（3）秋审是清朝刑事审判制度臻于完备的重要标志，既保证了皇帝对最高司法权的控制，又宣扬了统治者的仁政德治。

14. 简述《大清会典》的内容特点。

【参考答案】（1）清朝为了规范国家机关的组织活动，加强行政管理，提高统治效能，先后编制了《康熙会典》《雍正会典》《乾隆会典》《嘉庆会典》《光绪会典》，合称“五朝会典”，统称《大清会典》。

（2）在内容上，《大清会典》详细记载清朝各级国家机关的职掌、事例、活动规则及其相关的制度。

（3）在编纂上，《大清会典》遵循“以典为纲，以则例为目”的原则，典、例分别编辑遂成固定体例。

（4）在内容变更上，《大清会典》所载内容，一般为国家基本制度，少有变动；具体的变更，则在增修则例中完成。最后一部《光绪会典》增设了总理各国事务衙门的机构和权限，体现了近代行政体制的变化。

15. 简述《钦定宪法大纲》的内容特点。

【参考答案】（1）《钦定宪法大纲》分为正文“君上大权”和附录“臣民权利义务”两部分。正文部分规定了皇帝至高无上的地位。君主在立法、行政、司法、统率军队、宣布战争与媾和、宣布戒严等方面拥有绝对权力，并规定了许多保障皇权、限制议会的权力的条款。附录部分规定了臣民纳税、服兵役、遵守法律诸项义务以及抄自日本宪法中的一些臣民权利，但对于每项臣民权利又多以条文形式附加诸多限制。

（2）《钦定宪法大纲》无论在结构形式上还是条文内容上，都体现了“大权统于朝廷”的精神。其最突出的特点是皇帝专权、人民无权。其实质在于给君主专制披上“宪法”的外衣。但《钦定宪法大纲》对于皇权的“法定”和关于臣民权利与义务的第一次明确规定，对于启发民智、培养近代法律意识具有一定的意义。

16. 简述《十九信条》的内容。

【参考答案】（1）采行君主立宪政体，规定皇帝权力限于宪法所规定。

（2）宪法由资政院起草议决，由皇帝颁布之。

（3）内阁对国会负责。

（4）总理大臣由国会公举、皇帝任命，其他国务大臣由总理大臣推荐、皇帝任命。

（5）皇族不得为总理大臣及其他国务大臣并各省行政长官。

（6）军队对内使用时应依国会议决之特别条件。

（7）不得以命令代法律。

（8）预决算由国会审核批准。

★17. 简述《大清新刑律》的内容特点。

【参考答案】（1）在体例上抛弃了以往旧律“诸法合体”的编纂形式，采用近代西方刑法典的体例，将法典分为总则与分则两部分。总则规定了犯罪和刑罚的一般原则及法的适用范围；分则以罪名为章名，规定了犯罪的构成和法定量刑幅度。

（2）采用近代刑罚体系，规定刑罚分为主刑和从刑两种。主刑包括死刑（仅绞刑一种）、无期徒刑、有期徒刑、拘役和罚金五种，从刑包括褫夺公权和没收两种。

（3）引入了西方的刑法原则和近代刑法学的通用术语。如罪刑法定主义原则，“法律面前人人平等”原则，取消了十恶、八议、官当制度以及按官秩、良贱、服制确定刑罚等刑律适用原则；采用西方国家通用的既遂、未遂、缓刑、假释、时效、正当防卫等制度和术语。在各省设感化院，对少年犯改用惩治教育。

（4）调整了部分罪名。如将谋反罪改为内乱罪，新增有关国交、外患、电讯、交通、卫生等罪名。

★18. 简述《大清民律草案》的主要内容特点。

【参考答案】（1）民律前三编以“模范列强”为主。在起草者日本民法学家松冈义正的影响下，以日本、德国、瑞士民法典为参照，体例结构取自德国民法典。在总则编中，采取了私有财产所有权不可侵犯、契约自由、过失致人损害应予赔偿等基本原则。债权编规定了债权的标的、效力、让与、承认、消灭以及各种形式债的意义和有关当事人的权利义务等。物权编主要规定了对各种形式的财产权的法律保护及财产使用内容等。

（2）民律后两编以“固守国粹”为主。根据民律草案的起草原则，所有涉及亲属关系以及与亲属关系相关联的财产关系，均以中国传统为主。这两编主要参照现行法律、经义和道德，虽也采纳了一些资产阶级的法律规定，但更注重吸收中国传统社会历代相沿的礼教民俗。亲属编对亲属关系的种类和范围、家庭制度、婚姻制度、未成年人和成年人的监护、亲属间的抚养等作了规定。继承编规定了自然继承的范围及顺位、遗嘱继承的办法和效力以及对债权人和受遗赠人利益的法律保护。

★19. 简述清末商事立法的主要特点。

【参考答案】（1）在法律渊源上体现了以“模范列强”“博稽中外”为立法原则。商事法典的制定从体例到内容，皆模仿西方资本主义国家的商法，同时在内容上注意吸收和反映中国传统的商事习惯。

（2）在法典编纂结构和立法技术上，充分体现了照顾商事活动简便性及敏捷性的要求，以宽为主。在吸收各国商法和中国商事习惯的基础上，采取了与商为便的一系列规定，在客观上有利于鼓励私人投资近代企业。

（3）带有封建残余和半殖民地法律的烙印。清政府企图利用法律发展买办经济，把民族工商业纳入官办或半官办的轨道。

（4）清末商事立法虽有种种不足之处，但客观上基本适应了当时社会经济发展的要求，是中国近代商事立法的开端。

★20. 简述清末礼法之争的主要内容。

【参考答案】（1）关于“干名犯义”条款的存废。对于“干名犯义”，法理派认为“不必另立专条”，主张予以废除；礼教派认为“中国素重纲常，立法特为严重”，主张予以保留。

（2）关于“存留养亲”条款的存废。法理派认为“存留养亲”不宜编入新刑律草案；礼教派认为“存留养亲”应在新刑律中体现。

（3）关于“无夫奸”和“亲属相奸”是否定罪。法理派认为无夫奸“当以教育为方”、亲属相奸“未害及社会，处立决未免过严”，主张废除“无夫奸”定罪处刑，对“亲属相奸”从轻处断；礼教派认为无夫奸、亲属相奸“大犯礼教之事”，主张重刑治罪。

（4）关于“子孙违反教令”是否废除。法理派主张废除，礼教派主张保留。

（5）关于子孙卑幼能否对尊长行使正当防卫权。法理派主张子孙卑幼有权对尊长行使正当防卫，而礼教派则反对。

★21. 简述清末修律的主要特点。

【参考答案】（1）在立法指导思想上，清政府迫于激变的时局，不得不“改弦更张”“参酌各国法律”进行变法修律，但在根本问题上又坚持修律应“不戾乎中国数千年相传之礼教民情”。因此，借用西方近代法律制度的形式，坚持中国固有的封建制度内容，即成为清政府变法修律的基本宗旨。

（2）在内容上，一方面，清末修律坚持君主专制及伦理纲常“不可率行改变”，在新修新订的法律中继续保持肯定和维护专制统治的传统；另一方面，又标榜“吸收世界各国大同之良规、兼采近世最新之学说”，大量引入西方法律理论、原则、制度和法律术语，使得保守的内容与先进的近代法律形式同时显现于新订法律法规之中。

（3）在法典编纂形式上，修律改变了中国传统的“诸法合体”的形式，明确了实体法之间、实体法与程序法之间的差别，分别制定、颁行或起草了有关宪法、刑法、民法、商法、诉讼法、法院组织法等方面的法典或法规，形成了近代法律体系的雏形。

（4）在实质上，修律是在保持君主政体的前提下进行的，既不能反映人民群众的要求和愿望，也没有真正的民主形式。

★22. 简述清末修律的历史意义。

【参考答案】（1）清末修律导致中华法系走向解体。随着修律过程中一系列新的法典、法规的出现，不仅传统的“诸法合体”的形式被抛弃，而且中华法系“依伦理而轻重其刑”的特点也受到了极大的冲击。

（2）清末修律为中国法律的近代化奠定了基础。通过清末大规模的立法，参照西方资产阶级法律建立起来的一整套法律制度和司法体制，对后世特别是北洋政府和南京国民政府近代法律制度的发展提供了条件。

（3）清末修律在一定程度上引进和传播了西方近代法律学说和法律制度。修律第一次全面而系统地向国内介绍和传播了西方法律学说和资本主义法律制度，使得近代法律知识在中国得到一定程度的普及，从而促进近代法治观念的逐步形成。

（4）清末修律在客观上有助于推动中国资本主义的发展和法学教育的近代化。

23. 简述清末会审公廨制度。

【参考答案】（1）会审公廨是清政府在租界内设立的特殊审判机关，实际上是领事裁判权制度的延伸。1864 年，清政府与英、法、美三国驻上海领事协议在租界内设立专门审判机构，正式形成了会审公廨制度。

（2）按照 1868 年《上海洋泾浜设官会审章程》的规定，会审公廨名义上是中国官府派驻租界的基层法庭，对租界内中国人之间及中国人为被告的案件实施管辖，但凡诉讼牵涉外国人，如果被告是有约国人，由其本国领事裁判；如果被告是无约国人，仍须邀一名外国官员“陪审”。实际上所谓“会审”，只是空有其名，甚至租界内纯粹中国人之间的诉讼，最终也须外国领事观审并操纵判决。

（3）会审公廨是帝国主义列强干涉中国内政、操纵中国司法的重要手段，它严重破坏了中国的司法主权。

★24. 简述《中华民国临时约法》的特点及其历史意义。

【参考答案】（1）主要特点。《临时约法》的主要特点就是从各方面设定条款，对袁世凯加以限制和防范，具体而言：①改总统制为责任内阁制，以限制袁世凯的政治权力。②扩大参议院的权力，以抗衡袁世凯。③规定特别修改程序，以制约袁世凯，防止其擅自修改变更约法。

（2）历史意义。《临时约法》的制定和公布施行，是南京临时政府法制建设的重要成就，也是中国宪法史上的一件大事：①《临时约法》作为近代第一部资产阶级共和国性质的宪法文件，肯定了辛亥革命的成果，彻底否定了中国数千年来的封建君主专制制度，肯定了资产阶级民主共和制度和民主自由原则，在全国人民面前树立起“民主”“共和”的形象。②《临时约法》所反映的资产阶级的愿望和意志，在当时条件下是符合中国社会发展趋势的，也在一定程度上反映了人民群众的民主要求。

★25. 简述南京临时政府司法改革的主要措施。

【参考答案】（1）确立司法独立的原则。主张司法独立，实现审判权同行政权的分离，是南京临时政府改革司法制度的最重大的举措。根据三权分立的原则，法官独立审判，不受上级官厅之干涉。法官在任中不得减俸或转职。非依法律受刑罚宣告或应免职之惩戒处分，不得解职。

（2）禁止刑讯。临时大总统发布禁止刑讯令，在历数封建刑讯制度的种种罪恶后指出，不论行政司法官署及何种案件，一概不准刑讯；鞫狱当视其证据之充实与否，不当偏重口供；其从前不法刑具，悉令焚毁。

（3）禁止体罚。临时政府颁布禁止体罚令，规定不论司法行政各官署审理及判决刑事、民事案件，不准再用封建刑具，并将笞、杖等刑罚改为罚金、拘留；对于犯人不准实行非人道待遇。

（4）试行公开审判及陪审制。法院审判必须公开，但有认为妨害安全秩序的，可以秘密进行审判；同时引进西方资产阶级的陪审制度，选拔有识之士参与陪审，以提高案件的透明度。

（5）试行律师制度。南京临时政府允许律师辩护，以在更大程度上保护被告人的诉讼权利，最大程度地利用辩护律师的诉讼权利牵制司法权，预防司法专横和司法腐败。

26. 简述北洋政府立法活动的特点。

【参考答案】（1）采用、删改清末新订之法律。北洋政府就其本质来说是清末政府封建买办政权的继续。北洋政府的法律大多是以清末新订的法律为蓝本的，然后又根据实际需要稍加删改而成。

（2）采用西方资本主义国家的某些立法原则。辛亥革命后，随着民主、共和的观念深入人心，发展资本主义成为不可抗拒的历史潮流，这促使北洋军阀不得不采取一些与民主、共和相适应的法律原则。因而参酌外国资本主义立法成为当时立法活动的特色。在强大的民主主义思想浪潮的冲击下，北洋政府被迫表面上接受了部分民主要求，同时参考外国立法，这使得北洋政府的立法多少具有近代资本主义的色彩。

（3）制定颁布众多单行法规。北洋政府在沿用清末法律的同时，还制定颁布了一系列单行法规，这些单行法规都属于特别法，其效力高于普通法。大量制定颁布特别法规，成为北洋政府的重要立法特点之一。

（4）判例和解释例成为重要的法律渊源。北洋政府广泛运用判例与解释例，使之成为审判案件的重要依据，既补充了成文法的“未备”，又便于发挥成文法所不易发挥的作用。

★27. 简述“天坛宪草”的具体内容。

【参考答案】（1）在政权体制上，“天坛宪草”继续肯定责任内阁制，国务总理的任命须经众议院的同意，国务员对众议院负责，而不是对总统负责。行政权力实际由总理和各部部长行使，总统处于虚权国家元首的地位。

（2）“天坛宪草”规定了国会对总统行使诸如解散国会、任命总理等重大权力的牵制权，国会不仅有立法权，而且有弹劾权和对被弹劾的大总统、副总统及国务员的审判权。为防止总统利用紧急处分权实行独裁，增设国会的常设机关国会委员会。

（3）“天坛宪草”严格限制总统任期，规定大总统任期 5 年，只能连选连任一次。

（4）设立独立于行政机关的审计院，负责审核国家财政收入和支出的决算，核准国家岁出之支付命令。审计员由参议院选举产生，总统无权任免。

28. 简述“袁记约法”的主要内容特点。

【参考答案】（1）以根本法的形式彻底否定了《临时约法》所确立的民主共和制度，代之以袁世凯的个人独裁。它的出笼使辛亥革命的成果丧失殆尽，是对《临时约法》的全面反动。

（2）否定和取消了责任内阁制，实行总统制，赋予总统形同专制帝王一样至高无上的地位和权力。

（3）取消了国会制，设立有名无实的立法院。在立法院成立前，由纯属总统咨询机关的参政院代行立法院的职权。

（4）规定了人民的基本权利和义务，但无一例外地设定了“于法律范围内”或“依法律所定”等前提条件，有关的人民基本权利的规定实际上成为一纸空文。

29. 简述北洋政府的司法制度。

【参考答案】（1）二元司法体制。普通法院负责民事、刑事案件的裁判，平政院则职掌行政诉讼的裁判，但地方不设行政法院。

（2）四级三审制。普通法院系统实行四级三审制，中央设置大理院作为全国最高审判机关，省设高等审判厅，城市设地方审判厅，县一级设初级审判厅或县知事兼理司法。

（3）审检分立。北洋政府实行审检分立制度，总检察厅、高等检察厅、地方检察厅、初级检察厅分别对应大理院、高等审判厅、地方审判厅、初级审判厅而设，独立行使职权。

（4）诉讼审判制度。北洋政府分别规定了管辖、第一审、上诉审、执行等各项诉讼制度和具体程序，并在形式上标榜所谓审判独立、公开审判、辩护原则、上诉制度以及检察官独立行使职权等。北洋政府普遍设立“兼理司法法院”。

（5）北洋政府的司法制度大多有名无实。司法的专横与黑暗、滥施军事审判并利用军法审判干预司法，这些都成为北洋政府司法制度的弊病。

30. 简述南京国民政府的立法指导思想。

【参考答案】（1）总的立法指导思想：三民主义。孙中山的三民主义是南京国民政府总的立法指导思想，并以此为基础构建了“权能分治”“五权宪法”“建国三时期”等政治体制和法律制度。

（2）具体立法指导思想：①权能分治。权就是政权，是人民管理政府的力量，包括选举、罢免、创制、复决四项权力；能就是治权，是政府管理国家事务的权能，包括行政、立法、司法、考试、监察五项权能。②五权宪法。南京国民政府以权能分治为依据，实行五权宪法的政府组织方案：人民选举的国民大会是全国最高政权机关，统一行使国家四项政权，组成并监督政府。政府则由行政、立法、司法、考试、监察五院组成，各院依照宪法行使不同的权能，互相制衡。③建国三时期。建国三时期包括军政时期、训政时期和宪政时期，确立建国三时期的理论依据是，确立宪政体制，实现全民政治，要经由一个渐进的过程，并为此提出了“训政保姆论”。

★31. 简述南京国民政府的主要立法原则和立法权配置。

【参考答案】（1）南京国民政府立法活动的主要原则是坚持“党治”，即由国民党垄断立法权。

（2）南京国民政府最高立法指导机关是国民党全国代表大会及其中央执行委员会，中央政治会议是具体指导国家立法的重要机关，其主要职权是：讨论、决议建国纲领，决定训政的根本大计；讨论、决议立法原则、施政方针、财政计划、政府重要官吏人选等。

（3）立法院是“国家最高立法机关”，“有议决法律案、预算案、戒严案、大赦案、宣战案、媾和案、条约案及国家其他重要事项之权”。但是，立法院在行使立法权时，须遵循国民党中央政治会议所确定的立法原则。

（4）行政院作为国民政府最高行政机关，有权向立法院提出法律案及其他议案，行政院及所属各部、委有权依据法律发布命令。

（5）司法院、考试院和监察院均可在自己的职权范围内向立法院提出法律案，也可依据法律发布命令；司法院还行使统一解释法令及变更判例之权。

（6）国民政府各地方政权的立法权也为国民党所掌握。

★32．简述南京国民政府的法律渊源。

【参考答案】南京国民政府的法律渊源包括基本法典、相关法规、判例和解释例以及成文法之外的法律渊源四部分。

（1）基本法典。基本法典是构成六法体系的核心，包括宪法、刑法、刑事诉讼法、民法、民事诉讼法和行政法（行政法并非基本法典，但属于六法体系）。

（2）相关法规。即围绕基本法典而制定的低位阶法规，包括条例、命令、细则、办法、纲要、标准、准则、通例、规程等。

（3）判例和解释例。即最高法院依照法定程序作成的判例和司法院大法官会议作出的解释例和决议。最高法院的判例报司法院核定后，具有法律效力。司法院大法官会议拥有解释宪法和法律的权力，其作出的解释例或决议，具有与宪法或法律同等的效力。

（4）司法机关认可的习惯、法理以及蒋介石的手令、国民党中央的决议，也可以作为司法机关进行司法审判活动的法律依据，也是成文法之外的法律渊源。

33．简述南京国民政府的六法体系。

【参考答案】（1）基本法典。宪法、民法、刑法、刑事诉讼法、民事诉讼法等基本法典（行政法例外）构成了南京国民政府六法全书的法律体系的核心和骨架。

（2）相关法规。即围绕基本法典而制定的低位阶法规，如条例、命令、细则、办法等。这些相关法规，与各部门的基本法典一起构成了完整的法律部门，是对各部门的基本法典的重要补充。

（3）判例和解释例。即最高法院依照法定程序作成的判例和司法院大法官会议作出的解释例和决议。把判例和解释例作为重要的法律渊源，是南京国民政府对北洋政府法律遗产的继承和发展，它们是成文法的重要补充，可以对成文法加以引申或进行实质意义上的修正。最高法院的判决例，经“采为判例，纳入判例要旨”，并报司法院核定者，具有法律效力。若最高法院各庭之间就某一判例有争议，则由司法院之变更判例会议作出决定。司法院大法官会议则拥有解释宪法、法律的权力，其作出的解释例或决议，具有与宪法或法律同等的效力。

34．简述南京国民政府法律制度的历史意义和局限性。

【参考答案】（1）南京国民政府延续了清末以来的法律改革，继承和发展了清末和北洋政府的法律制度，从而建立起较为完备的近代法律体系。

（2）南京国民政府进一步把西方资本主义国家的部分法律原则、法律体系和法律制度引入中国，并结合中国的实际情况加以吸收、发展，形成了以六法全书为代表的法律体系，从而把近代中国半殖民地半封建法律制度的建设推向顶峰。

（3）南京国民政府的法律制度，继清末、北洋政府之后进一步走向近代化，其法律制度较少地保留了封建礼法的内容，更多地模仿和抄袭西方大陆法系的法律制度，从而在形式上完成了中国法律的近代化。

（4）基于中国当时的政治、经济和社会状况，儒家礼教意识仍顽强地存在于一般的社会心理和法律意识之中，法制状况仍与中国社会现实脱节，司法仍然腐败丛生，因此南京国民政府的法律制度仍然存在很大局限性。

35．简述《中国国民党训政纲领》的内容特点。

【参考答案】《中国国民党训政纲领》是国民党政权“训政”时期的纲领性文件，确立了训政时期国民党“一党治国，以党训政”的施政方针，其内容特点包括：

（1）在训政时期由中国国民党全国代表大会代表国民大会领导国民行使政权。在其闭会期间，则由国民党中央执行委员会行使政权。

（2）在国民党与人民的关系上，《中国国民党训政纲领》体现了“训政保姆论”的精神，即国民党是人民的政治保姆，训练幼稚的国民行使政权；人民应享有选举、罢免、创制、复决四种政权，应由国民党训练以逐渐推行。

（3）《中国国民党训政纲领》确认国民党为最高训政者，把国民党全国代表大会及中央执行委员会规定为国家最高权力机关，把中央政治会议变为政府的直接领导机关。国民政府从属于国民党中央机关，国民政府只有实施权、执行权，且应向国民党中央执行委员会政治会议负责。《中国国民党训政纲领》建立了国民党一党专政的政治制度。

36. 简述“五五宪草”的主要内容特点。

【参考答案】（1）继续确认国民党一党专政的统治制度。宪草继续承继《中华民国训政时期约法》精神，坚持国民党一党专政。

（2）确立五院制与总统实权制的政治体制。宪草规定了国民大会的职权；中央政府仍由立法、行政、司法、考试和监察五院组成。

（3）继续维护以四大家族为首的官僚资本主义经济，但在经济上增加了关于平均地权与节制资本的内容。宪草承认了人民合法的土地所有权，但应予法律上的限制，以此限制民族工业，发展官僚资本，垄断国计民生。

（4）继续限制人民的自由权利。宪草规定了人民的自由和权利，但仍然用“但书”和“限语”对人民的自由和权利加以限制。

（5）实行县自治。宪草规定自治区域单位为县，省政府负责监督县自治。

★37. 简述《中华民国宪法》（1947年）的主要内容特点及其实质。

【参考答案】（1）《中华民国宪法》的基本精神与《中华民国训政时期约法》和“五五宪草”一脉相承，但基于政协通过的“宪法修改原则”12条的重大影响，又不得不在具体条文上有所变动。

（2）《中华民国宪法》的主要内容包括：①依三民主义、五权宪法确定国体与政体。《中华民国宪法》仍以三民主义、五权宪法作为确定国体和政体的依据，但在规定上有所变通。②规定国民大会为全国最高政权机关，但对其职权加以限制。国民大会权限仅限于选举、罢免总统、副总统。③形式上采用总统制，但总统的权力受立法院、行政院、监察院的制约。《中华民国宪法》实行总统集权，兼采责任内阁制精神，因此，总统行使权力受到立法院、行政院、监察院的制约。④规定人民各项民主自由权利及必要的宪法义务。《中华民国宪法》规定人民法律上一律平等，规定了人民享有的各项权利和自由，但都以“除为防止妨碍他人自由、避免紧急危难、维持社会秩序”等字眼加以限制。《中华民国宪法》还规定了人民的服兵役和纳税等义务。⑤采取中央与地方分权体制，形式上赋予省、县两级地方政府以自治权。

（3）如果单纯从宪法条文看，《中华民国宪法》可以算是当时最为民主的宪法之一，但是形式上的民主却是服务于国民党一党专政和蒋介石个人独裁的工具。

★38. 简述南京国民政府新刑法的主要特点。

【参考答案】（1）继受西方国家通行的刑事法律原则，注重采纳与传统宗法伦理原则相适应的法律制度。在立法原则方面，继受了罪刑法定、罪刑相适应以及刑罚人道主义等原则；在罪名体系和刑罚制度方面，一准西方国家通行良规。为继承传统的宗法伦理精神，刑法典保留了更多传统中国刑法的痕迹，如对侵害直系尊亲属的犯罪行为，采取加重处罚原则。

（2）在时间效力上取“从新从轻主义”，但保安处分取“从新主义”和裁判后的“附条件从新主义”；在空间效力上以属地主义为主，属人主义为辅，兼取特定犯罪的保护主义和世界主义。

（3）采取社会防卫主义，增设保安处分。刑罚分为主刑和从刑，主刑包括死刑、无期徒刑、有期徒刑、拘役和罚金，从刑包括褫夺公权和没收。刑法典受西方国家社会防卫主义主流刑法思想和立法实践的影响，从西方引进保安处分制度，作为专门的一章。保安处分是用来补充或替代刑罚以预防犯罪、维护社会秩序的强制性措施，有其合理性，但南京国民政府将该制度演变成惩治政治犯的工具。

★39. 简述清末至南京国民政府时期民商事立法及体例的演变。

【参考答案】（1）清末在民商法的立法体例上采取民商分立的原则，编纂了《大清民律草案》，分总则、债权、物权、亲属、继承五编。在编纂民法典的同时，单独编纂商法典及商事法律。

（2）北洋政府成立后，民事法律主要是《大清现行刑律》中有关民事的规范，即“现行律民事有效部分”，但因条文简略而不得不公布一些民事单行法令以解决社会生活中的具体问题。同时，北洋政府依照清末民商分立的原则，进行编纂民法典的尝试，以《大清民律草案》为基础，结合各省民商事习惯，参照各国最新法例，开始修订民律，修成《民律第二次草案》，分民事总则、债、物权、亲属、继承五编。

（3）南京国民政府实行民商合一的民事立法体例，并继续推动民法典的编纂，制定《中华民国民法》，分总则、债、物权、亲属、继承五编。凡适合编入民法典的商事法律规范编入民法债编，不适宜编入民法典的实行单行立法。

★40. 简述南京国民政府商事立法的主要特点。

【参考答案】（1）南京国民政府在商事立法上效法瑞士民商事立法经验，采取民商合一的民事立法体例，将商法的大部分内容都纳入民法范畴，其商事立法只是就一些不方便包括在民法中的事项而制定的。

（2）南京国民政府确立了以《公司法》《海商法》《票据法》《保险法》《银行法》等单行商事法规为主体的商事单行法体系。

（3）南京国民政府的商事法律是在继承清末和北洋政府的相关商法，并参考西方资本主义国家的相关商法以及相关国际条约和协定的基础上制定而成的。

★41. 南京国民政府的普通司法组织体系及其职权。

【参考答案】（1）普通法院系统。南京国民政府普通法院分地方法院、高等法院、最高法院三级。一般县市设地方法院，审理民事、刑事第一审案件及非诉事件；省、特别区和直辖市设高等法院，审理一审上诉和抗告案件，以及“内乱”“外患”“妨害国交”等罪的第一审案件；最高法院设于首都，审理不服高等法院之判决、裁定的上诉、抗告案件。

（2）司法院。南京国民政府司法院位于普通法院之上，是司法体系的最高层次，为国家最高司法机关，总揽各项司法事务。其下设四个直属机关，其中司法行政部掌管司法行政事务，最高法院行使最高审判权，行政法院行使行政诉讼案件的审判权，官吏惩戒委员会掌管文官和法官的惩戒事宜。此外还设有秘书处、参事处等办事机构，负责办理院内文秘、庶务及撰拟审核关于司法的法律命令等事宜。司法院院长综理全院事务，并经最高法院院长及各庭庭长会议决议，行使统一解释法令及变更判例之权。

★42. 简述南京国民政府诉讼审判制度的主要特点。

【参考答案】（1）采取严密的侦查制度。国民政府中行使刑事侦查权的机构很多，检察官、司法警察、宪兵、军士等都有刑事侦查权力。特别是检察官，权力很大，几乎可以动用一切的人力物力，侦查或处分任何人或事。

（2）实行“自由心证”的诉讼原则。即对证据的取舍和对证明力的判断，法律不预先规定，由法官据其法律意识和内心确信，自由进行判断。这是仿效资产阶级国家法律原则而确定的一项审判原则。

（3）实行秘密审判制度和陪审制度。南京国民政府标榜公开审判，但对于政治案件实行秘密审判，对于经秘密审理后作出的裁判，当事人不得上诉或抗告，对于“反革命案件”，实行陪审评议制，该制度实际上是国民党一党专政在诉讼制度上的体现。

（4）扩大并强化军事和军法机关的审判。国民政府通过颁布刑事特别法，扩大和强化军事和军法机关的审判权能，对于违反刑事特别法规定的犯罪，军事机关有权审判，其他刑事案件和民事案件，也可由驻地军事机关审判，这导致军事机关直接参与司法，使司法机关直接处于军事机关的控制之下。

（5）维护帝国主义在华军队的特权。

（6）南京国民政府诉讼审判制度从程序上保证了民法和刑法的实施，补充了实体法的不足。但其诉讼审判实践中的武断专横与法律文本规定的民主法治精神明显矛盾，成为其突出的特点。

43. 简述《中华苏维埃共和国宪法大纲》的内容、意义和局限性。

【参考答案】（1）基本内容：①《宪法大纲》规定苏维埃国家性质是工人和农民的民主专政国家。②《宪法大纲》规定苏维埃国家政治制度是工农兵代表大会。③《宪法大纲》规定并保障苏维埃国家公民的权利和义务。④《宪法大纲》规定苏维埃国家的外交政策。⑤《宪法大纲》增加了“同中农巩固的联合”的条文。⑥《宪法大纲》确立了民主集中制和议行合一制。

（2）意义：《宪法大纲》是第一部由劳动人民制定的、确保人民民主制度的根本大法。

（3）局限性：《宪法大纲》混淆民主革命和社会主义的界限；阶级路线上搞“左”倾关门主义；在国家结构问题上照搬苏联经验（如承认“民族分离”）和在政权性质上将资本家、富农参加政权和政治上自由的权利予以剥夺等。

44. 简述《陕甘宁边区施政纲领》的主要内容和意义。

【参考答案】（1）主要内容：①明确阐述制定纲领的依据以及抗日民主政权的主要任务。依据：以中国共产党的抗日民族统一战线为依据，并遵从国民政府的民主纲领。主要任务：“抗日”“团结”“民主”。②加强政权民主建设，保障人民民主权利。规定实行“三三制”政权组织原则，实行普遍、直接、平等、无记名投票的选举制度，保障一切抗日人民的选举权、被选举权及其他人权、财权及各项自由。③改进司法制度，厉行廉洁政治。如坚决废除肉刑，重证据不重口供；明确公务人员是人民公仆，严惩贪污和假公济私行为，实行以俸养廉等。④规定边区的基本文化经济政策。实行“发展经济，保障供给”的总方针，贯彻统筹统支的财政制度，征收统一累进税，维护法币，巩固边币。建办各类学校，普及免费义务教育。尊重知识分子，提高边区人民的政治文化水平。

（2）意义：①抗日民主政权时期最具代表性的宪法性文件。②以反对日本帝国主义、保护抗日人民、调节各抗日阶级利益、改善工农生活、镇压汉奸反动派为基本出发点，全面、系统地反映了抗日民族统一战线的要求和抗战时期的宪政主张。

★45. 简述马锡五审判方式的特点及其意义。

【参考答案】（1）马锡五审判方式是指抗日战争时期在审判工作中坚持群众路线的工作方法和实事求是的工作作风基础上形成的审判方式。因该审判方式是由陕甘宁边区高等法院陇东分庭庭长马锡五创造的，因此被称为“马锡五审判方式”。

（2）特点：①方便群众诉讼，手续简便，不拘形式。马锡五审判方式不被陈规束缚，方便了群众，既做到公平合理，又节省了民力财力，使案件得到及时解决。②深入农村，调查研究，实事求是地了解案情。该审判方式对于重要案件都亲临案发地点，重调查研究，查清事实，分清是非，从而实事求是地处理案件。③依靠群众，尊重群众意见，依法合理判决案件。该审判方式不仅依靠群众查清案情，而且把政策、法律和案情告知群众，从而使案件得到正确的解决。④教育群众，既使当事人心悦诚服，又使当地群众受到教育。

（3）意义：马锡五审判方式的出现和推广，培养了大批优秀司法干部，解决了积年疑难案件，有利于生产，保证抗日，使新民主主义司法制度落到实处。马锡五审判方式集中体现了边区审判制度的民主性和公正性，是边区革命审判制度的缩影。

46. 简述革命根据地时期的调解制度。

【参考答案】（1）抗日民主政权司法工作的突出特点是以人民调解制度作为司法审判工作的重要补充。具体表现就是各边区先后颁行了有关人民调解制度的单行法规。

（2）人民调解制度的主要内容：①调解方式：包括民间调解、群众团体调解、政府调解和司法调解。②调解原则：主要包括双方自愿；以法律为准绳，照顾善良风俗；调解不是诉讼必经程序。③调解范围：主要是民事纠纷和轻微刑事案件。④调解处理方式：一般有赔礼道歉、认错、赔偿损失或抚慰金以及其他善良风俗。⑤调解一般须制作和解书。调解过程中调解人须奉公守法，尊重当事人人权，不受贿舞弊，不乱打乱罚，以保证公正，取得民众信赖，维护调解声誉。

（3）人民调解制度的意义：人民调解是新民主主义司法的一大特色和补充，它促进了司法工作公正与高效的结合，对新中国的司法工作产生了重大影响。

47. 简述《陕甘宁边区宪法原则》的主要内容。

【参考答案】（1）政权组织。采取人民代表会议制的政权组织形式，以保证人民管理政权机关。规定边区、县、乡人民代表会议为人民管理政权机关，各级政权形式上开始由参议会过渡为人民代表会议制度，为新中国的基本政治制度奠定了基础。

（2）人民权利。保障人民享有广泛的民主权利。边区人民不分民族一律平等，少数民族聚居区享有民族区域自治的权利。

（3）司法。确立边区的人民司法原则。各级司法机关独立行使职权，除服从法律外，不受任何干涉。除司法机关、公安机关依法执行职务外，任何机关、团体不得有逮捕审讯的行为。人民有权以任何方式控告失职的任何公务人员。

（4）经济文化。确立边区的经济文化政策。经济上采取公营、合作、私营三种方式，组织一切人力、财力促进经济繁荣，为消灭贫穷而斗争。保障耕者有其田，劳动者有职业，企业者有发展的机会。普及提高人民的文化水平。

48. 简述《华北人民政府施政方针》的主要内容。

【参考答案】1948 年 8 月华北临时人民代表大会通过了《华北人民政府施政方针》，规定了人民政府的基本任务及有关各项政策。其主要内容有：

（1）确定华北人民政府的当前基本任务。即继续以人力、物力、财力支援前线，争取人民解放战争在全国的胜利；有计划、有步骤地进行建设，恢复和发展生产；建设民主政治，培养干部人才。

（2）规定了实现当前基本任务的方针政策。①政治方面，要健全人民代表大会制度。②经济方面，要发展农业，颁发土地证确认地权，建立农民生产合作互助组织；促进城乡经济交流；发展工商业，贯彻公私兼顾、劳资两利的方针。③文化教育方面，要建立正规教育制度；建立广泛的文化统一战线。

★49. 简述《中国土地法大纲》的主要内容。

【参考答案】（1）宣布废除封建、半封建性剥削的土地制度，实行耕者有其田。

（2）规定土地改革须遵守的原则是依靠贫雇农，团结中农，保护工商者，正确对待地主富农。

（3）确定以乡村为单位、按人口平均分配一切土地的分配办法。在土地数量上抽多补少，质量上抽肥补瘦。地主及其家属、国民党官兵家属也可分得与农民同样的土地和财产。

（4）确认人民对所分得土地的所有权。政府发放土地证，允许土地所有人自由经营、买卖及在特定情况下出租土地。

（5）确定土地改革的执行机关为乡村农民大会、贫农团大会、区县省级农民代表大会。对一切违抗或破坏土地改革的罪犯，组织人民法庭予以审判。

（6）确认保护工商业的原则。

50. 简述革命根据地时期的土地立法的发展。

【参考答案】（1）工农民主政权时期的土地立法包括《井冈山土地法》、《兴国土地法》和《中华苏维埃共和国土地法》。《中华苏维埃共和国土地法》规定没收一切地主、富农、反革命分子及农村公共土地，对于没收来的土地财产的分配，按照最有利于贫雇农、中农利益的原则进行，并规定了土地所有权问题。《中华苏维埃共和国土地法》是土地革命时期影响最大、实施地区最广、适用时间最长的土地法，但有严重的“左”倾错误，如在土地分配上实行“地主不分田，富农分坏田”的政策。

（2）1937 年 8 月颁布的《抗日救国十大纲领》确立了“减租减息”的原则。以陕甘宁边区为代表，抗日民主政权土地立法的主要内容包括：保护土地所有权；减租交租；保障佃权；减轻债务利息。

（3）中共中央于 1946 年 5 月 4 日发布了《关于土地问题的指示》（简称《五四指示》）。该指示决定改抗战时期的减租减息政策为没收地主土地分配给农民、实行土地改革的政策，从而揭开了解放区土地改革运动的序幕。

（4）1947 年 10 月 10 日，中共中央召开全国土地会议，制定公布了《中国土地法大纲》。其主要内容包括：宣布废除封建、半封建性剥削的土地制度，实行耕者有其田；规定土地改革须遵守的原则是依靠贫雇农，团结中农，保护工商者，正确对待地主富农；确定以乡村为单位、按人口平均分配一切土地的分配办法；确认人民对所分得土地的所有权；确定土地改革的执行机关为乡村农民大会、贫农团大会、区县省级农民代表大会；确认保护工商业的原则。

第二节　分析论述题

一、历年真题考查内容

中国法制史古文分析题总体难度适中，考题的难易程度取决于考生的综合分析能力、法制史知识的掌握程度和古文贯通能力。考试中，中国法制史古文分析题考查一道题，分值为 20 分，中国法制史的古文分析题兼有论述的成分。考查内容涉及古代立法、刑事法律、民事法律、司法制度等方面，考查过的朝代有汉朝、唐朝、宋朝、元朝、明朝和清朝，其中，唐朝考查频率最高，但是古文的取材向多朝代方向发展。具体出题情况见下表：

出题年份	朝代或政权	考查内容
2010 年	汉朝	犯跸案、法信于民。
2011 年	唐朝	化外人有犯。
2012 年	秦朝	盗窃按赃值定罪。
2013 年	秦朝、汉朝	自首、复仇尽孝、赦宥。
2014 年	唐朝	买卖契约。
2015 年	唐朝	老幼废疾减刑原则。
2016 年	西周	婚姻。
2017 年	宋朝	不睦、十恶处刑的特点、加役流、赦免。

续表

出题年份	朝代或政权	考查内容
2018 年	唐朝	违令、别式及处罚；律文和疏议的关系；律、令、格、式及其相互关系。
2019 年	明朝	断罪无正条。
2020 年	唐朝	八议及处断原则、议功。
2021 年	秦朝、唐朝	共同犯罪及处罚原则。
2022 年	唐朝	“十恶”之“不道”、良贱相犯依身份论处。

二、分析论述题专项训练

1.《尚书·吕刑》：五刑之疑有赦，五罚之疑有赦，其审克之。墨辟疑赦，其罚百锾，阅实其罪。劓辟疑赦，其罚惟倍，阅实其罪。剕辟疑赦，其罚倍差，阅实其罪。宫辟疑赦，其罚六百锾，阅实其罪。大辟疑赦，其罚千锾，阅实其罪。五过之疵：惟官、惟反、惟内、惟货、惟来，其罪惟均，其审克之。

请运用中国法制史的知识和理论，分析上述材料并回答下列问题：

（1）何谓“五刑”“五罚”“五过”？具体说明其内容。

（2）根据上述材料说明西周时期的刑法原则。

（3）根据上述材料分析西周时期刑事立法所反映的问题和意义。

【参考答案】（1）①“五刑”是墨、劓、剕（刖、膑）、宫、大辟五种奴隶制刑罚的总称。墨刑即脸上涂墨并刺字；劓刑即割去受刑人鼻子的刑罚；剕刑即砍去受刑人脚的刑罚；宫刑即去掉受刑人生殖器的刑罚；大辟为死刑总称。②“五罚”是犯五刑者适用赎刑以减免刑罚的五种情形。对于判墨刑有疑，则处以墨罚，受罚者交铜百锾以赎罪；劓罚，交铜二百锾；剕罚，交铜五百锾；宫罚，交铜六百锾；大辟，交铜千锾。③“五过”是官吏因渎职、徇私枉法、出入人罪而获罪的五种情形，包括惟官、惟反、惟内、惟货、惟来。惟官即秉承上意，依仗权势的行为；惟反即利用职权，报私恩怨的行为；惟内即内亲用事，暗中牵制的行为；惟货即贪赃受贿，敲诈勒索的行为；惟来即接受请托，徇私枉法的行为。对于犯五过之罪的，应当承担刑事责任。

（2）材料反映的刑法原则有：①西周时期为了保证适用法律的谨慎，防止错杀无辜，实行罪疑从轻、罪疑从赦的刑法原则，即凡是犯罪事实有疑的案件，实行从轻处断和赦免罪责的原则。五刑之疑有赦，五罚之疑有赦，五过之罪惟均等就是该刑法原则的具体体现。②西周时期实行轻重诸罚有权、刑罚世轻世重的刑事政策，即定罪量刑要因地制宜，根据罪行大小和交铜数量决定刑罚的轻重和是否承担刑事责任。

（3）材料反映的问题和意义：①西周时期赎刑制度进一步系统化，规定也较为完备。②罪疑从轻、罪疑从赦原则要求对适用五刑有疑义的案件从轻处罚或赦免，以赎代刑，是慎刑思想的体现，有利于防止或减少无罪处刑或轻罪重刑的现象。③奴隶制五刑以肉刑和死刑为主，以赎代罚，可以减少适用五刑的情形，尽量减少了残酷的肉刑和死刑的适用。④五过之罪的规定有利于官员奉公守法、依法办案和减少徇私枉法现象。

2. 材料 1：《周礼·天官·小宰》：听称责以傅别，听买卖以质剂。（东汉）郑玄注：质剂为两书一札，同而别之，长曰质，短曰剂。称责谓贷予，傅别谓券书也。听讼责者，以券书决之。傅，傅著约束于文书；别，别为两，两家各得一也。傅别、质剂皆今之券书也。事异，异其名耳。

材料2：《周礼·地官·质人》：大市以质，小市以剂。郑玄注：大市，人民马牛之属，用长券；小市，兵器珍异之物，用短券。

材料3：《周礼·秋官·士师》：凡以财狱讼者，正之以傅别、约剂。

请运用中国法制史的知识和理论，分析上述材料并回答下列问题：

（1）请分析材料中画线词句的含义。

（2）根据材料概括说明西周时期契约制度的主要内容。

（3）根据材料概括说明西周时期契约制度说明的问题。

（4）根据材料概括说明西周时期契约制度对西周时期和古代司法制度产生的影响。

【参考答案】（1）“称责”为借贷之意；“傅别”为借贷契约之意；“质剂”为买卖契约之意；“券书”为古代契约文书的别称；“质人”为西周时期的市场管理人员；“约剂”专指西周时期的契约文书。

（2）①西周时期契约制度的主要内容包括买卖契约和借贷契约，这是西周时期主要的契约形式。②西周时期的质剂是买卖契约，买卖双方将交易的内容写于竹简上，一分为二（一式二份），双方各执一份。质，用于“大市”，也就是在买卖奴隶、牛马时使用的较长的契券；剂，用于“小市”，也就是凡是买卖兵器珍异之物时使用的较短的契券。质剂由官府按照统一格式制作，并由“质人”管理。③傅别是西周时期的借贷契约。傅，是将借贷的内容写在券书上；别，是将写有借贷内容的券书一分为二，债权人和债务人各执一半。

（3）西周时期买卖契约和借贷契约的出现表明：①西周时期已经存在了简单的商品交易。②买卖契约和借贷契约制度表明西周时期出现了调整民事关系的需要，西周时期民事法律规范在此基础上有了一定的发展。③质剂和傅别的出现表明西周时期相应的契约纠纷不断增多。

（4）质剂是买卖关系成立的凭证，如果买卖双方发生纠纷，可以作为诉讼的证据；傅别是借贷关系成立的凭证，如果借贷双方发生纠纷，也可以作为诉讼的证据。质剂和傅别的出现，促进了西周时期司法制度中证据的运用和发展，特别对于财产关系的纠纷，就是以质剂、傅别、券书、契券等契约文书作为依据，而不是以人证为依据，从而影响了古代契约纠纷的证据运用方式，这对证据运用制度和司法审判制度的完善起到了促进作用。

3.《礼记·昏义》：昏礼者，将合二姓之好，上以事宗庙，而下以继后世也，故君子重之。是以昏礼，纳采、问名、纳吉、纳征、请期，皆主人筵几于庙，而拜迎于门外，入揖让而升，听命于庙，所以敬慎重正昏礼也。

《大戴礼记·本命》：妇有七去：不顺父母去，无子去，淫去，妒去，有恶疾去，多言去，窃盗去。不顺父母去，为其逆德也；无子，为其绝世也；淫，为其乱族也；妒，为其乱家也；有恶疾，为其不可与共粢盛也；口多言，为其离亲也；窃盗，为其反义也。

《大戴礼记·本命》：妇有三不去：有所娶无所归不去；与更三年丧不去；前贫贱后富贵不去。

请结合上述材料，运用中国法制史的相关知识，回答以下问题：

（1）概括西周婚姻成立和解除的条件。

（2）西周婚姻制度是如何体现家族本位和宗法伦理的？

（3）西周婚姻制度对后世婚姻立法有什么影响？

【参考答案】（1）材料反映出西周婚姻成立的条件有：①父母之命，媒妁之言；②同姓不婚；③履行“六礼”程序，即纳采、问名、纳吉、纳征、请期、亲迎。

材料反映的西周婚姻解除的条件有：①“七去”（七出），即：不顺父母，无子，淫，妒，有恶疾，多言，窃盗。②“三不去”，即：有所娶无所归；与更三年丧；前贫贱后富贵。

（2）西周婚姻关系的成立体现了家族本位，结婚的男女不论有无成年，毫无自由，必须听从于父母，否则招致刑罚制裁。婚姻本身是两个家庭而非两个人的事，包办婚姻体现了宗法关系、男尊女卑思想，父母之命也是传统社会家长制和父家长权力的显示，有助于维护家族血脉正常延续及维持生计。

西周婚姻关系的解除遵循“七去”原则，其内容的设置和权利的行使都以男方家族利益的保护为中心，旨在保障家族的稳定和延续，也体现出明显的男尊女卑观念。“三不去”对男方单意休妻有一定的限制，但实质并非维护女子权益，出发点仍然是维护礼治和倡导宗法伦理道德。

（3）西周婚姻制度对后世的婚姻立法产生了深远影响。汉唐乃至明清，各朝法律中关于婚姻成立和解除的规定，大体没有超出西周婚姻制度的内容。后世婚姻立法均是在西周婚姻制度的基础上损益而成。

4.《睡虎地秦墓竹简·语书》：凡良吏明法律令，事无不能也；又廉洁敦悫（音却，诚实之意——编者注）而好佐上；以一曹事不足独治也，故有公心；又能自端也，而恶与人辨治，是以不争书。恶吏不明法律令，不知事，不廉洁，毋以佐上，偷惰疾事，易口舌，不羞辱，轻恶言而易病人，毋公端之心，而有冒柢（音抵，同抵之意——编者注）之治，是以善斥事，喜争书。

请运用中国法制史的知识和理论，分析上述材料并回答下列问题：

（1）何谓《语书》？

（2）概括说明秦朝辨察良吏和恶吏的标准。

（3）概括说明秦朝《语书》所作上述规定的意义。

【参考答案】（1）《语书》是秦朝制定的有关官吏管理和监察官吏的律令。

（2）《语书》具体规定的辨察官吏的标准：1）秦朝辨察良吏的标准有四：①通晓律令，能够办理分内的一切事务；②廉洁、忠诚、老实；③公正，指导一曹事务不独断专行；④能纠正自己的失误，与人合作不争功。2）秦朝辨察恶吏的标准有六：①不懂律令，不称职；②苟且懒惰，不廉洁；③爱搬弄是非，口出恶言，侮辱他人，缺乏公正之心；④靠说假话，显示虚假的治理方式；⑤爱说违背事理的话，装作愧悔无知，以此显示能够自我约束；⑥自高自大，蛮横无理，卖弄自己有才能。

（3）《语书》所作上述规定的意义：①辨察官吏标准的规定表明秦朝官吏管理和监察制度的大致完备。②辨察官吏标准的规定明确了官吏的职责义务，以知法与否及能否严格执法作为衡量官吏好坏的标准之一，表明秦朝对官吏的严格执法要求。③《语书》的规定表明了秦朝实行法家治国，这能够敦促官员奉公守法，对厉行法治具有一定的意义。

★5. 材料1：《睡虎地秦墓竹简·金布律》：百姓假公器及有债未偿，其日足以收责之，而弗收责，其人死、亡，令其官啬夫及吏主者代偿之。

材料2：《睡虎地秦墓竹简·工律》：公事馆舍，其假公，假而有死、亡者，亦令其徒、舍人任其假。

材料3：《睡虎地秦墓竹简·法律答问》：百姓有债，勿敢擅强质，擅强质及受质者，皆赀二甲。廷行事强质人者论，予者不论。

请运用中国法制史的知识和理论，分析上述材料并回答下列问题：

（1）请解释材料中画横线语句的含义。

（2）概括说明材料1、2、3所体现的制度及该制度的主要内容。

（3）秦朝实行该制度说明的问题。

【参考答案】（1）①金布律是秦朝关于钱币管理与公务人员供给标准的法律。②工律是秦朝关于官营手工业管理的法律。③法律答问是秦朝对法律条文、术语、律义作出的具有法律效力的解释。法律答问在性质上属于法律解释，与秦律具有同等的法律效力。④廷行事是秦朝司法机关判案的成例或判例，在律文没有相关规定时，可作为司法实践中同类案件判决依据的一种法律形式。

（2）材料1、2、3总体说明了秦朝实行的债务担保制度。秦朝的债务担保制度分为官方担保和私人担保，材料1体现的是官方担保，材料2体现的是私人担保。对于官方担保，秦律规定，官府对于百姓所借的公家器物及没有偿还的债务，到期满之日必须收缴；若借物人、债务人死亡或逃跑，责令当地主管官吏代为偿还。对于私人担保，秦律规定，官府对于百姓所借的公家财物，如果债务人死亡或者逃跑的，则由其徒弟或其门客（材料中的舍人并非指的是古代官职，而是特指门客——编者注）承担债务担保责任。材料3表明，无论是官方担保，还是私人担保，秦朝都禁止强迫以债务人的人身作为担保，凡强行扣押人质作为抵押者，以及自愿以人质作为担保者，都处以赀二甲的刑罚。

（3）秦朝实行债务担保制度说明的问题：①秦朝债务承担的主体仅限于“户”，户是秦朝特殊的民事主体，是秦朝能够与官府发生债务关系的主体。②秦朝的债务担保，无论是官方担保，还是私人担保，都属于户与官府之间发生的担保关系，这是秦朝债的最主要的表现形式。③秦朝禁止用扣押人质的办法解决债务问题，表明秦朝人身与债务的分离，有利于对债务人实行人身保护。

★6. 材料1：《睡虎地秦墓竹简·法律答问》：甲盗牛，盗牛时高六尺，系一岁，复丈，高六尺七寸，问甲何论？当完城旦。

材料2：《睡虎地秦墓竹简·法律答问》：甲谋遣乙盗，一日，乙且往盗，未到，得，皆赎黥。

材料3：《睡虎地秦墓竹简·法律答问》：甲谋遣乙盗杀人，受分十钱，问乙高未盈六尺，甲何论？当磔。

请运用中国法制史的知识和理论，分析上述材料并回答下列问题：

（1）材料1中，甲因盗牛承担刑事责任的原因。

（2）材料2中，甲、乙是否承担刑事责任？为什么？

（3）材料3中，甲、乙是否承担刑事责任？为什么？

（4）结合上述材料，试析秦朝法律中教唆他人犯罪加重处罚的条件。

【参考答案】（1）材料1中，甲因盗牛被处以完城旦的刑罚，承担了刑事责任。秦朝是以身高作为承担刑事责任的标准，甲身高六尺七寸，超过了六尺五寸的刑事责任能力标准，因此，甲应当承担刑事责任。

（2）材料2中，甲、乙都应承担刑事责任。依据秦律规定，教唆他人犯罪的，教唆犯和现行犯都应承担刑事责任并处以同等刑罚。因此，甲教唆乙盗窃，甲、乙都应当承担刑事责任，并都处以赎黥的刑罚。

（3）材料3中，甲承担刑事责任，乙不承担刑事责任。①秦朝以身高作为承担刑事责任的依据，乙未达到承担刑事责任的身高标准（男子六尺五寸、女子六尺二寸——编者注），因此，乙不承担刑事责任。②依据秦律规定，对于教唆犯，与现行犯同罪，但教唆未成年人犯罪的，加重处罚。甲唆使乙抢劫杀人，并从乙所获赃值中分得十钱，甲属于教唆未成年人抢劫杀人的教唆犯，因此，甲应当承担刑事责任并处以磔刑。

（4）秦律规定教唆他人犯罪加重处罚的条件是：①教唆人实施了教唆行为，至于被教唆人是否实施所犯之罪或者是否得财，在所不问。②被教唆人是未成年人。如果被教唆人已经成年，则同等处罚，而不必加重处罚。

7.《睡虎地秦墓竹简·法律答问》：公室告何也？非公室告何也？贼杀伤、盗他人为公室告；子盗父母，父母擅杀、刑、髡子及奴妾不为公室告。子告父母，臣妾告主，非公室告，勿听。

请运用中国法制史的知识和理论，分析上述材料并回答下列问题：

（1）公室告和非公室告的划分依据是什么？

（2）公室告和非公室告的主要内容是什么？

（3）秦朝实行公室告和非公室告说明了哪些问题？

【参考答案】（1）秦朝区分公室告和非公室告的依据是控告者与被控告者之间的关系以及侵害行为的性质。

（2）公室告和非公室告的主要内容是：①贼杀伤或者盗窃他人的，是公室告。对于公室告，官府应予受理。②子盗窃父母，父母或主人擅自杀死、刑伤、髡剃其子及奴妾，以及子告父母，臣妾告发主人的，是非公室告。对于非公室告，官府不得受理，如果仍然坚持控告，告者有罪。

（3）秦朝实行公室告和非公室告说明：①秦朝在严格限制诉权的诉讼程序方面较为规范，但反映了当事人的诉权和诉讼制度上的不平等特点。②秦朝把法律的矛头集中在直接危害封建统治的贼盗大案上，以维护统治秩序。③秦朝在诉讼制度上实行公室告和非公室告，目的是维护家庭内部的尊卑关系和主奴关系，体现了封建法律维护封建伦理和尊卑等级关系的本质。

★8.《史记·张释之冯唐列传》（第四十二）：有人盗高庙坐（通“座”——编者注）前玉环，得，文帝怒，下廷尉治。释之案（通“按”——编者注）盗宗庙服御物者为奏，当弃市。上大怒曰：“人亡道，乃盗先帝器！吾属廷尉，欲致之族，而君以法奏之，非吾所以共（通“恭”——编者注）承宗庙之意也。”释之免冠顿首谢曰：“法如是足也。且罪等，然以逆顺为基。今盗宗庙器而族之，有如万分之一，假令愚民取长陵一抔土，陛下何以加其法欤？”文帝与太后言之，乃许廷尉当。

分析上述材料并回答下列问题：

（1）概括分析材料中廷尉张释之维持盗环案犯罪人弃市的理由。

（2）概括分析汉文帝最终准许张释之的原判决说明的问题。

（3）结合现代刑法理论说明材料可提供的历史借鉴意义。

【参考答案】（1）廷尉张释之维持盗环案犯罪人弃市的理由是：①依据汉律，对盗环案的行为人判处弃市属于最重刑罚，不能违背法律再行加重，实行族诛。②弃市和族诛同是死罪，对于犯同样罪行的行为人，应当以罪状的轻重为依据（就是材料中提到的“然以逆顺为基”——编者注）。③对行为人判处刑罚应当有一个最高界限，如果仅就某个案将行为人判处法律规定的最高刑罚，则在以后出现更重的罪行时，法律将无所适从。

（2）汉文帝最终准许了张释之的原判决表明：①历史的教训以及受黄老学说“明法”思想的影响，使得汉初的统治者比较注意明法守身，不以个人意志破坏法律的一致性。②汉文帝作为“明法守身”的代表，表现了一位帝王很可贵的“法信于民”的法律意识。③汉文帝通过盗环案认识到，公正的法律只有得到公正的执行，才能够取信于民。

（3）汉朝廷尉张释之依法审案，可提供的历史借鉴意义有：①定罪量刑应以法律规定为准绳，不能以主观好恶作为定罪量刑的标准。②刑罚的轻重应与犯罪人的主观恶性和客观危害行为相适应，做到罚当其罪。

9.《史记·平准书》：自造白金五铢钱后五岁，赦吏民之坐盗铸金钱死者数十万人。其不发觉相杀者，不可胜计。赦自出者百余万人。然不能半自出，天下大抵无虑皆铸金钱矣。犯者众，吏不能尽诛取，于是遣博士褚大、徐偃等分曹循行郡国，举兼并之徒、守、相为者。而御史大夫张汤方隆贵用事，减宣、杜周等为中丞，义纵、尹齐、王温舒等用惨急刻深为九卿，而直指夏兰之属始出矣。而大农颜异诛。初，异为济南亭长，以廉直稍迁至九卿。上与张汤既造白鹿皮币。问异，异曰：“今王侯朝贺以苍璧，直数千，而其皮荐反四十万，本末不相称。”天子不说。张汤又与异有郤，及有人告异以它议。事下张汤治异。异与客语，客语初令下有不便者，异不应，微反唇。汤奏当异九卿见

令不便，不入言而腹诽，论死。自是之后，有腹诽之法比，而公卿大夫多谄谀取容矣。

分析上述材料并回答下列问题：

（1）请结合材料分析“腹诽”的含义及其处罚。

（2）汉承秦制，秦朝关于言论、思想犯罪是如何规定的？清朝关于言论、思想犯罪是如何定罪处罚的？

（3）试分析中国古代法律处罚言论、思想犯罪说明的问题和对现世的警示意义。

【参考答案】（1）“腹诽”即口无言词而心有异议，就是虽心怀不满但未诉诸言论。“腹诽”罪属于思想犯罪，对于犯“腹诽”罪者，判处死刑。

（2）秦朝关于言论、思想犯罪的罪名有妄言与非所宜言罪、以古非今罪和诽谤妖言罪，汉朝则是在秦朝思想犯罪规定基础上予以发展并定腹诽之法。清朝典型的言论、思想犯罪是一再兴起的文字狱，清朝没有关于言论、思想犯罪的条例，绝大多数文字狱是比照谋大逆罪论处的，少数文字狱则以谋反罪定罪，且实行广泛的株连。

（3）中国古代法律规定处罚言论、思想犯罪说明：①封建法律以维护皇帝尊严和专制统治为己任。②在古代，随着专制统治的逐步加强，法律每每加大对异端学说和言论、思想犯罪的打击力度，且对言论、思想犯罪实行株连的政策，这就钳制了思想，摧残了文化，不利于社会的进步。

对现世的警示意义：①在刑事立法上要实行罪刑法定，摒弃因言获罪的立法倾向，反对施加重刑，反对株连和变相株连。②充分保障宪法规定的公民的言论自由，使公民基本权利落到实处。

10. 材料1：《春秋繁露·精华》：春秋之听狱也，必本其事而原其志。志邪者不待成，首恶者罪特重，本直者其论轻。

材料2：《盐铁论·刑德》：春秋之治狱，论心定罪，志善而违于法者，免；志恶而合于法者，诛，时有出于律之外者。

请运用中国法制史的知识和理论，分析上述文字并回答下列问题：

（1）该段文字反映了汉朝的什么制度？该制度是什么意思？历史渊源是什么？

（2）该段文字的基本含义是什么？

（3）该制度在当时有何积极意义？

（4）汉朝创立该制度的宗旨是什么？有何影响？

【参考答案】（1）上述材料反映的是汉朝特有的审判原则——“春秋决狱”。所谓“春秋决狱”，就是以儒家的经典，特别是《春秋》一书的“微言大义”作为司法审判特别是疑难案件的依据的审判方式。“春秋决狱”渊源于儒家经典——《春秋》“重志”的做法。

（2）上述材料的基本含义是：断狱必先根据犯罪事实，判断犯罪者的心理状态或目的动机。对动机违背《春秋》精神的，即使犯罪未遂也应当论罪，尤其对首犯要处以重刑；如果目的、动机纯正，即使违法，也可以从轻发落。断狱按照主观心理动机来定罪，动机纯正，即便违法，也要免除处罚；动机不纯正，即便合法，也要处罚。以此断案，不时有超出律外来定罪的。

（3）“春秋决狱”在当时法律不健全的情况下起到了补充法律规定不足的作用。在“经义”断狱的过程中，形成了一些具体的儒家法律观点，对决狱断案贯彻儒家思想起了指导作用，也为后世封建法律进一步体现儒家法律观点创造了前提。

（4）汉朝创立该制度的目的就是正名分、尊王室、诛乱臣贼子、提倡宗法等级，其基本精神就在于“论心定罪”。董仲舒所倡导的“春秋决狱”是汉朝司法审判制度逐渐儒家化的重要标志之一，是礼法并用在司法领域中的反映。该审判方式沿用于三国两晋南北朝，到了隋唐，因法律儒家化的任务已经完成，礼法合一的法典正式形成，春秋决狱也完成了历史使命。

★11.《通典》(卷六十九)、《太平御览》(卷六百四十):时有疑狱曰:甲无子,拾道旁弃儿乙,养之以为子。及乙长,有罪杀人,以状语甲,甲藏乙。甲当何论?仲舒断曰:“甲无子,振活养乙,虽非所生,谁与易之!诗云‘螟蛉有子,蜾蠃负之’。春秋之义,‘父为子隐’,甲宜匿乙。诏不当坐。”

请运用中国法制史的知识和理论,分析上述文字并回答下列问题:

(1)材料反映的刑法原则和司法原则及含义。

(2)结合材料说明甲“不当坐”的原因和根据。

(3)结合材料说明经义断狱对法律适用的影响。

(4)结合材料说明汉朝的礼律关系。

【参考答案】(1)材料反映的是“亲亲得相首匿”的刑法原则和春秋决狱(经义断狱)的司法原则。亲亲得相首匿原则即直系三代血亲之间和夫妻之间,除犯谋反、大逆罪外,均可以互相隐匿罪行而免予刑罚的刑法适用原则。春秋决狱即以儒家经典《春秋》的精神和事例作为司法审判的依据的司法原则。

(2)乙杀人,其养父甲为其隐罪。按照汉律规定和当时的道德标准,如果甲是生父,则不必连坐。但对于养父是否可以为养子隐罪,汉律并无规定。董仲舒认为,甲虽然是养父,但对儿子乙有养育之恩,已经有父子的名分,因此,甲具有和生父相同的法律地位,根据春秋决狱所倡导的“父为子隐”思想,甲可以为养子乙隐罪且不必连坐。

(3)经义断狱对法律适用具有如下影响:①经义断狱注重考察犯罪者的主观动机,同时兼顾犯罪事实。甲虽有隐匿、窝藏罪犯的行为,且甲并非罪犯生父,但甲的主观动机符合《春秋》所倡导的“志善”精神,因此甲“不当坐”。②经义断狱具有弥补法律规定不足的作用,适用法律必须符合儒家经典所倡导的义礼精神。虽然甲不为罪犯生父,但法律并没有规定养父是否可以为养子隐罪,此时引用儒家经典的精神断案,就可以弥补法律规定的不足。

(4)材料体现了汉朝如下礼律关系:①在刑法适用原则上开始引礼入律,礼的精神开始渗透到刑法原则中并紧密结合。②经义断狱对审案原则开始修正并影响法律实践,促进了引礼入律的进程。

12.《太平御览·刑法部·决狱》:甲父乙与丙争言相斗,丙以佩刀刺乙,甲即以杖击丙,误伤乙,甲当何论?或曰:“殴父也,当枭首。”(董仲舒)论曰:“臣愚以为父子至亲也,闻其斗,莫不有怵怅之心,扶杖而救之,非所以欲诟父也。《春秋》之义,许止父病,进药于其父而卒,君子原心,赦而不诛。甲非律所谓殴父,不当坐。”

请结合上述材料,运用中国法制史的相关知识,回答以下问题:

(1)本案争议的焦点是什么?

(2)董仲舒是如何解释甲“不当坐”的原因的?

(3)请从正反两方面对春秋断狱进行评价。

【参考答案】(1)本案争论的焦点在于,甲以杖击丙,原为救父,不意竟误伤自己的父亲,这是否构成汉律之所谓“殴父罪”而处以枭首之刑?

(2)董仲舒综合整个案情,灵活地引用律条,并考察行为人的主观动机和行为后果,援引春秋之义,认定甲为救父而误伤自己的父亲,甲并非法律上所谓殴父,其“志”是善的,动机是为“救父”,是纯正的;“殴父”并非出于本意,因此不当坐。

(3)以《春秋》经义断狱为司法原则,对传统的司法和审判是一种积极的补充。但是,如果专以主观动机“心”“志”的“善恶”判断有罪无罪或罪行轻重,也往往会成为司法官吏主观擅断和陷害无辜的口实,在某种程度上为司法擅断提供了依据。

13.《后汉书·申屠蟠传》：同郡缑氏女玉为父报仇，杀夫氏之党，吏执玉以告外黄令梁配，配欲论杀玉。蟠时年十五，为诸生，进谏曰："玉之节义，足以感无耻之孙，激忍辱之子。不遭明时，尚当表旌庐墓，况在清听，而不加哀矜！"梁配善其言，乃为谳得减死论。乡人称美之。

请运用中国法制史的知识和理论，分析上述材料并回答下列问题：

(1) 汉朝存在血亲复仇和法律责任之间冲突的原因及解决办法。

(2) 结合材料分析汉朝奏谳制度在法律儒家化过程中的作用。

(3) 该案反映出中国古代怎样的礼法关系？

【参考答案】(1) ①血亲复仇与法制格格不入，二者经常存在冲突，原因在于复仇的伦理观念与法律责任之间的深刻矛盾。在儒家纲常名教的熏染下，人们维护伦常的意识远甚于法律，当法律与至尊的经义发生冲突时，法律便常常处于下风。儒者引经入法，为复仇者开脱，往往能得到标榜以仁孝治天下的皇帝的支持。此外，复仇是人类社会进化过程中人性表露的一种自然行为，因此复仇现象是普遍存在的一种社会常态现象，复仇是人性表露的自然行为的本性决定了血亲复仇要比法律责任的承担更具有社会基础。②在血亲复仇与法律责任之间发生冲突时，应以发扬孝道作为排斥法律责任而优先适用的前提，在孝道（"父为子纲"）的伦常影响下，复仇不但是子女的权利，而且是其道德义务。孝道与规定"杀人偿命"的法律条文相比，"父为子纲"是更高级别的上位法。因此，材料中，缑玉为报父仇杀死夫家族人，却得免死罪。

(2) 汉朝奏谳制度既是为解决疑难案件而设立的，同时也对地方官员审判案件提出了更高的要求。有些案件因受到儒家孝道的影响，依据律文治罪往往得不到社会认可，因此，奏谳制度可以在一定程度上解决儒家伦理纲常和法律条文之间的矛盾，这为推动法律儒家化、倡导引礼入律起到了不可忽视的作用。

(3) 礼法结合是中国传统法律的典型特征。①"出于礼而入于刑"，体现了礼法之间的互补关系。②儒家伦理主张孝道，杀父之仇不共戴天，血亲复仇有其社会基础，这为引礼入律提供了社会前提。③材料中，缑玉的杀人行为，伦理认同而法律严惩，体现了在处理为报父仇杀人的问题上存在着儒家伦理和法律责任的冲突。④在以后各朝中，此类行为往往因统治者提倡孝道而受到宽宥或刑罚减免。

★14.《唐律疏议·职制律》(卷十一)：诸称律、令、式，不便于事者，皆须申尚书省议定奏闻。若不申议，辄奏改行者，徒二年。即诣阙上表者，不坐。

请运用中国法制史的知识和理论，分析上述材料并回答下列问题：

(1) 唐朝规定的法律修改程序。

(2) 唐律规定的违法修改法律应当承担的责任。

(3) 如何评价上述材料？

【参考答案】(1) 依据该条文规定，对于不符合社会生活实际情况的律、令、式等法律，确须修改的，应当向尚书省申报，并说明不便于适用的理由。经讨论后决定是否修改法律。

(2) 对于未经申议而擅自修改法律的，徒 2 年。但因法律适用问题而越级申冤上表朝廷的，不承担刑事责任。

(3) 唐律这一规定表明：①立法注重稳定，不能因事宜的变化而擅自修改法律，对于确须修改的，也必须严格按照法律程序进行。②对于未经申议而擅自修改法律的，要承担法律责任，这是以刑罚手段维持法律的稳定，有利于严格依法办事，公正执法。③法律的相对稳定有利于维护社会的安定和法律的尊严与权威。

15. 材料 1：《贞观政要·卷八·论赦令》(第三十二)：贞观十年（636 年——编者注），太宗谓

侍臣曰：“国家法令，惟须简约，不可一罪作数种条。格式既多，官人不能尽记，更生奸诈，若欲出罪即引轻条，若欲入罪即引重条。数变法者，实不益道理，宜令审细，毋使互文。”

材料 2：《资治通鉴·唐纪十》：上曰：“法令不可数变，数变则烦，官长不可尽记，又前后差违，吏得以为奸。”

请运用中国法制史的知识和理论，分析上述材料并回答下列问题：

（1）上述材料体现了何种立法思想？该立法思想的基本内容是什么？

（2）唐太宗是如何阐述这种立法思想的？

（3）唐朝是如何践行上述立法思想的？

（4）如何评价上述材料？

【参考答案】（1）上述材料体现的是立法宽简、稳定、划一的思想。所谓“宽”，是指立法在内容上要做到轻刑省罚；所谓“简”，是指立法在形式上要做到条文简明。所谓“划一”，就是法律各条款之间不能相互牵连，严禁一罪有数种规定或时常变更法令。

（2）唐太宗认为，国家的法令，一定要简约，不可以一个罪名定很多种处罚条令。条款太烦琐，执法官员不能全记住，反而会滋生奸诈，如果要开脱犯人罪责，有人就会援引从轻的处罚，如果要把罪名强加到他人头上，就会用从重的处罚。这对国家的治安非常不利。应该仔细审定条款，不要使各条款之间互相牵连。若法律不稳定，律文多变，使人心多惑，无所适从，所以立法者要审慎而行，不可轻立，既立之后，必须审定，以为永式。

（3）唐朝为了贯彻宽简、稳定、划一的立法思想，贞观修律时，删除旧律中死罪 90 多条，删去“兄弟连坐俱死”的规定，改重为轻的条款“不可胜纪”，使《贞观律》比《开皇律》大为简约。

（4）唐朝贯彻立法宽简、稳定、划一的思想，不仅使法律简约易知，又周详严密，从而避免执法者因缘舞弊。唐朝保持法律相对稳定，这对促进经济发展，维持安定的政治局面和法律的权威是非常重要的。唐朝贯彻立法宽简、稳定、划一的思想，在指出法的可变性的同时，也注意到保持法的相对稳定性，从而使法律的变化与进步的社会潮流相适应。

★ 16.《唐律疏议·名例律》（卷二）：诸犯私罪，以官当徒者，（私罪，谓私自犯及对制诈不以实、受请枉法之类。）五品以上，一官当徒二年；九品以上，一官当徒一年。若犯公罪者，（公罪，谓缘公事致罪而无私、曲者。）各加一年当。以官当流者，三流同比徒四年。其有二官，（谓职事官、散官、卫官同为一官，勋官为一官。）先以高者当，（若去官未叙，亦准此。）本犯应合官当者，追毁告身。次以勋官当。行、守者，各以本品当，仍各解见任。若有余罪及更犯者，听以历任之官当。（历任，谓降所不至者。）其流内官而任流外职，犯罪以流内官当及赎徒年者，各解流外任。

请结合上述材料回答下列问题：

（1）概括说明区分公罪和私罪原则和官当制度的历史沿革。

（2）概括说明唐朝官当制度的主要内容。

（3）如何评价上述规定？

【参考答案】（1）①区分公罪和私罪原则最早见于隋朝《开皇律》，唐朝发展并完善，宋朝沿用。②官当制度源于《北魏律》和《陈律》，隋、唐律典皆有规定，宋朝沿用，元朝废止。

（2）依据唐律规定，官吏犯私罪，五品以上者，一官折抵徒刑 2 年；九品以上者，一官折抵徒刑 1 年。若犯公罪，则可多折算 1 年，即五品以上者，一官折抵徒刑 3 年；九品以上者，一官折抵徒刑 2 年。如果是以官品折抵流刑，原则上“三流同比徒 4 年”，即流刑三等，官当时都比作徒 4 年。以官品折抵徒刑仍有余刑不尽的，可再以铜赎刑。因官而失掉官职之人，一年后可以比原官职降一等任用。

（3）①唐律关于区分公罪和私罪原则以及官当制度的规定对于官吏因公执法和调动官吏的积极

性起到了一定的作用。②官当制度使得封建特权制度化、法律化，从而限制了贵族官僚的肆意妄为，并有助于皇帝行使最高司法权，将贵族、官僚生杀予夺的权力及于己手。③官当仅适用于折抵徒罪和流罪而不适用于死罪本身也表明，官当的实施以不影响到封建统治秩序为限。

★17.《唐律疏议·名例律》（卷五）：（1）诸共犯罪者，以造意为首，随从者减一等。若家人共犯，止坐尊长；（于法不坐者，归罪于其次尊长。尊长，谓男夫。）侵损于人者，以凡人首从论。即共监临主守为犯，虽造意，仍以监主为首，凡人以常从论。

（2）诸共犯罪而本罪别者，虽相因为首从，其罪各依本律首从论。若本条言“皆”者，罪无首从；不言“皆”者，依首从法。即强盗及奸，略人为奴婢，犯阑入，若逃亡及私度、越度关栈垣篱者，亦无首从。

请结合上述材料回答下列问题：

（1）概括说明唐律中有关共犯区分首从具体适用情形。

（2）概括说明唐律中有关共犯不区分首从的具体适用情形。

（3）如何评价上述规定？

【参考答案】（1）唐律明确二人以上故意犯罪为共同犯罪，并区分首犯、从犯。具体适用情形是：①首犯即造意者，是倡首先言的主谋，一般要加重处罚，从犯则比照首犯减一等处刑。②家人共犯，不论何人造意，以尊长为首，卑幼不坐。③外人与主管官员共同犯罪，即使由外人造意，仍以主管官员为首犯，其余人为从犯。

（2）唐律中有关共犯不区分首从的情形有：①凡是本条文表述“皆”者，罪无首从；凡是本条文没有表述“皆”者，应当区分首从。②犯有强盗罪、奸罪、将劫掠之人卖为奴婢、阑入罪、罪发逃亡、私度或越度关卡垣篱的，不区分首从。

（3）①唐律共犯区分首从表明唐朝对犯罪人主观心态和量刑情节的深刻认识。②家人共犯以尊长为首体现了封建家长制原则。③外人与主管官员共犯以主管官员为首，以防止官员和外人内外勾结，上下一气，因缘为奸，以维护国家统治。④对于强盗、奸罪、劫掠贩卖人口等罪行不区分首从，表明唐朝统治者对社会秩序稳定的严重关切。

★18.《唐律疏议·名例律》（卷六）：诸二罪以上俱发，以重者论；等者，从一。若一罪先发，已经论决，余罪后发，其轻若等，勿论；重者更论之，通计前罪，以充后数。即以赃致罪，频犯者并累科；若罪法不等者，即以重赃并满轻赃，各倍论。其一事分为二罪，罪法若等，则累论；罪法不等者，则以重法并满轻法。累并不加重者，止从重。其应除、免、倍、没、备偿、罪止者，各尽本法。

请结合上述材料回答下列问题：

（1）材料体现了唐朝何种定罪量刑原则？该原则具体适用规则如何？

（2）根据材料简要概括唐朝不适用合并论罪的情形。

（3）如何评价上述规定？

【参考答案】（1）材料体现的是唐朝合并论罪从一重的定罪量刑原则。该原则具体适用情形是：凡一人所犯数罪均案发或被告发，采取重罪吸收轻罪，按其中最重的一种罪处刑；若所犯各罪轻重相等，按其中的一罪处刑。如判决先发之罪后，又得知判前还有其他罪的，若后发之罪轻或等于已判之罪，则不再论处；若后发之罪重于已判决之罪，则按照后发之罪论处，已判决之罪折入后发之罪中。

（2）合并论罪从一重原则不适用于赃罪，对于屡犯贪赃之类的犯罪，则累计其多次赃物数额定罪。对于适用除名、免官、损害赔偿、没收财产等情形的，也依据本原则处断。

（3）评价：①合并论罪从一重原则区分了犯罪的不同情形，明确了重罪的处理办法，为数罪量刑提供了切实可行的判断标准，这对保证犯数罪的法律适用具有意义。②合并论罪从一重原则规定得较为宽缓适中，有利于稳定统治秩序。③赃罪不适用合并论罪从一重，表明唐朝以严刑峻法惩治官吏的贪赃枉法行为，这有利于督促官吏奉公守法、廉洁自律。

★19.《唐律疏议·名例律》（卷五）：诸犯罪未发而自首者，原其罪（正赃犹征如法）。其轻罪虽发，因首重罪者，免其重罪；即因问所劾之罪而别言余罪者，亦如之。即遣人代首，若于法得相容隐者为首及相告言者，各听如罪人身自首法。即自首不实及不尽者，以不实不尽之罪罪之；至死者，听减一等。其知人欲告及亡叛而自首者，减罪二等坐之；即亡叛者，虽不自首，能还归本所者，亦同。其于人损伤，于物不可备偿，即事发逃亡，若越度关及奸，并私习天文者，并不在自首之例。

请结合上述材料回答下列问题：

（1）唐律构成自首的法定条件是什么？唐律如何区分自首和自新？

（2）何为“正赃犹征如法”？该规定有何意义？

（3）对“自首不实”和“自首不尽”的如何论处？

（4）唐律规定哪些行为不适用自首？

（5）如何评价上述规定？

【参考答案】（1）构成自首的法定条件：①必须是在犯罪案件未发，官府或他人未发觉之前；②犯罪人自动向官府投案。唐律区分了自首和自新：犯罪未发而自动投案的是自首，是主动的，应予免除处罚；犯罪已发，或被官府查知逃亡后再投案的是自新，是被迫的，应予减轻处罚。

（2）正赃犹征如法即自首可以免罪，但必须如数退还赃物。意义：防止犯罪人利用自首获取非法利益或非法得财。

（3）对自首不实或不尽的，以不实或不尽之罪论处，但可判处死刑的，减一等处刑。

（4）对于伤害他人人身、不能返还原物、案发后逃亡、私度关津、强奸、私习天文等行为，不适用自首。

（5）评价：①唐律规定了适用自首的不同情形，明确了构成自首的法定条件，区分了自首和自新，有利于促使犯罪分子改过自新，也表明了唐朝定罪量刑原则的重大发展。②唐律有关自首规定的立法目的在于巩固封建统治、稳定社会秩序。③唐律有关自首也不适用减免刑罚的例外性规定体现了对犯罪后果无法挽回的犯罪的特殊关注。

20.《唐律疏议·斗讼律》“妻殴夫”条（卷二十二）：诸妻殴夫，徒一年；若殴伤重者，加凡斗伤三等；（须夫告，乃坐。）死者，斩。

《唐律疏议·斗讼律》“殴伤妻妾”条（卷二十二）：诸殴伤妻者，减凡人二等；死者，以凡人论。殴妾折伤以上，减妻二等。若妻殴伤杀妾，与夫殴伤杀妻同。过失杀者，各勿论。

请运用中国法制史的知识，分析上述材料并回答下列问题：

（1）对于夫妻妾间殴杀伤应如何定罪处罚？

（2）上述材料体现了中国传统法制的何种特征？

（3）如何评价上述材料？

【参考答案】（1）妻子殴打丈夫，构成不睦，徒一年；殴打导致丈夫重伤的，加斗伤三等处罚，但以丈夫亲告为前提；妻子将丈夫打死，构成恶逆，处斩刑。丈夫殴伤妻子，按照伤害罪减凡人二等处刑；将妻子打死的，按照凡人犯杀人罪论处。丈夫殴打妾致折伤以上后果的，比照对妻子犯伤害罪减二等处刑。若妻子殴杀伤妾，比照丈夫殴杀伤妻子的情形论处。过失杀人的，都不以犯罪论处。

（2）上述材料体现了中国传统法制的家族本位、伦理法制的特征。

（3）上述材料表明：①夫妻妾间殴杀伤的，依据伦理身份定罪量刑，体现了男尊女卑的尊卑贵贱等数不同、刑名轻重粲然有别的特点。②夫妻妾间殴杀伤依据身份伦理定罪量刑，体现了对夫权的维护，夫犯妻妾与妻妾犯夫的悬殊待遇，也是礼教立法下“夫为妻纲”的观念的体现。

21.《旧唐书·王彦威传》：兴平县人上官兴，因醉杀人亡窜，吏执其父下狱，兴自首请罪，以出其父。京兆尹杜悰（音从——编者注）、御史中丞宇文鼎，以其首罪免父，有光孝义，请减死配流。彦威与谏官上言曰：“杀人者死，百王共守。若许杀人不死，是教杀人。兴虽免父，不合减死。”诏竟许决流。

请结合中国法制史的相关知识回答下列问题：

（1）请根据唐律规定并结合材料分析上官兴的杀人行为是否适用自首减免刑罚。

（2）唐律规定自首的意义。

（3）请结合材料分析礼对法的影响。

【参考答案】（1）上官兴的杀人行为不适用自首。①唐律规定构成自首的基本要求在于“犯罪未发”。上官兴杀人已经案发并抓获其父，不符合唐律关于自首的基本要求。②唐律规定，对于案发后逃亡的，不适用自首。上官兴案发后逃亡，不适用自首，不适用减刑和免刑，当论死。

（2）唐律关于自首的规定，有利于促使犯罪分子改过自新和稳定社会秩序；对于不适用自首及自首法定条件的规定体现了刑法适用原则的重大发展和唐朝统治者对统治阶级根本利益的维护。

（3）上官兴杀人的行为虽然不适用自首，但其最终被减刑，适用了流刑，这体现了礼对法的如下影响：①礼法结合是唐朝法律的典型特征，所谓“出礼而入刑”，体现了礼法之间的互补关系。②礼是法的指导；法是对礼的维护。礼法结合的一个重要方面便是对“孝”的维护和弘扬。本案中，由于上官兴投案的本意是救其父亲，符合“孝道”，因此，皇帝最终减免了其死罪，适用了流刑。③适用自首应以礼作为定罪量刑的标准，所以，礼是唐律的灵魂。“礼”的核心便是三纲五常，讲究父子之情、君臣之义。④礼法之间存在矛盾和冲突。本案中，上官兴的行为便是属于违于法但合于礼的行为，对此，唐朝统治者出于弘扬孝义的原则，对上官兴作出了悖于法律规定的处罚，说明了唐朝“礼”对“法”的重大影响。

22.《唐律疏议·名例律》（卷四）：诸犯罪已发及已配而更为罪者，各重其事。即重犯流者，依留住法决杖，于配所役三年。若已至配所而更犯者，亦准此。其应加杖者，亦如之。

请结合上述材料回答下列问题：

（1）请解释材料中“更为罪”和“各重其事”的含义。

（2）唐朝对于更为罪者如何论处？

（3）如何评价上述规定？

【参考答案】（1）“更为罪”是指再次犯罪，唐朝将此情形称为“更犯”；“各重其事”是指对后犯各罪刑罚累科并加重处罚。

（2）对于更犯，唐律采取加重处罚的办法处理，即犯罪已经案发或者在刑罚执行期间又重新犯罪的，加重处罚，重犯流罪的，依据留住地法律决杖，并于配役地服劳役 3 年。如果已经到达配所而重新犯罪的，或者应附加杖刑的，都按照配役地法律加重处罚。

（3）评价：①因更犯属于重新犯罪，其社会危害性较初次犯罪要大，因此，唐律采取更犯加重处罚的原则。②对更犯采取加重处罚的原则，在一定程度上可以起到预防犯罪的作用。

★23.《唐律疏议·名例律》（卷二）：诸八议者，犯死罪，皆条所坐及应议之状，先奏请议，议定奏裁；（议者，原情议罪，称定刑之律而不正决之。）【疏】议曰：此名“议章”。八议人犯死罪者，

皆条录所犯应死之坐及录亲、故、贤、能、功、勤、宾、贵等应议之状，先奏请议。依令，都堂集议，议定奏裁。注：议者，原情议罪，称定刑之律而不正决之。【疏】议曰：议者，原情议罪者，谓原其本情，议其犯罪。称定刑之律而不正决之者，谓奏状之内，唯云准犯依律合死，不敢正言绞、斩，故云"不正决之"。流罪以下，减一等。其犯十恶者，不用此律。【疏】议曰：流罪以下，犯状既轻，所司减讫，自依常断。其犯十恶者，死罪不得上请，流罪以下不得减罪，故云"不用此律"。

请根据上述材料并结合中国法制史的知识和理论回答下列问题：

（1）概括说明八议制度的历史沿革。

（2）概括说明唐律规定的八议制度的主要内容。

（3）说明律文和疏议的关系，并阐明疏议中画横线词句的含义。

（4）如何评价上述规定？

【参考答案】（1）八议渊源于《周礼》的"八辟"，是"刑不上大夫"的礼制原则在刑法适用上的具体体现，在汉朝始称"八议"，但"八议"作为正式制度始创于三国曹魏时期，并一直沿用于清末。清末沈家本颁布《大清新刑律》，实行罪刑法定原则，正式废除八议制度。

（2）八议制度的主要内容是：（议亲、议故、议贤、议能、议功、议贵、议勤、议宾）这八类人犯罪，如是死罪，则由司法机关将其本应处死的犯罪事实及其应议的理由先奏明皇帝，并请求交付大臣集议，决议之后，交皇帝裁处。依据通例，一般死罪可以降为流罪，流罪以下减刑一等处理。但犯有"十恶"重罪的，不适用八议。

（3）①律文和疏议的关系："疏议"是对律文的解释，与律文具有同等的法律效力。唐律的本条"疏议"阐明了八议的适用对象、适用程序、具体处罚和不适用八议的具体例外情况，目的在于阐明律意，以便于准确地适用律文。②"议章"：八议的规定。"不正决之"：应议之人按律应死的，在奏请适用八议的奏状中不能言明适用绞刑或斩刑的情形。"不用此律"：八议之人如犯流罪，不必经过"议"，直接由司法机关依律减一等处刑；而犯十恶重罪论死的，不能上请，犯十恶重罪处流罪以下的，不得减等处刑，既然犯流罪减一等处刑，或者犯十恶重罪不能上请，或者不能减等处刑，则自然不能适用此律规定。

（4）唐朝实行八议制度表明：①八议制度反映了唐律的特权法性质。八议制度是封建特权法的重要内容。②八议制度是封建法律儒家化的重要表现之一，是引礼入律的标志。③在封建君主专制条件下，任何官僚贵族的特权只具有相对意义，并以不触犯皇权及地主阶级根本利益为限度，如犯有"十恶不赦"之罪，同样严惩不贷。

★24.《唐律疏议·名例律》（卷二）：诸皇太子妃大功以上亲、应议者期以上亲及孙，若官爵五品以上，犯死罪者，上请；（请，谓条其所犯及应请之状，正其刑名，别奏请。）流罪以下，减一等。其犯十恶，反逆缘坐，杀人，监守内奸、盗、略人、受财枉法者，不用此律。

请根据上述材料并结合中国法制史的知识和理论回答下列问题：

（1）概括说明上请制度的历史沿革。

（2）概括说明唐律规定的上请制度的适用对象、适用程序和处罚。

（3）概括说明唐律规定的不适用上请制度的例外情况。

（4）如何评价上述规定？

【参考答案】（1）上请最早源于西周八辟之法，汉朝始为制度化，隋唐发展并完善了上请制度，清末修律废除。

（2）适用对象：上请适用于皇太子妃大功以上亲、八议之人期以上亲及孙和官爵五品以上犯死罪之人。适用程序：对于适用犯死罪上请的人，司法机关不能直接审判，只能将其罪状、适用上请的条件、依律应绞应斩的事实直接奏报皇帝，由皇帝作出最终裁决。处罚：适用上请的人，应处死者由皇帝裁决，流罪以下自然减一等处刑。

（3）犯十恶重罪、反逆缘坐、杀人，地区及部门长官在其所辖地区和部门内犯奸淫、窃盗、掠卖人口、受财枉法等罪的，不适用上请。

（4）评价：①上请制度有利于皇帝控制最高司法权。②上请制度表明唐朝封建特权法的进一步发展，但上请制度也在一定程度上限制了贵族官僚的恣意妄为。③上请制度在适用上的例外限制表明唐律以维护统治阶级根本利益为其任务的立法宗旨。

★25.《唐律疏议·名例律》（卷二）：诸应议、请、减及九品以上之官，若官品得减者之祖父母、父母、妻、子孙，犯流罪以下，听赎；若应以官当者，自从官当法。其加役流、反逆缘坐流、子孙犯过失流、不孝流及会赦犹流者，各不得减赎，除名、配流如法。（除名者，免居作。即本罪不应流配而特配者，虽无官品，亦免居作。）

请结合上述材料回答下列问题：

（1）唐律规定的赎刑的适用对象和不适用赎刑的情形。

（2）根据材料说明免居作的适用对象。

（3）如何评价上述材料？

【参考答案】（1）唐律规定的适用赎刑的对象包括诸应议、请、减及九品以上官员，官品得减者之祖父母、父母、妻、子孙，犯流罪以下。对于判处加役流、反逆缘坐流、子孙犯过失流、不孝流及会赦犹流者，不适用赎刑，按照正条配流。

（2）对于除名的官员，以及本罪不应流配但依据法律规定而特别流配的人，虽然无官品，但也免居作。

（3）评价：①应议、请、减及九品以上官员适用赎刑表明唐朝封建特权法的制度化、规范化。②官品得减者之祖父母、父母、妻、子孙犯流罪以下适用赎刑表明唐律对封建家族等级秩序的维护。③将加役流等重刑者排除在赎刑适用范围之外表明唐律对封建统治阶级根本利益的维护。

★26. 材料1：《汉书·宣帝纪》：父子之亲，夫妇之道，天性也。虽有患祸，犹蒙死而存之。诚爱结于心，仁厚之至也，岂能违之哉！自今子首匿父母，妻匿夫，孙匿大父母，皆勿坐。其父母匿子，夫匿妻，大父母匿孙，罪殊死，皆上请廷尉以闻。

材料2：《唐律疏议·名例律》（卷六）：诸同居，若大功以上亲及外祖父母、外孙，若孙之妇、夫之兄弟及兄弟妻，有罪相为隐；部曲、奴婢为主隐，皆勿论；即漏露其事及擿语消息，亦不坐。其小功以下相隐，减凡人三等。若犯谋叛以上者，不用此律。

请运用中国法制史的知识和理论，分析上述材料并回答下列问题：

（1）简要概括唐律关于同居相隐不为罪的主要内容。

（2）与材料1相比，材料2所体现的同居相隐不为罪发生了哪些变化？

（3）如何评价上述材料？

【参考答案】（1）凡同财共居者，如果大功以上亲以及外祖父母、外孙、孙媳妇、夫的兄弟和兄弟的妻子，都可以互相隐匿犯罪，部曲、奴婢可以为主人隐罪，都不以犯罪论处，即使通报消息使犯罪者隐匿逃亡，也不负刑事责任。小功以下亲属之间互相隐罪，其罪行减凡人三等处理。但犯谋反、谋大逆、谋叛罪的，不适用同居相为隐。

（2）材料2中的这种刑法适用原则发生的变化有：①扩大了亲属隐匿的范围，甚至包括部曲、奴婢为主人隐匿。②取消了尊长隐匿卑幼的限制，无须上请。③对所隐匿案件的性质作了限制。对于谋叛以上危害皇权专制的重罪案件，亲属之间不允许隐匿。

（3）评价：①唐律这一规定，是儒家学说入律和唐律以礼为准绳的突出表现，旨在维护封建纲常伦理和家庭制度。②对犯谋反、谋大逆、谋叛三罪的，禁用此律，可见，在“忠”“孝”不能两全时，维护皇权和封建统治便被置于首要地位。

★27.《唐律疏议·斗讼律》（卷二十二）：诸部曲殴伤良人者，加凡人一等。奴婢，又加一等。若奴婢殴良人折跌支体及瞎其一目者，绞；死者，各斩。其良人殴伤杀他人部曲者，减凡人一等；奴婢，又减一等。若故杀部曲者，绞；奴婢，流三千里。相侵财物者，不用此律。

请运用中国法制史的知识和理论，分析上述材料并回答下列问题：

（1）上述材料反映了唐朝哪一种刑法适用原则？该原则的基本内容是什么？

（2）请根据材料分析奴婢和良人相犯论处情形。

（3）如何评价上述材料？

【参考答案】（1）材料反映的是唐朝良贱相犯依身份论处的刑法适用原则。根据该原则，以良犯贱依法可减轻处刑；以贱犯良则较常人加重处刑。

（2）奴婢和良人相犯的论处情形为：①奴婢殴伤良人的，比照凡人殴伤加二等处刑；如果奴婢殴打良人致其肢体损害或瞎一目的，处绞刑，致使良人死亡的，处斩刑。②良人殴伤奴婢的，比照凡人殴伤减二等处刑；如果故意杀死奴婢的，处流3 000里。

（3）评价：①良贱相犯同罪异罚，体现了儒家思想强调的良贱、尊卑身份的差别，说明唐朝法律的身份法的性质。②严格划分良贱并依身份论处，说明唐律以维护封建等级秩序为己任。

28.《唐律疏议·名例律》（卷六）：诸称“加”者，就重次；称“减”者，就轻次。【疏】议曰：假有人犯杖一百，合加一等，处徒一年；或应徒一年，合加一等，处徒一年半之类，是名“就重次”。又有犯徒一年，应减一等，处杖一百；或犯杖一百，应减一等，决杖九十，是名“就轻次”。惟二死、三流，各同为一减。【疏】议曰：假有犯罪合斩，从者减一等，即至流三千里。或有犯流三千里，合例减一等，即处徒三年。故云“二死、三流，各同为一减”。其加役流应减者，亦同三流之法。加者，数满乃坐，又不得加至于死；本条加入死者，依本条。（加入绞者，不加至斩。）【疏】议曰：加者数满乃坐者，假令凡盗，少一寸不满十疋，为少一寸，止徒一年。

请运用中国法制史的知识和理论，分析上述文字并回答下列问题：

（1）请分析本条“疏议”和“律文”的关系。

（2）请根据律文和疏议各举一例说明何谓“就重次”“就轻次”和“加者，数满乃坐”？

（3）请根据本条疏议说明对加役流加、减一等的处刑。

【参考答案】（1）“疏议”是对律文的解释，与律文具有同等的法律效力。唐律的本条“疏议”具体解释了“加、减”的量刑标准，明确了“加、减”的具体适用情形，其目的在于阐明律意，以便于准确地适用律文。

（2）“就重次”是指加至较重的等次，如杖一百加一等，是徒一年。“就轻次”是指减至较轻的等次，如徒一年减一等是杖一百。“加者，数满乃坐”是指对于加等处刑的数额犯，满数才能加等处刑，如犯强盗罪，盗窃五匹处刑，再盗五匹加一等，但差一寸未满五匹的，也不能加等处刑，同时“数满乃坐”不得加至于死刑。

（3）对于判处加役流加、减量刑的，应适用三流之法，即加役流加一等处刑应判处绞刑；加役流减一等处刑应判处徒三年。

★29.《唐律疏议·斗讼律》（卷二十三）：诸过失杀伤人者，各依其状，以赎论。（谓耳目所不及，思虑所不到；共举重物，力所不制；若乘高履危足跌及因击禽兽，以致杀伤之属，皆是。）【疏】议曰：过失之事，注文论之备矣。杀伤人者，各准杀伤本状，依收赎之法。注云“谓耳目所不及”，假有投砖瓦及弹射，耳不闻人声，目不见人出，而致杀伤；其思虑所不到者，谓本是幽僻之所，其

处不应有人，投瓦及石，误有杀伤；或共举重物，而力所不制；或共升高险，而足蹉跌；或因击禽兽，而误杀伤人者。

请运用中国法制史的知识和理论，分析上述材料并回答下列问题：

（1）何谓“过失杀”？认定过失杀的条件是什么？对过失杀应如何定罪处罚？

（2）请结合上述材料，说明“疏议”与律文之间的关系。

（3）如何评价唐律的上述规定？

【参考答案】（1）过失杀即因当事人的过失而造成他人死亡的行为。认定过失杀的条件是：行为人在主观上不具有杀人故意，而是因“耳目所不及，思虑所不到”，即是因疏忽大意或过于自信过失造成的。对于过失杀，以杀人罪论处，但因出于过失，允许以铜赎罪。

（2）“疏议”是对律文的解释，与律文具有同等的法律效力。唐律的本条“疏议”明确了过失杀的适用情形，具体解释了“耳目所不及”“思虑所不到”“共举重物，而力所不制”等过失杀的表现形式，其目的在于阐明律意，以便于准确地适用律文。

（3）评价：①唐律明确区分了故意和过失两种犯罪主观心态，反映了唐朝刑法的完备和立法技术的提高。②唐律对于犯过失杀者，处刑较轻，允许以铜赎罪，体现了唐律对过失犯罪依法从宽的态度，使罪刑相适应。

30.**《唐六典·卷六·尚书刑部》：枉法赃，谓受人财为曲法处分事者，一尺杖一百，已上每一疋加一等，止十五匹绞。不枉法赃，谓虽受财，依法处分者，一尺杖九十，二疋加一等，止三十疋加役流。若无禄人犯此二赃，并减有禄人一等，若枉法，二十匹即绞；不枉法，四十匹加役流。强盗赃，谓以威力取其财。并与药酒及食使狂乱取财，不得，徒二年；得财一尺徒三年。二疋加一等，十疋以上绞。窃盗赃者，谓私窃人财，不得，笞五十；得财一尺杖六十。疋加一等，五疋徒一年，又每五疋加一等，五十疋止加役流。受所监临赃者，谓不因公事受部人财物者，一尺笞四十，每一疋加一等，至八疋徒一年，又每八疋加一等，五十疋罪止流二千里。坐赃者，谓非监临主司而因事受财者，一尺笞二十。每一疋加一等，至十疋徒一年，每十疋加一等，五十疋罪止徒三年。自外诸条皆约此六赃为罪。**

请根据上述材料回答下列问题：

（1）概括说明唐朝六赃犯罪的具体情形。

（2）简要概括唐朝六赃犯罪的处罚原则并说明各罪的定罪量刑。

（3）如何评价上述规定？

【参考答案】（1）唐律首次将六种非法攫取公私财物的行为归纳到一起，冠以“六赃”之名，即受财枉法、受财不枉法、受所监临财物、强盗、窃盗和坐赃。受财枉法即官吏收受当事人贿赂而利用职权曲法枉断，为其牟取不正当利益，或为其开脱罪责。受财不枉法即虽收受当事人贿赂，但并未曲法枉断的行为。受所监临财物即主管官员私下接受所监管的吏民的财物。强盗即以暴力或暴力威胁而取他人财物。窃盗即秘密占有不属于自己的官私财物。坐赃即非监临官利用不正当手段获取的本不当得的财物。

（2）①六赃的处罚原则是：以所获得的赃值作为定罪量刑的标准；受刑之外，犯罪人还必须退还赃款赃物；官吏犯赃罪，还要“官除名，吏罢役”。②各罪的定罪量刑：受财枉法的，赃一尺杖一百，一匹加一等，十五匹处绞刑。受财不枉法的，赃一尺杖九十，二匹加一等，三十匹加役流。受所监临财物的，赃一尺，笞四十，一匹加一等，五十匹流二千里。强盗的，不得赃徒 2 年；赃一尺徒 3 年，二匹加一等，十匹以上处绞刑。窃盗的，不得赃笞五十；赃一尺杖六十，一匹加一等，五匹徒 1 年，每五匹加一等，五十匹加役流，最高刑不至死。

（3）唐律关于赃罪定罪处刑的规定表明：①以严刑峻法惩治贪赃枉法，是唐律的一项重要内容，这有利于净化官僚队伍，也使得贪赃枉法的罪犯没有可逃之路。②保护公私财产不受侵犯是唐律规定的另一项重要内容，特别是对社会危害极大的强盗和窃盗，唐律规定的处刑较重，这有利于对官私财产的保护。

31.《旧唐书·裴潾传》：穆宗即位……征潾为兵部员外郎，迁刑部郎中。有前率府仓曹曲元衡者，杖杀百姓柏公成母。法官以公成母死在辜外，元衡父任军使，使以父廕征铜。柏公成私受元衡资货，母死不闻公府，法寺以经恩免罪。潾议曰："典刑者，公柄也。在官者得施于部属之内；若非在官，又非部属，虽有私罪，必告于官。官为之理，以明不得擅行鞭捶于齐人也。且元衡身非在官，公成母非部属，而擅凭威力，横此残虐，岂合拘于常典？柏公成取货于仇，利母之死，悖逆天性，犯则必诛。"奏下，元衡杖六十配流，公成以法论至死，公议称之。

根据上述材料回答下列问题：

（1）曲元衡以伤害罪论处并被判处杖六十配流的依据何在？为什么？

（2）柏公成论死的的依据何在？为什么？

（3）如何评价该案？

【参考答案】（1）曲元衡杖六十配流的依据是：①依据唐律保辜规定，殴人致伤后，规定一定的期限，视期限届满时的伤情，再定罪量刑。如果被害人在受伤后保辜期限届满之日后死亡，即认为殴伤与死亡没有直接因果关系，对加害人应以殴人致伤论。本案中，曲元衡以杖殴打柏公成的母亲，虽然柏公成的母亲死亡，但是其死亡结果发生在保辜期限之外，所以，根据唐律规定，应当以殴斗伤人罪论处。②曲元衡既不是官吏，柏公成的母亲又不是其管辖之民，但曲元衡却擅行暴力，手段蛮横残虐，与情理和常理不符，应当论罪。

（2）柏公成论死的法理和情理依据是：柏公成收受杀母仇人的财货，居然借母亲之死而获利，不仅违背天理人伦，而且违背了"以孝为先"的礼律精神，犯此恶行者应当论死。

（3）①保辜制度不仅体现了儒家非讼思想，而且贯穿着古代的公平意识。同时，其强调了伤害行为与伤害结果之间的因果关系，不无科学的成分。保辜制度责令加害人对被害人负有积极救治的义务，并据此来减轻加害人的罪责，一方面减轻了被害人的损失，突出了公平救济的思想，节约了司法资源，另一方面强调了法律实施的社会效果，在当时的家族社会中，有利于社会的稳定发展。②儒家伦理主张孝道，违背孝道不仅悖逆人伦，而且于法所不容，而借父母之死而获利，更是严重违背孝道。本案中体现了儒家思想对刑罚适用的影响，表明了礼的精神成为审理案件所应当遵循的基本法律原则。

★32. 材料1：《唐令·杂令》：收质者，非对物主不得辄卖；若计利过本不赎，听告市司对卖，有剩还之。

材料2：《唐令·杂令》：诸家长在，而子孙弟侄等，不得辄以奴婢、六畜、田宅及余财物私自质举及卖田宅。其有质举、卖者，皆得本司文牒，然后听之。若不相本问，违而辄与及买者，物即还主，钱没不追。

材料3：《唐律疏议·杂律》（卷二十六）：诸妄以良人为奴婢，用质债者，各减自相卖罪三等；知情而取者，又减一等。仍计庸以当债直。

根据上述材料回答下列问题：

（1）请解释材料中画线词句的含义。

（2）概括说明唐律关于质押借贷的主要内容。

（3）唐朝法律的上述规定有何意义和作用？

【参考答案】（1）收质即债务人以动产出质，并在契约成立时移转标的物给债权人占有；市司即市场管理人员；质举即以财产设定质押担保；质债即提供质物作为债务的担保并抵偿欠债。

（2）唐律关于质押借贷的主要内容有：①在质物的处理上，须由债权人、债务人双方当面出卖质押物，市场管理人员监督，超过本利的价值必须归还债务人。②在质物的范围上，奴婢、六畜、田宅及其他财物可作为出质范围，但必须由当事人约定，没有约定的，不能出质。③虽然奴婢可以出质，但良人不能成为质押担保的标的，以良人为奴婢设质的，要承担刑事责任。

（3）唐律上述规定的意义和作用在于：①质押担保在唐朝债务担保中占据着举足轻重的地位，因此，唐朝以律、令等多种法律形式予以规范，且质押担保较其他担保物权规定更为详细，体现出统治者对质押担保的重视。②质押担保的规定体现出民事法律体系较前代更为完备。③唐朝法律以维护封建等级特权和尊卑制度为己任，奴婢可以作为出质财产鲜明体现出这一特点。

★33. 材料1：《唐律疏议·杂律》（卷二十七）：诸得阑遗物，满五日不送官者，各以亡失罪论；赃重者，坐赃论。私物，坐赃论减二等。【疏】议曰：得阑遗之物者，谓得宝、印、符、节及杂物之类，即须送官，满五日不送者，各得亡失之罪。“赃重者”，谓计赃重于亡失者，坐赃论，罪止徒三年。“私物，坐赃论减二等”，罪止徒二年。其物各还官、主。

材料2：《唐令·捕亡令》：诸得阑遗物，皆送附近县。在市得着，送市司……所得之物，皆悬于门外，有主认识者，检验记，责保还之。经三十日无主识认者，收掌，仍录物色目牓（音榜——编者注）村坊门。经一周年无人认者，没官。没入之后，物犹见在，主来识认，证据分明者，还之。

根据上述材料回答下列问题：

（1）何谓“阑遗物”？唐律如何认定阑遗物的归属？

（2）对于违反阑遗物有关规定的，如何定罪处刑？

（3）试从对财产权的保护和法律与儒家道德伦理关系的角度评价上述规定。

（4）明朝如何继承和发展唐朝关于阑遗物规定的？

【参考答案】（1）阑遗物就是遗失物（拾得物）。对于阑遗物的归属，唐律规定，阑遗物，所有权仍然属于原主。因此捡到者不可据为己有，拾得官物的，应上交官府，拾得私物的，应交给市司。对于私物，市司应当公开招领；经1周年无人认领者充公，充公之后，如果物品尚在，主人认领，且有证据证明的，则应归还。

（2）依据唐律规定，对于拾得官府的阑遗物，满5日不送交官府的，一般比照借官物后逃亡而又不自首的亡失罪论处，阑遗物价值大的，以坐赃论罪，最高可处徒3年。如果是私物，则比照坐赃罪减二等处理。

（3）唐律和唐令的规定表明：①唐律注重对官物阑遗物归属的保护，以确保官物的送还。②唐律排除了阑遗物拾得者将阑遗物据为己有的可能，这是“路不拾遗”的传统道德观念作用的结果，即“路不拾遗”实为“民不敢拾”，体现了儒家道德教化对唐朝民事关系的影响。③唐朝对于拾得阑遗物拒不交出规定了刑事责任，说明古代民刑不分、诸法合体的特点，而以亡失罪或坐赃罪对拒不交出者定罪判刑，是德本刑用立法指导思想的体现，表明了礼融于法的特点。

（4）明朝继承了唐朝关于遗失物交官、5日为限，限外不送官依然坐赃论罪、私物坐赃减二等论处等规定，但有如下变化：①将阑遗物改为遗失物。②唐朝侧重于官物的规定，明朝侧重于私物的规定。③明朝扩展了拾得人的部分权利，即官物遗失物虽然要上交，但只要在限内上交的，就可得遗失物一半；私物遗失物上交后30日内无人认领，即可取得遗失物所有权，这表明明朝私有观念的深化。

★34. 材料1：《唐律疏议·户婚律》（卷十四）：诸妻无七出及义绝之状，而出之者，徒一年半；虽犯七出，有三不去，而出之者，杖一百。追还合。若犯恶疾及奸者，不用此律。【疏】议之“妻无

七出而出之”条：义绝，谓“殴妻之祖父母、父母及杀妻外祖父母、伯叔父母、兄弟、姑、姊妹，若夫妻祖父母、父母、外祖父母、伯叔父母、兄弟、姑、姊妹自相杀及妻殴詈夫之祖父母、父母，杀伤夫外祖父母、伯叔父母、兄弟、姑、姊妹及与夫之缌麻以上亲、若妻母奸及欲害夫者，虽会赦，皆为义绝”。

材料2：《大明律·户律》“出妻”条：义绝之状，谓如身在远方，妻父母将妻改嫁，或赶逐出外，重别招婿，及容止外人通奸。又如本身殴妻至折伤，抑妻通奸，有妻诈称无妻，欺妄更娶妻，以妻为妾，受财将妻妾典雇，妄作姊妹嫁人之类。

请运用中国法制史的知识和理论，分析上述材料并回答下列问题：

（1）根据材料1分析义绝的含义及其适用情形有哪些？

（2）根据材料1分析唐朝对于婚姻解除及违反解除制度的处罚。

（3）对比材料1、2，分析明朝在义绝制度上的变化。

（4）如何评价上述规定？

【参考答案】（1）义绝是指夫妻情义已绝，是唐律规定的强制离婚的条件。义绝的适用情形包括：①丈夫殴打妻子的祖父母、父母及杀死妻子的外祖父母、伯叔父母、兄弟姊妹、姑母；②妻子殴打或辱骂丈夫的祖父母、父母及杀伤丈夫的外祖父母、伯叔父母、兄弟姊妹、姑母；③夫妻之间的上述范围的亲属互相杀害；④妻子同丈夫缌麻以上的亲属通奸或丈夫同妻子的母亲通奸；⑤妻子企图害死丈夫。

（2）唐朝以七出、三不去和义绝作为婚姻解除的条件。对于没有七出或义绝情形而解除婚姻的，徒一年半；虽有七出，但有三不去情形而解除婚姻的，杖一百，且继续维持婚姻关系；但妻子若犯恶疾及奸者，虽有三不去，仍可休妻。

（3）明朝在义绝制度上的变化主要体现在，在认定义绝情形时侧重于婚姻关系本身的状况，而非注重夫对妻或妻对夫的殴伤、奸非，以及妻对夫的谋害行为。

（4）评价：①唐朝的义绝制度体现了尊卑、男女不平等的法律地位。②义绝体现了夫权主义和儒家思想对婚姻关系的渗透。③明朝在义绝上注重婚姻关系本身状况的认定表明，明朝在婚姻关系的处罚上“轻其所轻”的特点。

35.《唐律疏议·杂律》：诸许嫁女，已报婚书及有私约，而辄悔者，杖六十；诸为婚而女家妄冒者，徒一年。男家妄冒，加一等；诸有妻更娶妻者，徒一年；诸以妻为妾，以婢为妻者，徒二年；以妾及客女为妻，以婢为妾者，徒一年半，各还正之。诸同姓为婚者，各徒二年。缌麻以上，以奸论；诸娶逃亡妇女为妻妾，知情者与同罪，至死者减一等。离之。又：诸监临之官，娶所监临之女为妾者，杖一百，即枉法娶人妻妾及女者，以奸论加二等。又：诸杂户不得与良人为婚，违者杖一百。官户娶良人女者，亦如之。良人娶官户女者，加二等。

请运用中国法制史的知识和理论，分析上述文字并回答下列问题：

（1）该段文字反映了唐朝的什么制度？

（2）根据该段文字总结该制度的内容。

（3）该段文字说明了什么问题？

【参考答案】（1）该段文字反映的是唐朝的结婚制度。

（2）唐律对结婚制度作了如下规定：①女家在订婚后不得悔婚，否则杖六十。②不得妄冒为婚，违者处徒刑。③有妻者不得重娶妻，违者徒一年。④不得乱妻妾位，违者处徒刑。⑤同姓不得为婚，违者各徒二年。⑥五服内的亲属不得为婚，违者以奸论。⑦不得与逃亡妇女为婚，知情而娶者与逃亡妇女同罪。⑧监临之官不得与其所监临之女为婚，违者杖一百。⑨监临之官枉法娶人妻、妾及女者，以奸论加二等。⑩良贱不得为婚，违者处杖刑或徒刑。

（3）唐律有关结婚制度的规定，集中体现了尊卑、男女不平等的法律地位，体现了封建统治者对统治秩序和伦理纲常的维护。

36.《唐律疏议·名例律》：诸五品以上妾，犯非十恶者，流罪以下，听以赎论。

【疏】议曰：五品以上之官，是为“通贵”。妾之犯罪，不可配决。若犯非十恶，流罪以下，听用赎论；其赎条内不合赎者，亦不在赎限。若妾自有子孙及取余亲荫者，假非十恶，听依赎例。

请运用中国法制史的理论和知识对上述材料进行分析，并回答下列问题：

（1）唐朝关于赎刑规定的主要内容是什么？

（2）请结合上述材料，说明“疏议”与律文之间的关系。

（3）如何评价唐律的上述规定？

【参考答案】（1）适用赎刑的主要内容有：①对于五品以上官员的妾，如果所犯之罪不属于十恶大罪，且判处的刑罚为流刑以下的，适用赎刑。②对于不符合赎刑律条规定的适用条件的，不能适用赎刑。③五品以上官员的妾在一定条件下也可以享有一部分适用赎刑的特权，即如果五品以上官员的妾有子孙的或者有其他亲属荫及已身的，也可以获得与适用赎刑者相等的法律特权。

（2）“疏议”是对律文的解释，与律文具有同等的法律效力。唐律的本条“疏议”具体解释了五品以上官员属于因贵族官员犯罪的范畴而适用赎刑专条，又明确了赎刑的总体适用范围，这对于其他涉及适用赎刑的律文具有指导意义。该条疏议的目的在于阐明律意，以便于准确地适用律文。

（3）评价：①将犯有十恶大罪之人排除在赎刑适用范围之外，表明了唐律对封建统治阶级根本利益的维护。②五品以上官员之妾在一定条件下享有赎刑部分特权的规定，体现了对封建家族等级秩序的维护。

37.《唐律疏议·职制律》：诸有事以财行求，得枉法者，坐赃论；不枉法者，减二等。即同事共与者，首则并赃论，从者各依己分法。

【疏】议曰：有事之人，用财行求而得枉法者，坐赃论。“不枉法者”，谓虽以财行求，官人不为曲判者，减坐赃二等。“即同事共与者”，谓数人同犯一事，敛财共与，元谋敛者，并赃为首，仍倍论；其从而出财者，各依己分为从。

请运用中国法制史的理论和知识对上述材料进行分析，并回答下列问题：

（1）何谓“不枉法者”？何谓“同事共与者”？

（2）请根据这两段文字分析官员接受贿赂论罪的情形。

（3）请分析这两段反映的立法宗旨和意义。

【参考答案】（1）所谓“不枉法者”，是指虽然行贿人为谋取利益而给予官员财物，但官员并未曲法枉断的情形。所谓“同事共与者”，是指数人敛财共同犯罪的情形。

（2）根据唐律疏议这两段条文规定，官员接受贿赂论罪的情形包括：①对于行贿人为谋取私利而以财物行贿官员，官员为此而枉法裁断（受财枉法）的，以坐赃论处；没有枉法裁断（受财不枉法）的，以坐赃论减二等论处。②官员共同参与敛财的，对于首谋者以坐赃首犯论处，赃值合并计算；不是首谋者则各依据自己所分赃值的数额论罪。

（3）唐律将请求官员曲法缘情的情形规定为坐赃犯罪，对于避免缘情枉法、减少贪污受贿行为的发生、净化官僚队伍具有重要意义，而疏议对本条的解释还有利于填补贪污受贿在法律适用上的漏洞。

38.《唐律疏议·贼盗律》（卷二十）：诸共盗者，并赃论。造意及从，行而不受分，即受分而不行，各依本首从法。从者不行，又不受分，笞四十；强盗，杖八十。若本不同谋，相遇共盗，以临时专进止者为首，余为从坐。（共强盗者，罪无首从。）主遣部曲、奴婢盗者，虽不取物，仍为首；

若行盗之后，知情受财，强盗、窃盗，并为窃盗从。

结合上述材料并运用中国法制史的知识和理论回答下列问题：

（1）这段文字体现了唐朝的何种定罪量刑原则？该原则的基本适用规则是什么？

（2）根据上述材料概括分析参与共盗者的处罚。

（3）如何评价唐律的上述规定。

【参考答案】（1）这段文字体现的是共同犯罪以造意为首的定罪量刑原则。该原则的基本适用规则是：共同犯罪以造意犯为首犯，随从者减一等处刑。

（2）参与共盗者的处罚：①盗窃罪共犯不分首从，并赃论罪。如果从犯没有参与共盗，且没有分得赃物的，笞四十；若从犯是强盗，杖八十。②临时相遇的共盗，在实施盗罪中发挥决定作用的人为首犯，其余为从犯，但强盗罪不分首从。③主人指使部曲、奴婢盗窃的，即便没有窃得财物，仍以主人为首犯；如果主人对部曲、奴婢盗窃的事实事后才得知并分赃的，不论分赃数额是多少，都以窃盗从犯论处。

（3）评价：①唐律这一规定表明唐律对共同犯罪人的分类以犯罪分子在共犯中的作用为标准，这一分类标准至今仍影响现代刑法的共犯分类。②唐朝共犯处理原则体现了家族主义对刑法的影响，浸透了礼教及宗法观念。③特定情形共犯不分首从的规定体现了唐朝对危害社会秩序和统治秩序的大罪的关切。

39.《唐律疏议·斗讼律》：诸被囚禁，不得告举他事。其为狱官酷己者，听之。即明知谋叛以上，听告；余准律不得告举。即年八十以上，十岁以下及笃疾者，听告谋反、逆、叛、子孙不孝及同居之内为人侵犯者，余并不得告。官司受而为理者，各减所理罪三等。

请根据中国法制史的知识和理论，分析上述材料并回答下列问题：

（1）结合材料说明唐朝告诉的限制情形。

（2）对于违法受理限制告诉的案件，应当如何承担法律责任？

（3）如何评价唐朝的上述规定？

【参考答案】（1）依据上述材料，唐朝对告诉的限制情形包括：①在押犯只准告谋叛以上之罪和狱官非法残害自己之事，其他罪不得告诉。②80岁以上、10岁以下以及轻病残者只准告谋反、谋大逆、谋叛以及子孙不孝或者同居之内受人侵害之事，其他罪不得告诉。

（2）对于违法受理限制告诉的案件，审案官员应依据所受理案件涉及的罪名论处并减该罪三等处理。

（3）该规定说明：①唐朝对某些案件限制控告有利于维护封建伦理关系和社会的稳定。唐律限制在押囚犯行使告诉权是出于稳定社会秩序的需要；唐朝限制80岁以上、10岁以下以及轻病残者行使告诉权是出于维护封建伦理关系和当事人生理条件的考量。②唐律对于危害封建政权和皇权的严重犯罪，强制知情者告发，有利于维护封建君主专制和至高无上的皇权。③唐律对于违法受理限制告诉案件，确立了严格的法官责任制，并规定了明确的法律责任，这对于加强行政官吏对部属官员的督察及其维护社会秩序的责任感，对于防止官员滥用职权伤及无辜等，都有积极意义。

★40. 材料1：《唐律疏议·名例律》（卷六）：诸断罪而无正条，其应出罪者，则举重以明轻；其应入罪者，则举轻以明重。

材料2：《大明律·吏律》（断罪无正条）：凡律令该载不尽事理，若断罪而无正条者，引律比附。应加应减，定拟罪名，转达刑部，议定奏闻。若辄断决，致罪有出入者，以故失论。

结合上述材料并运用中国法制史的知识和理论回答下列问题：

（1）上述材料体现了古代法律的何种适用原则？

（2）请根据材料 1 简要说明唐朝对该原则的适用情形及该规定的意义和作用。

（3）请对比材料 1、2 说明明朝在该原则适用上的主要变化。

（4）请根据材料 2 说明明朝适用该原则的程序和擅用该原则的法律责任。

【参考答案】（1）上述材料体现的是古代法律适用的类推原则。

（2）对唐律中无明文规定但又需要予以惩处的犯罪行为，凡应减轻处刑的，应列举重罚条款的类似规定，比照从轻处断；凡应加重处刑的，则应列举轻罚条款的类似规定，比照从重处断。唐律的这一规定体现了司法官类推断狱的严格要求，反映了唐朝对于类推适用的基本价值取向：予以认可，以发挥现行律典的灵活补充作用；予以规范和限制，以防止其破坏国家法制。

（3）明朝该原则在适用上的变化体现在：①适用范围更加广泛，凡是律无正条的，都可以适用比附。②规定了比附断罪的适用程序和法律责任。

（4）对于适用比附的，在拟定好罪名及其量刑加减后转刑部议奏。如果未经议奏而擅用比附致出入人罪的，以故失出入人罪论处。

★41．材料 1：《晋律》（晋）刘颂：律法断罪，皆当以法律令正文，若无正文，依附名例断之，其正文名例所不及，皆勿论。

材料 2：《唐律疏议・断狱律》：诸制敕断罪，临时处分，不为永格者，不得引为后比，若辄引，致罪有出入者，以故失论。

诸断罪皆须具引律、令、格、式正文，违者笞三十。若数事共条，止引所犯罪者，听。

请运用中国法制史的知识和理论，分析上述材料并回答下列问题：

（1）材料体现的是何种法律制度？

（2）根据材料 1 分析晋代对司法官审理案件的要求。

（3）根据材料 2 分析唐朝司法官违规断案应当承担的法律责任。

（4）如何评价上述材料？

【参考答案】（1）材料体现的是援法断罪和法官责任制度（断罪具引律令格式）。

（2）根据援法断罪原则，司法官审理判决案件首先应以律典法令的明确内容为依据；律典法令和名例原则均无相应规定的，则不应定罪量刑。

（3）对于皇帝针对一时一事所发布的敕令，如果没有经过立法程序上升为“永格”的，不得引用以为“后比”。如果任意引用而致断罪有出入者，属于故意，以故意出入人罪论处；属于过失，以过失出入人罪论处。司法官必须严格按照律、令、格、式的正文定罪，违者笞三十。

（4）材料表明：①晋代出现的援法断罪思想和援法断罪制度，近于现代罪刑法定原则，为中国古代律学理论和法律思想的一大进步。②唐朝要求司法官依法断案，并严格规定了司法官责任制度，这有利于保证司法审判的公正、合法。③援法断罪可以在一定程度上防止司法官比附断罪和律外治罪，但不能从根本上杜绝比附断罪和广泛地适用类推。

★42．《唐律疏议・名例律》（卷五）：诸同职犯公坐者，长官为一等，通判官为一等，判官为一等，主典为一等，各以所由为首；（若通判官以上异判有失者，止坐异判以上之官。）若同职有私，连坐之官不知情者，以失论。即余官及上官案省不觉者，各递减一等；下官不觉者，又递减一等。亦各以所由为首。（减，谓首减首，从减从。）检、勾之官，同下从之罪。应奏之事，有失勘读及省审之官不驳正者，减下从一等。若辞状隐伏，无以验知者，勿论。

请运用中国法制史的知识和理论，分析上述文字并回答下列问题：

（1）该段文字反映的是唐朝何种法律制度？该制度的含义是什么？

（2）依据唐律的上述规定，司法官员论罪有哪几种情形？

（3）如何评价唐律的这一规定？

【参考答案】（1）该段文字反映的是唐朝同职连署制。同职连署制即要求有关的官员共同审理、判决，共同承担错判的法官责任制度。

（2）依据唐律规定，同职连署的官员论罪的情形包括：①长官（大理寺卿）、通判官（少卿）、判官（丞）、主典（府）等四级官员在同职连署的范围内，一旦因公错判案件，承办人承担主要责任，其他人则逐级降等处罚。但对于通判官以上官员因公错判的，只处罚通判官和检、勾官（检验官和勾决官）。②同职官员因私错判，不知情的官员也有失察之责，对不知情的官员应逐级降等处罚，具体而言：如果上级或其他不相隶属的官员犯失察之罪的，可递减一等；如果是下级失察就可以再递减一等；如果是检官、勾官犯失察之罪的，则按照最低一级官员所犯失察之罪的从犯论处；对于所奏之事存在瑕疵而失察的，可以根据最低一级官员所犯失察之罪的从犯再减一等处理。③对于存在辞状无法验知的情形，有关官员存在失察之责的，予以免罪且不论处。

（3）该规定说明：①同职连署制有利于司法审判中互相监督，保证办案质量，避免错判。②同职连署制在适用上区分了因公错判、因私错判的诸多情形，并依据官员级别的不同承担不同的失察罪责，这有利于强化司法官员的问责机制，督促司法官员在审判案件时要奉公守法。③对于存在辞状无法验知的情形，有关官员予以免罪且不论处的规定，体现了唐律某些规定的人性化特征。

43.《唐律疏议·断狱律》：诸妇人犯死罪，怀孕，当决者，听产后一百日乃行刑。若未产而决者，徒二年；产讫，限未满而决者，徒一年。失者，各减二等。其过限不决者，依奏报不决法。【疏】议曰：妇人犯死罪，怀孕，当应行决者，听产后一百日乃行刑。若未产而决者，徒二年；产讫，未满百日而决者，徒一年。“失者，各减二等”，未产而决，徒一年；产讫，限未满而决者，杖九十。“即过限不决者，依奏报不决法”，谓依下条：“即过限不决者，违一日杖一百，二日加一等。”

请运用中国法制史的知识和理论对上述材料进行分析，并回答下列问题：

（1）唐朝对于妇人怀孕犯死罪的如何执行？执法官员违反“妇人怀孕犯死罪”条，应如何承担刑事责任？

（2）结合材料说明律文和疏议的关系。

（3）如何评价上述制度？

【参考答案】（1）孕妇怀孕被判处死刑的，等产后满一百日才能执行死刑。如果该妇女没有分娩而相关执法官员对其执行死刑，处徒二年；如果妇女分娩后未到 100 日就执行了死刑，相关执法人员将处徒一年。若因过失对孕妇执行了死刑，减二等处刑，即处徒一年。如果该孕妇分娩后 100 日未对其执行死刑，审判人员应当依次向上奏报不执行死刑的理由；否则违一日杖一百，二日加一等即徒一年。

（2）疏议是对律文的解释和补充，与律文具有同等的法律效力。疏议贯通相关律文，使松散的律文之间形成有机联系，从而形成一个严密的整体。本条律文的疏议对怀孕妇女如何执行死刑的不同执行情形作出逐一解释，以统一法律适用。

（3）“妇人怀孕犯死罪”条是唐朝死刑执行中的一项重要制度，该制度展现了司法仁政，使国法与人情相融合，传承了仁政特别是“恤刑慎杀”的价值理念。

44.《宋史·刑法志一》：凡劫盗罪当死者，籍其家赀以赏告人，妻子编置千里……罪当徒、流者，配岭表……凡囊橐之家，劫盗死罪，情重者斩，余皆配远恶地，籍其家赀之半为赏。盗罪当徒、流者，配五百里，籍其家赀三之一为赏。窃盗三犯，配杖五百里或邻州。虽非重法之地，而囊橐重法之人，以重法论。其知县、捕盗官皆用举者，或武臣为尉。盗发十人以上，限内捕半不获，劾罪取旨。若复杀官吏，及累杀三人，焚舍屋百间，或群行州县之内，劫掠江海船栰之中，非重地，

亦以重论。

请运用中国法制史的知识和理论对上述材料进行分析，并回答下列问题：

(1) 该段文字反映了宋朝何种制度？宋朝为什么制定该制度？

(2) 宋朝对于触犯该制度的人如何处理？

(3) 如何评价该制度？

【参考答案】(1) 该段文字反映的是宋朝的重法地制度，是对某些特定地区的特定犯罪判处重刑的法律制度，该特定区域就是“重法地”。面对“盗贼”横行、社会治安混乱的局面，宋朝制定该制度，以从重打击劫盗、窃盗、谋反、杀人等犯罪行为。

(2) 依据该制度，凡是犯有劫盗罪当判处死刑的，没收其家财奖赏告发人，并将其妻、子流放千里之外安置；凡犯有劫盗罪当判处徒刑、流刑的，发配到五百里之外，并没收其家财三分之一以奖赏告发人。三犯窃盗之罪，决杖后发配到五百里之外或邻州。即使在非重法之地隐藏重法之人，亦以重法论处。县境内发生十人以上的盗案，县官在规定的期限内捕获不足一半的，按旨定罪。杀害官吏，以及累计杀害三人，焚毁房屋百间，或结伙在州县内行盗，在江海船舶中劫掠，虽非发生在重法之地，亦以重法论处。

(3) 该制度的设立，体现了重典治盗贼犯罪的刑事政策，反映了宋朝社会矛盾的加剧和统治者对人民镇压的加强。

45.《宋史·刑法志二》：元丰元年（1078年——编者注），宣州民叶元有同居兄乱其妻，缢杀之，又杀兄子，强其父与嫂为约契不讼。邻里发其事，州为上请，帝曰：“罪人以死，奸乱之事特出叶元之口，不足以定罪。且下民虽无知，固宜哀矜，然以妻子之爱，既罔其父，又杀其兄，戕其侄，逆理败伦，宜以殴兄至死律论。”

请结合材料分析：

(1) 根据宋朝法律，叶元兄奸叶元妻和叶元杀其兄构成何罪？

(2) 叶元为什么最终没有免死？

(3) 结合材料分析古代如何解决儒家伦理与法律条文之间的冲突？

【参考答案】(1) 叶元兄奸叶元妻子构成“十恶”中的“内乱”罪；叶元杀兄构成“十恶”中的“恶逆”罪。

(2) 虽然叶元杀兄情有可原，但强行逼迫其父与嫂写下契约不得告诉，且杀兄杀侄，其行为悖逆人伦，因此不应免死，应以殴兄至死的法律规定论罪。

(3) 在儒家伦理与法律条文发生冲突时，应当在坚持儒家伦理和原则基础上，准确适用律文。如果伦理认同应对罪犯予以严惩的，则应依律严惩；如果伦理不认同应对罪犯予以严惩的，则应以儒家倡导的伦理作为断案依据。

46.《宋刑统·户婚律·婚田入务》“起请”条（卷十三）：臣等参详，所有论竞田宅、婚姻、债负之类，（债负谓法许征理者）取十月一日以后，许官司受理，至正月三十日住接词状，三月三十日以前断遣须毕。如未毕，具停滞刑狱事由闻奏。如是交相侵夺及诸般词讼，但不干田农人户者，所在官司随时受理断遣，不拘上件月日之限。

请运用中国法制史的知识和理论，分析上述材料并回答下列问题：

(1) 本条规定的是宋朝的何种法律制度？

(2) 宋朝对于受理民事诉讼的时限是如何规定的？涉及这类争讼的案件有哪些？

(3) 对于原已受理的民事诉讼尚未结案的，应如何处理？

(4) 评价上述材料规定的内容。

【参考答案】（1）本条规定的是宋朝的务限法，即规定在农务繁忙季节中停止民事诉讼审判的法律制度。

（2）该条规定，每年农历二月初一“入务”，即开始进入农忙季节，直到九月三十日止。在此期限内，州县官府停止受理有关民事诉讼，限满之日即十月初一方可受理民事案件，直到次年入务日为止。涉及这类争讼的案件有田宅、婚姻、债负、地租等民事案件。

（3）对于原已受理的民事诉讼尚未结案的，可以延长至三月底结案。但是三月底以后不仅不能结案，也不能审案。

（4）务限法的宗旨在于保证农业社会的村民不被陷于在官府看来无关紧要的纠纷中，从而无法致力于农业生产。为了防止耽误农业生产，将这类案件限制在农闲季节，这是宋朝审判制度的一个重大发展，也是一个以农业生产为主的国家的法律制度的特色所在。务限法体现了以农为本的传统立法的价值取向。

★47. 材料1：《宋刑统·户婚律·典卖指当论竞物业》（卷十三）：诸家长在，而子孙弟侄等不得辄以奴婢、六畜、田宅及余财物私自质举，及卖田宅。其有质举卖者，皆得本司文牒，然后听之。若不相本问，违而辄与及买者，物即还主，钱没不追。

材料2：《宋刑统·户婚律·典卖指当论竞物业》（卷十三）：应典卖、倚当物业，先问房亲，房亲不要，次问四邻，四邻不要，他人并得交易。

根据上述材料回答下列问题：

（1）根据材料1分析宋朝关于质举是如何规定的？

（2）根据材料2分析宋朝典卖契约的成立条件。

（3）如何评价材料1、2之规定？

【参考答案】（1）宋朝关于质举的规定是：若家长在，其子孙、弟侄不得以奴婢、牲畜、田宅及其他财产设定质举担保，或者变卖田宅。如果有设定质举担保或者买卖行为的，须有官府的书面文书，然后才能从事交易活动。违反规定的，物归原主，并没收交易银钱。

（2）宋朝成立典卖契约须经：①先问亲邻：凡买卖不动产，其房亲、邻人有优先购买权；②输钱印契：凡典卖不动产，必须向官府交纳一定数量的钱，由官府在契约上加盖红印；③过割赋税：凡典卖不动产，须向官府交纳租税、契税等税收；④原主离业：原主须将不动产所有权转移给新主人。

（3）评价：①质举担保的规定较前代更为详细，典卖契约规范更为发达，表明交易活动较前代更为频繁，民事关系进一步发展，政府鼓励交易的律条有所增多。②典卖契约的出现表明宋朝私有观念的进一步深化，当时人们的财产观念也在悄然改变，重利轻义的现象明显增多。③宋朝典卖契约不能抑制土地兼并，反倒在一定程度上成为封建地主阶级合法兼并农民土地的手段。

★48. 材料1：《唐令·杂令》：诸诉田宅、婚姻、债负，起十月一日，至三月三十日检校，以外不合。若先有文案，交相侵夺者，不在此例。

材料2：《宋刑统·户婚律·婚田入务》：所有论竞田宅、婚姻、债负之类，取十月一日以后，许官司受理，至正月三十日住接词状，三月三十日以前断遣完毕，如未毕，具停滞刑狱事由闻奏。如是交相侵夺及诸般词讼，但不干田农人户者，所在官司随时受理断遣，不拘上件月日之限。

请运用中国法制史的知识和理论，分析上述文字并回答下列问题：

（1）上述材料反映了何种法律制度？该制度的基本内容是什么？

（2）和唐朝相比，宋朝在该制度上有何发展？

（3）请对材料中反映的制度作出评价。

【参考答案】（1）上述材料反映的是民事审判时限制度——务限法。其基本内容是：在农忙季节，官府停止一切有关田宅、婚姻、债务、地租之类的民事诉讼，以限定民事案件的诉讼、审理时间。

（2）宋朝在继承唐朝民事审理时限制度的基础上，发展成为“务限法”，其对唐朝制度予以发展的表现是：①具体确定了民事案件的审理时限。规定具体受理民事案件的时限是每年农历十月一日至次年正月三十日；对于尚未审结的民事案件，才可以延长至三月底结案。②具体细化了在务限期内应予受理的案件范围。宋朝在唐朝规定的基础上具体细化了应予受案的范围，不仅包括相互侵夺案件，还包括刑事案件以及不影响农务的民事案件。

（3）实行务限法的意义在于：①务限法对于促进农业生产具有积极意义，这是宋朝审判制度的一个重大发展，也是一个以农业生产为主的国家法律制度的特色所在。②务限法体现了以农为本的中国传统立法的价值取向。③宋朝推行务限法的民事时限制度，对防止积案有一定作用。④对于刑事案件不受务限法限制的规定表明宋朝诉讼制度上重刑轻民的特点。

49.《宋史·刑法志三》：高宗绍兴二十九年（1159 年——编者注），令杀人无证、尸不经验之狱，具案奏裁，委提刑审问。如有可疑及翻异，从本司差官重勘，案成上本路，移他监司审定，具案闻奏。否则监司再遣官勘之，又不伏，复奏取旨。先是，有司建议：外路狱三经翻异，在千里内者移大理寺……本路累尝差官鞫勘犹称冤者，惟檄邻路，如尚翻异，则奏裁。

请运用中国法制史的知识和理论，分析上述文字并回答下列问题：

（1）该段文字反映的是宋朝何种司法制度？该司法制度的含义是什么？

（2）该制度是如何适用的？

（3）实施该制度的意义是什么？

【参考答案】（1）该段文字反映的是宋朝翻异别推制的司法制度。翻异别推制就是在发生犯人推翻原口供，而且所翻情节实碍重罪，案件须重新审理时，应将该案改由另一法官或者另一司法机关审理。

（2）对于杀人但无证可查的、尸体未经检验的案件，要具结奏请裁决，并委托提刑司审问，如有可疑及犯人推翻原口供的翻异案件，令提刑司派遣官员重新勘验，案件移送路一级司法机关具结后奏请裁决。否则路一级司法机关应当派遣官员再次勘验，犯人仍不服的，再次奏请裁决，但翻异次数不能过三。经三次翻异者，千里以内的移送大理寺审理。对于千里之外的路级案件的翻异，奏请裁决。

（3）翻异别推制是宋朝独有的制度，该制度对于防止冤假错案具有积极意义，该制度也有利于皇帝对各级司法审判权的控制和监督。

50.《宋史·刑法志三》：（宋神宗元丰）五年（1082 年——编者注），分命少卿左断刑、右治狱。断刑则评事、检法详断，丞议，正审；治狱则丞专推劾，主簿掌按劾，少卿分领其事，而卿总焉。六年，刑部言：“旧详断官分公按讫，主判官论议改正，发详议官覆议。有差失问难，则书于检尾，送断官改正，主判官审定，然后判成。自详断官归大理为评事、司直，议官为丞，所断按草，不由长贰，类多差忒。”

根据上述材料回答下列问题：

（1）上述材料主要反映的是宋朝何种法律制度？该制度的基本内容是什么？

（2）简要说明大理寺不同官员在检法量刑上的不同职责。

（3）请对材料作出评价。

【参考答案】（1）材料主要反映了宋朝大理寺的鞫谳分司制。鞫谳分司制即宋朝从州到大理寺，实行鞫谳分司、审判分离的制度。在这种制度下，检法量刑的官员无权过问审判，负责审判的官员无权检法量刑，两司独立活动。

(2) 大理寺设少卿二人，左卿即断刑少卿，右卿即治狱少卿，左卿和右卿分领其事；大理寺正为详断官（断司），负责审讯，元丰年间大理寺职责改革后，由大理寺评事、司直共同执掌案件审判；大理寺丞为详议官（议司），负责检法用律量刑。案件经审讯、检法量刑之后，由大理寺卿审定断案。

(3) 评价：①鞫谳分司制是宋朝审判制度的特色，鞫谳分司强调两司独立活动，不得互通信息、协商办案，在一定程度上有利于互相制约，防止司法官因缘为奸，保证司法审判的公正。②宋朝设置专职的详议官检法量刑，有利于正确适用法律，保证办案质量。③宋朝实行鞫谳分司制有利于皇帝控制司法权。④鞫谳分司制在皇权专制的大前提下，不能从根本上杜绝司法腐败，而审、判分立也不符合司法原则。

51.《元史·刑法志·诉讼》：诸老废笃疾，事须争讼，止令同属亲属深知本末者代之。若谋反大逆，子孙不孝，为同居所侵侮，必须自陈者听。诸致仕得代官，不得已与齐民讼，许其亲属家人代诉，所司毋侵挠之。诸妇人辄代男子告辩争讼者，禁之。

请运用中国法制史的知识和理论，分析上述材料并回答下列问题：

(1) 元朝代诉的适用情形。

(2) 评价上述材料。

【参考答案】(1) 元朝代诉的适用情形：除谋反、谋大逆刑事重案外，或必须由当事人自诉的子孙不孝、为同居之人侵害侮辱等家庭案件之外的普通案件，老人和残疾人只能让熟知案情的同居男性亲属代告；退休官员由家属代诉；妇女不得为男子代诉。

(2) 评价：①元朝当事人诉讼代理的范围较前朝有所扩大，对代诉的规定也大大细化。②元朝开始出现了诉讼代理，虽然在制度上尚不成熟，但使诉讼在立法上独立成篇，并影响了明朝和清朝的诉讼制度。③诉讼代理制度的出现体现了经济的发展和民族间交往的频繁。

52.《元史·刑法志》：犯强窃盗贼、伪造宝钞、略卖人口、发冢、放火、犯奸及诸死罪，并从有司归问。其斗讼、婚田、良贱、钱债、财产、宗从继绝及科差不公自相告言者，从本管理问。若事关民户者，从有司约会归问，并从有司追逮。

请运用中国法制史的知识和理论，分析上述材料并回答下列问题：

(1) 元朝约会制度的主要内容是什么？

(2) 不适用约会管辖的情形有哪些？适用约会管辖的情形有哪些？如何适用约会？

(3) 请评价上述材料。

【参考答案】(1) 约会制度是元朝的一种诉讼管辖制度，即当遇到不同户籍、不同民族及僧侣之间发生刑名诉讼时，政府要出面将相关户籍的直属上司请来共同审理。

(2) 凡犯强盗、窃盗、伪造宝钞、贩卖人口、发掘坟墓、放火、犯奸及死罪等重大刑事案件，不适用约会制度，均由地方行政机构管辖。凡斗讼、婚田、良贱、钱债、财产等不同民族的户与民户之间发生的所有民事案件，以及不同民族之间的户与民户之间发生的一般刑事案件，由地方行政机构通知其他户的管理机构约定共同管理。

(3) 元朝的约会管辖由地方行政机关主导，有利于控制诉讼管辖范围，对于一般刑事案件和不同户之间采取约会管辖，体现了统一的多民族国家的多重治理。各民族官员及各职业团体的官员共同参与，有利于调和不同民族的法律原则和习俗，维护各自群体的利益，防止某一衙门徇情枉法。但约会制度也存在弊端，约会制度不但导致诉讼拖延，而且多重机构或者各类团体参与诉讼，损害了司法权威，破坏了法制的统一。

53.《明史·刑法志一》：自汉以来，刑法沿革不一。隋更五刑之条，设三奏之令。唐撰律令，一准乎礼，以为出入。宋采用之，而所重者敕。律所不载者，则听之于敕。故时轻时重，无一是之归。元制，取所行一时之例为条格而已。明初，丞相李善长等言："历代之律，皆以汉《九章》为宗，至唐始集其成。今制宜遵唐旧。"

请运用中国法制史的知识和理论，分析上述文字并回答下列问题：

(1) 根据本段文字说明唐朝、宋朝、元朝主要的法律表现形式。

(2) 请说明本段文字中"五刑""三奏""一准乎礼"的含义。

(3) 根据本段文字说明明朝采用唐朝旧律的原因。

(4) 请对比分析唐明律的异同。

【参考答案】(1) 唐朝的主要法律形式表现为律、令；宋朝的法律形式除了律、令之外，最重要的表现形式是敕；元朝主要的法律形式是条格。

(2)"五刑"即笞、杖、徒、流、死封建制五刑；"三奏"指的是死刑三复奏；"一准乎礼"指的是唐朝继承并发展以往礼法并用的统治方法和立法经验，使法律内容真正实现了礼与法的统一。

(3) 明朝之所以采用唐朝旧律制定《大明律》，是因为唐律是封建法律的集大成者，唐律不仅科条简要、繁简适中、用刑持平，而且唐律的篇章结构井然有序，法律形式相得益彰，概念精练明确，用语准确简练，逻辑严谨缜密，疏议得当精深，显示立法技术的高度成熟与发达。

(4) 虽然明律主要沿袭唐律，但有所变通，尤其在定罪量刑的基本原则上，采取"轻其所轻，重其所重"，即在有违伦常教化犯罪处刑上明显偏轻；而对于直接危害封建统治、封建君主的盗贼、贪污等犯罪，处刑都普遍加重，这说明封建社会晚期专制主义的恶性发展。

54. 薛允升《唐明律合编》：奸党等条，皆洪武年间增定者也。明祖猜忌臣下无弊不防，所定之律亦苛刻显著；凡所以防臣下之揽权专擅，交结党援者，固已不遗余力矣。

《明史·汤和传》指出：当时公、侯诸宿将坐奸党，先后丽法，稀得免者。

请运用中国法制史的知识和理论，分析上述文字并回答下列问题：

(1) 这两段文字所指"奸党"具体是什么含义？

(2) 这两段文字反映了当时何种立法宗旨？

(3) 试从正反两方面阐释这两段文字所反映的问题。

【参考答案】(1) 这两段文字反映了明朝设立奸党罪的情形，所谓"奸党"，即在朝官员明目张胆地交结朋党，紊乱朝政的罪行，为了严防臣下结党，加强皇权的立法，明朝特设奸党罪。

(2) 明朝设立奸党罪，严防臣下结党营私，其根本目的在于加强皇权，排斥异己，保证皇帝的大权不致旁落。该两段文字也反映了明朝"重典治吏"的立法指导思想，而"重典治吏"在刑事立法上的表现就是特设奸党罪。

(3)《大明律》规定了奸党罪的种种表现。"重典治吏"对于加强吏治、依法办事具有一定的意义，但"重典治吏"用刑极酷，奸党罪的各种表现，处刑一般都是重罪重罚，且有些专条没有刑法上的确定性，这样也就变为封建统治者随意杀戮功臣宿将的任意性规范。这些规定实足反映了皇帝对臣下的猜忌防范之心。"重典治吏"分化了统治阶级的力量，且株连广泛，人人自危，不利于封建统治。奸党罪的创设，体现了封建社会晚期专制主义皇权的恶性膨胀。但是，封建统治阶级内部的争权夺利，并非律条的规定就能禁绝。明朝中期，随着宦官势力的进一步发展，造成宦官专权，使得"奸党"专条成为具文。

55.《御制大诰续编·阻当耆民赴京第六十七》：洪武十九年（1386 年——编者注）三月二十九

日，嘉定县民郭玄二等二名，手执《大诰》赴京，首告本县首领弓兵杨凤春等害民。经过淳化镇，其巡检何添观刁蹬留难，致使弓兵马德旺索要钱贯，声言差人送赴京来。如此沮坏，除将各人押赴本处，弓兵马德旺依前《大诰》行诛，枭令示众，巡检何添观刖足枷号。令后敢有如此者，罪亦如之。

根据上述材料并结合中国法制史知识回答下列问题：

（1）何谓《大诰》？其编纂体例、内容和特点有哪些？

（2）结合材料分析马德旺被枭首、何添观被刖足枷号说明的问题。

（3）评价上述材料。

【参考答案】（1）①《大诰》是明朝初期太祖朱元璋制定的特别刑事法规。②《大诰》包括《御制大诰》《大诰续编》《大诰三编》《大诰武臣》4 篇。《大诰》的内容包括朱元璋亲自审理的案例、朱元璋对臣民的训导以及新颁布的重刑法令。《大诰》的特色可以概括为明刑弼教、律外用刑和重典治吏 3 个。明刑弼教是律外用刑、重典治吏的出发点和理论基础，律外用刑、重典治吏是明刑弼教的基本措施和重要内容。明刑弼教是颁行《大诰》的基本动机；《大诰》列举种种以酷刑惩治吏民的案例，公开肯定律外用刑的必要性、合理性；《大诰》的问世，是明初推行重典政策的产物，它的打击侧重点是惩治贪官污吏。

（2）马德旺被枭首、何添观被刖足枷号说明：①对于任何挑战《大诰》权威的行为都处以重刑。材料中，地方官吏对手持《大诰》上京控告的百姓刁难敲诈，漠视了《大诰》的权威，因此被处以重刑，甚至极刑。②掌管刑名并出入人罪的司法官员正是明初重点打击的对象，因此，马德旺被施行诛杀，将首级悬挂示众，巡检何添观处斩双脚，枷号示众。

（3）评价：①明初以强行手段、甚至不惜动用重刑推行《大诰》，体现了明朝重典惩治贪官污吏的宗旨。②《大诰》在内容上以案例的形式出现，起到了宣传法制的作用。③重典峻法仅仅是明初特定历史条件下的权宜之计，从长远看，并不利于缓和社会矛盾和维持封建统治秩序的稳定。

★56. 材料 1：《唐律疏议·贼盗律》（卷十九）：诸监临主守自盗及盗所监临财物者，（若亲王财物而监守自盗，亦同。）加凡盗二等，三十疋绞。（本条已有加者，亦累加之。）

材料 2：《大明律·吏律》（卷第三）：官吏监守自盗仓库钱粮，不分首从，一贯以下杖八十，四十贯处斩。

根据上述材料并结合中国法制史的知识回答下列问题：

（1）对比唐朝和明朝法律在处理监守自盗案件上的差异。

（2）根据材料分析明朝定罪量刑的基本原则。

（3）试说明明律较唐律在定罪量刑上发生变化的原因。

【参考答案】（1）在处理监守自盗案件上，明律规定显然重于唐律：对于监守自盗，明律规定不分首从，并赃论罪，一贯以下杖八十，四十贯就处斩刑；而唐律规定监守自盗三十匹才处绞刑。明律规定显然重于唐律。

（2）明朝在定罪量刑上采取“轻其所轻、重其所重”的原则：①明律对一些轻微触犯礼教、典礼等有违伦常礼教的犯罪，比唐律处罚有所减轻，即“轻其所轻”；②明律对政治性犯罪、侵害财产以及官吏贪赃受贿等犯罪的处罚，比唐律明显加重，即“重其所重”。

（3）明朝确立“轻其所轻、重其所重”的刑法原则是有深刻历史原因的：①随着君权的加强和社会矛盾的日益加剧，盗窃和贪墨大案直接冲击着封建专制统治的基础，加大此类犯罪的打击力度，是“重典治国”的体现。②在重典治世思想指导下，明律突出了刑法的打击对象，加大了以刑罚手段处治危害专制统治的贼盗和贪墨犯罪的力度。③商品经济成分的增长等因素使贪墨犯罪成为打击重点，事关典礼及风俗教化犯罪的社会危害性相应有所降低，而宋明理学使儒家所倡导的伦理纲常对人们的法外约束力增大，因此对其从轻处罚，能够集中刑法的打击目标，使刑事镇压具有更强的针对性，并能够缓和社会的反抗情绪。

57. 材料 1：《唐律疏议·名例律》（卷六）：诸断罪而无正条，其应出罪者，则举重以明轻；其应入罪者，则举轻以明重。

材料 2：《大明律·吏律》“断罪无正条（第四十六条）”：凡律令该载不尽事理，若断罪而无正条者，引律比附。应加应减，定拟罪名，转达刑部，议定奏闻。若辄断决，致罪有出入者，以故失论。

请运用中国法制史的知识和理论，分析上述材料并回答下列问题：

（1）唐朝对类推原则是如何规定的？

（2）明朝对类推原则是如何规定的？

（3）对比材料 1、2，与唐朝相比，明朝在类推适用上的变化及说明的问题。

【参考答案】（1）唐朝对类推原则的规定是：凡应“出罪”的，采用“举重以明轻”的办法，即法律没有明文规定的犯罪，凡是应当减轻处罚的，则按法律所列举的从重处罚的规定，比照从轻处断。凡应“入罪”的，采用“举轻以明重”的办法，即凡是应当加重处罚的，则按法律所列举的从轻处罚的规定，比照从重处断。

（2）明朝对类推原则的规定是：若律文没有明确规定的，比照类似律文的规定比附断罪。凡加重或减轻处罚的，拟定罪名后转达刑部，刑部议定后奏裁。若擅自决断导致出入人罪的，以故失罪论处。

（3）明朝具体规定了在断罪无正条时“引律比附”的适用程序；明朝在“引律比附”上使法官有了更大的自由裁量权，“引律比附”虽然可以弥补法律规定的不足，但助长了司法擅断的弊端，加剧了明朝司法的黑暗。

58.《明史·刑法志二》：会官审录之例，定于洪武三十年（1397 年——编者注）……继令五军都督府、六部、都察院、六科、通政司、詹事府，间及驸马杂听之，录冤者以状闻，无冤者实犯死罪以下悉论如律，诸杂犯准赎。天顺三年（1459 年——编者注），令每岁霜降后，三法司同公、侯、伯会审重囚，谓之朝审。历朝遂遵行之。成化十七年（1481 年——编者注），命司礼太监一员会同三法司堂上官，于大理寺审录，谓之大审。南京则命内守备行之。自此定例，每五年辄大审。初，成祖定热审之例，英宗特行朝审，至是复有大审，所矜疑放遣，尝倍于热审时……热审始永乐二年（1404 年——编者注），止决遣轻罪，命出狱听候而已……成化时，热审始有重罪矜疑、轻罪减等、枷号疏放诸例。

请运用中国法制史的知识和理论，分析上述文字并回答下列问题：

（1）请根据材料说明所揭示的各类会审制度的含义。

（2）请根据材料说明热审的适用情形。

（3）请说明明朝会审制度的意义和弊端。

【参考答案】（1）材料反映了明朝的三种会审制度的类型：①朝审：明朝由三法司会同公、侯、伯等官员对已决在押的重案囚犯进行的会审。②大审：明朝由皇帝定期委派宦官会同三法司官员在大理寺审录囚徒的会审。③热审：明朝由宦官和三法司会审轻罪囚犯的会审制度。

（2）热审是在每年暑天小满后十余天，由宦官和三法司会审囚犯，一般轻罪决罚后立即释放，徒流罪减等发落，重罪可疑以及枷号者则请旨定夺。热审的目的是在炎热天气里疏通监狱以宽待罪犯。

（3）①意义：明朝的会审是慎刑思想的反映，有利于皇帝控制和监督司法活动，纠正冤假错案，因此是统治者实行“仁政”的表现。②弊端：会审官员众多，导致多方干预司法；宦官参与会审，导致冤假错案，从而加速明朝司法整体的溃烂。

★59. 材料1：《北魏律·名例律》：诸犯死罪，若祖父母、父母七十以上，无成人子孙，旁无期亲者，具状上请，流者鞭笞，留养其亲，终则从流，不在原赦之例。

材料2：《唐律疏议·名例律》（卷三）：诸犯死罪非十恶，而祖父母、父母老疾应侍，家无期亲成丁者，上请。【疏】议曰：谓非“谋反”以下、“内乱”以上死罪，而祖父母、父母，通曾、高祖以来，年八十以上及笃疾，据令应侍，户内无期亲年二十一以上、五十九以下者，皆申刑部，具状上请，听敕处分。

材料3：《大清律例·名例·犯罪存留养亲》：凡犯死罪非常赦不原者，而祖父母（高曾同）、父母老（七十以上）疾（笃废）应侍（或老或疾），家无以次成丁（十六以上）者（即与独子无异，有司推问明白），开具所犯罪名（并应侍缘由）奏闻，取自上裁。若犯徒流（而祖父母父母老疾无人侍养）者，止杖一百，余罪收赎，存留养亲（遣罪人犯准满流收赎）。

结合上述材料并运用中国法制史的知识和理论回答下列问题：

(1) 对比材料1、2概括说明北魏、唐在实行存留养亲制度规定上的差异。

(2) 阐述清朝存留养亲制度的具体内容、制度发展和适用条件。

(3) 试分析古代规定存留养亲制度的原因。

(4) 历代统治者为何要保持存留养亲制度的“宽政”和刑法威慑作用的平衡？

【参考答案】(1) 依据北魏律，只要犯人犯死罪，且祖父母、父母年70以上，家无成丁、旁无期亲者，都可以通过上请适用存留养亲。依据唐律，犯人虽犯死罪，但死罪非属十恶，且家无成丁、旁无期亲的，可上请适用存留养亲。与北魏律相比，唐律规定的尊亲属的范围进一步扩大，年龄有所提高，期亲的范围也更加具体。

(2) ①清朝规定的留养条件是：祖父母、父母老疾应侍，家无以次成丁。老是指70岁以上，疾兼指笃、废两种情况，成丁是指16岁以上。经朝廷核准留养的犯人，免服原判之刑，但仍要受杖责和枷号的惩罚。具体而言，死刑犯存留养亲，对犯人处以杖一百、枷号六十日的刑罚；充军或流犯存留养亲，则对犯人处以稍轻的杖刑和枷号刑。②清朝秋审对存留养亲制度进一步发展，确立了对死刑犯的留养承祀制度。清朝法律中规定的承祀制度，更多地考虑到了家族血脉的延续，而不是为了赡养无人照顾的老人，体现了存留养亲制度在清朝的拓展。③留养承祀须满足以下几个条件：父母已故；只有弟殴胞兄致死、夫殴妻致死两种情况下才可承祀；家无承祀之人；承祀须经皇帝批准。

(3) 古代规定存留养亲制度的原因：①存留养亲制度能够适应封建王朝的需要，有利于维护封建统治。②孝为儒家思想核心内容之一，孝即要求尊老、敬老、养老、爱老，存留养亲制度即是孝影响法律制度的一个体现。统治者宣扬“孝”道，其目的是让万民“尽忠”。③历代封建统治者均标榜自己的“仁慈”“宽厚”，把犯罪存留养亲说成是“法外施仁”的“宽政”，其实它同时又能解决犯人亲属生活无着引起社会矛盾和封建统治的稳定问题，缓解了国家的财政负担。

(4) 适用存留养亲制度的面如果过宽，使过多的犯人免予服刑，会削弱刑罚的威慑作用，使受害一方乃至整个社会产生不公正感，因此历代封建统治者实行此制，总是力图在犯人、受害者和社会之间保持平衡。

60.《清史稿·刑法志三》：持天下之平者，部也，执法纠正者院也，办理冤枉者寺也。

清则外省刑案，统由刑部核复。不会法者，院、寺无由过问，应会法者，亦由刑部主稿。在京狱讼，无论奏咨，俱由刑部审理，而部权特重。

请运用中国法制史的知识和理论，分析上述材料并回答下列问题：

(1) 根据上述第一段文字分析清朝的中央司法机关及各自的职权。

（2）根据上述第二段文字分析刑部的地位，并结合所学知识说明刑部的主要职权。

（3）试评价上述材料。

【参考答案】（1）清朝的中央司法机关包括刑部、都察院和大理寺，合称“三法司”。刑部负责中央刑事案件审判和全国司法行政，都察院负责监察，大理寺负责刑事案件的复核。

（2）刑部是清朝最高司法审判机关，也是最重要的中央机构，在处理全国司法事务方面起着主导作用，凡外省刑事案件，统一由刑部审理。不属于会审的案件，都由刑部负责，都察院和大理寺无权过问；属于会审的案件，也由刑部主持。凡京师狱讼，都由刑部审理。刑部的主要职权有：审理中央百官的犯罪案件，批结全国充军、流刑、发遣案件，审理发生在京师的笞杖刑以上案件，处理地方上诉案及秋审事宜，主持司法行政与律例修订。

（3）“三法司”既相互分工又相互制约，有利于相互监督，相互牵制，有利于防止司法腐败。“三法司”对皇帝负责，这有利于皇帝对一切司法活动进行监督，以控制司法权。

附　录

刑法分则各罪的概念和构成要件（特征）

一、危害国家安全罪

1. 危害国家安全罪的概念和共同特征。

危害国家安全罪是指故意危害中华人民共和国的主权、领土完整和安全，分裂国家，颠覆国家政权、推翻社会主义制度的行为。

危害国家安全罪的共同特征有：

（1）侵犯客体是国家的安全。

（2）客观方面表现为实施危害中华人民共和国国家安全的行为。

（3）犯罪主体是一般主体即自然人。

（4）主观方面表现为故意。

2. 分裂国家罪的概念和构成要件。

分裂国家罪是指组织、策划、实施分裂国家、破坏国家统一的行为。

分裂国家罪的构成要件有：

（1）本罪客体是国家的统一。

（2）客观方面表现为组织、策划、实施分裂国家、破坏国家统一的行为。

（3）犯罪主体是一般主体即自然人。

（4）主观方面表现为故意。

3. 煽动分裂国家罪的概念和构成要件。

煽动分裂国家罪是指煽动分裂国家、破坏国家统一的行为。

煽动分裂国家罪的构成要件有：

（1）本罪客体是国家的统一。

（2）客观方面表现为煽动分裂国家、破坏国家统一的行为。

（3）犯罪主体是一般主体即自然人。

（4）主观方面表现为故意。

4. 叛逃罪的概念和构成要件。

叛逃罪是指国家机关工作人员在履行公务期间，擅离岗位，叛逃境外或者在境外叛逃，危害国家安全的行为。

叛逃罪的构成要件有：

（1）本罪客体是国家安全。

（2）客观方面表现为在履行公务期间，擅离岗位，叛逃境外或者在境外叛逃，危害国家安全的行为。

（3）犯罪主体是特殊主体，即国家机关工作人员。

（4）主观方面表现为故意。

5. 间谍罪的概念和构成要件。

间谍罪是指参加间谍组织或者接受间谍组织及其代理人的任务，或者为敌人指示轰击目标，危害国家安全的行为。

间谍罪的构成要件有：

（1）本罪客体是国家安全。

（2）客观方面表现为参加间谍组织或者接受间谍组织及其代理人的任务，或者为敌人指示轰击目标，危害国家安全的行为。

（3）犯罪主体是一般主体即自然人。

（4）主观方面表现为故意。

6. 为境外窃取、刺探、收买、非法提供国家秘密、情报罪的概念和构成要件。

为境外窃取、刺探、收买、非法提供国家秘密、情报罪是指为境外的机构、组织、人员窃取、刺探、收买、非法提供国家秘密或者情报的行为。

为境外窃取、刺探、收买、非法提供国家秘密、情报罪的构成要件有：

（1）侵犯客体是国家的安全与利益。

（2）客观方面表现为为境外的机构、组织、人员窃取、刺探、收买、非法提供国家秘密或者情报的行为。

（3）犯罪主体是一般主体即自然人。

（4）主观方面表现为故意。

二、危害公共安全罪

7. 危害公共安全罪的概念和共同特征（2017 年非法学/法学真题）。

危害公共安全罪是指故意或过失地实施危害不特定多数人的生命、健康和重大公私财产安全的行为。

危害公共安全罪的共同特征有：

（1）侵犯客体是社会的公共安全，即不特定多数人的生命、健康、重大公私财产或者公共生活的安全。

（2）客观方面表现为行为人实施了已经造成严重后果或足以造成严重后果的危及公共安全的行为。

（3）犯罪主体既有一般主体，又有特殊主体。

（4）主观方面既可以表现为故意，也可以表现为过失。

8. 放火罪的概念和构成要件。

放火罪是指故意放火焚烧公私财物，危害公共安全的行为。

放火罪的构成要件有：

（1）侵犯客体是社会公共安全，即不特定多数人的生命、健康或者公私财产的安全。

（2）客观方面表现为行为人实施了放火焚烧公私财物，危害公共安全的行为。

（3）犯罪主体是一般主体，即已满 14 周岁且具有刑事责任能力的自然人。

（4）主观方面表现为故意。

9. 爆炸罪的概念和构成要件。

爆炸罪是指故意针对不特定多数人或者重大公私财产实施爆炸行为，危害公共安全的行为。

爆炸罪的构成要件有：

（1）侵犯客体是社会公共安全，即不特定多数人的生命、健康或者公私财产的安全。

（2）客观方面表现为实施了用爆炸的方法杀伤不特定的多数人、毁坏重大公私财产，危害公共安全的行为。

（3）犯罪主体是一般主体，即已满 14 周岁且具有刑事责任能力的自然人。

（4）主观方面表现为故意。

10. 投放危险物质罪的概念和构成要件。

投放危险物质罪是指故意针对不特定的多数人或者重大公私财产投放毒害性、放射性、传染病病原体等物质，危害公共安全的行为。

投放危险物质罪的构成要件有：

（1）侵犯客体是社会公共安全，即不特定多数人的生命、健康或者公私财产的安全。

（2）客观方面表现为行为人实施了投放毒害性、放射性、传染病病原体等物质，危害公共安全的行为。

（3）犯罪主体是一般主体，即已满 14 周岁且具有刑事责任能力的自然人。

（4）主观方面表现为故意。

11. 以危险方法危害公共安全罪的概念和构成要件。

以危险方法危害公共安全罪是指使用与放火、爆炸、决水、投放危险物质方法的危险性相当的其他危险方法，危害公共安全的行为。

以危险方法危害公共安全罪的构成要件有：

（1）侵犯客体是社会公共安全，即不特定多数人的生命、健康或者公私财产的安全。

（2）客观方面表现为使用与放火、决水、爆炸、投放危险物质方法的危险性相当的其他危险方法，危害公共安全的行为。

（3）犯罪主体是一般主体即自然人。

（4）主观方面表现为故意。

12. 破坏交通工具罪的概念和构成要件。

破坏交通工具罪是指破坏火车、汽车、电车、船只、航空器，足以使火车、汽车、电车、船只、航空器发生倾覆、毁坏危险，尚未造成严重后果或者已经造成严重后果的行为。

破坏交通工具罪的构成要件有：

（1）侵犯客体是交通运输安全。

（2）客观方面表现为破坏火车、汽车、电车、船只、航空器，足以使火车、汽车、电车、船只、航空器发生颠覆、毁坏危险，尚未造成严重后果或者已经造成严重后果的行为。

（3）犯罪主体是一般主体即自然人。

（4）主观方面表现为故意。

13. 破坏交通设施罪的概念和构成要件。

破坏交通设施罪是指故意破坏轨道、桥梁、隧道、公路、机场、航道、灯塔、标志或者进行其他破坏活动，足以使火车、汽车、电车、船只、航空器发生倾覆、毁坏危险，尚未造成严重后果或者造成严重后果的行为。

破坏交通设施罪的构成要件有：

（1）侵犯客体是交通运输安全。

（2）客观方面表现为破坏交通设施，足以使火车、汽车、电车、船只、航空器发生倾覆、毁坏危险，尚未造成严重后果或者造成严重后果的行为。

（3）犯罪主体是一般主体即自然人。

（4）主观方面表现为故意。

14. 破坏电力设备罪的概念和构成要件。

破坏电力设备罪是指故意破坏电力设备，危害公共安全的行为。

破坏电力设备罪的构成要件有：

（1）本罪的客体为公共供电安全。

（2）客观方面表现为破坏电力设备，危害公共安全的行为。

（3）犯罪主体是一般主体即自然人。

（4）主观方面表现为故意。

15. 组织、领导、参加恐怖组织罪的概念和构成要件（2015 年非法学真题）。

组织、领导、参加恐怖组织罪是指为首策划组织、领导或者积极参加恐怖活动组织的行为。

组织、领导、参加恐怖组织罪的构成要件有：

（1）侵犯客体是社会公共安全，即不特定多数人的生命、健康或者公私财产的安全。

（2）客观方面表现为组织、领导、积极参加或者参加恐怖活动组织的行为。

（3）犯罪主体是一般主体即自然人。

（4）主观方面表现为故意。

16. 非法持有宣扬恐怖主义、极端主义物品罪的概念和构成要件。

非法持有宣扬恐怖主义、极端主义物品罪是指明知是宣扬恐怖主义、极端主义的图书、音频视频资料或者其他物品而非法持有，情节严重的行为。

非法持有宣扬恐怖主义、极端主义物品罪的构成要件有：

（1）本罪的客体为公共安全。

（2）客观方面表现为非法持有宣扬恐怖主义、极端主义的图书、音频视频资料或者其他物品，情节严重的行为。

（3）犯罪主体为一般主体即自然人。

（4）主观方面表现为故意。

17. 劫持航空器罪的概念和构成要件。

劫持航空器罪是指以暴力、胁迫或者其他方法劫持航空器的行为。

劫持航空器罪的构成要件有：

（1）侵犯客体是航空运输安全，即不特定的多数旅客、机组人员的生命健康以及航空器及其运载物品的安全。

（2）客观方面表现为以暴力、胁迫或者其他方法劫持航空器的行为。

（3）犯罪主体是一般主体即自然人。

（4）主观方面表现为故意。

18. 劫持船只、汽车罪的概念和构成要件。

劫持船只、汽车罪是指以暴力、胁迫或者其他方法劫持船只、汽车的行为。

劫持船只、汽车罪的构成要件有：

（1）本罪的客体是公共安全，具体为船只、汽车的航行、行驶安全。

（2）客观方面表现为以暴力、胁迫或者其他方法劫持船只、汽车的行为。

（3）犯罪主体是一般主体即自然人。

（4）主观方面表现为故意。

19. 非法制造、买卖、运输、邮寄、储存枪支、弹药、爆炸物罪的概念和构成要件。

非法制造、买卖、运输、邮寄、储存枪支、弹药、爆炸物罪是指违反国家有关枪支、弹药、爆炸物管理的法律规定，非法制造、买卖、运输、邮寄、储存枪支、弹药、爆炸物的行为。

非法制造、买卖、运输、邮寄、储存枪支、弹药、爆炸物罪的构成要件有：

（1）侵犯客体是社会公共安全，即不特定多数人的生命、健康和重大公私财产的安全，以及国家对枪支、弹药、爆炸物的管理秩序。

（2）客观方面表现为违反国家有关枪支、弹药、爆炸物管理的法律规定，实施了非法制造、买卖、运输、邮寄、储存枪支、弹药、爆炸物，危害公共安全的行为。

（3）犯罪主体是一般主体即自然人，单位也可以成为本罪的主体。

（4）主观方面表现为故意。

20. 违规制造、销售枪支罪的概念和构成要件。

违规制造、销售枪支罪是指依法被指定、确定的枪支制造企业、销售企业，违反枪支管理规定，制造、销售枪支的行为。

违规制造、销售枪支罪的构成要件有：

（1）侵犯客体是国家对枪支的管理制度。

（2）客观方面表现为违反枪支管理的法律、法规的规定，制造、销售枪支的行为。

（3）犯罪主体是单位且为特殊主体，即依法被指定、确定的枪支制造企业、销售企业。

（4）主观方面表现为故意。

21. 非法持有、私藏枪支、弹药罪的概念和构成要件。

非法持有、私藏枪支、弹药罪是指违反国家有关枪支、弹药的管理规定，非法持有、私藏枪支、弹药的行为。

非法持有、私藏枪支、弹药罪的构成要件有：

（1）侵犯客体是国家对枪支、弹药的管理制度。

（2）客观方面表现为违反枪支、弹药管理的法律、法规的规定，持有、私藏枪支、弹药的行为。

（3）犯罪主体是一般主体即自然人。

（4）主观方面表现为故意。

22. 交通肇事罪的概念和构成要件（2010 年法学真题）。

交通肇事罪是指违反交通运输管理法规，在公共交通管理范围内发生重大事故，致人重伤、死亡或者使公私财产遭受重大损失的行为。

交通肇事罪的构成要件有：

（1）侵犯客体是交通运输安全，即交通运输中不特定多数人人身或者重大公私财产的安全。

（2）客观方面表现为违反交通运输管理法规，因而发生重大事故，致人重伤、死亡或者使公私财产遭受重大损失的行为。

（3）犯罪主体是一般主体即自然人。

（4）主观方面表现为过失。

23. 危险驾驶罪的概念和构成要件。

危险驾驶罪是指违反道路交通安全管理法规，在道路上危险驾驶机动车的行为。

危险驾驶罪的构成要件有：

（1）侵犯客体是交通运输的正常秩序和道路交通安全。

（2）客观方面表现为违反道路交通安全管理法规，在道路上驾驶机动车实施刑法规定的危险驾驶行为。

（3）犯罪主体是一般主体即自然人。

（4）主观方面表现为故意。

24．妨害安全驾驶罪的概念和构成要件。

妨害安全驾驶罪是指对行驶中的公共交通工具的驾驶人员使用暴力或者抢控驾驶操纵装置，干扰公共交通工具正常行驶，或者行驶中的公共交通工具的驾驶人员在行驶的公共交通工具上擅离职守，与他人互殴或者殴打他人，危及公共安全的行为。

妨害安全驾驶罪的构成要件有：

（1）侵犯的客体是公共交通安全。

（2）客观方面表现为对行驶中的公共交通工具的驾驶人员使用暴力或者抢控驾驶操纵装置，干扰公共交通工具正常行驶，或者行驶中的公共交通工具的驾驶人员在行驶的公共交通工具上擅离职守，与他人互殴或者殴打他人，危及公共安全的行为。

（3）犯罪主体为特殊主体，即正在行驶中的公共交通工具的乘载人员和驾驶人员。

（4）主观方面表现为故意。

25．重大责任事故罪的概念和构成要件。

重大责任事故罪是指在生产、作业中违反有关安全管理的规定，因而发生重大伤亡事故或者造成其他严重后果的行为。

重大责任事故罪的构成要件有：

（1）侵犯客体是生产、作业的安全。

（2）客观方面表现为在生产、作业中违反有关安全管理的规定，因而发生重大伤亡事故或者造成其他严重后果的行为。

（3）犯罪主体是一般主体即自然人。

（4）主观方面表现为过失。

26．强令、组织他人违章冒险作业罪的概念和构成要件。

强令、组织他人违章冒险作业罪是指强令他人违章冒险作业，或者明知存在重大事故隐患而不排除，仍冒险组织作业，因而发生重大伤亡事故或者造成其他严重后果的行为。

强令、组织他人违章冒险作业罪的构成要件有：

（1）侵犯客体是生产、作业的安全。

（2）客观方面表现为强令他人违章冒险作业，或者明知存在重大事故隐患而不排除，仍冒险组织作业，因而发生重大伤亡事故或者造成其他严重后果的行为

（3）犯罪主体是一般主体即自然人。

（4）主观方面表现为过失。

27．危险作业罪的概念和构成要件。

危险作业罪是指在生产、作业中违反有关安全管理的规定，实施具有发生重大伤亡事故或者其他严重后果的现实危险的特定行为。

危险作业罪的构成要件有：

（1）侵犯的客体是生产、作业的安全。

（2）客观方面表现为在生产、作业中违反有关安全管理的规定，实施具有发生重大伤亡事故或者其他严重后果的现实危险的特定行为。

（3）犯罪主体是一般主体即自然人。

（4）主观方面表现为故意。

28. 危险物品肇事罪的概念和构成要件。

危险物品肇事罪是指违反爆炸性、易燃性、放射性、毒害性、腐蚀性物品的管理规定，在生产、储存、运输、使用中发生重大事故，造成严重后果的行为。

危险物品肇事罪的构成要件有：

（1）本罪的客体为危险物品在生产、储存、运输、使用中的安全。

（2）客观方面表现为违反爆炸性、易燃性、放射性、毒害性、腐蚀性物品的管理规定，在生产、储存、运输、使用中发生重大事故，造成严重后果的行为。

（3）犯罪主体是一般主体即自然人。

（4）主观方面表现为过失。

三、破坏社会主义市场经济秩序罪

29. 破坏社会主义市场经济秩序罪的概念和共同特征。

破坏社会主义市场经济秩序罪是指违反国家市场经济管理法规，破坏市场经济秩序，使社会主义市场经济秩序遭受严重损害的行为。

破坏社会主义市场经济秩序罪的共同特征有：

（1）侵犯客体是社会主义市场经济秩序。

（2）客观方面表现为违反国家市场经济管理法规，破坏市场经济秩序，严重损害社会主义市场经济秩序的行为。

（3）犯罪主体有自然人和单位。

（4）主观方面多由故意构成，且目的犯居多，极少数犯罪由过失构成。

30. 生产、销售伪劣产品罪的概念和构成要件。

生产、销售伪劣产品罪是指生产者、销售者在产品中掺杂、掺假，以假充真，以次充好或者以不合格产品冒充合格产品，销售金额达5万元以上的行为。

生产、销售伪劣产品罪的构成要件有：

（1）侵犯客体是国家对普通产品的质量管理制度，以及消费者的合法权益。

（2）客观方面表现为生产者、销售者违反国家的产品质量管理法律、法规，生产、销售伪劣产品的行为。

（3）犯罪主体是一般主体，包括自然人和单位，即生产者、销售者。

（4）主观方面表现为故意，一般具有非法牟利的目的。

31. 生产、销售、提供假药罪的概念和构成要件。

生产、销售、提供假药罪是指生产者、销售者违反药品管理法规，生产、销售假药或者药品使用单位的人员明知是假药而提供给他人使用的行为。

生产、销售、提供假药罪的构成要件有：

（1）侵犯客体是国家对药品的管理制度和不特定多数人的身体健康权利。

（2）客观方面表现为违反国家药品管理法律、法规，生产、销售假药或者药品使用单位的人员明知是假药而提供给他人使用的行为。

（3）犯罪主体是一般主体，包括自然人和单位。

（4）主观方面表现为故意。

32. 生产、销售、提供劣药罪的概念和构成要件。

生产、销售、提供劣药罪是指生产者、销售者违反国家药品管理制度，生产、销售劣药，或者药品使用单位的人员明知是劣药而提供给他人使用，对人体健康造成严重危害的行为。

生产、销售、提供劣药罪的构成要件有：

(1) 侵犯的客体是国家对药品的生产、销售管理秩序和不特定多数人的健康权、生命权。

(2) 客观方面表现为生产者、销售者违反国家药品管理制度，生产、销售劣药，或者药品使用单位的人员明知是劣药而提供给他人使用，对人体健康造成严重危害的行为。

(3) 犯罪主体是一般主体，包括自然人和单位。

(4) 主观方面表现为故意。

33. 妨害药品管理罪的概念和构成要件。

妨害药品管理罪是指违反药品管理法规，实施足以严重危害人体健康的法定行为。

妨害药品管理罪的构成要件有：

(1) 侵犯的客体是药品管理秩序。

(2) 客观方面表现为违反药品管理法规，实施足以严重危害人体健康的法定行为。

(3) 犯罪主体是一般主体，包括自然人和单位。

(4) 主观方面表现为故意。

34. 生产、销售不符合安全标准的食品罪的概念和构成要件。

生产、销售不符合安全标准的食品罪是指违反国家食品安全管理法规，生产、销售不符合食品安全标准的食品，足以造成严重食物中毒事故或者其他严重食源性疾病的行为。

生产、销售不符合安全标准的食品罪的构成要件有：

(1) 侵犯的客体为国家对食品安全的监督管理秩序和不特定多数人的生命健康权利。

(2) 客观方面表现为违反国家食品安全管理法规，生产、销售不符合食品安全标准的食品，足以造成严重食物中毒事故或者其他严重食源性疾病的行为。

(3) 犯罪主体为一般主体，包括自然人和单位。

(4) 主观方面表现为故意。

35. 生产、销售有毒、有害食品罪的概念和构成要件。

生产、销售有毒、有害食品罪是指违反国家食品安全管理法规，在生产、销售的食品中掺入有毒、有害的非食品原料，或者销售明知掺有有毒、有害的非食品原料的食品的行为。

生产、销售有毒、有害食品罪的构成要件有：

(1) 侵犯客体是国家食品安全监督管理秩序和不特定多数人的生命健康权利。

(2) 客观方面表现为违反国家食品安全管理法规，在生产、销售的食品中掺入有毒、有害的非食品原料，或者销售明知掺有有毒、有害的非食品原料的食品的行为。

(3) 犯罪主体是一般主体，包括自然人和单位。

(4) 主观方面表现为故意。

36. 走私普通货物、物品罪的概念和构成要件。

走私普通货物、物品罪是指违反海关法规，逃避海关监管，非法运输、携带、邮寄国家禁止进出口的武器、弹药、核材料、假币、珍贵动物及其制品、珍稀植物及其制品、淫秽物品以及国家禁止出口的文物、金银和其他贵重金属以外的其他货物、物品进出境，偷逃应缴纳关税数额较大或者1年内曾因走私被给予二次行政处罚后又走私的行为。

走私普通货物、物品罪的构成要件有：

（1）侵犯客体是国家对普通货物、物品进出口的监督管理制度和关税征管制度。

（2）客观方面表现为行为人违反海关法规，逃避海关监管，走私普通货物、物品，偷逃数额较大关税或者虽未达到数额较大但1年内因走私受到二次行政处罚后又走私的行为。

（3）犯罪主体是一般主体，包括自然人和单位。

（4）主观方面表现为故意，并且具有偷逃关税的目的。

37. 非国家工作人员受贿罪的概念和构成要件。

非国家工作人员受贿罪是指公司、企业或者其他单位的工作人员利用职务上的便利，索取他人财物或者非法收受他人财物，为他人谋取利益，数额较大的行为。

非国家工作人员受贿罪的构成要件有：

（1）侵犯客体是国家对公司、企业以及非国有事业单位、其他组织的工作人员职务活动的管理制度。

（2）客观方面表现为行为人利用职务上的便利，索取他人财物或者非法收受他人财物，为他人谋取利益，数额较大的行为。

（3）犯罪主体是特殊主体，即非国家工作人员。

（4）主观方面表现为故意。

38. 伪造货币罪的概念和构成要件。

伪造货币罪是指违反国家货币管理法规，仿照货币的形状、色彩、图案等特征，使用各种方法非法制造出外观上足以乱真的假货币，破坏货币的公共信用，破坏金融管理秩序的行为。

伪造货币罪的构成要件有：

（1）侵犯客体是国家对货币的管理制度，具体指破坏货币的公共信用和侵害货币的发行权。

（2）客观方面表现为伪造货币的行为。

（3）犯罪主体是一般主体即自然人，单位不能成为本罪的主体。

（4）主观方面表现为故意。

39. 骗取贷款、票据承兑、金融票证罪的概念和构成要件（2014年非法学真题：骗取贷款罪的构成要件）。

骗取贷款、票据承兑、金融票证罪是指以欺骗手段取得银行或者其他金融机构贷款、票据承兑、信用证、保函等，给银行或者其他金融机构造成重大损失的行为。

骗取贷款、票据承兑、金融票证罪的构成要件有：

（1）侵犯客体是金融管理秩序与金融机构的信用安全。

（2）客观方面表现为行为人以欺骗手段取得银行或者其他金融机构贷款、票据承兑、信用证、保函等，给银行或者其他金融机构造成重大损失的行为。

（3）犯罪主体是一般主体，包括自然人和单位。

（4）主观方面表现为故意，但不具有非法占有目的。

40. 非法吸收公众存款罪的概念和构成要件。

非法吸收公众存款罪是指违反国家金融管理法规，非法吸收公众存款或者变相吸收公众存款，扰乱金融秩序的行为。

非法吸收公众存款罪的构成要件有：

（1）侵犯客体是国家对吸收公众存款的金融管理秩序。

（2）客观方面表现为行为人非法吸收公众存款或者变相吸收公众存款，扰乱金融秩序的行为。

(3) 犯罪主体是一般主体，包括自然人和单位。

(4) 主观方面表现为故意，且不要求将吸收的存款用于信贷的目的，换言之，是否将吸收的存款用于信贷目的，在所不问；但必须没有非法占有的目的。

41. 妨害信用卡管理罪的概念和构成要件。

妨害信用卡管理罪是指违反信用卡管理法律、法规，妨害信用卡管理的行为。

妨害信用卡管理罪的构成要件有：

(1) 侵犯客体是国家的信用卡管理秩序。

(2) 客观方面表现为妨害信用卡管理的行为。

(3) 犯罪主体是一般主体即自然人，单位不能成为本罪的主体。

(4) 主观方面表现为故意。

42. 窃取、收买、非法提供信用卡信息罪的概念和构成要件。

窃取、收买、非法提供信用卡信息罪是指违反信用卡管理法律、法规，窃取、收买、非法提供他人信用卡信息资料的行为。

窃取、收买、非法提供信用卡信息罪的构成要件有：

(1) 侵犯客体是信用卡管理秩序。

(2) 客观方面表现为行为人窃取、收买或者非法提供他人信用卡信息资料的行为。

(3) 犯罪主体是一般主体即自然人。

(4) 主观方面表现为故意。

43. 内幕交易、泄露内幕信息罪的概念和构成要件。

内幕交易、泄露内幕信息罪是指证券、期货交易内幕信息的知情人员或者非法获取证券、期货内幕信息的人员，在涉及证券的发行，证券、期货交易或者其他对证券、期货交易价格有重大影响的信息尚未公开前，买入或者卖出该证券，或者从事与该内幕信息有关的期货交易，或者泄露该信息，或者明示、暗示他人从事上述交易活动，情节严重的行为。

内幕交易、泄露内幕信息罪的构成要件有：

(1) 侵犯客体是国家对证券、期货市场的管理秩序和证券、期货投资者的合法权益。

(2) 客观方面表现为行为人实行内幕交易，或者泄露内幕信息，或者明示、暗示他人从事内幕交易活动，情节严重的行为。

(3) 犯罪主体为特殊主体，即内幕人员，包括证券、期货交易内幕信息的知情人员和非法获取证券、期货交易内幕信息的人员。单位也可以成为本罪的主体。

(4) 主观方面表现为故意。

44. 利用未公开信息交易罪的概念和构成要件。

利用未公开信息交易罪是指证券交易所、期货交易所、证券公司、期货经纪公司、基金管理公司、商业银行、保险公司等金融机构的从业人员以及有关监管部门或者行业协会的工作人员，利用因职务便利获取的内幕信息以外的其他未公开的信息，违反规定，从事与该信息相关的证券、期货交易活动，或者明示、暗示他人从事相关交易活动，情节严重的行为。

利用未公开信息交易罪的构成要件有：

(1) 侵犯客体是证券市场的金融管理秩序和投资者的合法权益。

(2) 客观方面表现为行为人实施了利用职务便利获取的内幕信息以外的其他未公开的信息，违反规定，从事与该信息相关的证券、期货交易活动，或者明示、暗示他人从事相关交易活动，情节严重的行为。

（3）犯罪主体是特殊主体，单位不能构成本罪。

（4）主观方面表现为故意，建“老鼠仓”是为了非法获利。

45. 洗钱罪的概念和构成要件。

洗钱罪是指为掩饰、隐瞒毒品犯罪、黑社会性质的组织犯罪、恐怖活动犯罪、走私犯罪、贪污贿赂犯罪、破坏金融管理秩序犯罪、金融诈骗犯罪的所得及其产生的收益的来源和性质，所实施的法定行为。

洗钱罪的构成要件有：

（1）侵犯客体是国家关于金融活动的管理制度和司法机关的正常活动。

（2）客观方面表现为掩饰、隐瞒毒品犯罪、黑社会性质的组织犯罪、恐怖活动犯罪、走私犯罪、贪污贿赂犯罪、破坏金融管理秩序犯罪、金融诈骗犯罪的所得及其产生的收益的来源和性质的行为。

（3）犯罪主体是一般主体，包括自然人和单位。

（4）主观方面表现为故意。

46. 集资诈骗罪的概念和构成要件。

集资诈骗罪是指以非法占有为目的，使用诈骗方法非法集资，数额较大的行为。

集资诈骗罪的构成要件有：

（1）侵犯客体是国家对金融活动的管理秩序和出资人的财产所有权。

（2）客观方面表现为行为人使用诈骗方法非法集资，数额较大的行为。

（3）犯罪主体是一般主体，包括自然人和单位。

（4）主观方面表现为故意，并且具有非法占有出资人财产的目的。

47. 贷款诈骗罪的概念和构成要件。

贷款诈骗罪是指以非法占有为目的，使用法定方法诈骗银行或者其他金融机构的贷款，数额较大的行为。

贷款诈骗罪的构成要件有：

（1）侵犯客体是国家对金融机构贷款的管理制度和金融机构的财产所有权。

（2）客观方面表现为行为人用虚构事实或者隐瞒真相的方法，使用法定方法诈骗银行或者其他金融机构的贷款，数额较大的行为。

（3）犯罪主体是一般主体即自然人，单位不能成为本罪的主体。

（4）主观方面表现为故意，并且具有非法占有银行或者其他金融机构贷款的目的。

48. 信用卡诈骗罪的概念和构成要件。

信用卡诈骗罪是指以非法占有为目的，使用法定方法进行信用卡诈骗活动，数额较大的行为。

信用卡诈骗罪的构成要件有：

（1）侵犯客体是国家的金融管理制度和公私财产的所有权。

（2）客观方面表现为行为人违反信用卡管理法规，以非法占有为目的，使用法定方法进行信用卡诈骗活动，数额较大的行为。

（3）犯罪主体是一般主体即自然人，单位不能成为本罪的主体。

（4）主观方面表现为故意，并且具有非法占有他人财物的目的。

49. 保险诈骗罪的概念和构成要件。

保险诈骗罪是指违反保险法规，以非法占有为目的，进行保险诈骗活动，数额较大的行为。

保险诈骗罪的构成要件有：

(1) 侵犯客体是国家的保险制度和保险人的财产所有权。

(2) 客观方面表现为行为人违反保险法规，采取虚构保险标的、保险事故或者制造保险事故等方法，骗取较大数额保险金的行为。

(3) 犯罪主体为特殊主体，包括自然人和单位，具体指投保人、被保险人、受益人。

(4) 主观方面表现为故意，并且具有非法占有保险金的目的。

50. 逃税罪的概念和构成要件（2012 年法学真题）。

逃税罪是指纳税人采取欺骗、隐瞒手段进行虚假的纳税申报或者不申报，逃避缴纳税款数额较大并且占应纳税额10%以上或者扣缴义务人采取欺骗、隐瞒手段，不缴或者少缴已扣、已收税款，数额较大，或者因逃税受到二次行政处罚又逃税的行为。

逃税罪的构成要件有：

(1) 侵犯客体是国家的税收征管制度。

(2) 客观方面表现为纳税人采取欺骗、隐瞒手段进行虚假纳税申报或者不申报，逃避缴纳税款数额较大并且占应纳税额10%以上或者扣缴义务人采用上述手段不缴或者少缴已扣、已收税款，数额较大，或者因逃税受到二次行政处罚又逃税的行为。

(3) 犯罪主体是特殊主体，即纳税人和扣缴义务人。单位也可成为本罪的主体。

(4) 主观方面表现为故意，并且具有逃避履行纳税义务，谋取非法利益的目的。

51. 抗税罪的概念和构成要件。

抗税罪是指纳税人以暴力、威胁方法拒不缴纳税款的行为。

抗税罪的构成要件有：

(1) 侵犯客体是国家对税收的管理秩序和依法征税的税务人员的人身权利。

(2) 客观方面表现为行为人以暴力、威胁方法拒不缴纳税款的行为。

(3) 犯罪主体是纳税人中的个人，单位不构成本罪。

(4) 主观方面表现为故意，目的在于抗拒缴纳税款。

52. 虚开增值税专用发票、用于骗取出口退税、抵扣税款发票罪的概念和构成要件。

虚开增值税专用发票、用于骗取出口退税、抵扣税款发票罪是指违反国家发票管理、增值税征管的法规，虚开增值税专用发票或者虚开用于骗取出口退税、抵扣税款的其他发票的行为。

虚开增值税专用发票、用于骗取出口退税、抵扣税款发票罪的构成要件有：

(1) 侵犯客体是国家关于增值税专用发票和其他专用发票的管理制度。

(2) 客观方面表现为行为人虚开增值税专用发票或者虚开用于骗取出口退税、抵扣税款的其他发票的行为。

(3) 犯罪主体是一般主体，包括自然人和单位。

(4) 主观方面表现为故意。

53. 假冒注册商标罪的概念和构成要件。

假冒注册商标罪是指违反国家商标管理法规，未经注册商标所有人许可，在同一种商品、服务上使用与其注册商标相同的商标，情节严重的行为。

假冒注册商标罪的构成要件有：

(1) 侵犯客体是国家的商标管理制度和他人的注册商标专用权。

(2) 客观方面表现为行为人违反商标管理法规，未经注册商标所有人许可，在同一种商品、服务上使用与其注册商标相同的商标，情节严重的行为。

（3）犯罪主体是一般主体，包括自然人和单位。

（4）主观方面表现为故意。

54. 侵犯著作权罪的概念和构成要件。

侵犯著作权罪是指以营利为目的，侵犯著作权或者与著作权有关的权利，违法所得数额较大或者有其他严重情节的行为。

侵犯著作权罪的构成要件有：

（1）侵犯客体是著作权人的著作权和国家关于著作权的管理制度。

（2）客观方面表现为行为人侵犯他人著作权或者与著作权有关的权利，违法所得数额较大或者有其他严重情节的行为。

（3）犯罪主体是一般主体，包括自然人和单位。

（4）主观方面表现为故意，且具有营利目的。

55. 销售侵权复制品罪的概念和构成要件。

销售侵权复制品罪是指以营利为目的，违反著作权管理法规，明知是侵权复制品而故意销售，违法所得数额巨大或者有其他严重情节的行为。

销售侵权复制品罪的构成要件有：

（1）侵犯客体是著作权人的著作权和著作权管理制度。

（2）客观方面表现为销售复制的文字作品、音乐、美术、视听作品、计算机软件及其他作品，他人享有专有出版权的图书、录音录像制品、美术作品等，违法所得数额巨大或者有其他严重情节的行为。

（3）犯罪主体是一般主体，包括自然人和单位。

（4）主观方面表现为故意，并具有营利的目的。

56. 侵犯商业秘密罪的概念和构成要件。

侵犯商业秘密罪是指违反《反不正当竞争法》等规范商业秘密的法律规定，侵犯商业秘密，情节严重的行为。

侵犯商业秘密罪的构成要件有：

（1）侵犯客体是商业秘密的权利人对商业秘密的专有权和国家对商业秘密的管理制度。

（2）客观方面表现为违反《反不正当竞争法》等规范商业秘密的法律规定，侵犯他人的商业秘密，情节严重的行为。

（3）犯罪主体是一般主体，包括自然人和单位。

（4）主观方面表现为故意。

57. 合同诈骗罪的概念和构成要件。

合同诈骗罪是指以非法占有为目的，在签订、履行合同过程中，骗取对方当事人财物，数额较大的行为。

合同诈骗罪的构成要件有：

（1）侵犯客体是国家对合同的管理制度、诚实信用的市场经济秩序和合同当事人的财产所有权。

（2）客观方面表现为行为人在签订、履行合同过程中，骗取对方当事人的财物，数额较大的行为。

（3）犯罪主体是一般主体，包括自然人和单位。

（4）主观方面表现为故意，并且具有非法占有合同当事人财物的目的。

58. 组织、领导传销活动罪的概念和构成要件。

组织、领导传销活动罪是指组织、领导以推销商品、提供服务等经营活动为名，要求参加者以缴纳费用或者购买商品、服务等方式获得加入资格，并按照一定顺序组成层级，直接或者间接以发展人员的数量作为计酬或者返利依据，引诱、胁迫参加者继续发展他人参加，骗取财物，扰乱经济社会秩序的传销活动的行为。

组织、领导传销活动罪的构成要件有：

(1) 侵犯客体是正常的经济社会秩序。

(2) 客观方面表现为组织、领导传销活动的行为，即组织、领导以推销商品、提供服务等经营活动为名，要求参加者以缴纳费用或者购买商品、服务等方式获得加入资格，并按照一定顺序组成层级，直接或者间接以发展人员的数量作为计酬或者返利依据，引诱、胁迫参加者继续发展他人参加，骗取财物，扰乱经济社会秩序的传销活动的行为。

(3) 犯罪主体是特殊主体，即传销活动的组织者、领导者，不包括一般参加者。

(4) 主观方面表现为故意。

59. 非法经营罪的概念和构成要件。

非法经营罪是指违反国家规定，非法经营，扰乱市场秩序，情节严重的行为。

非法经营罪的构成要件有：

(1) 侵犯客体是国家依法管理的市场秩序。

(2) 客观方面表现为违反国家规定，非法经营，扰乱市场秩序，情节严重的行为。

(3) 犯罪主体是一般主体，包括自然人和单位。

(4) 主观方面表现为故意，一般具有非法经济利益的目的。

60. 强迫交易罪的概念和构成要件。

强迫交易罪是指以暴力、威胁手段，迫使他人进行交易，情节严重的行为。

强迫交易罪的构成要件有：

(1) 侵犯客体是公平自由的市场交易秩序和公民的合法权益。

(2) 客观方面表现为以暴力、威胁手段强迫交易，情节严重的行为。

(3) 犯罪主体是一般主体，包括自然人和单位。

(4) 主观方面表现为故意。

四、侵犯公民人身权利、民主权利罪

61. 侵犯公民人身权利、民主权利罪的概念和共同特征。

侵犯公民人身权利、民主权利罪是指侵犯公民人身权利和与人身直接有关的权利，非法剥夺或者妨碍公民自由行使依法享有的管理国家事务和参加政治活动的权利，以及妨碍公民婚姻、家庭权利的行为。

侵犯公民人身权利、民主权利罪的共同特征有：

(1) 侵犯客体是公民的人身权利和民主权利。

(2) 客观方面表现为侵犯公民人身权利、民主权利的行为。

(3) 犯罪主体多为一般主体，少数犯罪的主体是特殊主体。

(4) 主观方面只有过失致人死亡罪和过失致人重伤罪表现为过失，其余犯罪都表现为故意。

62. 故意杀人罪的概念和构成要件。

故意杀人罪是指故意非法剥夺他人生命的行为。

故意杀人罪的构成要件有：

（1）侵犯客体是他人的生命权利。

（2）客观方面表现为非法剥夺他人生命的行为。

（3）犯罪主体为一般主体，年满 12 周岁并具有刑事责任能力的自然人可以成为本罪的主体。其中，对于已满 12 周岁未满 14 周岁的自然人犯故意杀人罪致人死亡，情节恶劣，经最高人民检察院核准追诉的，应当负刑事责任。

（4）主观方面表现为故意。

63. 过失致人死亡罪的概念和构成要件。

过失致人死亡罪是指因过失致人死亡的行为。

过失致人死亡罪的构成要件有：

（1）侵犯客体是他人的生命权利。

（2）客观方面表现为因过失致使他人死亡的行为。

（3）犯罪主体是一般主体即自然人。

（4）主观方面表现为过失。

64. 故意伤害罪的概念和构成要件。

故意伤害罪是指故意非法损害他人身体健康的行为。

故意伤害罪的构成要件有：

（1）侵犯客体是他人身体健康权利。

（2）客观方面表现为非法损害他人身体健康的行为。

（3）犯罪主体为一般主体，年满 12 周岁并具有刑事责任能力的自然人可以成为本罪的主体。其中，对于已满 12 周岁未满 14 周岁的自然人犯故意伤害罪致人死亡，或者以特别残忍手段致人重伤造成严重残疾，情节恶劣，经最高人民检察院核准追诉的，应当负刑事责任；已满 14 周岁不满 16 周岁并具有刑事责任能力的自然人应对故意伤害致人重伤或者死亡的犯罪负刑事责任，但是对故意伤害导致的轻伤不负刑事责任。

（4）主观方面表现为故意。

65. 组织出卖人体器官罪的概念和构成要件。

组织出卖人体器官罪，是指违反国家有关规定，组织他人出卖人体器官的行为。

组织出卖人体器官罪的构成要件有：

（1）侵犯客体是他人的身体健康权利和国家对人体器官捐献的管理秩序和人体器官移植规范的正常秩序。

（2）客观方面表现为违反国家有关规定，组织他人出卖人体器官的行为。

（3）犯罪主体是一般主体即自然人。

（4）主观方面表现为故意，是否出于营利目的不影响本罪的成立。

66. 强奸罪的概念和构成要件。

强奸罪是指违背妇女意志，以暴力、胁迫或者其他手段，强行与其发生性交或者奸淫不满 14 周岁的幼女的行为。

强奸罪的构成要件有：

(1) 侵犯客体是妇女性的不可侵犯的权利或者幼女的身心健康。

(2) 客观方面表现为违背妇女意志，以暴力、胁迫或者其他手段强奸妇女的行为。

(3) 犯罪主体是一般主体，年满 14 周岁并具有刑事责任能力的自然人可以成为本罪的主体。

(4) 主观方面表现为故意。

67. 负有照护职责人员性侵罪的概念和构成要件。

负有照护职责人员性侵罪是指对已满 14 周岁不满 16 周岁的未成年女性负有监护、收养、看护、教育、医疗等特殊职责的人员，与该未成年女性发生性关系的行为。

负有照护职责人员性侵罪的构成要件有：

(1) 侵犯客体是已满 14 周岁不满 16 周岁的未成年女性的性自主决定权和未成年女性的身心健康。

(2) 客观方面表现为对已满 14 周岁不满 16 周岁的未成年女性负有监护、收养、看护、教育、医疗等特殊职责的人员，与该未成年女性发生性关系的行为。

(3) 犯罪主体是特殊主体，即对已满 14 周岁不满 16 周岁的未成年女性负有监护、收养、看护、教育、医疗等特殊职责的人员，如亲生父亲、老师、医生等。

(4) 主观方面表现为故意。

68. 强制猥亵、侮辱罪的概念和构成要件。

强制猥亵、侮辱罪是指违背他人意志，以暴力、胁迫或者其他方法强制猥亵他人或者侮辱妇女的行为。

强制猥亵、侮辱罪的构成要件有：

(1) 侵犯客体是他人的人格、名誉权利。

(2) 客观方面表现为行为人违背他人意志，以暴力、胁迫或者其他方法强制猥亵他人或者侮辱妇女的行为。

(3) 犯罪主体是一般主体即自然人。

(4) 主观方面表现为故意，其中对妇女不具有奸淫的目的。其动机通常是寻求性刺激。

69. 非法拘禁罪的概念和构成要件。

非法拘禁罪是指非法拘禁他人或者以其他方法非法剥夺他人人身自由的行为。

非法拘禁罪的构成要件有：

(1) 侵犯客体是他人的人身自由。

(2) 客观方面表现为非法对被害人的身体进行强制，使被害人失去人身行动自由的行为。

(3) 犯罪主体是一般主体即自然人。

(4) 主观方面表现为故意。

70. 绑架罪的概念和构成要件。

绑架罪是指以勒索财物为目的绑架他人，或者绑架他人作为人质，或者以勒索财物为目的偷盗婴幼儿的行为。

绑架罪的构成要件有：

(1) 侵犯客体是他人的人身权利。

(2) 客观方面表现为以勒索财物为目的绑架他人，或者绑架他人作为人质，或者以勒索财物为目的偷盗婴幼儿的行为。

(3) 犯罪主体是一般主体即自然人。

(4) 主观方面表现为故意，并具有勒索财物或者劫持他人作为人质的目的。

71. 拐卖妇女、儿童罪的概念和构成要件。

拐卖妇女、儿童罪是指以出卖为目的，拐骗、绑架、收买、贩卖、接送、中转妇女、儿童的行为。

拐卖妇女、儿童罪的构成要件有：

（1）侵犯客体是妇女、儿童的人身自由和人格尊严权利。

（2）客观方面表现为拐卖妇女、儿童的行为，即以出卖为目的，拐骗、绑架、收买、贩卖、接送、中转年满 14 周岁的妇女或者未满 14 周岁的儿童的行为。

（3）犯罪主体是一般主体即自然人。

（4）主观方面表现为故意，并以出卖为目的。

72. 收买被拐卖的妇女、儿童罪的概念和构成要件。

收买被拐卖的妇女、儿童罪是指不以出卖为目的，收买被拐卖的妇女、儿童的行为。

收买被拐卖的妇女、儿童罪的构成要件有：

（1）侵犯客体是被拐卖妇女、儿童的人身自由和人格尊严权利。

（2）客观方面表现为收买被拐卖的妇女、儿童的行为，即以金钱或者金钱以外的有经济价值的物品为报酬，从第三者手中换取妇女、儿童的行为。

（3）犯罪主体是一般主体即自然人。

（4）主观方面表现为故意，且不具有再出卖的目的。

73. 诬告陷害罪的概念和构成要件。

诬告陷害罪是指捏造事实诬告陷害他人，意图使他人受刑事追究，情节严重的行为。

诬告陷害罪的构成要件有：

（1）侵犯客体是公民的人身权利和国家司法机关的正常活动。

（2）客观方面表现为捏造他人犯罪的事实，并向国家机关或者有关单位与人员告发，或者采取其他足以引起司法机关追究活动的行为。

（3）犯罪主体是一般主体即自然人。

（4）主观方面表现为故意，并具有使他人受刑事追究的目的。

74. 雇用童工从事危重劳动罪的概念和构成要件。

雇用童工从事危重劳动罪是指违反劳动管理法规，雇用未满 16 周岁的未成年人从事超强度体力劳动，或者从事高空、井下作业，或者在爆炸性、易燃性、放射性、毒害性等危险环境下从事劳动，情节严重的行为。

雇用童工从事危重劳动罪的构成要件有：

（1）侵犯客体是未成年人的身心健康权利。

（2）客观方面表现为违反劳动管理法规，雇用未满 16 周岁的未成年人从事超强度体力劳动，或者从事高空、井下作业，或者在爆炸性、易燃性、放射性、毒害性等危险环境下从事劳动，情节严重的行为。

（3）犯罪主体是一般主体，包括自然人和单位。

（4）主观方面表现为故意。

75. 非法侵入住宅罪的概念和构成要件。

非法侵入住宅罪是指未经允许非法进入他人住宅或者经要求退出无故拒不退出的行为。

非法侵入住宅罪的构成要件有：

(1) 侵犯客体是他人住宅不受侵犯的权利。
(2) 客观方面表现为未经允许非法进入他人住宅或者经要求退出无故拒不退出的行为。
(3) 犯罪主体是一般主体即自然人。
(4) 主观方面表现为故意。

76. 侮辱罪的概念和构成要件。

侮辱罪是指以暴力或者其他方法，公然贬低他人人格，败坏他人名誉，情节严重的行为。

侮辱罪的构成要件有：

(1) 侵犯客体是他人的名誉权和人格尊严。
(2) 客观方面表现为以暴力或者其他方法公然侮辱他人，损害他人人格和名誉，情节严重的行为。
(3) 犯罪主体是一般主体即自然人。
(4) 主观方面表现为故意，并具有损害他人人格、名誉的目的。

77. 诽谤罪的概念和构成要件（2013 年非法学真题）。

诽谤罪是指捏造并公开散布某种虚构的事实，损害他人人格与名誉，情节严重的行为。

诽谤罪的构成要件有：

(1) 侵犯客体是他人的名誉权和人格尊严。
(2) 客观方面表现为捏造并散布某种虚构的事实，损害他人人格与名誉，情节严重的行为。
(3) 犯罪主体是一般主体即自然人。
(4) 主观方面表现为故意，并以损害他人人格、名誉为目的。

78. 刑讯逼供罪的概念和构成要件。

刑讯逼供罪是指司法工作人员对犯罪嫌疑人、被告人实行刑讯逼供的行为。

刑讯逼供罪的构成要件有：

(1) 侵犯客体是公民的人身权利和司法机关的正常活动。
(2) 客观方面表现为对犯罪嫌疑人、被告人使用肉刑或者变相使用肉刑，逼取口供的行为。
(3) 犯罪主体是特殊主体，即司法工作人员。
(4) 主观方面表现为故意，目的在于逼取口供。

79. 侵犯公民个人信息罪的概念和构成要件。

侵犯公民个人信息罪是指违反国家有关规定，向他人出售或者提供公民个人信息，或者将在履行职责或者提供服务过程中获得的公民个人信息，出售或者提供给他人，以及窃取或者以其他方法非法获取公民个人信息，情节严重的行为。

侵犯公民个人信息罪的构成要件有：

(1) 侵犯客体是公民个人的信息自由和安全。
(2) 客观方面表现为行为人违反国家有关规定，向他人出售或者提供公民个人信息，或者将在履行职责或者提供服务过程中获得的公民个人信息，出售或者提供给他人，以及窃取或者以其他方法非法获取公民个人信息，情节严重的行为。
(3) 犯罪主体是一般主体，包括自然人和单位。
(4) 主观方面表现为故意。

80. 报复陷害罪的概念和构成要件。

报复陷害罪是指国家机关工作人员滥用职权、假公济私，对控告人、申诉人、批评人、举报人实行报复陷害的行为。

报复陷害罪的构成要件有：

(1) 侵犯客体是公民的民主权利即控告权、申诉权、批评监督权和国家机关的正常活动。

(2) 客观方面表现为滥用职权、假公济私，对控告人、申诉人、批评人、举报人实行报复陷害的行为。

(3) 犯罪主体是特殊主体，即国家机关工作人员。

(4) 主观方面表现为故意。

81. 破坏选举罪的概念和构成要件。

破坏选举罪是指在选举各级人民代表大会和国家机关领导人员时，以暴力、威胁、欺骗、贿赂、伪造选举文件、虚报选举票数等手段破坏选举或者妨害选民和代表自由行使选举权和被选举权，情节严重的行为。

破坏选举罪的构成要件有：

(1) 侵犯客体是公民的民主权利即选举权与被选举权和国家的选举制度。

(2) 客观方面表现为在选举各级人民代表大会代表和国家机关领导人员时，以暴力、威胁、欺骗、贿赂、伪造选举文件、虚报选举票数等手段破坏选举或者妨害选民和代表自由行使选举权和被选举权，情节严重的行为。

(3) 犯罪主体是一般主体即自然人。

(4) 主观方面表现为故意，并具有破坏选举的目的。

82. 暴力干涉婚姻自由罪的概念和构成要件。

暴力干涉婚姻自由罪是指以暴力干涉他人婚姻自由的行为。

暴力干涉婚姻自由罪的构成要件有：

(1) 侵犯客体是他人的婚姻自由。

(2) 客观方面表现为以暴力干涉他人婚姻自由的行为。

(3) 犯罪主体是一般主体即自然人。

(4) 主观方面表现为故意。

83. 重婚罪的概念和构成要件。

重婚罪是指有配偶而重婚或者明知他人有配偶而与之结婚的行为。

重婚罪的构成要件有：

(1) 侵犯客体是一夫一妻的婚姻制度。

(2) 客观方面表现为有配偶即已婚者又与他人结婚，或者无配偶者明知他人有配偶而与之结婚的行为。

(3) 犯罪主体是特殊主体，即已婚者或者虽无配偶但是明知对方有配偶而与之结婚的人。

(4) 主观方面表现为故意。

84. 虐待罪的概念和构成要件。

虐待罪是指虐待家庭成员，情节恶劣的行为。

虐待罪的构成要件有：

(1) 侵犯客体是共同生活的家庭成员在家庭生活中的平等权利与被害人的人身权利。

(2) 客观方面表现为虐待家庭成员，情节恶劣的行为。

(3) 犯罪主体是特殊主体，即共同生活的家庭成员。

(4) 主观方面表现为故意。

85. 虐待被监护、看护人罪的概念和构成要件。

虐待被监护、看护人罪是指对未成年人、老年人、患病的人、残疾人等负有监护、看护职责的人虐待被监护、看护的人，情节恶劣的行为。

虐待被监护、看护人罪的构成要件有：

(1) 本罪的客体是被监护、看护人的人格权和身心健康权利。

(2) 客观方面表现为对未成年人、老年人、患病的人、残疾人等负有监护、看护职责的人虐待被监护、看护的人，情节恶劣的行为。

(3) 犯罪主体是特殊主体，即对未成年人、老年人、患病的人、残疾人等负有监护、看护职责的自然人和单位。

(4) 主观方面表现为故意。

86. 遗弃罪的概念和构成要件。

遗弃罪是指对于年老、年幼、患病或者其他没有独立生活能力的人，负有扶养义务而拒绝扶养，情节恶劣的行为。

遗弃罪的构成要件有：

(1) 侵犯客体是被遗弃人接受扶养的权利。

(2) 客观方面表现为对于年老、年幼、患病或者其他没有独立生活能力的人，负有扶养义务而拒绝扶养，情节恶劣的行为。

(3) 犯罪主体是特殊主体，即对被遗弃者负有法律上的扶养义务而且有扶养能力的人。

(4) 主观方面表现为故意。

87. 拐骗儿童罪的概念和构成要件。

拐骗儿童罪是指拐骗不满 14 周岁的未成年人，脱离家庭或者监护人的行为。

拐骗儿童罪的构成要件有：

(1) 侵犯客体为他人的家庭关系和儿童的合法权益。

(2) 客观方面表现为拐骗不满 14 周岁的未成年人，脱离家庭或者监护人的行为。

(3) 犯罪主体是一般主体即自然人。

(4) 主观方面表现为故意。

五、侵犯财产罪

88. 侵犯财产罪的概念和共同特征。

侵犯财产罪是指故意非法占有、挪用公私财物，或者故意破坏生产经营，毁坏公私财物的行为。

侵犯财产罪的共同特征有：

(1) 侵犯客体是公共财产和公民私人财产所有权。

(2) 客观方面表现为非法占有、挪用或者毁坏公私财物的行为。

(3) 犯罪主体一般只能是自然人，但是个别犯罪，例如拒不支付劳动报酬罪的犯罪主体也可以是单位。

(4) 主观方面表现为故意。

89. 抢劫罪的概念和构成要件。

抢劫罪是指以非法占有为目的，当场使用暴力、威胁或者其他方法，强行劫取公私财物的行为。

抢劫罪的构成要件有：

(1) 侵犯客体为他人的财产所有权和人身权利。

(2) 客观方面表现为行为人对公私财物的所有人、保管人、看护人或者持有人当场使用暴力、威胁或者其他方法，迫使其立即交出财物或者将财物劫走的行为。

(3) 犯罪主体是一般主体，已满 14 周岁且具有刑事责任能力的自然人可以成为本罪的主体。

(4) 主观方面表现为故意，并且具有非法占有公私财物的目的。

90. 盗窃罪的概念和构成要件。

盗窃罪是指以非法占有为目的，盗窃公私财物数额较大，或者多次盗窃、入户盗窃、携带凶器盗窃、扒窃的行为。

盗窃罪的构成要件有：

(1) 侵犯客体是公私财产所有权。

(2) 客观方面表现为秘密窃取数额较大的公私财物或者多次盗窃、入户盗窃、携带凶器盗窃、扒窃的行为。

(3) 犯罪主体是一般主体即自然人。

(4) 主观方面表现为故意，并且具有非法占有公私财物的目的。

91. 诈骗罪的概念和构成要件。

诈骗罪是指以非法占有为目的，用虚构事实或者隐瞒真相的方法，骗取数额较大的公私财物的行为。

诈骗罪的构成要件有：

(1) 侵犯客体是公私财产所有权。

(2) 客观方面表现为使用虚构事实或者隐瞒真相的方法，骗取数额较大的公私财物的行为。

(3) 犯罪主体是一般主体即自然人。

(4) 主观方面表现为故意，并且具有非法占有公私财物的目的。

92. 抢夺罪的概念和构成要件。

抢夺罪是指以非法占有为目的，公然夺取数额较大的公私财物或者实施多次抢夺的行为。

抢夺罪的构成要件有：

(1) 侵犯客体是公私财物的所有权。

(2) 客观方面表现为公然夺取公私财物的行为。

(3) 犯罪主体是一般主体即自然人。

(4) 主观方面表现为故意，并且具有非法占有公私财物的目的。

93. 侵占罪的概念和构成要件。

侵占罪是指将代为保管的他人财物或者他人的遗忘物、埋藏物非法占为己有，数额较大，拒不退还或者拒不交出的行为。

侵占罪的构成要件有：

(1) 侵犯客体是公私财产所有权。

(2) 客观方面表现为将代为保管的他人财物或者他人的遗忘物、埋藏物非法占为己有，数额较大，拒不退还或者拒不交出的行为。

(3) 犯罪主体是一般主体即自然人。

(4) 主观方面表现为故意，并以非法占有为目的。

94. 职务侵占罪的概念和构成要件。

职务侵占罪是指公司、企业或者其他单位的工作人员，利用职务上的便利，将本单位财物非法占为己有，数额较大的行为。

职务侵占罪的构成要件有：

（1）侵犯客体是公司、企业或者其他单位的财产所有权。

（2）客观方面表现为利用职务上的便利，将本单位财物非法占为己有，数额较大的行为。

（3）犯罪主体是特殊主体，即公司、企业或者其他单位的工作人员。

（4）主观方面表现为故意，并以非法占有为目的。

95. 挪用资金罪的概念和构成要件。

挪用资金罪是指公司、企业或者其他单位的工作人员，利用职务上的便利，挪用本单位资金归个人使用或者借贷给他人，数额较大、超过 3 个月未还，或者虽未超过 3 个月，但数额较大、进行营利活动，或者进行非法活动的行为。

挪用资金罪的构成要件有：

（1）侵犯客体是公司、企业或者其他单位的资金使用权。

（2）客观方面表现为利用职务上的便利，挪用本单位资金归个人使用或者借贷给他人的行为。

（3）犯罪主体是特殊主体，即公司、企业或者其他单位的工作人员。

（4）主观方面表现为故意，并且具有挪用资金归个人使用或者借贷给他人的目的。

96. 敲诈勒索罪的概念和构成要件。

敲诈勒索罪是指以非法占有为目的，对公私财物的所有人、管理人实施威胁或者要挟，多次强行索取公私财物或者索取数额较大的公私财物的行为。

敲诈勒索罪的构成要件有：

（1）侵犯客体是公私财产所有权和公民的人身权利。

（2）客观方面表现为对公私财物的所有人、管理人实施威胁或者要挟，迫使其当场或者限期交出数额较大的公私财物或者多次进行敲诈勒索的行为。

（3）犯罪主体是一般主体即自然人。

（4）主观方面表现为故意，并且具有非法占有公私财物的目的。

97. 故意毁坏财物罪的概念和构成要件。

故意毁坏财物罪是指行为人故意毁灭或者损坏公私财物，数额较大或者有其他严重情节的行为。

故意毁坏财物罪的构成要件有：

（1）侵犯客体是公私财产所有权。

（2）客观方面表现为行为人实施了毁灭或者损坏公私财物，数额较大或者有其他严重情节的行为。

（3）犯罪主体是一般主体即自然人。

（4）主观方面表现为故意。

98. 破坏生产经营罪的概念和构成要件。

破坏生产经营罪是指由于泄愤报复或者其他个人目的，毁坏机器设备、残害耕畜或者以其他方法破坏生产经营的行为。

破坏生产经营罪的构成要件有：

（1）侵犯客体是生产经营活动。

（2）客观方面表现为由于泄愤报复或者其他个人目的，毁坏机器设备、残害耕畜或者以其他方法破坏生产经营的行为。

（3）犯罪主体是一般主体即自然人。

（4）主观方面表现为故意，并且具有泄愤报复或者其他个人目的。

99. 拒不支付劳动报酬罪的概念和构成要件。

拒不支付劳动报酬罪是指以转移财产、逃匿等方法逃避支付劳动者的劳动报酬或者有能力支付而不支付劳动者的劳动报酬，数额较大，经政府有关部门责令支付仍不支付的行为。

拒不支付劳动报酬罪的构成要件有：

（1）本罪的客体是复杂客体，既侵害了劳动者的财产权，又妨碍正常的劳动用工关系，破坏社会主义市场经济秩序。

（2）客观方面表现为以转移财产、逃匿等方法逃避支付劳动者的劳动报酬或者有能力支付而不支付劳动者的劳动报酬，数额较大，经政府有关部门责令支付仍不支付的行为。

（3）犯罪主体是一般主体，包括自然人和单位。

（4）主观方面表现为故意。

六、妨害社会管理秩序罪

100. 妨害社会管理秩序罪的概念和共同特征。

妨害社会管理秩序罪是指妨害国家机关对社会的管理活动，破坏社会正常秩序，情节严重的行为。

妨害社会管理秩序罪的共同特征有：

（1）侵犯客体是社会管理秩序。

（2）客观方面表现为妨害国家机关对社会的管理活动，破坏社会正常秩序，情节严重的行为。

（3）犯罪主体多数为一般主体，少数为特殊主体；多数犯罪只限于自然人，少数犯罪可由单位构成，个别犯罪的主体只能是单位。

（4）主观方面大多数表现为故意，个别犯罪表现为过失。

101. 妨害公务罪的概念和构成要件。

妨害公务罪是指以暴力、威胁方法阻碍国家机关工作人员依法执行职务，阻碍人民代表大会代表依法执行代表职务，在自然灾害和突发事件中，阻碍红十字会工作人员依法履行职责的行为，或者故意阻碍国家安全机关、公安机关依法执行国家安全工作任务，未使用暴力、威胁方法，造成严重后果的行为。

妨害公务罪的构成要件有：

（1）侵犯客体是国家机关工作人员依法执行职务的活动。

（2）客观方面表现为以暴力、威胁的方法阻碍国家机关工作人员、人大代表依法执行职务，或者在自然灾害和突发事件中，以暴力、威胁方法阻碍红十字会工作人员依法履行职责的行为；或者虽未使用暴力、威胁的方法，但故意阻碍国家安全机关、公安机关依法执行国家安全工作任务，造成严重后果的行为。

（3）犯罪主体是一般主体即自然人。

（4）主观方面表现为故意。

102. 袭警罪的概念和构成要件。

袭警罪是指暴力袭击正在依法执行职务的人民警察，或者使用枪支、管制刀具，或者以驾驶机动车撞击等手段，严重危及其人身安全的行为。

袭警罪的构成要件有：

（1）侵犯客体是社会管理秩序、警察执法权和警察的人身权利。

（2）客观方面表现为暴力袭击正在依法执行职务的人民警察，或者使用枪支、管制刀具，或者以驾驶机动车撞击等手段，严重危及其人身安全的行为。

（3）犯罪主体是一般主体即自然人。

（4）主观方面表现为故意。

103. 招摇撞骗罪的概念和构成要件。

招摇撞骗罪是指以谋取非法利益为目的，冒充国家机关工作人员招摇撞骗的行为。

招摇撞骗罪的构成要件有：

（1）侵犯客体是国家机关的正常活动及其威信。

（2）客观方面表现为冒充国家机关工作人员招摇撞骗的行为。

（3）犯罪主体是一般主体即自然人。

（4）主观方面表现为故意，其目的是骗取某种非法利益。

104. 伪造、变造、买卖国家机关公文、证件、印章罪的概念和构成要件。

伪造、变造、买卖国家机关公文、证件、印章罪是指伪造、变造、买卖国家机关的公文、证件、印章的行为。

伪造、变造、买卖国家机关公文、证件、印章罪的构成要件有：

（1）侵犯客体是国家机关的正常管理活动和信誉。

（2）客观方面表现为伪造、变造、买卖国家机关的公文、证件、印章的行为。

（3）犯罪主体是一般主体即自然人。

（4）主观方面表现为故意。

105. 伪造、变造、买卖身份证件罪的概念和构成要件。

伪造、变造、买卖身份证件罪是指伪造、变造、买卖居民身份证、护照、社会保障卡、驾驶证等依法可以用于证明身份的证件的行为。

伪造、变造、买卖身份证件罪的构成要件有：

（1）侵犯客体是国家对身份证件的管理制度。

（2）客观方面表现为行为人实施了伪造、变造、买卖居民身份证、护照、社会保障卡、驾驶证等依法可以用于证明身份的证件的行为。

（3）犯罪主体是一般主体即自然人。

（4）主观方面表现为故意。

106. 非法获取国家秘密罪的概念和构成要件。

非法获取国家秘密罪是指以窃取、刺探、收买方法，非法获取国家秘密的行为。

非法获取国家秘密罪的构成要件有：

（1）侵犯客体是国家的保密制度。

（2）客观方面表现为以窃取、刺探、收买方法，非法获取国家秘密的行为。

（3）犯罪主体是一般主体即自然人。

（4）主观方面表现为故意。

107. 组织考试作弊罪的概念和构成要件。

组织考试作弊罪是指在法律规定的国家考试中，组织作弊或者为他人实施组织作弊犯罪提供作弊器材或者其他帮助的行为。

组织考试作弊罪的构成要件有：

(1) 侵犯客体是国家的公平、公正的考试制度。

(2) 客观方面表现为在法律规定的国家考试中，组织作弊或者为他人实施组织作弊犯罪提供作弊器材或者其他帮助的行为。

(3) 犯罪主体是一般主体即自然人。

(4) 主观方面表现为故意。

108. 代替考试罪的概念和构成要件。

代替考试罪是指代替他人或者让他人代替自己参加法律规定的国家考试的行为。

代替考试罪的构成要件有：

(1) 侵犯客体是国家的公平、公正的考试制度。

(2) 客观方面表现为代替他人或者让他人代替自己参加法律规定的国家考试的行为。

(3) 犯罪主体是一般主体即自然人。

(4) 主观方面表现为故意。

109. 非法侵入计算机信息系统罪的概念和构成要件。

非法侵入计算机信息系统罪是指违反国家规定，侵入国家事务、国防建设、尖端科学技术领域的计算机信息系统的行为。

非法侵入计算机信息系统罪的构成要件有：

(1) 侵犯客体是国家事务、国防建设、尖端科学技术领域计算机信息系统安全。

(2) 客观方面表现为违反国家规定，侵入国家事务、国防建设、尖端科学技术领域的计算机信息系统的行为。

(3) 犯罪主体是一般主体，包括自然人和单位。

(4) 主观方面表现为故意。

110. 破坏计算机信息系统罪的概念和构成要件。

破坏计算机信息系统罪是指违反国家规定，对计算机信息系统功能进行删除、修改、增加、干扰，造成计算机信息系统不能正常运行，以及对计算机信息系统中存储、处理或者传输的数据和应用程序进行删除、修改、增加的操作，或者故意制作、传播计算机病毒等破坏性程序，影响计算机系统正常运行，后果严重的行为。

破坏计算机信息系统罪的构成要件有：

(1) 侵犯客体是国家对计算机信息系统的安全运行管理制度和计算机信息系统的所有人和合法用户的合法权益。

(2) 客观方面表现为违反国家规定，对计算机信息系统功能进行删除、修改、增加、干扰，造成计算机信息系统不能正常运行，以及对计算机信息系统中存储、处理或者传输的数据和应用程序进行删除、修改、增加的操作，或者故意制作、传播计算机病毒等破坏性程序，影响计算机系统正常运行，后果严重的行为。

(3) 犯罪主体是一般主体，包括自然人和单位。

(4) 主观方面表现为故意。

111. 拒不履行信息网络安全管理义务罪的概念和构成要件。

拒不履行信息网络安全管理义务罪是指网络服务提供者不履行法律、行政法规规定的信息网络安全管理义务，经监管部门责令采取改正措施而拒不改正，有法定情形的行为。

拒不履行信息网络安全管理义务罪的构成要件有：

(1) 侵犯客体是国家网络安全的管理制度。

(2) 客观方面表现为网络服务提供者不履行法律、行政法规规定的信息网络安全管理义务，经监管部门责令采取改正措施而拒不改正，有法定情形的行为。

(3) 犯罪主体是特殊主体，即网络服务提供者。单位可以成为本罪的主体。

(4) 主观方面表现为故意。

112. 帮助信息网络犯罪活动罪的概念和构成要件。

帮助信息网络犯罪活动罪是指明知他人利用信息网络实施犯罪，为其犯罪提供互联网接入、服务器托管、网络存储、通讯传输等技术支持，或者提供广告推广、支付结算等帮助，情节严重的行为。

帮助信息网络犯罪活动罪的构成要件有：

(1) 侵犯客体是有关网络安全的管理制度。

(2) 客观方面表现为明知他人利用信息网络实施犯罪，为其犯罪提供互联网接入、服务器托管、网络存储、通讯传输等技术支持，或者提供广告推广、支付结算等帮助，情节严重的行为。

(3) 犯罪主体是一般主体，包括自然人和单位。

(4) 主观方面表现为故意。

113. 投放虚假危险物质罪的概念和构成要件。

投放虚假危险物质罪是指投放虚假的爆炸性、毒害性、放射性、传染病病原体等物质，严重扰乱社会秩序的行为。

投放虚假危险物质罪的构成要件有：

(1) 侵犯客体是社会管理秩序。

(2) 客观方面表现为投放虚假的爆炸性、危害性、放射性、传染病病原体等物质，严重扰乱社会秩序的行为。

(3) 犯罪主体是一般主体即自然人。

(4) 主观方面表现为故意。

114. 编造、故意传播虚假恐怖信息罪的概念和构成要件。

编造、故意传播虚假恐怖信息罪是指编造爆炸威胁、生化威胁、放射威胁等恐怖信息，或者明知是编造的恐怖信息而故意传播，严重扰乱社会秩序的行为。

编造、故意传播虚假恐怖信息罪的构成要件有：

(1) 侵犯客体是社会公共秩序。

(2) 客观方面表现为故意编造虚假恐怖信息和故意传播虚假恐怖信息的行为。

(3) 犯罪主体是一般主体即自然人。

(4) 主观方面表现为故意。

115. 高空抛物罪的概念和构成要件。

高空抛物罪是指从建筑物或者其他高空抛掷物品，情节严重的行为。

高空抛物罪的构成要件有：

(1) 侵犯客体是社会的公共管理秩序。

(2) 客观方面表现为从建筑物或者其他高空抛掷物品，情节严重的行为。

(3) 犯罪主体是一般主体即自然人。

(4) 主观方面表现为故意。

116. 聚众斗殴罪的概念和构成要件。

聚众斗殴罪是指出于报私仇、争霸或者其他不正当目的，成帮结伙打架斗殴，破坏公共秩序的行为。

聚众斗殴罪的构成要件有：

（1）侵犯客体是公共秩序。

（2）客观方面表现为首要分子聚集多人实施斗殴行为。

（3）犯罪主体是一般主体，即聚众斗殴的首要分子和积极参加者。

（4）主观方面表现为故意。

117. 寻衅滋事罪的概念和构成要件。

寻衅滋事罪是指肆意挑衅，无事生非，起哄闹事，进行扰乱破坏，情节恶劣的行为。

寻衅滋事罪的构成要件有：

（1）侵犯客体是公共秩序或社会秩序。

（2）客观方面表现为寻衅滋事的行为。

（3）犯罪主体是一般主体即自然人。

（4）主观方面表现为故意，并基于蔑视法纪、显示威风、寻求精神刺激或者发泄等卑鄙下流的动机。

118. 组织、领导、参加黑社会性质组织罪的概念和构成要件。

组织、领导、参加黑社会性质组织罪是指组织、领导或者参加黑社会性质的组织的行为。黑社会性质的组织是指以暴力、威胁或者其他手段，有组织地进行违法犯罪活动，称霸一方，为非作恶，欺压、残害群众，严重破坏经济秩序和社会生活秩序的犯罪组织。

组织、领导、参加黑社会性质组织罪的构成要件有：

（1）侵犯客体是经济、社会生活秩序。

（2）客观方面表现为组织、领导、参加黑社会性质的组织的行为。

（3）犯罪主体是一般主体，即组织者、领导者、积极参加者、其他参加者。

（4）主观方面表现为故意。

119. 赌博罪的概念和构成要件（2016年非法学真题）。

赌博罪是指以营利为目的，聚众赌博或者以赌博为业的行为。

赌博罪的构成要件有：

（1）侵犯客体是社会管理秩序和社会风尚。

（2）客观方面表现为聚众赌博或者以赌博为业的行为。

（3）犯罪主体是一般主体即自然人。

（4）主观方面表现为故意，并且以营利为目的。

120. 开设赌场罪的概念和构成要件。

开设赌场罪是指开设赌场，为赌博提供场所，设定赌博方式，提供赌具、筹码、资金等组织赌博的行为。

开设赌场罪的构成要件有：

（1）侵犯客体是社会风尚和社会管理秩序。

（2）客观方面表现为开设赌场，为赌博提供场所，设定赌博方式，提供赌具、筹码、资金等组织赌博的行为。

（3）犯罪主体是一般主体即自然人。

（4）主观方面表现为故意，并具有营利目的。

121．组织参与国（境）外赌博罪的概念和构成要件。

组织、参与国（境）外赌博罪是指组织中华人民共和国公民参与国（境）外赌博，数额巨大或者有其他严重情节的行为。

组织、参与国（境）外赌博罪的构成要件有：

（1）侵犯客体是社会管理秩序、国家经济安全和社会稳定。

（2）客观方面表现为组织中华人民共和国公民参与国（境）外赌博，数额巨大或者有其他严重情节的行为。

（3）犯罪主体是一般主体即自然人。

（4）主观方面表现为故意。

122．伪证罪的概念和构成要件。

伪证罪是指在刑事诉讼中，证人、鉴定人、记录人、翻译人对与案件有重要关系的情节，故意作虚假证明、鉴定、记录、翻译，意图陷害他人或者隐匿罪证的行为。

伪证罪的构成要件有：

（1）侵犯客体主要是司法机关的正常活动，同时还危害公民的人身权利及其他合法权益。

（2）客观方面表现为在刑事诉讼中，对与案件有重要关系的情节作虚假证明、鉴定、记录、翻译。

（3）犯罪主体是特殊主体，即刑事诉讼中的证人、鉴定人、记录人、翻译人。

（4）主观方面表现为故意，即有意作虚假证明、鉴定、记录、翻译，并有陷害他人或者隐匿罪证的目的。

123．妨害作证罪的概念和构成要件。

妨害作证罪是指以暴力、威胁、贿买等方法阻止证人作证或者指使他人作伪证的行为。

妨害作证罪的构成要件有：

（1）本罪客体是国家司法机关正常的诉讼秩序和司法活动的客观公正性。

（2）客观方面表现为以暴力、威胁、贿买等方法阻止证人作证或者指使他人作伪证的行为。

（3）犯罪主体是一般主体即自然人。

（4）主观方面表现为故意。

124．虚假诉讼罪的概念和构成要件。

虚假诉讼罪是指以捏造的事实提起民事诉讼，妨害司法秩序或者严重侵害他人合法权益的行为。

虚假诉讼罪的构成要件有：

（1）侵犯客体是司法秩序和他人的合法权益。

（2）客观方面表现为以捏造的事实提起民事诉讼，妨害司法秩序或者严重侵害他人合法权益的行为。

（3）犯罪主体是一般主体，包括自然人和单位。

（4）主观方面表现为故意。

125．扰乱法庭秩序罪的概念和构成要件。

扰乱法庭秩序罪是指以法定方式实施扰乱法庭秩序的行为。

扰乱法庭秩序罪的构成要件有：

（1）侵犯客体是司法秩序和他人的合法权益。

（2）客观方面表现为严重扰乱法庭秩序的行为。

（3）犯罪主体是一般主体即自然人。

（4）主观方面表现为故意。

126. 窝藏、包庇罪的概念和构成要件。

窝藏、包庇罪是指明知是犯罪的人而为其提供隐蔽处所、财物，帮助其逃匿或者作假证明包庇的行为。

窝藏、包庇罪的构成要件有：

（1）侵犯客体是司法机关追诉、制裁犯罪分子的正常活动。

（2）客观方面表现为行为人实施了窝藏或者包庇犯罪分子的行为。

（3）犯罪主体是一般主体即自然人。

（4）主观方面表现为故意。

127. 掩饰、隐瞒犯罪所得、犯罪所得收益罪的概念和构成要件。

掩饰、隐瞒犯罪所得、犯罪所得收益罪是指明知是犯罪所得及其产生的收益而予以窝藏、转移、收购、代为销售或者以其他方法掩饰、隐瞒的行为。

掩饰、隐瞒犯罪所得、犯罪所得收益罪的构成要件有：

（1）侵犯客体是司法机关追究刑事犯罪的正常活动。

（2）客观方面表现为窝藏、转移、收购、代为销售或者以其他方法掩饰、隐瞒犯罪所得及其产生的收益的行为。

（3）犯罪主体是一般主体，包括自然人和单位。

（4）主观方面表现为故意。

128. 拒不执行判决、裁定罪的概念和构成要件。

拒不执行判决、裁定罪是指对人民法院的判决、裁定有能力执行而拒不执行，情节严重的行为。

拒不执行判决、裁定罪的构成要件有：

（1）侵犯客体是人民法院裁判的权威性。

（2）客观方面表现为对人民法院的判决、裁定有能力执行而拒不执行，情节严重的行为。

（3）犯罪主体是特殊主体，指负有执行人民法院判决、裁定中所确定的义务的人，包括被执行人、协助执行义务人、担保人等。单位也可以成为本罪的主体。

（4）主观方面表现为故意。

129. 脱逃罪的概念和构成要件。

脱逃罪是指依法被关押的罪犯、被告人、犯罪嫌疑人逃脱司法机关的羁押和监管的行为。

脱逃罪的构成要件有：

（1）侵犯客体是国家监管机关的正常监管秩序。

（2）客观方面表现为从羁押场所脱逃的行为。

（3）犯罪主体是特殊主体，即限于依法被拘留、逮捕、关押的罪犯、被告人、犯罪嫌疑人。

（4）主观方面表现为故意，脱逃的目的是为了逃避羁押和刑罚的执行。

130. 组织他人偷越国（边）境罪的概念和构成要件。

组织他人偷越国（边）境罪是指违反国家出入境管理法规，非法组织他人偷越国（边）境的行为。

组织他人偷越国（边）境罪的构成要件有：

（1）侵犯客体是国家对国（边）境的管理制度。

（2）客观方面表现为行为人违反国家出入境管理法规，非法组织他人偷越国（边）境的行为。

（3）犯罪主体是一般主体即自然人。

（4）主观方面表现为故意。

131．妨害传染病防治罪的概念和构成要件。

妨害传染病防治罪是指违反传染病防治法的规定，实施法定的引起甲类传染病以及依法确定采取甲类传染病预防、控制措施的传染病传播或者有传播严重危险的行为。

妨害传染病防治罪的构成要件有：

（1）本罪客体是国家关于传染病防治的管理制度。

（2）客观方面表现为违反国家传染病防治法的规定，实施法定的引起甲类传染病以及依法确定采取甲类传染病预防、控制措施的传染病传播或者有传播严重危险的行为。

（3）犯罪主体是一般主体即自然人，单位也可以成为本罪的主体。

（4）主观方面表现为过失。

132．医疗事故罪的概念和构成要件。

医疗事故罪是指医务人员由于严重不负责任，造成就诊人死亡或者严重损害就诊人身体健康的行为。

医疗事故罪的构成要件有：

（1）侵犯客体是国家对医疗工作的管理秩序和就诊人的生命、健康权利和医疗单位的正常活动。

（2）客观方面表现为对医疗诊疗护理工作严重不负责任，致使就诊人死亡或者健康受到严重损害的行为。

（3）犯罪主体是特殊主体，主要是医务人员。

（4）主观方面表现为过失。

133．非法行医罪的概念和构成要件。

非法行医罪是指未取得医生执业资格的人非法行医，情节严重的行为。

非法行医罪的构成要件有：

（1）侵犯客体是国家对医疗工作的管理秩序和就诊人的生命安全和健康权利。

（2）客观方面表现为非法行医，情节严重的行为。

（3）犯罪主体为一般主体，即未取得医生执业资格的自然人。

（4）主观方面表现为故意。

134．污染环境罪的概念和构成要件（2014 年法学真题）。

污染环境罪是指违反国家规定，排放、倾倒或者处置有放射性的废物、含传染病病原体的废物、有毒物质或者其他有害物质，严重污染环境的行为。

污染环境罪的构成要件有：

（1）侵犯客体是国家环境保护制度、环境污染防治的管理制度与公民生命健康、财产安全。

（2）客观方面表现为违反国家规定，排放、倾倒或者处置有放射性的废物、含传染病病原体的废物、有毒物质或者其他有害物质，严重污染环境的行为。

（3）犯罪主体是一般主体，包括自然人和单位。

（4）主观方面表现为故意。

135. 盗伐林木罪的概念和构成要件。

盗伐林木罪是指以非法占有为目的，盗伐森林或者其他林木，数量较大的行为。

盗伐林木罪的构成要件有：

(1) 本罪客体是国家林业管理制度和国家、集体或者公民的林木所有权。

(2) 客观方面表现为行为人实施了盗伐森林或者其他林木，数量较大的行为。

(3) 犯罪主体是一般主体，包括自然人和单位。

(4) 主观方面表现为故意，且具有非法占有的目的。

136. 走私、贩卖、运输、制造毒品罪的概念和构成要件。

走私、贩卖、运输、制造毒品罪是指明知是毒品而故意实施走私、贩卖、运输、制造的行为。

走私、贩卖、运输、制造毒品罪的构成要件有：

(1) 侵犯客体是国家对毒品的管理制度和公民的身心健康。

(2) 客观方面表现为走私、贩卖、运输、制造毒品的行为。

(3) 犯罪主体是一般主体，包括已满 14 周岁具有刑事责任能力的自然人和单位。

(4) 主观方面表现为故意。

137. 非法持有毒品罪的概念和构成要件。

非法持有毒品罪是指违反国家毒品管理法规，非法持有毒品数量较大的行为。

非法持有毒品罪的构成要件有：

(1) 侵犯客体是国家对毒品的管理制度和公民的身心健康。

(2) 客观方面表现为非法持有毒品数量较大的行为。

(3) 犯罪主体是一般主体即自然人。

(4) 主观方面表现为故意。

138. 组织卖淫罪的概念和构成要件。

组织卖淫罪是指以招募、雇用、引诱、容留等手段，管理或者控制他人卖淫，卖淫人员在 3 人以上的行为。

组织卖淫罪的构成要件有：

(1) 侵犯客体是社会道德风尚和社会治安管理秩序。

(2) 客观方面表现为以招募、雇用、引诱、容留等手段，管理或者控制他人卖淫，卖淫人员在 3 人以上的行为。

(3) 犯罪主体只能是卖淫活动的组织者，可以是一人，也可以是数人。

(4) 主观方面表现为故意，一般是以营利为目的，也可以是出于其他目的。

139. 强迫卖淫罪的概念和构成要件。

强迫卖淫罪是指以暴力、胁迫或者其他方法，强行逼迫他人进行性交易的行为。

强迫卖淫罪的构成要件有：

(1) 侵犯客体是他人的人身权利和社会道德风尚及社会治安管理秩序。

(2) 客观方面表现为强行逼迫他人卖淫的行为。

(3) 犯罪主体是一般主体即自然人。

(4) 主观方面表现为故意。

140. 传播性病罪的概念和构成要件。

传播性病罪是指明知自己患有梅毒、淋病等严重性病，而进行卖淫或者嫖娼活动的行为。

传播性病罪的构成要件有：

（1）侵犯客体是社会治安管理秩序和他人的身体健康。

（2）客观方面表现为行为人在患有严重性病的情况下实施卖淫、嫖娼的行为。

（3）犯罪主体是特殊主体，即患有梅毒、淋病等严重性病的人。

（4）主观方面表现为故意，即明知自己患有梅毒、淋病等严重性病而卖淫、嫖娼。

141. 制作、复制、出版、贩卖、传播淫秽物品牟利罪的概念和构成要件。

制作、复制、出版、贩卖、传播淫秽物品牟利罪是指以牟利为目的，制作、复制、出版、贩卖、传播淫秽物品的行为。

制作、复制、出版、贩卖、传播淫秽物品牟利罪的构成要件有：

（1）侵犯客体是国家对文化娱乐制品的管理制度和良好的社会风尚。

（2）客观方面表现为制作、复制、出版、贩卖、传播淫秽物品的行为。

（3）犯罪主体是一般主体，包括自然人和单位。

（4）主观方面表现为故意，即明知是淫秽物品而予以传播，且必须具有牟利的目的。

142. 传播淫秽物品罪的概念和构成要件。

传播淫秽物品罪是指不以牟利为目的，传播淫秽的书刊、影片、音像、图片或者其他淫秽物品，情节严重的行为。

传播淫秽物品罪的构成要件有：

（1）侵犯客体是社会治安管理秩序和良好的道德风尚。

（2）客观方面表现为出借、播放、展示、赠送、散发、交换、讲解等传播淫秽物品，情节严重的行为。

（3）犯罪主体是一般主体，包括自然人和单位。

（4）主观方面表现为故意，但不具有牟利的目的。

七、贪污贿赂罪

143. 贪污贿赂罪的概念和共同特征。

贪污贿赂罪是指国家工作人员（行贿类的犯罪除外）利用职务上的便利，非法占有、使用公共财物，索取、收受贿赂或者取得其他非法利益，破坏职务的廉洁性的行为。

贪污贿赂罪的共同特征有：

（1）侵犯客体是公务活动的廉洁性。

（2）客观方面表现为贪污、挪用公款、受贿、行贿、利用影响力受贿、对有影响力的人行贿、巨额财产来源不明等行为。

（3）犯罪主体多数是特殊主体，少数为一般主体。

（4）主观方面表现为故意，其中贪污罪要求以非法占有为目的。

144. 贪污罪的概念和构成要件。

贪污罪是指国家工作人员利用职务上的便利，侵吞、窃取、骗取或者以其他手段非法占有公共财物的行为。

贪污罪的构成要件有：

（1）侵犯客体是复杂客体，即国家工作人员职务行为的廉洁性和公共财物所有权。

（2）客观方面表现为利用职务上的便利，侵吞、窃取、骗取或者以其他手段非法占有公共财物的行为。

（3）犯罪主体是特殊主体，即国家工作人员以及受委托管理、经营国有财产的人员。

（4）主观方面表现为故意，并且具有非法占有公共财物的目的。

145. 挪用公款罪的概念和构成要件。

挪用公款罪是指国家工作人员利用职务上的便利，挪用公款归个人使用，进行非法活动，或者挪用公款数额较大、进行营利活动，或者挪用公款数额较大、超过3个月未还的行为。

挪用公款罪的构成要件有：

（1）侵犯客体是国家工作人员职务行为廉洁性、国家财经管理制度以及公款使用收益权。

（2）客观方面表现为利用职务上的便利，挪用公款归个人使用，进行非法活动，或者挪用公款数额较大、进行营利活动，或者挪用公款数额较大、超过3个月未还的行为。

（3）犯罪主体是特殊主体，即国家工作人员。

（4）主观方面表现为故意，并以归个人使用为目的。

146. 受贿罪的概念和构成要件。

受贿罪是指国家工作人员利用职务上的便利，索取他人财物，或者非法收受他人财物，为他人谋取利益的行为。

受贿罪的构成要件有：

（1）侵犯客体是国家工作人员职务行为的廉洁性。受贿罪的实质在于以公权交换私利。

（2）客观方面表现为利用职务上的便利，索取他人财物，或者非法收受他人财物，为他人谋取利益的行为。

（3）犯罪主体是特殊主体，即国家工作人员。

（4）主观方面表现为故意。

147. 利用影响力受贿罪的概念和构成要件。

利用影响力受贿罪是指国家工作人员的近亲属或者其他与该国家工作人员关系密切的人，通过该国家工作人员职务上的行为，或者利用该国家工作人员职权或者地位形成的便利条件，通过其他国家工作人员职务上的行为，为请托人谋取不正当利益，索取请托人财物或者收受请托人财物，数额较大或者有其他较重情节的行为，或者离职的国家工作人员或者其近亲属以及其他与其关系密切的人，利用该离职的国家工作人员原职权或者地位形成的便利条件，通过其他国家工作人员职务上的行为，为请托人谋取不正当利益，索取请托人财物或者收受请托人财物，数额较大或者有其他较重情节的行为。

利用影响力受贿罪的构成要件有：

（1）侵犯客体是国家工作人员职务行为的廉洁性。

（2）客观方面表现为行为人利用影响力与请托人交易财物，数额较大或者有其他较重情节的行为。

（3）犯罪主体是特殊主体，包括：国家工作人员的近亲属；其他与国家工作人员关系密切的人；离职的国家工作人员；离职的国家工作人员的近亲属；其他与离职的国家工作人员关系密切的人。

（4）主观方面表现为故意。

148. 行贿罪的概念和构成要件（2009年非法学真题）。

行贿罪是指为谋取不正当利益，给予国家工作人员以财物的行为。

行贿罪的构成要件有：

（1）侵犯客体是国家工作人员职务行为的廉洁性。

（2）客观方面表现为为谋取不正当利益，给予国家工作人员以财物的行为。
（3）犯罪主体是一般主体即自然人。
（4）主观方面表现为故意，并且具有谋取不正当利益的目的。

149. 对有影响力的人行贿罪的概念和构成要件。

对有影响力的人行贿罪是指为谋取不正当利益，向国家工作人员的近亲属或者其他与该国家工作人员关系密切的人，或者向离职的国家工作人员或者其近亲属以及其他与其关系密切的人行贿的行为。

对有影响力的人行贿罪的构成要件有：
（1）侵犯客体是国家工作人员职务行为的廉洁性。
（2）客观方面表现为为谋取不正当利益，向国家工作人员的近亲属或者其他与该国家工作人员关系密切的人，或者向离职的国家工作人员或者其近亲属以及其他与其关系密切的人行贿的行为。
（3）犯罪主体包括自然人和单位。
（4）主观方面表现为故意，并具有谋取不正当利益的目的。

150. 巨额财产来源不明罪的概念和构成要件。

巨额财产来源不明罪是指国家工作人员的财产或者支出明显超过合法收入，差额巨大，而本人又不能说明其来源合法的行为。

巨额财产来源不明罪的构成要件有：
（1）侵犯客体是国家工作人员职务行为的廉洁性，国家的廉政建设制度和公私财产的所有权。
（2）客观方面表现为行为人持有的财产或者支出的财产明显超过合法收入，差额巨大，而本人又不能说明其来源合法的行为。
（3）犯罪主体是特殊主体，即国家工作人员。
（4）主观方面表现为故意。

八、渎职罪

151. 渎职罪的概念和共同特征（2011 年非法学/2016 年法学真题）。

渎职罪是指国家机关工作人员在公务活动中滥用职权、玩忽职守、徇私舞弊，妨害国家管理活动，致使公共财产或者国家和人民利益遭受重大损失的行为。

渎职罪的共同特征有：
（1）侵犯客体是国家机关的正常活动。
（2）客观方面表现为行为人滥用职权、玩忽职守、徇私舞弊，妨害国家管理活动，致使公共财产、国家和人民利益遭受重大损失的行为。
（3）犯罪主体主要是国家机关工作人员，个别犯罪也可能由非国家机关工作人员实施。
（4）主观方面有故意和过失两种心理态度。

152. 滥用职权罪的概念和构成要件。

滥用职权罪是指国家机关工作人员滥用职权，致使公共财产、国家和人民利益遭受重大损失的行为。

滥用职权罪的构成要件有：
（1）侵犯客体是国家机关的正常管理活动，即各级各类国家机关对社会各领域的管理活动。
（2）客观方面表现为违反法律规定的权限和程序，滥用职权，致使公共财产、国家和人民利益遭受重大损失的行为。

（3）犯罪主体是特殊主体，即国家机关工作人员。

（4）主观方面表现为故意。

153．玩忽职守罪的概念和构成要件。

玩忽职守罪是指国家机关工作人员玩忽职守，致使公共财产、国家和人民利益遭受重大损失的行为。

玩忽职守罪的构成要件有：

（1）侵犯客体是国家机关的正常管理活动。

（2）客观方面表现为行为人严重不负责任，工作中草率马虎，不履行或者不正确履行职务，致使公共财产、国家和人民利益遭受重大损失的行为。

（3）犯罪主体是特殊主体，即国家机关工作人员。

（4）主观方面表现为过失。

154．故意泄露国家秘密罪的概念和构成要件。

故意泄露国家秘密罪是指国家机关工作人员或者非国家机关工作人员违反保守国家秘密法的规定，故意泄露国家秘密，情节严重的行为。

故意泄露国家秘密罪的构成要件有：

（1）侵犯客体是国家的保密制度。

（2）客观方面表现为违反保守国家秘密法的规定，泄露国家秘密情节严重的行为。

（3）犯罪主体一般是国家机关工作人员，但非国家机关工作人员也可以构成本罪。

（4）主观方面表现为故意。

155．徇私枉法罪的概念和构成要件（2020年非法学/法学真题）。

徇私枉法罪是指司法工作人员徇私枉法、徇情枉法，在刑事诉讼中，对明知是无罪的人而使他受追诉、对明知是有罪的人而故意包庇不使他受追诉，或者在刑事审判活动中故意违背事实和法律作枉法裁判的行为。

徇私枉法罪的构成要件有：

（1）侵犯客体是国家司法机关的正常活动与国家的司法公正。

（2）客观方面表现为利用司法职务上的便利，违背事实和法律，在追诉或者刑事审判活动中实施了徇私枉法、徇情枉法的行为，即对明知是无罪的人而使他受追诉、对明知是有罪的人而故意包庇不使他受追诉，或者在刑事审判活动中故意违背事实和法律作枉法裁判的行为。

（3）犯罪主体是特殊主体，即司法工作人员。

（4）主观方面表现为故意，即出于私情、私利有意枉法追诉、包庇、裁判。

156．民事、行政枉法裁判罪的概念和构成要件。

民事、行政枉法裁判罪是指司法工作人员在民事、行政审判活动中故意违背事实和法律作枉法裁判，情节严重的行为。

民事、行政枉法裁判罪的构成要件有：

（1）侵犯客体是人民法院的正常审判活动与审判公正。

（2）客观方面表现为在民事、行政审判活动中作出违背事实和法律的判决、裁判的行为。

（3）犯罪主体是特殊主体，限于在民事、行政诉讼过程中负有审判职责的人员。

（4）主观方面表现为故意。

157. 执行判决、裁定失职罪的概念和构成要件。

执行判决、裁定失职罪是指司法工作人员在执行判决、裁定活动中，严重不负责任，不依法采取诉讼保全措施、不履行法定执行职责，或者违法采取诉讼保全措施、强制执行措施，致使当事人或者其他人的利益遭受重大损失的行为。

执行判决、裁定失职罪的构成要件有：

（1）侵犯客体是人民法院正常的执行活动。

（2）客观方面表现为在执行判决、裁定活动中，严重不负责任，不依法采取诉讼保全措施、不履行法定执行职责，或者违法采取诉讼保全措施、强制执行措施，致使当事人或者其他人的利益遭受重大损失的行为。

（3）犯罪主体为特殊主体，限于司法工作人员。

（4）主观方面表现为过失。

158. 执行判决、裁定滥用职权罪的概念和构成要件。

执行判决、裁定滥用职权罪是指人民法院从事执行工作的人员，在执行生效判决、裁定活动中，滥用职权，不依法采取诉讼保全措施、不履行法定执行职责，或者违法采取诉讼保全措施、强制执行措施，致使当事人或者其他人的利益遭受重大损失的行为。

执行判决、裁定滥用职权罪的构成要件有：

（1）侵犯客体是人民法院正常的执行活动。

（2）客观方面表现为在执行判决、裁定活动中，滥用职权，违反法律规定的条件和程序，不依法采取诉讼保全措施、不履行法定执行职责，或者违法采取诉讼保全措施、强制执行措施，致使当事人或者其他人的利益遭受重大损失的行为。

（3）犯罪主体是特殊主体，限于司法工作人员。

（4）主观方面表现为故意。

159. 私放在押人员罪的概念和构成要件。

私放在押人员罪是指司法工作人员利用职务上的便利，私自将被关押的犯罪嫌疑人、被告人或者罪犯放走，致使其逃离监管的行为。

私放在押人员罪的构成要件有：

（1）侵犯客体是国家司法机关对犯罪嫌疑人、被告人或者罪犯的监管制度。

（2）客观方面表现为利用职务上的便利，私自将被关押的犯罪嫌疑人、被告人或者罪犯放走的行为。

（3）犯罪主体是特殊主体，限于司法工作人员。

（4）主观方面表现为故意。

160. 放纵制售伪劣商品犯罪行为罪的概念和构成要件。

放纵制售伪劣商品犯罪行为罪是指对生产、销售伪劣商品犯罪行为负有追究责任的国家机关工作人员，徇私舞弊，不履行法律规定的追究职责，情节严重的行为。

放纵制售伪劣商品犯罪行为罪的构成要件有：

（1）侵犯客体是国家对制售伪劣商品犯罪行为的查处追诉活动。

（2）客观方面表现为对生产、销售伪劣商品犯罪行为，徇私舞弊，不履行法律规定的追究职责，情节严重的行为。

（3）犯罪主体为特殊主体，即对生产、销售伪劣商品犯罪行为负有追究责任的国家机关工作人员。

（4）主观方面表现为故意。

161. 不解救被拐卖、绑架妇女、儿童罪的概念和构成要件。

不解救被拐卖、绑架妇女、儿童罪是指对被拐卖、绑架的妇女、儿童负有解救职责的国家机关工作人员，接到被拐卖、绑架的妇女、儿童及其家属的解救要求或者接到其他人的举报，而对被拐卖、绑架的妇女、儿童不进行解救，造成严重后果的行为。

不解救被拐卖、绑架妇女、儿童罪的构成要件有：

（1）侵犯的客体是国家机关的正常管理活动和妇女、儿童的人身自由权利。

（2）客观方面表现为接到被拐卖、绑架的妇女、儿童及其家属的解救要求或者接到其他人的举报，而对被拐卖、绑架的妇女、儿童不进行解救，造成严重后果的行为。

（3）犯罪主体是特殊主体，即对被拐卖、绑架的妇女、儿童负有解救职责的国家机关工作人员。

（4）主观方面表现为故意，且要求行为人必须对妇女、儿童被拐卖、绑架的事实存在明知。

图书在版编目（CIP）数据

法律硕士（法学）联考主观题突破 / 白文桥主编
. --北京：中国人民大学出版社，2023.2
ISBN 978-7-300-31366-5

Ⅰ. ①法… Ⅱ. ①白… Ⅲ. ①法律-硕士生入学考试
-习题集 Ⅳ. ①D9-44

中国国家版本馆 CIP 数据核字（2023）第 002055 号

法律硕士（法学）联考主观题突破
白文桥 主编
Falü Shuoshi（Faxue）Liankao Zhuguanti Tupo

出版发行 中国人民大学出版社
社 址 北京中关村大街 31 号　　邮政编码 100080
电 话 010－62511242（总编室）　　010－62511770（质管部）
010－82501766（邮购部）　　010－62514148（门市部）
010－62515195（发行公司）　　010－62515275（盗版举报）
网 址 http://www.crup.com.cn
经 销 新华书店
印 刷 北京七色印务有限公司
规 格 185 mm×260 mm 16 开本　　版 次 2023 年 2 月第 1 版
印 张 28.5　　印 次 2023 年 2 月第 1 次印刷
字 数 794 000　　定 价 76.00 元